Udo Pfriemer · Friedemann Bedürftig   …daß zum Zwecke Wasser fließe

Udo Pfriemer · Friedemann Bedürftig

... daß zum Zwecke Wasser fließe
Eine Sanitärchronik

ABW · Wissenschaftsverlag

ABW Wissenschaftsverlag GmbH
Kurfürstendamm 57
D-10707 Berlin
Sandgasse 3
A-3652 Leiben

Die Deutsche Bibliothek – CIP - Einheitsaufnahme
... daß zum Zwecke Wasser fließe : eine Sanitärchronik / Udo Pfriemer ;
Friedemann Bedürftig. - Berlin ; Leiben : ABW, Wiss.-Verl.-Ges., 2001
ISBN 3-936072-04-3

Dieses Werk ist urheberrechtlich geschützt. Die dadurch begründeten Rechte,
insbesondere die der Übersetzung, des Nachdrucks, des Vortrags, der Entnahme
von Abbildungen und Tabellen, der Funksendung, der Mikroverfilmung oder der
Vervielfältigung auf anderen Wegen und der Speicherung in Datenverarbeitungs-
anlagen, bleiben, auch bei nur auszugsweiser Verwertung, vorbehalten.
Eine Vervielfältigung dieses Werkes oder von Teilen dieses Werkes ist auch im
Einzelfall nur in den Grenzen der gesetzlichen Bestimmungen des Urheberrechts-
gesetzes der Bundesrepublik Deutschland vom 9. September 1965 in der jeweils
geltenden Fassung zulässig. Sie ist grundsätzlich vergütungspflichtig.
Zuwiderhandlungen unterliegen den Strafbestimmungen des Urheberrechts-
gesetzes.

ABW Wissenschaftsverlag GmbH 2001
© 2001 by Hansgrohe AG, Schiltach

Dem Werk liegt das umfangreiche Manuskript von Udo Pfriemer zugrunde mit
dem Titel »Sanitärchronik – Geschichte der Gesundheitstechnik, Wasser- und
Wärmeversorgung«, die Rechte liegen bei Christine Pfriemer, Gräfelfing.

Einbandgestaltung: Rudolf Hübler, Gabriele Burde, Berlin,
unter Verwendung einer Abbildung des AKG, Berlin
Lektorat: Dr. Reinhard Barth, Hamburg
Layout, Herstellung: Goldener Schnitt, R. Kusche, Sinzheim
Druck und Bindung: Boschdruck, Ergolding

ISBN 3-936072-04-3
Printed in Germany

Inhaltsverzeichnis

Geleitwort des Verlegers VII

Einleitung – F. Bedürftig. IX

Vor- und Frühgeschichte 1
Feste Häuser aus Stein und Lehm 6

Frühe Hochkulturen – Vorderer Orient, Indus 11
Schnurkeramiker, Minoer, Harappa-Leute 19
Göttliche Sonne, heiliges Wasser. 33
Sicheres Trinkwasser für Bergsiedlungen. 37

Klassisches Altertum – die frühe Antike 43
Städtegründungen. 53
Wasserkuren und Badetourismus 70
Neue Erkenntnisse 76

Römische Kaiserzeit 89
Griechische Forscher – römische Techniker. 98
Die Katastrophe als archäologischer Glücksfall 105
Versorgung einer Weltstadt 113
Cloaca maxima 124
Brunnen, Bäder, Heizungstechnik 132
Germanien. 150

Das Thermen-Zeitalter 158
Gesundheits- und Wasservorsorge 171
Verfallserscheinungen 203

Eine neue Weltreligion 225
Vom Umgang mit dem römischen Erbe 236
Trockener Orient – feuchter Okzident 253
Vorübergehende Erholung Europas 266
Der Schwarze Tod 285

Entdeckungen und Wiederentdeckungen 309
Experimente – Fragen an die Natur 328
Ein deutscher Vitruv 341
Forscher, Erfinder 346
Neues Lebensgefühl: Zurück zur Natur! 356
Der Durchbruch der Dampfkraft 370

Revolutionen 379
Zündhölzer, Gaslicht, Geruchverschluß 390
Erste Sozialgesetze 401
Verbesserungen der Hygiene 415

Auf dem Weg zu moderner Badekultur 423
Installationsbedarf 430

Literaturhinweise 438

Register 442

Bildquellennachweis 455

Geleitwort des Verlegers

Einer der bekanntesten Texte Goethes ist die Ballade »Der Zauberlehrling«: Der alte Hexenmeister muß verreisen, sein Auszubildender nutzt die sturmfreie Bude und will nun die Geister auch mal nach seinem Willen arbeiten lassen. Und weil bis in die letzten Jahrhunderte hinein das Wasserschleppen mangels Zuleitung in die Häuser zu den mühevollen täglichen Pflichten gehörte, verwandelt der Nachwuchszauberer einen Besen in einen Wasserholer und gedenkt sich so mit Badewasser versorgen zu lassen. Es kommt, wie es kommen muß, der verzauberte Besen ist nicht zu stoppen, nicht einmal durch Spaltung mit dem Beil. Sie führt im Gegenteil zur Verdopplung der angeschleppten Wassermassen, die bald durchs ganze Haus fluten. Und wäre nicht der alte Meister beizeiten heimgekehrt, wer weiß…

Goethe führt hier vor, wie aus der größten Wohltat Plage, ja aus dem Lebenselixier schlechthin tödliche Bedrohung werden kann, wenn Wasser nicht geplant, nämlich »zum Zwecke«, fließt und wenn Unbefugte sich zu Meistern aufschwingen. Für unsere heutige Zeit kommt noch eine weitere Lehre hinzu: Der behutsame Umgang mit einer Kostbarkeit wie Wasser muß oberstes Gebot sein, soll nicht Segen in Fluch umschlagen.

Schon die kleine Anleihe beim großen Klassiker gibt die Richtung an, in die wir den Blick richten möchten. Es geht hier weniger um die technisch-ökonomischen Aspekte als um die Kulturgeschichte des Sanitärwesens und um die Verantwortung, die wir ihr gegenüber tragen. Der Begriff »sanitär« gilt dabei im ursprünglichen Sinn und soll damit alles erfassen, was zur Wasser-, Wärme- und Gesundheitsvorsorge gehört. Im Besinnen auf diese Geschichte erkennen wir, wie entscheidend der Beitrag der Sanitärtechniker, der Gesundheitsingenieure und Hygieniker zum Wohlergehen der Menschheit war. Lag ihre Leistung danieder, dann war es schlecht bestellt um die Menschen, dann hielten Seuchen reiche Ernte, dann war das Leben nicht nur Mühe und Arbeit, sondern allzu oft bloß Leid und Qual.

Auch wir werden daher unseren Part zu spielen haben bei der Bewältigung der sanitären Zukunftsaufgaben, die da heißen: dem Mangel vorbeugen, mit dem Vorhandenen pfleglich umgehen, alle technischen und umweltschützerischen Möglichkeiten ausschöpfen und dort helfen, wo sanitäre Kunst das Leben freundlicher, leichter, weil gesünder machen kann. Deswegen der Blick in den historischen Spiegel. Denn, so Jacob Burckhardt in seinen 1905 erschienenen »Weltgeschichtlichen Betrachtungen«: Die Erfahrungen der Vergangenheit liefern keine Rezepte für »ein andermal«, sie lassen uns aber reifen, wenn wir sie »in unseren Besitz verwandeln«.

Die Medizin bedient sich des Wassers nicht nur als Verdünnungsmittel, wie dies die Homöopathie propagiert, sie benötigt diesen »besonderen Saft« in der unverfälschten, reinen Form für alle Bereiche der Diagnostik und Therapie. Da nimmt es nicht weiter Wunder, daß ein Medizinverlag die Publikation dieses Bandes mit großer Freude in die Hände nimmt – besonders dann, wenn der Sponsor für dieses Werk, die Firma Hansgrohe in Schiltach, es bei der Ausstattung und der Zusammenarbeit an nichts hat fehlen lassen. Herrn Dr. Henning Storek, dem Pressechef von Hansgrohe, danke ich an dieser Stelle. Er war es, der meinen Bruder Friedemann dazu gewinnen konnte, das zu leisten, was er so bescheiden in seinem Vorwort andeutet.

Die Hygiene ist ein verteufelt schwieriges Fach im Medizinstudium, ich erinnere mich noch genau. Wieviel vergnüglicher wäre es gewesen, wenn wir auch die historische Betrachtungsweise dabei hätten berücksichtigen können. Allen Verantwortlichen in Lehre und Praxis empfehle ich daher die Lektüre. Die Begeisterung und daraus das Verständnis für die globale Bedeutung des pfleglichen Umgangs mit dem Wasser ergeben sich dann von selbst.

Berlin, Leiben im September 2001 *Dr. med. Axel Bedürftig*

Einleitung

Ohne die Unermüdlichen, die Hartnäckigen, kurz ohne die von einer Idee oder einem Thema Besessenen wären wir alle ärmer. Kommt dann noch als Glücksfall hinzu, daß es sich bei dem fraglichen Forscher um einen versierten Fachmann und klarsichtigen Beobachter handelt, dann ist mit reicher Ernte zu rechnen. So ein Mensch war Udo Pfriemer (1909-1997), ein Historiker aus Passion, der beim Studium der Geschichte auf ein Defizit stieß: Der Alltag der Menschen – und hier besonders der Umgang mit Wasser, kurz das Sanitärwesen – kam ihm zu kurz in den dickleibigen Büchern und Materialsammlungen.

Udo Pfriemer (1909-1997)

Bei der Neubegründung des Sanitärgroßhandels der Familie und seit 1949 als Verleger von Buchpublikationen und Katalogen des gleichen Fachgebiets widmete er sich dann genau dieser Fragestellung. Zunächst bildeten aktuelle technische Themen der Ausstattung von Wohnungen, der Wasser- und der Gesundheitsvorsorge die Schwerpunkte des Verlagsprogramms, vermehrt aber fanden sich bald auch historische Untersuchungen, die den Hunger des Verlegers nach Alltagsgeschichte spiegelten.

Den stillte Pfriemer mehr und mehr auch privat und verband etwa Studienreisen mit Besuchen an Orten, die ihm Aufschlüsse über mittelalterliche oder antike Wasserbauten versprachen. Und er sammelte Literatur über alles, was mit seiner Fragerichtung irgend in Verbindung stand: 30 000 Titel umfaßte schließlich nach über dreißig Jahren des Sammelns seine Kartei, und kaum weniger Bücher zählt seine Fachbibliothek, wie sie so umfassend nicht einmal manchen wissenschaftlichen Instituten zur Verfügung steht.

Bis in die letzten Tage seines Lebens wertete Pfriemer seine Erfahrungen und die verstreuten Mitteilungen der Experten aus. Das geschah durch Verarbeitung zu einer großartigen Chronik des Sanitärwesens von imponierenden Dimensionen: In 48 Ordnern à 200 Textseiten und je 60 Seiten mit Bildern und Bildkopien lag am Ende sein Werk vor, aufgeschlüsselt durch ein 6000seitiges Verzeichnis von Stichwörtern und Literaturangaben. Die Korrespondenz, derer es zur Beschaffung des Materials und zur Verifikation der Fakten bedurft hatte, füllte riesige Regalstrecken.

Angesichts der Informationsberge erkannte Pfriemer, daß er eine Gesamtdarstellung nicht mehr würde bewältigen können. Er machte daher aus der Not eine für uns unschätzbare Tugend: Er ordnete sein Material chronologisch, indem er es nach Eckdaten sortierte: Fertigstellung oder Inangriffnahme eines Bauwerks, Erscheinen eines wichtigen Werkes, Patentierung einer Erfindung usw.

Und zu jedem solchen Datum schrieb Pfriemer eine je nach Bedeutung kurze Notiz oder umfassende Darstellung, die dann natürlich zeitlich auch vor und zurückgriff. Diese Artikel reichen vom Zehnzeiler bis zur Würdigung etwa der Leistungen des römischen Baumeisters Vitruv auf 126 Seiten. Alle Themen sind am Schluß durch Datenverweisungen angebunden an Vergleichbares und an Vorläufer. So finden sich zum Beispiel bei der Darstellung der Kaltwassertherapie von Kneipp Jahreszahlen, unter denen Schwimmbäder der Induskultur, altgriechische Abhärtungsmethoden oder Kopfsprünge in sogenannte Plongierbecken, wie sie in England des 18. Jahrhunderts üblich waren, abgehandelt sind. Anhand dieser Wegweiser lassen sich Themen nach und nach, salopp gesagt, komplett abgrasen.

Ganz vollenden konnte Pfriemer sein Werk nicht. Manches harrt noch der Ordnung, und die Entwicklung nicht nur des modernen Sanitärwesens, sondern auch unserer Kenntnisse über Geschichtliches verlangt nach Aktualisierung des Materials. Das aber und die kritische Herausgabe geht über die Kräfte Einzelner und muß wissenschaftlicher Aufarbeitung überlassen bleiben. Nur eine Zusammenfassung des Wichtigsten vom Wichtigsten des Corpus Pfriemer kann hier zunächst geboten werden.

Einleitung

Und selbst sie wurde nur möglich dank der Unterstützung durch ein Industrieunternehmen: Die Firma Hansgrohe in Schiltach hat sich zur Finanzierung des »Kleinen Pfriemer« entschlossen, um Aufmerksamkeit für einen künftigen »Großen« zu wecken. Mit der kleinen Kette der Kostproben soll sichtbar werden, welcher Schatz noch in der nächsten Zukunft zu heben ist.

Daß ich die Auswahl aus dem schier unerschöpflichen Material habe treffen und die Zusammenfassung habe schreiben dürfen, bedeutet mir viel. Einmal habe ich natürlich für unermeßlichen Wissenszuwachs zu danken, wichtiger aber ist mir etwas Persönliches: Es ist mir beim Geschichtsstudium genauso gegangen wie Udo Pfriemer. Ich suchte meistens vergeblich nach Informationen etwa darüber, was die Menschen vergangener Epochen gegessen, wie sie es zubereitet haben und welchen Weg es nach dem Verzehr genommen hat. Wenig erfuhr ich über Reinlichkeitskultur und Krankenpflege, nichts über Abwassergeschichte und kaum etwas über Kosmetik oder Haarpflege.

Es ist darüber durchaus geforscht worden, doch die offizielle Geschichtsschreibung nimmt es höchst selten zur Kenntnis. Pfriemer hat die entlegenen Mitteilungen mit akribischem Spürsinn ausfindig gemacht und zusammengetragen. Und ich habe mich bemüht gerade diesen Aspekt aus dem Gebirge der Texte zu schürfen. Zugleich galt meine Arbeit der gelegentlichen Anbindung dieser Nachrichten aus der alltäglichen Vergangenheit an die bekannte Großgeschichte, wobei ich freilich nur lose Fäden knüpfen konnte, wollte ich die ohnedies radikal knappe Auswahl nicht noch zusätzlich schmälern.

Sie ist zudem eher für die interessierten Laien und die Kenner gedacht, die den Mangel an Profangeschichte in der historischen Fachliteratur ebenso schmerzlich empfinden wie ich. Was sie hier zu lesen und anzuschauen bekommen, ist primär natürlich Pfriemer zu danken; ich habe nur meine »Feder« hergeliehen und einige bescheidene Kenntnisse im Fach Kulturgeschichte beigesteuert. Optisch optimal unterstützt dabei hat mich vor allem Frau Regina Müller vom Berliner Archiv für Kunst und Geschichte, der und dem ich besonderen Dank schulde.

Friedemann Bedürftig   Hamburg, im Frühjahr 2001

XII

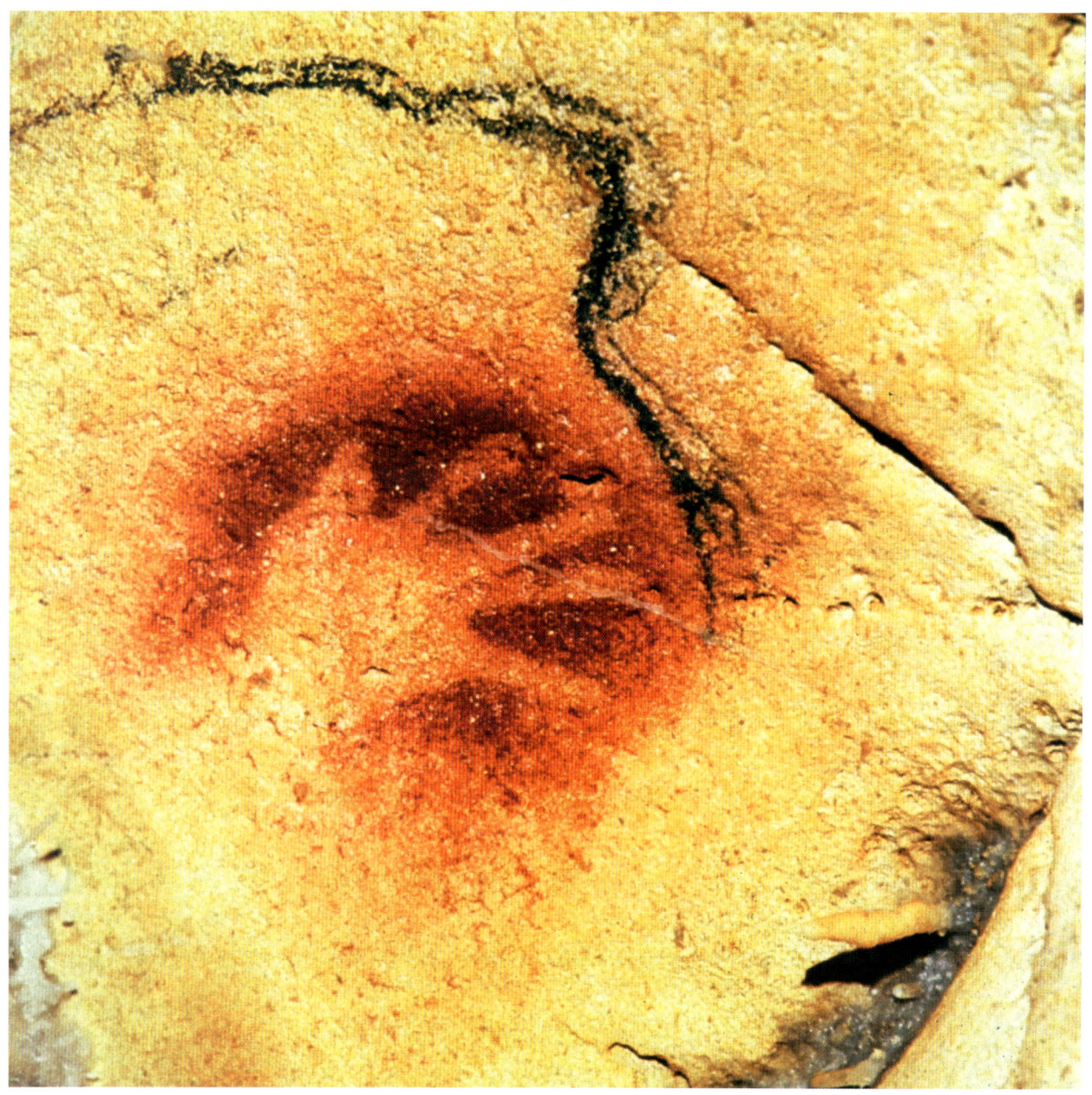

Vor- und Frühgeschichte

Bei einer Zeitreise in die Welt des Frühmenschen und einer Begegnung mit »Lucy«, der Vertreterin des Australopithecus afarensis im Pliozän vor etwa drei Millionen Jahren, nähme kein vernünftiger Jetztmensch Wetten darauf an, daß dieses wehr- und schutzlose, relativ wenig behaarte Wesen auf Dauer überleben würde. Oft genug auch mögen die Urmenschen noch in den Zeiten des Homo habilis und des Homo erectus während des Pleistozäns im Bestand gefährdet gewesen sein, nur ihr kleiner kognitiver Vorsprung, der ihnen die Fertigung erster grober und dann immer feinerer Steingeräte (Faustkeile) ermöglichte, rettete sie über die Jahrmillionen. Der Ethologe Konrad Lorenz (1903-1989) hat dafür »Fulgurationen« verantwortlich gemacht, nicht ganz geklärte und zu klärende vergleichsweise »blitz«-artige Entwicklungsschübe, wie die Herausbildung der Sprache oder – und hier setzt unser Thema ein – die Beherrschung des Feuers. Erst diese Kulturtechnik gab den Menschen gute Chancen, sich zu behaupten: Sie ließ sich als Waffe gegen Raubtiere einsetzen, erleuchtete die besonders gefährlichen Nächte, machte das Überleben in unwirtlichen Zeiten und Räumen möglich, erlaubte eine sicherere Aufzucht des Nachwuchses und war Voraussetzung für die weitere Entwicklung der spezifisch menschlichen Fertigkeiten. Außerdem zwang sie zur Vorsorge für Heizmaterial und förderte damit das planerische Denken.

Alle vorgeschichtlichen Datierungen sind, je weiter sie zurückreichen, desto mehr als ungefähr zu verstehen. Erste in China gefundene Belege für Feuerstellen sind nach Berechnungen auf der Basis der Radiokarbonmethode (Halbwertszeit des Kohlenstoffisotops C^{14}) rund

Freie Hand bescherte der aufrechte Gang dem Menschen, und er nutzte sie zur Fertigung und Handhabung von Werkzeug wie zu künstlerischen Leistungen: Vor 30 000 Jahren entstand dieser Handabdruck in der Höhle von Chauvet (Ardèche, Frankreich).

−350 000

Vor- und Frühgeschichte

Als Jagdzauber werden die rund 15 000 Jahre alten Tierbilder an den Wänden der Höhle von Lascaux (Dordogne) gedeutet.

350 000 Jahre alt. Das sagt aber nur in etwa, seit wann die Menschen in der älteren Altsteinzeit (Altpaläolithikum) systematisch mit Feuer umgegangen sind, frühere gelegentliche Nutzung ist nicht auszuschließen. Für die folgenden Jahrzehntausende häufen sich die Funde von menschlichen Relikten auch in Afrika und Südosteuropa und mit ihnen die Spuren von Asche, manchmal in mehreren Schichten übereinander. Sie zeugen von langjährigem oder gar generationenlangem Verbleib von Bewohnern an besonders günstigen Plätzen und geben noch später sogar erste Einblicke in deren Alltag.

−100 000 bis −35 000

Beherrschung des Feuers bedeutete nicht seine völlige Zähmung. Gegen Waldbrände, Blitzschlag, Vulkanausbrüche, unkontrollierte Stichflammen waren die Menschen weiterhin machtlos und erlebten das »Element« immer wieder auch als bedrohliche Macht, die es günstig zu stimmen galt. Feuer gewann so sakrale Bedeutung, wovon Höhlenmalereien zeugen. Höhlen waren es auch, die dank des wärmenden Feuers und seiner Leuchtkraft besiedelt werden konnten. In ihrem Schutz und durch die damit verbundene relative saisonale Seßhaftigkeit wuchs das Geschick im Umgang mit den Flammen, die Wasser erhitzen, Zelte und die ersten einfachen Hütten heizen und Speisen garen konnten. Braten, Kochen, Rösten machten erlegtes Wild nicht nur schmackhafter, sondern manches überhaupt erst genießbar. Gekochtes Wasser bedeutete für den Neandertaler (Homo sapiens neanderthalensis) in der mittleren Altsteinzeit (Mittelpaläolithikum) zudem einen Hygienefortschritt. Daß dieser urtümliche Menschentyp, benannt nach dem ersten Fundort (1856) im Tal der Düssel bei Mettmann, dann dennoch verdrängt wurde, lag wohl weniger an seiner technischen Unterlegenheit als an Vitalitätsvorteilen – was Anpassungsfähigkeit und Fruchtbarkeit angeht – des schließlichen Siegers.

Das war der Cro-Magnon-Mensch (Homo sapiens sapiens), von dem 1878 erstmals Siedlungs- und Skelettreste bei Cro-Magnon in einer Felsgrotte im Vézèretal (Dordogne) entdeckt wurden. Sie sind knapp 35 000 Jahre alt (neuere Berechnungen datieren sie auf 31 500 v.Chr.) und markieren einen dramatischen Einschnitt in der Menschheitsentwicklung. Anders als der Neandertaler mit seiner fliehenden Stirn, den dicken Wülsten über den Augen und der vorgeschobenen Kieferpartie glich der Cro-Magnon weitgehend dem heutigen Men-

−35 000 bis −8 000

In einer Karsthöhle bei Choukoutien 40 Kilometer südwestlich von Peking wurde die mit 350 000 Jahren wohl älteste bisher bekannte menschliche Feuerstelle gefunden (Rekonstruktionszeichnung).

schentyp. Inwieweit unser Genom auch auf den Neandertaler zurückgeht, ließ sich nicht ermitteln, sicher ist nur, daß unsere Verwandtschaft mit dem Cro-Magnon signifikant enger ist.

Und unsere Kenntnis von ihm natürlich auch, da er uns zeitlich näher steht, und die Funddichte für die nächsten Jahrtausende rasch zunimmt. Schon aus der Anfangszeit haben sich Reste von Hütten und sogar von Kleidungsstücken erhalten. Kaum jünger sind erste Spuren von Köhlerei und halbnomadischer Streubesiedlung etwa der Gegend bei Willendorf in der Wachau. In diese Zeit fallen auch vermehrt künstlerische Hervorbringungen wie Kleinplastiken, Ritzzeichnungen und Malereien an Höhlenwänden.

Gegen Ende dieser jüngeren Altsteinzeit (Jungpaläolithikum) begann der Rückzug des Eises in Nord- und Mitteleuropa, die Desertifikation Nordafrikas und die dadurch ausgelöste Verdichtung der Bevöl-

Rekonstruktion eines altsteinzeitlichen Lagerplatzes nach Ausgrabungen in Bilzingsleben (Thüringen): Die zeltartige Behausung sollte das lebenswichtige Feuer vor Regen und Wind schützen.

kerung etwa im Niltal. Damit einher ging eine weitere Verfeinerung der technischen Fertigkeiten des Menschen. Es finden sich nun in wachsender Zahl Bildnisse aus Ton (seit etwa 23 000 v.Chr.), Reste von Fellzelten, Utensilien für die Körperbemalung, Zeugnisse für sorgfältige Vorratshaltung (15 000 v.Chr.), Heizvorrichtungen, Lampen, Kienspanbeleuchtung (13 000 v.Chr.) und Speerschleudern, Knochenbearbeitung, Skelette erster Haustiere (vor allem von Hunden) und – in unserem Zusammenhang von besonderer Bedeutung – erste einfache Erzeugnisse der Töpferei (10 000 v.Chr.).

Damit hatte man eine Technik für den Wassertransport gefunden und nutzte das stille Wasser in Töpfen offenbar auch als Spiegel zur Selbstbetrachtung. Gewiß hat der Mensch auch schon früher über seine Rolle in der Schöpfung nachgedacht. Doch ist es womöglich kein Zufall, daß nun, da er seiner intensiver ansichtig wurde, auch ein sakraler Schub zu verzeichnen war. Vom Ende des Jungpaläolithikums haben wir jedenfalls erste vereinzelte Funde von Gräbern mit Beigaben, die zur Versorgung der Verstorbenen gedacht waren und auf einen Jenseitsglauben verweisen. Eine unbestimmte Scheu hat schon den Neandertaler dazu gebracht, seine Toten außerhalb des Wohnbereichs zu bestatten. Jetzt mögen hygienische Erwägungen und stärker ritualisierte religiöse Vorstellungen dazu gekommen sein. Die Hinwendung zum Numinosen läßt sich auch daran ablesen, daß die meisten Schöpfungsmythen in diese Zeit des ersten eigenen Schöpfens und Aufbewahrens von Wasser fallen, denn das lebensspendende Naß spielt in allem eine Schlüsselrolle.

Die nun folgende Mittelsteinzeit (das Mesolithikum) setzte zuerst in Asien ein, wo schon um 8000 v.Chr. Siedlungen nachzuweisen sind. Die gewachsene Seßhaftigkeit war Folge des allmählichen Übergangs von der bloß aneignenden Wirtschaftsweise (Jagd, Sammeln) zur produzierenden (Anbau von Feldfrüchten, Viehhaltung). Feuerstellen wurden in die Lehmhütten integriert, in der Werkzeugherstellung läßt sich Arbeitsteilung feststellen. So finden sich an bestimmten Stellen vermehrt Töpferwaren und -öfen, an anderen Beile und an wieder anderen Stein- oder Knochenspitzen für Speere, Pfeile oder einseitige Messerschneiden, zuweilen schon mit Widerhaken.

Vor etwa 20 000 Jahren ritzte ein steinzeitlicher Künstler das Relief der »Venus von Laussel« in eine Kalksteinwand in der Dordogne (Frankreich) und gab der Schönen ein Bisonhorn als Trinkgefäß in die Hand.

−8000 bis −5000

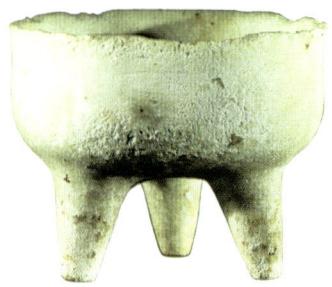

Erst die Töpferscheibe brachte eine gewisse Normung in die keramische Produktion. Die mit freier Hand gefertigten Gefäße (hier Stücke aus dem anatolischen Hacilar, 5. Jahrtausend v.Chr.) fielen sehr unterschiedlich aus. Sie standen auf angeformten Füßen oder wurden bei rundem Boden in Ringständern aufbewahrt.

−5000 bis −3000

Feste Häuser aus Stein und Lehm

Um die Mitte des Mesolithikums, das um 5000 v.Chr. auslief, bauten die Menschen im Vorderen Orient – etwa in Ugarit (Syrien) – schon Häuser aus Lehmziegeln. Gegenüber der Flechtwerktechnik brachte das größeren architektonischen Spielraum, erlaubte den Bau von Bewässerungsrinnen und die Errichtung mehrzimmriger Hütten mit eigenen Küchenräumen. Der Einstieg erfolgte über das Dach durch verschließbare Luken, so daß bei schweren Regenfällen Wasser weder von oben noch durch Türen eindringen konnte. Das Wasser für die Küche wurde jetzt in Krügen aufbewahrt, die bemalt und/oder glanzgerieben waren. Als neues Material für Werkzeuge (etwa für Sicheln) kam der harte Obsidian in Gebrauch, der auch exportiert wurde, was die wachsenden Handelsreichweiten dokumentiert.

Der technische Fortschritt nahm seinen Weg über Kleinasien nach Europa, wo noch lange Hütten aus Astwerk und Schilf dominierten. Eine bedeutende Fundstätte für diese Zeit um 5650 v. Chr. wurde im anatolischen Hacilar ausgegraben. Verglichen mit den orientalischen Gebäuden entwickelten dessen Bewohner eine robustere Bauweise mit teils meterdicken Mauern. Die meist zweigeschossigen Häuser standen auf einem Steinsockel, hatten einen Rauchabzug und wurden durch Tonlampen erleuchtet. Die Böden bestanden aus glattgestampftem Lehm. Abfallgruben außerhalb des Hauses nahmen den Unrat auf. Ähnlich verfuhren die Zeitgenossen wenig später im Donauraum. Sie errichteten in den ersten nachgewiesenen festen europäischen Siedlungen bis zu 5,50 Meter hohe Häuser, mit schrägen Dachkonstruktionen in Sparrenbauweise, verwendeten Steinkitt und legten gepflasterte Plätze und Wege an. Opfersteine verweisen auf intensive Kultausübung, in der Soziales und Religiöses verwoben wurde.

Die Entwicklung klaffte inzwischen regional schon weit auseinander. Während in kühleren und aus anderen Gründen dünn besiedelten Gebieten sozusagen noch mittelsteinzeitliche Zustände herrschten, machten sich die Gesellschaften in den fruchtbaren Flußtälern an Nil, Euphrat und Tigris, am Indus und an den großen chinesischen Strömen schon auf in eine neue Zeit höher entwickelter Fertigkeiten. Um die Mitte

Feste Häuser aus Stein und Lehm

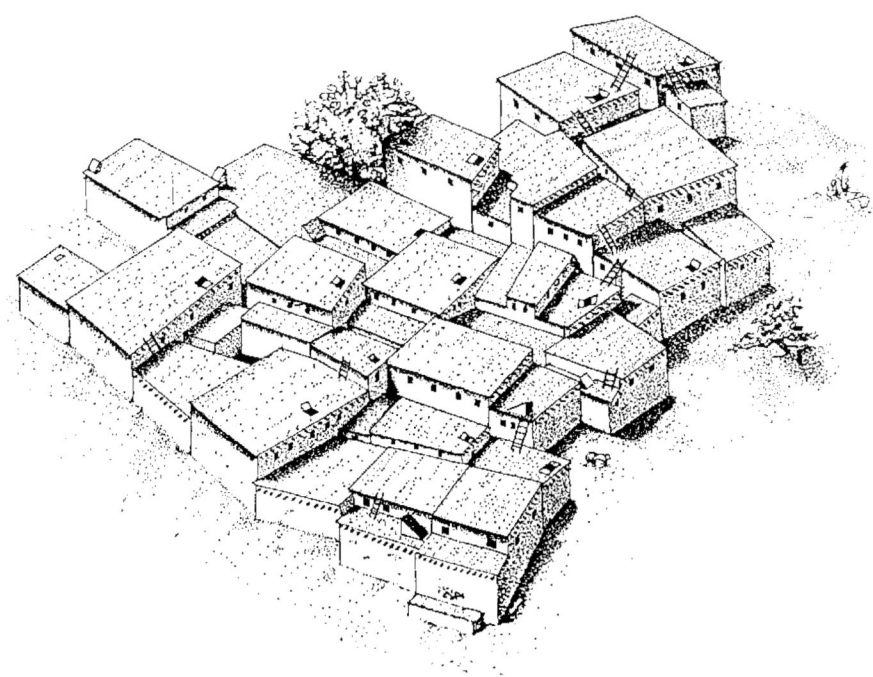

Um 6000 v.Chr. führte die dichtere Bevölkerung in Anatolien (Kleinasien) zur Bildung erster stadtartiger Siedlungen wie Hacilar oder wie Catal Hüyük (Rekonstruktion).

des fünften vorchristlichen Jahrtausends brachte die Jungsteinzeit (das Neolithikum) in China etwa die Yangschao-Kultur hervor, die wegen ihrer farbigen Tongefäße auch Rote-Keramik-Kultur genannt wird.

Die Künstler verfügten bereits über die Töpferscheibe, schufen Schnabelgefäße und Rundbodenbehälter, die in Ringgestellen standen. Windgerechte Töpferöfen mit Rauchschutz waren in Betrieb. Die Yangschao-Leute trugen Kleidung aus Fellen, aber auch enggeknüpfte Netzhemden, eine Technik, die sie bei ihren geschickten Fischern abgeschaut hatten. Diese betrieben neben dem Fang mit Netzen aus Hanf auch das Angeln und das Harpunieren und trugen zu abwechslungsreicher Ernährung bei. Sie basierte ansonsten vor allem auf Feldfrüchten wie Hirse, am Jangtse auch schon Reis, und Fleisch von Haustieren; auch Hunde dienten als Schlachttiere. Bewässerungsgräben sorgten für reichere Ernten auch in trockenen Zeiten. Die Anbaufläche und das Bauland für die Terrassendörfer gewannen die Frühchinesen durch

Brandrodung. Ihre runden, mit Kaolin weißverputzten Hütten waren etwa einem Meter tief gegründet und hatten Türschwellen als Schutz vor Bodenwasser. Zur Wasserversorgung dienten Bäche und Flüsse, in die keine Abfälle geworfen werden durften und die als lebensspendende Gottheiten hohe Verehrung genossen. Ergänzend sammelten die Menschen Regenwasser.

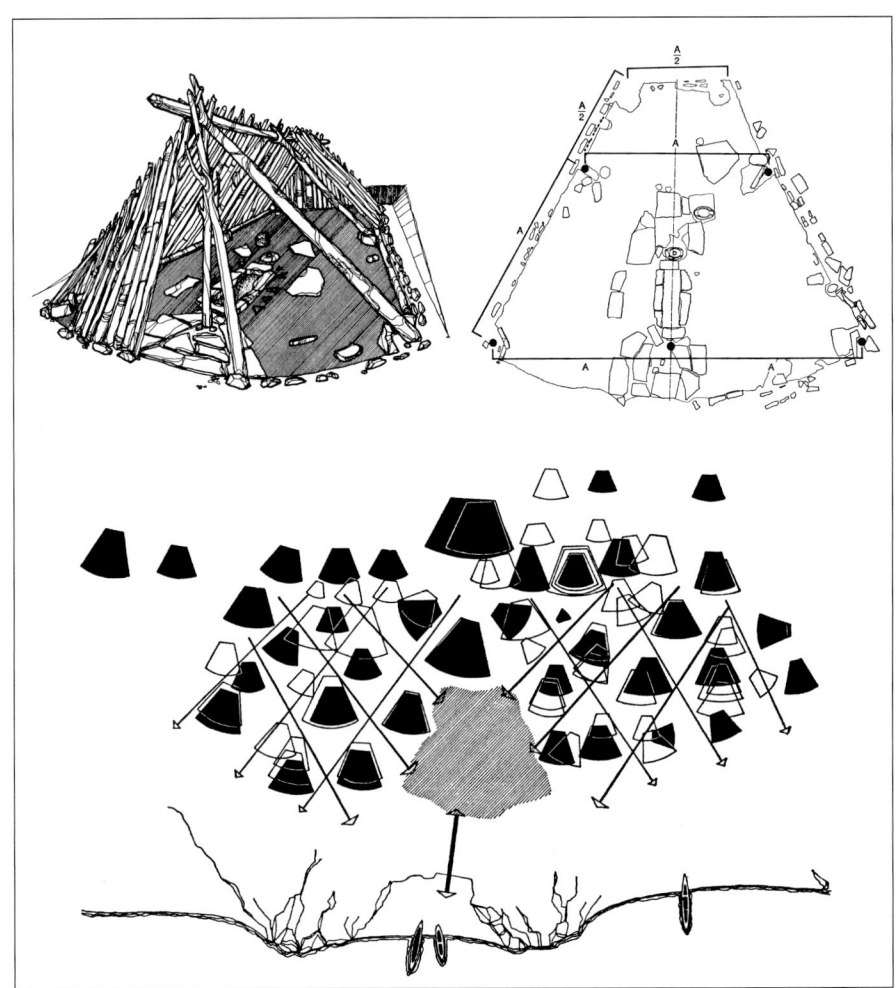

Planmäßig angelegt war das von den Archäologen Lepenski Vir genannte Dorf an der Donau um 5000 v.Chr. Die recht einheitlich konstruierten Häuser mit der abgerundeten Front standen auf trapezförmigem Grundriß (oben rechts), dessen Mitte der Herd bildete.

Feste Häuser aus Stein und Lehm

Wenig später, aber noch weit vor der eigentlichen Hochkultur-Zeit waren die Ägypter schon weiter. Zwar dominierten noch neolithische Merkmale, doch Töpferei und erste Erzschmelzen schufen neue Möglichkeiten. Als erstes Metall kam Kupfer zum Einsatz, das von Zypern (griechisch kypros = Kupfer) bezogen und in Schmelzöfen mit Blasebalg ausgeschmolzen wurde. Auch die Technik der Windsichtung der Erze war schon bald nach Beginn des vierten vorchristlichen Jahrtausends bekannt. Eigene ägyptische Erzabbauspuren finden sich etwa im östlichen Sinai bei Timna sowie zwischen Nil und dem Roten Meer. Die Entdeckung des härteren Eisens durch benachbarte Lagerstätten ließ nicht lange auf sich warten, so daß gegen Ende der Epoche bereits Werkzeuge daraus durch Kaltverformung hergestellt wurden.

Baulich bevorzugten die Ägypter fensterlose Lehmhütten mit Einstiegluken im Dach, die durch Matten zu verschließen waren. Die Bewohner ließen sich an Stangen oder auch Knochen großer Tiere hinunter. Zum Schutz vor Regenwasser legten die Bauherren bereits Ablaufrinnen und schufen damit die Urform der Hausentwässerung. Für die Belüftung sorgten Schlitze in den Außenmauern. Später kamen Steinbauten auf, die besser gegen Raubtiere schützten. Möglich wurde das durch die Erfindung von Hebezeugen, die Kalksteine, Basalt- und Alabasterblöcke bewegen halfen. Aus ihnen erbauten die vorgeschichtlichen Maurer auch Wasserbecken von bis zu 75 Zentimeter Höhe. Zylinder aus getrocknetem Nilschlamm wurden zu Ab- und Zuflußrohren verbunden. Daher rührt es wohl, daß im Altägyptischen für »Maurer« und »Töpfer« dasselbe Wort in Gebrauch war.

Im Zweistromland herrschten ähnliche Verhältnisse, wobei nicht immer klar ist, welche Einflußrichtung bei welchen Errungenschaften zwischen der Nilkultur und Mesopotamien überwog. Jedenfalls kannten auch schon die Sumerer in der zweiten Hälfte des vierten Jahrtausends v. Chr. den Metallguß, beherrschten die Kunst des Lötens und verarbeiteten Bronze, eine Legierung von Kupfer und Messing, die wesentlich fester als das reine Kupfer ist. Hochentwickelt war hier auch die Töpferkunst durch den frühen Einsatz der Töpferscheibe: Besonders bemerkenswert die Gefäße mit eingeritzten Tierbildern und Siegel-Stempeln, den Vorläufern der Schrift. Gegen Ende der Jungsteinzeit gab es bereits Glasuren aus Silizium-Schmelzen auf Schmuck aus Speckstein oder Quarz, noch nicht hingegen auf Keramik.

Fast oder oft auch ganz fensterlos bauten die Ägypter der Frühzeit ihre Lehmgebäude, wie an dem aus gebranntem Ton hergestellten Modell zu sehen (3. Jahrtausend v.Chr.).

Frühe Hochkulturen – Orient, Indus

Wir haben schon gesehen, daß die zivilisatorische Entwicklung im östlichen Mittelmeerraum, in Mesopotamien und in den Tälern der südostasiatischen Ströme besonderes Tempo gewann. Das lag zum einen an der stärkeren Verdichtung der Bevölkerung bei günstigeren klimatischen und agrarischen Bedingungen, zum anderen am großräumigeren Austausch von Kenntnissen als in den weniger bewohnten nördlichen Breiten, wo die Mobilität nicht zuletzt witterungsbedingt eingeschränkt war. Von »Altertum« sprechen wir daher in den asiatischen und nordafrikanischen Gebieten schon zu einer Zeit, als in Europa noch vorgeschichtliche Strukturen, Techniken und Kleingesellschaften vorherrschten. Hier entstanden erst ein knappes Jahrausend später und dann zunächst auch nur im Süden hochkulturelle Formen der Staatenbildung, die sich dann allerdings als wesentlich erfolgreicher und folgenreicher für uns erwiesen als die orientalischen Vorläufer.

Einen ähnlichen Schub wie durch die Beherrschung des Feuers erhielt die kulturelle Entwicklung durch das Aufkommen der Schrift. Hatten schon frühgeschichtliche Gemeinschaften beispielsweise Strichlisten zum Zählen von Waren, Tagen u.a. gekannt, so verwendete man jetzt fast gleichzeitig in Mesopotamien und Ägypten Zeichen, die zunächst symbolisch für Gegenstände standen (Piktogramme), als Siegel Besitz- oder Herkunftsangaben festhielten und als Beschwörungszeichen Heiliges bedeuteten, daher die spätere griechische Bezeichnung »Hieroglyphen« (heilige Bildzeichen). Aus funktionalen Gründen entwickelten die Schreiber daraus bald eine Lautschrift, die den Zeichen

Die Götter Thot und Horus übergießen den Pharao mit heiligem Wasser. Das aus Karnak stammende altägyptische Relief belegt bildlich und textlich den hohen rituellen Rang des Wassers in der Religion der Ägypter – und den großen Zuwachs an Information, den die Archäologen und Historiker der Entwicklung der Schrift verdanken.

–3000 bis –2700

Frühe Hochkulturen – Orient, Indus

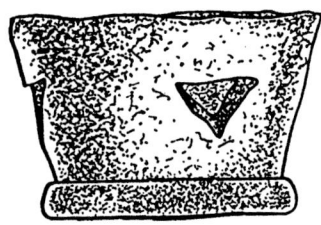

Aus den Anfängen der altägyptischen Hochkultur stammt dieser irdene Herd mit den dreieckigen Zuglöchern, ein Fundstück aus Nagada am Westufer des Nils.

Ebenfalls noch in vorschriftlicher Zeit (4. Jahrtausend v.Chr.) schufen altägyptische Künstler die anmutigen Becken, Urformen der späteren Holzkohle-, Spül- und Waschbecken.

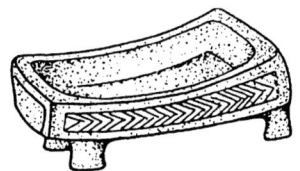

Wörter, Silben und schließlich auch Einzellaute zuordnete und ihnen damit kontextuell variable Bedeutungen gab. Jetzt konnte der Mensch über Jahrhunderte Kenntnisse aufbewahren und weitergeben und war nicht mehr auf die bloß mündliche Überlieferung angewiesen.

Je nach Schreibgerät bildeten sich höchst unterschiedliche Schriftsysteme. Während die gemalten ägyptischen Hieroglyphen prachtvolle Textteppiche ergaben, nutzten die Sumerer im Zweistromland den weichen Ton, in den sie mit Spateln Kerben drückten, aus denen die typische Keilschrift entstand. Welch hohe Beschleunigung der zivilisatorische Prozeß dank der Schrift erfuhr, sagen uns aber zunächst weniger die aufgefundenen Texte als die entdeckten Relikte der Kulturen. Ohne die schriftlichen Zeugnisse wären wir über sie natürlich erheblich schlechter unterrichtet, doch bleiben die archäologischen Funde und Befunde unersetzlich gerade für die Sanitärhistoriker. Wie geheizt, gekocht, gewaschen wurde, läßt sich technisch nur anhand der dafür genutzten Gegenstände und Einrichtungen nachvollziehen.

Obwohl zwischen den kulturellen Zentren am Indus, Tigris, Euphrat und Nil nachweislich Verbindungen bestanden, haben es die jeweiligen Kulturen doch kaum voneinander beeinflußt zu hoher Blüte gebracht. Im Industal haben Archäologen Städte der sogenannten Harappa-Kultur ausgegraben, die so anderswo nicht zu finden sind. Vor allem haben die Architekten von Mohenjo Daro im heutigen Pakistan schon zu Beginn des 3. Jahrtausends v. Chr. einen hohen Standard in mehrstöckiger Bauweise erreicht und ein unvergleichliches Kanalisationsnetz geschaffen, das natürliche Fließgewässer ausnutzte. Brunnen und Bäder zeugen von hochentwickelter Hygiene. Ähnliche Einrichtungen kannten auch die zeitgenössischen Assyrer und die Bewohner Palästinas, deren Stärken aber auf anderem Gebiet lagen: In der Feuerungstechnik setzten sie Kamine ein, beleuchteten ihre mit Strohlehm verfugten Ziegel-Behausungen mit kleinen Öllampen, kannten kunstvolle Weihrauchbecken aus Basalt und bauten Ton-Herde.

Am besten aber unterrichtet sind wir textlich wie archäologisch über Ägypten: Schon in den ersten beiden Jahrhunderten nach 3000 v. Chr. nutzten die vornehmen Nilbewohner Bäder zur Körperpflege, wie die Baderäume in ausgegrabenen Häusern belegen. Darin fanden

Frühe Hochkulturen – Orient, Indus

sich zunächst schwer zu deutende siebartige Geräte, die sich schließlich als eine Art Duschköpfe entpuppten, durch die Wasser auf den Badenden gegossen wurde. Ein große Rolle bei der Hygiene spielte Natron, das in der Oasenlandschaft von El Fajum gewonnen wurde. Es fand Verwendung in der Mundpflege, bei der Einbalsamierung, als Heilmittel bei Verdauungsstörungen, als Bleichmittel, als Speisenzusatz u.a. Der Hüter der Natronvorräte trug den Titel »Vorsteher des Natronhauses« und war ein hochrangiger Priester.

Hygienische Maßnahmen hatten nicht selten rituellen Rang. So wurde das in gehobenen Kreisen übliche Händewaschen vor den Mahlzeiten auch als Opferhandlung verstanden, vor sakralen Verrichtungen waren Fußwaschungen in eigens gefertigten Fußwaschbecken schon in der 1. Dynastie üblich. In vielen Grabanlagen fanden sich vor der Kammer mit dem Sarkophag Waschräume, damit der Verstorbene sauber vor die Götter treten konnte. Vor der Waschung war auch eine innere Reinigung vorgesehen, für die ein vor dem Waschraum gelegener Abtritt mit »Leibstuhl« für den Verstorbenen eingerichtet war.

»Es wäscht sich der Tote, wenn die Sonne (Re) erglänzt.« (Pyramidentext 370)

Nur ein knappes Jahrhundert später kam die Alabaster-Technik auf. Diese feinkörnige, durchscheinende Gips-Art wurde feucht in Steinbrüchen abgebaut, geformt, durch Trocknung gehärtet und mit farbigen Steinen wie Malachit oder Türkis geschmückt. Auch Kupfer, gewonnen vor allem auf dem Sinai, kam vermehrt zum Einsatz; es fanden sich in ausgegrabenen Siedlungen und in Gräbern Kupferkessel mit genieteten Rändern und Messer zum Bartscheren mit Elfenbeingriffen. Daneben spielten Amphoren als Behälter für Bier, Wein, Öl und Wasser weiterhin die größte Rolle; dünnwandige Trinkbecher zeugen von zunehmender Verfeinerung der Töpferei.

–2700 bis –2500

Besondere Leistungen vollbrachten die altägyptischen Ingenieure natürlich in der Bewässerungstechnik. Sie ähnelte der altindischen in Harappa, ohne daß gegenseitiger Einfluß eine Rolle gespielt hätte. Zweckmäßigkeitsdenken führt eben zu ähnlichen Lösungen: Die Ägypter wie die Inder regelten Wasserzufuhr und Schutz vor Hochwasser durch Dämme und Schleusen. Der griechische Geschichtsschreiber Herodot (um 490–um 425) berichtet, in Ägypten habe sich die Überlieferung gehalten, daß Menes, der erste identifizierbare Pharao, etwa

20 Kilometer entfernt von Memphis einen Nilarm abgedämmt und den Strom ins Bett zwischen die Berge gezwungen habe. Memphis sei vom König im dadurch trockengelegten Teil des Flußbetts errichtet worden und könne aus den Seen, die vom Altarm des Nils übrig geblieben seien, das nötige Wasser beziehen.

Glaubt man Herodot, hätten wir damit den ersten Staudamm der Geschichte vor uns, denn Menes wird auf die Zeit um 3000 v.Chr. datiert. Doch selbst, wenn in dem Bericht nur Legendäres gespiegelt ist, so dürfte ein historischer Kern darin stecken, denn es lassen sich weitere Dammbauten großen Stils nachweisen. Bekanntester und ältester ist der Sadd el-Kaffar, der um 2700 v.Chr. 38 Kilometer südlich von Kairo gegenüber vom antiken Memphis entstand. Für das an der Krone 108 Meter lange Bauwerk müssen die Ingenieure mindestens 100 000 Tonnen Steine haben bewegen lassen, eine dem Pyramidenbau durchaus ebenbürtige Leistung.

Der Damm war offenbar zum Schutz des Wadi Guerrawi gedacht und des dort liegenden Heilquellenorts Helwan. Die reichen Ägypter

Zum Schutz des Wadi Guerrawi wurde gegenüber von Memphis um 2700 v.Chr. der älteste uns bekannte Staudamm errichtet. Dieser Sadd el-Kaffar genannte Damm kann sich von der Ingenieurleistung her durchaus mit den Großpyramiden messen.

schätzten dessen 33 Grad warme Schwefel-, Eisen- und Kochsalzquellen, die gegen Hautleiden wie rheumatische Erkrankungen helfen. Dieses Wissen ging allerdings bald wieder verloren, und erst im 19. Jahrhundert wurde der therapeutische Wert der Quellen wiederentdeckt. Sie wurden eingefaßt und sind bis heute als Bäder begehrt, aber auch für Trinkkuren. Apropos: Auch der Bildung eines Trinkwasserreservoirs kann der Damm gedient haben. Der ägyptische Normalverbraucher begnügte sich zwar meist mit Nilwasser, doch die Folgen der wachsenden Verschmutzung des Flusses mögen zu Überlegungen geführt haben, irgendwo in der Nähe der Hauptstadt sauberes Wasser wenigstens für die Oberschicht und den Hof vorzuhalten.

Nicht nur praktisch, sondern auch schön wünschten sich die Ägypter ihre Gebrauchsgegenstände: Fußwaschbecken aus gebranntem Ton, um 2700 v.Chr.

Wie hohen Rang Wasser und Reinlichkeit auch in den mesopotamischen Ländern hatten, belegt die Hauptstadt Warka des Reiches der Sumerer während der gleichen Epoche (um 2600 v.Chr.). Die doppelt ummauerte Festungs-Großstadt mit ihren 900 Wachtürmen (gut alle Dutzend Meter einer) hatte für Belagerungen vorzusorgen und brauchte daher vor allem große Trinkwasservorräte, wovon ein Kanalnetz mit Anschluß an den Euphrat zeugt. Und das im 18. Jahrhundert v. Chr. in Babylon entstandene Gilgamesch-Epos: Es berichtet von dem Meer der Häuser aus gebrannten Ziegeln in Warka und von der Hochschätzung des Wassers durch die Sumerer im Gleichnis vom Bade: Gilgamesch holt aus den Tiefen des Wassers die stachelige Pflanze der ewigen Jugend herauf. Sie wird ihm zwar von einer Schlange entwendet, doch bleibt ihm die Fähigkeit, sich im Wasserquell zu verjüngen. Daher die Forderung des Epos: »*Deine Kleidung sei rein,/gewaschen dein Haupt,/ mit Wasser sollst du gebadet sein!*«

–2500 bis –2200

Außer den archäologischen Funden geben uns von der nun einsetzenden Epoche im alten Ägypten auch zunehmend Wandmalereien in Grabanlagen Nachricht. So fand man im Grab des Ti (um 2450 v.Chr.) die Abbildung eines Töpferofens mit Ringen, Abzugshaube und Feuerluke. Daneben sind wohl eben gefertigte Krüge zu sehen, die unten spitz zulaufen und in Ringgestellen aufbewahrt wurden, sich aber auch auf dem Feld zum In-den-Boden-Stecken eigneten und damit besser vor dem Umfallen geschützt waren als ebenbodige Gefäße. Weitere Bilder schildern das Braten von Fischen, die Zubereitung von

Frühe Hochkulturen – Orient, Indus

Gänsen am Spieß und die Technik der Bierherstellung, Fertigkeiten, die sich aus Funden nur näherungsweise hätten rekonstruieren lassen.

Über die Technik der Steinbearbeitung zu Gefäßen oder Bildwerken durch Behauen und Formung mit Reibsteinen läßt sich da eher anhand von Relikten Genaueres ermitteln. Ebenso steht es mit der Kupfergewinnung und Verarbeitung: Aus der Zeit um 2350 v.Chr. stammen Gerätschaften wie Kannen, Sicheln und sogar ganze Waschbecken, die zur Verbesserung von Härte oder Schärfe kalt geschmiedet und mit Schleifmitteln bearbeitet wurden. Jetzt erst kannten die Ägypter auch die schon weit früher in Mesopotamien übliche Beigabe von kleinen Mengen Zinn zur Kupferschmelze, was die härtere Bronze ergibt.

Ähnliches gilt von der Bautechnik: Häuser von bis zu 40 Metern Länge und gepflasterte Straßen verweisen allerdings eher auf mesopotamische Einflüsse. In Assur errichteten die Architekten schon früher solche Großbauten mit Ziegelkanälen zur Entwässerung. Und noch früher, etwa 2350 v.Chr., wohnten im sumerischen Fara die Wohlhabenden in Gebäuden mit meterdicken Mauern und gepflastertem Innenhof. Sie mauerten bereits ihre Brunnen aus und dichteten sie mit Bitumenanstrich ab. In Tell Asmar hatten viele Bäder Ziegelfußboden, wurden durch unterirdische Kanäle in einen Sammler entwässert und durch Lochplatten be- und entlüftet. Hier kamen auch erste Rohre aus Kupfer zum Einsatz, ein bemerkenswerter sanitärtechnischer Fortschritt.

Soweit war man in Fernost noch nicht, doch siedelten etwa die Jomon-Leute in Japan um 2200 v.Chr. bereits in viel-

Die lebensfeindliche Wüste ringsum ließ die Ägypter die Segnungen des Nils besonders hoch schätzen. Seine Wasser brachten ein einzigartiges fruchtbares Paradies zum Blühen. Das farbenprächtige Wandbild aus dem Grab des Sennodjem, das auch Auskunft über die Methoden des Landbaus gibt, verherrlicht die reiche Ernte.

In beiden Perspektiven erschließt sich die Anmut der nubischen Dienerin, die ein großes Salbölgefäß trägt. Die nur 13 Zentimeter messende Figur aus dem frühen 14. Jahrhundert v.Chr. belegt zweierlei: die große Kunstfertigkeit der ägyptischen Bildner und den hohen Rang von Hygiene und Kosmetik in dieser Zeit.

hüttigen Dörfern an Gewässern, die sie mit Einbäumen befuhren. Ihre Wohngruben waren mit Steinfußböden, Abflußrinnen und Feuerstellen aus Tonscherben versehen, gebadet wurde in gesonderten kleineren Hütten, die offenbar auch schon als Sauna genutzt wurden. Hauptnahrungsmittel war Reis aus Trockenanbau.

Kein Spielzeug, sondern Gebrauchsgegenstand: Kunstvoll als Schwimmerin mit Ente gestalteter Salböllöffel aus der Zeit des Neuen Reiches.

Schnurkeramiker, Minoer, Harappa-Leute

Daß Insellage nicht Isolierung bedeuten mußte, ja daß sie sogar ein Vorzug sein konnte, bewies Kreta, wo sich schon früh eine reiche Kultur entfaltete. Dazu mußten natürlich erst Kontakte zu anderen Zentren wachsen, und die Kreter zeigten sich da als besonders erfindungsreich. Sie konnten sich nicht wie Sumerer oder Ägypter mit Fluß- und Küstenschiffahrt in flachen Kähnen begnügen, sondern mußten hinaus aufs offene Meer. Dafür entwickelten sie die Spantenbauweise für ihre Schiffe, die dadurch an Stabilität gewannen. Und sie erkannten den Wert eines Kiels für Kentersicherheit, Kurstreue und Geschwindigkeit. Ein aus der Zeit um 2100 v.Chr. stammendes Siegelbild, das in den Ruinen von Knossos gefunden worden ist, zeigt ein solches Fahrzeug in rauher See. Mit kleinen Flotten davon erreichten die Kreter das Nildelta wie die Ägäischen Inseln, den Libanon wie Nordafrika, wodurch ihnen eine kulturelle Brückenfunktion zuwuchs und sie selbst Anregungen vielfältigster Art bekamen.

Insellage bedeutete zugleich Schutz, jedenfalls solange man zur See technisch so überlegen war. Die mauerlosen Städte dieser ersten Palastzeit zeugen vom Gefühl der Sicherheit und davon, daß die Seemacht Kreta anders als die Festlandsmächte ihre Mittel auf den friedlichen Austausch konzentrieren konnte. Wir nennen daher diese Epoche auch die Zeit der Handelskönige. Sie brachten dem Land Wohlstand, der sich in Bauten mit hohem technischen Komfort und Stuckschmuck ausdrückte. Es gab Tiefbrunnen, mit Mörtel abgedeckte Wasserleitungen zum Meer, Rundbauten als Grabanlagen und Vorratshäuser, Metall- und Steingefäße, Obsidian-Sicheln, Siebe. Die Reinlichkeit hatte ägyptischen Standard, die beginnende Schwammfischerei sorgte für ein neues Waschinstrument.

Hygienische Probleme ganz anderer Dimension führten im sumerischen Ur in Chaldäa um 2050 v.Chr. zu weiterer Entwicklung. In dieser mit gut 10 000 Bewohnern wohl größten Stadt der damaligen Welt löste man die Abwasserfrage durch Sickertechnik. Den Baumeistern kam dabei die Tatsache entgegen, daß die Häuser auf einer drei Meter dicken Lehmschicht standen, die eine große Flut, die Sintflut der Mythen, im

−2200 bis −1900

Als Herrn der unterirdischen Ozeane und zugleich als Gott der Weisheit verehrten die Sumerer Enki. Er gab seinem Sohn Asariluchi zur Krankenbehandlung den Rat: »Gieße Wasser in einen Krug, wirf einen Tamariskenzweig hinein, sprenge damit Wasser auf den Menschen, dann wird sich der Dämon entfernen.«

5. Jahrtausend v. Chr. zurückgelassen hatte. Diese Schicht durchstießen die senkrecht aus den Innenhöfen der Häuser vorgetriebenen bis 9 Meter tiefen Abwasserschächte, deren Mauerringe unterhalb des Lehms durchlöchert waren, so daß die Feuchtigkeit versickerte und nicht wieder hochsteigen konnte. Um die Löcher waren Tonscherben so angeordnet, daß sie einen einigermaßen verstopfungssicheren Sickerfluß gewährleisteten.

Auch sonst waren die sanitären Einrichtungen fortschrittlich: In den trockenen Jahreszeiten standen Wassergefäße zum Besprengen des Innenhofs der fensterlosen und nur von dorther durch offene Türen erhellten und belüfteten Wohnräume bereit. Dachrinnen besorgten die Entwässerung in der Regenzeit, in den Vorräumen gab es Fuß- und Handwaschbecken, die Abtritte aus bodenlosen Tongefäßen standen meist unter der Treppe zum Obergeschoß und mündeten in eine Sickergrube. Nach heutigen Maßstäben dürfte die Geruchsbelästigung in der engen Stadt dennoch nicht unerheblich gewesen sein. Der Lärm anscheinend nicht minder nach dem etwas jüngeren Gilgamesch-Epos.

> »Enlil hörte das Getöse und sagte zu den Göttern im Rat: 'Dieser Tumult der Menschheit ist unerträglich, und es ist nicht mehr möglich zu schlafen.' Und so wurden die Götter bewegt, die Flut zu schicken.«
> (Gilgamesch-Epos)

So sah es im Küchenhof eines Heiligtums in Ur aus: Brunnen, Zerlegetisch mit Herd, Handmühle, Schleifstein (um 2050 v.Chr.).

Schon zu dieser Zeit machte sich hier, mehr aber noch in Ägypten, empfindlicher Holzmangel bemerkbar. Die ohnedies kargen Waldbestände im Niltal waren für Feuerungs- und Zwecke des Schiffbaus weitgehend abgeholzt, so daß die für die Speisenzubereitung besonders geeignete Holzkohle zur Kostbarkeit geworden war. Das ging so weit, daß man verdienten Persönlichkeiten gefüllte Holzkohlepfannen ins Grab mitgab, damit sie im Jenseits den gewohnten Komfort aufrechterhalten konnten. Davon künden auch Wandbilder aus der Zeit um 2030 v.Chr., auf denen das Grillen köstlichen Geflügels über Holzkohle dargestellt ist. Zur Holzbeschaffung verfiel man auf seltsame Auswege: Man bestellte gegen die Lieferung ägyptischer Waren Schiffe in waldreichen Ländern Kleinasiens und ließ sie zusätzlich mit Holz beladen. Daheim löschte man die Ladung und wrackte die Schiffe zur Holzgewinnung gleich mit ab.

Wandbilder berichten auch von manch anderer Errungenschaft wie dem Handspiegel, einem runden Stück polierten Metalls mit Holz- oder Elfenbeingriff. Die als Sinnbild des Sonnengotts Re geltenden nur einige Millimeter starken Scheiben bestanden meist aus Kupfer, bei Vornehmen auch aus Silber und im Königspalast zuweilen aus Gold. Ursprünglich nur für Reiche erschwinglich, nutzten diesen Toilettenartikel um 2000 v.Chr. auch einfachere Leute als »Taschensonne«: »Die Magd, die ihr Gesicht im Wasser besehen mußte, besitzt jetzt einen Spiegel«, heißt es in einer Inschrift.

Für so feine Sachen hatten die zeitgenössischen Europäer weder Mittel noch Interesse. Gewiß war der Alltag ägyptischer Dienstleute nicht leicht, doch mit Blick auf das einfache Leben der Menschen im kalten Norden fast luxuriös zu nennen. Hier gab ein schlichter Schmuck einer ganzen vom Dnjepr bis zum Ärmelkanal, von Skandinavien bis in den Donauraum reichenden Kultur den Namen: In Ermangelung genauerer Kenntnisse der hier lebenden Völker und Stämme sprechen wir von den Schnurkeramikern, benannt nach den Mustern auf ihren Tongefäßen, die vor dem Brennen mittels gedrillter Schnüre in das weiche Ausgangsmaterial geprägt wurden. Gewiß, da lassen sich Varianten und verschieden ausgeformte Kunst erkennen, doch die Technik war überall dieselbe.

Verfeinerung der Kunst zeigen die Gegenstände aus der Zeit des Neuen Reiches (nach 1500 v.Chr.): Bronzener Handspiegel mit Griff in Frauengestalt.

Nach bronzezeitlichen Funden wurde bei Ingolstadt eine Siedlung aus der Zeit um 2000 v.Chr. rekonstruiert. Die Gebäude maßen im Grundriß 20 bis 25 mal 10 Meter.

−1900 bis −1600

Die Hersteller dieser Gefäße lebten in einfachen Hütten, deren Wohnbereich mit der zentralen Feuerstelle zum Schutz vor Frost tiefergelegt war. Dörfer von bis zu 30 solcher Behausungen aus der Zeit um 2000 v. Chr. sind ausgegraben worden. Es fanden sich zwar auch schon Metallgerätschaften, doch dominierte noch spätjungsteinzeitliche Technik. Aus Bronze waren vor allem die Klingen der gebogenen Streitäxte, nach denen die Schnurkeramiker auch Streitaxtleute genannt werden. Auf das Metall waren sie schon zwei Jahrhunderte zuvor zum Beispiel im Vogtland gestoßen, wo Kupfererze abgebaut wurden, die Zinn- und andere Verunreinigungen enthielten, so daß die Schmelze ohne Zugaben Bronze ergab. Man nennt sie daher Altbronze im Unterschied zu den Produkten der vorderasiatischen Legierungstechnik, die nun auch nach Europa vordrang.

So einfach die Kultur der frühen Europäer scheint, so feste religiöse Vorstellungen müssen die Menschen gehabt haben, über die wir leider mangels Schrift oder Bildwerken viel weniger wissen als über die der Orientalen der Zeit. Immerhin lassen die bemerkenswerten Bestattungsriten einiges erkennen: Die Schnurkeramiker setzten ihre Toten in Einzelgräbern bei, die Grabbeigaben waren eher karg. Auffälliger ist, daß die Verstorbenen in Hockstellung, also mit angewinkelten Beinen liegen, und zwar die Männer in Ost-West-Richtung, die Frauen umgekehrt von West nach Ost. Die Gesichter aller Toten aber sind nach Süden gewendet. Das hat mit der Rolle der Sonne im Kult der Schnurkeramiker zu tun, der in den Details aber nur in Umrissen zu rekonstruieren ist.

Sicher gab es sie schon lange vorher in Ägypten, wir verfügen aber erst über früheste Relikte aus dem 19. vorchristlichen Jahrhundert: die Nilmesser. Es handelt sich dabei um brunnenartige Schachtanlagen unweit des Flusses, in denen der Wasserspiegel mit den Nilfluten anstieg und sank. Viele dieser Pegel waren über Jahrhunderte in Betrieb, ja manche bis in unsere Zeiten. Andere verloren ihre Funktion durch allmähliche Verlagerung des Nilbettes, so daß sie heute weit weg vom Ufer liegen oder viele Meter darüber, wenn sich der Fluß tiefer eingegraben hat. Die Angaben der Wasserhöhe erfolgte in Ellen (etwa 51 Zentimeter), eine Elle zu 7 Hand- oder 28 Fingerbreit. Die Anlagen waren begehbar und lagen stets in der Nähe von Tempeln, weil nur die Priesterschaft über die nötigen Kenntnisse zum Ablesen und Auswerten der Daten verfügte. Letzteres betraf vor allem die Entscheidung, welche Flächen je nach anzunehmender maximaler Fluthöhe bewässert werden sollten. Danach richteten sich auch die Steuerschätzungen, weil die Erträge mit dem Wasserstand stiegen oder fielen.

Wasser spielte auch eine Schlüsselrolle in einem Reich, über das wir lange nur Legendäres wußten. Bis 1934 Beduinen einen Krieger bestatten wollten und das ausgehobene Grab bereits belegt fanden, allerdings mit einem steinernen Skelett. Sie waren am rechten Ufer des mittleren Euphrat auf dem Hügel Tell Hariri (Ost-Syrien) auf einen petrifizierten Menschenrest gestoßen, den sie für eine Skulptur hielten und über den sie daher Meldung machten. Der französische Archäologe André Parrot (1901-1980) nahm den Fund in Augenschein und entschied, auf dem Hügel weitere Grabungen zu unternehmen. Sie sollten bald zu den ergiebigsten der Altertumskunde gehören: Parrot legte in fast drei Jahrzehnten, unterbrochen nur durch den Krieg, die gleichna-

In Mari gruben Archäologen die »Göttin mit dem Wasser spendenden Gefäß« aus. Über ihr wellenartig fallendes Kleid rieselte das Wasser glitzernd herab.

Zur Messung des Nil-Wasserstands gab es von frühester Zeit an die sogenannten Nilometer. Die Kreidelithographie aus dem 19. Jahrhundert zeigt ein Exemplar aus dem ersten nachchristlichen Jahrtausend auf der Insel Rida.

mige Hauptstadt des Reiches Mari frei, das fast ein Jahrtausend lang Zentralmesopotamien beherrscht hatte, ehe es 1696 v.Chr. dem Eroberer Hammurabi von Babylon (1728-1686) zum Opfer fiel. Wertvollster Fund: eine Bibliothek von 25 000 Keilschrift-Tafeln, die uns über Kultur und Alltag der Euphrat-Anwohner im 18. Jahrhundert v.Chr. unschätzbare Auskünfte geben.

Die Verehrung des Wassers durch die Menschen von Mari machte eine Plastik besonders deutlich, Parrot nannte sie die »Göttin mit dem Wasser spendenden Gefäß«. Es ist eine knapp anderthalb Meter hohe Frauenfigur, in deren Innerem eine Steigleitung zum Gefäß führt, das sie in Händen hält. Nach dem Prinzip der kommunizierenden Röhren wurde Wasser aus einem höher gelegenen Tank in die Figur eingespeist, so daß es während kultischer Handlungen aus der Kanne überlief und den in Wellen gerafften Rock der Göttin herabrieselte – ein faszinierender Anblick.

Zylindrische Tongefäße, Grabbeigaben aus dem 4. Jahrtausend v. Chr. Vorboten späterer Tonröhren?

Ebenso erstaunlich die wassertechnischen Großeinrichtungen wie Deiche, Speicherbecken, Dämme, Wehre, Tiefbrunnen und ein Netz von Entwässerungkanälen, das noch während der Ausgrabung funktionierte: Nach einem schweren Regenguß kehrten Parrot und seine Leute besorgt auf die Grabungsfelder zurück und fanden sie schon wieder fast trocken, so rasch hatte sich das Wasser durch die Rinnen des viele tausend Jahre alten Netzes verlaufen. Es hatte seinerzeit allerlei zu bewältigen, vor allem was die 25 000 Quadratmeter bedeckende Königsburg mit ihren 250 Räumen anging. Schon der Speisesaal für über 100 Personen belegt, wie rege es hier zuging und welche Dimensionen die Versorgungseinrichtungen hatten: Die Küche weist einen Reihenherd mit fünf Feuerstellen auf, die durch gewölbte Öffnungen beschickt wurden. Dazu kamen ein großer und ein kleiner Backofen und große Mengen Geschirr aller Größen, das auf Wandborden untergebracht war oder in Ringgestellen stand.

Recht klein, aber in großer Zahl vorhanden waren Baderäume wie der der Königin: Zwei freistehende, im Boden verankerte ovale Wannen mit abgeflachtem Rand dienten offenbar Wechselbädern. Sie hatten keinen Ablauf und wurden nach Gebrauch in den Bodenablauf ausgeschöpft. Der Hockabtritt gegenüber verfügte über einen eigenen Abfluß, durch den die Fäkalien in eine 17 Meter tiefe Abortgrube gespült wurden. Für Heizung – es kann in der Gegend winters recht kalt werden – sorgten Holzkohlenpfannen, über denen in Hängekesseln auch warmes Wasser vorgehalten wurde; der Rauch zog durch senkrecht ineinander gesteckte Tonrohre ab.

Die Verdichtung der Bevölkerung in den kulturellen und politischen Zentren führte zur Verbreitung hygienischer Kenntnisse. Man wußte zwar nicht, wie Ansteckung vor sich geht, doch man wußte, daß Krankheiten ansteckend sein können und daß Unreinlichkeit sie fördert. So waren vor allem Aussätzige (Lepröse) von öffentlichen Ämtern ausgeschlossen oder durften Städte gar nicht erst betreten. Im frühen Reich der Hethiter in Kleinasien gab es um 1740 v. Chr. scharfe Vorschriften etwa für Köche des Palastes, sich selbst, das Wasser und die Speisen vor Verunreingungen zu schützen. Entdeckte der König das sprichwörtliche Haar in der Suppe, konnte das die Todesstrafe für den Übeltäter und seine ganze Familie bedeuten.

Im Industal blühte in dieser Zeit die nach der Stadt Harappa benannte Kultur, deren bedeutendste Metropole Mohenjo Daro am Unter-

Baderaum eines Wohnhauses im altindischen Mohenjo Daro: Ein Rundbrunnen und vorn eine ziegelummauerte Badeplattform zeugen vom hohen Standard der Hygiene.

lauf des Stromes war, die seit den 1920er Jahren ausgegraben wurde. Der moderne Name bedeutet »Stadt der Toten«; wie der Ort seinerzeit hieß, wissen wir ebenso wenig wie wer ihn erbaute und wer ihn bewohnte. Wir wissen nur, daß es eine sehr auf ihre Gesundheit und ihren Komfort achtende Gesellschaft war, denn eine ausgeklügeltere sanitäre Infrastruktur als hier fand sich bisher nirgendwo sonst für den Berichtszeitraum:

Elf Meter breit war die Hauptstraße, die in Richtung der Monsunwinde 800 Meter quer durch den Ortskern führte. Die aus sauber geformten und sorgfältig gebrannten Ziegeln erbauten zwei- bis dreistöckigen Häuser der rund 30 000 Einwohner waren rechteckig angeordnet, ihre Räume von einem Innenhof aus erreichbar. Jedes Haus hatte eine Küche mit Backofen, einen Baderaum mit Fußboden aus wasserdicht gestampften Tonscherben, einen Abtritt mit Sitz und Wasserspülung, Sammler für Regenwasser und gemauerte Ziegelrinnen zur Entwässerung nach der Straße hin. Aus den oberen Geschossen wurde der Abfall in Müllschächte geworfen.

Fast jedes Haus verfügte über einen der mit Keilbacksteinen rund eingefaßten Brunnen und entsorgte die Abwässer durch abgedeckte Kanäle. Zu den Großbauten gehörte ein öffentliches Schwimmbad mit einem Becken von 12 x 7 x 2 Metern mit angeschlossenen Heißluftbädern. Zur Dichtung wurde Bergteer eingesetzt, ein Schöpfwerk sorgte für die Befüllung.

Hochentwickelt waren in der Mitte des 16. vorchristlichen Jahrhunderts Heilkunst und Gesundheitswesen in Ägypten unter einem »Verwalter des Hauses der Gesundheit und Wahrer des Geheimnisses der Gesundheit im Hause des Thot«. Angehende Priester-Ärzte lernten anhand von heiligen Schriften, von denen uns einige auf Papyrus überliefert sind. Sie empfahlen Zaubersprüche, aber auch Einläufe, Bäder, Abführmittel, Umschläge, Packungen, Salben und eine ganze Reihe von Wasserverschreibungen (z. B. Weizenwasser-Umschläge bei Magenverstimmungen). Den Körper teilten die Mediziner in 36 Areale ein, denen je eine Gottheit zugeordnet war. Die Therapie umfaßte daher auch das Auflegen der Hand auf das befallene Gebiet unter entsprechenden Gebeten, war also Be-Handlung im Wortsinn. Einige Krankheiten wie

Sauber gemauert präsentiert sich noch heute der in Mohenjo Daro freigelegte Abwasserkanal aus Ziegelsteinen, der ursprünglich mit Platten abgedeckt war.

−1600 bis −1400

Gut rekonstruieren ließ sich der Baderaum der Königinnen in Knossos, und die Badewanne selbst konnte sogar restauriert werden. Von der einstigen Pracht der Muster blieb freilich nur eine Ahnung.

Aussatz, Fallsucht (Epilepsie), Bilharziose oder Beulenpest, die man »asiatische Krankheit« nannte, sind in den Papyri detailliert beschrieben, wobei ständig betont wird, daß Reinlichkeit gegen viele Übel die beste Prophylaxe sei. Auch die gefährliche Rolle des Ungeziefers war bekannt, das durch Natronwasser ferngehalten werden sollte.

Ob die Ärzte schon den Puls gefühlt haben, ist unbekannt. Meßtechnisch gekonnt hätten sie es, denn es gab recht genaue Wasseruhren: kegelförmige Gefäße mit Ablauf, deren Wasserstand die buchstäblich verflossene Zeit anhand von Linien angab. Aufzuhalten vermochten die Zeit natürlich auch die Mediziner nicht, aber um Verbesserung der Lebensqualität bemühten sie sich: Kosmetik spielte eine erhebliche Rolle. Man verschrieb Alabasterpuder, Salben aus mit Honig versetztem Salz, ja man setzte sogar auf Verjüngungskuren und bekämpfte – wohl ebenso vergeblich wie heute – Glatzenbildung durch Haarwuchsmittel.

Das Raumklima beeinflußte man durch Duftstoffe, wobei vor allem im sakralen Bereich Weihrauch eine besondere Rolle spielte. Wir kennen von Wandbildern den um 1480 v.Chr. – allerdings letztlich fehlgeschlagenen – Versuch der Königin Hatschepsut, Weihrauchbäume in Ägypten heimisch zu machen: In großen Krügen transportierten Arbeiter Bäume mit gewässertem Wurzelstock aus dem Land Punt (Ost-Sudan) oder über die »Weihrauchstraße« aus Süd-Arabien mit Karawanen an den Nil. Aus dem Harz gewann man gummiartige Kügelchen, die beim Verbrennen in kunstvoll gestalteten Pfännchen an Bronzearmen den betörenden Duft entwickelten.

In Mesopotamien tauchte jetzt ein schon bekannter Werkstoff in neuer Verwendung auf: Glasuren waren seit langem in Gebrauch zur Veredelung von Gefäßen. Gefäße selbst aber ganz aus Glas entwickelten erst die Assyrer um die Mitte des 15. Jahrhunderts v. Chr. Dabei gingen sie nach dem Sand-Kern-Verfahren vor: Um das Ende eines Stabes wurde eine Form aus feinem, tonig-feuchtem Sand hergestellt. Mit dem Stab tauchten dann die Handwerker den Kern in die flüssige Glasmasse und zogen ihn unter langsamem Drehen wieder heraus. Dadurch bildete sich um den Sandkern ein Glasmantel. Nach der Abkühlung entfernte man auch den Stab aus dem Glaskern und säuberte durch Kratzen und Schaben das verbleibende Glasstück.

Um 1450 v.Chr. stand auf Kreta die minoische Kultur in später Blüte, benannt nach dem mythischen König Minos. Die Einwohnerschaft der Insel war auf über 200 000 gewachsen, in Palastanlagen, wie denen von Knossos, Mallia oder Zakros, zeigte sich ein durch lange Friedenszeiten angehäufter Reichtum. Trinkwasser kam ins Machtzentrum Knossos durch Leitungen aus entfernten klaren Quellen und erreichte die Entnahmestellen in Küchen und Bädern durch Rohre aus Ton. Sie hatten zum Teil noch Henkel, was die Entwicklung aus Krügen belegt und außerdem praktisch war beim Verlegen. Die bunt mit Motiven aus Wasserpflanzen und Fischen bemalten Sitzbadewannen aus

Seit dem frühen 2. Jahrtausend v.Chr. bemühten sich die mesopotamischen Techniker um Glasuren und gelangten schließlich zur Herstellung ganzer Gefäße aus Buntglas.

gebrannter Tonerde beindruckten noch dreieinhalb Jahrtausende später den Milliardär Onassis so sehr, daß er sich für eine seiner Luxusjachten ein genaue Nachbildung herstellen ließ.

Besonders gut erhalten hat sich die Anlage von Zakros an der Ostküste, das nach der Zerstörung um 1450 v.Chr. nicht wieder überbaut und auch kaum geplündert worden ist. Auch hier wurde Quellwasser zum Trinken herangeführt, aber auch Regenwasser für Bade- oder Reinigungszwecke gesammelt und flankierend Grundwasser aus Tiefbrunnen geholt. Der rund 6000 Quadratmeter bedeckende Palast barg mehr als 2000 Gefäße unterschiedlichster Größen, hatte ein verzweigtes Leitungssystem zur Entwässerung, plattengepflasterte Lichthöfe und eine überdachte Königshalle auf Pfeilern. Mitten in der Halle befand sich ein 1,50 Meter tiefes Schwimmbecken von fünf Metern Innendurchmesser mit Sitzrand und Badetreppe. Es war immer mit Frischwasser aus einem begehbaren Schachtbrunnen gefüllt, was zur Kühlung und zur Befeuchtung der Luft beitrug. Lochsteine als Überlauf sorgten für gleichbleibenden Wasserspiegel.

Im Palast von Zakros fand sich ein geräumiges Schwimmbad, in das eine Treppe hinunter führt.

Schnurkeramiker, Minoer, Harappa-Leute

Freigelegt auf Pylos: die Terrakotta-Badewanne im Palast des Nestor (13. Jahrhundert v. Chr.).

Die eigentlichen sanitären Anlagen zeichneten sich durch eine ständige Spülung in den Abtritten aus, die in Sickergruben entwässerten; Abwasser wurde nicht in den nahen Fluß und auch nicht ins Meer entsorgt. Dorthin floß nur überschüssiges Oberflächenwasser aus Niederschlägen. Die Kanalisation lag weitgehend unter Flur und bestand aus Rohren oder in kleineren Abzweigungen aus U-förmigen Rinnen. Im Bad der königlichen Familie lud ein quadratisches Becken von zwei Metern Seitenlänge zum Waschen hinter einem Wandschirm, die Heizung des Raums und die Warmwasserbereitung geschah mittels eines Tonherdes, der Wärme durch kleine Löcher abstrahlte. Ein Ruheraum schloß sich an, die Küche lag unweit davon, und der hundert Quadratmeter große Speisesaal erklärt die reiche Küchenausstattung. Die Toten fanden ihre letzte Ruhe fern vom Palast in einer Schlucht.

In der Metalltechnik war um 1400 v. Chr. immer noch Ägypten führend. Die Ergebnisse, zum Beispiel ohne Spuren aufgelötete Verzierungen, hauchdünne Bleche als Wandschmuck, Bodenverkleidung oder Türbeschläge kennen wir aus Funden. Über die technischen Vorgänge unterrichten uns regelrechte »Comics« auf Wandgemälden, Serienbil-

Im Palast des Minos auf Kreta dienten U-förmige Rinnsteine, früher meist mit Platten abgedeckt, der Drainage.

der, die die einzelnen Arbeitsschritte, etwa der Ziegelherstellung, festgehalten haben: Nilschlamm wurde dem Schwemmland an den Ufern entnommen und in Bottichen an Tragebalken transportiert. Arbeiter mischten ihn zum Vermeiden von zu früher Brüchigkeit mit Asche oder Strohhäcksel, wie im Alten Testament erwähnt (2. Mose 5, 7-13). Alsdann füllte man die Masse in Holzrahmen der gewünschten Größe und ließ sie trocknen. Nach Abnehmen der Verschalung hatte man die Ziegel, die dann mit flüssigerem Nilschlamm vermauert wurden. Gebäude daraus wiesen wegen der guten Dämmqualität ein angenehmes Klima auf. Auch Sonderformen etwa für Gewölbe-Ziegel ließen sich auf diese Weise vorfertigen.

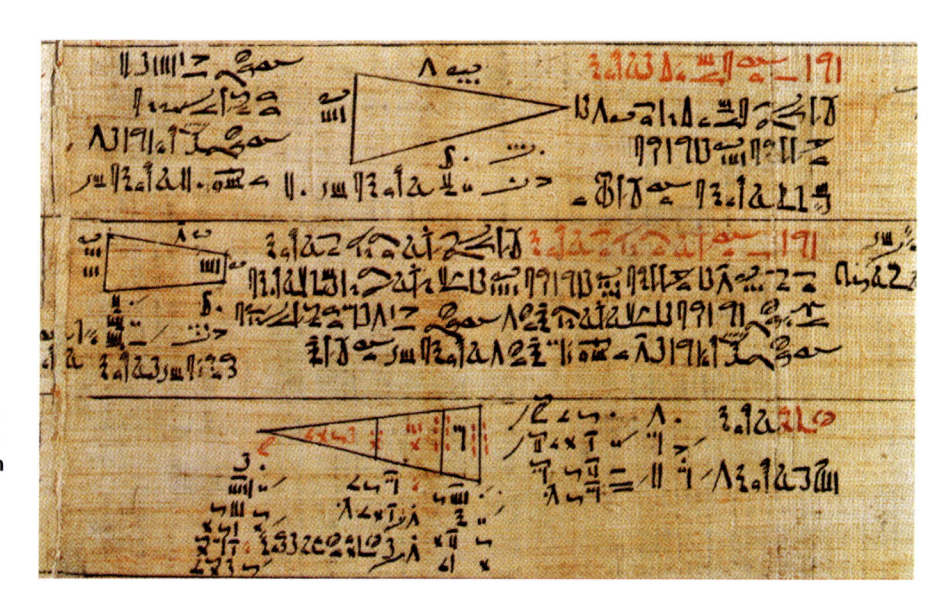

Bautechnik war für die altägyptischen Architekten angewandte Mathematik: Wie weit entwickelt sie schon war, wissen wir aus dem Papyrus Rhind (um 1800 v. Chr.), benannt nach dem Entdecker, dem britischen Ägyptologen Alexander Henry Rhind.

Göttliche Sonne, heiliges Wasser

−1400 bis −1300

Das 14. vorchristliche Jahrhundert erlebte eine theologische Revolution. Ob dabei die Ein-Gott-Lehre des jüdischen Patriarchen Abraham den Sonnenkult des ägyptischen Pharaos Amenophis IV. (1364-1347 v.Chr.) beinflußte, oder ob dieser als Echnaton (»er gefällt dem Aton [der Sonne]«) den jüdischen Jahwe-Glauben befruchtete, kann hier unentschieden bleiben. Wichtig ist, daß die monotheistische Revolution von oben in Ägypten zum Bau der neuen Hauptstadt Echetaton, dem späteren Tell el-Amarna, führte, und daß diese nach dem Tod des »Ketzer-Königs« und der Rückkehr Ägyptens zum alten Amun-Götterhimmel unter seinem unmündigen Schwiegersohn Tutanchamun (1347-1339) verfemt war, verfiel und versandete. So überdauerte sie, obschon zerbröckelt, wie eine Momentaufnahme die Jahrtausende und gewährt uns seit Beginn der Ausgrabungen durch den britischen Archäologen William Matthew Flinders Petrie (1853-1942) Ende des 19. Jahrhunderts Einblicke in den Alltag der Menschen in der Hochzeit des Neuen Reiches Altägyptens (1552-1070 v.Chr.), wie wir sie so detailliert kaum einmal bekommen.

Amarna, etwa auf halbem Weg zwischen den beiden früheren Hauptstädten Memphis im Norden und Theben im Süden am rechten Ufer des Nils gelegen – Echnaton wollte Abstand vom Überkommenen –, entstand in nur wenigen Jahren. Da vor allem die dem Pharao ergebenen hohen Beamten und Höflinge mit ihm in die neue Hauptstadt zogen, spiegeln die Einrichtungen der Häuser vermutlich überdurchschnittlichen Komfort: In vielen Höfen, vor allem in denen, die weiter weg vom Nil lagen, fanden sich große Brunnen mit »schaduf«, einem bis heute in Arabien gebräuchlichen Schwengel (schwenkbarer Hebearm). Auch platteneingefaßte Teiche hatten sich einige Hausbesitzer anlegen lassen, zur Zierde, als Schwimmbecken und Geflügeltränke sowie zur Fischhaltung. Der Feldbewässerung dienten Grabensysteme, doch wurde Wasser auch vielfach noch von Arbeitern mit Krügen an Tragebalken oder über größere Entfernungen in Schläuchen auf Eseln transportiert.

In den meisten Häusern fanden sich Nischen mit Fußböden und Wänden aus Kalksteinplatten, am Boden leicht geneigt zu einem Ablauf

Die Hebelgesetze machten sich die ägyptischen Wasserbauer zunutze: Mit einem Schwengel, »schaduf« genannt, erleichterten sie das Wasserschöpfen und Bewässern.

hin: Hier badeten die Bewohner, und zwar durch Übergießen; Wannen waren unbekannt. Wie wichtig ihnen Reinlichkeit war, sagt die Inschrift auf einem Waschnapf: »Mögest du dein Gesicht waschen in Wohlgefühl und Gesundheit. Bleib frohen Herzens.« Manche Häuser hatten mehrere Bäder im gleichen Raum, die dann mit sogenannten Schamwänden abgeteilt waren, zuweilen mit Fisch- oder Pflanzenmotiven bemalte Mäuerchen. Sie trennten oft auch den Abtritt vom anderen Raum ab: Steinsitze mit nach vorn gekerbtem Loch, unter die das Geschirr geschoben wurde. Wo diese Sitze fehlen, handelte es sich vermutlich um

Göttliche Sonne, heiliges Wasser

Häuser von ärmeren Bewohnern, deren hölzerne Leibstühle, die wir von Grabbildern kennen, nicht überdauert haben.

Frisiert wurde im Innenhof der vornehmen Gebäude oder auf öffentlichen Plätzen. Ambulante Barbiere schnitten die Bärte der Männer in die typische eckige Form oder bauten den Damen kunstvolle Frisurtürme, zusammengehalten von Pomade und mit Kämmen aus Holz oder Elfenbein, geschmückt mit Gemmen. Gern ließen sich die Barbiere von Sängern oder Märchenerzählern begleiten, die ihre wartende Kund-

Zur Morgentoilette einer ägyptischen Prinzessin gehörten Haar- und Mundpflege. Ob die kosmetischen Bemühungen zu ihrer Zufriedenheit ausfielen, konnte sie im Handspiegel (oben) kontrollieren, den sie auf dem Relief in der Linken hält.

Im Grab des Tutanchamun fanden die Archäologen diese beiden Weihwassergefäße aus blauer Fayence in Kannen- und Flaschenform.

schaft bei Laune hielten. Die ägyptischen Damen verfügten bereits über ein beachtliches Arsenal an Kosmetika: Schminke und Salben zur Hautpflege entnahmen sie kunstvollen Specksteingefäßen. Das Augen-Make-up aus grünem Malachit-Puder oder schwarzem Puder aus Bleiglanz führten sie in zierlichen Lederbeutelchen mit sich.

Die Mahlzeiten nahm man an Einzel- oder Zweiertischen in der Haupthalle ein. Sie lag stets in der Mitte des Hauses, hatte hochgelegene Gitterfenster und wurde mit Öllampen auf Ständern beleuchtet. Mehrere Handwaschstellen oder transportable Becken ermöglichten die Reinigung der Hände vor und nach dem Essen sowie während der Mahlzeit, die gewöhnlich mit den Fingern eingenommen wurde. Für heiße Tage standen Krüge zum Besprengen des staubigen Bodens bereit. Hauptnahrungsmittel war Brot aus Gerste, getrunken wurde neben Wasser und Milch vor allem das aus dem genannten Brot bereitete Bier. Die Feuerstellen in der separat liegenden Küche beschickte man mit Stroh oder Holz, ind den nur zum Heizen gedachten Herde verbrannte man auch getrockneten Schafdung, der lange die Hitze hielt, oder Abfälle. Sehr viele Speisen garten im Backofen: ca. einen Meter hoch, rund und nach oben verjüngt mit drei bis vier Zentimeter dicker Wandung aus Nilschlamm, die durch das Beheizen durch ein seitliches Schürloch von innen heraus hart gebrannt wurde. Meist findet sich dieser Ofen an der Südwand, weil der vorherrschende Nordwind dann den Rauch vom Haus forttrug.

Sicheres Trinkwasser für Bergsiedlungen

−1300 bis −1200

Wesentlich weniger wissen wir mangels Schrift über die etwa gleichzeitige Kultur der Leute von El Argar bei Fuente Álamo (Almería) auf der Iberischen Halbinsel. Es handelte sich um eine in den 1980er Jahren ausgegrabene fast stadtartige keltische oder doch fremde Siedlung in feindlicher Umwelt, denn die um 1350 v.Chr. errichteten Hütten standen auf einer Hochebene, so daß Wasser in großen Becken vorgehalten werden mußte für den Fall, daß die Wege zu Quellen und Bächen im Tal verlegt wurden. Halten konnten sich die Fremden auch wegen ihrer recht weit entwickelten Technik der Metallbearbeitung (Bronze, Zinn, Gold, Silber), die sonst im südlichen Europa noch in den Kinderschuhen steckte, von Kreta einmal abgesehen. Interessant ist die Bestattungsart in El Argar: Weil man wegen äußerer Bedrohung die Verstorbenen möglichst in der Siedlung und nahe ihrer Wohnung beisetzen mußte, wurden die Leichen in sogenannten Pithoi, großen bauchigen Gefäßen, hockend und versehen mit Beigaben (Nahrung, Schmuck, Waffen) bestattet. Das weist auf den engen sozialen Zusammenhang hin und darauf, daß die Menschen die Gefahren durch Verwesung kannten.

In den Hochkulturen an den großen Strömen ließ sich die Wasserzufuhr für die Städte relativ leicht organisieren, meist im Wege des Kanalbaus. Aride Gebiete wie Palästina, das zudem beliebtes Durchzugsgebiet von Kriegerscharen war, hatten es da schwerer. Aus Sicherheitsgründen nämlich errichteten die Menschen dort ihre Siedlungen bevorzugt auf Anhöhen, die leichter zu verteidigen waren. Aber das Wasser! Lange Belagerungen hielten sie nur aus, wenn sie einen Zugang zum lebensspenden Naß besaßen oder genügend Vorräte in Reservoiren angelegt hatten. Schon früh entdeckten die Tiefbauer hier, daß Quellen im Umland in unterirdischer Verbindung miteinander stehen und daß nicht selten die Wasseradern unter den Hügeln entlang strö-

Aus dem Felsen kerbten die Bewohner von El Argar bei Fuente Álamo dieses Becken als Regenwasserspeicher.

Die im 14. vorchristlichen Jahrhundert entstandene bronzezeitliche Siedlung El Argar in der spanischen Provinz Almería war zum Schutz vor Angreifern auf einem Hochplateau angelegt worden.

Sicheres Trinkwasser für Bergsiedlungen

men. Mittels Tiefbrunnen ließ sich da oft die Versorgung sichern. Zuweilen aber reichten diese Schächte nicht aus, weil die nächste Ader außerhalb der Befestigungen verlief. Wann die ersten Stollen unterirdisch dorthin vorgetrieben wurden, ist nicht genau zu ermitteln. Man nimmt aber an, daß die Bergleute etwa im 13. vorchristlichen Jahrhundert über die Mittel dazu verfügten. Jedenfalls fanden Archäologen eine ganze Reihe von Anlagen, deren Baubeginn in die Zeit fällt, an denen aber natürlich auch später noch lange gebaut wurde.

Zwei besonders eindrucksvolle Beispiele sollen hier genügen: In Gezer, heute Ruinenstätte 30 Kilometer nordwestlich von Jerusalem, legten Altertumsforscher seit 1901 einen Schacht frei. Er führte 29 Meter tief hinunter zu einem Stollen, der über 67 Meter zu einem unterirdischen Fließgewässer außerhalb der Stadtmauern verlief. Die gewaltige Bauleistung wird deutlich beim Blick auf die anderen Dimensionen: Der Gang ist vier Meter breit und sieben Meter hoch aus dem Kalkstein geschlagen, hat eine Treppe und mündet in einer weiten Höhle, die als Quellbecken diente. Nur in Kriegszeiten wurde der Stolleneingang, der heute zehn Meter unter der Stadtsohle liegt, freigegeben. Wiederholt von den Ägyptern zerstört, hat König Salomo die Stadt Gezer im 10. Jahrhundert v.Chr. wieder aufgebaut.

Auch im strategisch besonders wichtigen Megiddo, 32 Kilometer südöstlich von Haifa in der Ebene Jesreel gelegen, wurde wohl um 1280 v.Chr. ein solches System angelegt. Seit 1903 ausgegraben, zeigt es sich allerdings in der ebenfalls unter Salomo weitergeführten Form: 70 Meter langer aus dem Fels geschlagener Stollen mit Stufen zu einer 30 Meter tiefen Wasserstelle in Form eines nochmals über fünf Meter tiefen Brunnens außerhalb der südwestlichen Stadtmauer. Ein besonderer Fund zeigt die Bedeutung, die diesen Anlagen auch später noch zukam: Sie waren ja ständig in Gefahr verraten zu werden, was das Ende für die Belagerten bedeutet hätte. Die Ausgräber stießen auf Skelette von Bewaffneten, die wohl bei der letzten Belagerung im 7. Jahrhundert v. Chr. niedergemacht worden waren.

Daß der kostbare Stoff natürlich auch sakrale Bedeutung gewann, haben wir schon gesehen. Einen besonderen Gipfel erreichte die Wasserspende oder das Trankopfer in Ägypten während der Regie-

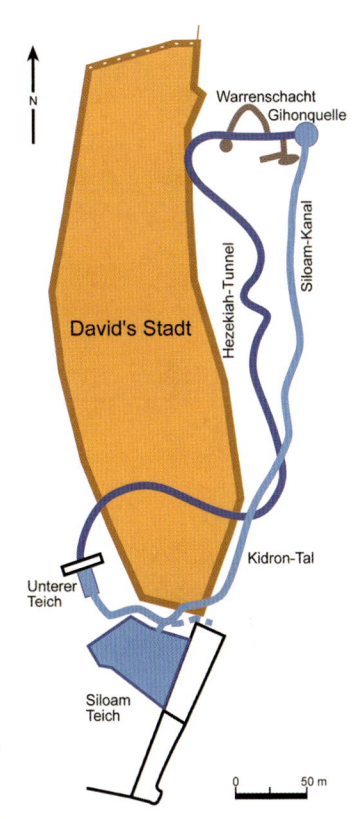

Wasserversorgung Jerusalems zu Beginn des ersten vorchristlichen Jahrtausends: Der sogenannte Warrenschacht erlaubte über unterirdische Treppen den Zugang zur Gihonquelle. Aus ihr wurde Wasser im Siloam-Kanal zum gleichnamigen Teich geleitet. Später kam ein gewundener Tunnel-Kanal hinzu, durch den Wasser durch die Stadt zum Unteren Teich floß.

Heute zur Besichtigung gesichert: Der siebzig Meter lange aus dem harten Fels geschlagene Tunnel der Bergfeste Megiddo, der den Bewohnern feindsicheren Zugang zu unterirdischen Quellen ermöglichte.

rungszeit Ramses II., dem Pharao der 19. Dynastie, der fast siebzig Jahre lang das Reich führte (1290-1224) und von seinen Kriegszügen eine Vielzahl neuer Götter mitbrachte. Ihnen allen mußte geopfert werden, und das Darbringen von Wasser oder auch Bier oder Wein war die häufigste Form der Verehrung. Sie wurde auch von Göttern am Pharao vorgenommen, der auf Bildern oft als mit göttlichem Wasser durch Übergießen geweiht erscheint, wobei ein Kreuz als Lebenszeichen erscheint, dessen senkrechter Balken oben in Tropfenform ausläuft.

Jetzt, um 1250 v.Chr., kommt auch das griechische Festland in den Blick, das vorklassische der von Kreta beeinflußten mykenischen Kultur, benannt nach der Königsburg des Agamemnon. Wir kennen den sagenhaften Anführer der Griechen im Trojanischen Krieg aus einem Epos des Dichters Homer. Dieser schrieb zwar ein knappes Jahrtausend später, doch haben sich seine Angaben bei den Ausgrabungen Heinrich Schliemanns (1822-90) sowohl in Troja, als auch in Mykene als zutreffend erwiesen. Die hier lebenden Achäer legten ihre Bauten um einen zentralen Raum, das Megaron, mit ständig brennendem Herdfeuer an. Er diente als Empfangssaal, war Lebensmittelpunkt des ganzen Anwesens und maß etwa in Alt-Pylos in Messenien (Peloponnes) 12,9 mal 11,2 Meter; der Herd, eingefaßt von einem 25 Zentimeter hohen Mäuerchen, hatte einen Durchmesser von vier Metern. Über ihm im Dach des Megarons befand sich ein Licht- und Abzugsschacht aus Ton.

Nur anderthalb Jahrzehnte später standen schon viele der achäischen Burgen nicht mehr, andere hatte sich durch Verstärkung ihrer Befestigungen gegen die herandrängenden Illyrer noch halten können. Das gelang natürlich nur durch Wasserbevorratung oder Schaffung von geheimen Gängen zu unterirdischen Brunnen oder Quellen, wie wir sie oben in Palästina kennengelernt haben. In Mykene lag die Brunnenstube 15 Meter unter der Erde und wurde über 104 Stufen erreicht. Gespeist wurde der Brunnen von einer Quelle, deren Wasser über 360 weit

Sicheres Trinkwasser für Bergsiedlungen

durch Tonrohre hierher flossen. Badewannen der kretischen Art, die man hier gefunden hat, belegen, daß sich die Bewohner trotz der äußeren Bedrohung einen gewissen Wasserluxus leisten konnten. Hundert Jahre hielt Mykene auf diese Weise noch, die Brunnenanlage aber noch viel länger. Die Römer haben sie noch genutzt und ausgebaut.

Etwa zu der Zeit, als in Europa die illyrische Völkerbewegung einsetzte, kam es auch im Vorderen Orient zu einer großen Wanderung. Um 1220 v.Chr. begann der Auszug (Exodus) der Juden aus Ägypten. Sie waren ihrer Ein-Gott-Lehre treu geblieben, hatten aber sonst viel von der ägyptischen Kultur übernommen, darunter die Herstellung von Gerätschaften, die sie für kultische Handlungen brauchten: den Opfertisch aus kupferüberzogenem Akazienholz, Töpfe für die Asche des Feueropfers, Schalen und Pfannen, kupferne Schnabelkannen und Waschbecken für die Reinigung vor dem Ritus sowie die »menora«, den goldenen siebenarmigen Leuchter. Die Bibel berichtet, daß all dies vom Lampenmacher Bezalel gefertigt wurde (2. Mose 37f). Auch die Reinlichkeitsvorschriften brachten die Juden aus Ägypten mit. So heißt es im 5. Buch Mose 23,13f: *»Und du sollst draußen vor dem Lager einen Platz haben, wohin du zur Notdurft hinausgehst. Und du sollst eine Schaufel haben, und wenn du dich draußen setzen willst, sollst du damit graben; und wenn du gesessen hast, sollst du zuscharren, was von dir gegangen ist.«*

Treppenniedergang zur Brunnenstube von Mykene, deren Becken von einer 360 Meter entfernt gelegenen Quelle gespeist wurde.

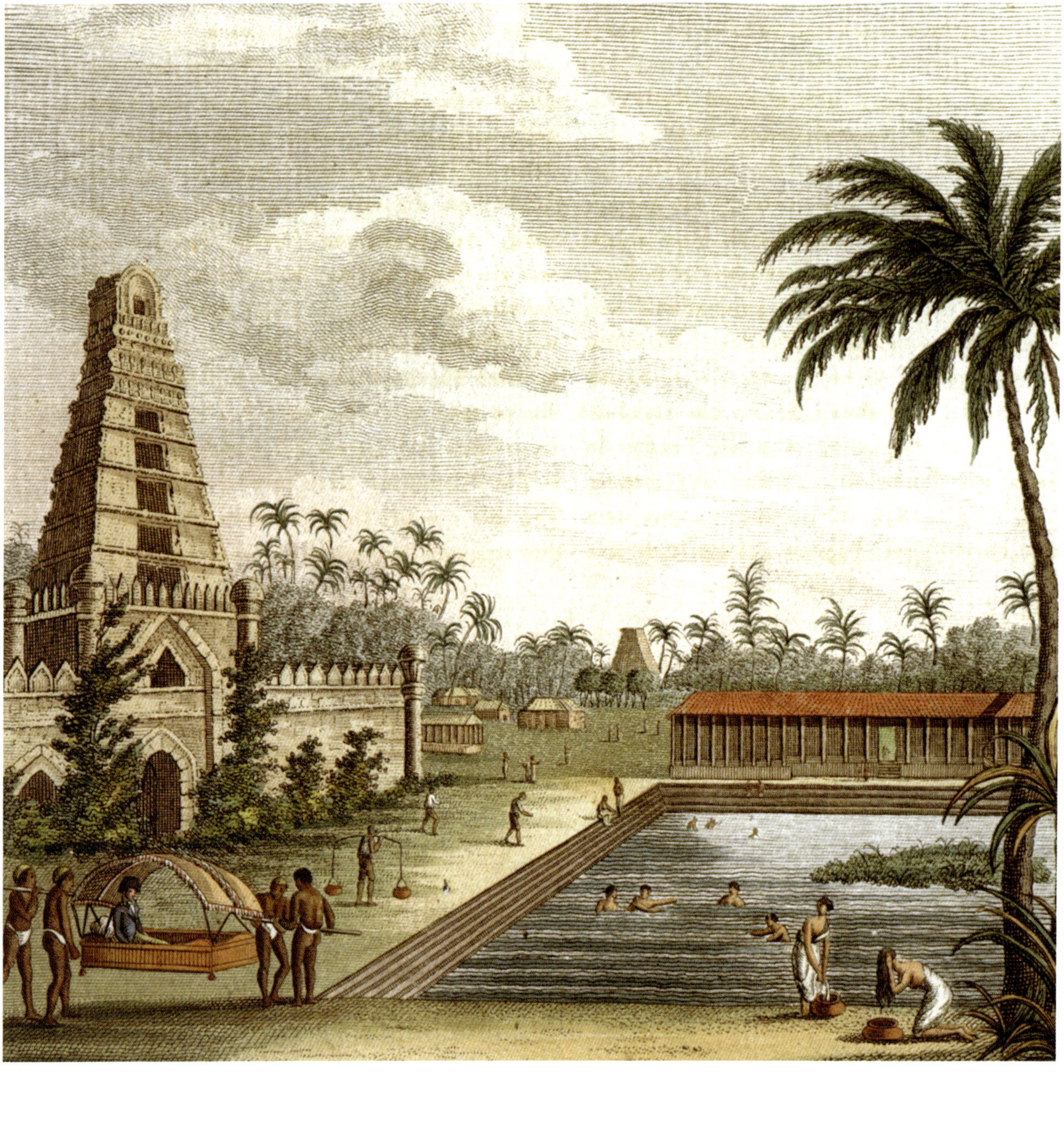

Klassisches Altertum – die frühe Antike

Epochengrenzen gelten immer nur bedingt, geschichtlich wie regional: Während sich im Orient und in Ägypten nichts Wesentliches wandelte, kam mit dem illyrischen Völkersturm in Europa um 1200 v.Chr. ein neues Element in die Entwicklung: Die anbrandenden indogermanischen Stämme aus der ungarischen Tiefebene oder aus noch nördlicheren Regionen waren durchweg weniger weit entwickelt als die Kulturen, auf die sie trafen und die sie, wo nicht zerstörten, so doch tiefgreifend veränderten. In der Begegnung zwischen den kriegerischen Einwanderern und den mittelmeerischen Zivilisationen kam es zu einer vitalen kulturellen Legierung, die dem Abendland die Basis gab. Entscheidend wurde vor allem das Vordringen dorischer Stämme in Griechenland bis auf die Ägäischen Inseln, nach Kreta und auf das kleinasiatische Festland. Die achäisch-mykenische Kultur wie das Hethiter-Reich fielen ihnen zum Opfer, gaben ihnen aber auch Impulse, die in der Folgezeit fruchtbar werden sollten. Die gesamte Völkerwelt des östliche Mittelmeerraums kam in Bewegung, weil die sogenannten Seevölker, etwa die in der Bibel erwähnten kriegerischen Philister, vor den Eindringlingen zurückwichen und erst von den Ägyptern zum Stehen gebracht werden konnten.

Wegen der Wirren ist die archäologische Ausbeute für die folgenden Jahrzehnte, ja Jahrhunderte recht mager. Immerhin läßt sich belegen, daß die Handwerker der neuen Herren in den betroffenen Ländern technisch rasch lernten. Die Kunst der Bearbeitung von Metallen, ob

Die alte indische Kultur zog die Europäer schon immer in den Bann: »Hinduistische Merkwürdigkeiten« war dieser Kupferstich in einem Bilderbuch betitelt, das 1809 bei Friedrich Bertuch in Weimar erschien. Er zeigt ein Heiligtum des Hauptgottes Wischnu, dem Herrn des Wassers.

−1200 bis −900

Rundum phantasievoll geschmücktes, aus Goldblech getriebenes Trinkgefäß, das in Mykene gefunden wurde.

edle wie Gold und Silber, ob Kupfer und Zinn zur Bronzeherstellung oder ob das jetzt immer stärker in Gebrauch kommende Eisen, erlitt kaum Einbrüche. Formschöne Wasserkannen mit angenieteten Henkeln und Schöpfgriffen, die in griechischen Gräbern der Zeit gefunden worden sind, dokumentieren das. Auch die Gewinnung von Eisen lernten die Dorer rasch durch das Muster der hethitischen Eisenhütten. Und sie sorgten für die Verbreitung der Kenntnisse bis nach Mitteleuropa, wo um 1100 v.Chr. ebenfalls Eisenhütten bekannt waren. Im Negev, rund 20 Kilometer südlich von Beerscheba (Israel), lag eine offenbar besonders ergiebige Eisenerzgrube, deren Betrieb und weite Handelsverbindungen für die Berichtszeit nachgewiesen sind. Auch in Indien kannte man wenig später (ca. 1050 v.Chr.) Eisenverarbeitung.

Es dominierte aber immer noch Bronze, vor allem im mittleren Europa. Sehr gut erforscht ist hier der Kupferbergbau am Mitterberg bei Bischofshofen (Salzburg). Er war schon in der ersten Hälfte des 2. vorchristlichen Jahrtausends zunächst im Tagebau in Betrieb genommen worden, erlebte aber jetzt um 1030 v.Chr. seine höchste Blüte. Durch Stollen bis in hundert Meter Tiefe und einen Hauptgang von zwanzig Kilometern Länge entlang des Mühlbachtals schafften gut 150 Bergleute das bereits unter Tage zerkleinerte Gut zu den Sammelstellen. Die Spaltung des Erzes erfolgte durch nächtliches Erhitzen, morgendliches Übergießen mit kaltem Wasser und dadurch erleichtertes Zerschlagen mittels Hämmern und Meißeln. Wegen des Erhitzens wurden Abzugsmöglichkeiten für die Abgase geschaffen. Im Freien sortierte man das Erz nach hältigem und taubem und transportierte das Brauchbare zu den Schmelzöfen. Kupferbarren oder von Schmieden vor Ort gefertigte Gerätschaften aus Bronze – in diesen unruhigen Zeiten vornehmlich Waffen – gingen auf teils weite Reisen zu fernen Kunden.

Die Arbeiter siedelten in einem ruhigen Seitental. Ihr Beruf mag dazu beigetragen haben, daß sich bei ihnen die Brandbestattung ihrer Verstorbenen durchsetzte. Der Leichenbrand wurde in Urnen gefüllt und diese auf großen Urnenfeldern an lange vorher bestimmter Stelle beigesetzt. Das hatte hygienische Vorzüge (Vermeidung von Leichengift, Schutz des Grundwassers) sicherte aber die Toten auch vor Leichenschändung und vor den sehr zahlreichen Raubtieren, die sonst

Klassisches Altertum – die frühe Antike

So könnte es in einer Metallwerkstatt der Bronzezeit ausgesehen haben: Gießen, schärfen, schleifen, hämmern, Blech treiben (Rekonstruktionszeichnung).

womöglich auf den Geschmack von Menschenfleisch gekommen wären. Diese Vorzüge haben der Sitte der Urnenbestattung in der späten Bronzezeit zu weiter Verbreitung von England bis auf den Balkan verholfen, weswegen man diese Epoche in Mitteleuropa auch als die der Urnenfelderkultur bezeichnet.

In diese Zeit um 1000 v.Chr. und in ähnliche Gegend fällt auch einer der ersten Funde von Holzrohren. Das bedeutet nicht, daß die

Schnitt durch die Fassung und den Überbau der Mauritius-Quelle in St. Moritz mit den beiden mächtigen Holzrohren, deren Reste im Museum zu besichtigen sind.

Menschen nicht schon weit früher solche Rohre verwendet haben können. Nur ist die Überlieferung hölzerner Relikte wegen der geringen Haltbarkeit des Materials halt auf sehr günstige Gegebenheiten angewiesen. Eine solche bietet die Mauritius-Quelle, die dem Kurort Sankt Moritz im Engadin den Namen gegeben hat. Als 1907 eine wachsende Vermischung des heilkräftigen Wassers mit Grundwasser untersucht wurde, fand man unter der neuzeitlichen Einfassung der Quelle eine Kiesschicht, durch die das Grundwasser einsickerte. Bei dem Versuch der Abdichtung kam darunter eine bronzezeitliche Einfassung zum Vorschein, deren Zentrum zwei mächtige, durch Entkernen und Ausbrennen rohrartig ausgehöhlte Lärchenstämme bilden (über zwei Meter lang, bis anderthalb Meter weit), die sich unter dem Kies in der Feuchte hervorragend erhalten hatten. Ganz anders als der nun angebrachte eiserne Ersatz, der schon nach zwanzig Jahren dem Rostfraß erlag und durch eine Zementfassung ersetzt wurde, die wohl ebenso wenig das ehrwürdige Alter der bronzezeitlichen Konstruktion erreichen wird. Diese ist herausgenommen worden und heute im Engadiner Museum in Sankt Moritz zu besichtigen.

Die indogermanische Völkerwelle erreichte gegen Ende des 2. Jahrtausends v.Chr. das Indus-Gebiet. Die sich selbst Aryas (Arier = Edle) nennenden Eroberer drangen dank schärferer Bronzewaffen und ihrer Streitwagen immer weiter nach Indien vor, eroberten die Städte, mieden sie aber, so daß die Reste der Harappa-Kultur verfielen. Es entstanden zwar bald neue Ballungsgebiete, doch hielten sie zivilisatorisch keinen Vergleich mit den untergegangenen aus. Das lag auch daran, daß die Arier beim Vormarsch die Bewässerungssysteme zerstört hatten und sich ingenieurtechnisch außerstande sahen, Vergleichbares an deren Stelle zu setzen. Dabei spielte das Wasser in ihrem Kult wie überall eine

Klassisches Altertum – die frühe Antike 47

Wasser und Kult stehen in allen Religionen in enger Beziehung zueinander. Viele Tempelanlagen in Indien sind daher um natürliche oder künstliche Gewässer angeordnet wie Sravana Belgola am rechteckig eingefaßten heiligen See.

zentrale Rolle: Ihr Hauptgott Waruna herrscht über Weltordnung und Recht, ausdrücklich aber auch über die Meere, seine rechte Hand dabei ist Wischnu, der Gott des Wassers. Den Rückschritt im Wasserbau kompensierten die neuen Herren durch die Übernahme der Eisenverarbeitung aus dem Westen. Sie verbesserte die Waffentechnik und trug damit zur Sicherung der arischen Herschaft bei.

Gerade umgekehrt kam die phönikische Stadt Tyros (heute Sur) damals (um 950 v.Chr.) zu hoher Blüte: Ihren Schiffbauern verdankte sie ihren Reichtum aus dem Handel über das gesamte Mittelmeer hinweg, und ihre Sicherheit beruhte auf der Lage auf einer Felsinsel vor der libanesischen Küste. Die schwere Zugänglichkeit allein aber hätte auf Dauer die Abwehr begehrlicher Eroberer nicht zu leisten vermocht, wenn Tyros nicht über Wasserbauingenieure verfügt hätte, die die Versorgung sichergestellt hätten. Die Stadt war angewiesen auf eine Quelle an Land, etwa sieben Kilometer südlich im Landesinnern gelegen. Das dort artesisch hervorsprudelnde Wasser wurde in Quellhäusern gespeichert, eines davon ein mächtiger Bau mit einem Reservoir von 70 Quadratmetern Grundfläche. Es brauchte bei einem Wasserstand von bis zu fünf Metern Höhe drei Meter starke Mauern, die aus mit Zement verfestigten Kieselsteinen geschüttet waren. Eine Leitung führte zum Hafen, von wo das Wasser per Schiff in die Festung gebracht und dort in Speicherteiche geleitet wurde, die aus dem Fels gehauen worden waren. Sie hielt man stets bis zur Obergrenze gefüllt, so daß ein Abschneiden des Nachschubs notfalls jahrelang zu überstehen war. Auch in den phönikischen Kolonien in Nordafrika, etwa in Karthago, fanden sich ausgeklügelte Bevorratungs- und Leitungssysteme nach dem Vorbild von Tyros.

−900 bis −800

Wassereimer mit Wasser-Darstellung: Der knapp 3000 Jahre alte Silbereimer, der bei Ausgrabungen in der Osttürkei gefunden wurde, zeigt ein goldenes Relief mit bärtigen Figuren, die Lebensbäume gießen.

Ohne jede Verbindung zu den Kulturen im Mittelmeerraum und in Asien erreichte an der Küste des heutigen Peru eine indianische Kultur den ersten Höhepunkt, deren Name auf ein erstaunliches Heiligtum zurückgeht: Beim über 3000 Meter hoch gelegenen Ort Chavín de Huantar am Ostabhang der Cordillera Blanca steht ein mächtiger Bau, der lange für eine uralte Festung gehalten worden war. Erst Ende des 19. Jahrhunderts erkannten die Archäologen, daß sie das Heiligtum eines frühgeschichtlichen Volkes vor sich hatten, dessen Spuren sich im Küstengebiet wie im Hochland der Anden über eine Länge von rund tausend Kilometern fanden. Diese daher Chavín-Kultur genannte altamerikanische Epoche, einsetzend etwa 1250 v.Chr. und nach der Blüte um 900 v.Chr. noch 700 Jahre lebendig, zeichnete sich durch gut entwickelte Töpferei und eine Bautechnik aus, die den Vergleich mit den Leistungen ägyptischer und mesopotamischer Architekten nicht zu scheuen braucht. Das Gebäude aus Granitquadern belegt mit seinen drei obererdigen und sieben untererdigen Stockwerken, daß die indianischen Baumeister schwere Blöcke zu brechen, zu befördern und zu heben verstanden. Sie beherrschten die Steinmetzkunst bis zum fugendichten Aufeinandersetzen der Quader und entwickelten ein gut funktionierendes Lüftungssystem durch Schächte. Außerdem zeigen 40 gemeißelte Flachbilder als Verkleidung des Mauerwerks künstlerisches Geschick, besonders zu bewundern, weil die Bildhauer kein Metallwerkzeug besaßen.

Klassisches Altertum – die frühe Antike

Allmählich erholte sich etwa um 800 v.Chr. die griechische Welt von den Erschütterungen der illyrischen Wanderungen. Wenig später entstanden die beiden großen Epen Homers, dessen Schilderungen aufschlußreich sind für den Alltag der Griechen in unserer Berichtszeit. In die Villen der Vornehmen, aber auch in Bürgerhäuser zog wieder Komfort ein, wie er sich zum Beispiel im verfeinerten Badewesen äußerte. Zum Standard der Wohnungen gehörte nun die Wanne, in der die Badenden im Sitzen mit warmem Wasser übergossen wurden, aufgeheizt in einem Kessel mit Dreifuß über offenem Feuer. Über die Wannen heißt es bei Homer, sie seien »schön geglättet« gewesen, was auch Fundstücke belegen. Ja, der Dichter berichtet sogar von silbernen Wannen und liefert uns damit den ersten Beleg für metallene Exemplare. Sie dürften aber noch sehr seltene Ausnahmen gewesen sein und nur höchsten Würdenträgern zur Verfügung gestanden haben. Für Fußwaschungen gab es eigene Wannen.

Neben dem Vollbad standen Ganzkörperwaschungen. Von Hephaistos, dem Gott der Schmiedekunst heißt es bei Homer – Schmieden ist ja eine ziemliche rußige und schweißtreibende Arbeit –: Er legte die Geräte, darunter erstmals eine Zange (vorher Zwingen oder Zwicken), weg und *»wusch sich mit einem Schwamm das Gesicht, beide Hände,/ den gedrungenen Nacken und seinen zottigen Brustkorb,/ legt' das Gewand an, ergriff einen dicken Knüppel und schritt dann/ hinkend zur Türe hinaus«* (Ilias, 18). Auch hier der Schwamm (»spoggos«) als Hilfsmittel, dem wir schon bei den Kretern begegnet sind. Händewaschen vor und nach den Mahlzeiten war eine Selbstverständlichkeit und vor kultischen Handlungen ohnedies. Dabei gossen sich die Griechen mit einer Kanne (»prochos«) Wasser über die Hände und ließen es unter Reiben herablaufen. Wäsche wuschen Dienerinnen auf Waschplätzen außerhalb der Stadt in Rinnen, durch die ständig frisches Wasser floß.

Lebensmittelpunkt in den Häusern war der Herd im Hauptraum, später im Innenhof, mit einem ständig genährten Feuer, auf dem die Speisen bereitet wurden. Der Herd war aber zugleich Opferstätte und das gesellige Zentrum, wo sich die Bewohner versammelten und sich

Welch hohen Stellenwert Reinlichkeit in der frühen Antike hatte, belegen künstlerische Darstellungen wie diese Tonfigur einer Badenden aus dem 10. Jahrhundert v.Chr. (Vorderer Orient).

aufwärmten. Das Feuer unterstützte zudem die Beleuchtung, die vornehmlich durch Kienspäne geleistet wurde. Ob die Griechen von den Kretern auch die Öllampen übernommen hatten, wissen wir nicht. Es ist aber anzunehmen, doch vermutlich nur bei den sehr wohlhabenden Bürgern. In seiner kultischen Funktion gewann der Herd mit der Zeit für Siedlung, Stadt oder gar Staat konstitutiven Charakter: Ein Gemeinschafts- oder Staatsherd (»pyrtaneion«) bildete den politischen und religiösen Mittelpunkt des Gemeinwesens. Hier wurden die Versammlungen der Bürger abgehalten und Gäste bewirtet, hier war der Verwaltungssitz mit dem Urkundenarchiv, hier sprachen die Richter ihre Urteile, hierher marschierten die Festzüge, und hier brachte man den Göttern die Opfergaben dar.

Erst der Entzifferung der assyrischen Keilschrift im 19. Jahrhundert war es zu danken, daß ein altorientalisches Reich wieder dem Dunkel der Geschichte entstieg, in dem es über zwei Jahrtausende lang verborgen gewesen war: Urartu, ein von churritischen Stämmen bevölkertes, im Süden Armeniens um den Van- und den Urmia-See gelegenes Land, das sozusagen auf einer Gebirgsinsel die Völkerverschiebungen überstand. Es hatte zwar manche Angriffe begehrlicher Nachbarn zu erdulden, doch während sich etwa Assyrer oder Hethiter in kriegerischen Abenteuern verzehrten, gelang den Urartäern immer wieder die Heilung der Schäden durch kluge Zurückhaltung und durch den Fleiß ihrer Handwerker. Um 800 v.Chr. erlebte Urartu eine Zeit der

Bilder aus dem urartäischen Alltag auf einem Bronzegürtel: Eine Dienerin bewirtet ihre reich geschmückte Herrin; andere Frauen schöpfen mit Krügen Wasser aus einem großen vasenartigen Gefäß.

Klassisches Altertum – die frühe Antike

Eine Ahnung von der unwegsamen Gegend, in der die Urartäer ihre Kultur entfalteten, vermittelt das Gemälde des Franzosen Jules Laurens (1801-1890), das eine Felsen-Festung über der Ebene des Van-Sees zeigt.

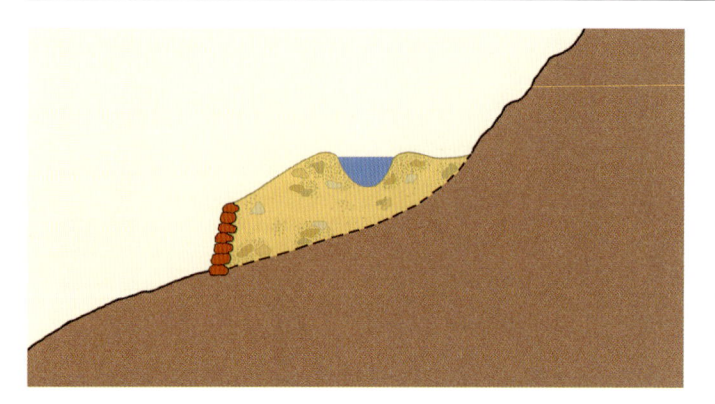

Damit die Wasserleitung für das urartäisches Tuschpa ein gleichmäßiges Gefälle bekam, mußte sie stellenweise hangseitig durch eine Mauer gestützt werden (Schnittzeichnung).

Prosperität und des Friedens, als König Menua (810-785) herrschte, die Stadt Tuschpa am Ostufer des 1650 Meter hoch gelegenen Van-Sees gründete und sie durch ein erstaunliches Bauwerk erblühen ließ: Da wegen der hohen Verdunstungsrate das Wasser des Sees nicht bekömmlich war, weder dem Boden, noch den Menschen, befahl er die Zuführung reinen Bergwassers durch eine 56 Kilometer lange Wasserleitung, die nach dem König benannt wurde. Es ist das erste uns bekannte Aquädukt von solchen Dimensionen. Es lieferte ca. 40 Millionen Kubikmeter Wasser jährlich und blieb fast drei Jahrtausende intakt. Erst 1950 wurde es durch eine Betonrinne ersetzt. Verständlich der Stolz des Königs, von dem eine Inschrift unter Anrufung des Hauptgottes der Urartäer berichtet (links): »*Durch des Haldi Allmacht hat Menua, der mächtige König,... der Herr Tuschpas, diese Leitung gebaut. Menua ist ihr Name... Wer diese Inschrift tilgt, wer sie beschädigt oder wer als ein anderer behauptet: ‚Ich habe die Leitung gebaut', den werden Haldi, der Wettergott, der Sonnengott und die anderen Götter vernichten, dem wird das Sonnenlicht genommen.*«

Städtegründungen

Das achte vorchristliche Jahrhundert war eines der Städtegründungen im gesamten Mittelmeerraum. Eine der Gründungen sollte die antike Welt grundstürzend verändern, und deswegen muß hier von ihr die Rede sein, obwohl von den sanitären Gegebenheiten noch wenig zu berichten ist: Am 21. April sieben-fünf-drei (753 v.Chr.) kroch Rom – wie es der Schülervers sagt – aus dem Ei. So genau kennt man das Gründungsdatum natürlich nicht, die Genauigkeit ist eine fiktive und geht zurück auf Berechnungen des römischen Gelehrten Marcus Terentius Varro (116-27 v.Chr.). Wie dem auch sei, die vermutlich etruskischen Anfänge der Ewigen Stadt fielen in diese Zeit. So legendär das Datum, so sagenhaft der oder die Gründer und ihre Herkunft: Wie der Name sagt, soll Romulus, ein Nachkomme des trojanischen Helden Äneas, Rom befestigt haben. Das stimmt mit Angaben des griechischen Geschichtsschreibers Herodot (um 490-um 425) überein, nach dem die Etrusker aus Lydien (Kleinasien) stammten. Übereinstimmungen etruskischer Worte mit solchen aus der hethitisch-luwischen Sprachfamilie weisen in dieselbe Richtung, wie auch die Tatsache, daß die Etrusker Meister der Verhüttung und Verarbeitung von Blei, Zinn, Kupfer und Eisen waren.

Das sicherte ihnen die Herrschaft über die autochthone Bevölkerung, die sie auch mit einem Netz von Stützpunkten in Schach hielten. Rom dürfte als ein solcher gedacht gewesen sein, lag doch sein Ursprung wie bei vielen etruskischen Siedlungen auf einem Hügel, dem Palatin. Den Unterworfenen überließ man die Landarbeit in den Tälern. Auf den später sieben Hügeln Roms galt es zunächst die Wasserversorgung zu sichern, was den etruskischen Brunnenbauern aber keine nennenswerten Probleme bereitete, denn Romulus wählte, so der Politiker und Schriftsteller Cicero (106-43 v.Chr.), »*einen Ort aus, der Überfluß an Quellen hatte und in verseuchter Gegend doch gesund war*«. Damit meinte er die gute Durchlüftung durch den Wind von der nahen See aufgrund der Höhenlage.

Mit den wachsenden nautischen Fertigkeiten griffen die großen Seemächte immer weiter aus. Griechen, Phöniker wie Etrusker bemüh-

–800 bis –700

Dreißig Zentimeter hoch ist im Original diese etruskische Hydria mit dem Siegerporträt.

ten sich dabei, auch die Mittelmeerinseln, insbesondere die großen, in ihren Machtbereich einzubeziehen. Deren Bewohner versuchten entsprechend, sich davor zu schützen. Auf Sardinien zeugen davon Bauten, wie es sie nirgend sonst auf der Welt gab und gibt, die Nuragen. Noch heute sind Baureste von etwa 3000 dieser erstaunlichen, in dieser Zeit vermehrt meist auf Höhen errichteten stumpfkegligen Wehr- und Wachttürme sichtbar. Hierher flüchteten sich die um diese wuchtigen Turmburgen wohnenden Menschen, wenn vom Ausguck das Nahen von Fremdlingen gemeldet wurde. Die Sarden gelangten durch Leitern (oder über Stricke), die dann hochgezogen wurden, ins Innere und konnten hier hinter bis zu zehn Meter dicken Mauern ausharren. Durch Zeichen riefen sie von anderen Nuragen Verstärkung herbei, konnten aber bei größeren Angriffen auch längere Belagerungen aushalten, wenn die Nurage, wie es oft der Fall ist, über Vorräte und vor allem über

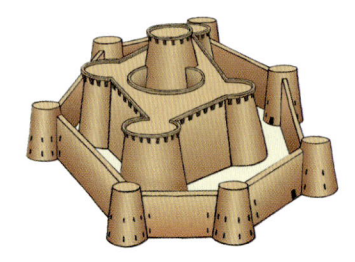

Luftaufnahme der Reste und Rekonstruktion einer Nurage auf Sardinien. Die urtümlichen Festungen sind einzigartig in der mediterranen Welt.

Städtegründungen

eine Brunnenanlage verfügte. Sie war meistens zugleich ein Heiligtum, denn auf Sardinien herrscht nicht gerade Überfluß an Wasser, so daß dort Quellen und andere Gewässer schon früh kultischen Rang hatten. Derart mit den Göttern im Bunde trotzten die wehrhaften Sarden auch großer Übermacht.

Die Beherrschung des Feuers bedeutete noch nicht seine Domestizierung, denn ins Haus kam das Feuer erst wesentlich später und war dort lange auch nicht nur ein Segen. Es qualmte, rußte und gefährdete nicht selten die Hütten. Abzugsmöglichkeiten mußten geschaffen

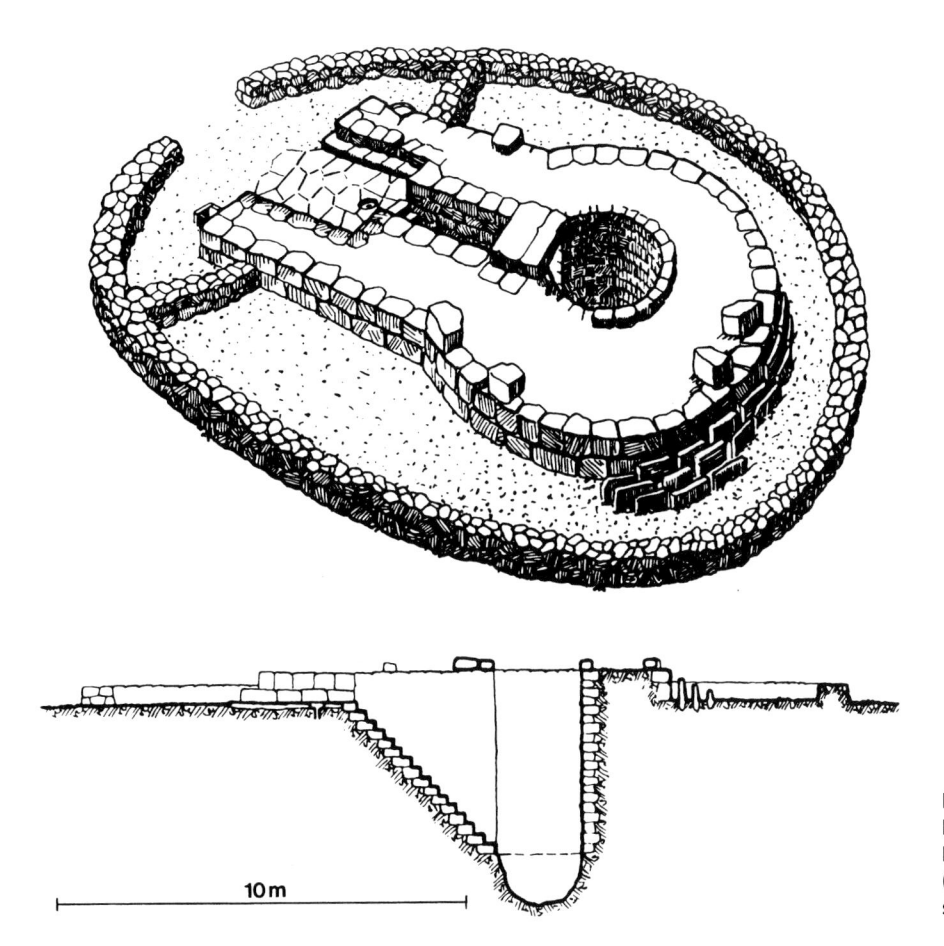

Die Nuragen waren nicht primär Kultstätten, aber oft um Brunnenheiligtümer angelegt (Zeichnung nach archäologischem Befund).

Ein Relief am Königpalast in Ninive zeigt Heerscharen von Sklaven, die Erde und Steine für den Choser-Staudamm des Königs Sanherib schleppen mußten.

–700 bis –600

werden und bildeten damit ein Einfallstor für Kälte und Nässe. Nach und nach aber wurde man auch damit fertig, ohne daß es freilich richtig gemütlich wurde. Echter Komfort war die Feuerstelle erst, als sie transportabel wurde und als man ein Heizmaterial fand, daß bei einem Minimum an Abgasen ein Maximum an Wärme spendete. Feuerbecken oder -topf und Holzkohle verhalfen sich gegenseitig zum Durchbruch, erstaunlicherweise ausgerechnet dort, wo man es am wenigstens erwartet, in Ägypten. Dort ist die Kälte das geringste Problem und Holz besonders selten, so daß man es und die daraus gewonnene Holzkohle, wie schon gesehen, von weither kommen lassen mußte. Man brauchte die Kohle aber zum Grillen der beliebten Gänse, und Luxus ist ein Fortschrittsmotor.

Jetzt, im 8. Jahrhundert v.Chr., finden wir Kohlebecken und das Heizmaterial Holzkohle in allen Ländern des Vorderen Orients, des Mittelmeerraums und auch schon des nördlicheren Europas. Nun nämlich verfügte man über metallene Becken, die sich noch besser als die Töpferwaren als Glutgefäße eigneten. Man konnte das qualmintensive Entzünden außerhalb des Hauses erledigen und die Glut hineintragen, denn Holzkohle hält die Hitze lange, und diese wiederum ist durch geeignete Maßnahmen der Luftzufuhr regelbar. Vermutlich hat auch der hohe Heizwert des Köhler-Produkts zu seinem Siegeszug beigetragen, denn mit Holzkohle ließ sich Kupfer und in besonders ausgerüsteten Öfen auch Eisen ausschmelzen.

Am linken Ufer des Tigris, gegenüber vom heutigen Mosul an der Einmündung des Choser, lag im 8./7. Jahrhundert v.Chr. die Stadt

Städtegründungen

Ninive. Sie avancierte unter König Sanherib (704-681 v.Chr.) zur Hauptstadt des assyrischen Reiches, wurde königlich ausgestaltet und zog entsprechend magnetisch Bewohner an. Einer bald nach Zehntausenden zählenden Einwohnerschaft aber war die Infrastruktur nicht gewachsen, und Sanherib richtete sein Augenmerk vor allem auf eine ausreichende Versorgung mit sauberem Wasser. Das des Tigris entsprach den Anforderungen schon damals nicht mehr, und der Choser führte zu wenig Wasser, ja er trocknete zeitweilig ganz aus. Vermehrung der Brunnen reichte aber ebenso wenig wie die Aufstauung des Choser 16 Kilometer vor der Stadt und die Zuführung von Quellgewässern in den Fluß. Der König ließ daher 690 v.Chr. vom Tasgebirge eine 55 Kilometer lange Leitung zum Choser legen. Sie war damit fast genauso lang wie die hundert Jahre zuvor in Urartu errichtete, doch hatte sie erheblich schwierigeres Gelände zu bewältigen und mußte mehrfach wegen einiger Wadis über Brücken auf Spitzbögen geführt werden, so daß Aquädukte im eigentlichen Sinn entstanden. Insgesamt 18 Quellflüsse speisten sie, zwei Millionen Kalksteinblöcke von 50 mal 50 mal 65 Zentimetern wurden verbaut, 25 Kilometer Zuleitungen brachten das Wasser zur eigentlichen Führung, so daß ein 80 Kilometer langes System entstand. Die Leistung wird noch erstaunlicher, wenn man

Prachtvoll wie in dieser malerischen Vision müssen wir uns die Promenaden-Front des reichen Ninive am Tigris zur Blütezeit des assyrischen Reiches denken.

Babylonische Alabasterfigur. Der Schmuck läßt vermuten, daß der Künstler eine Göttin darstellen wollte, wohl die für Liebe und Kampf zuständige Ischtar.

Sanheribs Mitteilung auf einer Keilschrifttafel glaubt: »*In einem Jahr und drei Monaten vollendete ich den Bau.*« Betrachtet man allerdings ein Bild am Königsbau in Ninive, scheint das nicht ganz ausgeschlossen: Unzählige Arbeiter, vermutlich Kriegsgefangene, schleppen darauf in Kiepen Erde und Steine bergauf. Die Leitung ließ Ninive erblühen, Gärten wurden angelegt, ein Tierpark entstand, und im Umland gab es sogar Baumwollanpflanzungen. Kaum achtzig Jahre blieb das Wunderwerk in Betrieb, ehe es mit Ninive 612 v.Chr. dem Ansturm der verbündeten Meder und Babylonier erlag. Von der blühenden Stadt blieb der Trümmerhügel Kujundjik, in dem seit 1846 gegraben wird. Bisher wichtigster Fund: die Tontafel-Bibliothek des Assurbanipal (668-627 v.Chr.), in der sich auch die Sanherib-Mitteilungen fanden.

Eine Schlüsselrolle für die Verfaßtheit des römischen Staates und seine Kulte schreiben antike Historiker dem sagenhaften König Numa Pompilius zu, der 715 bis 672 v.Chr. regiert haben soll. Mag die Personalisierung problematisch sein, so ist doch unstrittig, daß in dieser Zeit die Stadt rasch wuchs, was nicht ohne erhebliche innere Konflikte abging. Durch religiöse Disziplinierung versuchte Numa oder wer immer das Sagen hatte, das Potential abzulenken. Das geschah vornehmlich durch Sakralisierung bestimmter Bezirke, Ritualisierung von (Weihe-) Handlungen und Tabuisierung, das heißt: religiöse Strafbewehrung gewisser Taten. Der Götterhimmel füllte sich rasch, vor allem durch Übernahme griechischer Kulte oder durch Angleichung alter italischer Bräuche an sie. Dabei entfaltete sich ein reicher Festkalender, der seinerseits für wachsendes Zusammengehörigkeitsgefühl und soziale Befriedung sorgte. Die bis heute »falschen« Monatsnamen September bis Dezember (also siebenter bis zehnter Monat) gehen auf diese Zeit zurück. Bedeutsam die Rolle der Umwelt in den Kulten: Sie bildeten sich um die Fruchtbarkeit von Erde, Mensch und Tier ebenso wie um die Heiligkeit reinen Wassers und der Quellen.

Als mindestens so verdienstvoll wie die Anbindung des Zusammenlebens an den Himmel kann die Verrechtlichung der Gewerbe gelten, die ebenfalls Numa zugeschrieben wird. Er schuf Zunftordnungen für Flötenbläser, Kupfer- und Goldschmiede, Holzhandwerker, Töpfer, Gerber, Schuster und Färber. Auffällig, daß etwa Bäcker und Schneider

Städtegründungen

noch nicht vorkamen, weil das Backen von Brot, das Spinnen und das Schneidern noch zu Hause erledigt wurden. Das Werkzeug bestand noch vornehmlich aus Bronze, und die im Orient schon über tausend Jahre genutzte Töpferscheibe kannten die Römer anscheinend nicht, jedenfalls fanden sich keine Belege für ihre Verwendung in dieser Zeit.

Erstmals sind wir Glaswaren im 15. Jahrhundert v.Chr. in Mesopotamien begegnet. Rund achthundert Jahre danach erlebte im nördlichen Zweistromland die Glaserkunst eine Hochblüte, während in Palästina, Ägypten, Griechenland und selbst bei den später führenden phönikischen Glaskünstlern nur vereinzelte Funde zu verzeichnen sind. In Assur, Kalach (heute Ruinenhügel Nimrud), Nippur und Babylon dagegen arbeitete ein Unzahl von Schmelzöfen, für deren Betrieb es genaue Anweisungen gab. Dennoch waren die Produkte noch recht unvollkommen: Es gelang mit dem üblichen Handschliff noch nicht die glatte Form; Böden von Fläschchen waren meist rund; Trinkgläser waren sehr klein und hatten noch nicht die nötige Durstgröße; die Durchsichtigkeit ließ zu wünschen übrig, weil die geringe Schmelztemperatur von maximal 1200 Grad die Bläschenbildung begünstigte – mindestens 1400 Grad wären erforderlich gewesen; umständliche Einzelfertigung machte die Glaserzeugnisse nur für sehr wohlhabende Schichten erschwinglich.

Der Vater Nabupolassar hatte die assyrische Gefahr für Babylonien im Bündnis mit den Medern 612 v.Chr. endgültig gebannt. Der Sohn Nebukadnezar II. (König 605-562 v.Chr.) machte aus seiner Residenz Babylon die Hauptstadt der damaligen Welt. Hier kreuzten sich die Warenströme aus Persien und Kleinasien, aus Ägypten und Palästina, hier wurden Blei aus Spanien, Zinn aus England, Zedernholz aus dem Libanon und Gewürze aus Indien umgeschlagen. Die Stadt wirkte wie ein Reichtumsmagnet. Geblieben aber ist vom über neunzig Meter hohen Heiligtum Etemenanki, dem Turm zu Babel und Zentrum des Kultes für den Stadtgott Marduk, den Palästen des damaligen Herrn der Welt und dem Häusermeer am Euphrat nur ein Schutthügel, der sich noch heute 24 Meter hoch türmt. Nur zum Teil hat vor allem Robert Koldewey (1855-1925) in fast zwanzigjähriger Arbeit bis 1917 die Reste freilegen und deuten können. Aus dem Zusammengetragenen ergibt sich das

Gefäße aus nicht durchsichtigem (opakem) Glas, babylonische Spätzeit.

−600 bis −500

Robert Koldewey, 1899-1917 Leiter der Ausgrabungen in Babylon (zeitgenössischer Holzschnitt).

Bild einer wohlorganisierten Stadt mit durchdachter Infrastruktur, einem Kanalnetz für Transporte und als Wasserreservoir, einem guten Entwässerungssystem zur Vermeidung der Verschmutzung des Euphrat und einem dichten Straßennetz, das in eine prachtvolle Prozessionsallee mündete. Zwanzig Meter dicke Mauern schützten die Stadt, die nach antiken Berechnungen eine Fläche von bis zu 500 Quadratkilometern bedeckte.

Unter dem vielen Staunenswerten in Babylon beanspruchten die Hängenden Gärten der Semiramis besonderen Rang, ja sie wurden in den Katalog der Sieben Weltwunder aufgenommen. Ob sie auf die assyrische Königin Sammu-Ramat (Semiramis, 9./8. Jahrhundert v.Chr.) zurückgehen oder doch erst auf Nebukadnezar II., der sie für seine ebenfalls assyrische Frau Nitokris schuf, ist unsicher. Es spricht jedoch mehr für die spätere Blütezeit der Stadt: Auf mehrstöckigen Gewölben, die wohl zur Lagerung von Waren und als »klimatisierte« Räume genutzt wurden, errichteten des Königs Landschaftsgärtner terrassenmäßig versetzte Dachgärten, die so bewässert wurden, daß ständig Wasser vom obersten Stockwerk über die darunter liegenden herabrieselte, den Bau mit seiner etwa 2500 Quadratmeter großen Grundfläche kühlte und den Bewuchs aus Bäumen aller Art, Sträuchern und Blumenbeeten üppig sprießen ließ. Die Bewässerung erfolgte mittels eines Pumpwerks an der Rückseite, wo Koldewey einen Brunnen mit drei Schächten fand, aus denen ein göpelgetriebenes Schöpfwerk in endloser Kette wassergefüllte Kästen auf die nötige Höhe hob, wo sie ausgegossen wurden. Das Wasser lief und sickerte dann in vorgezeichneten Bahnen die leicht abschüssigen Gärten hinab.

So verschwenderisch hier mit dem kostbaren Naß umgegangen wurde, so sparsam mußte andernorts damit gewirtschaftet werden. Selbst im relativ wasserreichen Griechenland sannen die Menschen auf Speichermöglichkeiten für Regenwasser, die möglichst geringe Verdunstung zuließen, und nutzten dazu Wasserkammern. Die gab es schon lange, sie treten aber nun im 6. Jahrhundert v.Chr. bei wachsender Bevölkerungsdichte vermehrt auf: So fand man etwa in Perge (Kleinasien) flaschenförmig ausgehöhlte Felsen, in denen Wasser vorgehalten und aus denen es mit Eimern an Seilen entnommen wurde; eine

Städtegründungen

Abdeckung auf dem Flaschenhals verminderte die Verdunstung. Ähnlich geformt und über Stufen oder Steiglöcher begehbar waren die Kammern zum Sammeln von Regenwasser an vielen Orten, so auch im attischen Laurion, wo viel Wasser für das Waschen von Erzen gebraucht wurde. Die Einstiegslöcher sicherte man durch Ummauerung, die bequemeres Heraufziehen der Eimer erlaubte und vor dem Hineinfallen schützte.

Natürlich spielte Reinlichkeit in erster Linie aus hygienischen Gründen eine große Rolle in den antiken Gesellschaften. Doch auch der kosmetische Effekt von Sauberkeit im Sinne von Adrettheit darf nicht unterschätzt werden. Das läßt sich an der wachsenden Zahl von Spiegelfunden in Griechenland für den Berichtszeitraum ablesen. Die Griechinnen hatten wie schon die Ägypterinnen Handspiegel in Form dünner polierter Silber- oder Bronzescheiben, seltener in Form von

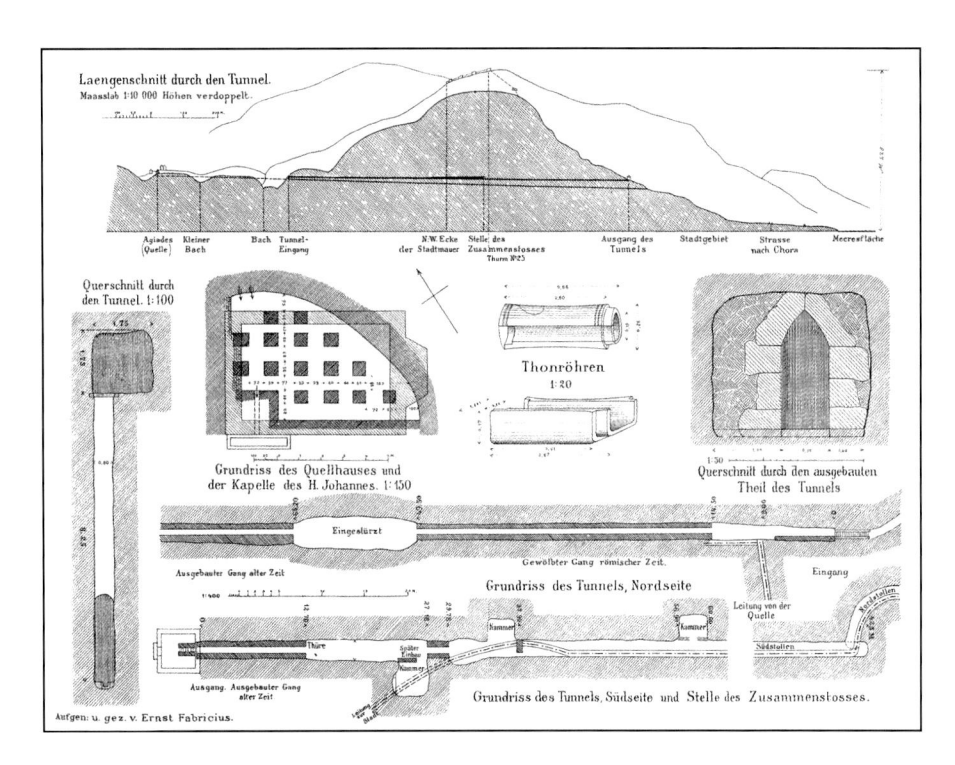

Das Tunnelsystem von Eupalinos auf Samos in einer schematischen Zeichnung aus dem 19. Jahrhundert sowie ein Foto vom Südstollen des Bauwerks, das der Tyrann Polykrates um 500 v.Chr. anlegen ließ.

So stellte sich der Kupferstecher Fletcher 1690 das antike Babylon mit dem himmelhohen Turm und den stufenförmigen Gärten der Semiramis links davon vor.

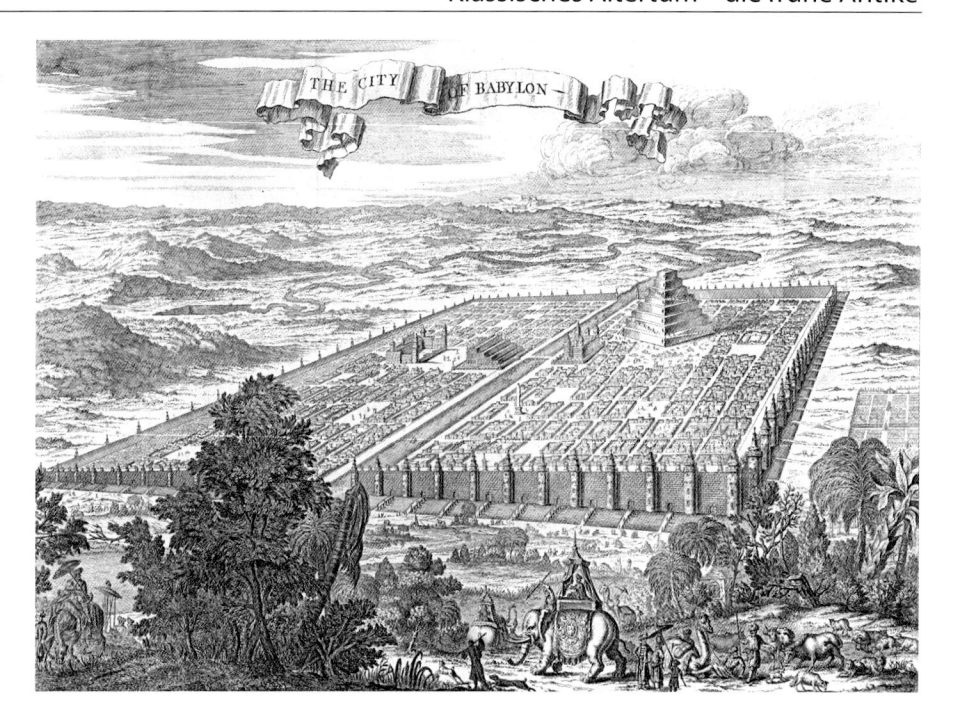

geschliffenem Obsidian. Oft wiesen sie kunstvoll als weibliche Figuren gestaltete Griffe auf; man spricht dann von Karyatidenspiegeln. Auch zweiseitig geglättete Klappspiegel kennen wir aus der Zeit von Abbildungen auf Vasen. Zudem waren querformatige, zierlich gerahmte Standspiegel immer verbreiteter; bis nach Etrurien lassen sie sich nachweisen. Und als größten aller Spiegel sahen die Griechen das Meer an, in dem Aphrodite, die Göttin der Liebe und des Reizes, ihre Schönheit zu betrachten pflege.

Unbedeutendere Naturgottheiten wie die Nymphen hausten in Bächen und Quellen, von denen es einige auch im Athener Stadtgebiet gab. Von ihnen wurden zur Zeit des Herrschers Peisistratos (regierte 539-527/28 v. Chr.) Leitungen in Brunnenhäuser mit mehreren künstlerisch ausgestalteten (z.B. als Löwenrachen oder Eberschnauzen) Entnahmestellen verlegt, wo Frauen Wasser in großen Gefäßen holten, die sie auf dem Kopf in einem Stoffring zur Stabilisierung trugen. Be-

Städtegründungen

merkenswert sind die Rohrsysteme, deren Einzelstücke nicht mehr durch Verjüngung zusammensteckbar waren, sondern regelrechte Muffen hatten. Runde Ausschnitte in jedem der etwa 60 Zentimeter langen und 15 Zentimeter weiten Rohrkörper ermöglichten auch die innere Abdichtung durch Verkittung dieser Schnittstellen; die Löcher wurden zum Schluß mit Tondeckeln geschlossen. Die Montage geschah so sorgfältig, daß einige Leitungsabschnitte noch nach der Ausgrabung 2500 Jahre später einwandfrei funktionierten. Verzweigungen oder Zusammenführungen von Leitungen gelangen den griechischen Wasserbauern mittels Y-Formstücken.

Ehe Rom die Vorherrschaft in Italien gewann, dominierten die etruskischen Städte vor allem im Norden der Halbinsel. Es waren relativ selbständige Gemeinwesen nach dem Muster der griechischen Polis. Im 6./5. Jahrhundert v.Chr. kam es zu einer Reihe von Neugründungen, darunter um 490 v.Chr. das nur hundert Hektar große Städtchen Marzabotto 25 Kilometer südlich von Bologna. Der Marktflecken, seit 1862 in Schüben ausgegraben, eignet sich wegen seiner Überschaubarkeit als Beispiel für die neueren etruskischen Siedlungen: Besonders fällt die planmäßige schachbrettartige Anlage des Straßennetzes auf mit seinen vier 12 bis 15 Meter breiten Hauptstraßen (Fahrbahn 5 Meter) und die Anordnung der einstöckigen Häuserblocks um einen Innenhof, der zur Entwässerung einen Ablauf hin zur Stadtkanalisation hatte. Sie bestand aus Steinzeugrohren mit Muffenverbindung und verlief neben den mit Flußsteinen gepflasterten Gehsteigen entlang den Häuserzeilen. Ein Brunnen mit Quellfassung und Absetzbecken versorgte die Gemeinde über Leitungen mit Trinkwasser.

Weit über Europa verstreut haben sich Produkte etruskischer Manufakturen gefunden. Sie zeugen von hohen technischen Fertigkeiten ihrer Schmiede, Töpfer, Weber, Kunsthandwerker und Bergleute. Marzabotto war bekannt für seinen Bronzeguß, gewonnen in Schmelzöfen mit Luftschächten: Kochgeschirre, Handwaschbecken, Spiegel, Räuchergefäße, Holzkohlebecken, Hänge- und Ständerlampen. Hochentwickelt bei den Etruskern auch die Eisenverhüttung und -verarbeitung. Sie stellten eiserne Pflüge, Schaufeln, Werkzeuge, Küchengeräte, Messer u.a. her. In der Töpferei entwickelten sie mit der sogenannten

Etruskischer Krug zum Einschenken von Wein mit einer Darstellung des Gottes Dionysos (links) und einer seiner Priesterinnen.

−500 bis −450

Klassisches Altertum – die frühe Antike

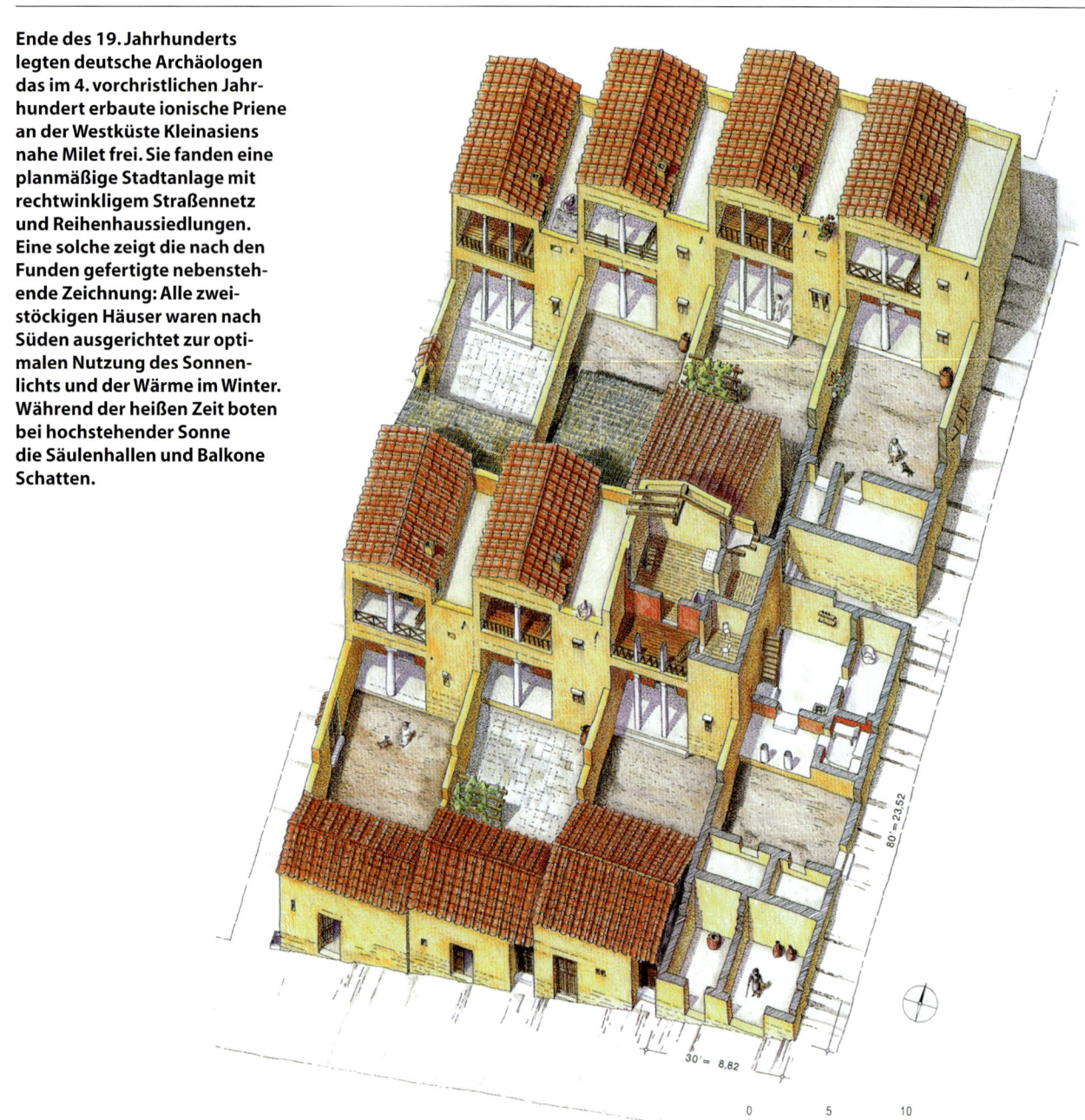

Ende des 19. Jahrhunderts legten deutsche Archäologen das im 4. vorchristlichen Jahrhundert erbaute ionische Priene an der Westküste Kleinasiens nahe Milet frei. Sie fanden eine planmäßige Stadtanlage mit rechtwinkligem Straßennetz und Reihenhaussiedlungen. Eine solche zeigt die nach den Funden gefertigte nebenstehende Zeichnung: Alle zweistöckigen Häuser waren nach Süden ausgerichtet zur optimalen Nutzung des Sonnenlichts und der Wärme im Winter. Während der heißen Zeit boten bei hochstehender Sonne die Säulenhallen und Balkone Schatten.

Städtegründungen

Buccheroware eine Besonderheit: tief schwarze, glänzende Tongefäße mit erhabenen oder eingepreßten Motiven. Die charakteristische Färbung erreichten die etruskischen Töpfer durch Zusätze und durch Beendigung des Ofenbrands mit Sauerstoffentzug.

Marzabotto hätte eine typische Anlage des für die Zeit stilbildenden griechischen Städtebauers Hippodamos von Milet sein können. Doch der Planer war jünger und verwirklichte seine wohl in Mesopotamien gewonnenen Einsichten erst in der Mitte des 5. Jahrhunderts v. Chr. in Piräus, Rhodos und in anderen griechischen Städten. Eine davon, die er wohl nicht selber geplant hat, deren Erbauer aber auf seine Prinzipien zurückgriffen, war Olynth auf der Halbinsel Chalkidike. Wie Milet, die Heimatstadt des Hippodamos, 479 v.Chr. von den Persern zerstört, wurde Olynth mit einem rechtwinkligen Straßennetz nach dessen Vorbild ausgestattet; die Grundstücke wurden im Geviert angelegt; das ergaben Grabungen in den 1930er Jahren. Dabei fand man auch ein Brunnenhaus, aus dem die Bewohner Wasser holten, wenn sie nicht auf Regenwasserkammern am Haus zurückgriffen. Ähnlich wie in Marzabotto waren hier die Gebäude um einen Innenhof angeordnet, allerdings lagen die Räume etwas zurückgesetzt hinter einem umlaufenden Säulengang. Damit schufen die Olynther erste Peristylbauten, wie man sie auch heute noch im europäischen Süden antrifft. Die Lage der Wohnräume richtete sich nach der Sonneneinstrahlung, denn, so der

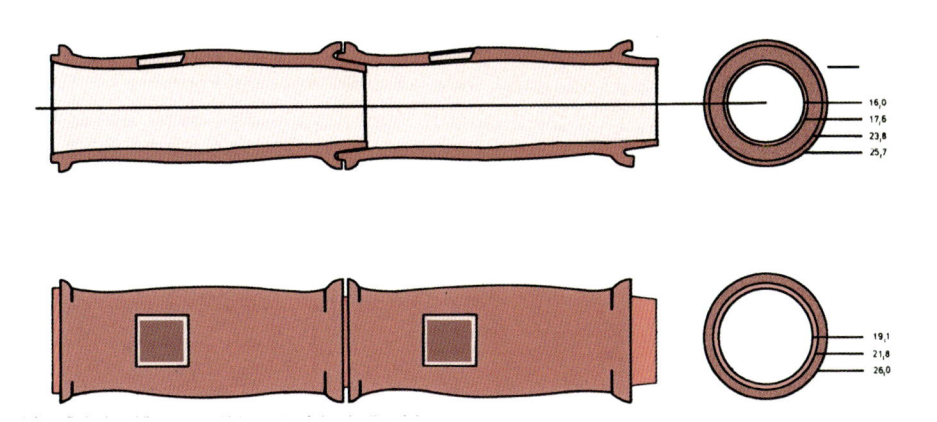

Schematisch gibt die Zeichnung durch Muffen verbundene Entwässerungsrohre und ihren Querschnitt wieder, die auf der Agora des alten Athen ausgegraben worden sind.

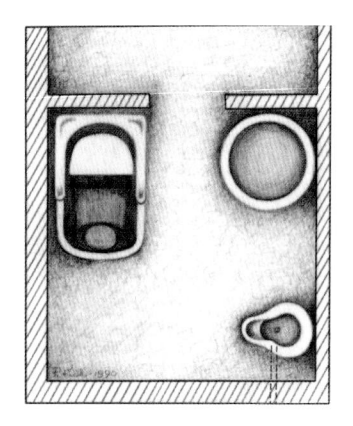

Zeichnung eines Privatbades mit Wanne und Waschbecken, wie sie in den Häusern der Stadt Olynth gefunden wurden.

−450 bis −400

Philosoph Sokrates (470-399 v.Chr.), das Wohnhaus dürfte »das schönste sein, in dem man zu allen Jahreszeiten am angenehmsten untergebracht ist«.

Dazu gehörten natürlich auch Waschgelegenheiten, wie man sie in den meisten Häusern fand. Nicht immer reichte es zu einem eigenen Baderaum, überall aber dürften die typischen, etwa hüfthohen Waschbecken gestanden haben, steinerne, gelegentlich auch metallene Schalen von rund einem Meter Durchmesser mit glattem oder Wulstrand. Die Becken standen auf einem Sockel – die Griechen wuschen sich stehend – und wurden durch Eingießen gefüllt, in einigen Häusern fand man auch Zuleitungen durch das Innere des Sockels. Vasenbilder zeigen häufig die typischen Waschutensilien: Schwamm, Schöpfgefäße, Fläschchen mit Öl (»alabastron«) oder Salben, Kämme, Spiegel, Hand- oder Badetücher sowie den unvermeidlichen Schaber. Mit diesem Gerät konnte man auch schwer erreichbare Körperpartien säubern, einreiben oder kratzen.

Was es im kleinen Olynth wohl nicht gab, fand sich gleich vierfach in Athen: öffentliche Bäder. Die Stadt war ja wie Olynth 479 v.Chr. von den Persern zerstört worden und erhielt beim Wiederaufbau Badeanlagen, die in der Nähe der Stadttore, aber außerhalb der Stadt selbst errichtet wurden. Besucher konnten sich dort, getrennt nach Geschlechtern, vor dem Betreten Athens reinigen, und heimkehrende Reisende machten sich auch gern vor der Begegnung mit der Familie frisch. Es handelte sich um Rundbauten (tholoi), in denen die Badewannen an der Wand zur Mitte ausgerichtet aufgestellt waren. Sie verjüngten sich zum Fußende hin und bestanden je nach Komfort aus Ton, Stein oder gar Marmor, zuweilen fanden sich auch gemauerte.

Um die Mitte des 5. Jahrhunderts v.Chr. kodifizierten römische Juristen die Regeln den Zusammenlebens in der inzwischen stark gewachsenen Stadt. Das von ihnen ausgearbeitete Zwölftafelgesetz (»Lex duodecim tabularum«) wurde auf Tafeln aus Bronze gehämmert und auf dem Forum Romanum öffentlich aufgestellt; leider ging es 65 Jahre später im Sturm der Gallier verloren, so daß wir auf Zitate im Schrifttum und auf spätere Kommentare angewiesen sind. Soviel läßt sich daraus schließen: Die Frage der Wassernutzung, niedergelegt auf Tafel 7, spielte eine wesentliche Rolle. Der Brunnenabstand zum Nachbargrundstück war ebenso genau festgelegt wie ein Schadenersatz bestimmt für Einschränkungen durch den Bau von Wasserleitungen, der aber zu dulden war. Die Beisetzung von Toten durfte aus Gründen des Wasserschutzes und der Hygiene nur außerhalb der Stadt erfolgen. Welche Bedeutung die Römer dem Wasser beimaßen, belegt bis heute ein in viele europäische Sprachen eingegangener Begriff: Inhaber von Rechten an einem Gewässer oder Bach, lateinisch »rivus«, hatten oft mit der Begehrlichkeit von Zukurzgekommenen oder habgierigen Nachbarn zu tun. Diese Konkurrenten und Nebenbuhler heißen daher Rivalen.

Wie Homer bei der Erforschung der frühen griechischen Kultur sehr hilfreich ist, so nützlich hat sich für Archäologen und Historiker das Sanskritepos »Mahabharata« bei der Klärung von Fragen zur altindischen Kultur erwiesen. Thema der 107 000 Doppelverse ist der Kampf zweier Thronprätendenten um die Macht, der sich zeitweilig in der damaligen Hauptstadt Hastinapura fünfzig Kilometer nordnordöstlich des heutigen Delhi abspielt. Von dieser Stadt heißt es: »Sie strahlte im Glanz der Unsterblichen.« Davon blieb nicht viel, schon im 5. Jahrhundert v. Chr. wurde Hastinapura wegen der häufigen Überschwemmungen aufgegeben und nicht wieder besiedelt. Die Wissenschaftler, die dort seit den 1950er Jahren gegraben haben, fanden zwar nichts mehr von den legendären Palästen und Herrenhäusern, aber ein Rinnensystem aus Backstein zur Entwässerung, alle Art Kupfergerät, graue und bemalte Irdenware sowie ebenfalls aus Ton gefertigte und übereinander geschichtete Ringe von 80 Zentimetern Innendurchmesser und 20 Zentimetern Höhe, die Entwässerungsschächte bildeten. Sie entsprechen damit den schon früher in Mesopotamien und im zeitgenössischen Griechenland verwendeten Rohren, doch weicht ihre Konstruktion so deutlich ab, daß sie unabhängig voneinander entwickelt worden ist.

In Griechenland bildete sich im 5. Jahrhundert v. Chr. ein eigener Ärztestand aus. Zu ihm gehörte auch der Lehrer für die Leibesübungen der Jugend (»gymnastes«). Bekanntester war Herodikos von Selymbria (Olympiasieger 420 v.Chr.). Von ihm sind keine eigenen Schriften überliefert, doch wissen wir vom Philosophen Platon (427-347 v.Chr.) einiges über seine Ratschläge für Diäten und vor allem für wirkungsvolle

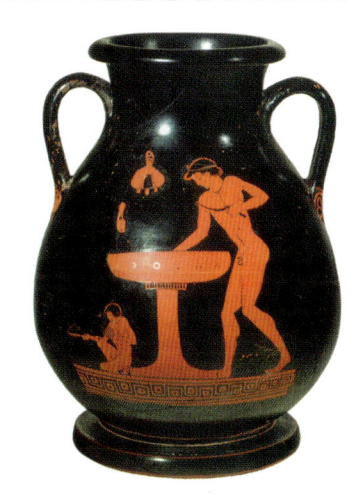

Darstellungen von badenden oder sich waschenden Menschen wie auf diesem Henkelkrug finden sich sehr häufig in der antiken griechischen Kunst.

Griechische Athleten bei der Körperpflege (attische Vasenmalerei auf einem Krater aus dem 4. Jahrhundert v.Chr.).

Körperertüchtigung. Eine Schlüsselrolle spielten schon damals das Ausdauertraining und vor allem auch die Abklingphase nach Wettkampf oder Training. Dafür gab es ein eigenes »Salb«-Haus (»aleipterion«) beim Sportplatz vor der Stadt mit Bade- und Umkleideräumen. Wichtig aber ganz besonders der Abschwitzraum, in dem ein Glutbecken die erhitzten Athleten zusätzlich schwitzen ließ, ehe sie im Baderaum mit kaltem Wasser übergossen und anschließend von »Masseuren« frottiert und gesalbt wurden. Warum das stählt und gesund ist, wußte Herodikos vielleicht nicht so genau, aber daß es günstig wirkt, lehrte die Erfahrung. Als Herodikos selbst erkrankte, verordnete er sich daher eiserne Eß-, Bewegungs- und Abhärtungsdisziplin und erreichte damit ein hohes Alter, zog sich aber auch manchen Spott zu. Platon: *»Er mischte die Turnkunst und die Heilkunst durcheinander und quälte damit zuerst und hauptsächlich sich selbst, indem er sich das Sterben lang machte.«*

Märchenhaft reich »wie die Königin von Saba« – eine noch heute gängige Metapher, die wir aus der Bibel haben, in der vom Besuch der Königin bei Salomo berichtet wird. Wo aber lag ihr Königreich? Weit abseits der Welt, möchte man sagen, denn es war durch Wüste und Meer von Mesopotamien und Ägypten geschieden. Tief im Süden der Arabischen Halbinsel hatte sich schon um 1000 v.Chr. eine blühende Kultur um die Metropole Marib gebildet, das Reich der Sabäer oder einfach Saba (im heutigen Jemen). Es ging bald nach der Zeitenwende unter und wäre trotz der biblischen und anderer Erwähnungen wohl in Vergessenheit geraten, wenn nicht die Ruinen unter dem Wüstensand, der sie verschluckt hat, als Strukturen für das geübte archäologische Auge sichtbar geblieben wären. Die Altertumskundler legten manches davon frei, darunter einen Staudamm, der den auf kluger Bewässerung beruhenden Reichtum des antiken Landes erklärt: Es gab den Damm schon früh, doch scheint er erst gegen Ende des 5. vorchristlichen Jahrhunderts seine endgültige befestigte Form bekommen zu haben: 600 Meter lang mit 15 Meter hoher Staumauer sperrte er das heutige Wadi

Städtegründungen

Mächtige Ruinen zeugen noch heute von der gewaltigen Anlage des Marib-Staudamms. Ihm verdankte das Königreich Saba den märchenhaften Reichtum, von dem im Alten Testament die Rede ist.

Dana. Er hatte an den Bergflanken Schleusen, deren Mauern teilweise bis heute erhalten sind. Ihre regelmäßige Öffnung ermöglichte die ganzjährige sogenannte Sturzwasserbewässerung des fruchtbaren, aber eben zu trockenen Umlands von Marib. Weihrauchbäume wuchsen nun dort, und begehrte Gewürze ernteten die Sabäer, »Spezereien«, wie sie ihre Königin als Gastgeschenke für Salomo mitgebracht haben soll.

Wasserkuren und Badetourismus

−400 bis −350

Das Sanskrit-Wort »ayur« bedeutet im Indischen langes Leben, Lebensdauer, Ewigkeit; »veda« ist das Wissen, das göttlicher Herkunft ist. Der »Ayurveda« ist mithin die Sammlung des Wissens vom langen Leben. Es gehörte zum indischen Alltag seit Menschengedenken und erreichte zu Beginn des 4. Jahrhunderts eine gewisse Insitutionalisierung durch den Betrieb von Krankenhäusern und Klöstern auf dieser Basis. Festgelegt war im »Ayurveda«, was, wann in welcher Menge, in welcher Gesellschaft gegessen und getrunken werden sollte, welche Gewürze in welcher Dosierung zuträglich, wie die Haut zu pflegen und die Zähne zu reinigen und welche Heilkräuter bei welchen Krankheiten angebracht seien, was man von Geburtshilfe wissen müsse und wie man durch Leibesübungen Krankheiten vorbeugen und das Gemüt erheitern könne. Vieles davon hat sich bis heute bewährt, und vieles lernten auch die griechischen Ärzte von den indischen Kollegen. Dennoch war die altindische Medizin bei vielen Erkrankungen weiterhin reine Beschwörungsbehandlung und wurde entsprechend religiös verbrämt. Das wertete die Ärzte auf, die zu allen Zeiten gern etwas Halbgöttliches für sich reklamiert haben, und es minderte die Haftung bei unglücklich verlaufenen Behandlungen.

Bei Anbruch des 4. Jahrhunderts v.Chr. strahlte der Ruhm des bis heute bekanntesten aller Ärzte bereits hell: Hippokrates von Kos (um 460- um 370 v.Chr.). Die Ausnahmestellung des Gelehrten beruht weniger auf seinen Heilerfolgen, die sich wegen der beschränkten Mittel der Zeit natürlich in Grenzen hielten, sondern darauf, daß er sich für einen rationalen Umgang mit medizinischen Fragen, für bessere Ausbildung der Ärzte und für nachhaltige Gesundheitsvorsorge einsetzte. Dieses Sichkümmern verstand Hippokrates auch in dem Sinne, daß er die Ärzte anhielt zu sorgfältiger Diagnose nach einer Art Abhakliste und zu aufmerksamer Anamnese, also zur Untersuchung alles dessen, was zur Erkrankung geführt haben könnte. Ebenso genau sollte der Krankheitsverlauf beobachtet werden, damit gegebenenfalls neue Maßnahmen ergriffen werden konnten und damit der Arzt für vergleichbare Fälle lernte. Beobachtung des sozialen Umfelds des Patienten hielt Hippokrates für genauso unerläßlich wie die Berücksichtigung von Alter,

Hippokrates von Kos, Begründer der wissenschaftlichen Heilkunde (Porträtbüste aus dem 3. Jahrhundert v. Chr.).

»Gut ist es, wenn man die Kranken anleitet um der Gesundheit willen und wenn man sich um die Gesunden kümmert um des Nichterkranken willen.« (Hippokrates)

Wasserkuren und Badetourismus

körperlicher Verfassung und Stimmungslage, die für eine Störung verantwortlich sein könnte – erster Ansatz einer psychosomatischen Betrachtung.

Wenn von seinen beschränkten Mitteln die Rede war, dann ist damit nicht sein vor allem chirurgisches Instrumentarium gemeint. Ob Blasensonde, Schädelbohrer (»Trepan«) oder Mastdarmspiegel, Knochensäge, Streckbett oder Wundhaken, das Arsenal war beträchtlich, und auch die anatomischen Kenntnisse konnten sich sehen lassen. Noch wenig entwickelt waren dagegen internistische Einsichten, so daß fast nur symptomatisch vorgegangen und vieles nur intuitiv erfaßt wurde. Scharlatane und Wunderheiler hatten daher leichtes Spiel, so daß Hippokrates sich um Zertifizierung des ausgebildeten Arztes bemühte. Der bis heute gültige Eid des Hippokrates sollte dafür die Grundlage sein. Er kannte bereits die ärztliche Schweigepflicht ebenso wie das Verbot von Sterbehilfe und Abtreibung. Nicht eigens im Eid erwähnt, aber für Hippo-

Votiftafeln stifteten gesund gewordene Patienten dem Gott Asklepios. Sie ließen darauf Szenen ihrer Behandlung als Relief darstellen (4. Jahrhundert v. Chr.).

Auf einem Sockel standen gewöhnlich die Waschbecken im klassischen Griechenland. Die Terrakotta-Figur aus dem 4. vorchristlichen Jahrhundert gibt den Waschvorgang plastisch wieder.

–350 bis –300

krates von entscheidender Bedeutung waren peinlichste Sauberkeit: Hände und insbesondere Nägel von Ärzten wie Gehilfen sollten sorgfältig gereinigt, der Behandlungsraum gut beleuchtet, das Verbandsmaterial frisch gewaschen sein, wie denn ohnedies Wasser für Hippokrates eine entscheidende Rolle bei der Krankenbehandlung spielte: Viele seiner Ausführungen gelten Bädern und Ratschlägen für Trinkkuren.

Allgemein hielten die Griechen sehr auf Sauberkeit. Sie unterschieden zwischen dem Händewaschen vor dem Essen durch pures Übergießen und dem nach dem Essen, wenn ein Reinigungsmittel gereicht wurde, weil meist mit den Händen gegessen worden war. Solche natronhaltigen Mittel dienten auch der Haarwäsche, auf die vor allem die Griechinnen viel Mühe verwandten, da sie für ihre kunstvollen Frisuren geschmeidiges Haar brauchten. Bilder aus dem späten 4. Jahrhundert v.Chr. zeigen, daß sie das Haar mit zweierlei Wasser wuschen, ein seifiges und ein frisches zum Spülen. So gingen sie auch vor beim Wäschewaschen, indem sie die Stoffe in Wassertrögen mit Reinigungsmittel, etwa einer Aschenlauge, einweichten, dann walkten und schließlich in fließendem sauberen Wasser ausspülten.

Wasserwirtschaft hatte und hat durchaus auch politischen Rang: Als Alexander der Große (356-323 v.Chr., König von Mazedonien seit 336) im Jahr 335 Theben besiegt hatte, lag ihm daran, das mit diesem verfeindete Orchomenos zu stärken, und er erteilte den Auftrag, den Kopaissee nördlich des Helikon in Böotien trockenzulegen. Seine Wasserbauer begannen auch, Kanäle und Stollen zu graben, durch die das Wasser des 90 Meter hoch gelegenen, vom Kephisos gespeisten Sees abfließen sollte. Wäre das zur Gänze geglückt, hätte Orchomenos 250 Quadratkilometer Weideland gewonnen und gesundheitlich vom Verschwinden der Randsümpfe profitiert. Zwistigkeiten der böotischen Städte untereinander aber unterbrachen das Bauvorhaben, so daß nur geringe Landgewinne zu verzeichnen waren. Erst Ende des 19. Jahrhunderts wurde das Projekt Alexanders wieder aufgenommen und durch ein verzweigtes Kanalnetz vollendet. Bei den Arbeiten fand man die antiken Ansätze und erkannte das kluge Vorgehen der mazedonischen Ingenieure.

Hier störte das Wasser, andernorts und meistens wurde es freudig begrüßt. Früh schon beispielsweise erkannten die Griechen die

Wasserkuren und Badetourismus

wohltuende Wirkung warmer und mineralreicher Quellen. Hippokrates hatte darüber aufschlußreiche Schriften verfaßt. Mitte des 4. Jahrhunderts v.Chr., als viele Griechen nach den Wirren des Peloponnesischen Kriegs (431-404) wieder zu Wohlstand gekommen waren, entwickelte sich ein reger Badetourismus zu den zahlreichen Heilquellen im gebirgigen Land. So preist der Philosoph Aristoteles (384-322 v.Chr.) die 70 Grad heißen schwefelhaltigen Quellen von Aidepsos auf Euböa, die gegen Gelenk- und Frauenleiden helfen sowie bei Diabetes lindernd wirken. Berühmt waren die Thermopylen (warmen Quellen) nicht nur wegen der Schlacht des Leonidas 480 v.Chr. gegen die Perser, sondern auch als »Bad des Herakles«, der in den radiumhaltigen Schwefelquellen seine Kräfte regeneriert haben soll. Reiche Funde von Trinkschalen belegen, daß in Oropos im Grenzgebiet zwischen Attika und Böotien am Golf von Euböa den Patienten weniger Bäder als Trinkkuren mit dem reinen Wasser aus der dortigen Quelle verordnet wurden.

Die Schlange zur Rechten des Throns weist dieses Relief als ein dem Heilgott Asklepios geweihtes aus. Eine Reihe von Patienten wartet auf Behandlung.

Nach dem Zensor Appius Claudius Caecus wurde die erste Fernwasserleitung Roms und die berühmte Via Appia nach Capua benannt. Noch heute erstaunt die sorgfältige und stabile Pflasterung der Straße mit Basaltblöcken.

Wohl bedeutendstes Heilbad aber war Epidauros auf der Peloponnes am Saronischen Golf. Neun Kilometer südwestlich der Stadt fanden Heilung Suchende nicht nur gesundes Wasser der glaubersalzhaltigen kalten Quelle für den Körper, sondern auch innere Einkehr im Heiligtum des Heilgottes Asklepios (römisch Äskulap), der hier am Berg Myrtio geboren worden sein soll. Priester und Ärzte umsorgten den Besucher gleichermaßen. Das Asklepieion umfaßte einen dorischen Tempelbau, mindestens vier Brunnen, eine doppelstöckige Halle, in der Ruheräume für die Kurgäste untergebracht waren, ein Brunnenhaus, eine Großwasserkammer (»Bad des Asklepios«), weitere Bäder, einen Sportplatz sowie als Zentrum den Heiligen Hain. Hier wurden Kampfspiele und Pferderennen veranstaltet, so daß auch die Unterhaltung nicht zu kurz kam. Höhepunkt der Badesaison waren die Asklepieia, Feste zu Ehren des Gottes, die zugleich gesellschaftliche Ereignisse ersten Ranges waren.

Jahrhundertelang war Rom mit dem Wasser aus dem Tiber und den Quellen auf eigenem Grund ausgekommen, beginnend mit der Felsenquelle auf dem Palatin, wo der Sage nach die Wölfin Romulus und Remus aufgezogen hat. Die Bevölkerung aber war Ende des 4. Jahrhunderts v.Chr. derart angewachsen, daß sich Wassermangel bemerkbar machte, zumal der Tiber wegen zunehmender Verschmutzung als Wasserlieferant immer weniger in Frage kam. Im Jahre 312 v.Chr. ließ daher der Zensor (etwa: Verkehrs- und Bauminister) Appius Claudius, genannt Caecus (der Blinde), von nahen, gut zu überwachenden Quellen in den Albaner Bergen eine aus Sicherheitsgründen weitgehend unterirdisch geführte, rund elf Kilometer lange Wasserleitung bis unterhalb des Aventins mitten in die Stadt legen. Sie wurde nach dem Erbauer Aqua Appia genannt, so wie die von ihm erbaute Straße von Rom nach Capua Via Appia heißt. Teile der am Grund 40 Zentimeter breiten, mit Tuffsteinen abgedeckten Rinne sind noch heute zu besichtigen. Dieser erste, 305 v.Chr. fertiggestellte römische Aquädukt wurde immer wieder instandgesetzt und tat bis weit in die Kaiserzeit seinen Dienst.

Ein in Griechenland schon lange geübtes Gewerbe faßte jetzt auch in Rom Fuß. War es bis dato nicht üblich gewesen, sich rasieren oder auch nur den Bart zu stutzen zu lassen, so finden sich für diese

Zeit der Wende zum 3. Jahrhundert v.Chr. vermehrt Bilder von bartlosen Römern. Sie ließen sich bei »tonsores«, Friseuren oft griechischer Herkunft, nicht nur öffentlich rasieren, sondern oft auch manikürén und frisieren. Aus einem Gedicht kennen wir das Instrumentarium solcher antiker Haarscherer: Spiegel, Schertuch, Filzstreifen zum Wetzen des Schermessers, Schaber aus Rohr, Scherklingen, Nagelmesser und -scheren. Der Friseurladen entwickelte sich bald zu einem wichtigen Umschlagplatz für Nachrichten. Die griechischen und römischen Damen aber zogen die Heimfrisur weiterhin vor und ließen zu besonderen Anlässen Haarkünstler ins Haus kommen. Beliebt war gruppenweises Frisieren, das zu gemütlichem Plausch und Klatsch genutzt wurde.

Aus Griechenland kamen auch Fortschritte in der Geburtshilfe, die nicht selten von Wanderärzten ausgeübt wurde. Die Szene zeigt eine Sitzentbindung, bei der eine Frau die Gebärende stützt, während der Geburtshelfer den Austritt des kindlichen Kopfes fördert (römisches Relief, Museo Ostiense).

Neue Erkenntnisse

−300 bis −250

Um und kurz nach 300 v.Chr. wirkte in Alexandria, der jungen Stadt im nördlichen ptolemäischen Ägypten, der Mathematiker Euklid. Seine »Elemente« wurden zum folgenreichsten Werk der Geometrie, und das ist keineswegs nur rein theoretisch, sondern durchaus auch angewandt zu verstehen. Die bis heute maßgeblichen Erkenntnisse führten zu deutlichem Fortschritt auf kartographischem Gebiet, in der Navigation, beim Bau von Straßen, in der Optimierung von Entwässerungsleitungen und Aquädukten, in der Feldmeßkunst. Ingenieure, Städteplaner, Strategen und viele Handwerker kamen fortan ohne gründliche Kenntnisse der euklidischen Geometrie nicht mehr aus. Sogar die Könige bemühten sich um die Königin der Wissenschaften. So fragte Ptolemaios I. (366-283 v.Chr., Herrscher Ägyptens seit 323) seinen obersten Mathematiker, ob er ihm nicht einen einfacheren Weg zum Erlernen seiner »Elemente« weisen könne. Euklid darauf: »In dieser Wissenschaft gibt es keinen besonderen Zugang für Könige.«

Wissenschaftlich begann man sich zu dieser Zeit auch mit der Pflanzenwelt auseinanderzusetzen. Schon Aristoteles hatte damit begonnen, und nach seinem Tod 322 v.Chr. setzte sein Nachfolger und Schüler Theophrast (372-287 v.Chr.) das Werk fort. Es ist uns in neun Buchrollen unter dem Titel »Die Naturgeschichte der Gewächse« und in sechs Buchrollen mit dem Titel »Die Vorgänge in den Pflanzen« erhalten und stellt die erste systematische Botanik dar. Es erfaßt zwar nur die Pflanzen der griechischen Welt und insgesamt nur 550 Arten, doch zeichnet es sich durch genaue Beschreibungen der Samen, der Sprossung, der Lebensdauer, des Einflusses der verschiedenen Böden auf das Gedeihen und der Krankheiten aus. Außerdem werden Möglichkeiten der Pflanzenzucht erörtert und Ratschläge für eine geeignete Bewässerung gegeben. Ein wesentlicher Teil beschäftigt sich mit der Heilwirkung vieler Pflanzen oder ihrer Teile, insbesondere vieler Wurzeln.

Auch von diesem Weltwunder der Antike blieben nur Trümmer: 299 v.Chr. begann auf der einstigen Insel Pharos vor Alexandria der Bau des legendären Leuchtturms. Eigentlich waren es drei aufein-

Auf sechseckigen Marmorreliefs hat Andrea Pisano (nach 1290-1349) am Untergeschoß des Campanile des Florentiner Doms Handwerke und freie Künste dargestellt, darunter auch diesen »Euklid« als den Begründer der Geometrie.

ander gesetzte Türme, als der Bau 277 v.Chr. fertig war: Der 65 Meter hohe, viereckige Basisturm aus weißen Kalksteinen, darauf ein 30 Meter hohes, achteckiges Mittelstück und als Spitze ein 9 Meter hoher Rundturm – ein Hochbau von 104 Metern! Zunächst war er nur ein markanter Orientierungspunkt bei Tage für die Seeleute, später erhielt er eine Befeuerung, die, durch Hohlspiegel verstärkt, des Nachts noch sichtbar war, selbst wenn die Turmspitze längst hinter dem Horizont verschwunden war. Die Brennstoffe wurden per Flaschenzug im Innern hochgezogen. »Pharos« wurde in der Antike zum Gattungsbegriff für Leuchtturm. Das Urbild stand noch im Mittelalter, fiel dann aber den schweren Erdbeben von 1303 und 1326 zum Opfer. 1997 wurden Reste des Turms geborgen.

Mitten im Reich der Mitte liegt etwa 15 Kilometer nordöstlich der Stadt Schaschi am Jangtsekiang ein Grabungsfeld: Hier haben Archäologen in den 1970er Jahren begonnen, die Reste der altchinesischen Stadt Jinan freizulegen, die gegen Ende der Chu- oder Zhu-Zeit im 3. Jahrhundert v. Chr. zeitweilig Residenz gewesen sein könnte. Jinan war von drei Flüssen und zahlreichen Kanälen durchzogen und wies zur

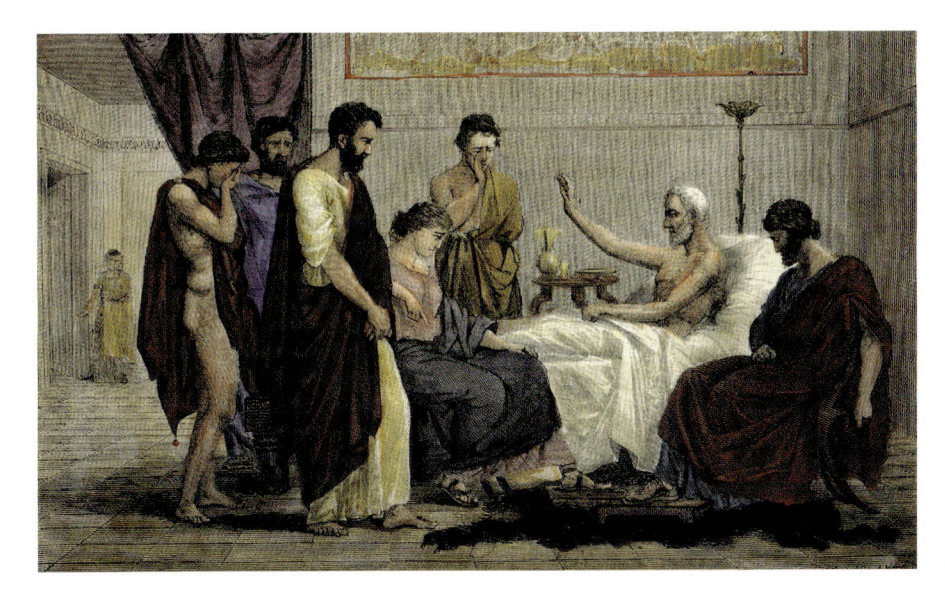

Theophrast von Eresos auf dem Totenbett (kolorierter Holzstich aus dem 19. Jahrhundert).

Nach diesem Löwenkapitell einer Sandsteinsäule des Königs Aschoka in Sarnath (Uttar Pradesh) wurde das indische Wappen entworfen.

−250 bis −200

Regelung der Fluten Wassertore (Schleusen) mit Durchfahrten für Boote auf, wo die Flüsse ins Stadtgebiet eintraten. Der rege Verkehr auf den verzweigten Wasserwegen machte das Flußwasser nur noch bedingt nutzbar. Trinkwasser lieferten daher zahlreiche Schachtbrunnen mit Rohrringen aus Ton, Holz oder Flechtwerk von Bambusstreifen und Weidenruten. Funde belegen, daß die Bewohner von Jinan eine ausgeprägte Vorratswirtschaft betrieben und es verstanden, Nahrungsmittel durch Räuchern, Trocknen, Einsalzen oder Essigzusatz haltbar zu machen. Die Leute gingen gewöhnlich einfach gekleidet, es fanden sich aber auch Brokatstücke und seidene Tücher sowie feine Schuhe und Handschuhe aus Leder. Gerätschaften aus Kupfer, Blei, Eisen, Bronze und Silber lassen auf ein hochentwickeltes Handwerk, geprägte Goldstücke auf ein geordnetes Geldwesen schließen.

Im Jahr 268 v.Chr. erbte Aschoka, Enkel des Begründers der Maurja-Dynastie, den Thron des nordindischen Großreiches, gewann vier Jahre später die Alleinherrschaft (bis 232 v.Chr.) und wandte sich nach den Erfahrungen eines ungeheuer blutigen Krieges den Lehren Buddhas zu. 257 kann als Jahr seiner endgültigen Bekehrung und des Beginns der aktiven Verbreitung des Buddhismus durch den König gelten, der sich fortan »piyadasi« nannte, zu deutsch etwa: der euch gütig anschaut oder kurz: der Gütige. Das war nicht etwa bloße Propaganda, sondern durchaus wörtlich gemeint: Aschoka ließ Behandlungshäuser für jedermann einrichten, wo ärztlicher Rat und Heilmittel kostenlos erhältlich waren; er förderte das Bewässerungswesen, den Brunnen- und den Straßenbau, schaffte die letzten Reste von Sklaverei ab, kümmerte sich um eine öffentliche Wohlfahrtspflege, verbot Tieropfer und das Verfüttern lebender Tiere. Er selbst aß nach seiner religiösen Erweckung keine tierische Kost mehr: »*Wenn man von einer Blutschuld an einem Lebewesen frei bleiben will, bedarf es nur geringer Anstrengung*«, heißt es auf einer seiner zahlreichen Inschriften, von denen einige auf den berühmten bis 15 Meter hohen kunstvollen Säulen aus Sandstein (»stambha«) erhalten sind.

331 v.Chr. hatte Alexander der Große die Gründung der dann nach ihm benannten Stadt Alexandria an der westlichen Küste des Nildeltas angeordnet. Knapp hundert Jahre später blühte die neue Metro-

pole als Residenz der Ptolemäer-Könige. Ihre Anlage hatte sich rundum bewährt: Alexanders Planer hatten zunächst einmal durch einen Damm zur vorgelagerten Insel Pharos mit ihrem Leuchtturm einen Doppelhafen und damit die Grundlage für den boomenden Handel geschaffen. Die Stadt selbst ließen sie nach dem Vorbild des Hippodamos und der Echnaton-Stadt Tell el-Amarna in rechtwinklig sich kreuzenden, nachts mit Öllampen erleuchteten Straßen auf einem dreißig Meter hohen Hügelgelände anlegen, offen nach Nordwesten, woher die Mittelmeerwinde Frische in das heiße Häusermeer brachten. Die Gebäude zeichneten sich durch große, breite, mit Holzläden verschließbare Fenster und Anschluß an das von vornherein eingeplante Netz der Wasserleitungen aus. Es speiste sich weitgehend aus einem zum Nil vorgetriebenen Kanal, dessen Wasser allerdings durch Absetzbecken aufgebessert wurde. Zu den in Alexandria arbeitenden Wissenschaftlern zur Zeit König Ptolemaios III. Euergetes (»Wohltäter«, regierte 246-221 v.Chr.) gehörte denn auch neben dem Mathematiker Euklid und dem Geographen Eratosthenes der Physiker Ktesibios, der das erste Werk über die Kräfte des Wassers, über Pneumatik und Hydraulik herausgab.

Bedeutender aber noch war sein Kollege Archimedes (um 285-212 v.Chr.), der ebenfalls einige Zeit in Alexandria, sonst aber in seiner Heimatstadt Syrakus auf Sizilien arbeitete. Man kennt Archimedes als Berechner der Kreiszahl pi, als Entdecker des Prinzips der Wasserverdrängung, des Schwerpunkts und des Hebelgesetzes und als Bestimmer des spezifischen Gewichts. Weniger bekannt ist seine Zuständigkeit für das Riesenschiff »Alexandria« Hierons II. von Syrakus (um 306-215 v.Chr., König seit 269). Der dreistöckige Koloß von 4000

»Störe meine Kreise nicht!« Die barsche Zurechtweisung eines römischen Legionärs soll Archimedes 212 v.Chr. mit dem Leben bezahlt haben (Kopie eines antiken Mosaiks).

Noch heute sind in den nordafrikanischen Ländern nach dem Prinzip des Archimedes arbeitende Schraubenpumpen in Betrieb. Rechts eine Schnittzeichnung.

Tonnen, der später als Geschenk an den ägyptischen König Ptolemaios III. kam, war mit einem 800 Kubikmeter fassenden Süßwasserbecken aus Holzbohlen ausgerüstet, die man mit Pech abgedichtet hatte. Hier kam eine besonders folgenreiche Erfindung des Archimedes wohl erstmals zum Einsatz: die Wasserschraube (Schraubenpumpe, ägyptische Schnecke, Wendel). Beschäftigt hat sich Archimedes auch mit der Brennlinse und dem Hohlspiegel. Legende freilich dürfte sein, daß er mit solchen Spiegeln die römische Belagerungsflotte vor Syrakus in Brand gesetzt habe. Dazu reichen die Brennweiten nicht. Und des Archimedes Genie vermochte auch nicht zu verhindern, daß er bei der Eroberung seiner Heimat durch die Römer ums Leben kam. Sein Befehl: »Noli turbare circulos meos!« (Störe meine Kreise nicht) provozierte die Legionäre, die den alten Mann kurzerhand erschlugen.

Weit entfernt in beiderlei Sinn waren die Wasserbauer in China von archimedischen Erkenntnissen und brachten doch Erstaunliches zustande. Li Ping (Li Bing) und sein Sohn Li Erh-Lang, Zeitgenossen des großen sizilianischen Griechen, standen in Szetschuan vor dem Problem, den Jangtsekiang-Nebenfluß Minkiang, der sich beim heutigen Kwanhsien in 250 Meter Breite in die Ebene ergießt, zu bändigen, weil es dort ständig zu Überflutungen kam. Li Ping begann etwa 250 v. Chr. einen Durchstich durch die Hügelkette, der dem Minkiang einen Weg in die westlich gelegenen Gebiete schuf, wo er sich in mehrere Arme aufteilen konnte, die bei Tschengtu (Cheng-tu) wieder zusammengeführt wurden. Durch Grundwehre und Dämme mit Schleusen ließen sich fortan die Fluten für den jeweiligen Arm dosieren und damit optimale Bewässerungsmöglichkeiten erreichen, die doppelte Ernten auf dem fruchtbaren Boden der wegen ihrer rötlichen Sedimente Rotes Becken genannten Region erlauben. Li Ping erlebte die Vollendung seines Werks nicht mehr, er starb um 240 v.Chr. Sein Sohn schloß die Arbeiten etwa zehn Jahre später ab. Beiden wurde eine bei Ingenieuren seltene Ehre zuteil: Man errichtete ihnen je einen Tempel als Denkmal. An einem findet sich eine Inschrift mit Regeln für Kanalbauer, darunter der Rat: »*Grab das Kanalbett tief und halte Wehre und Überläufe niedrig.*«

Nachdem der Machtkampf im westlichen Mittelmeerraum durch den Sieg Roms über die Punier (Karthager) 202 (Schlacht bei Zama) entschieden war und die Makedonischen Kriege bis 168 v.Chr. die römische Macht auch im Osten gesichert hatten, wuchs der Wohlstand der Oberschicht der Stadt. 161 v.Chr. sah sich der Konsul Gaius Fannius Strabo sogar zu einem Gesetz veranlaßt, das übermäßigen Aufwand bei Gelagen unter Strafe stellte. Auf wachsenden Reichtum lassen auch die damals ausgebauten öffentlichen Einrichtungen schließen, darunter Aborte (»latrina«) für die Passanten zunächst in Form von Amphoren in Straßennischen und Nebengassen. Ein aus Sklaven (Kriegsgefangenen) bestehender städtischer Reinigungsdienst sorgte für deren Reinigung. Die Abtritte in Privathäusern hießen im Unterschied dazu »sellae pertusae«, also durchlöcherte Sitze. Damit waren die Platten gemeint mit einer runden Öffnung oben und einem Schlitz vorn senkrecht, in den der Reinigungsschwamm geklemmt wurde. Ähnlich konstruiert waren die tragbaren hölzernen Leibstühle, genannt »lasanum«.

−200 bis −100

Obwohl, wie gesagt, Karthagos Macht gebrochen war, kam es 149 v.Chr. noch zu einem 3. Punischen Krieg, in dem bis 146 v.Chr. die letzten Reste der phönikischen Stadt von den Römern zerstört wurden. Über den Trümmern errichteten die Sieger später eine römische Stadt, so daß von der Vorgängerin nur geringe Spuren wieder aufzufinden waren. So konnte eine Töpferei mit einem sechs Meter hohen Brennofen freigelegt werden. Dessen Feuerraum hatte durch zwei Heizkanäle Verbindung zum eigentlichen Brennraum, der mehrere Kammern besaß für Ware, die bei unterschiedlicher Hitze und Brenndauer zu fertigen war. Reste gebrannter und ungebrannter Gefäße fanden sich im Beschickungsraum im Souterrain. In einem durch einen schmalen Gang erreichbaren Lager- und Werkraum entdeckten die Archäologen Farbtöpfe für die Bemalung der Vasen, Krüge und anderen Gefäße von erstaunlicher Vielfalt. Außer einigen Grabstellen ließ sich sonst weiter kaum etwas aus punischer Zeit retten, so daß unsere Kenntnisse über die einst blühende nordafrikanische

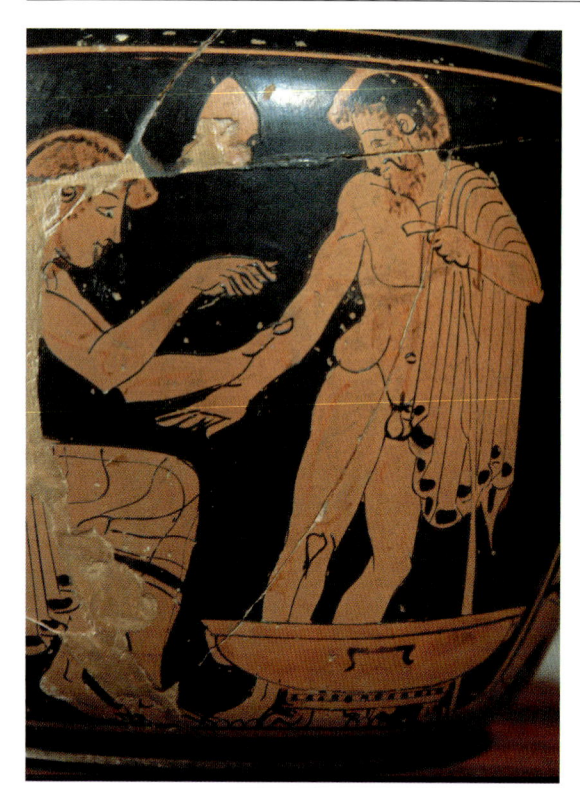

Der altgriechische Vasenmaler hat eine Behandlungsszene festgehalten, in der ein Patient vom Arzt zur Ader gelassen wird.

Großstadt betrüblich begrenzt sind. Auch ihre Bibliothek nämlich, neben der alexandrinischen eine der bedeutendsten der Antike, war untergangen und mit ihr fast alles phönikische Schrifttum.

Immer wieder führte der Bevölkerungszustrom in Rom zu Engpässen in der Wasserversorgung. Im Jahr 144 v.Chr. bekam daher der Prätor Quintus Marcius Rex vom Senat den Auftrag, eine weitere Wasserleitung zu bauen; die reiche Kriegsbeute machte es möglich. So entstand bis 140 v.Chr. die rund 90 Kilometer lange Aqua Marcia, die wie die Aqua Appia weitgehend unterirdisch verlief, doch über etwa 10 Kilometer auf Stützbogen geführt werden mußte, noch heute ein eindrucksvoller Anblick in der Campagna. Aus dem oberen Einzugsgebiet des Aniene, eines linken Nebenflusses des Tiber, entnahmen die Erbauer das Wasser, das selbst ein so notorischer Spötter wie der Dichter Martial (40-103 n.Chr.) lobte. Die erhaltenen Stützbogen spannten gut fünf Meter weit; die darauf verlaufende Rinne ist rund einen dreiviertel Meter breit und abgedeckt. In der Stadt verzweigte sich die Aqua Marcia in Leitungen unter anderem zum Kapitol, zum Trajansforum und später auch zu den Thermen des Kaisers Caracalla. Kalkmörtel zur Abdichtung kam erstmals beim Bau dieses Aquädukts zum Einsatz.

Der römische Wohlstand strahlte auch in die Provinz aus. Als Beispiel sei die 500 Meter hoch gelegene kleine Stadt Aletrium (heute Alatri) in Latium nördlich von Frosinone genannt, die um 120 v.Chr. Gehsteige, ein Schlachthaus, einen Spielplatz, ein Badebecken und deswegen auch eine erstaunliche Druckrohr-Wasserleitung aus Bleirohren erhielt: Mit zehn Atmosphären Druck wurden hier 180 Liter Wasser pro Sekunde fast hundert Meter hoch und drei Kilometer weit geführt. Tonrohre hätten dem Druck nicht standgehalten. Die 17 Zentimeter dicken und rund einen Meter langen verlöteten Bleirohre dagegen mit einer Wandstärke von durchschnittlich einem Zentimeter, verstärkt nur im Tal am Gefällende, waren allen Anforderungen gewachsen. Aus einem Einlaufbecken auf einem Berg strömte das Wasser durch die Leitung hundert Meter hinab in ein Flußtal und stieg dann wieder bis zu einem Becken am Stadttor von Aletrium. Diese Heberleitung gehört zu den ältesten bisher entdeckten.

Die Römer gelten, wie im vorigen Abschnitt gesehen, nicht zu Unrecht als die Techniker der Antike, die Griechen dagegen als die Wissenschaftler. Wie alle solchen Rubrizierungen ist auch diese problematisch und nur sehr allgemein gültig. Auf medizinischem Gebiet jedoch war die römische Seite lange eindeutig die nehmende. Um 219 v.Chr. war der erste griechische Arzt, von dem wir wissen, in Rom ansässig, und schließlich hatten Griechen gegen Ende des zweiten Jahrhunderts v.Chr. fast ein medizinisches Monopol in dem zur Hauptstadt der Mittelmeerwelt aufgestiegenen Rom, denn selbst die römischen Ärzte mußten in Griechenland ausgebildet sein, wollten sie daheim zu Ansehen kommen. Mit den Ärzten kam das griechische Badewesen nach Italien, was schon an den vielen griechischen Begriffen im römischen Sanitärwesen abzulesen ist, von der Wasserschraube (»coclea« von griechisch kochlias) bis zum Saugrohr (»sipho« von griechisch siphon). Schon daran sieht man, daß es mit der römischen Führung auf technischem Gebiet wenigstens anfangs nicht so weit her war. Erst in der Weiterentwicklung und Vervollkommnung leisteten die römischen Techniker später Bahnbrechendes.

Zum Beispiel in der Heiztechnik. Wie in den anderen Ländern des Kulturkreises beheizten die Römer ihre Räume ebenfalls mit offnen Holzfeuern unter Abzugslöchern oder -kaminen, durch vorher aufgeheizte Steine, die in den Raum getragen wurden, oder durch Holzkohlenglut in einem Becken. Die letztere Methode setzte sich mehr und mehr durch, weil sie fast keine Verrußung und kaum giftige Abgase entstehen ließ. Die Abholzung weiter Gegenden ist nicht nur, wie gemeinhin allein angeführt, auf den vor allem militärischen Schiffbau zurückzuführen, sondern auch auf den hohen Holzkohlebedarf der Bürger und der öffentlichen Gebäude, insonderheit der sich immer stärker verbreitenden und immer größeren öffentlichen Bäder.

Für die Warmwasserbereitung nämlich und für eine im Wortsinn brandneue Erfindung wurde vermehrt Holzkohle gebraucht: Gaius Sergius Orata war Fischhändler und laut Plinius d. Ä. (23-79 n.Chr.) »hab-

−100 bis −40

Religionsstifter und Philosoph Konfuzius (kolorierter chinesischer Holzschnitt).

gierig«, eine Mischung, die ihn auf eine profitable Idee brachte. Er beobachtete, daß Fischbrut in erwärmten Becken besser gedieh, und er beobachtete die Fumarolen in vulkanischem Gelände. Wenn man heiße Luft, wie sie diese abblasen, unter eine Wanne leiten könnte, würde das Wasser darin gleichmäßig warm zu halten sein. Für seine Fischzucht entwickelt, baute Sergius Orata erstmals 89 v.Chr. für reiche Kunden auch Badewannen mit Hohlfußboden, in den er von einer Vorkammer aus die Heißluft von Holzkohlebecken strömen ließ. Über der Glut wurde gleichzeitig in Kesseln warmes Wasser fürs Bad vorgehalten. Die Nachfrage entwickelte sich rasant. Die öffentlichen Badeunternehmen begannen sich dafür zu interessieren, und bald folgte die Ausweitung des Prinzips auf das Beheizen ganzer Räume, ja Hallen. Die Fußbodenplatten wurden dazu auf meist zwei Fuß (ca. 60 Zentimeter) hohe, in relativ geringen Abständen aufgestellte Stempel aus Steinen, Tonrohren oder ähnlichen Stützen verlegt. Von einem eigenen Feuerungsraum aus stieg die Heißluft in den zur Feuermündung ganz leicht geneigten Zwischenraum und erzeugte so eine gleichmäßig angenehme Zimmertemperatur, nunmehr ganz ohne störende Gas- oder Geruchsentwicklung.

Um solchen Luxus mochte sich der chinesische Kaiser Wu-ti aus der Han-Dynastie (202 v. Chr.-220 n.Chr.) nicht kümmern, er hatte alle Hände voll damit zu tun, das von seinen Vorgängern geeinte Reich zusammenzuhalten und die Schlagkraft seiner Truppen dafür zu stärken. Als er nach 54jähriger Herrschaft 87 v.Chr. starb, hinterließ er einen modernisierten Staat auf der Grundlage der Lehren des Konfuzius (551-479 v.Chr.) von den hierarchisch zu verstehenden »Fünf Beziehungen« zwischen Fürst und Beamten, Vater und Sohn, Mann und Frau, älterem und jüngerem Bruder, Freund und Freund. Daraus resultierte Fürsorgepflicht für den Höheren, und der Kaiser bemühte sich um entsprechenden Ausbau der Gesundheitsvorsorge, insonderheit für seine Soldaten, indem er die Ausbildung von Ärzten regelte. Sie erhielten den Rang und die Macht kaiserlicher Beamter, wenn sie die neu eingerichtete Hohe

Schule durchlaufen hatten. Gesundheit hieß auch ausreichende Versorgung, und diese verlangte nach einem leistungsfähigen Bauernstand. Der Bau von Kanälen und Bewässerungssystemen wurde daher von Wu-ti intensiv gefördert. Das größte Projekt dazu freilich, die Schaffung eines 125 Kilometer langen Schiffahrtswegs von der Hauptstadt Hsian (Xian) zum Hwangho scheiterte trotz des Einsatzes von Zigtausenden von Arbeitern.

Das 1. Jahrhundert v.Chr. kann als das des Julius Cäsar gelten, der mit seinen Eroberungen das römische Weltreich erst eigentlich begründete und mit seinem Aufstieg zum Alleinherrscher das Ende der Republik einläutete. Von 58 bis 45 v.Chr. fast ununterbrochen kriegführend, bewies Cäsar vor allem als Feldherr und Propagandist sein politisches Genie, dem Rom in der kurzen Zeit vor der Ermordung des Diktators an den Iden des März (15.3.) 44 v.Chr. noch weitreichende Reformen verdankte. Seine Siege gelangen Cäsar nicht nur dank überlegener Strategie, Taktik und Waffentechnik. Es waren auch Siege der von ihm angeworbenen Handwerker, die dem Befehlshaber und seinen Leuten oft in höchster Eile lebensrettende Brücken schlugen, Belagerungsmaschinen bauten und warteten oder – Wichtigstes von allem – Brunnen teuften. So retteten Cäsar seine Wasserbauer beim Bürgerkrieg in Ägypten 47 v.Chr., als die Gegner Meerwasser ins Leitungsnetz von Alexandria gespeist hatten. Durch Erschließung von Grundwasseradern konnte die gefährliche Krise über Nacht abgewendet werden. Im afrikanischen Feldzug stand ihm 46 v.Chr. der berühmte Baumeister Vitruv (um 84-nach 27 v.Chr.) als Chef des Handwerkerkorps zur Seite.

Daneben lehrte der Krieg Cäsar die Hochschätzung der Ärzte, und er sorgte dafür, daß nichtrömische Ärzte ohne Probleme römische Bürger werden konnten. Das zog aus allen Teilen des Reiches Mediziner in die Hauptstadt, führte zur Verbreitung hygienischer Kenntnisse und gab dem Badewesen neue Impulse, weil Bäder zu den wichtigsten Behandlungsmethoden der antiken Ärzte gehörten. Ausreichende und ausgewogene Ernährung war und ist Voraussetzung für jeden Heilerfolg, doch reichten die italienischen Anbauflächen zur Versorgung der gewachsenen Einwohnerschaft des Landes bald nicht mehr aus. Neben der Trockenlegung etwa der Pontinischen Sümpfe plante Cäsar daher die Erweiterung des Hafens von Ostia, die Anlage neuer Häfen und ihre Verbindung mit einem

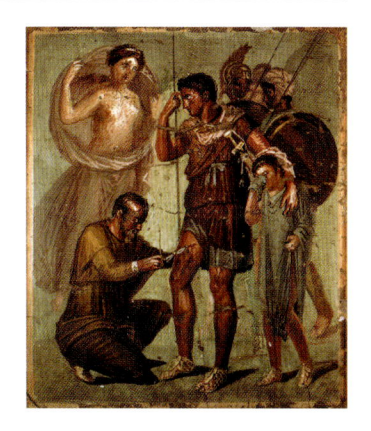

Der Stil des römischen Wandgemäldes zeigt griechischen Einfluß: Behandlung eines verwundeten Kriegers. Cäsar förderte die Einbürgerung griechischer Ärzte.

–40 bis Zeitenwende

gut ausgebauten Straßennetz zur Steigerung der Importe. Selbst den Durchstich des Isthmusses von Korinth projektierte er bereits.

Der Bürgerkrieg des Oktavian und späteren Kaisers Augustus gegen die Cäsar-Mörder verzögerte auf lange die Umsetzung solcher Pläne. Früchte hingegen trug die Förderung der Ärzte, und dafür steht ein Name: Aulus Cornelius Celsus. Er faßte das medizinische Wissen der Zeit in acht Büchern zusammen, deren Erscheinen von einigen auf das Jahr 33 v.Chr. datiert wird, während andere Forscher eine spätere Entstehungszeit um 20 n.Chr. annehmen. Wir folgen der früheren Datierung: Celsus schrieb lateinisch über die bedeutenden griechischen Ärzte wie Hippokrates und brachte deren Erkenntnisse den römischen Medizinern nahe, und das stilistisch so klar, daß er gelegentlich der Cicero unter den Ärzten genannt worden ist. Insbesondere gab er den Kollegen Ratschläge an die Hand, wann wem welche Bäder besonders gut bekämen und welche wer in welchem Zustand meiden sollte. Schwitzbäder hielt Celsus für besonders geeignet, verdorbene Säfte aus dem Körper zu entfernen. Zu beachten dabei seien allerdings Alter, Tages- und Jahreszeit, körperliche Beanspruchung, Gesundheitszustand, vorangegangene Mahlzeiten, Stadien einer Krankheit, Fieber, Verdauung. Das Grundprinzip lautet: Behutsamkeit.

Das etwa 250 Hektar große Marsfeld (Campus Martius) zwischen dem Tiberbogen und der Via Flaminia in Rom war jahrhundertelang Exerzier- und Sportplatz. Dort, vor Eintritt des Flusses in die Stadt, badete die Jugend bis zu Beginn des 1. Jahrhunderts v.Chr. im Tiber. Dann gab der Senat das Gebiet zur allgemeinen Nutzung und damit zur Verschmutzung frei. Marcus Vipsanius Agrippa (63-12 v.Chr.), Feldherr und Schwiegersohn das Kaisers Augustus, mochte das nicht länger mitansehen und gestaltete den Platz zu einem – modern gesprochen – Freizeitpark aus, indem er Garten- und Sportanlagen schuf, diverse Gebäude, darunter das bis heute kaum veränderte Pantheon, errichten ließ. Hauptattraktion wurden die Agrippa-Thermen, große Badeanlagen mit Umkleide-, Aufwärm- und Abkühlräumen, Warmwasser- (»caldarium«), Kaltwasser- (»frigidarium«) und Heißluftbad (»pyriaterium«). Nur das letztere ging zunächst in Betrieb, als die Thermen 25 v.Chr. fertiggestellt waren, weil es noch an Frischwasserzufuhr mangelte. Erst als im Jahr 19 v.Chr. die Aqua Virgo genug Wasser lieferte, konnte die gesamte Anlage genutzt werden.

»Wer durchgefroren ist, muß zuerst, gut eingehüllt, im Bad sitzen, bis er schwitzt, darauf sich salben, dann baden und endlich mäßig viel Speise und unverdünnten Wein zu sich nehmen.« (Celsus)

Marcus Vipsanius Agrippa, Freund und Schwiegersohn (seit 21 v.Chr.) des Augustus (Porträtbüste).

Neue Erkenntnisse

Dieser neueste Aquädukt, den ebenfalls Agrippa erbauen ließ, bot den Römern das beste Wasser von allen. Daher ist die Leitung auch immer wieder instandgesetzt und bis ins 20. Jahrhundert genutzt worden. Sie speiste den Badesee (»stagnum«) und die genannten Bäder der Thermen, die eine Grundfläche von 85 mal 135 Metern aufwiesen und mithin einer enormen Besucherzahl Platz boten. Eine große (25 Meter Innendurchmesser) runde, kuppelüberwölbte Haupthalle mit direkter Verbindung zum Pantheon bildete den Mittelpunkt der gesamten Anlage. Hier spielte sich das gesellige Leben ab, hier erörterten Patienten mit ihren Ärzten die Anwendungen, hier wurden Nachrichten ausgetauscht. Bildwerke in Nischen und freistehende Skulpturen gliederten den Raum. Licht spendeten die offenen Eingänge und einige Fenster, erstmals mit den nun immer häufigeren Scheiben aus Flachglas. Türen führten zu den diversen mit Marmorfußböden ausgestatteten Bädern, zur Kasse und zu den Behandlungsräumen, wo Öl erhältlich war und Massagen angeboten wurden. Man beheizte den Bau von tiefergelegenen Feuerungsräumen aus für die Hohlfußbodenheizung und Warmwasseraufbereitung. In den Heißluftraum strömte sogar durch irdene Heizrohre heiße Luft hinter die Stuckverkleidung der Wände. Aufwendige Systeme von Rohren für die Wasserzufuhr (ca. 18000 Kubikmeter am Tag) und aus Rinnen für die Entwässerung sicherten den Betrieb.

Im 18. Jahrhundert standen neben dem mächtigen Kuppelbau des Pantheons noch die Ruinen der Thermen des Agrippa (Radierung von Giovanni Battista Piranesi, 1762).

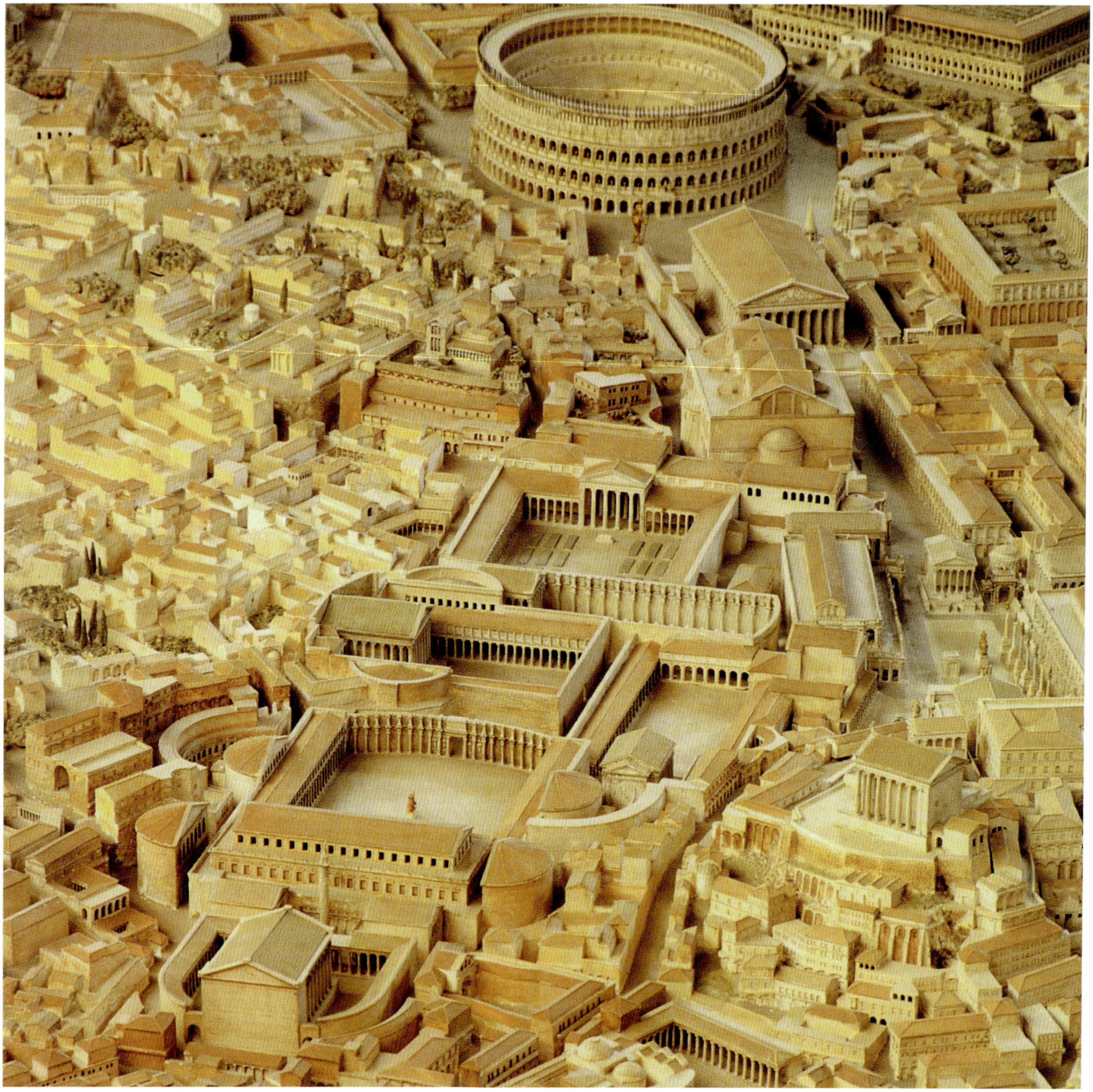

Römische Kaiserzeit

Eigentlich war schon Cäsar so etwas wie ein Kaiser, und der Begriff geht ja auch auf seinen Namen zurück. Seine Mörder aber versuchten noch einmal – von eigenen Machtgelüsten abgesehen – das Rad zurückzudrehen und die Republik zu retten. Das scheiterte im schon erwähnten Bürgerkrieg. Doch selbst der Sieger Oktavian nahm nur zögernd Abschied von republikanischen Gepflogenheiten, nannte sich zunächst Princeps (»der die erste Stelle einnimmt«) und ließ sich erst 27 v.Chr. durch den Ehrentitel Augustus (»der Erhabene«) aus Volk und Oberschicht herausheben. Obwohl in aller Welt die sanitärtechnische Entwicklung natürlich weiterging, benennen wir die nun folgende Epoche nach Rom, das jedenfalls für unseren Kulturkreis auf lange Zeit noch »Nabel« der Welt bleiben sollte.

Bald nach dem Jahr, mit dem die Kaiserzeit begann, starb der bedeutendste Technik-Historiker der Antike: Das Kaiser Augustus gewidmete Werk »Zehn Bücher über Architektur« (De architectura libri decem) aus der Feder des bereits erwähnten Vitruv (um 84 – nach 27 v.Chr.) ist uns in mehreren Abschriften überliefert. Darin hat der Ingenieur, der schon Cäsar beriet, das gesamte bautechnische Wissen der Zeit zusammengefaßt, und nicht nur das. Er verlangt vom Baumeister auch Kenntnisse auf anderen Gebieten, damit er menschengerecht bauen könne: Ohne medizinische Bildung etwa sei ein Architekt ebenso wenig denkbar wie ohne Grundwissen über Bau- und Wasserrecht. Sein im Mittelalter vergessenes Werk kam in der Renaissance wieder zu Ehren und erlebte 1549 die erste deutsche Ausgabe. Goethe erwarb auf der

Schon um die Zeitenwende war Rom eine gigantische Metropole mit Bauten, deren Reste noch heute staunen machen. Das Kolosseum am oberen Bildrand der Rekonstruktion ist neben dem Petersdom sogar heute noch als Ruine Wahrzeichen der Ewigen Stadt. Ihren Aufstieg zum Mittelpunkt der antiken Welt vollendete Cäsar (oben).

Italienischen Reise 1786 in Venedig ein Exemplar und lernte durch Vitruv die Baukunst der Griechen und Römer von Grund auf kennen.

Beeindruckend ist die Themenvielfalt, die Vitruv auf sanitärem Gebiet behandelt, von der Qualität, Sammlung und Entsorgung von Regenwasser über den Brunnenbau, über die technischen Anforderungen gemauerter Wasserleitungen wie solcher aus Blei, Ton oder Holz, über die Anlage von Thermen bis hin zur optimalen Nutzung von Heilquellen. Dahinter steht die feste Überzeugung Vitruvs: »*Das Wasser ist das unentbehrlichste der Elemente, sowohl zum Leben als auch zur Verschönerung desselben und zum täglichen Gebrauch.*« Die Ausführungen Vitruvs lassen sich in unserem Rahmen nicht einmal zusammenfassend darstellen. Ein Blick auf eine Passage über die bisher nur gestreiften Einrichtungen zum Heben von Wasser mag als Kostprobe seiner detaillierten Darstellung genügen:

Vitruv nennt und beschreibt höchst präzise fünf der üblichen Techniken zum Wasserheben: Tretrad, Schöpfeimerkette, Wasserschaufelrad, archimedische Schraubenpumpe und doppeltwirkende Saug- und Druckpumpe mit Zylindern, Kolben und Ventilen. Bis auf das Schaufelrad mußten alle diese Hebevorrichtungen von Menschenkraft bewegt werden, im kriegerischen Römischen Reich also von Sklaven. Die Funktionsweise des Tretrades dürfte allen geläufig sein, so daß hier nur Vitruvs Beschreibung über die Erweiterung zur Schöpfeimerkette zitiert werden soll: »*Will man das Wasser noch höher hinaufbefördern, so hat man um die Achse des Rades eine doppelte Eisenkette (duplex catena ferrea) zu legen, die bis in die Tiefe hinabreicht. An der Kette hängen bronzene Eimer für einen Congius (3,275 Liter) Inhalt. Die Umdrehung des Rades nimmt zugleich die Kette auf der Welle mit und windet die Eimer hoch. Über die Achse emporgekommen, stülpen die Eimer zwangsläufig um. Das heraufgewundene Wasser fließt in einen Wasserbehälter (castellum aquae).*« Aus den weiteren Ausführungen Vitruvs geht hervor, daß man damals bei solchen Anlagen bereits Zahnradübersetzungen kannte.

Römische Treträder zum Heben von Wasser, wie sie Vitruv beschrieben hat. Die Zeichnung wurde nach Funden am Rio Tinto (Spanien) angefertigt.

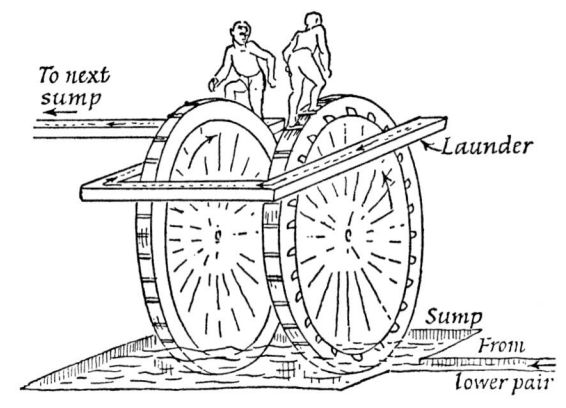

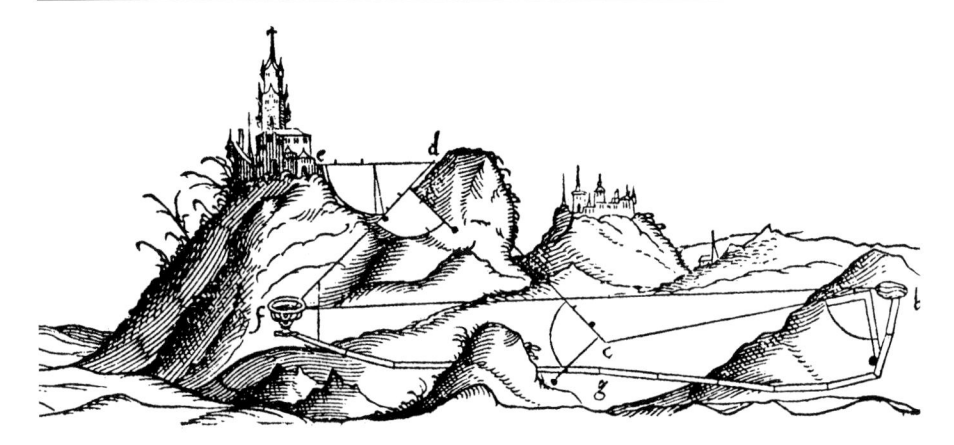

Gefälleberechnung für eine Wasserleitung nach Vitruv (Zeichnung aus dem 16. Jahrhundert).

Luftaufnahme des »hängenden« Palastes des Herodes am Steilhang der Festung Masada am Toten Meer.

Sechs Jahre stand Herodes der Große (73-4 v.Chr.) in römischen Diensten, ehe er 37 v.Chr. zum Herrscher über Judäa wurde und es als Verbündeter der Römer zu einer mächtigen Bastion ausbaute. Viele Festungen zeugen von der regen Bautätigkeit des Königs, von Cäsarea am Mittelmeer über Herodion sieben Kilometer südöstlich von Bethlehem, über Jericho und das östlich vom Toten Meere gelegene Grenzfort Machairus bis hin zum legendären Masada. Herodion diente dem König auch als Residenz und war entsprechend aufwendig ausgestattet, so daß Herodes im Jahr 15 v.Chr. sogar Agrippa, den Schwiegersohn des Kaisers, mit allem Komfort empfangen konnte. Berühmter aber noch wurde Masada, als die Festung drei Menschenalter nach ihrer Neuanlage durch Herodes zum letzten Bollwerk der Juden gegen die Römer unter dem späteren Kaiser Titus wurde. Warum sich die zigfach überlegenen Angreifer so schwer taten gegen das Häuflein der Verteidiger, wird klar, wenn man sich Lage und planmäßige Befestigung anschaut:

Auf einem allseits schroff abfallenden Bergblock am rechten Hochufer des Toten Meeres errichtet, war Masada um 30 v.Chr. von einer 3,7 Meter breiten und 5,5 Meter hohen weißen Mauer umgeben. Das ummauerte Areal maß 630 mal 130 bis 230 Meter, Unterstände und 37 etwa 32 Meter hohe Türme dienten ebenfalls der Sicherung. Der königliche Palast war »hängend« angebracht an der Nordspitze der

Vom königlichen Luxus in der Bergfestung Masada zeugen die Reste der Fußbodenheizung in der Therme des Herodes.

schiffsartigen Plattform, von der eine gedeckte Treppe über drei weitere Plattformen mit Gemächern und Hallen über 52 Meter zu seinem untersten Stockwerk hinabführte. Er war mithin weder von unten, noch seitlich, sondern nur von oben her und von dort auch nur durch eine gesicherte Pforte erreichbar. Der Boden des Palastes wurde durch eine Anmauerung an der Steilwand gestützt. Neben diesem Palast gab es einen weiteren im Westen, zudem standen auf dem Plateau Soldatenunterkünfte, Verwaltungsgebäude, Gäste- und Gesindehäuser, und es gab sogar ein Schwimmbecken für die Allgemeinheit.

Was aber die Verteidiger im Jüdischen Krieg (70-73 n.Chr.) so lange aushalten ließ, war die Wasserversorgung, die Herodes hatte anlegen lassen. Er brauchte für seine Thermen, das Freibad und die Küchen viel Wasser, aber auch für die Bewässerung der im Freigelände gepflegten Gärten und Pflanzungen, die eine gewisse Zeitlang die Ernährung gewährleisten konnten. Basis des Systems war das Auffangen des hier zwar seltenen, dann aber ergiebigen Regens. Oft füllte schon ein einziger Guß die mindestens zwölf bis zu acht Meter hohen Wasserkammern durch den Zustrom aus den von Wadis gespeisten Rinnen, so daß wenigstens 40 000 Kubikmeter zur Verfügung standen. In Friedenszeiten ergänzte man die Vorräte ständig durch in Schläuchen auf Eseln heraufgebrachtes Wasser. Letztlich half das den noch 960 Verteidigern dann doch nicht, da die Römer mit ungeheurem Aufwand die Entscheidung erzwangen. Sie fanden, als es ihnen endlich gelang, die Mauern zu ersteigen, noch sieben überlebende Frauen und Kinder vor. Von den anderen zeugten nur noch Lose, Tonscherben mit Namen, die die Reihenfolge des Sterbens festgelegt hatten beim kollektiven Selbstmord vor der Eroberung.

+1 bis 40

Am 19. August des Jahres 14 n. Chr. starb der erste römische Kaiser Augustus. Mit seinem Namen ist der Ausbau Roms zur Weltstadt verbunden und eine nach dem Bürgerkrieg seit 30 v.Chr. andauernde, im Rückblick verklärte Friedenszeit, die Pax Augusta. Der Mensch Augustus wird hinter dem Herrscher nur selten sichtbar. Dabei haben wir vom römischen Historiker Sueton (um 70-um130) in dessen Kaiser-Biographien ein äußerst lebensnahes Porträt und damit trotz des erhabenen (»augustus«) Gegenstands auch ein Stück römischen Lebens um die Zeitenwende:

Der für damalige Zeiten mit 1,71 Meter Körpergröße stattliche Kaiser kränkelte leicht und ließ sich daher ständig von Ärzten begleiten. Auf ihren Rat hin aß er keine schwere Kost und sprach auch dem von ihm geschätzten herben rhätischen Wein nur mäßig zu (maximal einen halben Liter zur Hauptmahlzeit [»cena«]). Er schlief bei offenen Türen der frischen Luft wegen, zuweilen sogar im Säulengang (»peristylium«), wo ein Springbrunnen die Luft befeuchtete. Er achtete darauf, sich nicht zu erkälten, kleidete sich wetterentsprechend, trug im Freien immer eine Kopfbedeckung, machte im höheren Alter regelmäßig seinen Mittagsschlaf und badete etwa bei Nervosität, wie sie ihn öfter im Hochsommer befiel, in einer Holzbadewanne (»dureta«) mit Meerwasser. In anderen Fällen ließ er sich schwefliges Wasser aus einer Heilquelle kommen oder machte eine Schwitzkur, nach der er sich mit angewärmtem Wasser übergießen ließ. Wegen eines Hüftleidens mußte Augustus immer wieder warme Sandbäder nehmen und sich Schilfwurzelumschläge bereiten lassen. Bei solcher Pflege und Disziplin erreichte er immerhin ein Alter von 76 Jahren.

Die Langlebigkeit der Inder führte der selbst sehr alt gewordene römische Geograph Strabo (64 v.Chr.–23 n.Chr.) ebenfalls auf Mäßigkeit zurück, aber auch auf ihre Heilkräuter, von denen viele ins augusteische Rom exportiert wurden, z.B. Narden, Betelnüsse, Orchideen-Saft, abführende Kassie, Kampfer, Guineasamen. Das indische Heilwissen aus dem schon dargestellten »Ayurveda« war uralt, doch dürften erst um die Zeitenwende Abschriften daraus wie das »Tscharaka« (der Wandernde/Vademecum) zustande gekommen und das Wissen so in den Mittelmeerraum vorgedrungen sein. Eines der Grundprinzipien darin verlangt vom Arzt, nicht nur Behandler von Kranken, sondern im gleichen Maße Berater der Gesunden zu sein, denn: *»Jeder kann widerstandsfähiger gegen Krankheiten werden und ein langes Leben ohne Verfall seiner Kräfte im Alter erreichen.«* Bäder aller Art, vom Schlammbad bis zum Kaltduschen, spielen dabei auch in Indien eine Schlüsselrolle, und eine ganz besondere kommt dem Schwitzbad zu:

Zeitgenössische Porträtbüste des jungen Augustus mit Lorbeerkranz, im Original 43 Zentimeter hoch.

Es wirke nach dem »Tscharaka« aber nur, wenn man verdaut, geeignete Maßnahmen zum Schutz von Herz und Augen ergriffen, die richtigen Salben verwendet und genau die vorgeschriebene Dauer eingehalten habe. Je nach Befinden wurden Bäder bei trockener Hitze in bestimmter Kleidung empfohlen oder Schwitzbäder, bei denen erhitzte Steine oder Tonflächen mit Wasser oder sauren Flüssigkeiten besprüht wurden; mit einem »Elefantenrüssel« (einem geflochtenen Rohr) konnte Dampf dabei an bestimmte, besonders zu behandelnde Stellen geleitet werden.

Augustus hinterließ das römische Weltreich seinem Stief- und Adoptivsohn Tiberius (42 v.Chr. -37 n.Chr.), der es in den letzten elf

Luxusleben auf Capri: Kaiser Tiberius mit Gespielinnen vor seiner »Villa Jovis« (Zeichnung von Ludwig Hans Fischer, 1879).

Jahren seiner Herrschaft von seinem Landsitz auf Capri (lateinisch: Capreae) regierte. Er hatte diese »Villa Iovis« auf dem heute Monte Tiberio genannten Westgipfel erbauen lassen, der jäh 334 Meter tief zum Meer und zur Blauen Grotte abfällt. Die exponierte Lage hatte der Kaiser nicht nur aus Gründen der Sicherheit gewählt, sondern auch wegen der dort optimal send- und empfangbaren Signale. Über den etwa 30 Kilometer entfernten Standort der römischen Kriegsflotte in Miseno am gleichnamigen Kap vor der Bucht von Pozzuoli erhielt er per Sicht- oder nachts per Feuerzeichen Meldungen und erteilte auf die gleiche Weise seine Befehle, die damit binnen weniger Stunden Rom und andere Städte erreichten.

Nur selten mußte der Kaiser daher seine 7 000 Quadratmeter große Residenz verlassen, die mit allem Komfort, also auch mit Thermen und vor allem mit großen Koch-, Wasch- und Speiseräumen ausgestattet war. Entsprechend hoch war der Wasserbedarf, der sich aus Quellen nicht decken ließ, weswegen Tiberius eine riesige Wasserkammer von tausend Quadratmetern Grundfläche aus dem Gestein hatte herausschlagen lassen. Rinnen und Rohre leiteten alles aufgefangene Regenwasser dorthin. Als die Anlage in den 1930er Jahren ausgegraben wurde, fanden die Archäologen auch einen 104 Meter langen und 6 Meter breiten Säulengang quer zum Speisesaal, so daß der Kaiser nach dem Essen entscheiden konnte, ob er zur Verdauung »ruhn oder tausend Schritte tun« wollte.

Daß sich mächtige Reiche an den großen Strömen bildeten, nimmt nicht weiter wunder. Erstaunlicher schon, daß es auch stabile Staatenbildungen in Wüstengebieten gab. Eine der beachtlichsten war das Reich der Nabatäer im äußersten Nordwesten der Arabischen Wüste. Unter König Aretas IV. (regierte 9 v.Chr. bis 40 n.Chr.) erstreckte es sich vom Euphrat bis zum Toten Meer, vom nördlichen Hedschas über Eilat bis in den Sinai beim heutigen El-Arisch (damals: Rhinokorura). Es war stark griechisch geprägt, hatte aber allen Versuchen der Eroberung durch die Seleukiden-Herrscher widerstanden und erlebte unter Aretas IV. eine lange Friedenszeit. Seine Macht garantierte die Sicherheit der Karawanenwege, die Ruinen seiner Hauptstadt Petra im südlichen Jordanien sind heute ein Touristenmagnet. Das liegt auch daran, daß es staunenswerte Anlagen zu besichtigen gibt wie die zehn

Malerische Motive waren die Reste der imposanten altrömischen Aquädukte für die klassizistischen Künstler: Gemälde von Hubert Robert (1787).

birnenförmigen Wasserkammern, die von den Bewohnern aus dem Berg mit dem heutigen Namen Umm el-Biyara (»Mutter der Zisternen«) geschlagen wurden, oder die Heiligtümer und besonders auch die Pferdeställe. Wer sich hier behaupten wollte, brauchte eine perfekte Reiterei, und die der Nabatäer dürfte den späteren arabischen Reiterheeren in nichts nachgestanden haben. Die zur Kühlung dickummauerten Ställe mit dem Wartungs- und Vorratsraum in der Mitte sind jedenfalls vorbildlich eingerichtet. Zählt man sie in den ausgegrabenen Nabatäerstädten, klingt es nicht unwahrscheinlich, daß Aretas IV. nach späteren Berichten zehntausend Berittene in den Kampf habe werfen können.

40 bis 60   Gleich zwei neue Aquädukte konnte Kaiser Claudius (regierte 41-54) an seinem 62. Geburtstag, dem 1. August 52, nach 14jähriger

Bauzeit einweihen, die nach ihm benannte Aqua Claudia und die Aqua Anio Novus. Der Schriftsteller Plinius d.Ä. (23-79) schwärmte über die Bauwerke, »daß es auf der ganzen Erde nichts Bewunderungswürdigeres gibt«. Die höher und die letzten Kilometer übereinander geführten Leitungen erreichten Rom durch Stollen und über schlanke Stützbogen in rund dreißig Metern Höhe (ca. 70 Meter über NN), so daß sie selbst Hügelbauten mit Wasser beliefern konnten. Es kam wie das der Aqua Marcia aus dem Quellgebiet des linken Tiber-Nebenflusses Aniene und aus dem Fluß selbst, der dafür aufgestaut wurde, nicht zur Erhöhung des Wasserspiegels, sondern zum Absetzen der mitgeführten Schwebstoffe. Ganz klar kam das Wasser dann immer noch nicht bis zur Stadt, wo nochmals Absetzbecken zwischengeschaltet werden mußten, ehe die Leitungen in der Nähe der Porta Maggiora in den Wasserverteilungsbau (»castellum dividiculum«) mündeten. Trotz des gleichen Entnahmegebiets waren die beiden neuen Leitungen, insbesondere die Claudia, kürzer als die Marcia, weil sie gradliniger geführt wurden: Claudia 68,8 Kilometer (davon 14 über Stützbogen), Anio Novus 86,4 (11,2) Kilometer. Zu über achtzig Prozent verliefen beide sonst unterirdisch in begehbaren Leitungsschächten.

Zur Verteilung des Wassers (allein aus der Anio Novus rund 200 000 Kubikmeter täglich) ließ der Kaiser zahlreiche kunstvoll gestaltete Laufbrunnen aufstellen. Eine besonders wichtige Leitung stellte für ihn die in seine Paläste, Gärten, Bäder, Springbrunnen und Teiche führende dar. Sie lief zeitweilig über eine Wassertreppe beim Tempel des Claudius, die später abgerissen wurde, wie denn überhaupt von nachfolgenden Herrschern eine Reihe von Veränderungen vorgenommen wurden, etwa die Rückverlegung der Entnahmestelle in den Simbruiner Bergen zur Verbesserung der Wasserqualität. Auch wurden die Leitungen immer wieder schon unterwegs angezapft für landwirtschaftliche Zwecke oder zur Belieferung der Landsitze reicher Römer. Hinzu kamen ständig Instandsetzungsarbeiten bis in die Zeit Papst Hadrians I. (Pontifikat 772-795). Stolz jedenfalls konnte Kaiser Claudius sein auf sein Wasserversorgungswerk, das er nach Aussage des Schriftstellers Sextus Iulius Frontinus (um 30-104) »in ganz hervorragender Weise (magnificentissime) vollbracht« habe.

Schnitt durch eine römische Wasserbrücke vom Typ Anio Novus und Aqua Claudia mit zwei Rinnen übereinander.

Griechische Forscher – römische Techniker

Schon seit unvordenklichen Zeiten verehrte man auf der Insel Kos (Dodekanes) den Heilgott Asklepios, dessen Kult im Jahr 293 v.Chr. anläßlich einer Seuche von den Römern unter dem Namen Äskulap übernommen wurde. Die Verbindung römischer Ärzte nach Kos blieb erhalten, da viele die dortige Ärzteschule besucht und im Asklepieion, dem prachtvollen Heiligtum des Gottes, den Eid des Hippokrates (um 460-um 370 v.Chr.) geleistet hatten. Nach einem Gerücht hat sich an diesen der von der Insel des Hippokrates stammende kaiserliche Leibarzt Gaius Stertinius Xenophon im Jahr 54 nicht gehalten, als er dem bereits mit einem Pilzgericht von seiner Frau Agrippina (15-59) vergifteten Kaiser Claudius zusätzliches Gift verabreicht haben soll, weil die Morddosis nicht zu reichen schien. Ein Verfahren gegen Xenophon gab es zwar nie, und auch die von ihm für Kos erwirkte Steuerfreiheit wurde nicht zurückgenommen. Dennoch mag ihm so oder so der Boden in Rom zu heiß geworden sein, so daß er im Jahr 55 in seine Heimat zurückkehrte und dort oberster Priester am Asklepieion wurde.

Das in den Jahrhunderten um einen einfachen Opfertisch gewachsene Kultzentrum verfügte inzwischen über ausgedehnte Einrichtungen für Aufnahme und Unterbringung von Heilungsuchenden, über Thermen für Waschungen und Bäder vor Betreten der eigentlichen Tempelanlage und zur Heilbehandlung, über Wandelgänge, Wohnungen und Arbeitsräume der Priester-Ärzte, Bademeister, Masseure, Verwalter, Köche, Gärtner, Handwerker, Wachen usw. Man muß sich einen regen Kurbetrieb mit fliegenden Händlern und Tavernen vorstellen. Gerade im 1. Jahrhundert florierte sowohl die Ärzteschule von Kos als auch das Asklepieion. Die in dieser Gegend reichlich sprudelnden Mineralquellen, darunter schweflige, wurden jetzt erst, kurz vor der Ankunft Xenophons oder sogar erst durch ihn selbst, erschlossen, weil sie früher für unrein gehalten worden waren. Nun aber erkannte man ihre Heilkraft. Die Patienten und Besucher betraten die an einen Hang gebaute Anlage in einem unteren Stockwerk mit den Bädern, Dienst- und Ruheräumen. Eine breite Freitreppe führte sodann zu einer terrassenartig zurückgesetzten zweiten Etage mit dem Tempel des Asklepios um

> *»Ich schwöre bei Apollon, dem Arzt und Asklepios und Hygieia und Panakeia und allen Göttern und Göttinnen, die ich zu Zeugen anrufe, daß ich diesen Eid nach bestem Wissen und Können erfüllen werde.«*
> *(Eingangsformel des Hippokratischen Eids)*

den alten Opfertisch und einer Versammlungshalle, und über eine weitere breite Treppe gelangte man auf die dritte Plattform mit dem hochragenden Haupttempel.

Schwere Erdbeben im 5. und 6. Jahrhundert haben die Anlage nachhaltig zerstört. Sie konnte erst im 20. Jahrhundert wieder freigelegt und rekonstruiert werden. Dabei beeindruckte die Archäologen vor allem das dichte Netz der Leitungen zur Versorgung der Badeeinrichtungen, Tempel und Wohnungen mit Wasser und zur Entwässerung. Es wurde auch eine wohl etwas später gebaute große öffentliche Toilette (»latrina«) gefunden: eine große Halle von zwölf mal zehn Metern, deren Dach sich zu einer Abzugsöffnung in der Mitte zuneigte. Das da hindurch fließende Regenwasser lief in ein Mittelbecken (»impluvium«). Ringsherum führte ein Umgang, hinter dem die etwa 40 Zentimeter hohen Abortsitze aufgereiht waren. Ein Spülkanal darunter und ein Kanal mit Frischwasser vor dem Umgang sorgten für Sauberkeit. Zugeführt wurde das Leitungswasser von einem Laufbrunnen.

Ähnliche Einrichtungen wurden in Rom gefunden, wo um die Mitte des 1. Jahrhunderts die in beiderlei Sinn Toilettenkultur hochentwickelt war. Daß man auf ein gepflegtes Äußeres Wert legte, dafür sprechen die vielen Spiegel (»specula«), die bei Ausgrabungen auftauchten, und zwar sowohl Hand- und Wand- als auch Standspiegel. Meist handelte es sich um Spiegel aus sorgsam geglättem Metall: Bronze, Zinn oder Silber. Sie mußten von Zeit zu Zeit mit einem Schwämmchen oder mit Bimssteinpulver abgerieben werden, damit sie nicht vorzeitig matt wurden. Das Schwämmchen pflegte man mit einer Schnur am Spiegel zu befestigen. Ob die Römer zu dieser Zeit schon über Glasspiegel verfügten, läßt sich nicht zweifelsfrei bestimmen. Einen ägyptischen Glasspiegel aus dieser Zeit zeigt der Museo Egiziano in Turin. Auch eine Äußerung von Plinius d.Ä. (23–79) weist darauf hin, daß die Technik in Ansätzen bekannt war: »Sidon, wo auch die Spiegel erfunden worden sind, war ehedem durch seine Glashütten berühmt.« Auch Spiegel aus schwarzem Obsidian erwähnt Plinius, merkt aber an, daß man darin nur seinem Schatten ähnlich sehe. Da war ein Blick ins stille Regenwasserbecken (»impluvium«) wohl vorzuziehen, das es im Atrium der meisten römischen Häuser gab.

Statue des Asklepios (Äskulap) mit Stab und Schlange. Diese Zeichen symbolisieren noch heute den Ärztestand.

61 bis 78

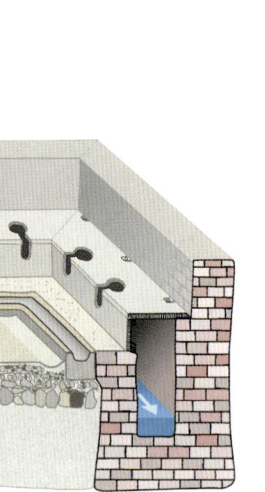

In der Nacht zum 19. Juli 64 brannte Rom – ja fast die gesamte Stadt, in der damals schon rund eine Million Menschen lebten. Der Funken sprang ausgerechnet über vom Palast des dem Kaiser Nero (37-68, regierte seit 54) sklavisch ergebenen Tigellinus, Präfekt der Prätorianergarde, und vernichtete von 14 Bezirken der Stadt drei vollständig und acht teilweise; nur drei blieben verschont. Das Gerücht, der Kaiser selbst habe den Brand legen lassen, wollte nicht verstummen und ließ sich auch nicht dadurch dämpfen, daß Neros eigene riesige und gerade erst vollendete Palastanlage, die Domus Transitoria, Opfer der Flammen wurde. Der als Mörder seines Bruders Britannicus (55), seiner Mutter Agrippina (59) und seiner Ehefrau Octavia (62) verrufene Despot beschuldigte seinerseits die noch kleine christliche Gemeinde Roms. Doch mit der viehischen Grausamkeit der Verfolgungen, denen vermutlich auch die Apostel Petrus und Paulus zum Opfer fielen, gab Nero dem Gerücht vom »heißen Abriß« der Welt-Hauptstadt eher weitere Nahrung. Hinzu kam, daß er sogleich mit einem vielfach aufwendigeren Neubau von Prunkanlagen begann, die zum Teil unter den Trajans-Thermen freigelegt worden sind und über die der Historiker Sueton (um 70-um 130) ausführlich berichtet:

Der Name war nicht übertrieben: Im Goldenen Haus (»Domus Aurea«) wurde an nichts gespart. Es bedeckte eine Fläche von fünfzig

Gemeinsame »Sitzungen« wurden gern zu Unterhaltungen genutzt: Römische Mehrplatz-Latrinenanlage (oben Schnittzeichnung der Spülrinne), die in Ostia gegenüber den Forumsthermen in Betrieb war.

Griechische Forscher – römische Techniker

Hektar, und man betrat es durch eine deswegen so riesige Vorhalle, weil dort ein dreißig Meter hohes Standbild (»colossus«) des Erbauers aufgestellt wurde. Die Vorderseite des eigentlichen Palastes bildete ein 1000 Fuß (rund 300 Meter) langer Säulengang bis zu der Stelle, wo heute die Ruine des Kolosseums steht. Hier ließ Nero einen künstlichen See anlegen, um den herum er Bauten wie an einem Hafen errichtete. Dahinter betrat man ein weitläufiges Garten- und Parkgelände mit Wasserläufen, einem Zoo, Ruhebänken und Lauben. Die Innenräume des 210 mal 50 Meter großen Palastgebäudes prunkten mit Gold, edlen Steinen und Muschelschmuck. Aus dem ganzen Weltreich ließ Nero Kunstwerke herbeischaffen. Die Wände schmückten Gemälde des Stuckmalers Famulus, im Volksmund wegen seiner phantastischen Motive »Fabulus« genannt. Er widmete praktisch sein ganzes restliches Leben der Arbeit in der Domus Aurea, die somit zum »Kerker seiner Kunst« wurde. Ein achteckiger Speisesaal soll ein drehbares Deckengewölbe mit Tag- und Nachthimmel gehabt haben, die Decken anderer Speiseräume waren mit Elfenbeinplatten getäfelt. Sie ließen sich zum Einwurf von Blumenregen oder zum Verströmen von Duftwolken öffnen.

Vom »Goldenen Haus« (Domus Aurea) Kaiser Neros blieb kaum etwas erhalten. Eine Ahnung von seiner Pracht vermittelt diese Wandmalerei eines Innenraums.

Frischwasser ließ Nero durch einen Abzweig, den Arcus Neroniani, von der Aqua Claudia seiner Residenz zuleiten. Dort speisten die Wasser Fontänen, Thermen, Nymphäen (kunstvolle Laufbrunnenanlagen zur Luftbefeuchtung), Teiche und Küchen. Eine Besonderheit im Palast waren Becken mit Meerwasser oder mit Wasser der Albulaquellen zwanzig Kilometer östlich von Rom. Nero nämlich litt an einer womöglich allergischen Hautkrankheit: »Sein Körper war mit Flecken bedeckt und übelriechend«, heißt es bei Sueton. Meerwasser wirkte da lindernd, und die weißlichen Aquae Albulae, alaun- und schwefelhaltig, brachten die Ausschläge bei regelmäßiger Anwendung vorübergehend sogar zum Verschwinden. Die Domus Aurea verfiel nach Neros Selbstmord, 104 ließ Kaiser Trajan die Fläche planieren, ohne daß der Schutt weggeräumt wurde, und darauf seine Thermen errichten.

»Mikwe« (Wasseransammlung) hieß das jüdische Bad, in das die Gläubigen zur rituellen Reinigung hinabstiegen. In Masada wurde das hier gezeigte ausgegraben.

Vom Untergang der jüdischen Festung Masada im Jahr 73 war schon anläßlich ihres Ausbaus durch Herodes den Großen (König 37-4 v.Chr.) kurz vor der Zeitenwende die Rede. Die sich da buchstäblich bis zum letzten Mann verteidigt haben, waren Angehörige der strenggläubigen, in Gütergemeinschaft lebenden Essener. Über sie sind wir durch die in den 1950er Jahren aufgefundenen Schriftrollen aus Qumran und durch die Werke des jüdisch-römischen Geschichtsschreibers Josephus Flavius (37-um 100) gut unterrichtet. Die jüdischen Reinlichkeitsregeln und -riten wurden von den Essenern besonders ernst genommen, denn Reinigung des Leibes bedeutet ihnen zugleich Reinigung der Seele. Sie standen vor der Morgendämmerung auf, gingen ihren Berufen als Hirten, Handwerker, Gärtner, Bauern nach und versammelten sich um die fünfte Stunde (gegen elf Uhr). Die Frauen stiegen dann in einem Kleid (»endyma«), die Männer nur mit einem Schurz (»perizoma«) in ein Kaltwasserbad, zogen danach ihre typische weiße Kleidung an und betraten dann das Bruderhaus zum »heiligen Mahl«. Des Abends wiederholte sich der gleiche Vorgang.

Vier Grade der Erwähltheit konnte ein Essener erreichen. Hatte er ein Mitglied minderen Grades berührt, mußte er sich ebenso reinigen, wie das für die Frauen nach der Regelblutung vorgeschrieben war. Jeder Essener erhielt bei der Aufnahme eine Hacke, die er bei sich zu tragen hatte. Mußte er unterwegs seine Notdurft verrichten, war er gehalten, abseits des Weges ein fußtiefes Loch auszuheben und sich so darüber zu hocken, daß der Mantel ihn ganz umhüllte, damit er nicht »die Lichtstrahlen Gottes beleidigte«. Die Grube hatte er wieder zuzuschütten und sich anschließend zu waschen. Salböl war den Essenern verboten, weil damit das Wasser des Bades verunreinigt werden konnte. Trotz der Verpflichtung zur Friedfertigkeit gehörten die Essener zu den erbittertsten Gegnern der römischen Besatzer ihres Landes und standen hinter dem Aufstand gegen sie im Jahre 66. Er endete nach vier Jahren mit der Zerstörung Jerusalems durch den nachmaligen Kaiser Titus (39-81, regierte seit 79). Die letzten Essener aber hielten noch drei Jahre länger in der Feste Masada aus, wo sie angesichts der sicheren Niederlage gemeinsam in den Tod gingen.

Anders als in Indien gab es ein Krankenhauswesen im Mittelmeerraum erst recht spät. Man kurierte sich daheim aus, ließ Ärzte kommen und stellte in schweren Fällen gelegentlich auch Pfleger an; bei Hofe und in den großen Haushalten der Reichen gab es wohl Krankenzimmer, doch Hospitäler im eigentlichen Sinn kamen erst in der beginnenden Kaiserzeit auf. An Heilquellen, in Thermen, in Heiligtümern des Asklepios/Äskulap herrschte zwar schon eine Art Kurbetrieb wie im bereits dargestellten Asklepieion auf Kos, doch Einrichtungen allein zu Behandlungszwecken entwickelten sich erst durch die wachsenden militärischen Aufgaben des Römischen Reiches. Immer größere Verbände mußten in den verschiedenen eroberten Provinzen stationiert werden, so daß ein geordneter Lazarettbetrieb erforderlich wurde. In Neuss am Rhein haben Archäologen ein solches Krankenhaus (»valetudinarium«) für die Legionäre freigelegt, das für etwa 200 Patienten ausgelegt war.

Ein weiteres, besser erhaltenes fanden sie in Xanten, der Stadt, die im 1. Jahrhundert am Niederrhein in der Nähe von Vetera Castra

Apotheker bei der Zubereitung von Arzneien. Buchmalerei in einer arabischen Ausgabe der Schriften des Dioskurides.

Dioskurides von Anazarbos (Kilikien), der bedeutendste antike Pharmakologe. Darstellung in einer Ausgabe seiner Schrift »Über Arzneistoffe« aus dem 18. Jahrhundert.

entstand. Dieses Lager war Standort unter anderem der Legion V, eines rund 5000 Mann starken Kampfverbands, der für seine Kranken und Verwundeten ebenfalls einen Krankenbau für etwa 200 Mann brauchte. Er wurde zur Zeit Kaiser Neros errichtet und bestand nur bis zum Jahr 70, als ein Aufstand der Bataver die Römer zur Aufgabe des Standorts zwang; die Legion wurde später an einem anderen Ort stationiert. Der um einen U-förmigen Innenhof angelegte Bau hatte 65 Zimmer für je drei Betten und mehrere Behandlungsräume. Er war an Wasserleitung und Entwässerungseinrichtungen des Lagers angeschlossen. Auch ein 64 Quadratmeter großer Operationssaal konnte anhand von an allerlei zurückgelassenem Arztbesteck identifiziert werden. Holzkohlebecken dienten der Heizung, aber auch den römischen Chirurgen, die die Gefahr kannten, die von verunreinigten Instrumenten ausging. Sie machten sie über dem Feuer keimfrei – ohne daß sie freilich Genaues über Keime gewußt hätten. Insgesamt arbeiteten 24 Ärzte unter einem Legionsarzt an einem solchen Lazarett, eine Zahl, wie sie auch heute für einen ähnlich großen Verband angesetzt wird. Das römische Krankenhaus von Vetera Castra, eines von vielen inzwischen in ganz Westeuropa entdeckten, ist im Modell zu besichtigen.

Wie weit es die Medizin schon gebracht hatte, belegt auch eine erstaunliche wissenschaftliche Arbeit der Zeit: Insgesamt 1016 Arzneimittel, davon 813 pflanzliche, 101 tierische und 102 mineralische, für 4740 verschiedene Anwendungen nennt Dioskurides, ein griechischer Arzt aus Kilikien, in seinem pharmakologischen Werk, das er in fünf Bücher gliederte und in den 60/70er Jahren des 1. Jahrhunderts abschloß. Anders als die meisten Vorgänger ging er nicht alphabetisch, sondern nach Gruppen vor und war bei Dosisangaben sehr vorsichtig. Für den Fall der Fälle nannte er bei riskanten Therapien auch Gegenmittel gegen etwaige Vergiftungen. Der gut hundert Jahre später tätige und sonst eher kritische Galen (129-199) war des Lobes voll über Dioskurides: »Mir scheint, er hat die Lehre von den Arzneimitteln von allen am vortrefflichsten verfaßt.« Das Werk genießt unter Medizinhistorikern so hohes Interesse, daß noch 1988 ein Nachdruck der deutschen Ausgabe von 1902 erscheinen konnte.

Die Katastrophe als archäologischer Glücksfall

Nero, Otho, Galba, Vitellius – vier Kaiser kamen und gingen im Jahr 68/69, ehe mit dem ersten Flavier Vespasian (9-79) wieder Stabilität in Rom einkehrte. Der neue Herrscher, von seinen Soldaten auf den Schild gehoben, erwies sich als solider Verwalter, der nach der Verschwendungsepoche wieder Ordnung in die Staatsfinanzen brachte. Davon zeugt seine von Sueton überlieferte Bemerkung, Geld stinke nicht (»non olet«), als ihn sein Sohn Titus wegen der Steuer auf öffentliche Bedürfnisanstalten kritisierte – noch heute heißen in Italien und Frankreich diese Einrichtungen vespasiani bzw. vespasiennes. Natürlich nicht nur mit solchen Bagatellsteuern, aber eben auch damit kamen genug Mittel zusammen zur Erneuerung des Netzes der Wasserleitungen in Rom, zur Neubefestigung der Tiberufer gegen Hochwasser, zum Straßenbau in den Provinzen und zur Errichtung des Flavischen Amphitheaters, bekannter als Kolosseum, das 50 000 Besuchern Platz bot. Der Kaiser starb am 24. Juni 79, zwei Monate vor jener Katastrophe, die uns eine scharfe Momentaufnahme des römischen Alltags der Zeit beschert hat und den Bewohnern dreier Städte und mehrerer kleinerer Ortschaften den Tod brachte, dem Vesuvausbruch vom 23./24. August 79.

»Es ist viel Unheil in der Welt geschehen, aber wenig, das den Nachkommen so viel Freude gemacht hat«, notierte Goethe, nachdem er am 13. März 1787 die ersten freigelegten Areale der altrömischen Stadt Pompeji besucht hatte. Sie war neben Herculaneum und Stabiae dem Vesuv-Inferno zum Opfer gefallen und ist seit der Goethezeit allmählich, seit 1860 systematisch von Archäologen ausgegraben worden. Was sie vorfanden, stammt selbstverständlich aus den verschiedensten Jahren und Jahrzehnten vor 79, doch rubrizieren wir hier das Wesentliche unter diesem Datum, dem Todestag Tausender, darunter dem des Plinius d.Ä. (geboren 23), des Kultur- und Naturbeobachters der frühen Kaiserzeit. Diese Terminierung liegt auch insofern nahe, als ein Erdbeben im Jahr 62 schwere Zerstörungen angerichtet hatte. Die Verschüttung traf die Städte daher in einer Phase des noch nicht abgeschlossenen Wiederaufbaus. Pompeji war mit rund 16 000 Bewohnern

»Schon war es anderwärts Tag, dort aber Nacht, schwärzer und finsterer als alle Nächte, nur daß zahlreiche Fackeln und allerlei Feuererscheinungen das Dunkel etwas erhellten.«
(Plinius d.J. über den Vesuv-Ausbruch)

79

Weitgehend freigelegt hatten die Archäologen schon um 1900, als diese Aufnahme entstand, das untergegangene Pompeji. Blick von den Thermen auf das Grabungsgelände und den Vesuv.

der bei weitem größte der betroffenen Orte und steht im Mittelpunkt der Beispiele für den damaligen sanitärtechnischen Standard.

Zur Wasserversorgung nutzten die Pompejaner sowohl den nahen Fluß Sarno, Regenwassersammler und Tiefbrunnen als auch Quellen in den Bergen. Die Versorgung unterschied sich damit kaum von der anderer Städte. Gleiches gilt von den Entwässerungsmethoden, den privaten und öffentlichen Wasch- und Badeeinrichtungen, der Körperpflege und den Toiletten, so daß hier Raum ist für einen genaueren Blick auf Gaststätten, Wäschereien und Färbereien, Kühleinrichtungen, Heizung und Beleuchtung. Der gute Erhaltungsgrad der Funde in Pompeji vermittelt davon ein besseres Bild, als das sonst bei Ausgrabungen der Fall ist. Doch zunächst ein paar Worte zu einem Detail, das bisher noch unerwähnt ist: Wie funktionierten altrömische Absperrvorrichtungen für Rohrleitungen?

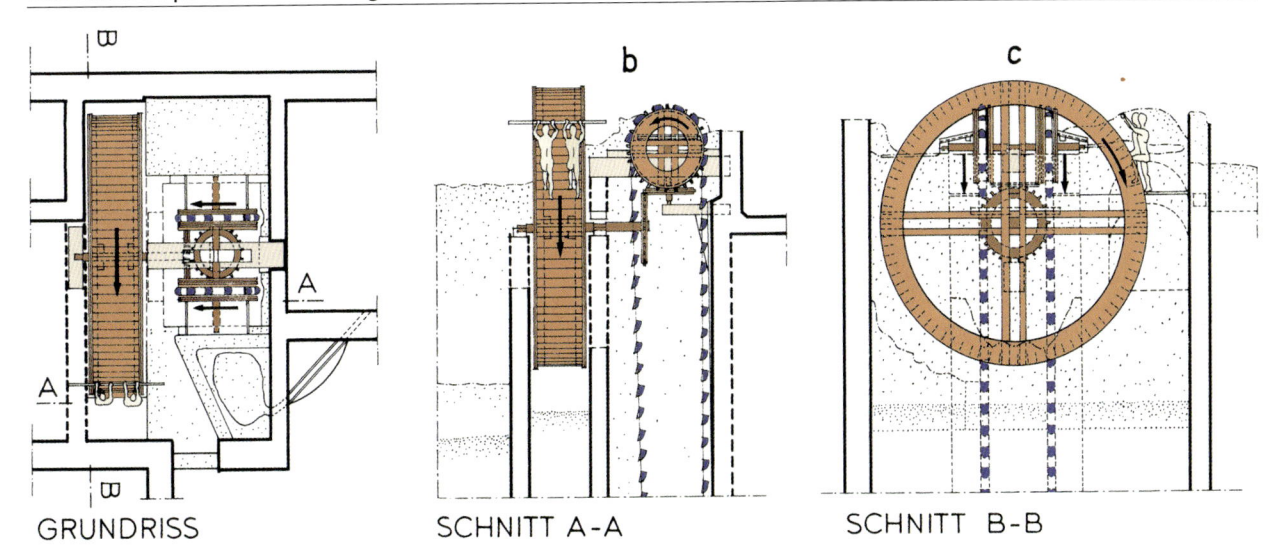

Die Katastrophe als archäologischer Glücksfall

GRUNDRISS | **SCHNITT A-A** | **SCHNITT B-B**

Schematische Darstellung eines Eimerkettenschöpfwerks, wie es in Pompeji freigelegt worden ist. Betrieben wurde die Anlage durch riesige Treträder, die Sklaven bedienen mußten.

In Pompeji fanden sich sowohl Durchlaufhähne als auch Auslaufhähne, beide aus Bronze und nach dem Prinzip des Reiberhahns gefertigt. Sie waren mit einem drehbaren, einmal quer durchlöcherten Zapfen versehen und wurden mit den Bleirohranschlüssen verlötet, nachdem ihre Bronzerohrenden in die Bleirohre gesteckt worden waren. Die Durchlaufhähne haben außer der Reiberfassung noch einen runden, unten verbreiterten Fuß zum leichteren Auflöten und zu besserem Stand bei ebenerdigen Leitungen. Der Reiber war massig ausgeführt. Man konnte den Durchlauf per Vierkantschlüssel dosieren oder durch Querstellung ganz drosseln. Fast jede Springbrunnenanlage – und es gab sogar Tischspringbrunnen – hatte solche Durchlaufhähne, die den Wasserverbrauch regelten. Bei den Auslaufhähnen verjüngte sich das Rohr zum Auslauf hin, der manchmal als Tierkopf gestaltet oder schräg abgeschnitten wurde.

Derartige Hähne fanden sich zuhauf in Pompeji, natürlich auch in den zahlreichen Gaststätten. Diese genossen wie zu allen Zeiten nicht den besten Ruf, doch nutzten die Pompejaner und die vielen Durchreisenden in der Hafenstadt offenbar gern ihren Service, der neben Speis und Trank auch Hotelbetten umfassen konnte, in denen Mann in

In Pompeji gefundener Bronzeabsperrhahn mit Blei- und Zinnverschweißungen.

manchen Etablissements auch nicht allein bleiben mußte. In der kleinen, heute Osteria della Via di Mercurio genannten Gaststätte etwa entdeckten die Forscher einen Durchgang zu einem Hintergebäude, wo sie die Skelette von sechs reich geschmückten Mädchen ausgruben. Die anzüglichen Wandgemälde in der Gaststätte, die eine Liebelei zwischen der zarten Nymphe Galateia und dem derbdreisten Polyphem zeigen, hatten schon vermuten lassen, daß hier in einem sehr umfassenden Sinn für das leibliche Wohl der ohnedies meist männlichen Gäste gesorgt worden ist. Auch Indizien für einen regen Glücksspielbetrieb in solchen Häusern wurden gefunden. Die Einrichtung der normalen Gaststätten war einfach: kleine Tische auf Dreifüßen, meist drei Liegen darum herum (daher der Name »triclinium« für Speiseraum), denn die Römer hielten es für gesünder, im Liegen zu tafeln. In den einfacheren Wirtshäusern gab es allerdings nur Stühle oder Schemel.

Ein in Gaststätten, aber auch in wohlhabenden Privathäusern verwendetes, durch Griffe oder Henkel transportables Gerät zur Heißwasserbereitung und/oder zum Warmhalten von Speisen war der aus Griechenland stammende und griechisch benannte Selbsterhitzer (»authepsa«). Das meist aus Bronze gefertigte Gerät arbeitete ähnlich wie der Samowar, indem darin Herd oder genauer: Glutmulde und Wasserbehälter kombiniert waren. In Pompeji wurden verschiedene, oft kunstvoll verzierte Ausführungen gefunden: mit Glutbecken in der Mitte und Wassertank ringsherum, mit einem Rost aus Röhren, durch die das Wasser unter der glühenden Holzkohle hindurch geführt wurde, oder mit einschiebbarer oder durch ein Rohr/eine Klappe nachfüllbarer geschlossener Feuerbüchse. Ein abnehm- oder klappbarer Deckel verschloß den Wasserbehälter, ein Auslaufhahn diente der Wasserentnahme. Heißes Wasser wurde zu vielerlei Zwecken gebraucht, etwa zur Bereitung glühweinähnlicher Getränke oder auch nur zum Anwärmen von Wein. Auf planen Deckeln von Wassertanks oder in hineingehängten Krügen oder Töpfen ließen sich Speisen warmhalten. Warmes Wasser wurde sogar in Läden oder Schankstätten verkauft, was allerdings zuweilen zu Reinlichkeitsproblemen geführt hat, so daß behördlicherseits eingeschritten wurde.

Daß warmes Wasser gründlicher reinigt als kaltes, war den Pompejanern natürlich auch klar. Dennoch wurde die Wäsche, die weißwollene Oberkleidung (»toga« bei den Männern, »stola« bei den Frauen) wie die Unterkleider (»tunica«), oft kalt am Fluß oder mit angewärmtem Wasser in Bottichen oder Becken in den Küchen gereinigt, in großen Haushaltungen auch in einem eigenen Waschhaus. Dazu bereiteten die Wäscherinnen eine Lauge mit Holzkohlenasche und nutzten ein aus dem saponinhaltigen Seifenkraut hergestelltes Waschmittel. Das war zwar giftig, eignete sich aber gut zum Entfetten von Wolle. Auch Pottasche (Kaliumcarbonat) und Soda (Natriumcarbonat, vor allem als Bleichmittel) waren in Gebrauch. Trockenreinigung kannten die Pompejaner ebenfalls: Abreibung der Kleider mit Walkererde (»terra fullonica«) oder mit feineren griechischen Tonerden (Aluminiumoxid).

Es gab auch Wäschereibetriebe in den Vesuvstädten, meist angeschlossen an Tuchhersteller, weil manche Arbeitsgänge dieselben waren. Beispielsweise das Walken, das bei der Herstellung die Stoffe stärker verfilzen und bei der Reinigung gründlicher säubern sollte. Bilder zeigen Walker (»fullones«), die Stoffe in Bottichen und Waschtrögen treten. Als Walkmittel wurde Harn benutzt, und nur die Wäscher und Tuchwalker allein hatten daher das Recht, die als öffentliche Pissoirs aufgestellten Amphoren zu leeren. Harn nämlich bildet, wenn er fault, Ammoniak, das die Wäsche und besonders die Kleidung aus Wollstoff seifenartig entfettet und reinigt. Nach dem Walken folgte ein ausgiebiger Spülvorgang in großen Wannen oder auch in einem Regenwasserbecken (»impluvium«) und dann das Ausschlagen der Wäsche mit einem Schlagholz. Zum Schnelltrocken dienten Keilpressen oder – eine in römischen Städten neue Errungenschaft – Schraubenpressen, wie sie schon Archimedes erwähnte und wie wir sie noch aus den Anfängen der Buchdruckerkunst kennen. Selten waren Färbereien den Wäschereien angeschlossen, meist erledigten das Färben gesonderte Betriebe durch Bleichen der Stoffe über Schwefeldämpfen oder Einfärben durch zerriebene und gelöste Farbstoffe.

Im »Haus der Vier Stile« in Pompeji entdeckten Archäologen dieses kunstvoll gestaltete Warmhaltegerät (»authepsa«).

Beleuchtungskörper reizten die pompejanischen Künstler: Der Griff dieses nur vier Zentimeter hohen Öllämpchens ist als Affe geformt.

Aus der Literatur wissen wir, daß die Römer Kühleinrichtungen besaßen und Getränke gekühlt schätzten. Bei besonders üppigen Gelagen ließ etwa Kaiser Nero sogar Schnee von den Bergen kommen, der in wasserumspülten Tongefäßen transportiert wurde. Normalerweise mußte Wasser zum Kühlen genügen. Da in vielen Häusern Wasserkammern existierten, stellte man das doppelwandige Kühlgefäß (»gello«) hinein und sorgte möglichst für einen gewissen Durchfluß, so daß es immer von frischem Wasser nachgekühlt wurde. In einem Haus in Pompeji fand sich hinter einem Wasserbecken ein Marmortisch und darunter ein zweiteiliger, mit Marmor ausgekleideter, etwa 30 Zentimeter tiefer Hohlraum mit Marmordeckel zum Kühlhalten von Getränken. In einem anderen entdeckten die Archäologen einen Wasserkasten aus Blei (40 mal 30 mal 20 Zentimeter), eingelegt in eine ausgemauerte Bodenvertiefung. Bleirohrleitungen sorgten für Frischwasserzufluß, und zur Ableitung führte ein Rohr zu einem Springbrunnen.

Um das Gegenstück, die Heizung, kümmerten sich die Leute in den süditalienischen Städten weniger; richtig kalt wurde es ja nie. Nur in Baderäumen und in den öffentlichen Thermen ließen sich Hohlfußbodenheizungen ausmachen. Sonst genügten im Eventualfall tragbare Holzkohlebecken, die man in jedem Raum aufstellen konnte. Johann Joachim Winckelmann (1717-68), der Begründer der neueren Archäologie, berichtet allerdings von einer ganz besonderen Heizungsanlage, die er in Herculaneum gesehen habe; sie muß danach zerstört worden sein: Noch im Obergeschoß eines Hauses seien Austrittslöcher für Warmluft in Form von Löwenköpfen zu sehen gewesen. Über Rohre sei die erwärmte Luft der Hohlfußbodenheizung aufgestiegen und in die oberen Zimmer geleitet worden, wo sie je nach Bedarf durch Stöpsel eingelassen oder ferngehalten werden konnte. Der uns unangenehme Kohlengeruch störte die Römer offenbar nicht. Es wäre dies der älteste Fall einer Warmluftheizung, wie sie uns später öfter begegnet.

Selbst große Fenster waren natürlich längst kein statisches Problem mehr, doch baute man zur Wärmedämmung die Häuser an der Südfront fensterlos und aus Gründen des Lärmschutzes an der Straßenfront auch. Meist kam Licht nur über die Innenhöfe oder durch Lichtschächte in die

Die Katastrophe als archäologischer Glücksfall

Räume, die daher auch tagsüber relativ dunkel blieben. Zwar hatten sie zum Hof oder zum Peristyl hin gewöhnlich keine Türblätter, allenfalls Vorhänge, doch reichte das zur Erhellung oft nicht aus. Kein Wunder also, daß in den kampanischen Städten tausende von Beleuchtungsgeräten gefunden wurden, darunter jede Menge Kerzenhalter. Die Kerzen bestanden aus Wachs, Talg oder Pech mit Dochten aus Hanfstrick oder Binsenmark; im Grunde waren es nur im Durchmesser verminderte Fackeln. Zur besseren Lichtausbeute standen sie meist erhöht auf eigens dafür gefertigten Ständern mit Tellern: bis 1,5 Meter hohe, gelegentlich noch höhere, oft kunstvoll verzierte, metallene (meist Bronze) Kandelaber (nach »candela« = Kerze).

Sie hatten oft auch Haken, an die man die sehr verbreiteten Öllampen aus Ton oder Bronze hängen konnte. Sie wurden wohl wegen der besseren Dauerleistung Kerzen vorgezogen. Meist handelte es sich um flache, kleine Gefäße, die wenig Licht gaben, weswegen man mehrere oder mehrdochtige aufstellte; es fanden sich Geräte mit 14 Dochten, die wie Kronleuchter aufgehängt wurden. Die Archäologen entdeckten Lampen in den unterschiedlichsten Formen: mit reich verzierten Griffen, als Boote gestaltet, mit goldenen Kettchen und Stochernadel zum Säubern oder Auswechseln des Dochts, in Form von Tierköpfen, mit Figuren auf dem Deckel – es scheint, als habe die Beleuchtungstechnik die Künstler in besonderer Weise gereizt. Als Brennstoff diente gewöhnlich Olivenöl, selten Erdöl (»petroleum« = Steinöl), der Docht bestand aus schnurartig gedrehtem Leinen. Öllampen ließen sich bei entsprechender Vorrichtung zum Schutz gegen Zugluft auch als tragbare Windlichter an Ketten oder mit Griffen benutzen. Und für die Straßenbeleuchtung, auf die manche Indizien schließen lassen. Vermutlich aber erleuchteten sie die Straßen nicht besser als die Gaslaternen im 19. Jahrhundert, über die der Volksmund spottete, ihre Ständer würden beleuchtet, damit man sie nicht umrenne.

Vom Erdbeben abgesehen, hatte Pompeji im Jahr 79 eine lange Friedens- und Gedeihenszeit hinter sich. Hier lebten verdiente Vete-

Fest im Mauerwerk verankerte Abwasserrohre aus Ton zeigen den hohen Sanitärstandard der Häuser in den antiken Vesuvstädten.

Frauen warten auf die rituelle Reinigung vor der Teilnahme an orgiastischen Feiern zu Ehren des Gottes Dionysos. In Pompeji aufgefundenes Wandgemälde.

ranen der siegreichen Feldherren, hier hatten sich reiche Römer Landsitze erbaut, hier war Armut unbekannt. Das Wohlleben lockerte traditionelle religiöse Bindungen, und so finden wir ein Heiligtum der ägyptischen Göttin Isis mit heiligem Nilwasser im Tiefgeschoß und ebenso eines für den griechischen Sonnengott Apollo. Bezeichnend für die Weltzugewandtheit der Pompejaner ist, daß sie Venus, die Göttin der Liebe und der Fruchtbarkeit, zur Hauptgottheit erhoben hatten. Ob sie ahnten, daß Bedrohliches auf sie zukam? Kurz ehe Asche und Lava den lebensfrohen Ort verschlangen, hatte der Rat der Stadt den Bau des größten aller Tempel für die Stadtgottheit angeordnet. Das Unglück vom August 79 vernichtete auch die Baustelle. Manche mögen es später als Ausbruch eifersüchtigen Zorns der anderen Götter gedeutet haben, die sich durch die Venus-Verehrung zurückgesetzt fühlten. Es wird aber auch christliche Stimmen gegeben haben, die, noch unter dem Schock der Verfolgungen, das Schicksal Pompejis dem von Sodom und Gomorrha an die Seite stellten als Menetekel für das sittenlose Treiben einer gottvergessenen Gesellschaft.

Versorgung einer Weltstadt

Hatte Kaiser Vespasian (regierte 69-79) die politische Lage in Rom und im Reich wieder einigermaßen stabilsieren können, so auch dank seines Sohnes Titus, der den jüdischen Aufstand bis 73 niederwarf. Dessen eigene Regierungszeit war mit zwei Jahren (79-81) nicht nur kurz, sondern begann mit der Vesuv-Katastrophe gleich zu Beginn auch wenig verheißungsvoll. Immerhin konnte Titus noch die von seinem Vater begonnenen Thermen vollenden. Diese Titus-Thermen stellten das Luxuriöseste dar, was an vergleichbaren Anlagen bisher gebaut worden war. Sie standen auf dem Gelände des einstigen Goldenen Hauses von Kaiser Nero und boten alles, was sich badefreudige Römer wünschen konnten. Da das Großbad aber vom Prinzip her ähnlich eingerichtet war wie die bereits vorgestellten Agrippa-Thermen, kann hier eine nähere

80 bis 100

Sieht aus wie die Hölle, diente aber himmlischen Freuden: Die Feuerungsanlage der Titus-Thermen in einer Aquatinta-Schnittzeichnung aus dem 19. Jahrhundert.

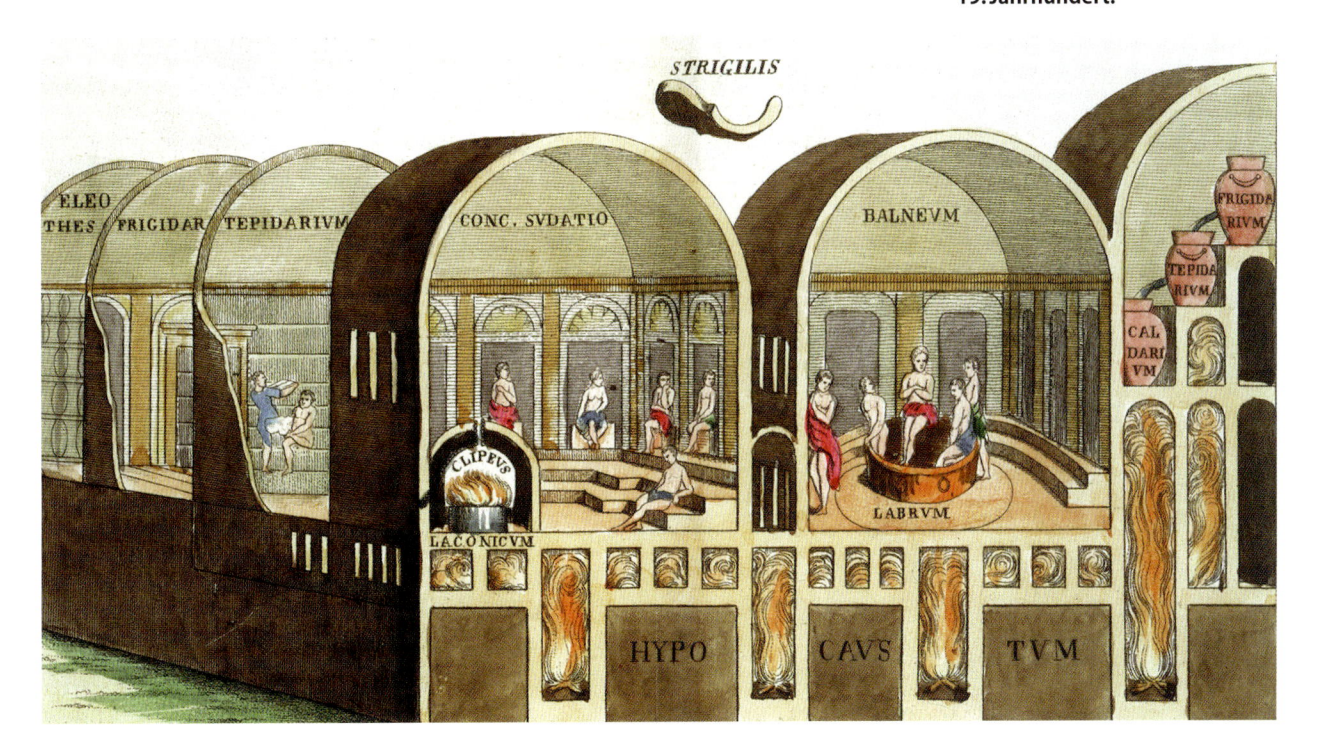

Einmalig war der Schwitzbrunnen, die Meta Sudans, in Rom. Die Aquatinta von Friedrich Salathé (1793-1855) zeigt sie vor dem Titusbogen.

Beschreibung unterbleibe. Interessieren soll uns dagegen eine bemerkenswerte Brunnenanlage, die der Bruder und Nachfolger Domitian (Kaiser 81-96) nahe dem Kolosseum errichten ließ: die Meta Sudans, die im Jahr 92 begonnen wurde:

Unter »meta« ist ein kegelförmiger Körper zu verstehen, in diesem Fall ein rings abgerundeter von gut zwei Metern Höhe und einer Basis von fünf Metern Durchmesser. An der Spitze des damit recht flachen Kegels saßen eine oder wahrscheinlich mehrere Wasser-Austrittsdüsen. Das Beiwort »sudans« sagt, daß es sich nicht um einen Spring- (»saliens«), sondern sozusagen um einen Schwitz-Brunnen handelte, aus dessen Spitze das Wasser floß und über den Kegel herabrieselte. Er war durch drei Ringe gliedert, über die das Wasser sprudelte und damit einen belebteren Eindruck vermittelte, als das bei einem ungegliederten Kegel möglich gewesen wäre. Da an der Meta später mehrfach Veränderungen vorgenommen wurden, läßt sich nur annähernd sagen, wie sie zu Domitians Zeit ausgesehen hat: Das Wasser floß in ein mar-

Versorgung einer Weltstadt

morausgelegtes Becken von etwa 13 Metern Durchmesser, der Bau bestand aus Ziegeln, sein Wasser erhielt er über den Arcus Neroniani, den schon erwähnten Abzweig der Aqua Claudia. Und wozu diente der Brunnen? Gewiß nicht zu Trinkzwecken, dazu war das unten ankommende Wasser wegen der Vermischung mit der staubigen Luft nicht geeignet. Neben dem ästhetischen, stadtlandschaftlichen Zweck sollte er zur Befeuchtung eben dieser staubigen Straßenluft beitragen.

Bei allen baulichen und politischen Leistungen war die Domitian-Regierung ein finsteres Kapitel, denn der höchst argwöhnische Kaiser verfolgte tatsächliche und angebliche Gegner gnadenlos, darunter auch die Christen. Seine Ermordung empfanden daher viele als Befreiung. Der vom Senat bestellte altersweise Nachfolger Nerva (Kaiser 96-98) nahm sogleich die Verbesserung der Wasserversorgung Roms wieder in Angriff, die in den letzten Jahrzehnten gelitten hatte. Vollendet und gekrönt aber wurden diese Bemühungen erst durch den von Nerva zum Thronfolger bestimmten Trajan (98-117), einen aus Spanien stammen-

Antiker Baukran auf Flaschenzugbasis im Einsatz bei der Errichtung von Stützbogen für ein Aquädukt. Zeichnung nach Vitruv.

den entschlußfreudigen und militärisch begabten Mann, der die Zeit der Adoptivkaiser einläutete. Trajan stand in den Jahren 98 bis 100 Sextus Iulius Frontinus (um 30-104) als umsichtiger Konsul zur Seite, dem das Hauptverdienst um die Verbesserung des Leitungssytems zukam.

Neun große Aquädukte, von denen wir schon einige vorgestellt haben, fand Frontinus vor und brachte sie wieder so in Schuß, daß Rom mit täglich 1,25 Millionen Kubikmeter Frischwasser rechnen konnte. Die Verbesserung der Leistung erreichte Frontinus als oberster Wasserwerker (»curator aquarum«) durch Erschließung neuer Quellen, sorgfältigere Überwachung der Anlagen und Ausbesserungsarbeiten. Außerdem schuf er Kontrollen der Wasserentnahme als Vorbeugung gegen Verschwendung. Hier noch einige Baumerkmale der Leitungen: Sie führten von einer Quelle, seltener aus Seen oder Flüssen, mit einem durchschnittlichen Gefälle von 18 Zentimetern auf 100 Meter zu Großwasserbecken vor oder in der Stadt. Die wegen der Kühlung meist unterirdisch geführten begehbaren Rinnen waren wasserdicht mit Beton ausgekleidet und durchflossen von einem 30 bis 50 Zentimeter hohen Wasserlauf (gelegentlich noch höher). Sogenannte Wasserschlösser (»castella publica«) als Abzweig für Siedlungen und große, manchmal mit Sieben versehene zweistöckige Absetzbecken waren zwischengeschaltet, in denen das Wasser mindestens eine Stunde zur Minderung von Trübungen verweilen sollte. Beim Endverbraucher kam das Wasser in Rohrleitungen an, versehen mit genormten Meßdüsen zur Ermittlung der Gebühren. Nicht verbrauchtes Wasser floß ab oder diente der Straßenspülung.

Schon der an der Wassermenge kenntliche enorme Durst Roms läßt ahnen, was sonst noch nötig war an Logistik zur Belieferung der Stadt mit Nahrungsmitteln sowie Roh- und Werkstoffen. Für den Sanitärbereich wurden benötigt: Holz, Leder, Schwämme, Ton, Steine, Marmor, Alabaster, Granit, Porphyr, Binde- und Dichtmittel, Glas, Kupfer, Bronze, Eisen, Silber, Blei, Zinn, Gold sowie Materialien wie Quecksilber für den Fertigungsprozeß. Das war natürlich nicht alles aus dem Nahbereich zu beschaffen, sondern mußte oft aus entlegenen Gegenden des unersättlichen Riesenreiches herbeigeschafft werden. Wo der Römer Neues erspähe, hole er es sich notfalls mit Waffengewalt, denn

> *»Die ganze Welt gehört dem siegreichen Römer. Meer und Erde sind sternenweit sein eigen. Und doch ist er nicht zufrieden.«* (Petronius)

Versorgung einer Weltstadt

»die jedem vertrauten Genüsse reizen nicht mehr« bemerkte der kritische Publizist Petronius († 66 n.Chr.). Von Britannien bis Indien, ja bis nach China, von Marokko bis zur Krim und darüber hinaus reichten die Handelsrouten. Rom saß mittendrin wie die Spinne im Netz; sein Hafen Ostia war zum größten Umschlagplatz der Welt geworden.

Am Beispiel der Materialien Ton, Marmor, Glas, Blei und Eisen – alle in unserem Zusammenhang besonders wichtig – soll hier der seinerzeitige Standard gezeigt werden: Obwohl schon vor der Zeitenwende ein Trend zu Metallgefäßen eingesetzt hatte, überwogen auch hundert Jahre später immer noch solche aus Ton: über mannshohe Vorratsgefäße (»dolia«) für die Lagerhaltung; multiverwendbare Amphoren (»cadi«) für den Transport von Flüssigkeiten oder von Waren aller Art in Satteltaschen oder in Gestellen auf Schiffen – der cadus war zugleich ein Hohlmaß (39,39 Liter); Wassergefäße (»urnae«) mit Henkeln; Kannen (»aquinaria«); Ölflaschen; Schöpfgefäße; Becher, Schalen, Hörner und andere Trinkgefäße; Waschschüsseln und -becken; Eimer und Teller; Topfherde; Nachtgeschirre. Aus Ton gefertigt wurden zudem Ziegel, Säulen, Platten, Öllampen (darunter solche mit Stempel der Manufaktur, sogenannte Firmenlampen) und insbesondere Rohre und Rinnen für die Wasserzufuhr, zu Bewässerungs- und zu Entwässerungszwecken.

Der Ton wurde im Tagebau gewonnen, in dessen Nähe sich Ziegeleien und Töpferbetriebe ansiedelten. Man unterscheidet je nach Brandart und Ausgangsmaterial gelbbraune Ware für Großgefäße und Rohre, rote Ware für feineres Geschirr, meist importierte graue Ware für Küchenzwecke und mit höchster Sorgfalt bearbeitete schwarze Ware. Es gab unglasierte wie glasierte, einfache und verzierte oder bemalte Irdenware, daneben auch solche mit Bleiglanz, dessen Gefährlichkeit auf Trinkgefäßen oder Eßgeschirr offenbar noch nicht hinreichend erkannt war. Der römische Kunde wußte auch, woher er für welche Zwecke die besten Tonprodukte beziehen konnte: aus Arezzo (Aretium) in Etrurien feines rotes Geschirr, aus Modena (Mutina) hochvornehme schwarze Gefäße, von der Insel Kos die schönsten Amphoren, von Samos gla-

Schematische Darstellung eines Beckens zur Wasserverteilung nach Vitruv: Bevorzugt aus dem obersten Kasten (a) wurden Thermen und öffentliche Brunnen beliefert, aus dem mittleren (b) erhielten beispielsweise private Bäder und Betriebe ihr Wasser, während Privatverbraucher aus dem untersten (c) versorgt wurden. Der jeweils niedrigere konnte nur liefern, solange der nächsthöhere überfloß.

Amphoren (»cadi«) wie diese in Pompeji gefundenen eigneten sich zum Transport von Flüssigkeiten, Pulver, Getreide und kleinteiligen Waren.

sierte Küchengefäße. Große Betriebe gab es überall im Reich; von Stempeln sind uns Hunderte solcher Manufakturen bekannt. Eines der größten keramischen Werke dürfte das eines gewissen Laecanius Bassus in Pula (Istrien) gewesen sein, andere waren in staatlicher (kaiserlicher) Hand. Die bedeutenderen Güter hatten wie auch so mancher Legionsstandort eigene Ziegeleien und Töpfereien.

Was für uns heute die Fliesen sind, waren für die Römer Marmorplatten. Schon in den Agrippa-Thermen hatten die Baumeister Fußböden und Wände vieler Räume mit Marmor aus den bald hochberühmten Steinbrüchen von Carrara verkleidet. Diese Abbaustelle war ursprünglich Privatbesitz, wurde aber von den flavischen Kaisern in staatlichen, also in ihren Besitz überführt. Marmorbrüche gab es in allen Reichsteilen, denn die Nachfrage wuchs während der frühen Kaiserzeit erheblich und hatte um die erste Jahrhundertwende ein enormes Niveau erreicht, so daß etwa in Carrara allein über 5000 Sklaven eingesetzt werden mußten. Säulen, Platten für Badebecken und Abtritte, darunter auch Lochplatten für die Entlüftung, Einlegearbeiten, Wasserspeier in Form von Tierköpfen, reich verzierte Brunnenschalen, Sockel für Wasserbecken, ja ganze Badewannen fertigten die Steinmetze aus Marmor. Die Vorliebe für dieses Material erklärt sich mit seiner in südlichen Ländern besonders geschätzten Kühle, weswegen Marmor-Behälter gern auch zu Kühlzwecken eingesetzt wurden.

Nachdem die Römer zunächst blauschimmernden Marmor bevorzugt hatten, wandten sie sich jetzt dem blendend weißen aus Carrara oder von der griechischen Insel Thasos zu, vielleicht auch aus Gründen der Kühlung. Vor allem aber werden wohl ästhetische Motive und der Wunsch nach Helligkeit etwa in Baderäumen ausschlaggebend gewesen sein. Später kam dann farbiger, gefleckter, geäderter oder gestreifter Marmor aus Griechenland, aus dem Orient oder aus Afrika in Mode. Gerade der letztere, auch numidischer Marmor genannt, war wegen seiner intensiven Farbigkeit sehr begehrt: Es gab ihn purpurn oder gelbgolden mit roten Adern (Onyx genannt, was aber nichts mit dem später so bezeichneten Achat-Schmuckstein zu tun hat). Auch zur Machtdemonstration scheint Marmor genutzt worden zu sein, denn es fanden sich auch an römischen Standorten in Germanien oder Britannien Bau-

Vornehme Römerin mit Dienerinnen bei der Toilette, daneben allerlei Hausgerätschaften (spätantikes Mosaik).

teile aus ägyptischem oder peloponnesischem Marmor. Die Transporte muß man sich vor allem über Land als äußerst mühsam denken, die Bearbeitung nicht minder: Die Steinmetze sägten den Marmor mit dünnem ägyptischen oder indischen Sand und schliffen ihn mit thebanischem Sand oder bimssteinartigem Gestein. Auch zum Glätten benutzten die Marmorwerker bestimmte Gesteinsarten vor allem aus Zypern. Sorgfältige Nachbehandlung brachte den Marmor zum Glänzen.

Dieser Glanz entfaltete sich natürlich nur voll, wenn Licht auf die marmornen Gegenstände fiel. Da kam die Entwicklung von Fensterglas wie gerufen. Schon in den Agrippa-Thermen sind wir Oberlichtern aus Glas begegnet. Es folgte nun der Einsatz von Glasfenstern, die einen enormen Fortschritt darstellten. Zwar war das dafür verwendete und paßgenau geschnittene oder gegossene Tafelglas noch oft fleckig, blasig und uneben, doch trugen die Fenster winters zur Erwärmung der Gebäude durch den Treibhauseffekt bei und hielten sommers die Hitze fern. Auch Glasspiegel kamen um das Jahr 100 auf, zunächst als Glasscheiben auf poliertem Metall, dann aber auch bald als rückseitig mit Blei, Zinn oder Silber beschichtete Scheiben. Das nun herstellbare glatte Glas nutzten die Römer vermehrt für die Herstellung von Gefäßen, insonderheit von Trinkgefäßen. Zwar verdrängten diese noch lange nicht die metallenen oder keramischen Produkte, doch zeichnete sich der Siegeszug von Glasbecher und -flasche bereits ab. Das lag auch daran, daß Gläser sich gründlicher sauber halten lassen, und an der Vielfalt der Färbemöglichkeiten des Glases. So fand man blutrote Prunkgläser oder auch farbige Glasstäbe, von denen Stückchen für Mosaiken geschnitten wurden, die man unverbunden einlegte oder auch nochmals miteinander verschmolz.

Glasgefäße kannte man schon früh im Orient; die Römer entwickelten sie weiter (Bild). Glasfenster hingegen waren eine weit spätere Errungenschaft.

Die Glasmacherei hatte sich so verbreitet, daß es für die Handwerker und ihre Glashütten ein eigenes Stadtviertel in Rom gab. Zur Herstellung gab der Glasmacher (»vitrearius«) in einem Vorofen drei Teile Soda und einen Teil Sand und Braunstein zusammen und, je nach Wunsch, färbende Oxide oder Pottasche hinzu. Die Masse füllte er in den mit Holz befeuerten Schmelzofen, wobei sich nach Plutarch (46-um 120) Tamariskenholz am besten eignete. Die Glasschmelze wurde ausgegossen oder an der Pfeife ausgeblasen. Durch Pressen erzielte der Glasmacher die gewünschten Formen. Auch beherrschte er nun das Aufschmelzen einer Glasschicht (»electrum«) auf Metall oder Ton sowie die Herstellung von biegsamem oder steinhartem Glas. Becher, Schalen und Flaschen aus Glas wurden bereits in großen Mengen fabrikmäßig produziert. Und importiert: Glas aus Ägypten beispielsweise war so begehrt, daß die ägyptischen Firmen Zweigbetriebe etwa in Cumae gründeten. Vor allem der elegante Schliff, die Farben sowie die künstlerische Veredelung durch Bemalung oder Blattgold bestachen die römischen Kunden. Auch Städte wie Sidon, Geburtsort des Glases zweitausend Jahre zuvor, lieferten Glas und Glasmacher-Know-how nach Rom.

Schlüsselmaterial in der Sanitärtechnik war Blei; es dominierte derart, daß ernstzunehmende Historiker die These diskutiert haben, ob das gewaltige Römerreich nicht an kollektiver Bleivergiftung (Saturnismus) kollabiert ist. In erster Linie wurden Rohre aus Blei gefertigt (zusammengebogen), man brauchte es aber auch für die Herstellung von Badeöfen, Warmwasserbereitern und diversen Gefäßen (auch schon Särgen) wie Kessel und Becken. Bedeutsam war der Einsatz in Blechform, wobei sich ganze bleiverkleidete Kellerräume fanden, in denen Wein gelagert wurde. Der niedrige Schmelzpunkt des Metalls von 327,5 Grad legte auch die Verwendung von Blei als Dichtmittel für Rohrmuffen, zum Vergießen von Mosaiksteinchen und zum Einfassen von Glasfenstern nahe. Blei kam aus zahlreichen staatlichen Bergwerken in fast allen Reichsteilen, Hauptlieferanten waren Spanien und Britannien.

Bis in den Sanitärbereich drang hingegen das immer weiter verbreitete Eisen nur vereinzelt vor; es wird aber bald eine tragende Rolle übernehmen, so daß hier die römische »Eisenzeit« skizziert werden soll: Bäder und Heizungen kamen zunächst noch weitgehend ohne Eisen aus, in der Küche aber übernahmen eiserne Geräte bereits wichtige Aufgaben. So gab es eisernes Besteck, insbesondere wegen der Härte des Materials scharfe Messer, und die Herdplatten waren wegen der höheren Hitzebeständigkeit oft aus Eisen. Nägel, Nieten und Roste ebenfalls und natürlich Werkzeug aller Art vom Bohrer bis zur Säge. Obwohl Bleiweiß oder Teer als Rostschutzmittel eingesetzt wurden, hat der Rost einen Großteil der eisernen Gerätschaften der Zeit vernichtet. Schon Plinius d. Ä. (23-79) seufzte mit Blick auf die eisernen Waffen der römischen Legionen, Eisen sei das gefährlichste, aber auch das vergänglichste aller Metalle.

Berufsgrabsteine waren im alten Rom üblich: Einem Schmied galt dieser. Er zeigt seine Werkstatt und viele der üblichen Werkzeuge.

Versorgung einer Weltstadt

Ergiebige Erzlagerstätten gab es auf Elba, wo schon der Name der Hauptstadt Portoferraio (»Eisenhafen«) darauf hinweist. Aber auch in den Provinzen arbeiteten allenthalben Bergwerke, Importe kamen zudem aus angrenzenden Ländern. In unseren Breiten haben sich ebenfalls Spuren römischer Hüttenwerke gefunden, von deren Produkten besonders Metallerzeugnisse für die Küche bekannt waren. Die Schmelztechnik steckte noch in den Anfängen: Die Erze wurden in kleine Erdgruben gelegt und mit einem durch Blasebalg angefachten Holzkohlenfeuer eingeschmolzen, ein Vorgang, der mehrfach zu wiederholen war, wollte man reines Eisen gewinnen. Vereinzelt waren schon Schachtöfen (»camini«) mit Lüftungsöffnungen oder Lüftungsrohren in Betrieb, an denen wie in den Bergwerken vornehmlich Sklaven arbeiteten. In römischen Schmieden kannte man bereits die Veredelung von Eisen zu Stahl durch Schrottbeigabe; es kam vor allem in der Waffenproduktion zum Einsatz.

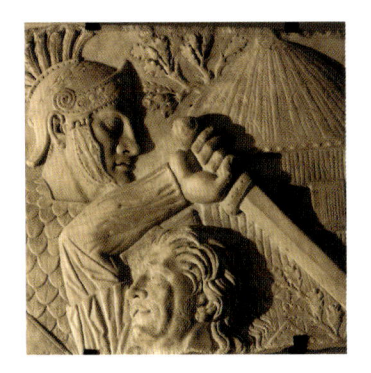

In einem kriegerischen Staat wie dem Römischen Reich hatte das Waffen- und damit das Schmiedehandwerk ständig Konjunktur.

Cloaca maxima

101 bis 130

Wie der Onkel, so der Neffe (und Adoptivsohn): Auch Plinius dem Jüngeren (61-um113) verdanken wir manche plastische Schilderung des römischen Alltags. Der Konsul Trajans (Kaiser 98-117) im Jahre 100 und lange oberste Wasserwerker der Hauptstadt (»curator aquarum«) schrieb um und nach der Wende zum 2. Jahrhundert Briefe, die bis ins Jahr 109 reichen und die uns in neun Büchern überliefert sind. Darin schildert er amtliche Tätigkeiten, aber auch seine Landsitze, einer davon in Laurentinum, etwa 25 Kilometer von Rom entfernt bei Ostia an der Via Palombara, ein weiterer in Tuszien. Über das Bad in letzterem heißt es bei ihm:

»Auf einen geräumigen und freundlichen Aus- und Ankleideraum folgt der Kaltraum mit einem großen, zur Schattenseite liegenden Wasserbecken. Willst Du aber mehr oder wärmer schwimmen, so ist da im Hof ein Schwimmbecken. Dicht daneben steht ein Brunnen, mit dessen Wasser Du Dich abkühlen kannst, wenn Dir das warme Wasser nicht mehr behagt. An den Kaltraum schließt sich ein Mittelraum an, der reichlich Sonne hat – noch reichlicher als der Warmraum. Er springt nämlich aus dem Bau hervor. Drei Badewannen findest Du darin. Über dem Ankleidezimmer liegt der Raum für das Ballspiel, so groß, daß mehrere gleichzeitig verschiedene Spiele spielen können.«

Bemerkenswert auch, daß das Anwesen in Laurentinum eine Reitbahn mit Rasenbewässerung mittels eines darunter verlegten Rohrleitungsnetzes besaß. Im Zusammenhang mit derselben Villa wird zudem deutlich, daß damals schon Schallschutz für die Römer ein wichtiger Baugesichtspunkt war (s. nebenstehendes Zitat).

Wie schon sein Vorgänger Frontinus wird auch Plinius d.J. weiter über eine neue Trinkwasserleitung für Rom, insbesondere für die bisher vernachlässigten Stadtteile rechts des Tiber nachgedacht haben. Am 24. Juni 109 konnte der Kaiser die nach ihm benannte Aqua Traiana einweihen. Sie kam von den Hügeln nördlich des Braccianosees, wo fünf Quellen zusammengefaßt wurden und ein Sammelbecken (»caput aquae«) speisten. Die 57 Kilometer lange Aqua Traiana folgte dann der Via Cassia, bog vor Rom rechts ab und erreichte die Stadt an der Via

»Diese tiefe, bergende Stille erklärt sich daraus, daß ein dazwischen liegender Umgang die Wände des Schlafgemachs vom Garten trennt und mit seinem Leerraum jeden Laut verschluckt.« (Plinius d.J. über das Schlafzimmer in seinem Landhaus)

Cloaca maxima

Aurelia Antica südlich des Vatikans; der Hauptkanal endete an der heutigen Villa Spada in 74 Metern Höhe über dem Meeresspiegel (rund 50 Meter über dem Niveau der Umgebung) und lieferte etwa anderthalb Kubikmeter Wasser pro Sekunde. Der Löwenanteil wurde in Region XIV rechts des Tibers abgenommen, Stempel auf Bleirohren an den Trajansthermen links des Tiber lassen aber auch auf Verteilerleitungen über

Die Pracht der römischen Bäder hat Künstler aller Epochen, insbesondere die klassizistischen gereizt: Aquarell von Joseph Nash (1808-1878).

den Tiber hinweg schließen. Mehrfach zerstört, wurde die Aqua Traiana immer wieder aufgebaut und instandgesetzt, letztmalig 1612 von Papst Paul V., weswegen sie später Acqua Paolo hieß. Die Qualität des Wassers litt aber, weil zum Quellwasser nun auch Wasser aus dem See zugeführt wurde.

Die erwähnten Thermen übergab der Kaiser zwei Tage vor dem neuen Aquädukt der Öffentlichkeit nach fünfjähriger Bauzeit; Architekt war vermutlich Apollodor von Damaskus, der zwischen 107 und 113 auch das Trajansforum gestaltete. Die Badeanlagen bedeckten eine Fläche von 330 mal 315 Metern auf dem Gelände des im Jahr 104 abgebrannten Goldenen Hauses von Kaiser Nero; allein das Hauptgebäude, wie alle Bauten aus Ziegelmauerwerk, maß rund 200 Meter im Quadrat. Die Trajansthermen wurden stilbildend für die späteren gewaltigen Anlagen Caracallas oder Diokletians und für kleinere Versionen in der Provinz wie z. B. in Trier. Sie waren zur optimalen Ausnutzung der Sonneneinstrahlung nach Südwesten ausgerichtet, weil in die Nachmittagsstunden die Hauptbadezeit fiel. Den Wasserbedarf der Trajansthermen deckte ein Großwasserspeicher, dessen Reste bis heute zu besichtigen sind und die fälschlich »le Sette Sale« heißen, weil man sieben Kammern darin zählte, obwohl es tatsächlich neun waren, die 8 500 Kubikmeter faßten.

Nicht alle neuen Errungenschaften wanderten offenbar von Süden nach Norden; es gab in wenigen Fällen anscheinend

Grundriß der Trajansthermen, deren eigentlicher Badekomplex in ein parkartiges Gelände gebettet war. Sie blieben nicht die größten, setzten aber Maßstäbe für alle späteren Kaiserthermen.

Noch nach fast zwei Jahrtausenden beeindrucken die Reste der majestätischen Thermen Kaiser Trajans die Rombesucher.

auch den umgekehrten Weg: Schon Plinius d.Ä. (23-79) berichtet erstaunt, daß man in den Voralpenländern den Wein in hölzernen Fässern mit Reifen aufbewahre. Sie seien manchmal haushoch, schreibt noch vor ihm Strabo (64 v.Chr.-nach 23 n.Chr.). Das Erstaunen rührte daher, daß die Römer wie alle Mittelmeervölker dafür Tongefäße benutzten, wie denn hier auch die irrige Vorstellung vieler Karikaturisten korrigiert werden muß, der legendäre Diogenes habe in einem Faß gehaust – sein Wohnzimmer war ein Tongefäß (»pithos«). Auch zum Transport von Flüssgkeiten dienten Tongefäße, meist Amphoren, bei größeren Mengen Riesenkrüge (»dolia«). Mit Harz oder anderen Materialien abgedichtete Holzfässer haben jedoch Gewichtsvorteile und lassen sich unkompliziert herstellen, so daß sich diese Behälter nach der ersten Jahrhundertwende auch in Rom finden, wie Abbildungen der Trajanssäule zeigen. Die nördliche Herkunft hat wohl auch den Grund, daß Holzgefäße bei Kälte den Inhalt besser schützen als irdene Behälter.

Einen Eindruck vom enormen »Durst« der Trajansthermen vermitteln Wasserkammern wie diese.

Einmündung der Cloaca maxima durch die Uferbefestigung in den Tiber. Aquarell von Franz Roesler (1845-1907).

Die öffentlichen Plätze in den römischen Städten besaßen nicht nur zum Schmuck oft Brunnenanlagen mit der dafür erforderlichen Wasserzuleitung und den Vorrichtungen zur Entwässerung. Besonders belebt war selbstverständlich der Lebensmittelmarkt (»macellum«), und er brauchte daher in den großen Städten auch eine Bedürfnisanstalt. In Rom war das die vor Jahrhunderten errichtete Cloaca Maxima, die zunächst von örtlichen Quellen gespült wurde und 312 v.Chr. eine Wasserleitung erhielt, immer wieder verbessert und ausgebaut. Wie sie wurde der Markt selbst laufend den wachsenden Aufgaben angepaßt, kurz vor der Zeitenwende etwa durch eine Markthalle mit Marmorböden und Wandverkleidungen, denn Marmor erzieht zur Sauberkeit, wie sie im Handel mit Lebensmitteln geboten ist. Auch der wenig später gebaute Springbrunnen diente diesem Ziel, denn hier konnten sich Kunden wie Händler waschen, Ware säubern und Wasser holen. Die Verkaufstische waren aus Stein, damit sie sich nach Geschäftsschluß leicht abschwemmen oder scheuern ließen. Der Boden des Markthofes war geneigt, so daß das Wasser durch Rinnen in das städtische Kanalnetz abfließen konnte.

Ursprünglich fanden Handel wie Versammlungen auf dem Forum (griechisch »agora«) statt, später trennte man die Funktionen. Schon der griechische Philosoph Aristoteles (384-322 v.Chr.) empfahl das, denn die Geruchsbelästigung durch Schlachtungen, Fischstände sowie der Lärm der Marktschreier beeinträchtigten Versammlungen, die zu politischen oder kulturellen Zwecken einberufen worden waren. Die Händler von Rom bezogen schon 179 v.Chr. einen gemeinsamen Fleisch-, Fisch-, Gemüse, Wein- und Naschmarkt. In der ersten Kaiserzeit wurde er auf ein neues Areal verlegt, das von einer Pfeilerhalle mit Läden rings umsäumte Macellum Liviae auf dem Esquilin, wo bis ins späte Mittelalter Markt abgehalten wurde. Weitere Plätze kamen mit der Zeit hinzu, z.B. das Macellum Augusti, das Kaiser Nero im Jahr 59 auf dem Caelius einrichten ließ. Ähnliche Märkte bildeten sich in vielen mit kaiserlichem Marktrecht ausgestatteten Städten Italiens und der Provinzen, darunter ein besonders gepflegter und offenbar auch sehr lebhafter in Ostia, der mit Marmor ausgelegt war. Er hatte einen Brunnen mit Entwässerungsrinne sowie einen zentralen runden Kuppelbau mit Säulen, auf deren einer eine Inschrift fordert: »Lies und wisse, daß auf dem Markt viel geschwätzt wird.«

Wo immer römische Soldaten Dienst taten zwischen Schottland und Arabien, war Wein heiß begehrt. In Holzfässern wurde er über die Meere verschifft. Darstellung auf dem Grabrelief eines Weinhändlers.

Das Nabatäerreich, von dem schon kurz nach der Zeitenwende die Rede war, hatte sich 106 Kaiser Trajan beugen müssen und war Teil des Römischen Reiches geworden. Zunächst wurde Petra Hauptstadt der daher Arabia Petraea genannten Provinz, seit 112 war es Bosra. Dem bald wieder aufblühenden Petra wurde im Jahr 130 die Ehre eines Besuches Hadrians (76-138, Kaiser seit 117) zuteil. Was sah der Herrscher dort: Beispielsweise eine kluge Bevorratung von Wasser in dazu aus dem Fels gehauenen Kammern, denen in künstlichen wie natürlichen Rinnen Regenwasser zufloß und die nur kleine oder von Gurtbogen abgedeckte verschließbare Öffnungen hatten wegen der Verdunstungsgefahr. Auch einige wenige Quellen trugen zur Wasserversorgung über ein Leitungsnetz bei, eine davon – eine ergiebige und recht saubere – im Wadi Musa außerhalb der Stadtmauern, innerhalb derer damals ca. 8000 Menschen lebten und viele durchziehende Karawanen zu versorgen waren. Die Musa-Quelle lag 1100 Meter über dem Meeresspiegel im Osten und belieferte durch Felsrinnen zwei riesige Wasserspeicher.

Von dort führte eine 30 bis 40 Zentimeter weite, gewundene Rinne zur Stadt, wobei Schluchten durch Wasserbrücken zu überwinden waren. An den Hangstrecken der Leitung sind bis heute Treppen im Fels

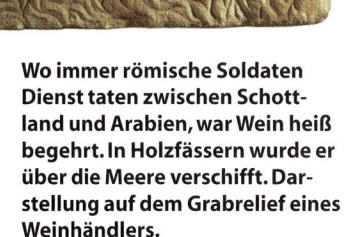

Wie dieser Tempel wurden im nabatäischen Petra Wasserkammern aus dem Fels gehauen.

zu sehen, die zu Kontrollgängen und Instandsetzungsarbeiten ausgehauen worden waren. Immer wieder passierte die Rinne Wasserspeicher, die Vorrats- und Absetzfunktion hatten. Sie vermochten 1500 Kubikmeter Wassr zu speichern, ehe der Endpunkt der 4,5 Kilometer langen Leitung nach einem Gefälle von 250 Metern erreicht war, wo das Wasser zehn Meter tief in einen letzten Speicher am sogenannten Palastgrab stürzte. Es brachte nicht nur Quell-, sondern auch Regenwasser in die Stadt, das den Speichern von den Hängen zugeleitet wurde. Dasselbe galt von weiteren Leitungen, die zu beiden Seiten der Stadt entdeckt wurden und von gut durchdachter Planung zeugen. Die Grundidee und Erstanlage der Einrichtungen zur Wasserversorgung der Stadt in dieser ariden Region dürften nabatäischen Ursprungs, bei der Gestaltung von Nymphäen und Thermen mögen römische Wasserbauer beteiligt gewesen sein.

Cloaca maxima

Das Römische Reich hatte seine größte Ausdehnung erreicht. Entsprechend gewachsen war der Warenumschlag, den Ostia, der Hafen Roms, nicht mehr zu bewältigen vermochte, denn die Tibermündung versandete zusehends. Die Schiffe konnten nur noch auf der Reede ankern. In Centumcellae (heute Civitavecchia) hatte noch Kaiser Trajan im Jahr 106 eilends mit dem Bau eines neuen Hafens begonnen. Schon der Name (»hundert Lagerhallen«) sagte, daß hier ein großer Teil der Lieferungen für die Hauptstadt angelandet werden sollte. Die zugehörige Stadt blieb zwar klein, doch der Durchstrom von Händlern, Seeleuten und Soldaten verlangte nach ausreichender Versorgung.

Da war in erster Linie an große Badeanlagen zu denken. Kleinere gab es schon aus früherer Zeit, weil hier die heißen Taurinischen Quellen (heute 47 Grad) schon vor der Zeitenwende einen gewissen Kurbetrieb hatten aufkommen lassen. Da zudem ein Teil der römischen Kriegsflotte in der Nähe lag, mußten nun weit größer dimensionierte Bäder, Hallen, Ruhe- und Behandlungsräume errichtet werden. Sie entstanden direkt neben den alten Thermen, die sicher auch weiterhin genutzt wurden; beide zusammen erstreckten sich über eine Fläche von gut 5000 Quadratmetern. Gespart wurde beim Neubau an nichts: Das sorgfältig ausgeführte Gebäude aus Ziegelmauerwerk bezog neben dem heißen Quellwasser auch kaltes von nahegelegenen Hügeln. Trotz der Zufuhr des natürlichen Warmwassers war eine Hohlfußbodenheizung für die Raumwärme in Betrieb. Die Wände hatten die Erbauer mit vielfarbigem Pfauenmarmor (Pavonazetto) verkleidet, die Böden schmückten Mosaiken, die Abtritträume hatten Kanalspülung. Die Reste der Anlage sind heute zur Besichtigung freigegeben.

131 bis 170

Für die Mannschaften der römischen Kriegsschiffe und die zahlreichen Matrosen der Frachter wurden die Thermen von Centumcellae errichtet. Aufnahme der Ruinen im heutigen Civitavecchia.

Brunnen, Bäder, Heizungstechnik

Um 135 praktizierte in Rom ein aus Ephesus stammender Arzt namens Soranos. Genaue Lebensdaten für ihn fehlen, doch sind einige Fragmente wissenschaftlicher Arbeiten von ihm erhalten geblieben, zum Beispiel über chronische Krankheiten oder über Hebammen-Ausbildung. Eine seiner Schriften, die stilistisch wie medizinisch Maßstäbe setzte und bis in die frühe Neuzeit von den Ärzten zu Rate gezogen wurde, ist sogar fast vollständig auf uns gekommen. Titel: »Die Frauenleiden«. Darin gibt Soranos unter anderem Ratschläge für das Säuglingsbad:

»Die meisten Frauen baden ihre Säuglinge drei Male am Tag. Sie begießen sie dabei bis zur Ohnmacht mit heißem Wasser und freuen sich dann, daß die Säuglinge ruhig schlafen. In Wirklichkeit tun sie dies nur aus Schwäche. Man soll daher einen Säugling nur ein einziges Mal am Tag baden, und zwar in einem mäßig erwärmten Raum, der nicht der Sonne ausgesetzt sein soll. Man reibe den auf einem Leinentuch auf dem Schoß liegenden Säugling mit erwärmtem Öl ein. Dann faßt man mit der Linken den rechten Arm unter der Achsel, so daß die Brust des Säuglings am Ellbogen liegt, neigt ihn ein wenig nach rechts und gießt mit der Rechten etwas erwärmtes, aber doch genügend warmes Wasser über ihn. Man achte aber darauf, daß die zarte Haut des Säuglings ein Wasser schon als heiß empfindet, das der Erwachsene noch für angenehm warm hält. Die Wassergüsse setze man fort, bis die Haut rötlich und gleichmäßig erwärmt ist.«

Im Jahr 139 wurde das Mausoleum Kaiser Hadrians fertig, die heutige Engelsburg. Seinerzeit stand am Eingang einer der zahlreichen römischen Springbrunnen mit einem 2,5 Meter hohen bronzenen Wasserspeier in Form eines Pinienzapfens. Er wurde später in den Vorhof der alten Peterskirche gebracht und steht heute im Cortile della Pigna des Vatikan. Neben diversen Tierköpfen oder ganzen Tieren als Wasserspeier fanden die Archäologen an vielen Stellen in Rom, aber auch in anderen Reichsteilen den Pinienzapfen, aus dessen Schuppen Wasser gesprungen ist. Er spielte im kleinasiatischen Kybele-Kult eine wichtige Rolle, der seit 204 v.Chr. auch in Rom als Kult der Großen

Ein Wasserspiel ganz eigener Art errichteten die Römer vor dem Mausoleum Kaiser Hadrians: Aus den Schuppen eines riesigen Pinienzapfens sprudelte es silbern vor der Engelsburg. Heute schmückt der Brunnen einen vatikanischen Platz.

Brunnen, Bäder, Heizungstechnik

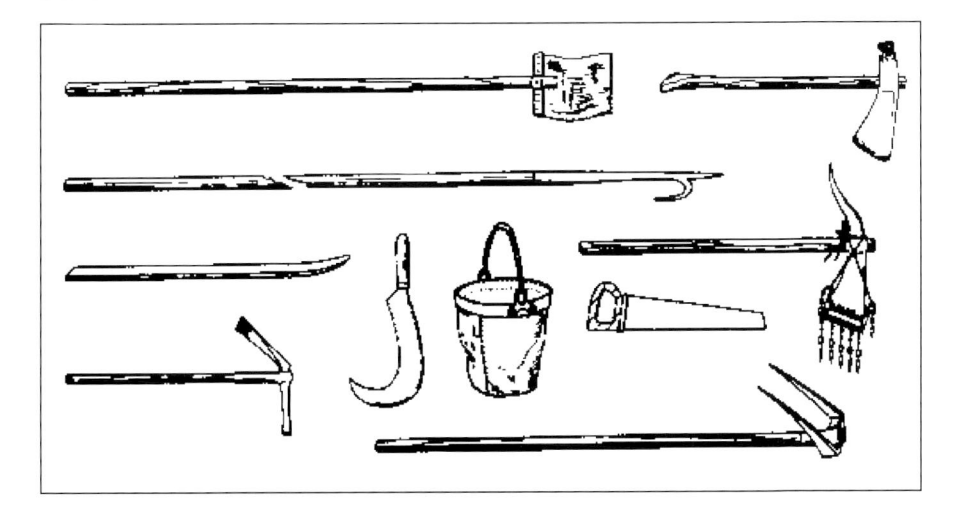

Gefährlicher als die äußeren Feinde: Feuer suchte Rom und die anderen römischen Städte immer wieder heim. Löschsoldaten (unten) rückten dann mit ihrem Gerät (links) aus und nahmen den Kampf mit dem Element auf.

Mutter (»Magna Mater«, Göttin der Fruchtbarkeit) Verbreitung fand (191 v.Chr. erster Tempel). Der Pinienzapfen galt dabei als Zeichen des ewigen Lebens; aus Stein nachgebildete wurden oft auf Grabstellen aufgestellt. Ein Springbrunnen mit meterhohem Bronze-Pinienzapfen aus dem 2. Jahrhundert findet sich auch im Vorraum des Aachener Münsters; er sprudelt zwar nicht mehr, weil im Sockel beschädigt, hat aber im Mittelalter noch seinen Dienst getan.

Sicher sind solche Brunnen, sofern in erreichbarer Nähe, bei Bränden auch als Löschwasserreservoire genutzt worden, wie denn überhaupt die vielen Wasserspeicher in den römischen Städten auch der Feuersicherheit dienten. Es gehörten zudem behördlich angeordnet zu jedem Hausstand Löscheimer (»hamae«) und Löschdecken (»centones«) für kleinere Brände. Bei größeren rückte die Feuerwehr an, die schon über Spritzen verfügte. Sie wurden gegebenenfalls durch Windkessel unterstützt; auch von Wasserschläuchen aus Ochsendärmen wissen wir, deren Inhalt durch einen Lederbalg am Ende verspritzt wurde. Zu Löschdiensten zogen die Kommunen meist Vereine der Handwerker (»fabri«) heran. Sie unterhielten Brandbereitschaften; an Militärstandorten wie etwa Aquincum (heute

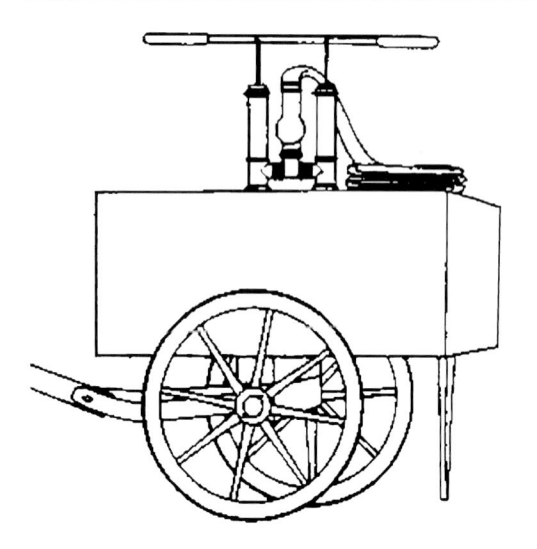

Die größeren Städte des Reiches verfügten über bespannte oder von Löschkommandos gezogene Feuerspritzen mit Druckpumpen.

Budapest) sorgten die etwa 120 Techniker jeder Legion für diesen Dienst. Sie waren in Kollegien organisiert und führten unter einem Vorsitzenden, einem Bannerträger und anderen Funktionären ein reges, heutigen Gepflogenheiten vergleichbares Vereinsleben. So waren manche von ihnen zugleich Bestattungsvereine mit Beitragspflicht. Beim Tod eines Mitglieds sorgten die anderen für ein würdiges Begräbnis, angemessenes Totenmahl und für die Grabpflege aus der Vereinskasse.

Solche Vorsorge hatte er nicht nötig: Der römische Rhetor Herodes Atticus, geboren um 101 in Marathon, trat nicht nur ein reiches elterliches Erbe an, sondern gewann auch das Herz – und die Mitgift – der schönen Regilla, Verwandten des Kaisers Antoninus Pius (86-161, regierte seit 138). Obwohl als Besitzer profitabler Marmorbrüche auf Einkünfte nicht angewiesen, unterhielt Herodes in Rom eine Redner-Schule, die auch der spätere Kaiser Mark Aurel (161-180) besuchte. Mit dieser allerhöchsten Protektion wuchs das Vermögen des 143 auch als Konsul amtierenden Herodes ins Ungemessene, und es kann durchaus sein, daß ihm das selbst unheimlich wurde. Er betätigte sich nämlich intensiv als Mäzen, stiftete zahlreiche Bauten in verschiedenen griechischen und kleinasiatischen Orten und nahm sich besonders des Zeus-Heiligtums in Olympia an. Dort setzte sich Herodes Atticus, der 177 in seiner griechischen Heimatstadt starb, ein ganz besonderes Denkmal:

In der Stadt der Wagen und Gesänge bekleidete seine Frau Regilla im Jahr 155, also zu Beginn der 233. Olympiade (Zeitraum zwischen zwei Olympischen Spielen) das Priesteramt der Demeter (Göttin des Erdsegens und Schwester des Zeus). Bei dieser Gelegenheit mag Herodes aufgefallen sein, daß ausgerechnet diese Festspielstadt nur ungenügend mit Trinkwasser versorgt wurde. Er spendierte Olympia daher eine Wasserleitung, die aus Quellen bei Linaria und Muria gespeist wurde. Es war eine etwa drei Kilometer lange Rinnenleitung aus Ziegeln, die im Miraka-Tal über Stützbogen und in einem Stollen durch den Kronoshügel geführt werden mußte und Thermen, Gymnasium sowie Privathäuser belieferte. Als Kopfbau ließ Herodes ein Nymphäum (kunstvolle

Brunnenanlage) errichten: Dort fiel das Wasser in zwei übereinander angeordnete große Becken, aus denen es in löwenköpfigen Ausläufen in eine Verteilerrinne geleitet wurde. Der um die Becken errichtete halbrunde, von Säulen gesäumte Bau war mit Statuen geschmückt, darunter Standbilder der Kaiser Hadrian, Antoninus Pius und Mark Aurel sowie eines der Regilla. Das insgesamt 15 Meter hohe Gebäude überragte sämtliche anderen Bauten Olympias und muß mit seiner Verkleidung aus blendend weißem pentelischem Marmor vor dem grünen Hintergrund des Kronoshügels einen imposanten Anblick geboten haben.

Heizungsfragen waren in den südlichen Kerngebieten des Römischen Reiches zweitrangig. Soweit etwa für Thermen benötigt, blieb ohnedies nur die Verwendung von Holzkohle, weil die schon vom Naturforscher Theophrast (um 372-287 v.Chr.) beschriebene Braunkohle wegen der Abgase dazu nicht geeignet war. Und Steinkohle kannten die Römer lange überhaupt nicht. Es gibt Hinweise darauf, daß die Chinesen schon im ersten vorchristlichen Jahrhundert Steinkohle wegen der hohen Glutleistung genutzt haben. Die Römer stießen auf dieses Brennmaterial erst bei ihrem Ausgreifen nach Norden, insbesondere nach Britannien. Dort kannten die »Barbaren« diese seltsamen brennbaren Felsbrocken, die hier stellenweise zu Tage lagen. Daß die römischen Legionäre den Umgang damit gelernt haben, belegen Steinkohlevorratsräume aus der Mitte des zweiten Jahrhunderts in einigen Kastellen des Hadrianswalls, der die römische Provinz gegen Schottland abschirmte. Aber auch Steinkohle kam hier nicht in den Thermen zum Einsatz, weil ihre Abgase an den offenen Heizstellen die Heizer und bei undichtem Mauerwerk auch die Badenden gefährdet hätten. Die Glut-Vorzüge der Steinkohle in geschlossenen Öfen mit Abzug aber werden auch die Römer bald erkannt haben.

Für Badeanlagen eignete sich Steinkohleheizung auch deswegen nicht, weil die Römer dort besonderen Wert auf Reinlichkeit, Helligkeit und frische Luft legten, was Steinkohlebrand eher beeinträchtigt hätte. Wie ein vornehmes Bad im Jahr 170 aussah, darüber haben wir

In den südlicheren Breiten genügten zur Raumheizung gewöhnlich Holzkohlebecken wie dieses, das im Säulengang eines Hauses in Pompeji gefunden wurde.

einen Bericht des griechischen Schriftstellers Lukian (120-nach 180). Danach war nicht nur der eigentliche Baderaum wichtig, sondern ebenso darauf zu achten, daß die Ruheräume bequem und angenehm wirkten und an Marmor nicht gespart wurde. Lukian faßt zusammen: »*In all diesen Räumen herrscht klares Licht und heller Tag. Ferner ist überall die Höhe angemessen, und die Breite steht im richtigen Verhältnis zur Länge, und so entfaltet sich überall Anmut und Schönheit. Denn wie der treffliche Pindar (altgriechischer Dichter des 5. Jahrhunderts v.Chr.) sagt: ‚Wenn man ein Werk beginnt, so muß man ihm ein strahlendes Antlitz geben.' Das dürfte hauptsächlich durch die Lichtfülle und die Lichtöffnungen erreicht sein. Denn klug, wie Hippias (der Architekt) ist, hat er den Saal der kalten Bäder nach Norden vorspringen lassen, doch so, daß er am südlichen Himmel seinen Teil hat; die Säle hingegen, die vieler Wärme bedürfen, hat er dem Südost-, dem Süd- und dem Westwind ausgesetzt.*«

Lukian erwähnt auch, daß jede Badeanlage eigene Salb- und Massageräume brauche, in denen sich die Gäste nach dem Bad selbst

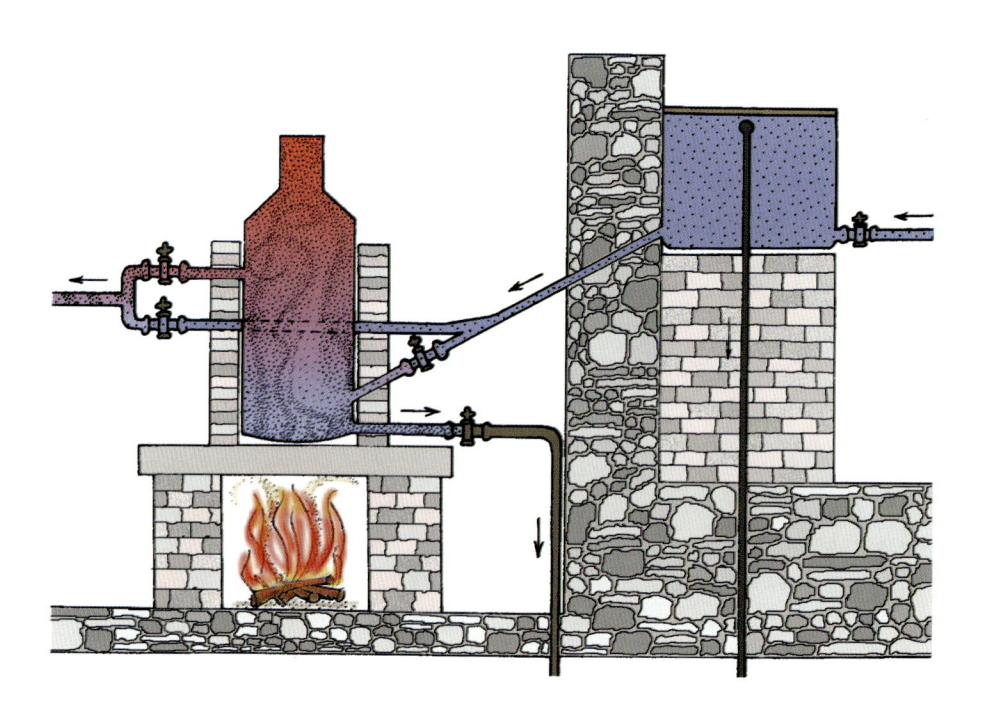

Schematische Darstellung einer Heißwasser-Kesselanlage nach dem Prinzip des Durchlauferhitzers.

In Alexandria wurde diese Unterflur-Heizungsanlage römischer Kaiserthermen ausgegraben.

einölen oder sich einölen lassen können. Und er erklärt, warum diese Art der Hautpflege so nützlich sei: Durch Öl gelinge es, *»die Glieder geschmeidiger und der Anstrengung fähiger zu machen. Denn da uns die Erfahrung lehrt, daß alles Leder durch das Einschmieren mit Öl viel dauerhafter wird und weniger reißt, so wäre es ungereimt, wenn wir nicht den Schluß daraus zögen, daß auch ein lebendiger Körper durch diesen Gebrauch des Öls den nämlichen Vorteil erlangen könnte.«* Natürlich wußten die römischen Mediziner, daß der Körper vor dem Einölen gereinigt werden muß. Pures Baden genügte da nicht, es mußten Reinigungsmittel benutzt werden. Dazu zählten Aschenlauge (Pottasche) mit Natron, makedonische Salze, verschiedene Erden. Nachteil dieser Mittel war, daß sie die Haut reizten, so daß auch deswegen das Einölen erforderlich war und als angenehm empfunden wurde. Seife in unserem Sinn kam in Form von Kugeln aus Natron erst Mitte des ersten Jahrhunderts auf; den Fettbestandteil gewann man aus Schlachtvieh. Seife

171 bis 210

reinigt zwar nicht besser als andere Mittel, ist aber bequemer zu handhaben und setzte sich daher auf Dauer durch.

Ob auch in den ägyptischen Bädern zu Ende des zweiten Jahrhunderts Seife benutzt wurde, ließ sich nicht belegen; es ist jedoch anzunehmen, da in Ägypten, wie schon für die Frühzeit gezeigt, die Natrontradition erheblich länger war als in Italien. Der technische Komfort der Bäder jedoch, die in den 1930er Jahren etwa im oberägyptischen Aschmun freigelegt wurden, weist nach Rom: Deutsche Archäologen fanden hier Kuppelbauten mit länglichen Sitzbadewannen und Hohlfußbodenheizung. Wasser erhielten die Anlagen zwecks ausreichenden Wasserdrucks aus Hochbehältern, in die es durch Hebewerke immer wieder nachgefüllt wurde. Auch Privathäuser der als Kornkammer des Reiches wohlhabenden Provinz hatten mehrräumige Bäder im römischen Stil, teils mit Hohlwandheizung. Der Mosaikschmuck steht dem römischer Anlagen in nichts nach, Warmluftgänge dienten der Raumtemperierung.

In diese Endzeit des 2. Jahrhunderts fällt auch das Wirken des nach Hippokrates (um 460-um 370 v.Chr.) wohl berühmtesten Arztes

So stellte sich ein Künstler des 19. Jahrhunderts den anhand von Tiermodellen Anatomie unterrichtenden römischen Arzt Galen vor. Frauen im Publikum waren allerdings sowohl zu Lebzeiten des großen Arztes wie zur Zeit der Bildentstehung (1876) höchst ungewöhnlich.

Brunnen, Bäder, Heizungstechnik

der Antike: Galenos, meist nur kurz Galen genannt. Der im Jahr 129 in Pergamon geborene Mediziner wurde mit 28 Jahren in seiner Heimatstadt Gladiatorenarzt, ging sechs Jahre später nach Rom und erhielt im Jahr 169 die Berufung zum Leibarzt Kaiser Mark Aurels (regierte 161-180). Zugleich amtierte er als Leiter einer der großen Thermen Roms und als Richter. Viele seiner wissenschaftlichen Arbeiten gingen verloren, als 192 Galens Bibliothek abbrannte, doch existierten von manchen schon eine Reihe von Abschriften, so daß wir über seine Ansichten recht gut unterrichtet sind. Galens Werke waren bis in die beginnende Neuzeit maßgebliche Fachbücher für die Mediziner, und der Autor war sich seiner Bedeutung durchaus bewußt, wenn er seine Leistungen in der Heilkunst stolz denen Kaiser Hadrians (117-138) für den Ausbau des römischen Straßennetzes an die Seite stellte. Galen starb in Rom im Jahr 199.

Eine seiner Schriften galt dem Schutz der Gesundheit (»De sanitate tuenda«), wobei die Elemente des Lebens im Mittelpunkt stehen: Erde, Wasser, Luft und Feuer sowie ihre Eigenschaften: trocken, feucht, kalt und warm. Der Begriff »Feuer« umfaßte die Stoffwechselvorgänge. Über das Wasser äußerte er sich so: *»Das Wasser beurteilt man nach seinem Gehalt, seinem Geschmack, seinem Geruch und seiner Farbe. Was den Geschmack und den Geruch betrifft, so soll es keine fremdartige Beschaffenheit erkennen lassen... Es muß ferner durchsichtig sein und darf keine schlammigen Bestandteile enthalten, sondern gleichsam sorgfältig durchgeseiht und von Schwebstoffen befreit sein. Ein solches Wasser ist nun zwar für den Gebrauch gut geeignet, wirklich rein ist es aber auch dann nicht, wie dies ja auch bei keinem anderen der wahrnehmbaren Grundstoffe der Fall ist.«*

Auch im Zusammenhang mit Ratschlägen über richtige Ernährung kam Galen immer wieder auf die Wasserreinheit zu sprechen und beklagte die Verschmutzung mancher Gewässer: *»Bei den Fischen muß man allgemein daran denken, daß sie am schlechtesten im Unterlauf aller Flüsse sind, die Kot abführen oder Abwässer aus Badeanstalten und Küchen oder den Schmutz von Kleidung und Wäsche und was sonst in der Stadt, die sie durchfließen, der Reinigung bedarf, besonders wenn die Stadt volkreich ist.«* Auch vor Meeresfischen aus

> »Da heute, auch der Bewertung nach, die Gesundheit vor der Krankheit kommt, haben wir wohl zuerst darauf zu sehen, wie man die Gesundheit erhält, und erst in zweiter Linie, wie man Krankheiten am besten ausheilt.« (Galen)

Flußmündungen warnte Galen. Daß man in verschmutzten Gewässern nicht baden sollte, verstand sich danach für Galen von selbst. Er kannte natürlich alle Arten von Bädern und ihre Anwendung vom normalen Schwimmbad bis zu Teildampf-, Kräuter- oder Sonnenbädern. Und er entwickelte klare Regeln für das tägliche Bad: Als erstes komme das lauwarme Bad. Es diene dazu, »die Stoffe durch den ganzen Körper zu erwärmen und zu lösen, ihre Ungleichheit auszugleichen, endlich die Haut aufzulockern und das, was sich unter ihr gesammelt hat, zu entleeren«. Dann nehme man ein Warmbad, das »heilsame Flüssigkeit in die trockenen Teile des Körpers bringt«. Das nachfolgende Kaltbad soll »die Hautporen schließen und die Kräfte stärken«. Und schließlich sollen Abreiben und Salben »das Ausschwitzen des Körpers beenden, ohne ihn bei Abkühlung zu gefährden«.

Das aufkommende Christentum sah das Bäderwesen in den römischen Städten mit gemischten Gefühlen, und mancher Theologe warnte vor Übermaß wie vor den sittlichen Gefahren durch den Badebetrieb. Wir lesen beim Kirchenlehrer Klemens von Alexandria (um 140-um 215): »*Was haben doch die Frauen aus den Bädern gemacht!... Sie kommen mit vergoldeten Stühlen und einer großen Zahl von Geräten aus Gold und Silber, die einen bestimmt für Getränke, die anderen für Speisen. So weit geht ihre Üppigkeit, daß sie noch im Bad zechen und sich betrinken. Das Silberzeug, mit dem sie prunken, stellen sie, bar feinen Empfindens, in den Bädern zur Schau und protzen mit ihrem Reichtum. Vor ihren Ehemännern enthüllen sie sich ungern und schützen heuchlerisch Schamhaftigkeit vor. Aber die zu Hause so Gesitteten kann jeder beliebige andere Mann nackt im Bade sehen... Sie baden mit ihren Dienern, lassen sich von ihnen abreiben und gestatten so der lauernden Begierde freie Betastung. Wie schön sie sind, wollen sie zeigen, offenbaren aber ungewollt, wie schlecht sie sind.*«

Solche Kritik aber erreichte vorläufig nur wenige; die Kaiser jedenfalls setzten sich durch Thermen und Nymphäen gern weiterhin Denkmäler. So auch Septimius Severus (146-211, Kaiser seit 193), der dafür Roms Wasserleitungen überholen und einen Abzweig der Aqua Claudia über eine mehrstöckige, 42 Meter hohe und 425 Meter lange Bogenführung zum Palatin legen ließ. Die Leitung speiste das 202 vollendete

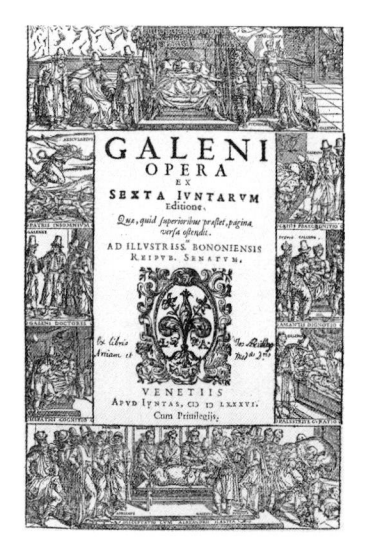

Gesamtausgabe der Schriften Galens in einer venezianischen Edition des Jahres 1586; Szenen aus dem Leben des Mediziners zieren den Umschlag.

Brunnen, Bäder, Heizungstechnik

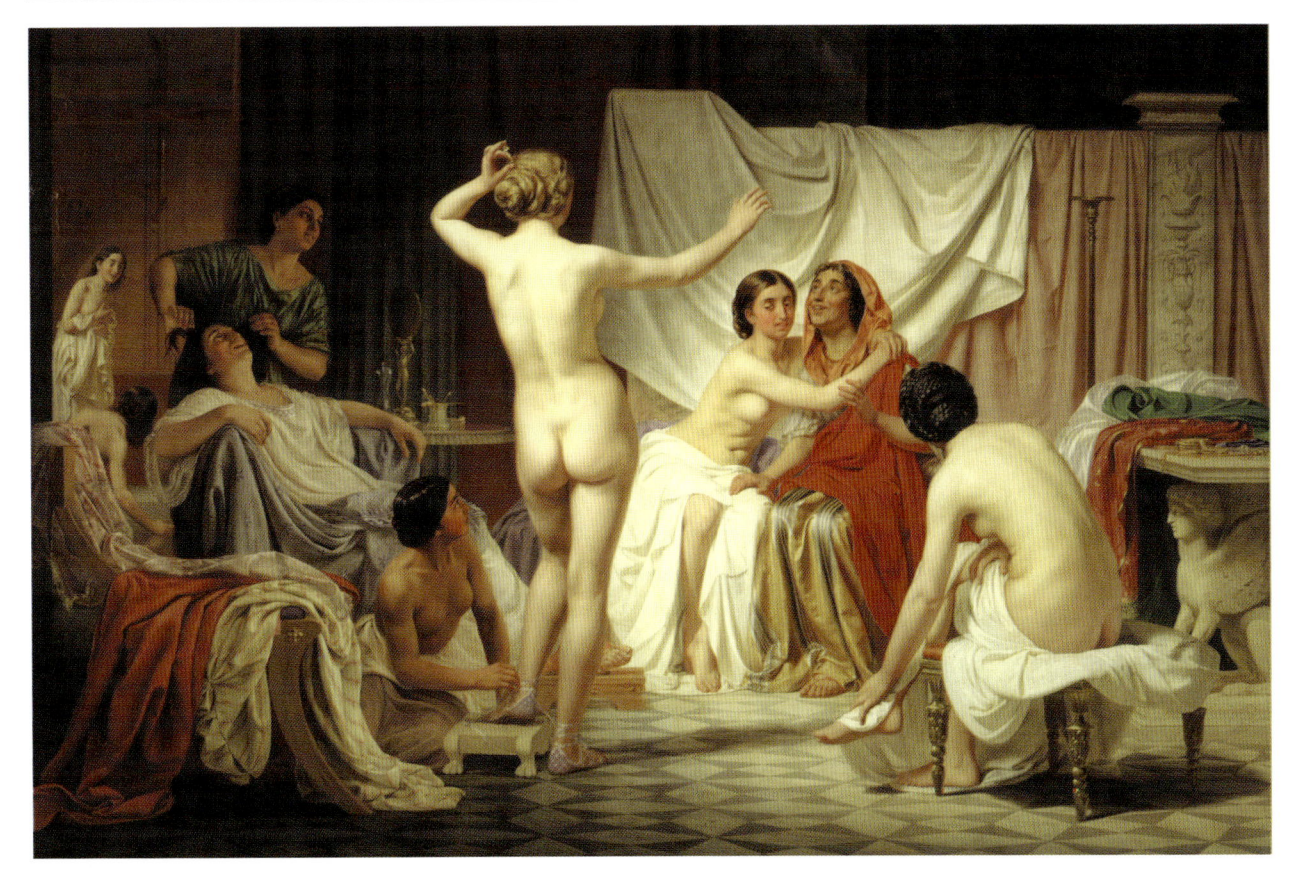

sogenannte Septizonium, eine Drei-Nischen-Brunnen-Anlage mit drei von Säulen getragenen Stockwerken. Es war ein großartiges Nymphäum am Südosthang des palatinischen Hügels und am Anfang der Via Appia. Leider haben sich nur einige wenige anderweitig verwendete Bauteile und einige Bilder aus dem 15./16. Jahrhundert erhalten, als noch die gemauerte Rückwand der Ostecke des Gebäudes stand und noch 18 der einst wohl 81 Marmorsäulen zu sehen waren. 1589 verschwand auch diese Ruine aus Sicherheitsgründen. Brunnenanlagen wie das Septizonium ließ der Kaiser auch andernorts in der Provinz errichten, etwa in seiner Heimatstadt, dem afrikanischen Leptis Magna.

Nacktheit und somit auch nacktes Baden waren Sünde in den Augen christlicher Eiferer, und leichtlebige Damen mögen das Ihre dazu beigetragen haben, das Verdikt zu bestätigen. Gemälde von F. Bronnikow (1858).

211 bis 259

Kostbare Fußbodenmosaike schmückten die Räume der aufwendigen Caracalla-Thermen. Plastische Wirkung erzielte der Künstler hier durch regelmäßiges Verlegen von hellen und dunklen Steinchen.

Die mit Septimius Severus einsetzende Zeit der Soldatenkaiser war anfangs von einem gewissen Gigantismus geprägt. Noch Septimius selbst soll den Auftrag für eine Badeanlage gegeben haben, die unweit vom Septizonium im Jahr 216 von seinem Sohn Caracalla (186-217, Mitregent seit 196, Kaiser seit 211) eröffnet wurde und nach ihm Caracalla-Thermen hießen. Es waren die bis dato gewaltigsten öffentlichen Badeeinrichtungen der Hauptstadt: Sie bedeckten eine Fläche von 124 000 Quadratmetern; allein das dreistöckige Hauptgebäude war 353 Meter lang. Den Besuchern standen 66 Baderäume, 1600 Badesessel aus Marmor, 4 große Becken für Warmwasser und ein 1300 Quadratmeter großes Schwimmbecken zur Verfügung. Die Flachkuppel über dem Warmraum maß mit 35 Metern Durchmesser kaum weniger als die Kuppel des Petersdoms (42 Meter). Überall schmückten Bildwerke und Mosaiken die Räume und Hallen. Es gab Turn- und Ruheräume, Lehrsäle, Sportplätze, Büchereien, Museen, Gärten und Wandelhallen. Die Wasserzufuhr erfolgte über eine Zweigleitung der Aqua Marcia und aus einer Wasseraufbereitungsanlage: In 64 Gewölbekammern wurde das Wasser zum Wasserwechsel angesammelt und nach ausreichender Absetzzeit in die Leitungen eingespeist. Ein Geflecht von unterirdischen Gängen diente dem Personal zur Erfüllung von Versorgungs- und Überwachungsaufgaben.

Die Caracalla-Thermen waren vorzeitig eröffnet worden. Endgültig fertigstellen ließ sie erst Alexander Severus (208-235, Kaiser seit 222). Sie waren noch zur Zeit Theoderichs des Großen (Ostgotenkönig 471-526) in Betrieb, verfielen dann allmählich und gehörten ein Jahrtausend lang zu den bewunderten Mauer- und Gewölberesten der großen antiken Vergangenheit. Da die Ruinen im drastisch geschrumpften mittelalterlichen Rom weit außerhalb des Stadtgebietes an der Via Appia lagen, blieben sie lange vor Abbruch bewahrt. Erst Papst Paul III. (Pontifikat

Gewölbe des Kaltraums der Caracalla-Thermen in einer Rekonstruktionszeichnung. Holzstich von 1880.

1534-49) nutzte die mächtigen Relikte als Steinbruch für die Villa Farnese, auch die Brunnenschalen auf der Piazza Farnese sowie viele heute in Museen ausgestellte Bildwerke stammen aus den Caracalla-Thermen. Auch für den Bau des Petersdoms bediente man sich aus den Ruinen der Thermen, die wir nur noch in Rekonstruktionen bewundern können.

Der blutjunge Kaiser Alexander Severus war es auch, der im Jahr 226 nach über hundertjähriger Pause eine neue große Wasserleitung für Rom einweihen konnte. Sie wurde nach ihm Aqua Alexandrina genannt und kam aus einem Quellgebiet östlich des 203 Meter hohen Monte Falcone. Folgte man der Via Praenestina, so lag es südlich der Straße. Über 22 Kilometer wurde das Wasser zunächst auf zum Teil doppelstöckigen Stützbögen durch die Ebene von Pantano und im Hügelland dann unterirdisch geführt, ehe es erneut auf Bogenreihen die Täler von Centocelle und Acqua Bonicante überquerte. Die Rinnen der Aqua Alexandrina, die knapp 22 000 Kubikmeter Wasser pro Tag in die Stadt lieferte, bestanden aus Beton. Anders als bisher wurde er nicht mehr mit Hausteinen gestützt, sondern zwischen zwei Schalen aus Ziegeln gegossen, so daß das ganze Bauwerk wie ein Ziegelbau aussah. Die innere Weite der Rinne betrug rund 75 Zentimeter, die 60 Zentimeter starken Außenwände ließen bei 1,8 Metern Höhe einen erheblichen Durchfluß zu. Das Gefälle betrug 44 Zentimeter pro Kilometer, so daß der End-Verteiler noch 44 Meter über Meereshöhe lag. Die Aqua Alexandrina sollte auf Jahrhunderte hinaus der letzte Wasserleitungs-Neubau sein; Rom hatte den Zenit seiner Entwicklung überschritten.

Es herrschte aber immer noch rund ums Mittelmeer, und ein großer Teil der Transporte und Reisen der Reichsbürger ging daher über See und nahm nicht selten viele Tage, ja Wochen in Anspruch. Teile der Kriegsflotte waren ohnehin ständig unterwegs. Die Versorgung der Be-

Auf einem römischen Marmorsarkophag des 3. Jahrhunderts fand sich diese Darstellung von Segelschiffen in schwerer See (vorn rechts: Mann über Bord).

Brunnen, Bäder, Heizungstechnik

Ihren Müll entsorgten die Römer oft in Flüssen und im Meer: Das Mosaik aus dem 2. Jahrhundert, im Original 62 mal 50 Zentimeter, zeigt Obst-, Eier-, Krabbenschalen und andere Speisereste.

satzungen, Passagiere und Soldaten stellte ein nicht unerhebliches logistisches Problem dar. Das begann schon bei der Verpflegung: Die Schiffe bestanden aus Holz, und man vermied es tunlichst, Feuer an Bord zu machen. Warme Mahlzeiten waren daher die Ausnahme, auch für die Soldaten, die oft wochenlang auf eine solche warten mußten. Ebenso stand es mit der gesundheitlichen Fürsorge; nur selten war ein Arzt an Bord, und auch Kriegsschiffe nahmen nicht immer Mediziner mit; sie arbeiteten vor allem an Land auf den Stützpunkten. Bei der Müll- und Fäkalien-Entsorgung ging es zu wie leider heute noch auf vielen Schiffen: Das Meer mußte als Kloake herhalten; im Kielwasser schwamm der Abfall mit. Der Abtritt (»latrina«) lag gewöhnlich in einem Raum am Heck und entleerte über ein zuweilen als Gänsehals gestaltetes und mit Laterne versehenes Rohr ins Wasser.

Diese Diskrepanz zwischen Wasserverschmutzung und fast göttlicher Verehrung für das leben- und gesundheitspendende Naß scheint einer allgemein menschlichen Schizophrenie zu entspringen. Man erlebt sie ja auch an Flüssen, deren Quellen kostbar gefaßt und mit heiligen Hainen umgeben wurden und deren Unterläufe zum Himmel stanken

Römische Kaiserzeit

und vielerorts noch stinken, auch und oft gerade dort, wo Wasser eine Kostbarkeit ist. Wie wertvoll es sein kann, wußten auch die antiken Ärzte, die nicht selten Kuraufenthalte in Heilbädern verordneten. Davon gab es in allen Reichsteilen eine ganze Reihe. Eines davon war Aquae Granni (Aachen), das hier als Beispiel vorgestellt werden soll:

Schon in vorrömischer Zeit verehrten die keltischen Ureinwohner auf dem Aachener Hügel mit seinen heißen (heute um 50 Grad) salz- und schwefelhaltigen Quellen einen Heilgott Grannus, der dem Ort den Namen gab. Die Römer ließen hier von Baukolonnen der Standort-Legion Thermen errichten, zwischen der heutigen Stephanstraße im Südwesten und der Komphausbadstraße im Nordosten gelegen. Es ließen sich trotz der Überbauung des Geländes (u.a. durch das Münster) verschiedene Anlagen an mehreren Quellen ermitteln; auch eine außerhalb Aachens im 1900 eingemeindeten Burtscheid. Dabei fanden sich Reste einer Hohlfußbodenheizung, eine Wasserleitung, Bruchstücke eines sieben Meter hohen Säulenumgangs (Beispiele im Rheinischen Landes-

»Hypokaustum« hieß das aus dem Griechischen stammende Wort für Fußbodenheizung: Hohlraum mit Stempeln, auf denen die Bodenplatten aufliegen.

Brunnen, Bäder, Heizungstechnik

museum in Bonn), eine Quellkammer, Brunnen, Abtritträume, Reste von Geräten aus dem beginnenden 3. Jahrhundert, eine Siedlung neben den Thermen, die mit zwanzig Hektar von beachtlicher Größe war, sowie mehrere Erzgruben. Karl der Große errichtete hier später neben seiner auf dem Grund der einstigen Thermen stehenden Pfalz ebenfalls ein Badehaus.

Die Liste der produktiven Irrtümer – siehe Kolumbus – ist lang. Auf ihr müßte auch einer über ein Monument an der Mosel bei Trier zu finden sein: Die Darstellungen auf der 23 Meter hohen Igeler Säule wurden lange als Erinnerungsbilder angesehen an die Hochzeitsfeierlichkeiten von Kaiser Constantius I. und der heiligen Helena, Mutter Konstantins des Großen. Aus Pietät wagte daher niemand, die Säule zu entfernen oder gar zu zerstören. Dabei handelt es sich um das um 240 errichtete Grabmal zweier Brüder Secundinius und ihrer Familien, durch Tuchhandel reich gewordene römische Bürger. Die ähnlich wie auf Siegessäulen angeordneten Reliefs auf dem Buntsandstein-Turm zeigen Szenen der Sagenwelt und – für uns interessanter – aus dem Alltag. Besonders aufschlußreich das mittlere vordere Bild des Frieses: Es stellt die beiden Brüder mit ihren Frauen bei einer Mahlzeit dar. Die Männer ruhen auf Liegen, die Frauen sitzen in Lehnstühlen an einem viereckigen Tisch. Man redet und reicht sich Speisen oder Zutaten, in einem Nebenraum links werden von Dienern Gläser mit Wein gefüllt und Fische zubereitet. Auf einem weiteren Bild kommen Bauern und liefern Geflügel, Hasen und andere Leckerbissen, die ein Diener entgegennimmt.

Am 23. August 1792 stand Goethe vor der Säule und notierte darüber: *»Das Monument selbst könnte man einen architektonisch plastisch verzierten Obelisk nennen. Er steigt in verschiedenen künstlerisch übereinander gestellten Stockwerken in die Höhe, bis er sich zuletzt in einer Spitze endigt, die mit Schuppen ziegelartig verziert ist und mit Kugel, Schlange und Adler in der Luft sich abschloß... Wie viel traurige, bildlose Obelisken sah ich nicht zu meiner Zeit errichten, ohne daß irgend jemand an jenes Monument gedacht hätte. Es ist freilich schon aus einer spätern Zeit, aber man sieht immer noch die Lust und Liebe, seine persönliche Gegenwart mit aller Umgebung und den Zeugnissen*

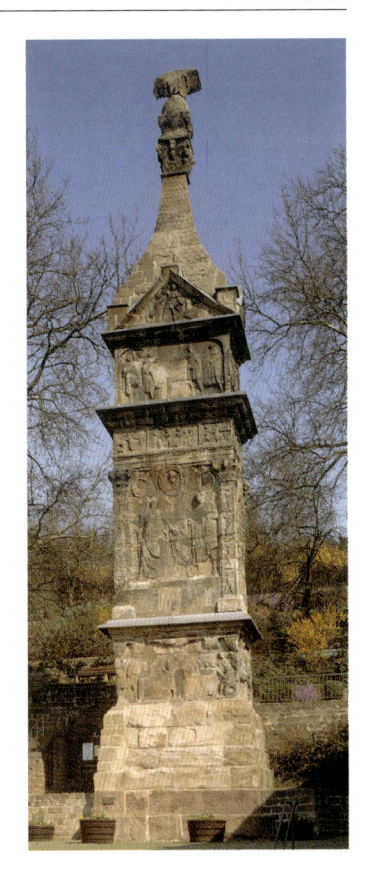

Das Grabmal einer Tuchhändlerfamilie in Igel (Rheinland-Pfalz) gehört zu den bekanntesten römischen Relikten in Deutschland.

von Tätigkeit sinnlich auf die Nachwelt zu bringen... So waltet denn auch über das Ganze der antike Sinn, in dem das wirkliche Leben dargestellt wird, allegorisch gewürzt durch mythologische Andeutungen.«
1829 erhielt der Dichter eine Nachbildung geschenkt und verfaßte eine höchst genaue Beschreibung der Relief-Bilder.

Die Griechen werden gern als die Präger der abendländischen Kultur beschrieben, während die Römer als Pioniere der Ingenieurskunst, also als Präger der Zivilisation gelten. Während aber kein Kaiser und Politiker auf die Idee gekommen wäre, die Autorschaft an den Werken Platos oder Herodots für sich zu reklamieren, genierte sich bei den großen Ingenieurleistungen kein Provinzpotentat und schon gar kein Imperator, sich selbst in Inschriften als Urheber von Palästen, Thermen oder Aquädukten zu feiern. Dabei haben sie allenfalls die Mittel bereitgestellt und Projekte politisch durchgesetzt. Von den wirklichen Erbauern dagegen findet sich kaum einmal eine Namensspur. Dabei sind gerade die Errungenschaften im Wasserbau gar nicht hoch genug zu schätzen. Ein verantwortlicher Ingenieur beim Bau einer der über 500 im Römischen Reich errichteten Großwasserleitungen mußte über Bodenbeschaffenheit, Baustoffe, Wasserqualität, Gelände- und Gefälle-

Aus einem Aquädukt stammt dieses oben verschweißte Bleirohr mit Inschrift, ausgestellt im Museo Nazionale Romano delle Terme in Rom.

fragen, Düker- und mehrstöckigen Bogenbau, Vermessungstechnik, Leitungsführung, Wasserdruck, Bau von Speicher- und Rückhaltebecken usw. Bescheid wissen und möglichst noch alle Wünsche ästhetischer Art des Bauherren erfüllen. Und er brauchte Talent zur Menschenführung bei dem großen Heer der Arbeiter, mußte für Nahrung, Unterkünfte und Lohn sorgen.

Deswegen soll hier die wohl einzige namentliche Erwähnung eines römischen Wasserbauingenieurs zitiert werden. Sie findet sich auf einem Grabmal im provenzalischen Arles und lautet auf deutsch etwa so: »*Dem Quintus Candidus Benignus, Bauingenieur und Mitglied des Fachverbands, durch seine Kunst, Leistungen und Bildung hochangesehen, den große Techniker immer ihren Meister nannten; denn niemand war kenntnisreicher als er. Niemand vermochte ihn zu übertreffen. Er verstand es ebenso, Wasserorgeln wie Wasserleitungen zu bauen. Er war ein gemütlicher Gesellschafter. Mit seinen Freunden konnte er sich geistreich unterhalten, stets bestrebt hinzuzulernen. Er war eine Seele von einem Menschen, dieser Candidus Benignus. Diesen Stein setzten Candida Quintina ihrem zärtlichsten Vater und Valeria Maximina, seine Gattin, in Liebe.*«

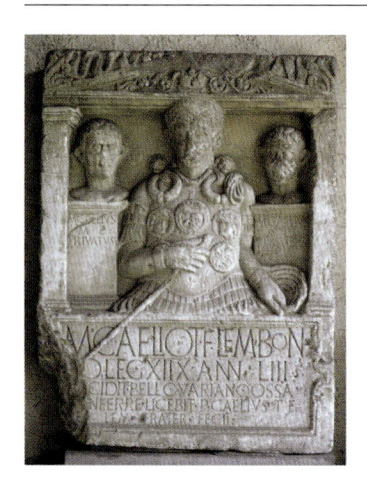

An den Zenturio Marcus Caelius, der im Kampf gegen die Germanen im Teutoburger Wald umgekommen war, erinnert dieses Grabmal.

um 260

Germanien

Die Niederlage des Varus im Jahre 9 n.Chr. im Teutoburger Wald gegen die Germanen unter dem römisch ausgebildeten Cheruskerfürsten Arminius markierte eine Grenze für die Ausdehnung des Römischen Reiches nach Norden und Osten. Dennoch stand ein erheblicher Teil des westlichen und südlichen heutigen Deutschlands mehrere Jahrhunderte unter römischer Herrschaft, die durch den Befestigungswall des Limes gesichert wurde. Erst die Schwächung Roms durch die Wirren in der Zeit der Soldatenkaiser, als im 3. Jahrhundert von fünfzig Kaisern nur zwei eines natürlichen Todes starben, eröffnete Chancen zur Abschüttelung der Fremdherrschaft. Trotz aller zivilisatorischen Errungenschaften, die mit den Römern nach Norden kamen, wurde ihr Joch doch von den als Menschen zweiter Klasse behandelten germanischen Stämmen als bedrückend empfunden. Was aber an römischer Zivilisation in die Regionen an Rhein und Donau vorgedrungen war, sollen einige wenige Porträts römischer Gründungen aus der Zeit der bröckelnden Römerherrschaft zeigen:

Im schweizerischen Ort Augst am Hochrhein existierte schon vor der Zeitenwende eine römische Siedlung für Veteranen zwischen dem Violenbach und der Ergolz 600 Meter vom Rhein entfernt. Der Ort, damals Augusta Raurica (oder Rauracorum), wuchs durch Niederlassung weiterer ausgedienter Soldaten und ihrer Familien sowie durch Zuzug aus dem Umland. Da er im Jahr 259 einem Angriff alemannischer Reiter zum Opfer fiel und nicht wieder aufgebaut wurde, zeigen die im 19. und 20. Jahrhundert ausgegrabenen römischen Strukturen den Zustand bald nach der Mitte des 3. Jahrhunderts: ein in römischen Siedlungen typisches rechtwinkliges Straßennetz, ein Theater (das größte römische nördlich der Alpen), eine Wasserleitung aus dem Liestal, wo die Ergolz offenbar aufgestaut worden war, sowie drei große Thermen (eine mit fast 5000 Quadratmetern Grundfläche) als Hauptabnehmer des Quellwassers. Es wurde durch einen knapp ein Meter breiten und mannshohen, dem Gelände angepaßten Leitungsgang in einem halbrunden Gewölbe geführt und hatte ein Gefälle von ziemlich genau zwei Prozent. Das Verteilerbecken lag 15 Meter über dem Ort, so daß ausreichender

Germanien

Wasserdruck gewährleistet war. Daß sich nur wenige Bleirohrleitungen fanden, sagt nur etwas darüber, wie begehrt Altblei war. Holzrohre sind nicht erhalten, daß es sie aber gab, davon zeugen Leitungen aus Sinter, der nach dem Abfaulen des Holzes zurückgeblieben war.

Einige Jahrzehnte jünger ist das um 43 n.Chr. als römisches Lager entstandene Bonn, lateinisch Bonna. Über die antike Vergangenheit wissen wir nicht nur wegen der im 19. und 20. Jahrhundert intensiv betriebenen Ausgrabungen gut Bescheid, sondern auch wegen der umfangreichen Bautätigkeit zur Behebung der Schäden aus dem Zweiten Weltkrieg und für den Ausbau zum Regierungssitz der Bundesrepublik. Es fanden sich vornehmlich Reste der Wasserzuleitung aus Quellen im Westen und der Entwässerungsanlagen. Das aus der Gegend südlich von Witterschlick aus 120 Metern Höhe herangeführte Wasser floß durch U-förmig betongegossene Rinnen von etwa einem halben Meter lichter Breite, die über den Endenicher Bach auf einer Brücke verliefen.

Auch das nicht von den Römern besetzte Germanien profitierte durch regen Grenzverkehr am Limes (oben: Rekonstruktion eines Wachturms bei Lorch) und durch Handel von Kultur und Technik aus dem Süden (unten links: Schulbuchillustration).

Die Brücke verfiel erst im 19. Jahrhundert. Der Endpunkt der rund 10 Kilometer langen Leitung befand sich an der Südwestecke des Lagers der römischen Legion.

Ein Lager war auch Ausgangspunkt einer später sehr bedeutenden römischen Siedlung im Gebiet des heutigen Frankfurter Stadtteils Heddernheim. Nida nannten die Römer den Ort an der Nidda, bauten ihn im 2. Jahrhundert mit Steinhäusern aus und befestigten ihn mit einer drei Kilometer langen, fünf Meter hohen und zwei Meter dicken Mauer, vor der noch ein zwei Meter tiefer Graben verlief. Der Aufwand erwies sich lange als ganz unnötig, denn Nida blieb offenbar 150 Jahre lang unbehelligt, ehe 259/60 die vereinigten Alamannen und Chatten den Limes durchbrachen und das gesamte rechtsrheinische Gebiet besetzten, wobei Nida unterging. Es lag zerstört anderthalb Jahrtausende unter der Erde, bis ein Heimathistoriker 1896 auf römische Reste stieß und Grabungsarbeiten in Gang brachte. Sie deckten die typische Struktur römischer Siedlungen auf: acht bis zehn Meter breite Hauptstraßen, halb so breite Nebenstraßen, gedeckt mit verfestigtem Kies. Lärm und Rauch der Töpfereien wurde aus der Stadt jenseits des Nordtores verbannt, wo sich Reste von 90 Töpferöfen fanden, einige davon sind restauriert worden und im Museum für Vor- und Frühgeschichte zu besichtigen. Es fanden sich auch Thermen-Anlagen und ein Theater für 1200 Zuschauer. Das Grabungsgelände wurde seit 1961 überbaut, die gut erhaltenen Funde sind im genannten Museum ausgestellt.

Bedeutendste römische Gründung am Rhein wurde Köln, das nach der hier im Jahr 15 n.Chr. geborenen Kaiserin Agrippina d.J. (15-59) den Namen Colonia Claudia Ara Agrippinensium oder kürzer Colonia Agrippinensis erhielt. Bis 454 konnten es die Römer halten, doch stammt der Löwenanteil der hier gefundenen Zeugnisse aus weit früherer Phase, meistens aus dem 3. Jahrhundert. Es handelt sich um Gegenstände, Gebäudereste und Grabstellen aller Art, doch über die Gesundheitsvorsorge und die Versorgung mit Wasser und Wärme erfahren wir kaum etwas, und das bei schon etwa 30 000 Bewohnern kurz nach der Zeitenwende. Das betrifft beim Wasser nur die innerstädtische Verteilung, denn über Zuleitungen bis zur Stadt sind wir recht gut im Bilde: Vier Leitungen aus dem 1. Jahrhundert, die das Wasser von Bächen

Ermordete Mörderin: Kölns Namensgeberin Agrippina die Jüngere (15 n.Chr.-59) vergiftete ihren Mann, Kaiser Claudius, um ihren Sohn Nero auf den Thron zu bringen, der sie dann seinerseits beseitigen ließ.

Germanien

über 10-14 Kilometer heranbrachten, ließen sich ausmachen: Hürther, Burbacher, Gleueler und Frechen-Bachemer Leitung. Das Wasser aller Leitungen floß von Hermühlheim an in einer Sammelleitung zur Stadt. Da es zum Teil aus Quellen stammte, die im Braunkohlegebiet entsprangen und auch sonstige Schwebstoffe mitbrachten, wurde ein Schlammfang eingebaut, der durch Absperrschieber zu regulieren war.

Ganz andere Dimensionen hatte die Wasserleitung aus der Eifel nach Köln. Sie führte über 94 Kilometer, mit den Quell-leitungen, die ihr Wasser zubrachten, war sie sogar 130 Kilometer lang und damit nach dem Limes das größte römische Bauwerk auf deutschem Boden, für das rund eine Million Kubikmeter Grabenaushub, Mauerwerk, Verputz und sonstiges Material zu bewegen war. Mit 20 000 Kubikmetern täglich lieferte die Eifelleitung fast dreimal soviel Wasser wie die kleineren Leitungen zusammen. Ihr Haupt-Quellgebiet lag

In Köln gefunden: Römisches Bleirohr (oben), das zur Eifelwasserleitung gehört hat, deren Stützbogenmodell (unten links) im Römisch-Germanischen Museum der Stadt zu besichtigen ist.

Kanal- und Einstiegsschacht der Eifelwasserleitung in Hürth (links); ein öffentlich aufgestelltes Stück der Leitung (Mitte); der Stollen eines Abwasserkanals (rechts).

zunächst bei Kallmuth, später wurde es weiter zurückverlegt bis in die Sötenicher Kalkmulde, die ein vorzügliches Trinkwasser lieferte. Es wies allerdings einen hohen Gehalt an Hydrogenkarbonat auf, das die Leitungen versinterte. Die Brunnenstube lag im Urfttal. Ein Weg entlang der gut einen halben Meter breiten U-förmigen Rinne aus Gußbeton diente der Wartung und Überwachung, für die Einsteigschächte in die überwölbende Abdeckung eingefügt waren. Unterwegs nahm die Leitung weiteres Wasser aus Zuführungen auf, wobei Höhenunterschiede durch Sturz des Wassers aus der höheren Leitung in ein Tosbecken ausgeglichen wurden. Täler wie das bei Mechernich wurden durch Brücken auf Stützbogen überwunden; einige sind wiederhergestellt worden und zu besichtigen.

Zur Aufnahme der wachsenden Wassermengen haben die Erbauer den Leitungsquerschnitt laufend erweitert; an der Brücke betrug er bereits über 0,7 Meter. Weitere Brücken suchte man möglichst zu vermeiden, weswegen die Rinne auch nicht geradwegs Köln zustrebte,

Germanien

sondern neben kleineren Schleifen einen Gesamtumweg von zwanzig Kilometern machte und bei Löffelberg scharf von der Ostrichtung nach Norden abknickte. Dennoch mußten Täler wie das der Erft überbrückt werden, wofür sich aber kaum noch direkte Beweise fanden. Hügel bewältigten die Wasserbauer per Durchstich, der allerdings manchmal so zeitaufwendig war, daß provisorische Umgehungsleitungen nötig wurden. Zeitdruck stand wohl auch hinter der Aufteilung der Strecke in rund ein Dutzend Baulose zur gleichzeitigen Fertigstellung verschiedener Abschnitte. Das ließ sich an den nicht ganz exakten Anschlüssen erkennen, die stellenweise weitere Tosbecken für den Wassersturz erforderlich machten.

Von Löffelberg bis Hermühlheim verlief die Gefälleleitung fast parallel zum Rhein, traf auf die Vorgebirgsleitungen und gab ihr Wasser in den schon vorhandenen 7,6 Kilometer langen nodwestlich zur Stadt verlaufenden Aquädukt. Von dem Nymphäum, in dem die Eifelwasserleitung, wie in römischen Städten üblich, geendet sein dürfte, fand sich leider keine Spur. Sie hatte einen Höhenunterschied von insgesamt 366 Metern hinter sich, knapp vier Meter pro Kilometer, was eine Fließgeschwindigkeit von 1,3 Metern pro Sekunde ergab. Da die Rinne fast ständig unterirdisch und damit frostsicher geführt wurde, kam das Quellwasser im Sommer noch relativ kühl in der Stadt an. Außerdem floß es kontinuierlich und versiegte nie wie zuweilen die Vorgebirgsleitungen, die damit vermutlich überflüssig wurden. Wann das genau war, läßt sich nur indirekt ermitteln: Mitte des 3. Jahrhunderts war die Leitung noch in Betrieb; das belegen Tonscherben. Aus der Versinterung von etwa zehn Zentimetern, an der Sohle noch mehr, schließen Experten auf eine Betriebszeit von 190 Jahren. Wurde der Durchfluß wegen Zerstörung beim Angriff germanischer Stämme zwischen den Jahren 260 bis 300 beendet, ergäbe sich eine Inbetriebnahme Ende des 1. Jahrhunderts. Schriftliche Hinweise darauf gibt es allerdings nirgends.

Bekannteste und älteste der Römerstraßen: die Via Appia, hier an der Ruine des Nymphäums der Villa der Quintilier, mit ihrer vorzüglichen Pflasterung.

Die Römer sorgten aber nicht nur für die Bewohner ihrer Siedlungen, sondern auch für die in ihrem Riesenreich umherreisenden Kaufleute, Soldaten, Boten und Spediteure. Daß Schiffe mit dem Nötigen ausgerüstet waren, haben wir bereits gesehen. Für die zu Lande marschierenden, reitenden oder fahrenden Personen gab es ein relativ dichtes Netz gepflasterter Straßen. Vorbild für sie war die schon im 4. vorchristlichen Jahrhundert angelegte Via Appia von Rom nach Capua. Ihre Reste zeigen aber noch heute, was für ein anstrengendes Pflaster sie hatte: Pferde liefen Gefahr, sich die Beine zu brechen, Kutscheninsassen müssen schrecklich durchgerüttelt worden sein. Daraus zogen die Inspektoren, die ja besonders viel unterwegs waren, bald Konsequenzen und sorgten für eine weichere Kiesdecke auf dem mit Mörtel gefestigten Oberbau. Außerdem bekamen die gewöhnlich sechs bis acht Meter breiten Straßen eine Wölbung, damit keine Pfützen stehenblieben und das Wasser die Böschungen hinablief. Und noch etwas lernten die Straßenbauer von der Via Appia, die schnurgerade ohne Rücksicht auf das Gelände durch Sümpfe und über Berge geführt worden war: Für die neuen Straßen nivellierte man Unebenheiten oder machte vor Hindernissen auch Umwege, so daß es kaum Stellen mit einer Steigung von über acht Prozent gab.

Das in die Außenmauer der Wallfahrtskirche Maria Saal in Kärnten eingelassene Relief zeigt einen vornehmen zweispännigen römischen Reisewagen.

Germanien

In regelmäßigen Abständen waren an den Fernstraßen Posten eingerichtet, bei denen man nach der Funktion unterschied: Es gab die Wache (»statio«), meist zugleich Poststelle, die Pferde-, Wagen- und/oder Botenwechselstelle (»mutatio«) und die Raststätte (»mansio«) mit Verpflegung und Unterkunft, meist zugleich Pferdewechselstelle. Für hochgestellte Reisende fanden sich an Knotenpunkten Hotelanlagen (»praetoria«) mit Bediensteten, Sitzungsräumen, Gärten und Thermen. Für die Nachrichtenübermittlung in gefährdeten Gebieten unterhielt der Staat Wachttürme in Sichtweite; so wurden auf der Strecke Bregenz-Kempten die Baureste von fünf solchen Türmen festgestellt. Die Raststätten traf der Reisende in Abständen von 23 bis 28 Kilometern an, in schwierigem Gelände auch in kürzeren Intervallen. Sie bestanden aus Aufenthalts- und Schlafräumen, verfügten über einen trocken zu haltenden Pferdestall und eine morastfreie Koppel für den Auslauf der Tiere, darunter auch Ochsen für den Zugdienst oder im Gebirge Maulesel. Manche dieser Raststätten zogen wegen der vielen Laufkundschaft Vertreter diverser Berufe an, so daß an diesen Stellen bald ganze Siedlungen existierten. Strecken- und Raststättenverzeichnisse lassen darauf schließen, daß das römische Straßennetz über 250 000 Kilometer umfaßte und daß es allein 80 000 Kilometer Fernstraßen gab.

Ochsenfuhrwerke wie auf diesem im Römischen Museum in Augsburg ausgestellten Relief waren über kürzere Distanzen bevorzugte Transportmittel für schwere Lasten.

Das Thermen-Zeitalter

Schon vor der Zeitenwende gab es große öffentliche Badeanlagen in Rom und mit der Ausdehnung seiner Macht auch bald in anderen Städten Italiens. Ein Höhepunkt war 216 mit den Caracalla-Thermen erreicht, in einer Zeit also, als der römische Kaiser allen freien Einwohnern des Weltreichs die Bürgerrechte gewährte und damit den eigentlichen Römern gleichstellte. Das führte natürlich zum Wunsch nach Gleichbehandlung und Gleichversorgung auch in den Provinzen. Dort hatten sich Thermen inzwischen ebenfalls verbreitet, doch zunächst nur vereinzelt etwa in Griechenland oder, wie gesehen, an den Standorten der Legionen. Jetzt drängten die Statthalter darauf, auch in anderen Städten das Badewesen zu fördern. Ausgrabungen in allen Reichsteilen haben gezeigt, daß der Ruf nicht ungehört verhallte. Ehe jedoch einige Porträts solcher Grabungen folgen, ein Blick auf einen Konkurrenten des Römi-

Auch die Künstler des Barock faszinierten die römischen Thermenbauten. 1759 schuf Giovanni Paolo Pannini dieses Gemälde.

Das Thermen-Zeitalter

schen Reiches, der dessen Schwäche während der Zeit der Soldatenkaiser im 3. Jahrhundert zu nutzen verstand:

In Persien, wo bisher die Parther dem römischen Militär zu schaffen gemacht hatten, war die Dynastie der Sassaniden an die Macht gekommen, die sich zu einer weit größeren Herausforderung für Rom entpuppen sollte. Als durch den bereits 60jährigen Kaiser Valerian seit 253 eine politische Beruhigung im Römischen Reich eingekehrt war, konnte es sich mit mehr Aufmerksamkeit der östlichen Gefahr zuwenden. Valerian höchstpersönlich machte sich im Jahr 260 zu einem Feldzug gegen das Sassanidenreich auf, wo seit 242 Schapur (Sapor) I. regierte und bei Anrücken der Römer gerade die mesopotamische Stadt Edessa belagerte. Ehe es zum Zusammenstoß der Streitmächte kam, war die römische Seite bereits stark geschwächt durch eine Seuche und unterlag denn auch den Persern, wobei Valerian in Gefangenschaft geriet. Von seinem schimpflichen Ende in persischen Kerkern berichteten in der Folgezeit christliche Geschichtsschreiber, doch hat daran schon Theodor Mommsen im 19. Jahrhundert Zweifel angemeldet. In arabischen Quellen nämlich wird von ehrenhafter Behandlung des Kaisers gesprochen – und gerade die schlachtete der Sieger propagandistisch aus. Man kann sich auch in der eigenen Gnade sonnen, und daß dem wohl so war, dafür haben wir einen wasserbaulichen Beleg:

260 bis 330

Auf einer persischen Kamee des 4. Jahrhunderts ist die Gefangennahme des römischen Kaisers Valerian durch den Sassanidenherrscher Schapur I. festgehalten.

Einer der wasserreichsten Ströme in Südwestpersien ist der 850 Kilometer lange Karun, an dem mehrere antike Dämme oder doch Reste davon erhalten geblieben sind. Bemerkenswert ist vor allem einer bei der Stadt Shushtar, einer der ältesten Städte in Khusistan. Er steht an Aufwand und Größe römischen Bauten in nichts nach und weist auch Züge römischer Ingenieurskunst auf: Der Staudamm durchquerte den Karun in einer Stärke von 12,5 Metern und in einer Länge von 550 Metern. Er war gleichzeitig ein Überweg, also eine Dammstraße, die allerdings nicht geraden Wegs durch den Fluß führte, sondern mehrfach abknickte, weil die Erbauer Felsriffe im Strom zur Sicherung des Bauwerks nutzten. Errichtet wurde der Damm mit sorgfältig bearbeiteten

Hausteinen und einem unter Wasser erhärtenden Kalkmörtel. Er staute den Karun bis zu zwei Meter höher auf, wobei einige wenige Wehre die Stauhöhe regulierten. Gegen etwaige Auswaschungen an den Ufern waren Steinplatten verlegt und mit Eisenklammern verbunden. Für die Bauzeit wurde der Fluß in einer 40 Kilometer langer Schleife bis unterhalb Achwaz umgeleitet, die auch danach zu Bewässerungszwecken weiter in Betrieb blieb.

Der große Damm bei Shushtar erhielt den Namen Band-i Kaysar, also Kaiserdamm, im Volksmund auch Valeriansbrücke genannt. Das belegt den Einsatz gefangener römischer Legionäre beim Bau, unter denen immer auch Handwerker waren, insbesondere Wasserbauer, weil neu eroberte Gebiete erschlossen werden mußten. Die Namensgebung belegt aber auch die ehrenvolle Behandlung, die dem gefangenen Kaiser zuteil geworden sein dürfte. Wie lange er freilich noch in Persien ge-

Als Hocker zum Besteigen seines Pferdes benutzt Schapur I. den knienden Kaiser Valerian (Kupferstich von Merian, 1650). Die Quellen wissen allerdings nichts von solcher Erniedrigung des gefangenen Römers.

lebt hat, wissen wir mangels Zeugnissen nicht. Jedenfalls staunten die Araber, die das Sassanidenreich bis 642 unterwarfen, über den nach Valerian benannten Damm, der als ein »Weltwunder des Morgenlands« galt und den sie sorgfältig behandelten. Mehrfach wurde er instand gesetzt, und erst im 19. Jahrhundert verfiel er, nachdem verheerende Seuchen und eine große Überschwemmung 1880 die Anwohner heimgesucht und ihnen die Kraft zum Wiederaufbau des eingestürzten Dammes genommen hatte. Die stehengebliebenen Gewölbe und Pfeiler lassen noch heute die Mächtigkeit des einstigen Großbaus ermessen.

Die Wasserbautechnik und mithin die Thermenkultur hätte im Römischen Reich nicht solche Höhen zu erreichen vermocht, wenn nicht auch die Pumpentechnik recht weit entwickelt gewesen wäre. Daß wir aus der Zeit bis um 300 nur über ein halbes Dutzend Funde von Saug- und Druckpumpen verfügen, liegt zum einen daran, daß vielfach andere Wasserhebe-Einrichtungen wie die archimedische Schraubenpumpe eingesetzt wurden, zum anderen an der Holzbauweise der Saug- und Druckpumpen. Meist fanden sich daher solche Pumpen am Boden von Brunnenschächten, wo sie unter Ablagerungen Schutz fanden, ehe sie völlig verwitterten. Eine gut erhaltene entdeckten Ausgräber 1922 im heute zu Trier gehörenden Dorf Heiligkreuz auf der Sohle eines acht Meter tief geteuften Schachts: Der Pumpenstock ist ein Klotz aus Eichenholz (46 x 39 x 21 Zentimeter), im Querschnitt von halbachteckiger Form. Die Kolbenführungen sind mit Bleiblech gefüttert und dessen Überstände umgehämmert. Am unteren Ende befinden sich noch Reste von Klappenventilen aus Blei mit Lederumhüllung. Aus beiden Zylindern führen zwei bogenförmig gebohrte Gurgeln in die Sammelkammer, von der das Steigrohr aus vierkantig bearbeitetem Holz ausgeht. Die gedrechselten Holzkolben sind mit Öl zusätzlich geglättet worden.

Anders als die griechischen Badeanlagen waren die römischen Thermen gewöhnlich kei-

Zweizylindrige römische Druckpumpe aus Bronze, gefunden in Bolsena (Italien), zu sehen im Londoner Britischen Museum.

Wohlanständigkeit verbot im nachviktorianischen England noch lange allzu freizügige künstlerische Motive. Badeszenen waren das Äußerste. Diesen Blick auf das Treiben in der »Calida piscina« (Warmwasserbecken) einer römischen Therme erlaubte sich der Maler Lawrence Alma-Tadema 1909.

Das Thermen-Zeitalter

ne bloßen Reinigungsbäder, sondern Orte der Geselligkeit, der ärztlichen Beratung, des Kurens und der Körperertüchtigung. Der innenarchitektonische Aufwand unterstrich den – im Werbejargon gesagt – Wellness-Aspekt. Man kam daher gewöhnlich schon gewaschen und frisiert in die Thermen, vor deren Betreten nur noch ein Fußbad im Umkleideraum (»apodyterium«) genommen wurde. Das eigentliche Baden erfolgte in mehreren Gängen vom kalten (»frigidarium«) über das lauwarme (»tepidarium«) bis zum warmen oder gar heißen Bad (»caldarium«) und wieder zurück. Natürlich konnten sich die Besucher auch im Schwimmbecken tummeln oder auf Liegen im Säulengang (»palaestra«) ruhen, Dampfbäder nehmen und sich trockenreiben, salben und/oder massieren lassen.

Kleinere Thermen richteten getrennte Badezeiten für Männer und Frauen ein, große Thermenanlagen waren doppelt ausgelegt, damit die Geschlechter getrennt und ohne Befangenheit dem Badevergnügen nachgehen konnten. Allerdings gab es genügend Begegnungsmöglichkeiten und Chancen, gesehen zu werden, so daß es nie an Stoff für moralische Entrüstung oder pikante Geschichten fehlte. Nicht zuletzt das Christentum trug zur Denunziation des Badebetriebs bei. Wir

Beachtliche Ausmaße hatten die Kaiserthermen von Augusta Treverorum (Trier), die unter Konstantin dem Großen zu Beginn des 4. Jahrhunderts errichtet wurden. Ruinen des Caldariums.

Die mächtigen Mauern der römischen Kaiserthermen in Trier aus anderer Perspektive.

wissen freilich auch von Bischöfen, die sich neben ihrer Residenz Thermen bauen ließen oder für die Instandsetzung älterer sorgten.

In den dreihundert Jahren seit Errichtung der Agrippa-Thermen hatte sich mancherlei geändert, was sich am besten an den großen Anlagen in Rom, aber auch in Metropolen wie Byzanz, Karthago oder Trier studieren läßt. Deren sogenannte Kaiserthermen hatten über die üblichen Badräume hinaus oft Freibäder, sogar beheizte, boten Arztpraxen Platz, lockten mit Imbißständen oder gar Restaurants, verfügten über Bibliotheken und Lesesäle. Die Ausstattung entsprach mit Mosaikfußböden, marmornen Wandverkleidungen, Säulen, Skulpturen, Ornament-Nischen, Schmuckportalen und Stuckverzierungen den Ansprüchen eines großstädtischen Publikums. Erhalten gebliebene Gewölbe etwa in Paris und Rom lassen etwas ahnen von der repräsentativen Wucht der Gebäude.

Die eigentlichen Neuerungen aber waren technischer Natur: Es entstanden immer größere, genauer: höhere und damit luftigere Anlagen mit besserer Raumwirkung. Fußboden- und Hohlwandheizungen wurden Standard. Der verstärkte Einsatz von Glasfenstern erhöhte die Helligkeit. Die Leitungen wiesen nun vermehrt Durchlaufhähne auf, ja es fanden sich sogar Mischbatterien zur Regulierung der Wärme des zugeführten Wassers. Klapptüren in viel benutzten Durchgängen verminderten die Zugigkeit. Bisher waren gesonderte Abtritträume mit fließender Spülung und Waschgelegenheit die Ausnahme, jetzt wurden sie zur Regel. Das Personal ging seiner Arbeit in eigenen Räumen und Versorgungsgängen nach.

Nirgendwo sind mehr römische Bäder außerhalb Roms entdeckt worden als in Budapest, das damals Aquincum hieß und in der Provinz Pannonia inferior lag. Zum einen waren die ungarischen Archäologen besonders eifrig (schon 1778 erste Ausgrabungen), zum anderen befand sich hier ein großer Militärstützpunkt, und Fürsorge für die Soldaten war den Kaisern verständlicherweise immer ein Herzensanliegen. Die aufgefundenen Anlagen sahen genauso aus wie die in der Hauptstadt. Es gab nur eine Besonderheit: Über Rohrleitungen wurde einigen heilkräftiges schwefelhaltiges Wasser aus nahegelegenen warmen Quellen zugeführt. In diesen Thermen werden sich vermutlich vor allem

Das Thermen-Zeitalter

Heilungsuchende aufgehalten haben, denn der Geruch dürfte nicht besonders verlockend gewesen sein. In den 1980er Jahren sind bei Straßenarbeiten am Floriansplatz die Grundmauern von Legionsthermen ausgegraben worden. Sie waren so aufgebaut: Vorgelagert ein Sportplatz für die Soldaten mit einem 83 Meter langem, am Hauptbau entlang laufenden Säulengang (»porticus«), durch den man die eigentliche Anlage mit fünf Räumen betrat. Zuerst erreichte der Badegast den Waschraum mit einem halbrunden Kaltwasserbecken für die Fußwäsche. Es folgte ein heizbarer, aber wohl nur im Winter beheizter Umkleideraum, der sich zum Kaltschwimmbecken öffnete. Dann kam das Herz der Anlage, das Warmwasserbad mit den größten Abmessungen und einer anschließenden Sauna (»laconicum«, ein wasserloser Heißluftraum), die nur vom Warmbad aus zu betreten war. Der zweite Badegang erfolgte dann in umgekehrter Reihenfolge. Heiztechnisch arbeitete man wie in Rom mit Zufuhr von erhitzter Luft in die Hohlfußböden und durch Rohre in die Hohlwände.

Gleich drei Thermen im Zentrum hatte Cemenelum, der heutige Stadtteil Cimiez von Nizza, eine Anlage im Norden und zwei im Süden der Hauptstraßenkreuzung. Alle drei sind annähernd gleichzeitig im 3. Jahrhundert erbaut worden, wobei die beiden südlichen nach Ge-

In den römischen Bädern und Häusern, die in Budapest, dem damaligen Aquincum, ausgegraben worden sind, entdeckten die Archäologen Mosaike wie das mit dem neckischen Engelchen und dem Tiger in der Villa Hermes.

schlechtern getrennt betrieben wurden. Das Wasser kam für die südlichen Bäder aus der Leitung von Mouraille, für die Nordthermen aus der von Falicon. Für alle drei galt die übliche Vierraumanlage: Umkleide-, Kaltwasser-, Lauwarm- und Warmwasserraum. Den Nordthermen war ein Freibad, ein Sportplatz und eine von der Straße her zugängliche öffentliche Bedürfnisanstalt angeschlossen. Offenbar waren die Bäder sogar nachts in Betrieb, denn es fanden sich zahlreiche Lampenreste. Von den Nordthermen stehen noch heute mächtige Ziegelmauern, die man bis ins 19. Jahrhundert für die Wände eines Apollotempels hielt. Erst genauere Untersuchungen ergaben, daß der vermeintliche Sakralbau mit seinen kühnen Gewölben der große Hauptraum eines öffentlichen Bades war. Es lag günstig beim ebenfalls noch weitgehend erhaltenen Amphitheater, dessen rund 4000 Zuschauer nach den staubigen Vorstellungen sicher gern ein Bad genommen haben werden. Was an kleineren Relikten im und am Bad sowie im Theater gefunden worden ist, zeigt heute das Museum »Villa des Arènes«, die größeren Stücke bilden den »Jardin archéologique«.

An der Römerstraße von Amiens nach Köln lag 22 Kilometer östlich von Maastricht die Siedlung Coriovallum, das heutige Heerlen. Sie hatte sich um ein Kastell gebildet, dessen Besatzung offenbar ebenso badefreudig war wie die zugezogenen Anwohner. 1941 jedenfalls fanden Archäologen die Grundmauern, die wegen des Krieges aber erst Jahre später genauer untersucht werden konnten. Sie wurden dann gegen Überbauung gesichert, so daß hier ein kleines Thermenmuseum entstand. Die Badeanlagen waren mit einer überbauten Fläche von nur 300 Quadratmetern auch recht klein, doch der ummauerte Platz für Leibesübungen, den ein Säulengang umgab, bedeckte ein Vielfaches. Die Gebäude teilten ihn mittig in zwei ungleiche Teile, in deren größerem ein Freibad von zehn mal sechs Metern untergebracht war. Auffallend an den eigentlichen Baderäumen ist hier die geräumige Vorhalle, die unmittelbar in den ebenfalls recht großen Umkleidraum führte. Es folgten die üblichen drei Baderäume, wobei hier der ungewöhnlicherweise runde Heißluftraum dem Lauwarm- und nicht dem Warmwasserraum angeschlossen war. Das Wasser kam anscheinend aus einem Grundwasserbrunnen.

In Augsburg gefunden: Sich aufs Bad vorbereitende »sandalenlösende Venus«.

Ein weiter Sprung nach Afrika, der die ganze Weite der von Rom geprägten Kultur zeigt: In Leptis Magna nämlich, einer östlich vom heutigen Tripolis (Libyen) gelegenen Hafenstadt, sahen Thermen nicht anders aus als in Heerlen. Allerdings waren die hier gefundenen Hadrians-Thermen (erbaut 123-127) solche vom Kaisertyp, also erheblich größer und prächtiger als die in den Niederlanden. Es fand sich aber auch außerhalb der Stadtmauer eine mit der nördlichen vergleichbare kleinere Anlage, die Jagdthermen, so genannt wegen der Fresken auf den Wänden des Kaltwasserraums, die jagdliche Szenen darstellen. Diese Badeanstalt ist vor allem deswegen der Erwähnung wert, weil sie sich anders als die meisten mit einigem Mauerwerk teils ganz, teils ergänzbar erhalten hat, so daß sogar Abzüge der Wandrohrheizung zu erkennen sind. Vorhanden sind noch: das Kreuzgewölbe über dem Schwimmbecken, das längliche Tonnengewölbe über dem Kaltraum, zwei Rundkuppeln über achteckigen Baderäumen mit gut erkennbarer Hohlfußbodenheizung, das Tonnengewölbe über dem Warmwasserbaderaum. Die Jagdthermen dürften knapp hundert Jahre jünger sein als die des Kaisers Hadrian, also aus der Zeit stammen, als die Dynastie der Severer in Rom herrschte, deren Wiege in Leptis Magna stand. Obwohl die Araber die Anlage im 7. Jahrhundert zerstört haben, war sie später ganz offensichtlich Vorbild für ihre eigenen Bäderbauten.

Hadrian (117-138), dem wir schon in Petra (Nabatäerreich) und dann immer wieder als Thermenbauherr begegnet sind, war ein Reisekaiser. Er kam im Jahr 122 sogar ins ferne Britannien und besuchte dabei auch Wroxeter am Severn, damals Viroconium an der Sabrina, in Westengland, etwa 60 Kilometer südlich von Chester. Der Legionsstandort verfügte bereits über eine Thermenanlage aus flavischer Zeit, sie war jedoch allenfalls teilweise in Betrieb, vielleicht kriegsbedingt unvollendet, denn Hadrian ließ damals ja auch den nach ihm benannten Befestigungswall im Norden errichten. Dieser wiederum beruhigte die Lage dann offenbar so weit, daß der vom Kaiser für Wroxeter befohlene

Einen Höhepunkt der Thermenkultur markierte seine Regierungszeit: Kaiser Hadrian, dessen bronzene Kolossalbüste in Dendera (Ägypten) gefunden wurde; ausgestellt im Griechisch-Römischen Museum von Alexandria.

Neubau von Thermen Mitte des 2. Jahrhunderts vollendet werden konnte. Es war eine für die entlegene Gegend erstaunlich aufwendige, rund 3000 Quadratmeter große Einrichtung, die sich zudem vorzüglich hat rekonstruieren lassen:

Man betrat sie von einer riesigen und hohen dreischiffigen Halle (»basilica«) aus und erreichte als ersten eigentlichen Baderaum wie üblich das Kaltwasserbad mit einem Mosaikfußboden. Es folgte der stattliche 200 Quadratmeter große Aufwärmraum, dem ein Heißluftraum angegliedert war und von dem man in ein gleichgroßes Warmbad mit bemalter Stuckdecke eintrat. An der Südseite dieses Raums, gleichzeitig der Südwestteil der Thermen selbst, befand sich eine von insgesamt fünf Heizstellen (»praefurnium«). Vor dem Gebäude wurde ein hundert Quadratmeter großes Wasserbecken entdeckt, entweder ein Planschbecken für Kinder oder nur zur Zierde aus Sandstein gefertigt, denn Säulenreste lassen eine Überdachung vermuten. Die Hälfte des ummauerten Thermenareals nahm die genannte Halle ein, die für Leibes-

Wo immer die Römer hinkamen, errichteten sie Badeanlagen: Früh in Pompeji (oben: Caldarium der Forumsthermen), wesentlich später in Thamugadi (Timgad, Algerien).

übungen und Ballspiele gedacht war. Hier wurden auch Getränke und Speisen verabreicht. Die Mauern des bald verfallenen Baus benutzten die Legionäre im 3. Jahrhundert als Steinbruch, denn die wieder unruhigeren Zeiten erforderten die Verstärkung der Stadtmauer. Auf Dauer nützte das freilich auch nichts. Die Römer zogen im 5. Jahrhundert ab. Die Thermen, ja der ganze Ort versank. Erst im 18. Jahrhundert entdeckten Heimatkundler, daß unter der englischen Erde eine recht große Römersiedlung lag. Ihren im 20. Jahrhundert fortgesetzten und systematisierten Grabungen verdanken wir die recht genaue Kenntnis über einen der nördlichsten Thermenkomplexe.

Der gute Erhaltungsgrad vieler Bauten erstaunt immer wieder, da moderne Gebäude eine solche Überlebenszeit wohl nur ausnahmsweise erreichen dürften. Besonders dort, wo an nichts gespart werden mußte, bauten auch die Wasserbauer für die Ewigkeit: Italica, das heutige Santiponce bei Sevilla (damals Hispalis), war eine Villenstadt des Hochadels der spanischen Provinz. Von hier stammten die Kaiser Trajan (geboren 53) und Hadrian (geboren 76), die nach ihrer Erhebung in Rom ihre Heimat nicht vergaßen, sondern großzügig förderten. In den 1970er Jahren haben spanische Archäologen einen großen Teil des Ortes freigelegt. Wo die Relikte an der Oberfläche sichtbar sind wie im Fall des mit einem Fassungsvermögen von 25 000 Zuschauern größten Amphitheaters in der Provinz Hispania, machte das kaum Schwierigkeiten, und auch die Wasserzuleitungen ließen sich noch einigermaßen gut orten. Schwieriger war es schon mit dem Entwässerungssystem, das ja bereits seinerzeit unterirdisch angelegt war. Die planmäßige Anlage der Stadt im Stil des Baumeisters Hippodamus von Milet (5. Jahrhundert v.Chr.) erleichterte aber die Verfolgung der Straßenführung, der entlang mit Abwasserkanälen zu rechnen war.

Man wurde daher bald fündig und stellte fest, daß die fast mannshohen und einen Meter breiten Kanäle nur durch Schutt verstopft, sonst aber voll funktionsfähig waren. Hätte man das komplette System aufdecken können, wäre es mit nur geringen Ausbesserungen wieder in Betrieb zu nehmen gewesen. So beschränkten sich die Forscher darauf, Teile zur Entwässerung der Grabungsfelder nach Regengüssen wieder zu nutzen. Der mit Ziegelsplit untermischte Mörtel an den Kanal-

Auf dem Höhepunkt seiner Macht stand das Römische Reich unter den beiden Kaisern, die aus dem spanischen Italica stammten: Trajan und Hadrian. Der Stich von 1850 zeigt im Vordergrund Ruinen der antiken Stadt.

wänden war immer noch so glatt, wie ihn die antiken Ingenieure aufgebracht hatten, damit sich kein vom Abwasser mitgeführter Unrat verfangen konnte. Ähnlich gut erhalten ist das Entwässerungssystem im 150 Kilometer nördlich gelegenen Mérida. Am dortigen Theater tritt ein solcher, allerdings aufgebrochener Kanal zu Tage, weil er zur Spülung der stark frequentierten Latrine direkt am Bau entlang geführt werden mußte. Hier erwog der Stadtrat Ende des 19. Jahrhunderts sogar, das Netz wieder zu nutzen und nur in die neuen Bezirke zu verlängern. Man entschied sich dann aber doch für neue Tonleitungen; das römische System war zwar solider, aber zu teuer.

Gesundheits- und Wasservorsorge

In der zweiten Hälfte des 4. Jahrhunderts hielten die Grenzen des Römischen Reiches noch einigermaßen. Noch sonnte sich eine freilich zusehends dem Volk entfremdete Oberschicht im Reichtum, den Rom aus den Provinzen zog und durch Raubbau hochhielt. Was die gnadenlose Abholzung angerichtet hat, ist noch heute vielerorts in den Karstlandschaften des Mittelmeerraums zu besichtigen. Berg-, Haus- und Schiffbau entwickelten enormen Holzappetit, das Hüttenwesen und die nach heutigen Maßstäben ineffektiven Heizanlagen in Thermen wie in Privathäusern taten ein Übriges. Bei der Kalkulation der Kosten gab es keine Rubrik für Aufforstung. Die Kostbarkeit des Werkstoffs trat zwar aufgrund der ständig wachsenden Transportaufwendungen allmählich ins Bewußtsein. Daß aber die Äxte der Waldarbeiter mehr vernichteten als bloß Bäume, dafür fehlte der Blick. Dabei hätten schon die Wasserbauer erkennen können, daß mit dem Verschwinden des Waldes oft das Wasser entweder in größere Tiefen zurückwich oder gar ganz versiegte.

Der unerhörte Luxus, den sich die römische Oberschicht leistete unterminierte die Fundamente des Staates. »Gastmahl des Kaisers Heliogabal« (218-222). Gemälde von Lawrence Alma-Tadema 1888.

Ein typisches Geräusch im Römischen Reiches dürfte das Singen der Sägen gewesen sein (oben: Männer bei der Arbeit, Grabrelief): Zu Bauzwecken und insbesondere für den Flottenbau sowie zur Deckung des Feuerungsbedarfs wurden Unmengen Holz benötigt (rechts »Berglandschaft mit gefällten Tannenstämmen«, Gemälde von Joos de Momper, 1591).

Doch wie es Boden genug gab, fanden sich gewöhnlich immer neue Quellen. Und wo nicht, wurde Wasser in immer aufwendigeren Leitungen herangeführt, die wir heute so bewundern.

Diese Form der Wasserversorgung bevorzugten die Römer ohnedies, da Brunnen in den Siedlungsgebieten nie ganz von Verschmutzungen freies Wasser liefern konnten. Regenwasser war allenfalls ergänzend sinnvoll, wenn etwa weichere Qualität für Waschzwecke erwünscht war. Da die Römer aber den Zusammenhang zwischen Wasser- und Lebensqualität, sprich: Gesundheit genau kannten, konnte es für Quellwasser keinen Ersatz geben. Die Maxime: »Salus publica suprema lex« (Volksgesundheit ist oberstes Gebot) spornte ja gerade zu den großen Leistungen auf wasserbautechnischem Gebiet an. Dadurch aber entzogen die Leitungsbauer der Landschaft wie der Landwirtschaft, den Bächen, den Flüssen und den Grundwasserströmen wichtigen Zufluß. Die durch die Abholzung austrocknenden Böden vor allem in höheren Lagen, wo die Entnahmegebiete der Aquädukte lagen, darbten noch

Gesundheits- und Wasservorsorge

mehr und verschwanden stellenweise ganz durch Auswehung und Auswaschung, denn auch Regenwasser vermochten sie nicht mehr zu halten, sondern schlossen sich dessen Weg hinunter an. Welche Ausmaße diese Art der Wasserwirtschaft Ende des 4. Jahrhunderts angenommen hatte, sollen einige Porträts von Städten aus allen Reichsteilen zeigen. Sie belegen die hohen Aufwendungen für die Wasser- und Gesundheitsvorsorge, müssen aber auch mit Blick auf die Schattenseite gelesen werden. Die alphabetische Reihenfolge der Porträts soll die Größe des Reiches wie die des Problems verdeutlichen:

Das Alphabet führt uns immer zuerst nach Deutschland: **Aachen** (Aquae Granni) ist uns wegen seiner Heilquellen schon bei den Badeorten begegnet. Die dortigen Thermen brauchten ebenso Trinkwasser wie die Haushalte und die Garnison. Nur nach Osten fällt dort das Gelände ab, so daß aus den drei anderen Richtungen Wasser mit dem nötigen Gefälle herangeführt werden kann. Quellen dafür gibt es vor allem im Süden, im Hohen Venn, aus dem auch mehrere Bäche kommen und sich zum Würmbach vereinigen. Zwei Leitungen sind entdeckt worden: Die Muffeter kam aus einer 2,5 Kilometer nahen Quelle, die Burtscheider hatte eine größere Strecke zu überwinden: In beiden Fällen handelte es sich um abgedeckte Tonrinnenleitungen, die durch seitliche Bruchsteinmauern gegen Erddruck gesichert waren. Stücke der Burtscheider Leitung sind untersucht worden, wobei sich ergab, daß der Querschnitt eine Leistung von 40 Litern je Sekunde ermöglichte.

um 330 bis um 375

Römisches Bleirohr mit Durchlaufhahn, der mit Vierkantschlüssel zu regulieren war.

Städte am Meer haben es mit Brunnen schwer, weil das Grundwasser leicht brackig wird. Sie sind daher auf Zuleitung von frischem Wasser in besonderer Weise angewiesen. Das Beispiel der relativ kleinen Römersiedlung **Antibes**, damals Antipolis geheißen, an der heutigen Côte d'Azur belegt das. Der von Marseille (Massilia) aus gegründete Ort, in dem sich die Römer im 2. Jahrhundert v.Chr. festsetzten, verfügte über zwei Wasserleitungen. Die ältere und schwächere führte Trinkwasser aus der Quelle Fontvieille am Hügel von Biot über vier Kilometer meist unterirdisch in 65 Zentimeter breiter und einen Meter hoher abgedeckter Rinne heran. Die neuere und ergiebigere kam von der Quelle La

Bouillide und hatte zwölf Kilometer zu überwinden. Das geschah streckenweise auf Stützbogenbrücken, wovon noch vier erhaltene Bogen zeugen. Sie lassen sich zudem durch einen 1975 aufgetauchten Stadtplan von Antibes aus dem frühen 17. Jahrhundert belegen, auf dem noch Pfeiler und Bogen einer Wasserleitung eingezeichnet sind.

Nicht weit davon, in der Gegend des Poenium Iter, heute Großer Sankt Bernhard, eines Passes also, auf den die Römer für ihre Verbindung mit Germanien angewiesen waren, lebte der Stamm der Salasser. Das aufmüpfige Volk machte immer wieder Schwierigkeiten, so daß Augustus im Jahre 26 v.Chr. seine endgültige Unterwerfung anordnete. Die gelang seinem Feldherrn Varro Murena, der brutal durchgriff und im Auftrag des Kaisers an der Stelle seines Feldlagers die Gründung einer Römersiedlung vorbereitete. Es wurde wenig später die Stadt **Aosta**, damals Augusta Praetoria benannt, weil hier vor allem Veteranen der Prätorianergarde angesiedelt wurden. Der augusteische Ort umfaßte 41 Hektar und wurde durch eine über acht Meter hohe Mauer gegen Hochwasser und militärische Angriffe gesichert. Quellwasser erhielt er aus dem Tal des Buthier, eines Bergbaches, der unterhalb der Stadt in die Dora Baltea mündet. Ein Stück der Beton-Leitung und Reste einer Wasserleitungsbrücke wurden links des Baches gefunden. Die Rinne speiste Wasserkammern in der Stadt, die auch als Verteiler fungierten.

Seit Kaiser Trajan (98-117) war **Budapest**, damals Aquincum, Hauptstadt der römischen Provinz Pannonia inferior, und wir haben gesehen, daß sie schon wegen ihrer vielen Thermen und wegen des Legionslagers ziemlich durstig gewesen sein dürfte. Zwischen Donau und den Budaer Hügeln bildete sich im Anschluß an das Lager eine beachtliche Militär-Siedlung von 140 Hektar mit dem Statthalterpalast und anderen öffentlichen Einrichtungen und einem 28 Hektar umfassenden Gewerbegebiet, beides in den 1980er Jahren archäologisch erschlossen. Eine mit 50 Hektar deutlich kleinere Bürgerstadt nördlich davon kam hinzu. Zum anderen Ufer der Donau führte nahe der heutigen Elisabethbrücke eine römische Brücke, die auf Pester Seite von einem Kastell gesichert war. Aquincum war wohl ein Sammelname für alle diese römischen Gründungen seit etwa 80 n.Chr. bis ins 3. Jahrhun-

Gesundheits- und Wasservorsorge

Was an Kultur mit dem Rückzug der Römer aus Aquincum (Budapest) unterging, läßt sich an den freigelegten Ruinen der antiken Stadt ablesen.

dert, als die Stadt inklusive Einheimischen-Siedlung an die 50 000 Einwohner hatte. Einbrüche sarmatischer Stämme führten dann 398 zur Aufgabe der Festung Aquincum; die Besatzung verlegte ins Rheinland. 451 wurde Budapest Beute der Hunnen Attilas.

Ausschlaggebend bei der Wahl des Standorts dürfte für die Römer gewesen sein, daß Wasser hier kein Problem darstellte. Nicht nur der Fluß, der wenigstens Brauchwasser für die Töpfereien und andere Gewerbe liefern konnte und außerdem eine wichtige Verkehrsader bildete, bot Wasservorzüge. Auch Quellen und, wie schon geschildert, sogar warme Heilquellen fanden sich in der Gegend. Doch der eigentliche Trumpf waren Quellen auf dem Burgberg am rechten Ufer im Westen, von wo sich Leitungen mit optimalem Gefälle legen ließen. Ihr Wasser floß in Hochbehälter, so daß mit ausreichendem Druck weiterverteilt werden konnte. Den Tag, an dem das erste Frischwasser in Aquincum am Nymphäum, von dem nur noch eine Inschrift zeugt, entnommen wurde, feierte die Bevölkerung in der Folgezeit alljährlich mit einem Fest, zu Ehren des Wassergotts Neptunalien genannt.

Der Einfallsreichtum der römischen Techniker verblüfft auch im Kleinen: oben eine bauchfreundlich gewölbte Wärmflasche aus Keramik, unten Messingbesteck eines Arztes mit diversen Haken, Löffeln und Sonden.

Hygiene nämlich, die den Namen verdient, das war damals allen Verantwortlichen klar, steht und fällt mit der Versorgung mit Wasser bester Qualität. Die römischen Ärzte wurden nicht müde, diese Botschaft zu verbreiten. Aus vielen Inschriften wissen wir, daß die Arztdichte in Aquincum beachtlich war, was auch daran lag, daß es hier ein Legionskrankenhaus (»valetudinarium«) gab. Es handelte sich bei den Medizinern, den Namen nach zu urteilen, überwiegend um Römer und um Griechen, die ihre Namen latinisiert hatten. Ihr Instrumentarium ist uns gut bekannt durch Beigaben in zwei Gräbern von Ärzten. Es fanden sich Geräte aus Bein, Eisen und Bronze, darunter solche mit Doppelfunktion: Ein Spachtel etwa ließ sich durch Umdrehen auch als Sonde verwenden, ein Ohrlöffel bot auf der Gegenseite eine Pinzette; auch eine Apothekerwaage wurde entdeckt. Ärzte überwachten offen-

Gesundheits- und Wasservorsorge

bar zudem den Leitungs- und Brunnenbau, wie eine Inschrift auf einer hölzernen Brunnenfassung belegt: Das hier zu entnehmende Wasser sei »rein nach dem Wissen der Ärzte des Legionskrankenhauses«. Dieser hohe Standard verfiel gleich nach Rückzug der Römer. Als erstes brach die Entsorgung des Abwassers mangels Wartung der Kanäle zusammen. Die von den Eroberern zerstörten Gebäude blieben Ruinen und verschwanden mit der Zeit ganz. Als sich Ungarn und später Deutsche hier ansiedelten, wies so gut wie nichts mehr auf die römischen Ursprünge hin. Die Neusiedler wußten vermutlich nicht einmal mehr, daß ihr Vieh auf einer Stadt weidete. Erst seit dem 18. Jahrhundert wird die antike Vergangenheit wieder zu Tage gefördert.

Ende des 4. Jahrhunderts war das von Herodes zu Ehren von Kaiser Augustus so benannte **Caesarea** an der Küste Palästinas eine blühende Hafenstadt, von wo aus noch bis 375 ein römischer Statthalter die Provinz Judaea verwaltete. Caesarea erlangte erneut Bedeutung in der Zeit der Kreuzzüge und ging 1265 unter; seit 1956 kümmern sich Archäologen um die Ruinen und graben das bereits Versunkene aus.

Im Licht der Wüste wie hier bei Caesarea wird besonders deutlich, welchen Segen die römischen Wasserbauer mit ihren Leitungen spendeten.

Dabei wurden zwei Wasserzuleitungen entdeckt, eine große zur Belieferung mit Trinkwasser aus Quellen des Gebirgszugs südlich des Karmel, eine kleinere für Bewässerungszwecke aus einem nur fünf Kilometer entfernten Staubecken des von den Griechen so genannten Krokodilflusses, römisch Chorseus oder arabisch Nahr el-Zarke (Blauer Fluß). Das Becken lag nur 2,5 Kilometer vor der Mündung des Flusses ins Mittelmeer und wurde durch eine Dammanlage geschaffen, die den Wasserspiegel auf 6,5 Meter Höhe brachte, so daß gerade genug Gefälle nach Caesarea entstand. Dorthin wurde das Wasser, geregelt durch ein Stauwehr, zunächst in einem aus dem Fels gehauenen Kanal geleitet, der in einen gemauerten Leitungsgang und schließlich in eine Tonrohrleitung von 13 Zentimetern Querschnitt überging mit einer Leistung von 250 Kubikmetern pro Stunde. Gebaut wurde diese Leitung nach Inschriften zur Zeit Kaiser Hadrians (117-138), als die Römer hier wegen des jüdischen Aufstands unter Bar Kochba (gefallen 135) Truppen zusammengezogen hatten. Eine weitere Inschrift berichtet von gründlicher Renovierung beider Leitungen um 385. Noch 1047 rühmte ein persischer Reisender die gut bewässerten Palmengärten der Stadt und ihre Laufbrunnen. Heute zeugen noch zwei Dutzend Stützbogen in der Küstenebene von den Leitungen.

Vom einstigen Stützpunkt Roms am östlichen Mittelmeer zeugt bei Caesarea das ornamentreiche spätantike Kapitell.

Auf der feuchten britischen Insel hatten die römischen Wasserbauer eher die Qual der Wahl als die Sorge, woher sie das Urelement nehmen sollten. **Dorchester**, damals Durnovaria, in Südengland kann als Beispiel dienen. Hier lebten die Durotriger, die noch Cäsars Angriffe hatten abwehren können, im Jahr 43 n.Chr. aber die römische Oberhoheit anerkennen mußten. Wie drückend sie empfunden worden sein mag, belegt die Tatsache, daß das inzwischen freigelegte 100 mal 58 Meter große Amphitheater über einem Steinkreis erbaut wurde, einer keltischen Kultanlage, deren Zerstörung als brutale Machtdemonstration gesehen werden muß. Hinsichtlich der Versorgung der Stadt stellt sich der archäologische Befund so dar: Die Römer faßten Quellen auf Notton Hill und bei Steps Farm und bauten eine 18,2 Kilometer lange Wasserleitung hangseitig eingebettet und umwegig am Fluß Frome entlang nach Dorchester, wo sie die Stadtbefestigung unterquerte und ihr Wasser über Abzweige verteilte. Bei einer Breite des V-förmigen

Gesundheits- und Wasservorsorge

Leitungsgrabens von 1,5 Metern und einer Höhe von 90 Zentimetern ist mit einem Wasserspiegel des Durchflusses von 60 Zentimetern Höhe zu rechnen, was eine Tagesleistung von 50 000 Kubikmetern ergibt. Bei der begrenzten Einwohnerzahl wird eine ziemliche Menge ungenutzt einem Kanal beim heutigen Colliton Park zugeleitet worden sein.

Wie das nahe Antibes an der französischen Côte d'Azur bekam das im Jahr 49 v.Chr. von Cäsar gegründete **Fréjus**, römisch: Forum Iulii, eine Wasserleitung, nachdem es in augusteischer Zeit zum Kriegshafen ausgebaut worden war. Sie kam vom 30 Kilometer Luftlinie entfernten Mons im Tal der Siagne, brauchte aber wegen der vielen Windungen insgesamt 40 Kilometer bis in die Stadt. Oft mußte sie wegen des unebenen Geländes über Stützbogen geführt werden, von denen noch heute eine ganze Reihe zu sehen ist. Hier soll es nicht so sehr um die Technik als vielmehr um die Ästhetik dieser Bauten gehen, und dafür könnten wir keinen besseren Zeugen aufrufen als den französischen Dramatiker und Romancier Victor Hugo (1802-1885), zu dessen Zeit zudem noch einige Reste mehr zu bewundern waren: »*Der neue und vollständige Aquädukt war vor zweitausend Jahren sicherlich schön, aber nicht schöner als dieses gigantische Bild eines über die ganze Ebene sich erstreckenden Zusammenbruchs: Bald läuft der Aquädukt noch weiter, bald stürzt er zusammen, um sich dann wieder zu erheben, zeigt noch drei oder vier zusammenhängende Bögen, halb in der Erde vergraben, reckt einen alleinstehenden und geborstenen Bogen gen Himmel oder auch einen ungeheuren Stützpfeiler wie einen druidischen Dolmen, bald erhebt er sich majestätisch am Rande der Straße mit einem großen Rundbogen, der auf zwei kubischen Blöcken aufsitzt, und so verwandeln sich unversehens Ruinen in einen Triumphbogen.*«

Im Zusammenhang mit den Entwässerungssystemen ist uns **Italica**, die erste römische Stadtgründung in Spanien (206 v.Chr.), weiter oben begegnet. Über ihre Ruinen gab es bereits im 17. Jahrhundert Berichte, doch systematische Grabungen setzten erst im 20. Jahrhundert ein, wobei seit 1974 die Wasserversorgung genauer untersucht wurde. In die Altstadt führte etwa seit der Zeitenwende eine unterirdische begehbare Leitung von den Quellen des Río Guadiamar nahe bei Gerena,

Unübertrefflich ist die nebenstehende Beschreibung der Ruinen des Aquädukts bei Fréjus durch Victor Hugo (zeitgenössische Karikatur des französischen Dichterfürsten).

Nach einem Gemälde entstand 1883 der Holzstich von den stehengebliebenen Stützbogen eines römischen Aquädukts in felsiger Trockenlandschaft.

wo das Mauerwerk der Quellfassung gefunden wurde. Als im 2. Jahrhundert, zur Zeit der aus Italica stammenden Kaiser Trajan und Hadrian, die Neustadt geplant wurde, suchten die Wasserbauer offenbar nach ergiebigeren Quellen und wurden in einem artesischen Quellgebiet in der Nähe von Tejada, römisch Tucci, fündig. Es entspringen dort ein ganzes Dutzend Quellen, die Fuentes de Peñalosa, deren zwei die Ingenieure anzapften. Sie versicherten sich dabei religösen Beistands, wie Ruinen eines Quellheiligtums belegen.

In einem großen Bogen führten sie eine Backstein-Leitung mit Be- und Entlüftungslöchern von hier über 37 Kilometer mit einem durchschnittlichen Gefälle von 1,1 Prozent nach Italica, unter Überwindung der Schwelle zwischen den Flußgebieten des Río Guadiamar und des Guadalquivir. Die Rinne war 45 Zentimeter breit, einen dreiviertel Meter hoch und mit einer fünf Zentimeter dicken Mörtelschicht ausgekleidet. Sie lief über zahlreiche Bäche und zwei Flüsse, so daß 17 Stollenbauten und 16 Brücken erforderlich waren. Reste von 71 Stützbogen der Brücke über den Arroyo de Los Frailes, von denen nur noch fünf stehen, haben sich gefunden. Nach einer 250 Meter langen Überbrückung des Río Guadiamar vereinigte sich die neue mit der alten Beton-Leitung, um sich vor der Stadt wieder von ihr zu trennen. Die neue Backsteinrinne wandte sich der Villenstadt zu und erreichte dort einen 900 Kubikmeter großen Wasserspeicher, dessen ausgeklügelte Konstruktion sich genau hat rekonstruieren lassen: Sie wurde aus drei zum Abfluß hin geneigten Kammern von 4,10 Metern Breite unter einem Tonnengewölbe gebildet, die untereinander durch mannshohe Öffnungen verbunden waren. Von der Nordseite her führte eine Treppe in die mittlere Kammer, ihr gegenüber auf der anderen Schmalseite floß das Wasser der Fernleitung hinein; ein Überlauf in 1,25 Metern Höhe in der Ostwand ließ Wasser in einer Leitung zu den durstigen Hadrians-Thermen laufen.

Gesundheits- und Wasservorsorge

In unserer Berichtszeit hatte die Wasserleitung im heute türkischen Izmit am Marmarameer, dem damaligen Nikomedia in Bithynien, schon mehr als zweieinhalb Jahrhunderte auf dem steinernen Buckel. Sie war zur Statthalterzeit des Gelehrten Plinius d.J. zwischen 111 und 113 gelegt worden, worüber uns sein Briefwechsel mit Trajan informiert. Plinius schrieb dem Kaiser: »*Herr, für eine Wasserleitung haben die Nikomedenser 3,3 Millionen Sesterzen (= 242 Kilo Gold, Anm. d. Verf.) ausgegeben, aber sie ist bis jetzt unvollendet geblieben, aufgegeben oder gar abgetragen worden. Ich selbst bin auf eine Quelle gestoßen, deren Wasser man in die Stadt leiten sollte, und zwar auf Schwibbögen, damit es nicht nur in die niedrigen Stadtteile gelangt. Daher ist es nötig, daß Du mir einen Wasseringenieur oder Architekten schickst, damit es nicht wieder so geht wie früher. Das eine kann ich Dir versichern: Der Nutzen und die Schönheit des Bauwerks wären Deiner Regierung würdig.*« Der Kaiser willigte ein, mahnte aber, daß nicht wieder irgendwelche Leute in die eigene Tasche wirtschafteten, und und forderte, daß Plinius vor Ort einen griechischen Wasserbaumeister beauftragen solle.

Großwasserleitung aus der Römerzeit in Kleinasien: Marnas-Aquädukt beim antiken Ephesus (Westanatolien).

Vor Big Ben setzten die Londoner der britischen Fürstin Boudicca ein Denkmal für ihren Kampf gegen die übermächtigen römischen Eroberer.

Das geschah, und bis zum Jahr 358 verfügte Nikomedia über eine vortreffliche Wasserversorgung; dann zerstörte ein Erdbeben die Leitung, die vielleicht noch mehrfach repariert wurde, ehe die antike Stadt 1082 beim Angriff der Seldschuken endgültig unterging.

An der heutigen Lombard und Fenchurch Street in **London** haben Archäologen eine Römerstraße entdeckt, auf der von diesem Handelplatz an der Themse aus das Landesinnere beliefert wurde. Sie hatte Regenabläufe auf beiden Seiten und war gesäumt von strohgedeckten Häusern und Lagerhallen aus Holz mit auf Pfeilern ruhenden Vordächern. Im Jahr 61 n.Chr. wurde dieses frühe Londinium, so der römische Name, Opfer eines Überfalls der Briten unter ihrer Fürstin Boudicca; an sie erinnert heute ein Reiterdenkmal an der Westminsterbrücke. Die Stadt entstand nach Entsatz neu aus Steinhäusern, bekam aus Sicherheitsgründen ein Kastell und wuchs bis Ende des 2. Jahrhunderts von einem kleinen Ort von vier Hektar zu einem Städtchen auf 130 Hektar an. Unter Kaiser Septimius Severus (193-211) wurde sie Hauptstadt der Provinz Britannia superior, verkümmerte dann und erwachte erst wieder unter König Alfred dem Großen (871-899) zu politischer und wirtschaftlicher Bedeutung. Die Archäologen taten sich schwer mit dem römischen London, weil dessen Niveau sechs Meter unter dem heutigen liegt. Dennoch konnten Wasserleitungen aus Holzrohren gefunden werden, die mit Eisenklammern gekoppelt waren. Sie führten zu einer römischen Bäckerei, die ihr Abwasser über eine Holzrinne entsorgte. Es konnten auch Quellwasserleitungen und Brunnen aufgedeckt werden, einer davon in der Queens Street in unmittelbarer Nachbarschaft der mächtigen Bank of England.

Mit einem Sprung über den Ärmelkanal sind wir dort, wo nach den Comics die Gallier um Obelix und Asterix den Römern so heldenhaften Widerstand geleistet haben sollen. Daß es damit so weit nicht her war, wird überall an römischen Relikten deutlich. Auch etwas weiter südlich in **Le Mans**, dem »Tor zur Bretagne«. Die dort siedelnden Cenomanen, nach denen die Ortschaft von den Römern Cenomanum genannt wurde, unterwarf schon Cäsar in seinem Gallischen Krieg (58-51 v.Chr.). Er ließ am Ostufer der Sarthe ein Lager mit Kastell errichten, um das sich eine Siedlung bildete. Die römische Ummauerung ist in großen

Machte Londinium zur Hauptstadt der Provinz Britannia superior: Kaiser Septimius Severus.

Gesundheits- und Wasservorsorge

Teilen erhalten, auch weitere Bauten ließen sich ausmachen: ein Theater weiter östlich (»Les Arènes«), Hafen-, Brücken- und Tempelreste. Spuren von Wasserleitungen weisen allesamt nach Nordosten, eine zur Quelle des auf Le Mans zu- und um den Stadtkern herumfließenden Baches d‚Isaac, der südlich des römischen Hafens in die Sarthe mündet. Die Quelle liegt an der heutigen Rue des Fontenelles und machte eine 1,5 Kilometer lange Leitung erforderlich. Eine weitere, stärkere kam über drei Kilometer von Sargé-les-Le Mans heran, durchquerte die Oberstadt und speiste Laufbrunnen und Haushalte. Sie wurde 1801 bei Bauarbeiten wiederentdeckt.

Einige Absätze länger verweilen wollen wir am Guadiana im spanischen **Mérida** (Extremadura), weil die Archäologen dort besonders reiche Ergebnisse erzielt haben. Nach dem Sieg über die dortigen Asturer 26/25 v. Chr. gegründet, nach Kaiser Augustus Colonia Augusta Emerita genannt und zur Festung ausgebaut, wurde die Stadt, deren römische Befestigung noch zum Teil erhalten ist, Verwaltungssitz der Pro-

Die Provinz Hispania statteten die römischen Kaiser besonders reich mit Aquädukten aus, denn das Innere des Landes (Bild: La Rioja) ist trocken und das Wasser ungleich verteilt.

vinz Lusitania. Deswegen und sicher auch wegen ihrer ausgezeichneten Ausstattung mit Brücken, eine davon noch heute in Benutzung, Thermen und anderen öffentlichen Anlagen hörten die Bewohner es sicher gern, wenn ihre Stadt als »spanisches Rom« gerühmt wurde. Die seit 1910 unternommenen Ausgrabungen haben denn auch Beachtliches zu Tage gefördert: ein Amphitheater für 15 000 Zuschauer, einen Circus maximus mit 30 000 Sitzen, ein weiteres Theater, mehrere Tempel, zwei Thermen, römische Stadtstraßen und ein sorgfältig geplantes und solide gebautes Ver- und Entsorgungssystem für das Wasser der Stadt. Ein archäologischer Park bei den beiden Theatern und das Nationalmuseum römischer Kunst gegenüber informieren die Besucher von Mérida über die bisherigen Funde. Doch nun zum Wasser:

Drei Leitungen versorgten die Stadt mit Trink-, Bade- und Brauchwasser: eine von den Quellen der Sierra de Carija her, eine zweite aus dem Proserpina-Stausee und eine dritte aus dem Cornalvo-Stausee im Osten der Stadt; vermutlich wurden sie auch in dieser Reihenfolge gebaut, die Quelleitung wohl schon bald nach der Gründung, die Stauseen erst im 2. Jahrhundert. Die erste Leitung war sechs Kilometer lang und erhielt Wasser aus einer Vielzahl von Quellen, das in einem gemauerten Sickerstollen gesammelt und in einem begehbaren Gang nach Emerita geführt wurde. Dabei mußte sie den Fluß Albarregas auf einer mehrgeschossigen Stützbogenbrücke überqueren und erreichte die Stadt im Nordosten beim Circus, wo noch drei Stützpfeiler stehen; der Verteilerbau (»castellum aquae«) befand sich an der Casa del Anfiteatro, wie erst in den 1970er Jahren festgestellt werden konnte.

Ebenfalls im Hügelland der Sierra Carija liegt in 450 Metern Höhe und damit rund 220 Meter über der Stadt der Proserpina-Stausee, spanisch Lago de Proserpina oder Charca de la Albuera genannt. Er hat bei etwa fünf Kilometern Umfang ein Fassungsvermögen von 3,5 Millionen Kubikmetern und speist sich aus Niederschlägen und vielen Bächen der Sierra. Sein Boden ist nahezu sickerfest und damit ideal für einen Speicher. Der bis heute voll funktionsfähige 426,5 Meter lange, zweimal geknickte Staudamm, wasserseitig aus fast senkrechtem Quaderwerk, ist zehn bis zwölf Meter hoch und mißt an der Krone fünf und am Fuß sieben Meter Dicke. Gestützt wird er an der Wasserseite vor dem Erddruck

Überall in West- und Südeuropa stößt man auf immer noch stabile Straßen der Römer, auf denen Nachschub in die Provinzen transportiert wurde.

der Luftseite bei niedrigem Wasserstand durch alle 16 Meter gesetzte schräge Pfeiler. Der Zwischenraum zwischen dem Quaderwerk und der luftseitigen Mauer aus Bruchsteinen ist mit Beton ausgegossen. Eine riesige Hinterschüttung mit Erde stabilisiert das Bauwerk an der Luftseite zusätzlich. Darauf führt heute die Straße von Mérida nach Mirandilla.

Unmittelbar an der Staumauer stehen im Wasser zwei tief im Seeboden verankerte, im Grundriß rund sechs mal sechs Meter große Entnahmetürme, in die je eine Treppe zu einem Becken hinunter führt, in dem man das Wasser hindurchfließen sieht. Im westlichen findet die Wasserentnahme in 9, im östlichen in 20 Metern Tiefe statt. Einsteigschächte an der Luftseite zeigen die Anschlußstellen der Leitung, die nach Emerita führte. Bis in die jüngste Zeit sind die Türme immer wieder instand gesetzt worden, weil hierher durch eine neue Gußrohrleitung immer noch das Wasser für die Bewässerung von Gärten und Feldern kommt. Die Römer führten es in einer zehn Kilometer langen umwegigen Leitung in die nur fünf Kilometer Luftlinie entfernte Stadt. Sie verlief weitgehend unterirdisch, stellenweise auch auf Stützbogen und durchquerte ein Absetzbecken, ehe sie auf die Wasserleitungsbrücke über den Albarregas stieß. Von deren 64 Muschelkalk-Pfeilern stehen noch 37 und 10 der dreigeschossige Stützbogen aus Backstein mit Betonfüllung bis zu einer Höhe von 25 Metern. Die Stützbogen haben eine Spannweite von knapp 4,50 Metern; auf den Gesimsplatten der obersten verlief der eigentliche Leitungsgang. Die noch sichtbaren Teile der Bögen machen verständlich, warum sie von den Spaniern »Los Milagros« (die Wunderbaren) genannt werden. Die Proserpina-Leitung endete auf der Kuppe des Cerro del Calvario, wo eine 1971 abgerissene Wallfahrtskirche stand. In ihrem Untergrund wurde der mit Marmor ausgekleidete Verteilerbau gefunden, von dem aus die städtischen Verbraucher, insbesondere im westlichen Viertel, beliefert wurden.

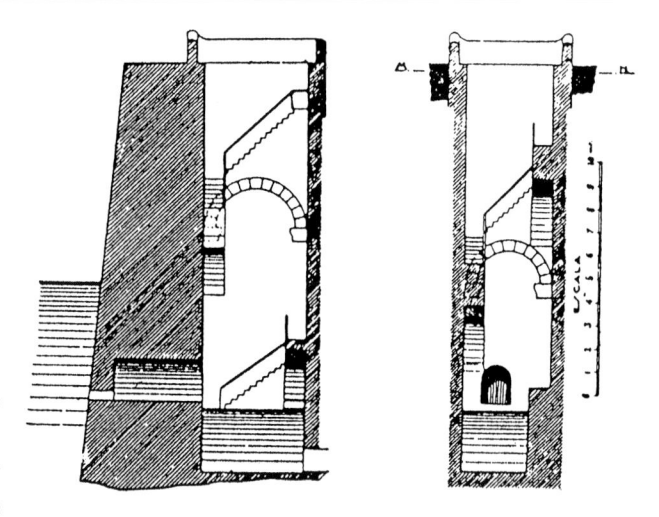

Schnitte durch den westlichen Entnahmeturm des Proserpina-Stausees beim spanischen Mérida.

Zeichnung des freigelegten Verteilerbaus (castellum aquae) an der Casa del Anfiteatro in Mérida.

Für den Cornalvo-Stausee gilt Ähnliches wie für den eben beschriebenen, nur ist er mit einem Fassungsvermögen von 10 Millionen Kubikmetern erheblich größer, ja er galt bis ins 18. Jahrhundert als der größte in ganz Europa. Er liegt in einer Talmulde zwischen bewaldeten Hügeln 17 Kilometer östlich von Mérida und erhält sein Wasser aus Niederschlägen, die ihm wegen des kaum durchlässigen Diorit-Bodens reichlich von den Höhen zufließen; außerdem mündet der von den Römern begradigte Bach Muela in den See. Kürzer (222 Meter), aber höher (18 Meter), ist die an der Krone acht Meter mächtige, gegen das Wasser vorgewölbte Staumauer dieses Sees; ein Entnahmeturm aus Granit steht im Wasser, früher mit einer Bogen-, heute mit einer Stahlbrücke mit dem Damm verbunden. Die Wendeltreppe im Innern ist bis auf vier Stufen zerstört. Der Verlauf der Leitung nach Mérida bis zum Verteiler auf dem Hügelgrat von San Albín beim Theater läßt sich noch heute gut verfolgen. Das Wasser des Sees dient jetzt der Versorgung umliegender Ortschaften.

Auf Lesbos, einer der größeren griechischen Inseln vor der kleinasiatischen Küste liegt auf einem ins Meer vorspringenden Hügel im Norden die Stadt **Methymna**. Sie hatte schon einige tausend Jahre Geschichte hinter sich, als sie im 2. Jahrhundert v.Chr. mit der ganzen griechischen Umwelt ins Römische Reich eingegliedert wurde. Als wichtiger Hafen gewann sie dadurch noch an Bedeutung, schrumpfte dann aber in byzantinischer Zeit zwecks besserer Verteidigung hinter einem engeren Mauerring und verfiel nach Eroberung durch die Türken im 15. Jahrhundert. Heute erinnern nur noch spärliche Reste an die antike Blütezeit, darunter eine Wasserleitung, deren Verlauf Robert Koldewey (1855-1925) bis zur Quelle in sieben Kilometer Entfernung südöstlich der Stadt erforschte. Er fand 36 Zentimeter kurze, grob gemagerte, steinhart gebrannte Tonrohre und mit 8,5 Zentimeter Innendurchmesser ähnlich dimensionierte ineinander gesteckte Steinrohre mit Muffen, deren Verbindung untereinander vermörtelt war. Die steinernen wurden offenbar an Stellen höheren Drucks eingesetzt. Es handelt sich um würfelförmige durchbohrte Blöcke aus Trachyt, die nur an den Muffen geglättet und

Gesundheits- und Wasservorsorge

sonst außen kaum bearbeitet sind. Die Leitung dürfte der Stadt eine deutliche Verbesserung der Versorgung gebracht haben, denn der vorüberfließende Bach führt zwar sehr gutes, aber meist zuwenig Wasser. Und die Brunnenbauer hatten es wegen des tiefen Grundwasserspiegels in Methymna schwer; Regenwasserspeicher, von denen mindestens zwei gefunden wurden, waren immer nur ein Notbehelf.

Kehren wir in die Nähe von Rom zurück, denn wo ließe sich Römisches besser studieren als hier: Keine hundert Kilometer südlich der Reichshauptstadt liegt **Minturno**, und drei Kilometer südöstlich davon stößt man auf die Reste des antiken Minturnae. Hier verweilte schon Goethe staunend und machte am 24. Februar 1787 eine Skizze von dem noch recht gut erhaltenen Aquädukt. Die Stadt lag am Liris kurz vor dessen Mündung ins Tyrrhenische Meer an der Via Appia (Rom-Capua) und war rechtsseitig durch einen Sumpf vor Angriffen geschützt, aber auch gesundheitlich gefährdet. Bei Beschwerden suchten die Bewohner dann heiße Quellen an der Straße nach Cassino auf, die heute wieder erschlossen sind und Atem- wie Gelenkleiden lindern. Durch die gute Straßenanbindung profitierte die Ansiedlung und war bis ins 6. Jahrhundert eine wohlhabende Kommune, dann unterminierten Kriege der Ostgoten, Byzantiner, Langobarden, Ungarn die Handelsbasis, so daß Minturnae verfiel. Am längsten hielten Großbauten wie das Theater und die Wasserleitung, die beide 14 n.Chr. entstanden waren.

Über 11 Kilometer mußte das Wasser von den Monti Aurunci in die Stadt geleitet werden, davon fast zur Hälfte auf den Stützbogen, die den deutschen Dichter so fasziniert haben. Noch heute stehen 150 davon. Die Rinne endete in einem Wasserspeicher (»caput aquae«) im westlichen Doppeltor (»porta gemina«), durch das die Via Appia in die Stadt führt. Bleirohre wurden gefunden, die in beide von der Straße geteilten Stadthälften führten. Der abgedeckte Leitungsgang und die Stützpfeiler sind im Betonbau hergestellt, der Innendurchmesser der

Zu ihrer Zeit gab es noch keine Wasserleitung auf der Insel: Die altgriechische Dichterin Sappho (um 600 v.Chr.) machte Lesbos weltberühmt. Römisches Wandgemälde aus Pompeji.

Die antiken Aquädukte hatten es ihm angetan: Beim ersten Italienaufenthalt 1786/88 zeichnete Goethe die Cestius-Pyramide in Rom bei Mondschein vor einer Stützbogenreihe. Beim zweiten Besuch 1790 gestaltete er selbst eine solche Reihe aus den Buchstaben der Herzoginmutter Amalie, die er aus Italien abholte.

Gesundheits- und Wasservorsorge

Der Glanz des modernen Paris verführte den Künstler dazu, die römischen Einrichtungen in der seinerzeit Lutetia Parisiorum genannten Stadt prächtiger darzustellen, als sie waren: Thomas Girtin malte um 1800 dieses römische Pariser Bad.

Rinne betrug gut einen halben Meter, die über 60 Zentimeter dicke Wandung ist bis zu einer Höhe von anderthalb Metern erhalten. Die Pfeiler messen im Querschnitt 1,9 Meter im Quadrat und sind im Wechsel mit hellen Kalk- und dunklen Tuffsteinen verkleidet, was einen reizenden optischen Effekt macht. Mit dem Wasser wurden die Thermen in der Stadtmitte, der nördlich daneben liegende Markt, Haushalte sowie Lauf- und Springbrunnenanlagen versorgt.

Zwei solche Nymphäen an beiden Seiten des 70 Meter breiten Forums, über das die Via Appia führte, sind erhalten. Sie hatten knapp acht mal sechs Meter große Brunnenkammern bei einer Wandhöhe von zwei Metern, an der Rückwand fünf und an den Seitenwänden je drei Wasserausläufe. Abflußrinnen entsorgten das Wasser über Leitungen in den Fluß. Hatten hier zunächst die Bewohner Wasser in Gefäßen geholt, so bekamen viele Häuser später Direktanschlüsse, so daß die Nymphäen sparsamer beliefert werden konnten und eher zur Zierde und zur Luftbefeuchtung weiterliefen. An der Straße, die am westlichen Nymphäum von der Via Appia abging, fand sich ein Wasserspeicher auf einem zehn Meter hohen Unterbau. Der Gefälledruck diente zur Versorgung sowohl des Nymphäums als auch zweier Springbrunnen an einem Tempel, wegen eines Bildwerks dort Panbrunnen genannt. Sie speisten ihr Wasser über Tonrohre in das Entwässerungssystem von Minturnae ein.

Die heutige Weltstadt **Paris** hätte zur Cäsar-Zeit nicht einmal den Vergleich mit einem Vorort von Rom ausgehalten. Bewohnt war eigentlich nur die Insel (Île de la Cité) in der Seine, lateinisch Sequana, zu der von den Ufern Holzbrücken führten. Und bewohnen taten sie die keltischen Parisii, ein mit den Senonen verbundener Volksstamm, nach dem die Siedlung Lutetia Parisiorum hieß. Obwohl die vor allem als Fischer lebenden Früh-Pariser die Brücken und sogar die Siedlung verbrannten, konnten sie sich Cäsars Zugriff im Jahr 52 v.Chr. nicht entziehen und blieben fortan mehrere Jahrhunderte lang unter römischer Herrschaft. Das machte sich vor allem durch

Entscheidend für den Aufstieg des Frankenreiches wurde die katholische Taufe König Chlodwigs I. um 500 durch Bischof Remigius. Französische Buchmalerei des 14. Jahrhunderts.

Gesundheits- und Wasservorsorge

ein rasches Anwachsen der strategisch zentralen Ortschaft bemerkbar, die sich insbesondere auf das linke Seine-Ufer ausdehnte. Dort entstanden drei Thermen, Tempel, ein Forum und ein Amphitheater. Erst mit der Übernahme von Paris durch Frankenkönig Chlodwig I. im Jahr 493 löste sich die Stadt aus dem Römischen Reich.

Sie war inzwischen zwar nicht groß, aber doch so bevölkert, daß es ohne zusätzliche Wasserversorgung aus dem Umland nicht mehr ging, denn das Flußwasser konnte bei wachsender Belastung allenfalls noch zu Bewässerungszwecken dienen. Trinkwasser mußte aus Quellen herangeführt werden. Wer die einzige bekannte Leitung wann gebaut hat, läßt sich nicht mehr genau ermitteln. Sicher ist aber, daß sie weit älter war als die Spuren, die von Reparaturen aus der Zeit Julians herrühren, der hier im Jahr 360 von seinen Truppen zum Kaiser ausgerufen wurde. Sie führte aus 16 Kilometern Entfernung aus einer Brunnenstube (»caput aquae«) zwischen Rungis und Wissous über Fresnes-les-Rungis, L'Hay-les-Roses und Arcueil um den Hügel Montsouris herum in ein Verteilerbecken in der Stadtmitte. Der 44 Zentimeter breite und 89 Zentimeter hohe Leitungsgang verlief weitgehend gleichläufig mit der Bièvre und überquerte den Fluß dann bei Arcueil, weswegen die Leitung hier auf 330 Metern Länge in 16 Metern Höhe über Stützbogen geführt werden mußte. Sie erst lieferten Archäologen Hinweise auf den Aquädukt, denn Reste eines Stützpfeilers sind bis heute erhalten, und Bilder aus dem 16. Jahrhundert zeigen noch eine ganze Stützbogenreihe. Obwohl die Leitung bei einem Gefälle von etwas mehr als einem halben auf tausend Meter kaum mehr als 1500 Kubikmeter täglich geliefert haben dürfte, werden bei angenommenen 5000 Einwohnern und den genannten öffentlichen Einrichtungen Brunnen und Regenwassersammler zur Ergänzung der Wasserversorgung genügt haben.

Eine wenig später hoch bedeutende römische Stadt an der Adriaküste und damals das, was heute Venedig ist, war Ende des 4. Jahrhunderts das von Wasser umgebene und durchzogene **Ravenna** südlich der Pomündung. Ihre Bürger hatten seit Cäsar das römische Bürgerrecht, und der Nachfolger Augustus ließ hier einen Stützpunkt für die römische Flotte ausbauen; auch der sechs Kilometer lange Süßwasserkanal zum Kriegshafen, die Fossa Augusta, geht auf seine Initiative zurück. Anfang

Ließ die Pariser Wasserleitung reparieren: Julian, letzter heidnischer Kaiser des Reiches, der daher den Beinamen »Apostata« (der Abtrünnige) erhielt.

Zwischen 423 und 429 ließ sich die Kaiserin Galla Placidia in Ravenna ein aufwendiges Mausoleum bauen, beigesetzt aber wurde sie 450 in Rom.

Gotenkönig Theoderich der Große, der als Dietrich von Bern in die deutschen Heldensagen einging, machte Ravenna zu seiner Residenz (Porträtmünze).

des nächsten Jahrhunderts wählte dann Kaiser Honorius Ravenna zur Residenz und Hauptstadt des Weströmischen Reiches, und es begann die Epoche des glänzenden Aufstiegs der Stadt. Sie erlebte das Ende der Römerherrschaft 476 beim Übergang der Macht vom kleinen Kaiser (»Augustulus«) Romulus auf den germanischen Heerführer Odoaker 476 und schließlich 493, nach zweijähriger Belagerung, dessen Ermordung durch seinen Neffen Theoderich, der bis 526 von hier aus das Ostgotenreich regierte. Danach sank in den Wirren der langobardischen und byzantinischen Kriege die Bedeutung Ravennas, das heute nach Verlandung des Küstengebiets sieben Kilometer weit landeinwärts liegt.

Theoderich baute die Stadt, in der schon das berühmte Grabmal der weströmischen Kaiserin Galla Placidia architektonische Maßstäbe gesetzt hatte (erbaut 423-429), weiter aus und ließ sich selbst ein nicht minder eindrucksvolles Mausoleum errichten. Hinter diesen Relikten der Hochblütezeit gerieten die Leistungen der eigentlichen römischen Epoche ein wenig ins Hintertreffen. Für so etwas Profanes wie die Versorgung der von Sümpfen umgebenen Stadt mit reinem Wasser fehlte jedenfalls lange das Interesse. Anfangs kamen die Ravennaten offenbar mit Regenwasserkammern aus, und für Brauchwasser war das des

Gesundheits- und Wasservorsorge

Flusses sicher auch noch lange geeignet. Brunnen hingegen hätten nur brackiges Wasser zu bieten gehabt. Der römische Schriftsteller Martial (um 40-103) schrieb: »*Mehr als ein Weinberg nützte mir zu Ravenna ein Brunnen; könnt ich doch Wasser dort teurer verkaufen als Wein*«, was darauf hinweist, daß Trinkwasser wohl auch per Schiff angeliefert und verkauft wurde. Erst zur Zeit Kaiser Trajans (98-117) ließ sich die Versorgung der Stadt durch eine Leitung nicht länger aufschieben.

Sie wurde aus dem Etruskischen Apennin südöstlich von Forlì in der Gegend von Teodorano über 38 Kilometer entlang dem Fluß Ronco herangeführt. Sie ist dann zwar noch mehrfach, beispielsweise auch von Theoderich, instand gesetzt, dann aber doch vergessen worden. Erst 1935 begegnen wir ihr wieder: Damals wurde der Ronco wegen Bauarbeiten vorübergehend umgeleitet, und da fanden sich in seinem Bett einige Stützbogen, Reste der Brücke, auf der die Leitung über das Flußtal geführt worden ist. Jetzt erst erschloß sich wieder die volle Bedeutung des Namens einer Pfarrkirche an der Straße von Forlì nach Ravenna. Sie heißt in Erinnerung an die römische Leitung Santa Maria in Acquedetto.

Wie eine mächtige Krone erhebt sich in Ravenna das massive Grabmal Theoderichs des Großen.

Meistens gewannen die Römer Wasser aus Quellfassungen oder Sickerstollen. Insofern haben wir es im spanischen **Segovia**, damals Secobia, mit einer Ausnahme zu tun. Hier bedienten sich Ingenieure einer Bachableitung, indem sie den von der Sierra Fuenfria kommenden Rio Frío mit einem Wehr in ihre über 16,2 Kilometer in die Stadt führende Leitung lenkten. Segovia liegt rund tausend Meter hoch am Fuß der Sierra Guadarrama zwischen Madrid und Valladolid und gehörte nach der römischen Eroberung im 2./1. Jahrhundert v.Chr. zur Provinz Hispania Tarraconensis. Das heute noch genutzte Wehr liegt rund 250 Meter höher als die Stadt in einem Waldgebiet und besteht aus 26 Granitblöcken, die mit bleivergossenen Eisenklammern zusammengehalten

Römische Kaiserzeit

werden. Der wasserbauliche Aufwand, dessen gewaltige Dimensionen noch zu würdigen sind, erstaunt angesichts der relativ mäßigen Ergiebigkeit des Baches von höchstens 50 und durchschnittlich 20 Litern pro Sekunde.

Bis zur Stadt verläuft in der römischen Leitung bis heute eine Gußleitung auf der Sohle der fünfzig Zentimeter breiten Rinne, deren Wangen etwa die gleiche Stärke haben. Sie muß einige Schleifen machen, etwa um den 1428 Meter hohen Berg Cabeza Grande, hinter dem sie dann recht gradlinig nach Nordwesten zur Stadt führt. Dort endet die Gußleitung im heutigen Wasserwerk, während die noch zu großen Teilen erhaltene römische Rinne durch ein anderthalb Meter tiefes Absetzbecken im sogenannten Steinhaus weiterläuft, allerdings auf dreißig Zentimeter lichte Weite verschmälert. Einen halben Kilometer später feiert ein Denkmal (»el Obelisco«) aus zwei Säulentrommeln mit einem Stützbogen-Relief die Bauleistung, die jetzt erst zu wahrer Größe heranwächst: Eine der elegantesten Stützbogenreihen der Römerzeit überbrückt einen Geländesattel vor dem Stadtkern. 76 einfache und 43 Doppelbogen aus Granitblöcken bilden die Brücke, wozu über 40 000 Tonnen Steine zu bewegen waren. Besonders malerisch präsentieren sich die Doppelbogen, die über die Plaza Azoguejo führen, mit den ungewöhnlich hohen Pfeilern (28 Meter) des unteren Stockwerks, das damit ein drittes erspart hat und dem Bauwerk (»el Puente«) eine freundliche Luftigkeit verleiht.

Die Stützbogenreihe ist zum Wahrzeichen der Stadt geworden und verrät auch etwas über die Bauzeit: Über der höchsten unteren Bogenreihe ist eine waagerechte Einmauerung wie ein steinernes Etikett erhalten, in dem vier Dutzend Löcher mit Bleiresten gefunden wurden. Damit war eine Inschrift aus Bronze befestigt, die Archäologen mit geradezu kriminalistischer Präzision anhand der Löcher akribisch rekonstruiert haben. Danach wurde die Leitung im achten Jahr der Regierung des Claudius (10 v.Chr.-54 n.Chr., Kaiser seit 41) errichtet. Sie ist zahllose Male, auch von den Arabern, ausgebessert und erneuert worden, zuletzt noch im 20. Jahrhundert aus Gründen des Schutzes für ein antikes Denkmal, wie es so schön kaum irgendwo sonst angetroffen wird. Um so erstaunlicher, daß die Leitung in keinem römischen Dokument erwähnt ist und erst im 13. Jahrhundert genauer beschrieben wurde.

»El puente« nennen die Bewohner der spanischen Stadt Segovia den nahezu unversehrt erhaltenen hohen Aquädukt, der fast einen Kilometer überbrückt.

Nur spärlich sind die römischen Spuren in Spoleto. Den englischen Maler William Turner reizten »Brücke und Turm« aus neuerer Zeit (Gemälde um 1838).

So leicht haben es die Sanitärhistoriker in anderen römischen Städten nicht: Im umbrischen **Spoleto** etwa, dem antiken Spoletium, finden sich nur karge Spuren, obwohl auch hier ein ausgeklügeltes Versorgungssystem anzunehmen ist. Die Stadt war schon im 3. Jahrhundert v.Chr. dem Reich einverleibt worden und planmäßig am Hang über dem Tessino auf Nord-Süd- und Ost-West-Gittermuster ausgebaut worden. Sie lag an der Via Flaminia und hatte damit beste Verbindung zum hundert Kilometer südlicheren Rom. Römische Wasserspeicher fanden sich mehrere, auch zwei frühere Laufbrunnen wurden entdeckt. In den Bürgerhäusern gab es die üblichen Regenwassersammler (»impluvia«) im Atrium. Das alles aber kann nicht gereicht haben, verfügte Spoleto doch auch über Thermen mit Wasserspielen, die einen Mindestdruck durch Gefälle verlangten. Für eine Quellwasserleitung sprechen denn auch öffentliche Leitungsreste aus Bleirohren und die Entdeckung von Fundamentresten in der Tessinoschlucht. Sie gehörten sehr wahrscheinlich zu Pfeilern einer Stützbogenreihe, aus der eine Fernleitung über den Fluß in die Stadt kam.

Gesundheits- und Wasservorsorge

Tief zieht sich die Schlucht des Tajo um Toledo; für die Wasserversorgung der Stadt ein ziemliches Problem.

Der Name klingt ähnlich, die zugehörige Stadt aber liegt ein paar tausend Kilometer weiter westlich: Das spanische **Toledo**, lange Hauptstadt des Landes, war eine der ältesten römischen Städte auf der Iberischen Halbinsel, damals Toletum genannt. 192 v.Chr. gegründet und von der Schlucht des Tajo umgeben, erhielt der Ort sein Wasser zunächst vom Fluß, durch Brunnen und durch Nutzung der seltenen Regenfälle. Bei ziemlich raschem Wachstum genügte das schon sehr bald nicht mehr, denn das Kastell, auf dem heute der von Karl V. (1500-1558, Kaiser 1519-1556) erbaute Alkazar steht, das Amphitheater im heutigen Vorort Las Covachuelas, der Circus und andere öffentliche Einrichtungen brauchten reines Wasser, das der Fluß immer weniger hergab. Es wurde daher in den südöstlich gelegenen Montes de Toledo der Stausee Alcantarilla angelegt und eine Leitung zur Stadt gebaut.

Ein erstaunlicher Staudamm sperrte das Tal, in das drei Bäche flossen oder hineingeleitet wurden: 800 Meter lang ist die Staumauer, die in Ost-West-Richtung gegen die Wasserseite geknickt verläuft und sich dem Gelände anpaßt, so daß ihre Höhe zwischen sieben und zwanzig Metern schwankt. Sie ist aus Granitquadern errichtet und hat am Boden 3,10 und auf der Krone 2,16 Meter Breite. Damit hätte sie dem Wasserdruck freilich nicht standhalten können, weswegen luftseitig mehrere Schichten aus Steinkitt, Mörtel und Geröll folgten, die dann abflachend in einen Erdamm übergehen. Die Mauer stützt sich beiderseits an Hügel, die 735 Meter über Meereshöhe erreichen. Der Wasserspiegel des Stausees konnte auf 720 Meter ansteigen. Gebaut frühestens um die Zeitenwende und spätestens zu Beginn des 3. Jahrhunderts, ist der Damm zu unbekannter nachrömischer Zeit gebrochen, und zwar nicht durch Wasserdruck, sondern durch Druck des Erddamms bei niedrigem Wasserstand oder völliger Entleerung. Die Granit-

Der 60jährige El Greco malte um 1600 das wetterumleuchtete Toledo, wo er seit 1577 zu Hause war. Auf der Höhe Kathedrale und Alkazar.

blöcke sind vielfach für andere Bauvorhaben abtransportiert worden, so daß in der Ruine ein 200 Meter breites Loch klafft und auch andere Teile weiter zerstört wurden.

In der Betriebszeit wurde das Wasser der Talsperre von einem Entnahmeturm aus durch den Damm in die Leitung nach Toledo eingespeist. Sie verlief in einer 60 Zentimeter breiten und 36 Zentimeter tiefen Rinne, die mit Mörtel ausgekleidet und glatt abgezogen worden war. Meist unterirdisch und recht umwegig durch Felder und Wiesen um Abhänge herum geführt, brauchte sie 38 Kilometer bis zur nur 24 Kilometer Luftlinie entfernten Stadt; einige Mulden wurden durch niedrige Stützbögen überbrückt. Bei der Untersuchung der Reste der Leitung stießen Archäologen Ende des 20. Jahrhunderts auf Knochen, die auf eine Umnutzung von Rinnenabschnitten zu Bestattungszwecken schließen lassen: Nach Ende des Betriebs haben Anwohner Verstorbene in das Leitungsbett gelegt, den so entstandenen Betonsarg abgedeckt und mit Erde überschüttet.

Das letzte Stück der Leitung machte den Römern am meisten Schwierigkeiten, denn hier mußte die fast hundert Meter tiefe Schlucht des Tajo überbrückt werden, weil eine Umgehung nicht möglich war. Nur noch ganz bescheidene Reste markieren die Stelle, an der die Stützbogen gestanden haben müssen. Ein sogenannter Kämpfer mit Bogenansatz an einem Hang sowie zwei Stümpfe von Pfeilern sind gefunden worden. Sie sagen aber nichts darüber, wie hoch die Schlucht überbrückt wurde. Es spricht viel dafür, daß dies nicht in voller Höhe geschah, da es nirgends sonst römische Wasserbrücken gibt, die höher als 50 Meter über einen Fluß oder Bach führen und da ein gewaltiges Bauwerk von mehr als hundert Metern Höhe jede Menge Schutt hinterlassen hätte, von dem sich aber im Tajo-Tal nichts fand. Die meisten Forscher vermuten daher, daß man das Wasser in einer Bleirohrleitung über fünfzig Meter tief zur Brücke abstürzen ließ, wo es den Fluß überwand und per Druckleitung wieder in Stadthöhe gehoben wurde. Solche Dükerleitungen haben sich an vielerorts für die Römerzeit nachweisen lassen.

In leichter Übertreibung sprechen Archäologen von der acht Kilometer südöstlich von Shrewsbury im britischen Shropshire ausgegrabenen Römerstadt **Wroxeter**, seinerzeit Viroconium, als dem »englischen

Klimatisch sagte den Römern England nicht sonderlich zu. Sie schätzten aber den Wasserreichtum der Insel und errichteten in Standorten wie Bath (Bild) oder Wroxeter Thermen.

Pompeji«. Das kommt daher, daß die seit dem 6. Jahrhundert verlassene Siedlung, die uns schon als Thermen-Standort begegnet ist, nie überbaut worden ist, so daß diese viertgrößte Römerstadt in Britannien sehr gut konserviert auf uns gekommen ist. Luftbilder und Grabungen lassen die gesamte befestigte 69 Hektar große Anlage erkennen. Sie war zuerst von den Legionen XIV und XX als Lager am Severn, damals Sabrina, errichtet und dann zur Stadt ausgebaut worden. Von hier aus wurde um 50 n.Chr. der Widerstand der Briten unter ihrem Anführer Caratacus gebrochen und elf Jahre später der Aufstand der Fürstin Boudicca niedergeschlagen, die kurz zuvor London in Schutt und Asche gelegt hatte. Wroxeter blieb bedeutend, und auch der Brand, der Ende des 2. Jahrhunderts das 74 mal 69 Meter große, von fünf Meter breiten Säulengängen gesäumte Forum und die umliegenden Holzhäuser vernichtete, änderte daran zunächst nichts. Erst im 4. Jahrhundert begann der Niedergang, die letzten römischen Zeugnisse stammen aus dem 5. Jahrhundert.

Der Fluß und der Bach Bell Brook, der hier in den Severn mündet, lieferten genügend Brauchwasser, Kanäle sorgten für die Entwässerung und für die Spülung der privaten wie der großen öffentlichen Abtrittanlagen neben den Thermen. Für eine ärztliche Versorgung spricht der Fund von chirurgischem Besteck in einem der Gräber des Ortes, die auch von einem regen Handwerkertum zeugen: Bleigießer, Silberhändler, Töpfer, Wetzsteinmacher und andere Berufe sind nachweisbar. Das Trink- und Badewasser wurde dem sauberen Oberlauf des schon erwähnten Baches anderthalb Kilometer vor der Stadt durch ein Wehr entnommen, das eine Freispiegelleitung in einem V-förmig ausgehobenen, mit Tonerde befestigten Graben speiste. Dadurch kamen bis zu

Gesundheits- und Wasservorsorge

Wiederhergestellt wurde das Amphitheater der Römerstadt Colonia Ulpia Traiana beim heutigen Xanten am Niederrhein; im Hintergrund die Türme des Doms.

10 000 Kubikmeter täglich in den Stadtbereich, wo ein mit Platten gedeckter Kanal die weitere Verteilung übernahm. Vor allem Laufbrunnen wurden bedient, wo sich die Bewohner Wasser abholten, sofern sie nicht über einen Direktanschluß durch Blei- oder Holzrohre verfügten.

Die letzte Station unserer römischen Wasserleitungsreise liegt wie die erste in Deutschland: **Xanten**, das wir schon als Standort eines Legions-Krankenhauses (»valetudinarium«) kennengelernt haben, hieß damals Colonia Ulpia Traiana und lag nördlich des heutigen Stadtkerns. Die um 100 entstandene Stadt umfaßte 73 Hektar, war rings im Viereck ummauert und hatte Wehrtürme und Stadttore. In 40 Stadtvierteln wohnten hier bis 10 000 Menschen, zunächst vor allem Veteranen der römischen Legionen.

Die antike Stadt erhielt ihr Wasser von Labbeck her, aus einer etwa acht Kilometer entfernten Quellfassung in der Hees, einer bewaldeten Hügellandschaft südwestlich von Xanten. Die Fassung der auf mehreren Schichten gelagerten Leitungsrinne hatte ein Breite von knapp einem Meter und in frostfreier Tiefe, abgedeckt mit Schieferplatten. Sie erhielt durch Tonrohre Wasserzufuhr auch aus anderen Quellen. Bei Eintritt in

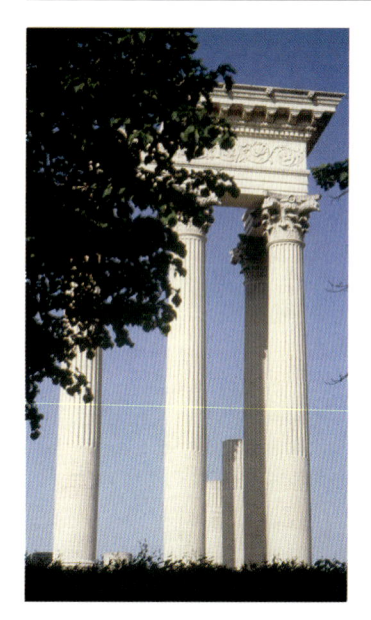

Heute nimmt er sich exotisch aus in der niederrheinischen Landschaft: der rekonstruierte Hafentempel der römischen Stadt bei Xanten.

die Rheinaue ging die bis dahin unterirdische Leitung in eine drei Meter hohe oberirdische auf Stützbogen über; Reste von Pfeilerfundamenten sind gefunden worden. Das Wasser wurde in der Stadt an Laufbrunnen, Thermen und wohl auch Werkstätten sowie Bürgerhäuser verteilt.

Bemerkenswert auch hinsichtlich der Infrastruktur ist in Xanten das Handwerkerviertel, das seit 1961 ausgegraben worden ist. Hier siedelten sich vornehmlich römische Veteranen an, die ihr früher ausgeübtes oder beim Militär erlerntes Handwerk nach Ende des aktiven Dienstes wieder aufnehmen wollten. Das Viertel bestand aus gleichartigen Reihenhäusern rings in einem Wohnblock (»insula«), den ein gedeckter, zum Bürgersteig offener Gang umgab. Die Grundstücke maßen 750 Quadratmeter und waren zweistöckig bebaut. Im Erdgeschoß lagen die Werkstätten und Verkaufsräume von Bäckern, Bierbrauern, Metzgern, Schmieden usw. mit Heiz-, Back- oder Schmelzöfen. Im Innenhof lieferte ein Ziehbrunnen das Wasser, das auch in Zisternen vorgehalten wurde. Vom Hof betrat man den Abtrittraum und Anbauten für Waren- oder Materiallager. Im Obergeschoß befanden sich die Wohn- und Schlafräume. Viele Handwerker hatten es offenbar zu Wohlstand gebracht und Fußbodenheizungen und Glasfenster einbauen lassen. Da das römische Xanten später – im Unterschied zu anderen rheinischen Städten wie Basel, Mainz, Köln oder Bonn – nur teilweise überbaut wurde, lassen sich noch alle Strukturen sichtbar machen. Die bisher freigelegten Teile der Stadt und einige rekonstruierte Bauten sind als Archäologischer Park Xanten zur Besichtigung freigegeben.

Verfallserscheinungen

Im 4./5. Jahrhundert sank Roms Stern rapide. Zentrifugale Kräfte in den Reichsteilen und Einbrüche von außen ließen den Zusammenhalt schwinden, bis schließlich die Teilung in ein West- und ein Ostreich nach der letzten Gesamtherrschaft unter Thedosius I. dem Großen (347-395, Kaiser seit 379) endgültig vollzogen war. Noch eine Weile lang ließen sich die nach Süden drängenden germanischen Stämme abwehren oder doch integrieren, indem man sie als Hilfstruppen an sich band. Damit wurde das Reich noch einmal der Hunnengefahr Herr, doch die aufgenommenen Fremdvölker entwickelten mehr und mehr Eigenleben, und es kam schließlich zu förmlichen Staatenbildungen auf römischem Reichsboden, wobei nur noch formal eine Oberherrschaft des in Byzanz regierenden oströmischen Kaisers anerkannt wurde. Mit den politischen Auflösungserscheinungen ging ein Verfall der zivilisatorischen Standards einher. Er trat aber mit erheblicher Verzögerung ein, weil sich viele germanische Anführer und Könige um Bewahrung des rö-

Theodosius I. der Große (oben Münzbild) herrschte als letzter Kaiser über das gesamte Römische Reich. Dann lockerte sich der Staatsverband unter dem Druck von außen, aber auch durch zentrifugale Kräfte im Innern. Sittenlosigkeit und schamlosen Luxus sah der Maler Thomas Couture als Ursache: »Die Römer in der Verfallszeit« (Gemälde, 1847).

nach 375 bis um 530

Die Ausgrabungen in Pompeji (Bild: Via Stabiana) bewiesen: Schon früh kannten die Stadtrömer Straßenbeleuchtung.

mischen Niveaus bemühten. Erst die um sich greifende Friedlosigkeit unterminierte diese Anstrengungen nach und nach.

In der Forschung lange umstritten war die Frage, ob die größeren römischen Städte über eine Straßenbeleuchtung verfügten. Für markante Punkte wurde das zwar allgemein angenommen, in der Fläche aber blieben Zweifel. Hinweise beim Schriftsteller Libanios (314-393) brachten keine Klarheit, denn bei ihm ist von »Hängeleuchten« in Antiochia (Syrien) die Rede, die von Saboteuren abgeschnitten worden seien. Und bei Hieronymus (347-419) heißt es zwar ebenfalls über Antiochia, ein Streitgespräch habe dort so lange gedauert, daß draußen ringsum bereits die Lichter angezündet wurden. Das sagt aber nichts darüber, ob das freiwillig durch Hausbesitzer oder Geschäftsleute geschah oder ob dahinter kommunale oder gar gesamtstaatliche Verfügungen standen. Erst die weiträumige Ausgrabung von Pompeji und anderer Städte schuf Sicherheit: Es gab vielerorts städtische Beleuchtung und entsprechende Vorschriften dafür. Die von Antiochia war wohl bloß besonders eindrucksvoll, weil die durch Handel reiche Stadt sich eine helle Petroleum-Beleuchtung leistete. Sie brannte die ganze Nacht (»pernoctantium luminum claritudo«), wie der aus der Stadt stammende Ammianus Marcellinus (um 330-um 395) schreibt.

Überhaupt hielt sich der hohe Standard im Osten länger, denn Konstantin der Große (272-337, Kaiser seit 306) hatte 330 Byzanz zur neuen Reichshauptstadt gewählt, die daher nach ihm Konstantinopel hieß. Ihre Einwohnerschaft verzehnfachte sich bis zu Justinian I. (482-565, Kaiser seit 527) auf 400 000 Menschen und brauchte deswegen ständige Verbesserungen der Infrastruktur. Das galt natürlich in besonderer Weise für die Wasserversorgung, die bei den Städteporträts noch ausgespart worden ist, weil zwei der wichtigen drei Leitungen für Konstantinopel (Istanbul) erst spät gebaut wurden. Eine gab es schon seit der Regierung Hadrians (76-138, Kaiser seit 117). Sie kam von Hügeln gleich

Verfallserscheinungen

westlich der Stadt und verlief ausschließlich unterirdisch. Sie wurde daher im Jahr 196 bei der Zerstörung der Stadt nicht in Mitleidenschaft gezogen und konnte durch bloße Instandsetzung jahrhundertelang in Betrieb bleiben.

Anders erging es den beiden großen Fernleitungen, deren erste 373 fertiggestellt war und nach dem damaligen Herrscher Valens-Leitung genannt wird. Sie war so ergiebig, daß fast gleichzeitig eine neue Thermenanlage in Betrieb genommen werden konnte. Ihre Stützbogen sind noch heute in der Stadt zu sehen, und auch vor der Stadt fanden sich Reste solcher Wasserbrücken. Ursprünglich waren es 17 eingeschossige und 46 zweigeschossige elegante Bogenführungen über rund einen Kilometer Länge; noch etwa 800 Meter sind in der Altstadt von Istanbul zum Teil sehr gut erhalten. Sie verrieten seinerzeit allerdings die Achillesferse von Konstantinopel, was sich erstmals im Juli 626 rächte, als die Awaren bei der Belagerung der Stadt die Versorgungsader zerstörten, um die Verteidiger zur Kapitulation aus Wassermangel zu zwingen. 766 erst ließ man sie wieder instand setzen. Das wurde noch mehrmals erforderlich, denn auch spätere Angreifer griffen zum Mittel der Unterbrechung der Wasserversorgung.

Ähnlich erging es der von Theodosius erbauten Leitung, die kurz vor seinem Tod 395 vollendet wurde. Es sollte die letzte dieser staunenswerten Leistungen römischer Ingenieurskunst werden. Nachdem sich Lösungen wie die Rationierung von Wasser im Jahr 382 als nicht ausreichend erwiesen hatten, war in der weiter wachsenden Stadt eine solche neue Zuleitung erforderlich geworden. Wo das Quellgebiet genau lag, ließ nicht ermitteln, doch konnte die Leitung archäologisch anhand von Resten einiger Bogenführungen über 50 Kilometer weit bis in die östlichen Ausläufer des Istrantschagebirges verfolgt werden. Dort an den Quellen des Ergene dürfte auch der Ausgangspunkt gelegen haben. Mit solcher Länge war die Theo-

Verlegte das Zentrum des Reiches nach Osten: Konstantin I. der Große. In seiner Residenz Byzanz (Konstantinopel) hielten sich römische Errungenschaften am längsten (unten: Ruine des Valens-Aquädukts, Foto von 1953).

dosius-Leitung natürlich besonders verwundbar, wovon Berichte über mehrmalige Ausbesserungen und teilweisen Neuaufbau zeugen. Auch beim Angriff der Osmanen im 15. Jahrhundert litt die Ader, doch bauten auch die Sieger sie wieder auf, wie sie überhaupt die römischen Wasserbauten noch lange sorgfältig pflegten.

Wie unruhig die Zeiten geworden waren, merkten natürlich zuerst die römischen Siedlungen an den Grenzen, insonderheit an der Rheingrenze. Nach Germaneneinfällen zwischen 352 und 355 wurde daher bis zum Jahr 359 Boppard, römisch Bodobrica, an der großen westwärtigen Rheinschleife zwanzig Kilometer südlich von Koblenz (Confluentes) zur Festung ausgebaut. Das 4,6 Hektar große rechteckige Areal, das sich 308 Meter am Rhein entlang zog und genau halb so tief war, hatte stellenweise bis neun Meter hohe und drei Meter dicke Mauern, von deren 28 Türmen heute noch acht stehen. Wurfmaschinen machten feindliche Annäherungen hochriskant, und dennoch mußte die Festung zwischen 406 und 409 aufgegeben werden. Das werden die

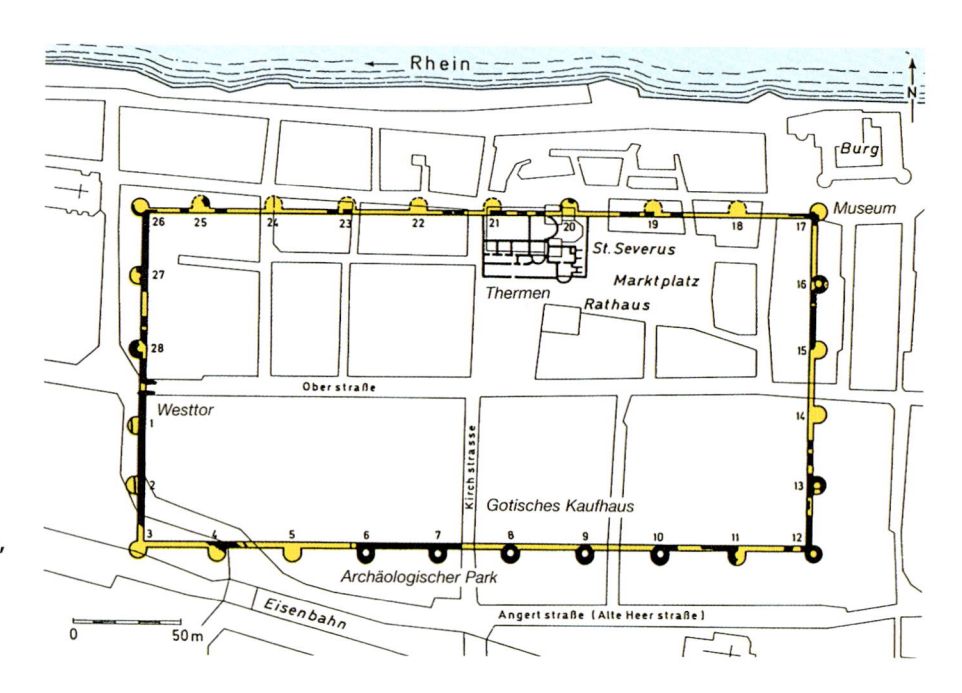

Grundriß des römischen Kastells, eingezeichnet in den heutigen Stadtplan von Boppard; schwarz markiert sind die noch sichtbaren Mauerreste.

Verfallserscheinungen

Legionäre auch wegen der herrlichen 55 mal 35 Meter großen Thermen bedauert haben, deren Reste unter der Kirche Sankt Severus gefunden wurden. Sie zeigten Brandspuren, was auf den Angriff der Alanen und Sueben im Jahr 406 hinweist. Thermenstandorte wurden vielfach zu Kirchenbauten genutzt, weil schon Baumaterial vorlag, Fundamente da waren und die Ausmaße den Planern entgegenkamen. Zuweilen wurden ganze Mauerteile in den Kirchenbau integriert, ja die Umwidmung ganzer Thermenanlagen zu Gotteshäusern läßt sich feststellen.

Die Nachricht vom Fall Boppards wird in Konstantinopel und in Rom keine sonderliche Aufmerksamkeit gefunden haben, denn derartige Meldungen waren an der Tagesordnung. Ein Schock aber erfaßte die gesamte Mittelmeerwelt, als im Jahr 410 die Westgoten Rom, also das Herz des Reiches selbst, einnahmen. Die heidnischen Priester hatten sich an der Verteidigung beteiligt, doch schienen die alten Götter ihre Kraft eingebüßt zu haben. Und die neuen oder genauer: der neue? Das Christentum war zwar längst Staatsreligion, doch für die Verteidigung einer Welt, in der sie erst nach Jahrhunderten der Verfolgung ein Lebensrecht gewonnen hatten, fühlten sich Christen nur in Ausnahmefällen zuständig. Die Eiferer, für die römischer Luxus, und dazu gehörten auch die sanitären Errungenschaften, Blendwerk des Teufels war, die Baden als Verführung zur Unkeuschheit anprangerten – diese Feinde irdischer Freuden sahen ohne große Trauer den Untergang einer Kultur, deren heidnische Wurzeln in ihren Augen immer noch Gift lieferten. Allenfalls für die von den westgotischen Kriegern vergewaltigten römischen Frauen regte sich soviel Mitleid, daß sich Kirchenvater Augustinus (354-430) mühsam zum Freispruch durchrang: »Fremde Lust befleckt nicht.«

Im Osten des Reiches hielt sich die sanitäre Tradition länger und wurde auch von christlicher Seite gefördert. Dafür ein Beispiel: Ein römischer Offizier aus Alexandria namens Menas bekannte sich während

Wie massiv die Römer bauten, zeigen die erhaltenen Ruinen der Südfront des Kastells von Bodobrica (Boppard).

Im Wiener Kunsthistorischen Museum wird das koptische Relief aus dem 5. Jahrhundert aufbewahrt, das den heiligen Menas segnend darstellt; Originalhöhe 67 Zentimeter.

der Christenverfolgungen Kaiser Diokletians offen zur Religion der Verfolgten. Sein Beispiel machte Schule, so daß der Kaiser ein Exempel statuierte. Am 11. November 296 ließ er den Bekenner hinrichten und etwa 40 Kilometer südlich von Alexandria verscharren. Die Christen jedoch errichteten später über seinem Grab ein Kloster zu seinem Gedächtnis und verehrten ihn fortan als Heiligen. Der Legende nach soll aus Menas' Grab ein Quell hervorgesprudelt sein, der die wüste Gegend zu einem Paradies machte und den die Brüder um 500 zum Bau einer Thermenanlage im römischen Stil nutzten. Körperliche und seelische Reinigung und Reinlichkeit wurden noch als Einheit begriffen. Es wird sich beim Wassersegen um die Erschließung eines artesischen Brunnens gehandelt haben, denn die aufwendigen, mit Hohlfußbodenheizung und Wasserkammern ausgestatteten Thermen gab es tatsächlich; sie sind 1905-1907 und seit 1961 ausgegraben worden, und die Ruinen des in islamischer Zeit verfallenen Menas-Bades werden seit 1979 zu den UNESCO-Welterbestätten gezählt.

Sauberkeit war die eine Säule der Gesundheitsvorsorge, die Ernährung eine wichtige andere. Auch da brachten die Germanen deftige Rezepte mit, während sie römischer Verfeinerung nur wenig abgewinnen konnten. Darüber erfahren wir etwas aus einem bemerkenswerten Brief, zu dem es so kam: Am Hofe des oströmischen Kaisers Zeno (regierte 474-491) lebte ein griechischer Arzt namens Anthimos, dessen Vorgeschichte uns nicht überliefert ist. Er beriet aber zum Ärger des Kaisers nicht nur ihn, sondern auch den Ostgotenführer Theoderich, der damals Konstantinopel bedrohte. Zeno feuerte daher seinen Arzt, der sich ungesäumt bei Theoderich verdingte, mit diesem und den Goten nach Westen zog und dort Leibarzt des zum Herrscher von Italien aufsteigenden gotischen Recken wurde. Theoderich (König der Goten seit 474 und 493-526 König von Italien), der Große, wie er später genannt wurde, entsandte seinen Arzt – vielleicht auf Anforderung – auch zu seinem Namensvetter, dem seit 511 als Nachfolger

Verfallserscheinungen

Chlodwigs I. die Franken regierenden Theoderich I., nach Metz. Anthimos hat sich dort offenbar eine ganze Weile aufgehalten, denn der lateinische Brief, den er dem Franken-König nach der Rückkehr aus Ravenna schrieb, zeigt Vertrautheit mit den fränkischen Lebensgewohnheiten. Es ist ein Brief, ja fast schon ein Büchlein in 94 Abschnitten mit Ratschlägen für eine vernünftige Ernährung in allen Lebenslagen, insonderheit bei Krankheit.

Vermutlich erfüllte Anthimos mit dem Schreiben einen Wunsch des obersten Franken, den dieser ihm gegenüber beim Abschied geäußert haben mag. Anthimos warnte zunächst einmal die anscheinend sehr eßfreudigen Franken vor den enormen Mengen, die sie zu verspeisen pflegten, nicht aber vor dem Genuß von Met (hier verwendete er das germanische Wort) und Bier (»cervesia«), vermutlich weil das ohnedies aussichtslos gewesen wäre. Die Vorliebe für Speck aber und insbesondere für die Schwarten kritisierte er und mahnte zur Einschränkung, wie er auch einen steinharten Käse ablehnte, den es bei Goten wie Franken gab und der Steinleiden verursachen könne – ein in der antiken Medizin häufiger Analogieschluß von der Konsistenz einer Speise auf deren Verarbeitung durch den Körper. Seinen Rat zu leicht verdaulicher Kost vor allem für Reisende würden auch heutige Ernährungskundler unterschreiben. Und manche der Tips für Speisen bei Krankheiten wohl auch. Einige wenige Beispiele: Gerstengrütze in lauwarmem, reinem Wasser verdünnt bei Fieber, Gurken bei Nierenleiden, Mandelmilch und getrocknete Feigen bei Halsentzündungen, Kuh- oder Ziegenmilch bei Schwindsucht, geschälte Quitten bei blutiger Ruhr und dann etwas Feines bei Durchfall: Rebhuhn mit Koriander, allerdings ungesalzen und ohne Öl.

Einen Eindruck vom reichhaltigen Angebot an Backwaren selbst in der Provinz vermittelt die auf einem in Metz (Mediomatricum) gefundenen Grabrelief festgehaltene Ladenszene.

Leicht verdauliche Kost wie Fisch empfahl der griechische Arzt Anthimos seinen römischen Patienten. Das in Tunesien (Provinz Africa) ausgegrabene römische Mosaik zeigt Netzfischer bei der Arbeit.

Verfallserscheinungen

Unter Theoderich kam noch einmal der Verfall der öffentlichen Einrichtungen in seinem Herrschaftsbereich zu einem gewissen Stillstand, ja der Gote bemühte sich darum, Schäden etwa an Wasserleitungen und Thermen ausbessern zu lassen. Er war dazu dadurch vorgebildet, daß er als Kind zwischen 459 und 469 als Geisel am oströmischen Kaiserhof aufgewachsen war und früh verantwortungsvolle Posten bekleidete. Seit 474 Gotenkönig, wurde er dem Kaiser dann allerdings unheimlich, und dieser lenkte den gefährlichen Mann mit der Aufgabe ab, den in Italien seit 476 herrschenden Odoaker zu bekämpfen, hoffend, die beiden würden einander neutralisieren oder gar auslöschen. Doch Theoderich setzte sich 493 durch, wählte Ravenna zur Hauptstadt und entwickelte seinen Gotenstaat in Italien zunehmend ohne Rücksicht auf den Kaiser in Konstantinopel. Dabei umgab er sich mit

Palast König Theoderichs des Großen in Ravenna. Mosaik an der Südwand der dort von ihm um 500 erbauten Kirche Sant' Apollinare Nuovo.

römischen Beamten, Ingenieuren und Ärzten, letztere wie Anthimos meist griechischer Herkunft. Sieben Jahre nach dem Herrschaftsantritt hatte Theoderich sein Reich so weit stabilisiert, daß er nach Rom aufbrechen konnte. Angesichts des Verfalls der Weltstadt erhielt sein Impuls zur Rettung der überkommenen und von ihm übernommenen Werte neuen Schub, und er verbot das grassierende Plündern altehrwürdiger Bauten, beauftragte Beamte mit der Erneuerung von Zerstörtem und konnte so für einige Zeit etwa die großen Wasserfernleitungen wieder zum Sprudeln bringen. Der römische Historiker Cassiodor (490-583), in den letzten Jahren 523-26 Leiter der Kanzlei Theoderichs, pries das so:

»Ausgehöhlte Berge stürzen ein, Kanäle verfallen, aber diese Werke der Alten bestehen, wenn ihnen die Sorgfalt zur Hilfe kommt. Beachten wir, welchen Schmuck die Fülle des Wassers der Stadt Rom verleiht. Denn was wäre die Schönheit der Thermen ohne die Güte des Wassers? Es rauscht die Aqua Virgo rein und wonnig daher, und sie verdient ihren Namen durch ihre Unbefleckheit. Während sich andere Aquädukte in Folge heftigen Regens mit Erde versetzen, scheint uns diese mit ihrer lauter fortgleitenden Welle einen immer heiteren Himmel vorzuspiegeln. Wer kann ferner schlüssig erklären, wie die Aqua Claudia durch einen ungeheuren Aquädukt so zur Stirn des Aventin geleitet wird, daß sie von der Höhe herabfallend den hohen Gipfel wie ein tiefes Tal zu bewässern scheint?«

Wie die Stelzenreihe eines antiken Transrapid eilen die Reste der Stützbogen der Aqua Claudia, der ersten römischen Fernwasserleitung, von den Albaner Bergen auf die Stadt zu.

Verfallserscheinungen

Das dürfte auf lange Zeit das letzte Loblied auf Wasserbauten der Römer gewesen sein, denn nach Theoderich verlor sich die Bereitschaft zur Heilung von Schäden. Für die damaligen und für Verwüstungen überhaupt hat sich das Wort »Wandalismus« eingebürgert, das Bezug nimmt auf die Eroberung Roms durch die germanischen Wandalen unter Geiserich im Jahr 455. Die während der Französischen Revolution aufgekommene Vokabel sollte man streichen, nicht etwa weil die Plünderer lammfromm gewesen wären, sondern weil sie im brutalen Zeitklima als noch relativ gesittet erschienen. Papst Leo I. der Große (Pontifikat 440-461) hielt jedenfalls nach ihrem Abzug einen Dankgottesdienst für die glimpfliche Behandlung der Stadt ab. Und auch in ihrem nordafrikanischen Reich, das die Wandalen 429 gegründet hatten, weist vieles auf eher schonungsvollen Umgang mit den vorgefundenen Kulturgütern hin. Sie nahmen die lateinische Sprache an, urteilten nach römischem Recht und besserten Straßen, Thermen und Wasserleitungen aus. Erst in der Verteidigung gegen den Angriff des oströmischen Feldherrn Belisar 533/34 zerstörten sie die Wasserversorgung Karthagos.

Auch an der Peripherie des Römischen Reiches und außerhalb seines Machtbereichs zeigten sich Erosionserscheinungen. Der Zeitgeist des Zweifels am Überkommenen und vagabundierende Begehrlichkeiten lassen – mit Goethe gesprochen – »Throne bersten, Reiche zittern«, auch, um im poetischen Bild zu bleiben, »im reinen Osten«, mit dem der Dichter den Orient meinte: Im tiefsten Süden der Arabischen Halbinsel ist schon um 450 v.Chr. das Reich der Sabäer in den Blick unserer Darstellung geraten. Dort hatte ein für die Zeit wasserbauliches Wunder zu einer langanhaltenden Blüte geführt: Der Staudamm von Marib ließ die Wüste grünen. Jetzt, fast tausend Jahre später, herrschte hier die Dynastie der Himjariten, jedenfalls bis um 530, denn auch ihre Macht bröckelte angesichts zentrifugaler Kräfte in der Gesellschaft. Jüdische und christliche Wanderprediger untergruben den religiösen Konsens.

um 530 bis um 640

War früher die Wasserwirtschaft eine priesterliche Aufgabe gewesen, so wurde sie nun schon länger eher lustlos von Beamten wahrgenommen. Außerdem drohte von außen Gefahr: Mächte wie Byzanz,

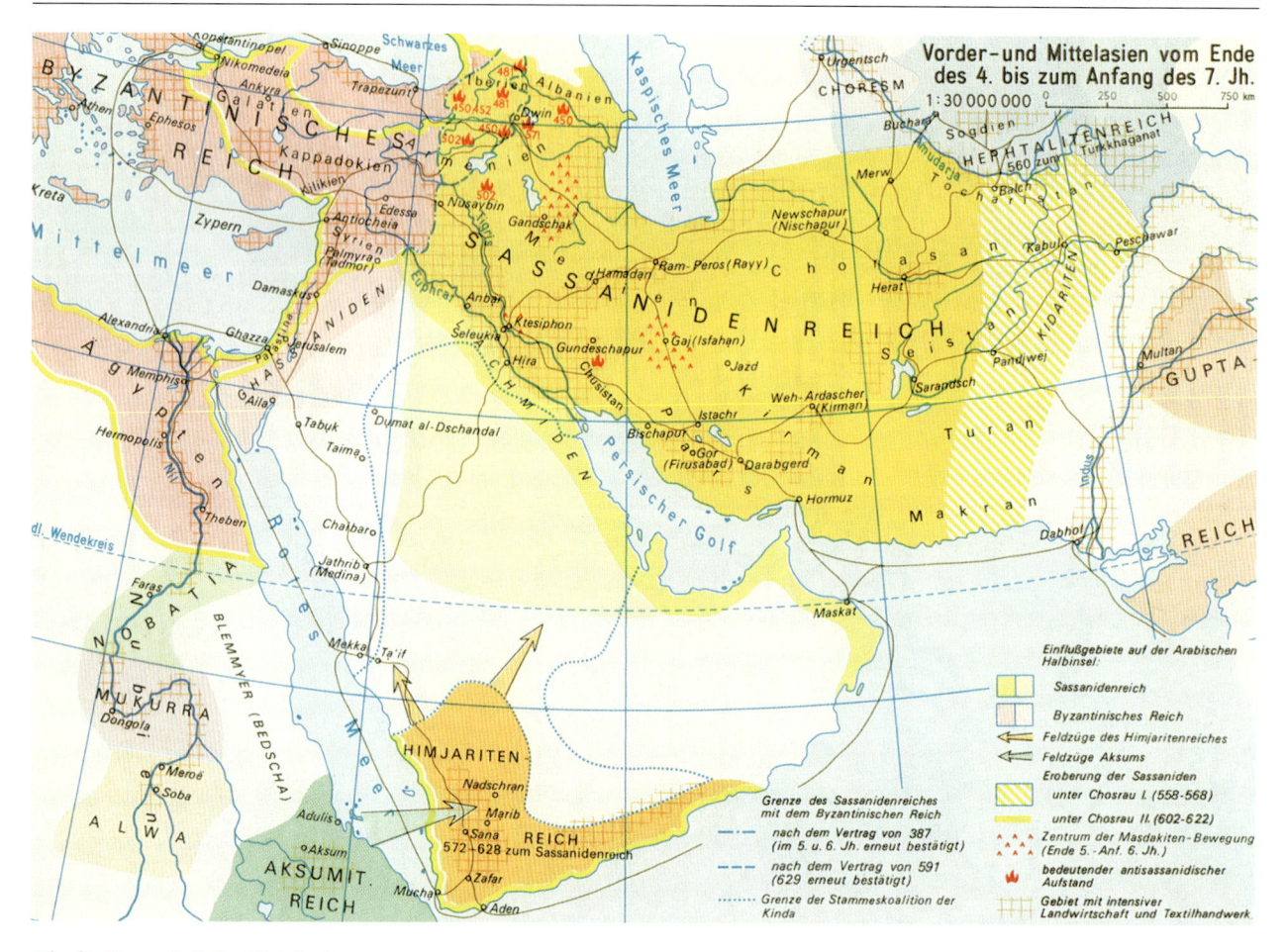

Wie das Byzantinische (Oströmische) Reich stand auch der Staat der Himjariten im Gebiet des heutigen Jemen in spätantiker Zeit unter starkem Druck von außen.

das persische Sassanidenreich und Könige von jenseits des Roten Meeres aus Äthiopien griffen nach dem Südland.

Bereits 447 war der Damm von Marib gebrochen, weil die Staubecken nicht mehr von Sandanschwemmungen befreit und auf gefährdete Stellen kontrolliert worden waren. Nach großen Anstrengungen wieder instand gesetzt, geriet er erneut durch kriegerische Ereignisse in Gefahr: 525 setzte ein äthiopisches Heer unter Abraha nach Südarabien über, das bis 530 die Himjariten vertrieb und den eigenen Feld-

Verfallserscheinungen

herrn als neuen Herrscher etablierte. Zwar sah dieser den Nutzen des Marib-Dammes durchaus ein und ließ ihn nach einem erneuten Bruch im Jahr 542 auch wieder reparieren, doch war das Werk nicht von Dauer. Abraha versuchte lieber, unter Einsatz kriegerischer Mittel die Verluste durch die nun einsetzende Verkümmerung der Landwirtschaft auszugleichen. Dabei ereilte ihn 570 vor Mekka die Pest, ausgerechnet im angenommenen Geburtsjahr Mohammeds, dem sechs Jahrzehnte später ganz Arabien zufallen sollte und der in der 34. Koran-Sure (14-16) des Untergangs des Reiches der Sabäer gedachte:

»*Wahrlich, Saba hatte in ihren Wohnungen ein Zeichen: zwei Gärten, einen zur Rechten und einen zur Linken: ‚Esset von der Gabe eures Herrn und danket Ihm. Ein gutes Land und ein verzeihender Herr!' Sie aber wendeten sich ab, und da sandten Wir über sie die Flut des Dammbruchs und vertauschten ihnen die beiden blühenden Gärten mit zwei Gärten von bitterer Speise und Tamariske und wenigen Lotosbäumen. Solches gaben Wir ihnen zum Lohn für ihren Unglauben.*«

»Erkenne dich selbst« – und deine Vergänglichkeit, mahnt die griechische Inschrift auf dem römischen Mosaik. Die Spätantike war geprägt von Untergangsstimmung und düsteren Ahnungen, ausgelöst auch von Seuchen wie der Pest.

> »Die Pest erscheint mit einem plötzlichen, hohen Fieber. Zugleich bilden sich im Gewebe unter der Haut Schwellungen. Sie können die Größe einer Bohne, aber auch die einer Pflaume haben. Ohne Behandlung verbreitet sich die Krankheit im Körper, der zu erkalten beginnt und abstirbt.«
> (Chinesisches Gesundheitsbuch)

Römische Mosaike dieser Art stellten Mahnungen an die Lebenden dar: »Memento mori« – bedenke, daß du sterben mußt!

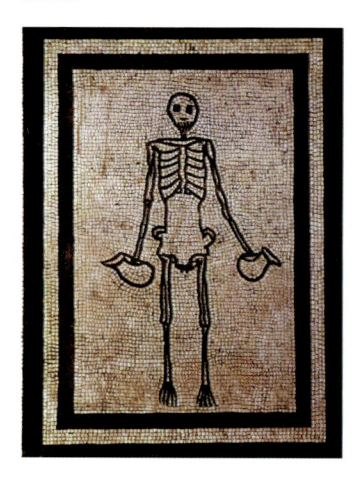

Es scheint, als habe die geistige Unsicherheit der Zeit auch die physische Konstitution der Menschen geschwächt. Seuchen hatten zwar immer wieder große Opfer gefordert, doch nun kam mit der Pest eine neue Dimension auf. Vermutlich handelte es sich um unterschiedliche Seuchen, die mangels genauerer Kenntnis pauschal als Pest galten, doch manche Beschreibung betrifft tatsächlich die sogenannte Beulenpest. So nannten die Chinesen die Krankheit schon im 5. Jahrhundert »Rattenpest«, was belegt, daß sie den Übertragungsweg kannten, und eine chinesische Quelle aus dem Jahr 610 deutet an, daß die fernöstlichen Ärzte auch erfolgreiche Behandlungsmethoden gefunden hatten.

Seit 542 grassierte die Pest, angeblich vom Nildelta ausgehend, im Mittelmeerraum und dezimierte die Bevölkerung in vielen Landstriche, insbesondere in Ballungsräumen, drastisch. Sie flackert ein Jahrhundert lang immer wieder auf, wobei nicht klar ist, ob die mittelmeerische Pest bis China vordrang, oder ob die Seuche von dort bis ins Abendland ausstrahlte. Sie erreichte dort 546 und erneut 558 das Rheinland, 552 Bayern, 561 Trier und brach 565 mächtig in Norditalien und ins Frankenreich ein, gefürchtet als »Pest des Justinian«, des 527 bis 565 regierenden Kaisers im Oströmischen Reich. Justinians Kriege zur Rückgewinnung der afrikanischen, italienischen und spanischen Provinzen von den Germanen haben der Seuche sicherlich durch Verelendung der Menschen in den Kriegsgebieten Vorschub geleistet. Der Geschichtsschreiber Prokop (um 500-nach 562) hat die Kriege und die Pest dargestellt und übertreibend geschätzt, daß ihr die Hälfte der Bevölkerung des Reiches zum Opfer gefallen sei. Sicher aber ist, daß neue Wellen der Krankheit um 600 und später auf eine geschwächte Einwohnerschaft trafen und so weiter wüten konnten.

Einen Zusammenhang gab es nicht, doch der Zufall wollte es, daß ebenfalls 542 mit dem Hôtel-Dieu in Lyon ein erstes Krankenhaus, Muster für viele spätere, entstand. Gestiftet hatte es Merowinger-König Childebert I. (um 495-558, König der Franken seit 511). Im gleichen Jahr starb in Arles Bischof Caesarius, der ebenfalls viel für die Krankenpflege getan hatte. Und 567 gründete die wohltätige und heiliggesprochene Königin Radegunde (um 518-587), Frau König Chlothars I., in der Nachfolge des Caesarius in Poitiers ein Krankenhaus. In den

Verfallserscheinungen

Auf einem Kirchenfenster in Poitiers festgehalten: Verfolgung der heiligen Radegunde durch ihren Mann, König Chlothar I., der sie an seinen Hof zurückbringen will.

Städten des Oströmischen Reiches gab es solche zunächst nur als Herbergen (»hospitia«) dienende Einrichtungen schon lange. Viel halfen sie bei Seuchen nicht, da Quarantäne für Gesunde und Kranke daheim eher im allgemeinen Interesse lag, doch fanden manche Menschen Linderung unter der kundigen Aufsicht von Ärzten, die freilich in den meisten Fällen machtlos waren.

Die genannten Beispiele für christliche Gesundheitsvorsorge sind nicht unbedingt typisch, denn in dieser Frage herrschten in der Christenheit unterschiedliche und zu unterschiedlichen Zeiten dominierende Strömungen: Es gab die Asketen, die Bäder und Körperpflege schlicht als sündhaft ansahen. Dann waren da die Dulder, die hinnahmen, was der Herr schickte, und allenfalls behördliche Auflagen erfüllten. Die dritte Haltung, unter dem Einfluß der antiken Wissenschaften anfangs vorherrschend, verlor mit der Zeit an Wirkung: Pflege auch des eigenen Körpers als Geschenk und Ebenbild Gottes, womit auch eine Hin-

Immer wieder haben Künstler den heiligen Benedikt von Nursia dargestellt. Hans Memling sah ihn um 1485/90 als asketischen Beter bei der Bibellektüre.

wendung zum kranken Mitmenschen verbunden war. Für das enge Zusammenleben in Klöstern, die jetzt im Abendland aufkamen, mußten anders als bei den völlig leibfeindlichen orientalischen Eremiten Kompromisse gefunden werden. Dem Rückzug aus der Welt lag eigentlich eine Abkehr vom Irdischen zugrunde, doch das Ideal der Nächstenliebe forderte ein Mindestmaß an Reinlichkeit. Und so finden wir in der Regel 36 der Benediktiner, deren Stammkloster Montecassino 529 vom Ordensgründer Benedikt von Nursia (um 480-547) ins Leben gerufen worden war, die Verpflichtung zur Krankenpflege und die Duldung mäßigen Badens. Auch der im vorigen Absatz erwähnte Caesarius genehmigte Nonnen ein monatliches Bad, erkrankte Nonnen wurden sogar zum Baden angehalten.

In Konstantinopel herrschte natürlich ebenfalls christliches Denken, doch stand man hier noch fester auf dem Boden der Tradition und damit auch der sanitären Zivilisation. Trotz seiner Kriege hat Kaiser Justinian, vielleicht erschreckt von der Pest, das Badewesen fördern und Badeanlagen erneuern oder – allerdings in bescheidenerem Rahmen als früher – neu errichten lassen. Wie wenig selbstverständlich aber auch hier Reinlichkeit inzwischen geworden war, läßt sich aus einer ganzen Reihe von Werbesprüchen für Bäder und fürs Baden ablesen, die uns überliefert sind. Einige wenige, teils frivole Beispiele von Distichen (Doppelverse aus Hexameter und Pentameter):

»*Wer in den lautern Wassern nur einmal gebadet, der sehnt sich/ Nicht nach der Heimat, der will nicht zu den Eltern zurück.*«

»*Klein ist die Anstalt, gewiß, doch ist sie entzückend zu sehen,/ Gleich wie ein Rosengeheg, gleich wie die Veilchen im Korb.*«

»*Wenn das Verlangen mit Macht zum käuflichen Mädchen dich hintreibt,/ Bade zuvor hier, dann zahlt dieses dir Geld noch heraus.*«

»*Die ihr verlockend wollt sein, ihr Frauen – und wollt ihr's nicht alle?/ Kommt und holt euch von hier Fülle von strahlendem Reiz.*«

Mit dem »lauteren Wasser« war es in Konstantinopel aber so eine Sache. Die beschriebenen Fernleitungen hatten immer wieder gelitten, in der Berichtszeit vor allem durch Erdbeben, und verloren unterwegs viel Wasser. Außerdem schwankte die Versorgung jahreszeitlich und

Verfallserscheinungen

Schon Konstantin der Große begann mit dem Bau von Wasserkammern in seiner Hauptstadt; Kaiser Justinian I. vollendete 532 in Konstantinopel diese Zisterne mit ihren acht Meter hohen Säulen.

konnte jederzeit von Angreifern unterbrochen werden. Vor allem aus diesen militärischen Erwägungen heraus ließ Kaiser Justinian eine ganze Reihe von sehr großen Wasserkammern und Zisternen anlegen, die in Zeiten des Überflusses als Speicher dienten und bei knapperem Angebot zu dessen Ergänzung herangezogen wurden. Insgesamt konnten in den kaiserlichen Zisternen mehrere hunderttausend Kubikmeter vorgehalten werden. Eine besonders bemerkenswerte dieser vielen Wasserkammern sei mit den Worten Prokops beschrieben, der Justinian zwar nicht sonderlich gewogen war, dessen Leistungen aber anerkennen mußte:

»*Der Kaiser ersann folgenden Plan: Neben dem Gerichtsgebäude (Basileos Stoa), wo die Rechtsanwälte, Gerichtsherren und Justizbeamten die Streitfälle behandeln, liegt auf Felsgrund ein großer, langer und ziemlich breiter Hof, der auf vier Seiten von offenen Säulenhallen umgeben ist. Kaiser Justinian ließ den Hof und den Platz der südlichen Säulenhalle tief ausheben und speicherte hier das Wasser, das in anderen Jahreszeiten nicht benötigt wurde, als Vorrat für den Sommer. Auf diese Weise erreichte der Kaiser, daß die Byzantiner keinen Wassermangel spüren.«*

Diese vor 555 entstandene Kammer hieß wegen der Nähe zum Gerichtsgebäude Cisterna Basilica. Sie ist bis heute gut erhalten und über eine Treppe unter der Hilaliahmer Caddesi in Alt-Istanbul zu besichtigen: Sie mißt 140 mal 70 Meter und faßt etwa 75 000 Kubikmeter. 336 acht Meter hohe Säulen in vier Metern Abstand und in 12 Reihen zu je 28 Säulen tragen die Ziegelsteingewölbe. Die Kammer erhielt ihr Wasser aus der Valensleitung. Weit übertroffen an Größe wurde sie noch von einigen offenen Becken, deren Grundmauern ebenfalls bis heute zu sehen sind, darunter die Aspar-Zisterne, die 230 000 Kubikmeter zu speichern vermochte und heute unter einem Garten liegt, sowie die Aetius-Zisterne unter einem jetzigen Sportplatz, die ein Fassungsvermögen von 150 000 Kubikmetern hatte.

Der Kollaps des Weströmischen Reiches hatte natürlich auch Konstantinopel nervös gemacht. Dem versuchte Justinian mit einer Doppelstrategie entgegenzuwirken, indem er einerseits im Westen zu Rückeroberungen schritt und andererseits der nicht geringeren Gefahr aus dem Osten durch Befestigung der Grenzen am Kaukasus, vor allem aber in Mesopotamien und Syrien vorzubeugen bemüht war. Hier hatten nach einem brüchigen Frieden seit 502 Truppen der persischen Sassaniden und Araber aus der Wüste immer wieder für Unruhe gesorgt, bedeutende Städte wie Theodosiopolis (heute Erzurum) oder Amida (Diyarbakir) geplündert und die Grenze verschoben. Justinian bereiste die Region mehrmals und ordnete Reparaturen der alten und die Errichtung neuer Befestigungsanlagen in vielen Orten an, darunter Rhabdion, Baras, Melitene, Konstantia, Kirkesion, Edessa (Urfa), Zenobia, Resapha (ar-Rusafa), Hierapolis (Manbidsch), Aleppo (Haleb), Kyros, Kitharizon (Ovacik), Trapezus (Trapezunt). Etwas genauer sollen die Maßnahmen in Dara nordwestlich von Nisibis (Nusaybin) vorgestellt werden, wie sie Prokop geschildert hat:

In der von Theoderich erbauten Kirche Sant' Apollinare Nuovo in Ravenna ist das Mosaik-Porträt Kaiser Justinians zu sehen.

Verfallserscheinungen

Die Stadt im Grenzgebiet zu Persien erhielt auf Weisung des Kaisers eine 18 Meter hohe Mauer mit dreißig Meter hohen Türmen und im Abstand von etwa 16 Metern dazu einen zweiten Mauerring. Im Schutzstreifen dazwischen konnten die Bewohner sich und ihr Vieh im Notfall vorübergehend in Sicherheit bringen. An der Innenseite der Außenmauer zog sich ein überwölbter Pfeilergang hin, auf dem ein Wehrgang verlief, so daß etwaige Feinde aus den Scharten zweier Stockwerke bekämpft werden konnten, von den Türmen her sogar noch aus einem dritten. Das reichte zur Abwehr, aber zur Vertreibung von Belagerern natürlich nicht. Bis zum Eintreffen von Entsatz waren daher Maßnahmen der Wasservorsorge durch Tiefbrunnen oder Speicherbecken zu treffen. In Dara ergab sich eine besondere Möglichkeit zur Füllung der Wasserkammern, denn die Stadt lag am Kordes, der oberhalb des Ortes zwischen zwei Felsen austritt und dem Chaboras zufließt.

Bedeutendstes Werk der byzantinischen Architektur ist die von Justinian 532-537 neu erbaute Kirche Hagia Sophia (»heilige Weisheit«); nach 1453 Moschee, seit 1934 Museum.

Gold, Granat, Bergkristall, grünes Glas: Das Kostbarste war gerade gut genug zur Verherrlichung Chosraus I., der in der Mitte dieser Schale als thronender Herrscher dargestellt ist.

Der Kaiser ließ daher den Quell sichern, beide Stadtmauern am Eintritt des Flusses in die Stadt quer durch das Flußbett bauen und Möglichkeiten des Aufstauens im Schutz der Mauern schaffen. Aus dem dadurch nach Bedarf füllbaren Becken legte sein Stadtplaner Chryses von Alexandria eine Trinkwasserleitung für die Bürger, deren Häuser nicht am Fluß lagen, regelbare Abflüsse in die Wasserkammern und einen Graben zu einem Schacht, mit dem es eine besondere Bewandtnis hatte: Hier nämlich konnten die Leute von Dara den Kordes in den Untergrund verschwinden lassen. Bei einem Hochwasser hatten sie beobachtet, wie mitgerissener Hausrat gurgelnd im Schacht versank und erst rund 60 Kilometer weiter wieder zu Tage kam. Wenn daher Feinde zur Belagerung übergingen, konnten die Daraner den Spieß umkehren, den Fluß in den Schacht umleiten und damit den Angreifern buchstäblich das Wasser abgraben, denn andere Quellen als die von Dara aus kontrollierte gab es in der Umgebung nicht. Die Stadt spielte in den Abwehrkämpfen des folgenden Jahrhunderts als kaum einzunehmende Festung eine Schlüsselrolle.

Justinian hatte es bei den Kämpfen vor allem mit Chosrau I., dem von 531 bis 578 regierenden Sassaniden-Herrscher, zu tun. Bei aller Feindschaft lernten beide voneinander, auch was den Wasserbau anging. Die Perser nämlich waren geschickte Ingenieure, die noch später unter arabischer Herrschaft diesen Berufszweig dominierten. Die unter Chosrau bis nach Jemen und sogar nach Somaliland vordringenden Perser bauten überall sogenannte Kanate, unterirdische Stollen, die in den ariden Gebieten das Grundwasser unter den Geröllflächen der Gebirge sammelten und den Siedlungen zuleiteten. Am Fuß von Bergen legten die Ingenieure Quellfassungen an und führten

Verfallserscheinungen

die Leitungen zur Kühlung in bis zu 15 Metern Tiefe in gewölbten, begehbaren Stollen weiter in die Städte oder auf die zu bewässernden Felder, wobei alle dreißig bis vierzig Meter ausgemauerte und abdeckbare Lüftungsschächte angelegt waren. Diese Kanate waren zum Teil bis ins 20. Jahrhundert in Gebrauch, und ihre Technik beeinflußte auch römische Bauten, wie sich umgekehrt die Perser vom römischen Thermenbau inspirieren ließen.

Gehen wir noch ein Stück weiter nach Osten: Anders als das Ur-Christentum vertrat der inzwischen in ganz Süd- und Ostasien verbreitete Buddhismus von Beginn an klare hygienische Positionen. Sie bezogen sich vor allem auf den klösterlichen Bund, den »samgha«, in dem schon das enge Zusammenleben Mindeststandards verlangte. Jede Klosterregel ist in Form eines Lehrstücks, eines »sutra«, niedergelegt, in dem meist Buddha selbst seine Forderungen artikuliert. So beispielsweise auch, daß jeder ungeachtet seines Standes Aufnahme im Kloster finden könne, von Unfreien, Vatermördern oder an gefährlichen Krankheiten Leidenden abgesehen. Den ursprünglichen Sutras gesellten sich im Lauf der Jahrhunderte neue hinzu, darunter auch ein um 560 in China kommentiertes mit dem Titel »Das von Buddha gesprochene Sutra über Jivakas Einladung an die ganze Gemeinschaft zum Schwitzbad«, kurz »Samghasutra« genannt. Darin geht es um die Segnungen der Sauna für Körper und Geist, die sich danach frischer und gesünder fühlen. In dem zum »Vinayapitaka« (Korb der Ordenszucht) gehörenden Sutra heißt es:

»Jivaka, der berühmte Arzt in Rajaghra, besucht Buddha auf dem Berg Yin sha jue und erbittet seine Meinung zu seinem Gelübde, dem Buddha und dem samgha ein Schwitzbad darzubringen. Buddha lobt Jivakas Idee, hebt die ewigen Verdienste eines Schwitzbadopfers hervor und erklärt die sieben Dinge, die für ein Schwitzbad benötigt werden: 1. brennendes Feuer, 2. klares Wasser, 3. Bademittel (aus Bohnenpulver), 4. Perillaöl (Schwarznesselöl), 5. Asche (vom Maulbeerbaum), 6. ein Weidenzweig (zum Zähneputzen), 7. Unterkleider.«

Erkannte den Nutzen des Schwitzbades für die Gesundheit: Buddha (»der Erleuchtete«). Singhalesische Bronzefigur des 6. Jahrhunderts.

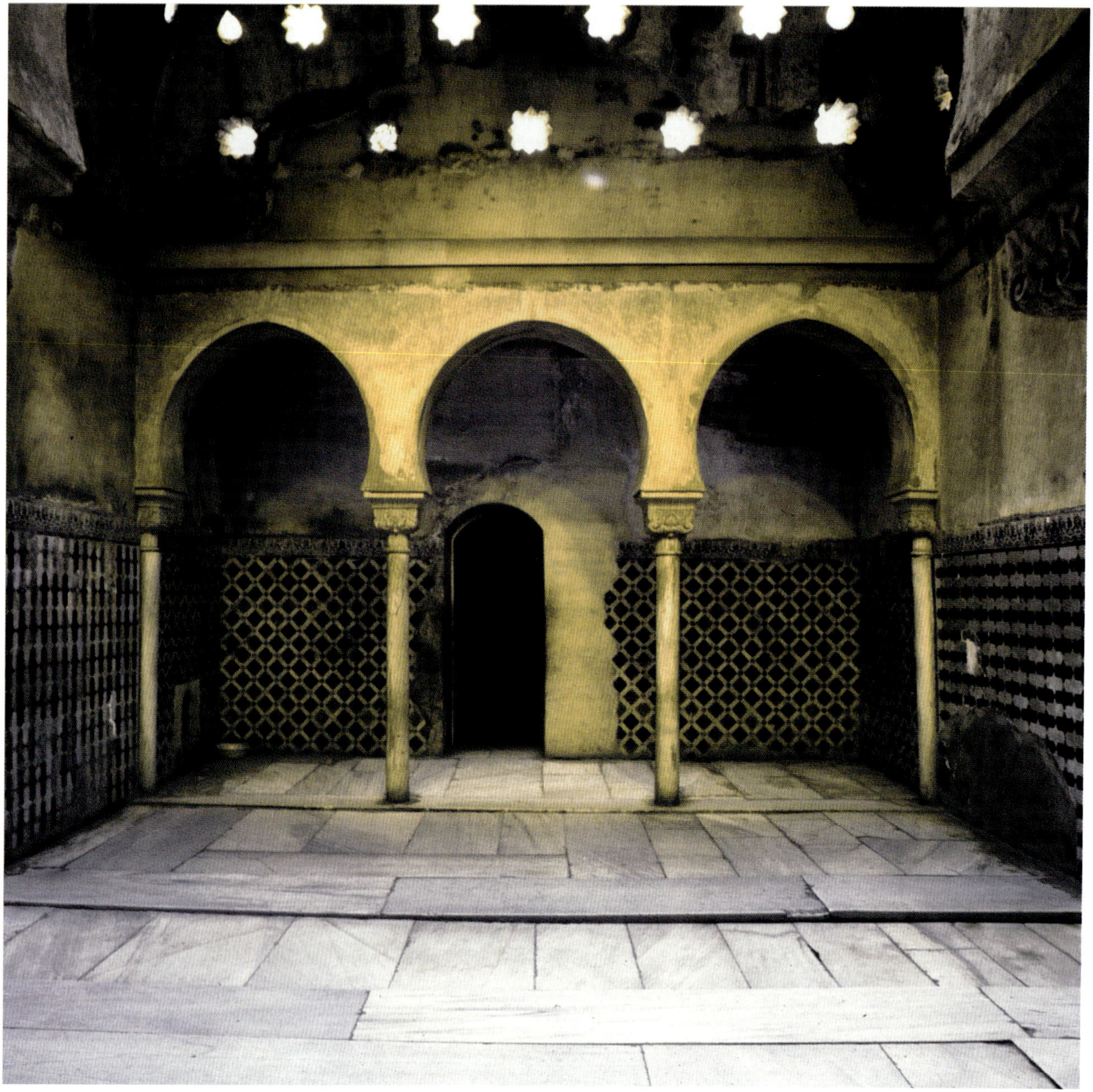

Eine neue Weltreligion

Noch bedeutsamer für die Gesundheitsvorsorge sollte die letzte der großen Weltreligionen werden, die zu Beginn des 7. Jahrhunderts Gestalt annahm: Der von Mohammed (um 570-632) im Koran entwickelte Islam, zu dem sich heute über eine Milliarde Menschen bekennen, nimmt am deutlichsten zu Fragen der Hygiene und der Körperpflege Stellung.

Die ganz aufs praktische Leben bezogenen Vorschriften des Koran als einem religiösen wie weltlichen Gesetzbuch haben daher weit nachhaltiger gewirkt als etwa die wenig konkreten Ansichten des Christentums. Diese »praktische« Seite des Islam äußert sich auch darin, daß er sich ganz weltlich-kämpferisch versteht und daher der arabischen Macht zu einer nur noch mit dem Römerreich vergleichbaren Ausdehnung verhalf.

Die Mission mit dem Schwert gehört im Wortsinn zum Islam, denn auch dahinter steht ein göttlicher Auftrag, und Islam bedeutet nichts anderes als bedingungslose Ergebung in den Willen Allahs, des einen Gottes. Das führte auch zur Verbreitung dessen, was Mohammed an Einsichten über eine gesunde Lebensführung geäußert hat, auch wenn sie nicht Bestandteil des Korans sind.

Sie sind schon bald nach Mohammeds Tod gesammelt und immer wieder abgeschrieben worden. Was darin als Zutaten der Sammler und Abschreiber zu werten ist, läßt sich kaum von wohl originären Äußerungen des Propheten trennen, wie auch Verfälschungen durch die zunächst mündliche Überlieferung nicht auszuschließen sind. Wichtig

Zwei Bilder, die von der raschen und weiten Verbreitung des Islam zeugen: Arabischer Korantext auf einem Holzbrett mit nigerianischem Schmuck (unten); Innenansicht der königlichen Haremsbäder in der Alhambra von Granada (linke Seite).

ist, daß sie großen Einfluß ausgeübt haben und den Alltag der Muslime prägten und prägen. Es erstaunt insgesamt, wie wenig Mohammed auf Zaubermittel zurückgreift oder abergläubische Vorstellungen bedient. Gewiß, er verweist die Gläubigen immer wieder auf die Heilkraft des Gebets und der Beschäftigung mit den Offenbarungen des Korans, doch ansonsten bleibt er sachlich innerhalb der Grenzen der damaligen Kenntnisse. Vor allem Vorbeugen empfiehlt er: »Gesundheitsvorsorge ist das beste Mittel für die Gesundheit.« Daneben mahnt er immer wieder zur Mäßigkeit, denn »ein dicker Bauch ist ein Haus voller Krankheiten«. Den hohen Wert, den er dem Wasser beimaß, illustriert eine Legende:

Mohammed fühlte, daß der Tod nahte. Er hatte aber noch einige ihm sehr wichtige Entscheidungen zu treffen und wollte noch zu seinen Anhängern sprechen. Er überlegte daher, wie er sein Leben noch um eine kleine Spanne verlängern könnte. Er stieg in eine Badewanne und ließ aus sieben Schläuchen (wohl Lederbeuteln) kaltes Wasser auf sich schleudern. Das brachte seine Lebensgeister für eine Weile zurück, so daß er seine Befehle geben und letzte Worte sprechen konnte. Kneipp hätte keinen besseren Rat gewußt.

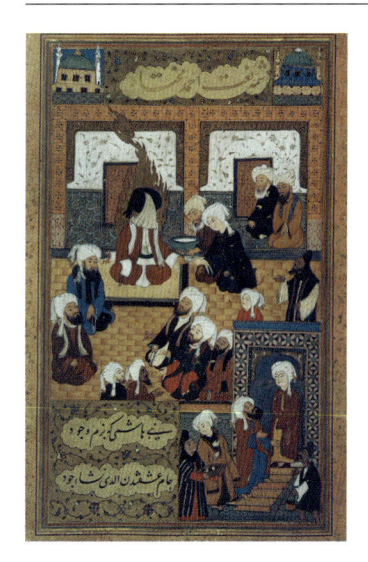

»Mohammed und Gefährten« (türkische Miniatur oben); Beginn der 38. Sure (Handschrift unten): »Bei dem Koran voll Ermahnungen...«

Eine neue Weltreligion

Und diese Geschichte paßt auch zu einer anderen Legende: Als einer seiner Männer in einem Gefecht verwundet worden war, ließ Mohammed zwei Heilkundige kommen und fragte sie: »Welche Erfahrung habt ihr mit der Heilkunst?« Sie antworteten: »O Prophet Gottes, ist denn etwas gut in der Medizin? In der Zeit der Unkenntnis pflegten wir Heilungssuchende zu behandeln. Aber nachdem der Islam gekommen ist, haben wir uns ganz Gott anvertraut.« Darauf erwiderte der Prophet: »Behandelt den Verwundeten! Gott, der die Krankheiten erschuf, erschuf auch die Heilkunde und hat sie mit besonderen Kenntnissen ausgestattet.« Die Ärzte gehorchten, der Verwundete genas.

Ergebenheit bedeutet also nach Mohammed nicht, alles passiv hinzunehmen, sondern die göttlichen Gaben zum Preis des Höchsten zu nutzen. Zu diesen Gaben gehören zuvörderst die Nahrungsmittel, die für ihn eine entscheidende Rolle in der Gesundheitsvorsorge spielen. Zu vielen hat er Anmerkungen gemacht, die auch im Licht modernen Wissens Bestand haben oder doch für die Region, in der er lebte, einige Wahrheit enthalten. Ein paar Beispiele: »Einem Haus ohne Datteln fehlt die Ernährung« – die Früchte sind in der Tat äußerst nährstoffreich. »Apfelsinen essen! Sie straffen die Fasern des Herzens und stärken den Verstand« – eine gute Beschreibung der Kraft von Vitamin C. »Feigen essen hilft gegen Kolik« – geht diese auf eine Verstopfung zurück, helfen die Früchte tatsächlich, denn sie wirken leicht abführend. Und ein letztes: »Trink Milch, denn das nimmt die Hitze vom Herzen, wie die Finger den Schweiß von der Stirn wischen. Außerdem strafft Milch den Rücken, erneuert die Sehkraft und vertreibt die Vergeßlichkeit« – eine vorzügliche Würdigung der Milch, die säureabweisend ist sowie reich an Proteinen, Calcium und Vitaminen.

Sicher erheblich unwichtiger als die Stiftung des Islam, aber ebenfalls von dauerhafter Wirkung war die Erfindung des Porzellans, die um dieselbe

Knoblauch spielte in der arabischen Gesundheitslehre eine wichtige Rolle. Buchmalerei in einer lateinischen Ausgabe.

Zeit in China gelang. Die chinesische Sage berichtet darüber, daß Kaiser Yü wieder einmal alle Erfinder empfing und sich vorführen ließ, was sie Neues zu bieten hatten. Dabei saß ein Weiser zu seiner Rechten, der ihn beriet. Zuerst kam ein Mann, der bewegliche Drucklettern zeigte. Doch der Weise riet dem Kaiser davon ab. Man könne damit zwar Lügen festhalten, noch ehe sie der Lügner abzuleugnen vermöchte, doch die Lügen fänden dadurch auch weitere Verbreitung als durch Gespräche. Ebenso erging es dem Erfinder der Uhr, die nichts als Hast ins Leben bringe, und dem Erfinder eines selbstfahrenden Wagens; dieser könne zwar, so der Weise, die Leute schneller von Ort zu Ort gelangen lassen, werde sie aber desto nachhaltiger einander entfremden. Nur eine Schale aus dünnem, weißem Porzellan fand Gnade vor den allerhöchsten Augen, weil der Weise dem Kaiser erklärte: »*Solch eine Reinheit, wie sie diese Schale besitzt, wird auch die Menschen zur Reinheit erziehen. Genauso reinlich, wie der Mensch diese Schale halten wird, wird er auch seinen Körper und seine Seele rein zu halten versuchen. Auch wird die Dünnheit und Zerbrechlichkeit des edlen Stoffes die Wesensart der Menschen selbst verbessern; denn sie werden sich bemühen, die gleiche Sorgfalt wie bei der Behandlung dieser Schale auch im Verkehr untereinander walten zu lassen.*«

Wir wissen, was daraus geworden ist, aber auch, daß die Erfindung, die auf das Jahr 615 datiert wird, künstlerische Impulse gesetzt, den Trinkgenuß gesteigert, die Tischkultur verfeinert und die Sanitärtechnik entscheidend bereichert hat. Sie gelang, weil ein chinesischer Töpfer unermüdlich versucht hatte, die bis dahin aus Turkestan eingeführte und äußerst begehrte milchweiße Jade nachzuahmen. Er setzte dazu eine nach dem Berg Kaoling in Kiangsi (Jiangxi) Kaolin genannte Tonerde ein sowie Quarz und Feldspat, deren Schmelze bei 1200 bis 1300 Grad weißes Weichporzellan (yao) ergab. Später erzielte man bei höherem Kaolingehalt und höheren Temperaturen auch weniger empfindliches Hartporzellan. Der europäische Name für das im

Nicht nur Gebrauchsgegenstände wie die Schüssel (rechts) fertigten die chinesischen Porzellankünstler, sondern auch Schmuckfiguren wie den »gelehrten Mann« (oben).

Eine neue Weltreligion

16. Jahrhundert über Italien im Abendland verbreitete Material geht auf die Venusmuschel (Concha Veneris) zurück. Ihr Inneres nämlich hat Ähnlichkeiten mit dem weiblichen Genital und wurde wegen dieses »unanständigen« Aussehens schon im Lateinischen »porcella« (Schweinchen) genannt. Die Etymologie ist nicht zimperlich. Etymologen sind es schon eher, und so gibt es auch die anständige Variante: Die äußere Oberfläche der kleinen Muschel erinnere halt an Schweineschwarte.

Die Glaubenskrieger waren auch nie zimperlich, und doch muß an dieser Stelle eine Lanze für die – relative – Toleranz der muslimischen Eroberer gebrochen werden, die nach dem Tod Mohammeds den ganzen Südteil des zerfallenen Römischen Reiches unterwarfen. Alexandria, die über Jahrhunderte blühende und immer noch bedeutende ägyptische Hafenstadt, war dabei ein begehrtes Ziel. 641 wurde sie vom Feldherrn Amr ibn al-As im Namen seines Kalifen (Nachfolger Mohammeds) Omar I. belagert und nach Einigung mit den byzantinischen (oströmischen) Verteidigern im Jahr darauf ziemlich friedlich besetzt; die

um 640 bis um 800

Unersetzliches ging beim Brand Alexandrias im 7. Jahrhundert verloren. Buchillustration des 19. Jahrhunderts; vorn links der Leuchtturm von Pharos.

Christen wurden bei ihrer Religionsausübung in keiner Weise behindert. Die Byzantiner aber kehrten zurück, so daß Amr sich 646 gezwungen sah, erneut gegen die Stadt vorzugehen, wobei es dann schon gewalttätiger zuging. Danach entstand wohl die berühmte Anekdote, nach der Amr beim neuen Kalifen Othman (644-656) angefragt habe, was er denn mit den ungeheuren Mengen an Buchrollen in der Bibliothek von Alexandria machen solle. Die Antwort wurde zum geflügelten Wort: *»Wenn die genannten Bücher in allen Stücken mit dem Buche Gottes übereinstimmen, so ist dieses letztere auch ohne sie vollkommen; sie sind also überflüssig. Allein wenn sie Dinge enthalten, die den Lehren und Sätzen dieses Buches widersprechen, so müssen sie als schädlich angesehen und vernichtet werden.«*

Amr soll daraufhin die Bücher, angeblich 500 000 Rollen, an die angeblich 4000 Bäder der Stadt verteilt haben, die damit ihre Großöfen

In den Ruinen von Gerasa, westlich vom heutigen Djerash (Jordanien), wurde das byzantinische Mosaik mit einer Stadtansicht von Alexandria entdeckt.

Eine neue Weltreligion

angeblich 183 Tage lang beheizt hätten. Diese maßlosen Übertreibungen entlarven die Geschichte als geschickte antimuslimische Propaganda-Mär, denn weder gab es noch so viele Bücher in Alexandria, von der Bäderzahl nicht zu reden, noch könnte man selbst mit der Masse Buchrollen so viele Großfeuerungsanlagen länger als ein paar Stunden beheizen. Immerhin läßt sich aus dem Bericht schließen, daß Alexandria noch recht bedeutend war und daß auch die Araber gepflegte Bäder schätzten, auch wenn sie diese selbst dann vielerorts später wenig pflegten. Noch aber nahmen sie die griechisch-römischen Errungenschaften dankbar an, und wir wissen auch, daß die Eroberer viel für die Wasserversorgung Alexandrias taten, indem sie das Leitungsnetz instand hielten und auch den fast tausend Jahre alten Kanal zum Nil weiter unterhielten. Der endgültige Verfall der Stadt begann nach der türkischen Eroberung 1517. Napoleon fand 1798/99 bei seinem Feldzug gegen die britische Position in Ägypten nur noch ein ärmliches Dorf vor.

Auch die germanischen Eroberer im Westen des ehemaligen Reiches wußten Reinlichkeit zu schätzen, sorgten zunächst aber vornehmlich für den eigenen Bedarf. Und da sie fast überall nur eine dünne Herrenschicht bildeten, verfiel die öffentliche Versorgung, was zur Ausbreitung von Seuchen beitrug. Neben der Pest war dies vor allem der Aussatz oder die Lepra. Ihre abstoßenden Symptome (Verunstaltungen der Körperenden wie Nase, Kinn, Hände und der Weichteile) machten die Aussätzigen schon immer zu Ausgestoßenen. Das christliche Barmherzigkeitsgebot änderte daran wenig, und 643 erließ der Langobardenkönig sogar das nach ihm benannte Edikt (»Edictus Rothari«) zur gesetzlichen Absonderung der Kranken. Es machte Schule und führte in vielen Gegenden dazu, daß die Aussätzigen in eigene Häuser und Sondersiechenhäuser (»leprosoria«) verbannt wurden, ja daß sie schon zu Lebzeiten als tot galten und auch nach dem tatsächlichen Tod auf gesonderten Friedhöfen beigesetzt wurden. Diese Diskriminierung beruhte darauf, daß niemand eine Heilungs-, ja auch nur Linderungsmöglichkeit für das Leiden kannte, und auf den Spekulationen über die Entstehung der Krankheit; Bakterien, in diesem Fall das Mycobacterium leprae, waren unbekannt. Man gab verdorbenen Speisen die Schuld und vor allem unchristlichem Lebenswandel sowie

»Naaman wird am Jordan vom Aussatz befreit«. Mittelalterliche Buchmalerei zu 2. Könige 5,1-14.

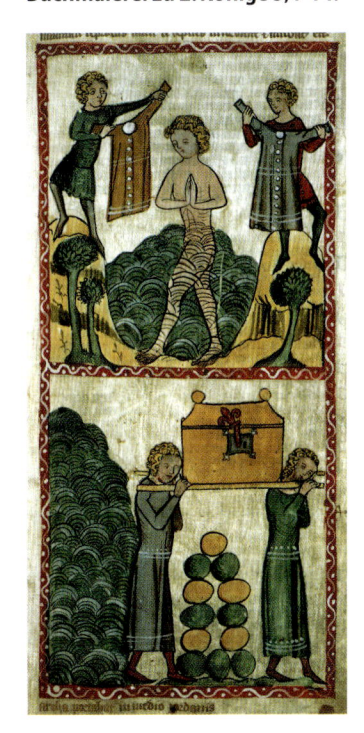

sündigen Gedanken. Damit schob man die Schuld den Kranken zu und stellte sie rechtlos.

Während in der Alten Welt eine der wirkmächtigsten Kulturen unterging, erblühte in der Neuen, von der die Europäer nicht einmal eine mythische Ahnung hatten, die rätselvolle Kultur der mittelamerikanischen Mayas. Sie siedelten hier schon seit dem 2. Jahrtausend v.Chr., doch ihre große Zeit brach erst jetzt mit der Machtübernahme durch König Ah Cacao im Jahr 682 an. Er residierte vornehmlich in Tikal, der größten Mayametropole nordöstlich vom heutigen Guatemala-Stadt. Sie erstreckte sich über 16 Quadratkilometer und beherbergte mit den Umwohnern wohl an die 50 000 Menschen. 4000 Gebäude sind als Ruinen erhalten, darunter gigantische Tempelpyramiden um die Gran Plaza, einen 9300 Quadratmeter großen Platz, der offenbar Herrschafts- und Kommunikationszentrum war. Der genannte König hat viele der eindrucksvollsten Bauten zu diesem Ensemble beigetragen, darunter den »Tempel des großen Jaguars«, in dessen Krypta er beigesetzt wurde, und den 35 Meter aufragenden »Tempel der Masken« mit seiner typischen steilen Freitreppe. Sie beide stellt der »Tempel der zweiköpfigen Schlange« in den Schatten, der mit 65 Metern das höchste »antike« Bauwerk Mittelamerikas ist. Es steht mit den anderen im tiefsten tropischen Regenwald, der die Stadt nach ihrem plötzlichen Untergang um 1000 für Jahrhunderte verschlang. Erst

In vielen Variationen an den Tempeln der Maya-Kultur zu finden: Riesenmaske des Sonnen- und Himmelsgottes Itzamná (2,5 mal 2,7 Meter).

Eine neue Weltreligion

Archäologen des 20. Jahrhunderts haben die gewaltigen Zeugnisse einer großen Kultur dem Urwald wieder abringen können.

Über den Untergang der Stadt Jahrhunderte vor der europäischen Eroberung ist viel spekuliert worden (Mißernten, Kriege, Seuchen), eine schlüssige Antwort hat sich nicht finden lassen. Soviel aber ist sicher: An Wassermangel kann es nicht gelegen haben. Dürre ist hier ja schon klimatisch ausgeschlossen, und die Maya-Planer haben zudem eine kluge Vorratshaltung betrieben. Sieben Speicherbecken von insgesamt 154 000 Kubikmeter Fassungsvermögen haben die Archäologen ausgemacht. Der von ihnen Palast-Speicher genannte Behälter im Mittelpunkt von Tikal ist der größte; er faßte allein ein Drittel der Gesamtmenge: Unter Nutzung eines Bachbetts haben die Wasserbauer der Maya um 700 einen 90 Meter weiten und 14 Meter hohen Erddamm errichtet, dessen Krone sich 83 Meter breit hinzieht. 16 000 Kubikmeter Erde mußten dafür bewegt werden. Ingenieure würden einen so großen Speicher noch heute kaum anders errichten lassen, wobei zu bedenken ist, daß die Maya kein Metall kannten und nur mit den einfachsten Mitteln zu arbeiten hatten. Tikal wurde 1979 in die Liste der UNESCO-Welterbestätten aufgenommen.

Insofern steht es einer anderen wasserbaulich bedeutenden Örtlichkeit nahe, die allerdings fast auf der anderen Seite des Globusses liegt: Auch Qusair Amra in Jordanien gehört zu den von der UNESCO ausgezeichneten Denkmälern (1985). Es ist ein um 710 vom Kalifen Al-Walid I. (regierte 705-715), dem Erbauer der Großen Moschee in Damaskus, mitten in der Wüste östlich von der heutigen Hauptstadt Amman errichtetes Lustschloß mit einem aufwendigen Badetrakt: Ein Warmraum unter Kuppelgewölbe und andere Räume mit Kreuz- oder Längsgewölbe waren fußbodenbeheizt, das Wasser kam aus einem Brunnenhaus über einem Tiefbrunnen, der sicher auch

Auf einem Türsturz in Tikal fanden sich dieses Profil eines hohen Maya-Würdenträges und die Hieroglyphen, die bis heute nicht vollständig entziffert sind.

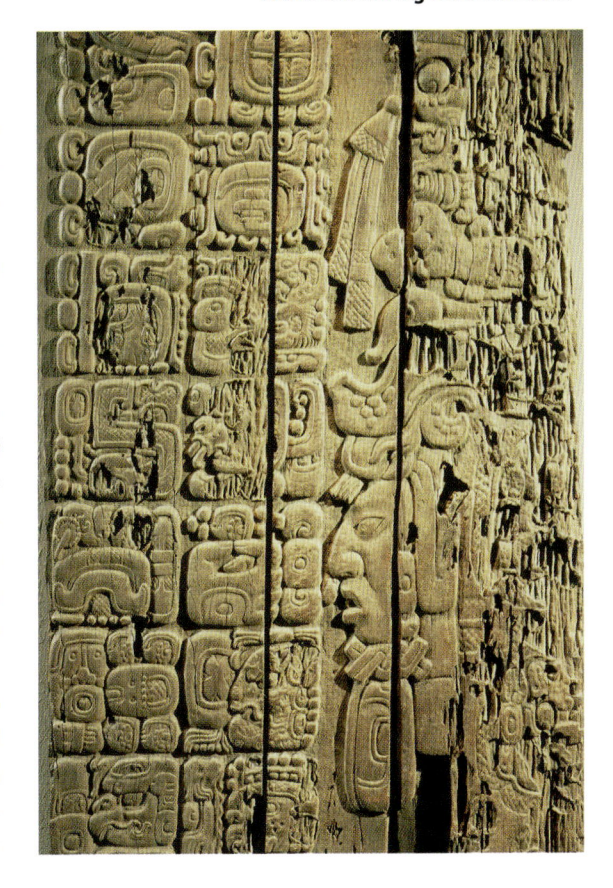

Bilder und Farbe in den Bädern wirken belebend, farbige Bilder von Badeszenen können entzücken: »Türkisches Bad«, Gemälde von Domenico Morelli (1876).

zur Bewässerung reizvoller, aber inzwischen natürlich verschwundener Gärten herangezogen wurde, denn zur »Lust« gehört das Lustwandeln.

Erhalten hingegen sind Mosaiken und viele erst gegen Ende des 8. Jahrhunderts gemalte Fresken an den Wänden der Baderäume wie an denen der dreischiffigen Audienzhalle. Darunter besticht ein Bild besonders: die Darstellung der »Großen Badenden«, einer schönen jungen Frau, geschmückt mit Diadem, Halskette und Armreifen, dekorativ plaziert vor Arkaden. Das alles atmet römischen Stil, und es finden sich auch Darstellungen zu griechischen und römischen Stoffen. Trotz des islamischen Verbots der Menschendarstellung haben sich die Kalifen wenigstens in den Profanbauten darüber hinweggesetzt, und auch ihre Moscheen sind nicht frei von römisch-byzantinischem Einfluß; sie erinnern manchmal an antike Kaiserthermen. Jedenfalls haben die arabischen Wissenschaftler, Baumeister und Ingenieure das antike Erbe oft besser bewahrt als ihre abendländischen Kollegen des Mittelalters. Über den Gewinn von Bildern in Bädern hat sich zwei Jahrhunderte später der persische Philosoph Rhazes (864-925) so geäußert:

»Man denke nur darüber nach, wie die alten Philosophen, die im Verlauf der Zeit das Bad erfanden, dank ihrem Scharfsinn und gesundem Verstand eingesehen haben, daß ein beträchtlicher Teil der Kräfte des Menschen, der ein Bad betritt, sich auflockert... Darum auch haben sie in den Bädern kunstvolle Bilder mit schönen aufheiternden Farben malen lassen. Dazu haben sie es auch nicht bei einem Thema belassen, sondern eine Dreiteilung vorgenommen, da sie wußten, daß der Körper dreierlei Kräfte besitzt: animalische, psychische und physische. Für die animalische Kraft zeigen die Bilder Schlachten, Ringkämpfe, Tierhetzen; für die psychische Liebespaare; für die physische zeigen sie Gärten und Landschaften mit Baumgruppen... Solche und ähnliche Bilder gehören zu einem gut ausgestatten Bad.«

Solche Pracht aber blieb die Ausnahme in den arabischen Ländern, denn auch die Haltung des Islam zu öffentlichen Bädern war ambivalent. Mohammed hatte zwar Waschungen gefordert, den Besuch des Volksbades (»hammam«) aber nur unter Vorbehalt und in züchtiger Bedeckung für schicklich gehalten. So bauten die islamischen Herrscher zwar Bäder, aber meist nur schmucklose und recht kleine, obschon sie das dreistufige Baden von kalt über lauwarm zu heiß und wieder retour von den Römern übernahmen. Die Bäder erscheinen allerdings zuweilen größer, weil es meist Doppelanlagen sind, getrennt für Männer und Frauen. Auch tragen viele Kuppeln, in denen Löcher und später glockenförmige Glasaugen für Licht sorgten, zum Eindruck größerer Dimensionen bei. Die Enge in den islamischen Bädern rührt auch vom Heizproblem her, da die Anlagen meist in holz- und damit auch holzkohlearmen Ländern standen. Typisch für islamische Bäder sind die Tauchbecken, die den Muslimen die zwingend vorgeschriebene Reinigung (»tahara«) nach dem Genuß von Schweinefleisch oder Wein, nach dem Berühren von Leichen und nach jedem Geschlechtsverkehr erleichterte. Hier hätte auch Mohammed nichts gegen den Besuch des Bades einzuwenden gehabt, denn über die Tahara heißt es bei ihm: »Reinigung ist die Hälfte des Glaubens.«

> *»Wenn schöne Bilder... richtig aufeinander abgestimmt sind, heilen sie schwermütige Anwandlungen und beseitigen die Sorgen, die der menschlichen Seele eigen sind.«*
> *(Rhazes)*

Vom Umgang mit dem römischen Erbe

In den Ländern Mittel- und Nordeuropas war zwar auch römischer Einfluß spürbar, doch dominierten germanische Traditionen. Das zeigt schon die einfache Anlage der Gehöfte, die nach dem Ein-Haus-System errichtet wurden: Zuerst war das Wohngebäude, in dessen einem rechteckigen Raum alle zum Hof gehörenden Personen lebten und schliefen. Wuchs das Gedinge, baute man nicht mehrräumig, sondern

Wenig änderte sich während des Mittelalters und in der frühen Neuzeit an der Ausstattung bäuerlicher Küchen. Ausschnitt aus einem Gemälde von Pieter Bruegel d. J. (1564-1638).

Vom Umgang mit dem römischen Erbe

errichtete für bestimmte Gruppen eigene Ein-Raum-Häuser und für bestimmte Funktionen ebenfalls: Es entstanden Backhaus, Vorratshaus, Werkstatt, Bade- und Waschhaus, Abtritthäuschen u.a. Mehr noch als in südlicheren Ländern spielte hier natürlich die Heizung eine Rolle. Feuer brannte im Wohn- wie im Waschhaus mitten im Raum, rundum an den Wänden waren Holzscheite gestapelt, der Rauch zog durch eine Öffnung im Dach ab. Zunächst auf dem ungedielten Boden entzündet, erhielt das Feuer bald eine steinere Einfassung, so daß ein einfacher Herd entstand. Er war im Wohnhaus ständig in Betrieb und war die einzige Wärmequelle; Öfen kannte man nur im Backhaus oder beim Töpfer oder Metallgießer.

Im wasserreichen Mittel- und Nordeuropa versorgten sich die Siedlungen und Gehöfte aus Bächen, Flüssen und Seen mit Wasser. Obwohl zumeist leicht zu beschaffen, hatte das Wasser hohen Rang bei den Germanen, die in ihren Mythen göttliche Wesen als Hüter der Gewässer priesen und die um das Gedeihen der Weltenesche, an der nach ihrem Glauben das Schicksal der Menschen hing, besorgt waren. Waren natürliche Gewässer nicht ohne weiteres zu nutzen, schufen sich die Menschen Regengruben, die im feucht-gemäßigten Klima unserer Breiten immer gut gefüllt waren. Den Bau von Tiefbrunnen hatten die germanischen Stämme erst von den Römern gelernt, weswegen sich etwa in Großbritannien weit ältere und technisch anspruchsvollere

Die mittelalterliche Buchmaleierei aus England zeigt Männer an einem großen Ofen beim Brotbacken.

Reste gefunden haben als in Mitteleuropa. Hier kleidete man die Brunnengrube einfach mit Bruch- oder Feldsteinen aus und verstopfte die Fugen mit Moos. Auch Wasserleitungen dürfte es in kleinem Umfang gegeben haben, doch sind die Holzrohre fast nirgends erhalten. Die römischen Anlagen waren längst verfallen, die Aquädukte dienten wie die Reste von Thermen oder Theatern als Steinbrüche; städtisches Leben war den Germanen noch weitgehend fremd. Bei Wasserversorgung, Bädern und Abwasserbeseitigung zogen sie individuelle Lösungen vor.

Während die Muslime wenigstens in gewissem Maße römische Errungenschaften nutzten, Thermen und Wasserleitungen instand hielten, damit sie ihren strengen Reinigungsauflagen entsprechen konnten, verfielen im christlichen Abendland die sanitären Anlagen. Als der Karolinger Pippin III. (Frankenkönig 751-768) erstmals nach Aachen kam, sorgte er erst einmal dafür, daß die heidnische Kultstätte an den heißen Quellen zerstört und an ihrer Stelle eine Kapelle errichtet wurde. Baden lehnte er offiziell ab, doch wissen Quellen von heimlichen Bädern des Königs zu berichten. Zu einem Umschwung in dieser Frage kam es unter seinem Sohn Karl dem Großen (König 768-814), der Aachen gerade wegen der heißen, heilenden Quellen zu einer festen Residenz machte und diese entsprechend ausgestalten ließ. Er, der im Jahr 800 mit der Kaiserwürde auch römische Muster der Le-

Flüsse, Bäche und Seen lieferten in Mitteleuropa nicht nur reichlich Trink- und Brauchwasser, sondern auch Nahrung: Vornehmer junger Mann mit Begleiterin beim Angeln (Illustration aus der Großen Heidelberger Liederhandschrift).

bensführung übernahm, ließ westlich seiner Pfalzkapelle ein Atrium nach dem Vorbild der Peterskirche in Rom anlegen und in dessen Mitte einen Springbrunnen in Form eines mächtigen Pinienzapfens zum Sprudeln bringen. Reste des Zapfens haben sich bis in unsere Zeit erhalten, so daß sich die seinerzeitigen Wasserspiele rekonstruieren lassen: Sie müssen aus einem Hochbehälter gespeist worden sein, damit der nötige Druck entstand. Und es muß sich um Kaltwasser gehandelt haben, da heißes Wasser die Zuführung und den Zapfen bald versintert hätte.

Zu Pferde regierte Karl der Große sein wachsendes Reich. Nur wenige Jahrzehnte nach dem Tod des Kaisers entstandene Bronze-Statuette (24 Zentimeter hoch).

Die heißen Quellen ließ Karl, der insgesamt 27mal in Aachen Quartier nahm, einfassen und ihr Wasser in ein überdachtes Schwimmbecken leiten, wo komfortable Badestühle bereitstanden und in das Marmortreppen hinabführten. Das Wasser kühlte auf dem römischen Leitungsweg vom Paubach zum Büchel auf gewünschte Temperaturen ab, so daß der Kaiser mit seinem zeitweilig über hundert Personen umfassenden adligen Hofstaat auch winters in angenehm warmem Wasser baden konnte. Für zuträgliche Lufttemperaturen im Badehaus wie in den Wohnungen sorgte eine Warmluftheizung nach römischer Art mit einer Feuerstelle außerhalb des Hauses, die 1969 wiederentdeckt wurde. So erhielt sich wenigstens im Zentrum der fränkischen Macht eine antike hygienische Tradition, die allerdings unter Karls Nachfolgern ebenso unterging wie die Einheit seines Reiches selbst. Aachen, das er zu einem »zweiten Rom« hatte machen wollen, geriet in eine Randlage und gewann erst im 10. Jahrhundert wieder Bedeutung als Krönungsstadt der ostfränkisch-deutschen Könige.

Verglichen mit der antiken Hofhaltung in Rom war die fränkische natürlich ziemlich karg und spiegelte damit den ganz allgemein gesunkenen Standard: Der Verfall der Infrastruktur (Straßen, Meldewesen, Verwaltungsnetz, Gesundheitswesen u.a.) ging einher mit wachsender Rechtsunsicherheit, wozu noch ständige Einfälle von Sarazenen, Normannen, Slawen und ein sich mangels staatlicher Institutionen ausbreitendes Faustrecht kamen. Karl der Große herrschte

So stellte sich das späte Mittelalter das frühe vor: Karl der Große überwacht den Bau des Aachener Münsters, französische Buchmalerei aus dem 14. Jahrhundert.

nicht mehr wie die Römer über ein Reich von Hunderten blühender Städte, sondern über eines von Zehntausenden darbender Dörfer. Bei seinen vielen Reisen durch dieses Reich (allein fünf Rom-Aufenthalte) konnte er eine friedlose Gesellschaft besichtigen, in der Menschen, die sich nicht selbst zu helfen verstanden, schnell an den Rand gedrängt wurden und verkamen.

Die Reisen waren zudem höchst mühselig, weil die Wege nur behelfsmäßig instand gehalten worden waren. Das militärische Reagieren auf Bedrohungen litt darunter ebenfalls, denn an rasche Verlegung von Truppen und Gerät war nicht zu denken. Aber auf Abhilfe sann der künftige Kaiser: Gut funktionierte eigentlich nur der Verkehr zu Wasser, und die Flüsse wurden denn auch von den fränkischen Händlern ebenso gern genutzt wie von Karls Strategen. Wer von ihnen die Idee hatte, ist nicht mehr auszumachen, sie drang jedenfalls bis zum König vor, der 793 anordnete, »zwischen Rezat und Altmühl einen schiffbaren Graben« zu ziehen. Das geschah, jedenfalls wurden die Arbeiten aufgenommen. Inwieweit sie wenigstens provisorisch zum Abschluß kamen, ist in der Forschung strittig. Sicher ist, daß die mittelalterlichen Kanalbauer weiter kamen, als heute noch mit unbewaffnetem Auge zu sehen: Luftbilder zeigen, daß der Kanal über die etwa 1300 Meter langen Wallrelikte hinaus noch weitere 800 Meter vorgetrieben worden sein muß. Wenn er zeitweilig in Betrieb gegangen sein sollte, dann in Form einer Kette von Weihern, die zur Überwindung des Höhenunterschieds aneinandergereiht wurden. Die Schiffe oder Boote wären dann nur noch über kurze Landbrücken auf Stämmen zu rollen oder durch Zugtiere zu schleifen gewesen. Doppeltorige Kammerschleusen nämlich kannten die Ingenieure noch nicht.

Diese Fossa Carolina (auch Karlsgraben genannt) hätte das Rhein-Main-Flußsystem mit dem der Donau verbunden und damit die Nordsee mit dem Schwarzen Meer. Es wäre damit ein winziger Vorläufer des heutigen Europakanals entstanden, wie der 1992 eröffnete Rhein-Main-Donau-Großschiffahrtsweg heißt. In karolingischer Zeit wäre oder ist er vor allem dem Handel zugute gekommen, aber auch militärische Nutzung war zumindest vorgesehen, da die Ostmark (später Österreich) im karolingischen System der Grenzsicherung eine wesentliche Rolle spielte.

Da der Kaiser die meiste Zeit in seinem Reich unterwegs war, blieb er oft leer: Thron Karls des Großen im Westjoch des oberen Umgangs der Pfalzkapelle im Aachener Münster.

Gerade zur Zeit der Entscheidung für den Kanal hatte sich Karl der Awaren zu erwehren, die er erst 795/96 endgültig bezwingen konnte. Der Kanal allerdings, so er denn überhaupt je fertig wurde, kann zu der Zeit sicher noch nicht vollendet gewesen sein. Er dürfte auch nur ganz kurz zu nutzen gewesen sein, denn der sandige Untergrund des nördlichen Rezat-Riedes sorgte rasch für Abrutschen der Wände, so daß der Bau womöglich eben doch schon vor erster Befahrung gescheitert sein mag.

In der kritischen Situation seines Reiches blieb Karl nur das Bündnis mit der reichsweiten Kirche, die allein ein Mindestmaß an Zusammenhalt versprach, und deswegen kam es am Weihnachtstag des Jahres 800 in Rom zu der folgenreichen Krönung Karls zum Kaiser durch den Papst, woraus sich schier unendliche Konflikte zwischen weltlicher und geistlicher Macht ergeben sollten. In der konkreten Situation des Frankenreichs aber erwies sich die Kooperation der beiden Mächte als Rettung, zumal unstrittig war, wer bei der prekären Sicherheitslage das Sagen hatte: Ohne des Kaisers militärische Macht hätte auch die Kirche dem Ansturm von »Heiden« aller Art, insbesondere des Islams nichts entgegenzusetzen gehabt.

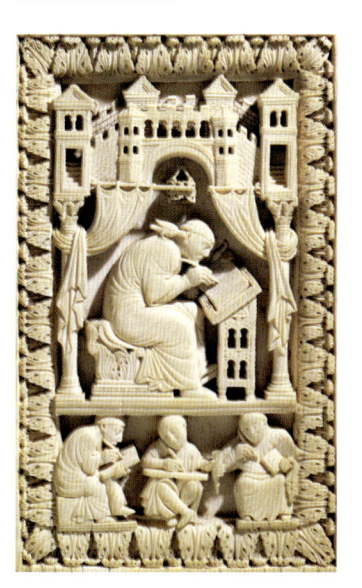

Karl seinerseits stützte sich auf das Netz der Sprengel, Bistümer und Klöster zur Aufrechterhaltung der staatlichen Ordnung und zu einer Minimalversorgung der Menschen. Das betraf besonders die Gesundheitsvorsorge, die durch Verrohung der Sitten und Entzivilisierung einen Tiefstand erreicht hatte. Ärzte gab es allenfalls an Fürstenhöfen, und auch dann nur aus der Fremde zugewanderte, denn die einstigen Ärzteschulen in Córdoba, auf Kos oder in Alexandria existierten zwar noch, doch waren sie nun in islamischer oder byzantinischer Hand. Die gelehrten medizinischen Schriften der Antike wurden in den Klöstern verwahrt und auch durch Abschriften vervielfältigt, nur wenige aber verstanden noch die Fachtermini darin. Um die Gesundheit der Menschen im Frankenreich kümmerten sich vornehmlich Quacksalber, »weise Frauen«, Seifensieder und Priester, allesamt nur mit rudimentärem medizinischen Wissen ausgestattet, das über Bauernregeln kaum hinausging. Immerhin war man sich der Bedeutung der Reinlichkeit für die Gesundheit bewußt, und der Kaiser forderte von den Verwaltern der

um 800 bis um 950

Durch immer erneutes – fehleranfälliges – Abschreiben wurden Texte verbreitet. »Der heilige Gregor mit drei Schreibern«, Elfenbeintafel aus dem späten 10. Jahrhundert.

Krongüter eine akkurate Vorratshaltung für Seife und die Lieferung bestimmter Kontingente an den Hof. Und er ließ die sogenannten Xenodochia erneuern, Unterkünfte für Fremde, die oft auch als Krankenhäuser dienten und unter der Aufsicht von Klöstern standen. Mehr als Fürsorge und Pflege fanden die Patienten dort kaum, da fachärztliche Betreuung fehlte. Vor allem die Benediktiner kümmerten sich um Erkrankte, wie es ihre Ordensregel verlangte, nach der Dienst am Kranken Christus-Dienst ist.

Der Ärztemangel scheint aber selbst bei Hofe kaum empfunden worden zu sein. Zwar zog Karl der Große anwesende griechische oder jüdische Ärzte zu Rate, befolgte aber allenfalls und sehr vorübergehend ihre Diätvorschläge. So auch bei seiner letzten Erkrankung am 22. Januar 814, als er hoffte, sich durch Fasten kurieren zu können. Er starb nach einer knappen Woche, ohne nach einem Arzt auch nur gefragt zu haben. Das kann bei einer Religion nicht wunder nehmen, die das irdische Dasein als Jammertal begriff und die Jammernden aufs himmlische Jerusalem vertröstete. Deswegen waren die Priester am Krankenbett vielen wichtiger als heilkundiger Rat. Und die Priester wiederum sahen Krankheit vielfach als »Sünde« oder deren Folgen an und das Leiden mithin als auferlegte Buße. Manche verstanden ihr priesterliches Amt aber auch als Auftrag zum Wundertun in der Nachfolge Christi. Gegen solche bis zum heutigen Tag ihr Unwesen treibende Wunderheiler wandte sich die Kirche entschieden, in Notzeiten aber nicht immer mit Erfolg. Und so erklärt sich auch der grassierende Kult um die Heiligen, die als Nothelfer angerufen werden können. Da gab es schon um 800 klare Zuständigkeiten: Agathe bei Atembeschwerden, Apollonia bei Zahnschmerz, Athanasius bei Kopfweh, Blasius bei Halsschmerz, Kilian bei Gicht, Laurentius bei Brandwunden, Sebastian bei Pest, Valentin bei Fallsucht. Solche Hinwendung darf keineswegs als wirkungslos angesehen werden, denn die

Zum Gebot der Nächstenliebe gehört der Auftrag, sich um die Kranken zu kümmern. Die heilige Elisabeth bei der Pflege, Glasfenster in der Marburger Elisabethkirche.

Heilkräfte der Selbstsuggestion sind nicht zu unterschätzen, in einer noch magisch geprägten Epoche ohnehin nicht. Wo freilich chirurgische Kunst gefragt war, da stand es schlecht um die Betroffenen. Priestern und Mönchen war solche Tätigkeit strikt untersagt.

Der Islam ging mit dem antiken Erbe erheblich sorgsamer um als das Christentum im Westen des einstigen Römischen Reiches. Die Renaissance wäre ohne die arabische Überlieferung der klassischen Schriften nicht möglich gewesen, und das betrifft auch die medizinischen Kenntnisse. Die Araber erwarben sie auf dem Umweg über Persien, das zwar nie zum Römischen Reich gehört hatte, sich aber griechisch-lateinisches Wissen durch den Import von Wissenschaftlern angeeignet hatte. Davon zeugte die berühmte Ärzteschule von Gondeschapur, heute Schahabad, 13 Kilometer südlich von Dizful. Sie war im 3. Jahrhundert vom Sassaniden-Herrscher Schapur I. (König 242-272)

Wunderglaube als Ersatz für medizinische Kenntnisse. »Der heilige Benedikt erweckt einen Mitbruder, der beim Bau des Klosters Montecassino von einer stürzenden Mauer erdrückt wurde« (mittelalterliches Wandgemälde).

Vom Umgang mit dem römischen Erbe

Mehr als im Abendland galten Gesundheitswesen und Wissenschaft in den islamischen Ländern: Arzt bei der Zubereitung einer Medizin (mittelalterliche arabische Buchmalerei links) und morgenländische Sternkundige (böhmische Bilderhandschrift unten).

gegründet, von Griechen geleitet und 738 von den Arabern übernommen worden. Harun ar-Raschid (Kalif 786–809) förderte sie und holte sich von dort 801 seinen Leibarzt Gibril, der bis zu seinem Tod 827 auch Haruns Nachfolger betreute. Gibril wiederum regte den jungen sprachkundigen Hunain, lateinisch Johannitius genannt, zur Übersetzung von Schriften Galens ins Syrische und Arabische an. Später übertrug Hunain auch die Werke des Hippokrates und des Dioskurides ins Arabische und verfaßte selbst Werke zur Heilkunst, über gesunde Ernährung und über den Nutzen des Badens. Dabei wandte er eine sokratisch anmutende Didaktik an, indem er Fragen aufwarf und sie dann beantwortete.

Das Gesundheitswesen in den islamischen Ländern war entsprechend gut entwickelt. Um 900 gab es in Bagdad 860 Ärzte, mehrere Krankenhäuser, getrennt für Männer und Frauen, Feldlazarette und eigene Einrichtungen für geistig Behinderte. Selbst die Gefängnisinsassen wurden regelmäßig ärztlich betreut. Durch den schon genannten Hunain und den jüngeren Abu Bakr Muhammad ibn Zakarija ar-Razi (864-925), im Abendland als Rhazes bekannt, verbreiteten sich die Lehren Galens. Seine Schrift über die »Prüfung des Arztes« fand sogar die Aufmerksamkeit der Behörden, die bald von allen Ärzten den Nachweis eines erfolgreich abgeschlossenen Studiums verlangten, ehe sie zur Behandlung von Kranken zugelassen wurden. Rhazes spielte dabei insofern eine besondere Rolle, weil er als Chefarzt in Bagdad Maßstäbe gesetzt und in seinen Werken die griechischen Erkenntnisse um naturheilkundliche Aspekte erweitert hatte. Dabei spielten für ihn auch Fragen der Wohnlichkeit, des Badens, der Lüftung, der Kleidung und der angemessenen Ernährung eine Rolle. Wasseranwendungen gehörten zu seinen bevorzugten therapeutischen Mitteln: Frostbeulen behandelte er durch Übergießen mit angewärmtem Meerwasser, Insektenstiche durch Eiswasser, Depressionen durch warme Brausebäder.

Welch immensen Einfluß die römische Kultur weit über den eigentlichen Machtbereich Roms hinaus hatte, macht die Fülle der aus dem Lateinischen stammenden Lehnwörter deutlich, die sich in allen europäischen Sprachen ausmachen lassen bis hin zum Finnischen oder Estnischen. Ein Blick in die Küche genügt zum Beleg. Das deutsche Wort selbst entwickelte sich aus dem lateinischen »coquina« und hat Entsprechungen in spanisch »cucina«, französisch »cuisine«, englisch »kitchen«, dänisch »kjökken«, niederländisch »keuken«, schwedisch »kök«, finnisch »kyökki«, russisch »kuchnja« usw. Küchentätigkeiten (backen, sieden, kochen, dünsten, rösten, braten) lehnten sich an römische Muster an, und mancher Begriff kam aus dem Lateinischen (z.B. kochen von »coquere«). Der gemauerte Herd stammte ebenso aus dem römischen Kulturkreis wie die Dreifüße über der Glut, die Krüge und Pfannen, Kessel (lateinisch »catina« oder »catillus«) und Schürhaken, Roste und Töpfe. Allerdings war die Küche bei den germanischen Völkern aus Gründen des Brandschutzes meist in einem eigenen Haus, oft zusammen mit der Backstube, untergebracht, wo auch gegessen wurde.

Gewöhnlich herrschten dort die Frauen, nur bei Hofe gab es Küchenmeister, und in Männer-Klöstern übten natürlich Brüder die Kochkunst aus. Von dort stammt auch die Sitte, mittags die Haupt-

Bei Hofe: Köche tranchieren Fleisch, Diener tragen es in den Saal auf den Tisch ihres Herrn. Hochmittelalterliche englische Buchmalerei.

mahlzeit einzunehmen, da die großen Gemeinschaften einen pünktlich strukturierten Tagesablauf brauchten. Die zur sechsten Stunde, also mittags 12 Uhr eingenommene Mahlzeit entwickelte sich dabei aus dem römischen zweiten Frühstück (»prandium«). Es bestand gewöhnlich aus Suppe, Mehlbrei und Gemüsen; Fleisch war in vielen Haushalten eine Rarität, und sogar das Fladen-Brot galt im Volk wegen des Backaufwands als Sonntagsessen. So viel man bei den Römern gelernt hatte – mit dem Überfluß, der einst selbst in Bürgerhäusern geherrscht hatte, war es für viele Jahrhunderte vorbei, jedenfalls in den meisten Familien.

Etwas besser mag es in reichen Handelsstädten wie Haithabu (bei Schleswig) ausgesehen haben, obwohl auch dieser Umschlagplatz kaum mehr als tausend Dauereinwohner hatte und eher ein Großdorf war. Durch Händler, Schiffsbesatzungen, Reisende, Sklaven, Soldaten und Wanderarbeiter tummelte sich hier allerdings gewöhnlich ein Vielfaches an Menschen, weswegen die Infrastruktur entsprechend ausgebaut war. Haithabu verdankte seine Rolle der idealen Lage zwischen Nord- und Ostsee und der Tatsache, daß es an der Mündung der Schlei in den gleichnamigen Meeresarm über reichlich Trinkwasser aus der Quelle des Flusses und aus dem Grundwasser verfügte. Da der Seeweg um Jütland durch Kattegat und Skagerrak wegen der oft rauhen See und der dort lauernden Piraten riskant war, hatten Kaufleute um 700 entdeckt, daß die Eidermündung an der Nordsee und Haithabu am Beginn des Schlei-Trichters nur hundert Kilometer voneinander entfernt und durch die Treene, einen Nebenfluß der Eider, per Wasserweg fast verbunden waren. Nur ein Dutzend Kilometer mußten die Wikinger-Schiffe auf Rädern oder Rollen über Land gezogen und die Waren kurzfristig auf Wagen umgeladen werden. Bloß bei Vereisung der Schlei war der Handelsweg manchmal ein paar Tage oder allenfalls Wochen unterbrochen.

Über ihn lief gut zwei Jahrhunderte lang der Warenverkehr zwischen West- und Ostskandinavien und – weit wichtiger – der zwischen Westeuropa und den Ostseeländern. Haithabu lag nach dem Sieg Karls des Großen über die Sachsen im Einflußbereich der fränkischen Macht, die allerdings meist an lokale Mächte wie Dänen und später Schweden delegiert war. Eigentliche Macht war ohnehin der Handel selbst, getra-

Günstiger Lage verdankte Haithabu seinen Aufschwung. Rekonstruktionsaquarell aufgrund der Grabungsfunde.

Vom Umgang mit dem römischen Erbe

Lebhaft ging es zu an Handelsplätzen der Wikinger. Die Schulbuchillustration schmückt das phantasievoll aus.

gen von Kaufleuten aus aller Herren Länder, die hier auf dem etwa fünfzig Hektar großen Ortsareal Lagerhäuser, Unterkünfte und mindestens vier fast sechzig Meter lange Anlegebrücken vorfanden. Alles freilich verglichen mit den Standards etwa in Häfen des Mittelmeers höchst einfach und robust, wie am Hausbau abzulesen: Meist wurde zunächst eine offene Halle errichtet mit zwei Wänden, einem Giebeldach und Stützen für die Außenwände; die Frontwände wurden später eingepaßt. Zwar fanden sich in manchen Häusern auch Zwischenwände, doch im Prinzip waren alle Bauten Ein-Raum-Häuser mit Wänden aus Eichenholz-Spaltbohlen, zur Wärmedämmung mit Flechtwerk aus Hasel- oder Weidenholz verstärkt; Risse wurden mit Moos abgedichtet. Der gestampfte Fußboden erhielt eine Dielen- oder Flechtmattenauflage, in der eine Herdstelle ausgespart war. Als Rauchabzug diente ein Schlitz oder eine Luke im Dach darüber.

Der Grundwasserreichtum erlaubte den Verzicht auf Zuleitung von trinkbarem Wasser und den Bau von Brunnen für jedes Gehöft, ja jedes Haus. Die Archäologen haben eine große Zahl von Brunnen entdeckt, bei der heterogenen Bevölkerung recht unterschiedlich angelegt. Eine

Grundform war der Kasten- oder Rahmenbrunnen mit oder ohne Eckpfosten. Letztere dienten als Stützen für Knüppel, Keilbohlen oder waagerechte Bretter. Sie wurden nach Aushub einer Trichtergrube in die wasserführende Schicht hineingetrieben. Doch damit erreichte man noch nicht die gewünschte Dichte und verband die Eckpfosten daher innen mit einer zweiten Holzwandung. Zwischen beide senkten die friesischen Brunnenbauer einen sauber gefügten, durch Dübel und Holzzapfen zusammengehaltenen Rahmen und verlängerten ihn durch einen Holzschacht bis zur Oberfläche. Der Trichter wurde wieder zugeschüttet.

Beachtlich war vor allem die Leistung der Zimmerleute, die innerhalb der etwa 80 bis 90 Zentimeter weiten Brunnenfassung arbeiten mußten. Leichter ließen sich Baumbrunnen vortreiben: Ein ausgehöhlter, zwei bis drei Meter langer Baumstamm wurde dabei in der ausgehobenen Grube niedergebracht. Manchmal erleichterte man sich das Aushöhlen dadurch, daß man den Stamm in der Längsrichtung auseinandersägte und die bis auf eine Wandstärke von sechs Zentimetern entkernten Hälften einzeln versenkte und vor Ort durch Krummhölzer wieder verband. Baumbrunnen erreichten aber selten die Weite der Rahmenbrunnen. Das gilt auch für die Faßbrunnen, von denen sich auch einige in Haithabu fanden: Holzfässer ohne Boden als Brunnenfassung. Es handelte sich dabei offenbar um Fässer, in denen Waren nach Haithabu transportiert worden waren, denn sie bestanden aus Tannenholz, das es nördlich der deutschen Mittelgebirge damals nicht gab. Da sich die Fässer nach beiden Seiten verjüngen, kam man bald darauf, die unteren Reifen abzunehmen, so daß sich die Dauben unten spreizten, während die obere Verjüngung erhalten blieb und die Öffnung gegen Verunreinigungen eng hielt.

Wasser wurde in Eimern geholt, die beim hohen Haithabuer Grundwasserspiegel nicht sonderlich tief an Seilen hinabgelassen gelassen werden mußten. Die etwa 40 Zentimeter hohen Eimer bestanden aus Dauben, die durch Eisenbänder zusammengehalten wurden. Kunstvolle Exemplare aus dem 10. Jahrhundert haben sich erhalten. Bald darauf sank die Bedeutung Haithabus durch Versandung seines Hafens. Das Ende kam mit der Eroberung durch Dänenkönig Harald Blauzahn 983/984 und vollendete sich, als norwegische Wikinger die

Auf einer frühmittelalterlichen Pyxis (Reliquiendose) fand sich diese Darstellung eines Brunnens mit Schöpfeimer am Seil.

»Christus und die Samariterin«: Das Mosaik in der Kirche Sant' Apollinare Nuovo in Ravenna stellt die biblischen Figuren an einem Brunnen dar, wie er im Frühmittelalter üblich war.

Reste der Siedlung im Jahr 1050 niederbrannten. Schleswig übernahm die Rolle des Umschlagplatzes, erreichte aber nicht mehr annähernd die gleiche Bedeutung wie Haithabu. Wie lange diese Siedlung bestanden hat, läßt sich nur ungefähr angeben, wobei wieder die Brunnen helfen. Nach dendrologischen Untersuchungen stammte das Holz des ältesten Brunnens aus dem Jahr 783, das des jüngsten von 1020. Nimmt man eine Frühzeit der Wasserversorgung aus dem Fluß an, kommt man auf eine Bestandszeit von mindestens einem Vierteljahrtausend.

Sich in Nord- und Ostsee zu orientieren, dürfte noch heute für den nautischen Laien nicht ganz einfach sein, schon gar nicht bei trübem Wetter. Die Wikinger aber und andere Seefahrer des Mittelalters stellte das kaum vor Probleme, da Landmarken nie weit weg waren und ihnen das Navigieren nach Gestirnen seit Jahrhunderten in Fleisch und Blut übergegangen war. Viel schwerer dürfte es Leif Eriksson gehabt

um 950 bis um 1100

Um 1000 erreichten die Wikinger unter Leif Eriksson als erste Europäer Nordamerika. Ihre in den 1970er Jahren freigelegte Siedlung L'Anse aux Meadows auf Neufundland wurde von Wissenschaftlern rekonstruiert.

haben, als er um 1000 von Grönland aus das nordamerikanische Festland ansteuerte und damit in völlig unbekannte Regionen vorstieß. Ihm fehlte nämlich etwas, das seine chinesischen Zeitgenossen vor kurzem wiederentdeckt hatten: der Kompaß. Schon aus dem 2. vorchristlichen Jahrtausend kennen wir chinesische Hinweise auf die Orientierung mittels einer auf Wasser schwimmenden Magnetnadel.

Dieses Wissen aber verlor sich und tauchte offenbar im 10. Jahrhundert erst wieder auf; genau beschrieben wurde der Kompaß 1088 in einem chinesischen Kompendium. Die schon unter den ersten Sung-Kaisern (960-1279) noch im 10. Jahrhundert einsetzende chinesische Hochseeschiffahrt wäre ohne ihn aber kaum denkbar gewesen. Sonst hätten sich die Kapitäne aus dem Reich der Mitte unweigerlich in den pazifischen Wasserwüsten verirrt, die sie bis Australien befuhren. Und auch ihre Vorstöße nach Indien, Ceylon und Südafrika wären unmöglich gewesen. Der wiederentdeckte Kompaß, der dann über Persien ins Abendland vordrang, schuf eigentlich erst das, was wir als Weltgeschichte bezeichnen. Denn vorher verlief die Geschichte der Völkergruppen und Kulturen weitgehend oder gar gänzlich unabhängig voneinander und führte zu Ungleichzeitigkeiten, denen die Reiche der Azteken und Inkas zum Opfer fallen sollten. Ihre Defizite in der Metallverarbeitung und vor allem ihre fast steinzeitliche Bewaffnung machte sie schutzlos gegen die europäischen »Entdecker«.

Trockener Orient – feuchter Okzident

Die eurasischen Kulturen hatten wenigstens einen gewissen Austausch erreicht, wobei Persien, wie soeben beim Kompaß gesehen, eine Gelenkfunktion zwischen Fern- und Nahost bis hin nach Westeuropa ausübte. Das haben wir bereits bei den Kanaten erlebt, den Wasserstollen, die von römischer Technik profitierten und uralte eigene Erfahrungen im trockenen und gebirgigen Land nutzten. Vom Anfang des 11. Jahrhunderts ist das bis dato gründlichste Werk über diese wasserbaulichen Leistungen aus der Feder des persischen Wissenschaftlers Al-Karadji erhalten. Er behandelt in seiner arabisch abgefaßten Schrift zunächst die geologischen, landschaftlichen und klimatischen Grundlagen, erläutert, welches Gelände für den Kanatbau geeignet und wie es am Bewuchs zu erkennen ist. Es folgen Abschnitte über die Eigenschaften des Wassers und über die gegebenenfalls erforderlichen Maßnahmen zu seiner Reinigung. Erst dann wendet sich Al-Karadji den baulichen Fragen zu:

>Zunächst muß danach mit einem Versuchsschacht geklärt werden, ob man tatsächlich auf fließendes Wasser gestoßen ist und ob es zwischen wasserdichten Schichten fließt. Nur in diesem Fall lohnt sich das Niederbringen eines Mutterschachts, der in günstigen Fällen nur einige Meter tief zu sein braucht, in schwierigen allerdings auch fünfzig oder mehr Meter tief ausgeführt werden muß. Vom Mutterschacht ist sodann das Gefälle bis zur Bewässerungs- oder Entnahmestelle festzulegen, das nicht zu

Groß schrieb der Islam die Wissenschaften. Die persische Buchmalerei aus dem 16. Jahrhundert zeigt Astronomen, Kartographen und andere Forscher mit ihren Instrumenten.

kräftig ausfallen darf, damit der Leitungsgang nicht durch Auswaschen zerstört wird. In regelmäßigen Abständen sind Luftschächte erforderlich und vor dem Bau der eigentlichen Leitung auszuheben; erlischt eine in sie hinunter gelassene Petroleumlampe, läßt das auf gefährliche Gase schließen. Der unter Tage vom festgelegten Auslauf aus zum Mutterschacht zu grabende Leitungsgang muß in diesem Fall anders geführt werden. Die schwierigste Strecke bildet das Endstück zum Mutterschacht, wobei den kritischsten Moment der Durchbruch darstellt, weil dann unkontrolliert Wasser eindringen und die Arbeiter gefährden kann. Al-Karadji berichtet auch von Messungen, die er an mehreren Kanaten vorgenommen habe. Danach lieferten die ergiebigsten bis zu 1500 Liter pro Minute; gewöhnlich gaben die damaligen Leitungen allerdings kaum ein Zehntel dieser Menge her.

Sehr ergiebige oder entsprechend viele Leitungen waren zur Versorgung größerer Städte nötig. Das zwang manchmal zur Überwindung erheblicher Strecken; in einzelnen Fällen betrug die Länge der Leitungen 200 Kilometer. Sie mußten zur Sicherung der Versorgung baulich besser ausgestattet sein als Leitungen für bloße Bewässerungsprojekte. Man kleidete die Gänge dann mit Ziegeln aus und schuf zur Wartung Ein-

Den hohen Wert des Wassers in den ariden Gebieten des Vorderen Orients illustriert dieses 1839 geschaffene Aquarell von David Roberts (1796-1864) »Brunnen bei Kana«, dem biblischen Ort nördlich von Nazareth.

stiegsschächte, die erhöhte schornsteinartige Stutzen zum Schutz gegen Treibsand, Bewuchs oder Verunreinigung durch Tiere erhielten. In den Städten verteilten Tonrohre das Wasser in große Kammern, aus denen es in Rohrleitungen zu öffentlichen Brunnen oder direkt in die Haushaltungen floß. Vielerorts aber kümmerten sich um die Versorgung der Endverbraucher auch Wasserverkäufer, die das begehrte Naß in Schläuchen auf Kamelen oder Maultieren transportierten und sich oft zugleich als Müllentsorger betätigten, eine in den heißen Gegenden wegen des Infektionsrisikos gefahrvolle Tätigkeit. Schläuche gehörten auch zur unabdingbaren Ausrüstung der Reisenden und Pilger, die immer damit rechnen mußten, daß die nächste Wasserstelle versiegt oder unbrauchbar gemacht worden war: In den Jahren 1012/14 etwa verdursteten 35 000 Mekka-Pilger, weil Banditen viele Brunnen zerstört und damit die Wasserpreise in unerschwingliche Höhen getrieben hatten.

Ein beliebtes Motiv bei den arabischen Buchmalern: Karawane auf dem Weg nach Mekka. Die Pilger gerieten in große Gefahr, wenn die Wasserstellen unterwegs versiegt oder verunreinigt waren.

Der Kostbarkeit des Wassers in den heißen arabischen Ländern entspricht auch der hohe Rang der Reinlichkeit im Islam. Er verlangt von den Gläubigen tägliche Waschungen, wobei die kleine Reinigung (»wudu«) mehrfach auszuführen ist. Dazu gehören: Waschen des Gesichts; Waschen der Hände, Unterarme und Ellbogen; Reiben mit der nassen Hand über den Kopf; Waschen der Füße; Einhalten dieser Reihenfolge; ausdrückliches Erklären der Absicht zur Reinigung vor ihrem Beginn. Diese »Katzenwäsche« kostet nur ein paar Minuten, sollte aber ergänzt werden durch Reinigung der Nase und der Ohren sowie des Bartes mit nassen Fingern. Auch der Mund ist zu reinigen, am besten mit einem mittelharten Holz, das an den Zähnen auf- und abwärts bewegt werden sollte. Die am besten im Bad (»hammam«) vorzunehmende große Waschung (»ghusl«) wird, wie schon erwähnt, nur im Zustand großer Unreinheit (»djannaba«) erforderlich. Alle diese Waschungen beginnen schon gleich nach der Geburt und begleiten den Muslim bis in den Tod bei der Leichenwäsche vor der Bestattung.

Die kleine Waschung verlangt der Islam auch nach jedem Abort-Gang. Deswegen waren schon im 10. Jahrhundert allen Bädern und Moscheen öffentliche Abortanlagen angeschlossen, weil vor dem Besuch des Gotteshauses ohnedies eine Waschung geboten war und weil in den Bädern reichlich Abwasser zur Spülung anfiel. Diese Anlagen zweigten im Bad (»hammam«) vom Umkleideraum (»apodyterium«, arabisch nun »maslah«) ab und waren, anders als im Römerreich, Hockaborte in voneinander durch mannshohe Zwischenwände getrennten Einzelzellen mit verschließbaren Türen. Der Benutzer hockte über einem etwa einen Meter langen und zwanzig Zentimeter breiten Schlitz, unter dem eine ständig gespülte Rinne mit ausreichendem Gefälle zur Entwässerungsleitung verlief. Das Spülwasser floß in einen Sammler, der das verunreinigte Wasser aus der Stadt zur Felderbewässerung führte. Manche Badhalter wählten auch den bequemeren Weg der Entsorgung in Flüsse. Das wurde aber bald, in Bagdad 1074/75, verboten. Wie in

Zu den islamischen Gotteshäusern gehören Brunnen und Waschgelegenheiten. Die im 8. Jahrhundert errichtete Große Moschee in Damaskus (Bild: Innenhof mit Pavillon) macht da keine Ausnahme.

den Bädern waren die zum Moscheekomplex gehörenden Abortanlagen – in den großen Moscheen von Mosul oder Damaskus mit bis zu 50 Einzelzellen – meist privatisiert und wurden von Angestellten der Pächter gewartet.

Zur gleichen Zeit setzte in Mitteleuropa verstärkter Burgenbau ein, der seine eigenen Wasserversorgungsfragen aufwarf. Im feuchtgemäßigten Klima bot sich das Regenwassersammeln an, doch reichte das nicht als Löschwassermenge bei Bränden der Holzgebäude und sicherte die Besatzungen bei Belagerungen auch nicht hinreichend. Brunnen mußten zur Ergänzung geschaffen werden, was bei den oft exponierten Lagen auf Felsen und Gebirgsvorsprüngen technisch nicht ganz einfach war. Eine der ersten auf einem solchen Bergsporn errichteten Festungen war die Große Harzburg, die Heinrich IV. (deutscher König 1056-1106, Kaiser seit 1084) seit 1065 hatte errichten lassen. Er wollte damit seine Königsmacht im Nordharz sichern, sah sich aber 1073 einer Belagerung gegenüber. Zwar hielt die Burg, und es gelang den Belagerern auch nicht, den Verteidigern die Wasserzufuhr abzuschneiden, doch vereinbarten sie schließlich mit dem König den Abriß der Burg, indem sie Abzug und ihrerseits die Beseitigung königsfeindlicher Befestigungen in Thüringen versprachen. Obwohl später die Ruinen mit einer neuen Burg überbaut wurden, konnte die alte Große Harzburg im 20. Jahrhundert durch Archäologen weitgehend rekonstruiert werden. Dabei zeigte sich, daß die Wasserversorgung nicht optimal zu lösen gewesen war:

Vielleicht hatte man zunächst versucht, sich Wasservorräte durch einen Tiefbrunnen, den sogenannten Kaiserbrunnen, zu erschließen. Bis 42 Meter tief hatten die mittelalterlichen Brunnenbauer einen Schacht in den harten Grauwackenfels vorgetrieben, doch ausreichend Wasser führende Schichten trafen sie offenbar nicht an. Deswegen mußte Wasser herangeführt werden, was immer riskant ist. Die Zuleitung kann, auch wenn sie wie hier unterirdisch geführt wurde, von Feinden entdeckt oder verraten werden. Daß es bei der Belagerung 1073/74 nicht geschah, dürfte Zufall gewesen sein. Immerhin ließ der König das Wasser aus anderthalb Kilometer Entfernung entlang der heute Kaiserweg genannten Straße zum Brunnen leiten: Bei Verlegung

Das 19. Jahrhundert liebte die heldische Pose: Johann Eduard Ihle schuf 1845 das romantische Kaiserbild des Erbauers der Großen Harzburg.

einer modernen Wasserleitung für eine Gaststätte bei der Großen Harzburg 1898 stieß man auf die mittelalterliche, von der noch Reste der mit Granitfindlingen gestützten Staumauer im Kleinen Spüketal und Tonrohre am Kaiserweg gefunden wurden. Der Leitungsbeginn im besagten Tal lag in gut 500 Metern Höhe, so daß ausreichendes Gefälle bis zum Einlauf in den Kaiserbrunnen 17 Meter tiefer gegeben und die Versorgung gesichert war.

Bemerkenswert sind die Rohre, die sonst üblicherweise aus Holz oder – seltener – aus Blei waren. Die gefundenen Tonrohre messen rund 50 Zentimeter in der Länge und verjüngen sich von 12 zu 8 Zentimeter Weite. Am schmalen Ende weisen sie eine 3 Millimeter breite Rille auf, in der vermutlich die Dichtung saß. Etwa 3000 solcher ineinander gesteckter Rohre wird man für die Gesamtstrecke benötigt haben. Sie schimmern grau-blau, was darauf schließen läßt, daß der Brennvorgang vor dem Farbumschlag ins Rote beendet wurde, der sich bei Ziegeln und Backsteinen zeigt. Geformt worden waren die Rohre vorher um konische Holzkerne, wobei die nur aus Ton und eisenhaltigem Sand bestehende Masse mit Holzscheiten glattgestrichen worden war. Damit sich die Rohre leichter ablösen ließen, hatten die Töpfer die Holzkerne eingeölt. Das Ergebnis war ein ausnehmend dauerhaftes, zementartig hartes Material, dem die Verwitterung in Jahrhunderten nichts anzuhaben vermochte und das trotz geringer Wanddicke dem Bodendruck erstaunlich gut standgehalten hat.

Technisch also war das Mittelalter so finster nicht. In einem sehr wörtlichen Sinn aber stimmt die Bezeichnung doch: Obwohl es in unseren Breiten mindestens im Herbst und Winter erheblich dunkler ist als in mediterranen Gebieten, stand es mit der Beleuchtung der Gebäude nicht zum Besten. Das lag am härteren Diktat der Natur, das zu einer größeren Anpassung an ihre Rhythmen geführt hatte. Man nutzte die natürliche Helligkeit und reduzierte alle Aktivitäten in den dunklen Zeiten. Außerdem brannte in den mittel- und nordeuropäischen Häusern ständig ein Herdfeuer, das selbst nachts nicht erlosch und außer Wärme auch ein wenig Licht spendete. Daran ließ sich bei Bedarf rasch ein Kienspan oder eine Fackel entzünden. Auch Laternen kannte man, deren Licht durch Hornplatten oder durchscheinende Häute geschützt

Hoch über dem Land und über dem Burggraben thronte der Benutzer von Abtritten an den Außenmauern der mittelalterlichen Festungen (Bild: Neuenburg bei Freyburg an der Unstrut).

Trockener Orient – feuchter Okzident

»Im Rittersaal« ist das idealisierende Schulwandbild von 1888 betitelt. Herdfeuer und Kerzenkronleuchter waren die Lichtquellen im Burgraum, der in Wirklichkeit erheblich düsterer gewesen sein dürfte.

Eine Kerze und ein hängendes Öllämpchen erleuchten Klosterkapelle und Marienaltar auf der mittelalterlichen Buchillustration.

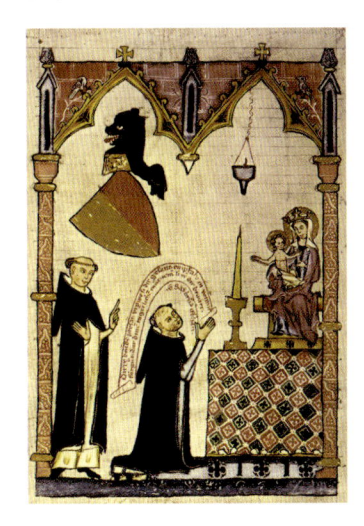

wurde. Viel mehr wurde für Beleuchtung allgemein wohl nicht getan. Nur Kirchen, Klöster und Herrensitze verfügten über bessere Ausrüstungen.

Hier spielte die Tradition des Südens eine Rolle, woher etwa der Benediktinerorden kam, der sogar nächtliche Beleuchtung in den Schlafräumen der Mönche forderte. Sie wurde durch Öllampen und Wachs- oder Talgkerzen gewährleistet. Kerzen kamen aus bienenzüchtenden Klöstern oder aus städtischer Produktion, von der ein Dokument aus dem Jahr 1061 zeugt, das von einer Handwerkervereinigung der Lichtzieher in Frankreich berichtet. In Kirchen brannten natürlich ständig Kerzen vor Heiligenbildern, in prachtvollen Altarleuchtern oder an den Wänden, wie denn überhaupt Lichteffekte zu sakralen Ritualen gehören. Nun kam auch der Kronleuchter auf: Bischof Bernward von Hildesheim (960-1022) ließ einen in der von ihm gegründeten Gießerei fertigen. Das wertvolle Stück ging zwar im Dreißgjährigen Krieg (1618-

1648) unter, doch hat sich ein um 1070 dem Original nachgebauter Leuchter erhalten, dessen Maße die ganze Pracht ahnen lassen, die er bei voller Illuminierung ausstrahlte: 6 Meter Durchmesser, 12 Türme, 12 Tore und 72 Kerzenhalter im Ring. Da hätten selbst die antiken Techniker gestaunt.

Von den Klöstern gingen immer wieder Impulse aus, die auch dem weltlichen Bereich zugute kamen. Hatte im 9. Jahrhundert das Kloster Cluny für eine geistliche Erneuerung gesorgt, so erwies sich seit Ende des 11. Jahrhunderts das von Robert von Molesme 1098 gegründete Kloster Citeaux (Cistercium) als Wiege eines praktischen Christentums. Entscheidend dafür wurde 1112 der Eintritt des burgundischen Adligen Bernhard, der wenig später das Tochterkloster Clairvaux an der Aube als Abt übernahm. Auf Bernhard von Clairvaux gingen in der Folgezeit 70 weitere Gründungen zurück, und hundert Jahre nach der Entstehung des Zisterzienserordens betrieb dieser bereits ein Netz von 2000 Tochter- und Enkelklöstern. Die Mönche und Nonnen des Ordens

Eine wuchtige sakrale Allee bilden die Pfeiler des Kreuzgangs in der 1119 von Bernhard von Clairvaux gegründeten und 1147 geweihten Zisterzienserabtei Fontenay nordwestlich von Dijon.

tragen weiße Tracht, die ihnen schon deswegen ein freundliches Verhältnis zur Reinlichkeit und damit zum Wasser nahelegte. Zu jedem Kloster gehörte ein Wasserreservoir, sei es in Form von Staubecken wie etwa in Maulbronn, sei es als Fischteich, der auch für die Ernährung der sonst vegetarisch lebenden Zisterzienser wichtig war. So war stets für Trink-, Wasch- und Löschwasser gesorgt, wobei das für die Küche, die Körperpflege, die Wäscherei und das Vieh nötige Naß gewöhnlich aus einem Hochspeicher zur Entnahmestelle geleitet wurde. Installationskunst aber war nur eine der besonders gepflegten Fertigkeiten der Zisterzienser, die als Geistliche zu wichtigen Trägern der Ostmission wurden und mit ihrem handwerklichen Geschick und ihren agrarischen Kenntnissen zur Erschließung des Ostens beitrugen.

Obwohl sie ansonsten die steinzeitliche Entwicklungsstufe noch nicht überwunden hatte, gehörte Wasserbaukunst auch zu den Stärken einer Kultur, von der das Abendland noch lange nichts wußte. Und auch nach der Entdeckung Amerikas blieb das noch jahrhundertelang so, denn die Mythen der Navajo-Indianer nahm lange niemand ernst. Darin ist von den sogenannten Anasazi die Rede, also von denen »die vor uns da waren«. Daß damit konkrete Stämme gemeint sein könnten, die noch vor den Navajo den Südwesten der späteren USA und Nordmexiko bevölkert hatten, das zu erkennen oder dem wenigstens nachzuforschen, dazu fehlte die Bereitschaft. Eher zufällig stießen Ende des 19. Jahrhunderts Farmer und Forscher in den fast unzugänglichen Flußtälern des Gila River und seines Nebenflusses Salt River sowie im Gebiet zwischen dem Mittellauf des Colorado und dem Oberlauf des Rio Grande auf

um 1100 bis um 1170

Lavatorium mit dreischaligem Brunnen im Kloster Maulbronn. Der gotische Anbau wurde um 1350 errichtet.

Seit 1979 gehören die erst 1888 entdeckten mittelalterlichen indianischen »Klippensiedlungen« von Mesa Verde im südlichsten Colorado zum UNESCO-Weltkulturerbe.

verlassene Siedlungen von erstaunlicher baulicher Struktur. Es handelte sich um stadtähnliche, geschlossene und sogar ummauerte Komplexe von Wohn-, Vorrats- und Versammlungsbauten in einer Gegend, die man wegen der äußerst geringen Niederschläge von 80 bis maximal 300 Millimetern im Jahr für fast unbewohnbar gehalten hatte. Man benannte die Siedlungen mit dem spanischen Wort Pueblo und ihre Bewohner Pueblo-Indianer, sprachlich entfernte Verwandte der Azteken.

Vermutlich hatten sich die Stämme aus Gründen der Sicherheit in die aride Unwirtlichkeit zurückgezogen und weil sie über Techniken verfügten, die Wüste leben zu lassen. Erstaunlich daran ist, daß sie das schon um 300 v.Chr. konnten, denn so weit lassen sich die Spuren zurückverfolgen. Eigentliche Blütezeit aber der Pueblo-Kultur war die

Zeit um 1100. Danach ging es offenbar wegen weiterer klimatischer Verschlechterung abwärts mit ihr, und gegen Ende des 13. Jahrhunderts zwang Dürre die Indianer sogar zum Verlassen der Pueblos, die sich in der trockenen Abgeschiedenheit fast unversehrt bis zur Wiederentdeckung erhalten haben. Inzwischen hat man mit Luftaufnahmen das fast 50 000 Quadratkilometer große Einzugsgebiet der Kultur kartiert und vermessen und eine erhebliche Zahl von Pueblos gefunden, darunter Snaketown mit 167 Häusern und das terrassenartig in mehreren Stockwerken zur Festung ausgebaute Montezuma Castle am Verde River. Anders als die meisten zeitgenössischen Indianerstämme, die ihren Lebensunterhalt als Jäger, Fischer und Sammler bestritten, waren ausgerechnet die Pueblo-Indianer in den ausgedörrten Regionen Ackerbauern.

Das gelang ihnen durch ein ausgeklügeltes System zur Bewässerung ihrer Felder: Sie leiteten von Flüssen auf den Plateaus Wasser in Mulden und in Becken, auch in künstliche Staubecken, und ließen es dann aus der Höhe in ein verzweigtes Grabengeflecht fließen. In Snaketown fanden Archäologen einen 4,5 Kilometer langen Hauptgraben, der vom Gila River abzweigte und aus einem Sammler ein Netz von Seitengräben speiste, das eine Gesamtlänge von 200 Kilometern erreichte. Schon die Instandhaltungsleistung über Jahrhunderte erstaunt, nicht zu reden davon, daß das ganze System nur mit Holz- und einfachen Steinwerkzeugen gegraben worden ist. Anderes stand den Anasazi auch nicht beim Bau der Schleusen und Wehre zur Verfügung, die den Zufluß zu den verschiedenen Feldern regelten. Dort gediehen aufgrund der Wasserzufuhr Mais, Bohnen und Kürbisse, in späterer Zeit wurde Baumwolle angebaut.

Die hätte im Norden Frankreichs nicht gedeihen können, aber nicht aus Wassermangel, sondern einmal, weil sie in Europa nicht be-

Kein Wunder, daß die Pueblos der Anasazi-Kultur erst so spät gefunden wurden: Besser verstecken und tarnen läßt sich ein Dorf kaum als das um 1100 angelegte »White House« im Canyon de Chelly (Arizona).

Unter eingestürzten Lehmwänden haben sich aus der Pueblo-Kultur des 12. Jahrhunderts auch Kleidungsstücke aus Baumwolle erhalten.

kannt war, zum anderen weil es in den gemäßigten Breiten zu kalt ist. Wasser aber gab und gibt es dort reichlich, und es stellte sich allenfalls die Frage der besten Art der Erschließung. Im Kartäuserkloster von Lillers, zwischen Calais und Arras gelegen, gelang den Wasserbauern das Anbohren einer Wasser führenden Schicht, die von einem höheren Zufluß gespeist wurde, so daß im gebohrten Brunnen das Wasser emporstieg. Nach der Landschaft Artois, in der diese bequeme Form der Wasserförderung glückte, werden solche Bohrstellen als artesische Brunnen bezeichnet. Das heißt nicht, daß der Brunnen von Lillers der erste seiner Art gewesen ist, nur wurde hier das Prinzip besonders deutlich, so daß bei geeignetem Untergrund in der genannten Weise viele weitere Brunnen geschaffen werden konnten.

Gekannt haben schon die antiken Brunnenbauer das artesische Prinzip, und auch das arabische Schrifttum hat entsprechende Beschreibungen überliefert, die den artesischen Brunnen als ungleichschenkligen Heber darstellten. Früher noch, vor der Zeitenwende, haben die Chinesen das Tiefbohrverfahren mit Seilen entwickelt, das allerdings erst um 1000 nach Europa gekommen sein und den Brunnenbau im Kloster von Lillers ermöglicht haben dürfte. In Mittel- und Westeuropa war dieser eine Neuheit, die sich von hier aus weiter verbreitete, wobei es sich nicht immer um Bohr- oder Rohrbrunnen handeln mußte. In einigen, allerdings wenigen Fällen wurden artesische Brunnen auch als Schacht angelegt. Und ganz selten stieß man sogar auf Wasser führende Adern in Gesteinen oder zwischen dichten Kreide- oder Tonschichten, die von so hoher Stelle gespeist wurden, daß sich ohne Mühe Lauf- oder gar Springbrunnen anlegen ließen.

Klöster waren im Mittelalter Horte der Gelehrsamkeit, wo die Schriften der Alten aufbewahrt und abgeschrieben wurden. Nicht immer freilich verstanden die Mönche, was für Schätze sie hüteten. Und so wissen wir auch nicht, inwieweit die Mystikerin Hildegard von Bingen (1098-1179), die als Äbtissin das von ihr nach 1147 gegründete Rupertus-Kloster auf dem Rupertsberg bei Bingen leitete, mit dem Standardwerk der Arzneimittellehre des griechischen Arztes Dioskurides aus dem 1. Jahrhundert vertraut war. Sie hat in jedem Fall sehr selbständig über Heilpflanzen geforscht und sich trotz ihres geistlichen Amtes und obwohl sie »nur« eine Frau war, der ärztlichen Behandlung von Kranken gewidmet. Sie machte ihren Klostergarten zur einem botanischen Versuchsfeld, sammelte dort und in der freien Natur Heilkräuter, trocknete, zerschnitt und verarbeitete sie zu Säften und untersuchte, wann welche Pflanzenteile zu ernten, welche Mischungen zuträglich und wie sie anzuwenden seien. Damit und mit ihren beiden Büchern über die Pflanzen, Tiere, Steine, Metalle und Elemente sowie über den menschlichen Leib wurde sie zur ersten deutschen Medizinerin. In ihren bis heute von vielen Anhängern der Naturheilverfahren geschätzten Ausführungen über Heilpflanzen und Krankheiten verwendete sie neben den lateinischen Namen erstmals auch oder manchmal sogar nur die deutschen wie »wegerich« oder »wassawurz«, »gelwesucht« oder »gicht«.

Vom Allerhöchsten erhielt Hildegard von Bingen ihre Inspiration. Später kolorierter Holzschnitt des 16. Jahrhunderts.

Vorübergehende Erholung Europas

Dennoch war das Gesundheitswesen in Europa vom antiken Standard himmelweit entfernt, schon weil die hygienischen Verhältnisse stark zu wünschen übrig ließen. Trotzdem aber wuchs seit der Mitte des 12. Jahrhunderts die Bevölkerung allenthalben kräftig, und das obwohl die Kreuzzüge viele Opfer forderten und Seuchen aus Nahost eingeschleppt wurden. Das lag an einer lange nicht gekannten politischen Stabilität im Zeitalter der Staufer-Kaiser, das mit der Thronbesteigung Konrads III. 1138 begann und mit dem genialen Friedrich II. (Kaiser seit 1212) im Jahr 1250 de facto endete. Natürlich flackerten auch in dieser Blütezeit des Hochmittelalters immer wieder und überall Kriege auf, doch die allgemeine Friedlosigkeit wich in vielen Gegenden einer relativen Rechtssicherheit, die das Abendland aufatmen ließ. Im Rückblick verklärte sich die Epoche sogar, insbesondere für die Deutschen, zu einer Art goldenem Zeitalter, das in Mythen wie der Kyffhäusersage beschworen wurde. Welche Leidenszeit vorangegangen sein muß, wird damit überdeutlich, denn die Zustände blieben immer noch beklagenswert, ablesbar an wenigen Zahlen:

Die einstige Millionenstadt Rom hatte um 1150 noch ganze 35 000 Einwohner, Köln, die größte deutsche Stadt, brachte es auf 30 000, London war noch um 5 000 Bewohner kleiner, und Paris hatte kaum 20 000 Bürger aufzuweisen. Wenn sich diese Zahlen im Verlauf des »staufischen« Jahrhunderts auch verdoppelten, so kann von einer Erholung nur sehr bedingt gesprochen werden, zumal die Versorgung der Menschen kaum Schritt hielt. Ein Blick auf die Wasserversorgung in einigen wenigen Städten mag verdeutlichen, womit sich die Europäer im Hochmittelalter begnügen

Die christliche Leibfeindlichkeit brachte auch einen Verfall der ärztlichen Kunst mit sich. Der Holzschnitt von 1497 zeigt einen Wundarzt mit Gehilfen am Krankenbett.

Vorübergehende Erholung Europas

mußten, verglichen mit den für das Jahr 375 beschriebenen Leistungen des Römischen Reiches:

Die von Karl dem Großen in **Aachen** erneuerte römische Wasserleitung versiegte im 12. Jahrhundert endgültig. Die aus der Eifel kommende römische Wasserleitung für **Köln** wurde schon seit der Mitte des 11. Jahrhunderts als Steinbruch benutzt. An einen Wiederaufbau oder gar einen Neubau dachte niemand; man gab sich mit einigen Brunnen und dem wenig bekömmlichen Rheinwasser zufrieden. Längst waren die Zuleitungen aus römischer Zeit in **London** zerstört, Wasserträger verkauften Themsewasser in Eimern (»buckets«), reiche Leute legten sich einen Brunnen zu. Die Qualität dürfte freilich kaum besser gewesen sein als die des Flußwassers. Immerhin lieferte die Themse Löschwasser für die zahlreichen Großbrände der Stadt (1132, 1135, 1161). Auch in **Paris** und **Rouen** versorgten Wasserhändler, seit 1100 in einer Zunft organisiert, die Haushalte nur mit Seinewasser, das seit der Römerzeit wohl kaum besser geworden war. In **Rom** selbst waren die antiken Wasserleitungen schon im 9. Jahrhundert verfallen. Zwar ließ Papst Kalixt II. (1119-1124) vom erhaltenen Teil der Aqua Julia einen Kanal (Acqua Mariana) zum Laterantor speisen, doch nicht für die Stadt, sondern für seine Hofhaltung. Das kleinere **Siena** war da besser dran, nutzte es doch nahe Quellen, die Fonte Branda und die Fonte Vetrice, aus denen die Bürger ausgezeichnetes Wasser schöpften.

Anders als die weltlichen Behörden sorgten kirchliche und vor allem klösterliche Obrigkeiten umsichtig für sauberes Wasser in ihren Einrichtungen. Die Benediktiner waren schon wegen ihrer Betreuung von Kranken auf reines Wasser angewiesen, die Zisterzienser brauchten für

Die Themse, hier vor dem White Tower in London, war Transportweg, Wasserreservoir und Müllkippe in einem für die Engländer des Mittelalters. Buchminiatur aus dem 15. Jahrhundert.

Um 1500 entstand der später kolorierte französische Holzschnitt, der einen der typischen überfüllten Krankensäle der Zeit zeigt. Nonnen und Mönche kümmern sich um die Pflege und Behandlung der Patienten.

ihre Gewerbe, fürs Vieh und für sich selbst reichlich Wasser zum Trinken und – als Handwerker und Bauern stets von der Arbeit schmutzig – zur Reinigung vor den Mahlzeiten und vor dem Besuch der Messe. Ihre Kirchen mußten sie mit Weih- und Taufwasser versorgen, und ihre Felder gediehen bewässert erheblich besser als solche, die man den Zufällen der Witterung überließ. Vor jeder Klostergründung wurde daher erkundet, ob Wasser ohne allzu großen Aufwand herangeführt werden konnte, und in vielen Fällen wurde erst mit der Errichtung von Gebäuden begonnen, wenn entsprechende Wasservorräte erschlossen waren, sei es in Form von gefaßten Quellen, sei es durch Tiefbrunnen.

Für die zweite Hälfte des 12. Jahrhunderts lassen sich für zahllose Klöster von Spanien bis Skandinavien Brunnen und Wasserleitungen

Bis ins 9. Jahrhundert zurück reichen die Anfänge des über 700 Meter hoch gelegenen Benediktinerklosters Nuestra Señora de Montserrat (Spanien) im gleichnamigen Gebirgsmassiv.

»Von dieser Wasserleitung habe ich einen Abzweig zum Markt gebaut und einen großen steinernen Wassertrog mit viel Mühe durch die Stadtmauer hereingebracht und so mit Wasser gefüllt.« (Abt Markward)

um 1170 bis um 1250

nachweisen. Und es haben sich auch Reste von aufwendigen Brunnenhäusern erhalten, die meist nahe dem Refektorium (Speisesaal) am Kreuzgang errichtet wurden. Häufig handelte es sich um sechseckige, geräumige und helle Gebäude, deren Brunnen aus einer kleineren oberen und einer großen unteren Schale bestand, in deren Mitte eine Druckleitung das Wasser emporhob. In der oberen Schale reinigten sich die Brüder oder Schwestern; das Wasser floß durch Löcher am Rand in die untere Schale für die Säuberung von Gegenständen und wurde dann einer Entwässerungsleitung oder -rinne zugeführt. Gelegentlich sorgten die Klöster auch für die Belieferung des zugehörigen Ortes mit Wasser. Markward, seit 1150 Abt im Fuldaer Benediktinerkloster, notierte, daß er die Wasserleitungen durch Bleirohre habe erneuern lassen.

Ein besonders schönes, nur wenig jüngeres Brunnenhaus ließ Wilhelm II., 1166-1189 letzter normannischer König von Sizilien, seit 1174 auf dem acht Kilometer südwestlich von Palermo gelegenen 300 Meter hohen Monreale im dortigen Benediktinerkloster errichten. Die Fertigstellung des Klosters 1199 erlebte der König nicht mehr, aber den

Der Muttergottes überreicht auf dem Relief König Wilhelm II. von Sizilien ein Modell der Kathedrale von Monreale. Kapitell im Kreuzgang der Benediktinerabtei.

Vorübergehende Erholung Europas

Das Brunnenhaus mit der tiefergelegten Wasserschale und dem kunstvoll gestalteten Wasserschaft im Klosterhof von Monreale an der Südseite der Kathedrale.

Kreuzgang konnte er 1183 noch einweihen, und gleichzeitig mit diesem dürfte auch das Brunnenhaus gestanden haben. Der den gesamten Klosterhof von 47 mal 47 Metern säumende Kreuzgang mit seinen 228 Zwillingssäulen öffnet sich in der südlichen Ecke ins Brunnenhaus, das dazu mit einer Plattform auf das gleiche Niveau gebracht ist. Es wird ebenfalls von Säulen getragen, die zwölf beiderseits mit Fugenschnitten verzierte Bogen bilden. Darauf sitzt das Steingebälk mit einem umlaufenden Fries aus Zahnschnitten. In der Mitte des Hauses steht ein prachtvoller Schalenbrunnen in einer Vertiefung, zu der drei Stufen hinabführen. In der glatten, ohne Randwulstung abschließenden Brunnenschale ragt mittig der Wasserschaft auf, dessen Hohlrohr in zwölf kleine Löwenköpfe mündet, aus denen das frische Wasser rieselt. Die ganze Anlage ist eine der feinsten Schöpfungen der normannisch-romanischen Bau- und Bildhauerkunst.

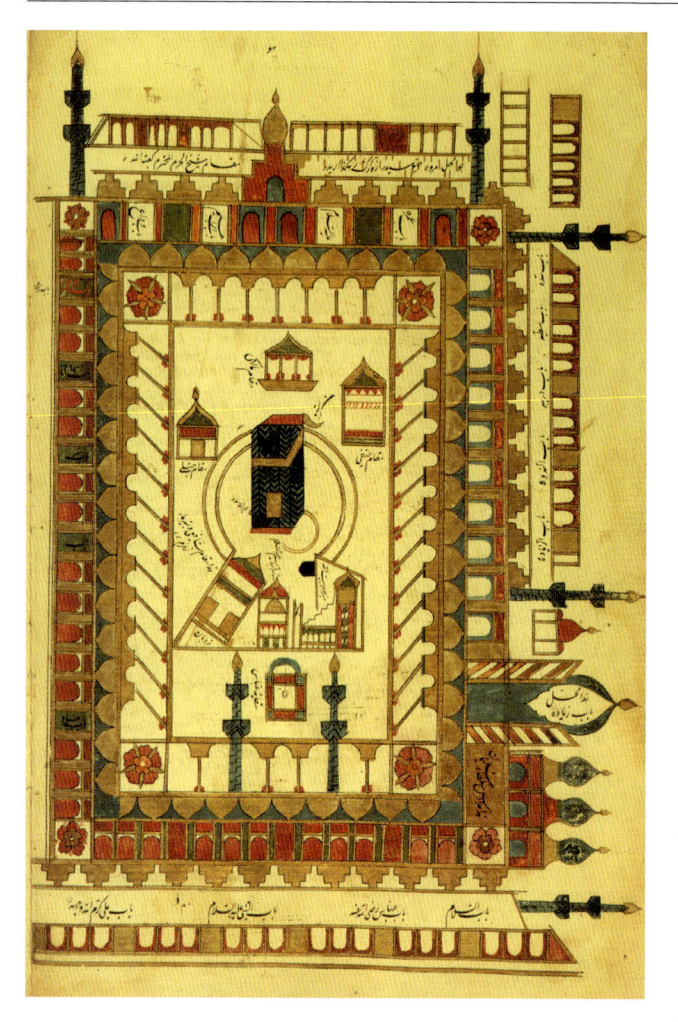

Kaum verändert hat sich seit dem 12. Jahrhundert die Anlage der Großen Moschee in Mekka mit dem islamischen Hauptheiligtum, der schwarzen Kaaba, im Zentrum. Türkische Miniatur um 1620.

Auch im Islam gehörte und gehört zu sakralen Einrichtungen die Bereitstellung von sauberem Wasser. Das gilt natürlich in besonderem Maß für das zentrale Heiligtum, die Kaaba (»Würfel«) in Mekka, das »Schlafgemach Allahs«. Sie liegt in einem 200 mal 150 Meter großen Moscheehof und hat eine Grundfläche von 120 Quadratmetern. In die Kaaba eingemauert ist Hadschar al-Aswad (»schwarzer Stein«), ein Meteorit, Ziel aller Mekka-Pilger. Vom nach Norden leicht abgeschrägten Dach der Kaaba fließt das rare Regenwasser in ein innen und außen vergoldetes Regenrohr, das ein etwa zwei Meter langes und ein Meter tiefes Becken speist. Das Wasser daraus darf nur zur Waschung der Kaaba genutzt werden. Den Pilgern steht der heilige Brunnen Samsam, gut zwanzig Meter östlich von der Kaaba, zur Verfügung, dessen Schacht mit schneeweißem Marmor umrandet ist, aus dem auch die Brunnenschalen bestehen, an denen sich die Pilger waschen können. Das lauwarme Wasser des Brunnens wird nachts in einem daneben errichteten Kuppelbau gekühlt und am Morgen den Pilgern in Henkelkrügen (»dauraq«) zum Trinken gereicht. Den Brunnen überwölbt ein zierlich geschnitzes gewölbtes Holzdach, das bei starkem Pilgerandrang allerdings gegen ein stabileres Bleidach ausgetauscht wird.

Nicht immer befand sich die Brunnenanlage in einem so gutem Zustand. Daß sie dann im 12. Jahrhundert so prächtig neu erstand, verdankt sie der Legende nach einem genialen Betrugsmanöver. Von dieser Legende berichtet der arabische Reiseschriftsteller Ibn Dschubair, der sich 1183/84 in Mekka aufhielt: Der habgierige Großvater des damals amtierenden Emirs der Stadt soll danach von einem offenbar schwerreichen Pilger auf den heruntergekommenen Brunnen angesprochen worden sein. Als der Emir aber darauf nicht reagierte, bot der Pilger an, den Brunnen instandsetzen zu lassen. Für die Genehmigung dazu solle der Emir dasselbe erhalten, was der Gönner für den Bau aufwende. Blind vor Habsucht stimmte der Emir zu. Doch als der Bau fertig war und sich die Rechnungen türmten, war der angebliche Gönner seinerseits getürmt, und der Emir erhielt genausoviel für sich wie für den Bau, nämlich nichts. Rückgängig machen aber konnte er die baulichen Maßnahmen natürlich auch nicht, und so schließen die Muslime noch heute in ihre Gebete den fremden »Betrüger« ein, dem sie die prachtvolle Anlage verdanken.

Verglichen aber mit einigen indischen Treppenbrunnen (englisch »stepwells«) sind alle nahöstlichen und europäischen Anlagen dieser Zeit bescheiden zu nennen. Vor allem in den westlichen Bundesstaaten Gujarat und Rajasthan haben sich viele dieser aufwendigen und reich geschmückten, oft einem Heiligtum angeschlossenen Bauten erhalten, von denen ein Großteil noch vor dem Ende des 12. Jahrhunderts entstanden ist. Sie bestehen gewöhnlich aus einem senkrechten Schacht (»kupa«) mit einer Vorrichtung zum Heben des Wassers, einem Eingang unter einer von Säulen getragenen Laube, einem von dort in mehreren Geschossen hinabführen-

Längsschnitt eines großen indischen Treppenbrunnens in räumlicher Darstellung: Eingangslaube im ersten Untergeschoß, drei Laubentürme sowie Licht- und Brunnenschacht.

den, manchmal auf halber Strecke L-förmig abgewinkelten Treppengang, gesäumt von seitlich offenen Laubentürmen oder Pavillons auf Pfeilern, so daß sich eine luftige und schattige Pfeilerhalle bildet. Oft befindet sich neben der eigentlichen Wasserschöpfstelle auch ein Becken zum Waschen oder Baden, das durch einen Lichtschacht erhellt wird und an das sich Ruhe- und Aufenthaltsräume anschließen, wie es sie auch in den oberen Stockwerken gibt.

Die erste Laube eines Treppenbrunnens steht gewöhnlich oberirdisch und hat eine erhöhte Plattform, zu der meist von einer Seite, manchmal aber auch von zwei oder drei Seiten Stufen hinaufführen, so daß man wie zum Thron eines Fürsten oder zum Altar eines Götterbilds emporsteigt. Entsprechende Ehrfurcht soll der Besucher solcher Quellbrunnenlagen empfinden, was durch Schreine oder Hochbilder gefördert wird. Über der Plattform schwebt üblicherweise ein flaches Dach, das von vier, bei länglichen Dächern auch von sechs oder mehr, meist stämmigen Pfeilern in gleichem Abstand getragen wird.

Ein besonders eindrucksvoller Bau steht in Ghumli auf der Halbinsel Saurashtra: der Vikia-Treppenbrunnen. Er stammt aus dem 12. Jahrhundert, liegt am Fuß der Barda Hills im Jamnagar Distrikt und soll hier stellvertretend für viele ähnlich aufwendig gestaltete beschrieben werden: Wuchtig steht die Eingangslaube, eigentlich eher ein Tempel, in der Landschaft. Zwölf halbmeterdicke, kunstvoll gemeißelte Pfeiler tragen einen hohen, teils eingestürzten Dachaufbau, den ein Band von Hochbildern schmückt. Betretbar ist die Empfangslaube von zwei Seiten. An einer dritten Seite beginnt der sechzig Meter lange und viereinhalb Meter breite Treppengang hinunter zum Grundwasserbecken. In Abständen erheben sich aus dem Gang drei Laubentürme, deren erster drei, deren mittlerer fünf und deren letzter sechs Stockwerke hat. Kräftige Pfeiler mit fein gearbeiteten Ornament-Kapitellen tragen die Konstruktion.

Viel mehr als den Anfangsbuchstaben hat mit Indien das nordische Island kaum gemein, das die Wikinger erst im 9. Jahrhundert erreicht hatten. Wasser spielte hier zwar auch eine zentrale Rolle, aber nicht aus Mangel, sondern eher des Überflusses wegen. Es kommt ja auf der niederschlagsreichen Nordmeerinsel in jeder Form vor: gefroren

Vorübergehende Erholung Europas

in Gletschern, kochend in Lava-Seen, heiß in Geysiren aus der Erde springend, glasklar in Flüssen und salzig im Atlantik. Die langen isländischen Nächte im Winter waren ließen einen reichen Schatz an Märchen, Legenden und Sagen (»sagas«) entstehen, und wir wissen von der Lebensweise der alten Isländer daher vornehmlich aus dieser Literatur Genaueres. Darin ist erstaunlich wenig von Badräumen die Rede, allenfalls von hölzernen Wannen (Badekufen), die in jedem Raum zu nutzen waren und die wir schon vor der Zeitenwende bei den Germanen antrafen. Die Isländer hatten auf Grund der heißen Quellen zudem viele Möglichkeiten, warme Freibäder zu nehmen.

Nur ein isländisches Badehaus aus der Zeit um 1200 ist auf uns gekommen, die sogenannte Snorralaug, ein Rundbau mit senkrechten Wänden aus Hausteinen. Er ist etwas vertieft im Boden angelegt, die Innenwand umläuft eine Steinbank, warmes und kaltes Wasser wurden per Leitung hineingeführt. Das warme Wasser stammte aus der Quelle Skribla und floß, je nach Wunsch mit kaltem gemischt, in ein Becken, das sich bis in Brusthöhe füllen ließ und in dem sechs bis acht Leute gleichzeitig baden konnten. Das gebrauchte Wasser ließ man durch eine Rinne abfließen, die dann für die neue Füllung geschlossen wurde. Das Badehaus gehörte zum Gehöft des Dichters und Politikers Snorri Sturluson (1179-1241), dem wir die »Snorra-Edda« verdanken und der in diesem seinem Bad bei Reykjaholt ermordet wurde.

Glasfenster dürfte selbst dieser wohlhabende Gutsherr in der abgelegenen nordischen Gegend noch nicht gehabt haben. Im Süden und in der Mitte Europas aber begannen sich um 1200 solche Fenster nach der römischen Zeit zum zweiten Mal zu verbreiten. Zunächst konnte sich nur der Adel und das reiche Bürgertum derartigen Luxus leisten,

Energiesorgen kannte Island nie. Wo benötigt, wurde eine der zahlreichen Thermalquellen eingefaßt und als Bad oder Warmwasserspeicher genutzt.

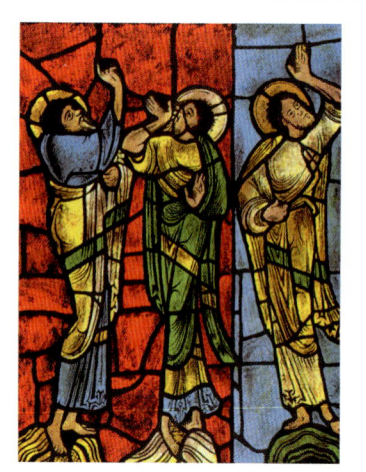

Apostel schauen auf zum gen Himmel fahrenden Herrn. Um 1145 geschaffene Glasfenster in der Kathedrale von Le Mans.

der dabei noch äußerst schlicht war, denn große und plane Scheiben gelangen den Glasern noch lange nicht. Auch die Durchsichtigkeit war nach heutigen Maßstäben unbefriedigend; die kleinen Lukenfenster waren eher durchscheinend, und man leistet sich Glas auch nur für die wichtigsten Räume, während die Kirchenfenster meist durchgehend farbige Verglasung in freilich ebenfalls kleinen Feldern boten. Die Wohnlichkeit machte durch die Glasfenster immerhin Fortschritte, denn sie brachten Licht und – durch den Treibhauseffekt – auch Wärme in die Häuser. Das schlug sich sogar in der Literatur nieder: So finden sich Erwähnungen von »glas-venstern« in Minneliedern und in Epen wie dem kurz nach 1200 entstandenen »Parzival« Wolframs von Eschenbach.

Poesie und Glas – den Mongolen dürfte beides gleichermaßen als »Firlefanz« erschienen sein. Ihr Aufstieg zu weltpolitischer Bedeutung resultierte ja gerade aus der Genügsamkeit und Härte, zu denen sie das nomadische Leben in der Steppe zwang. Als es einem ihrer Clan-Chefs namens Temudschin (um 1155-1227), der sich später Dschingis Khan nannte, 1206 gelang, die verfeindeten Mongolenstämme zu einen und sie sich gefügig zu machen, wurden seine schnellen Reiterhorden zu einer Macht, der nichts gewachsen schien. Die Blutspur, die sie durch Eurasien zogen, blieb als Trauma im kollektiven Gedächtnis der betroffenen Völker erhalten. Wir haben plastische Berichte über die Eroberer, deren Stärke dem Bündnis mit der Natur und einer Urwüchsigkeit entsprang, der kleinliche Skrupel Nichtmongolen gegenüber völlig fremd waren. Als sich Dschingis Khan seit 1211 an die Unterwerfung Chinas machte, ließ er die Städte zerstören, die Bewohner erschlagen – in Peking brauchten seine Banden dazu einen vollen Monat –, die Felder von seinen Reitern zerstampfen. Durch die Quellen geistern Zahlen von 18 Millionen Getöteten allein in Ostasien.

Doch zurück zur Natur: Da die Mongolen mit ihren Herden in und von ihr lebten, verehrten sie Luft, Erde, Wasser und Feuer religiös und achteten, modern gesagt, auf pflegliche Behandlung der Umwelt, vor allem auf die Reinheit des Wassers, das sie in erster Linie für ihr Vieh brauchten. Da mutet es seltsam an, daß sie für körperliche Reinlichkeit offenbar wenig übrig hatten, so daß Marco Polo (1254-1324) erstaunt notierte: *»Die Mongolen baden nie, nur ihre Säuglinge nach der Geburt.*

Vorübergehende Erholung Europas

Urwüchsiges siegte über Verfeinertes: Dschingis Khan mit Vasallen. Persische Buchmalerei des 14. Jahrhunderts.

Im Abstand von jeweils einer Woche gleich viermal: zuerst zwei Male in Salzwasser, das im Teetopf der Familie bereitet wird, das dritte Mal in verdünnter Stutenmilch und das vierte Mal in Muttermilch. So soll der Säugling in seinem künftigen Leben vor Hautkrankheiten bewahrt werden.« Das vielleicht als Tip an die modernen Allergologen. Und noch eine Seltsamkeit brachte die Wasserverehrung mit sich, wie Marco Polo weiter berichtete: »*Die Mongolen waschen auch nie ihre Kleider. Sie sagen nämlich, sie würden sonst von den Geistern für die Verschmutzung des Wassers bestraft. Sie hängen die Kleider auch nie zum Trocknen auf. Sonst würden sie die Luft verschmutzen.«*

Den Schock der hochkultivierten islamischen Völker, die seit 1219 zur Beute Dschingis Khans in Vorderasien wurden, vermag man sich daher kaum auszumalen. Da sich die Sieger nur in der Steppe wohlfühlten, ruhten sie nicht, bis die dank der Bewässerungskunst blühenden Landschaften wieder Steppe und die Städte entvölkert waren. Zu den direkten Opfern der Horden kamen in der Folgezeit unzählige Verhungerte und Verelendete. Trost fanden die Überlebenden nur in der Religion, denn die Mongolen zeichnete bei aller Gnadenlosigkeit religiöse Toleranz aus, die allerdings wohl eher Ignoranz war und so weit ging, daß die neuen Herren die Verfolgung Andersgläubiger durch Christen oder Muslime unterbanden. Daß das Abendland dem Schicksal des Orients entging, verdankte es nur einem Zufall: Nach der Vernichtung eines deutsch-polnischen Ritterheers 1241 bei Liegnitz war der Weg nach Westen für die Mongolen offen. Doch sie kehrten urplötzlich um, weil der Großkhan gestorben war und der Heerführer bei der Regelung der Nachfolge übergangen zu werden fürchtete.

um 1250 bis um 1300

Ganz so streng wie ihre mongolischen Gegner werden die unterlegenen europäischen Ritter nicht gerochen haben, doch sonderlich weit her war es mit der Badekultur auch im Abendland nicht mehr und noch nicht wieder. Über die Reinlichkeit in den Unterschichten sind wir kaum unterrichtet, doch über den Adel und die Einrichtungen in seinen

Jagdpause: Ein Ritter erfrischt sich in einem Teich, während sein Falke eine Ente erbeutet. Aus dem Buch Kaiser Friedrichs II. über die Beizjagd.

Burgen oder Palästen wissen wir recht gut Bescheid. So ist von keiner deutschen Burg überliefert, daß es dort eine Badestube oder ein Badehaus gegeben habe, und von solchen in Patrizierhäusern der Städte ist auch nur selten die Rede. Üblich war nur das Wannenbad, kalt wie warm, und das Freibad in Flüssen, Teichen oder im offenen Meer. Wannen wurden stets auch für Gäste und nach Turnieren für die verschwitzten Kämpfer bereitgehalten.

Warum es aber für Badestuben oder -häuser nicht reichte, läßt sich nur mutmaßen, denn bekannt waren solche Einrichtungen spätestens seit den Kreuzzügen, auf denen die »fränkischen« Ritter das arabische Bad (»hammam«) kennengelernt und sicher auch genutzt hatten. Sie nachzubauen erforderte aber ziemlichen Aufwand, und den mag man auf den exponierten Burgen ebenso gescheut haben, wie man sich wohl vor der zusätzlichen Brandgefahr durch die dann erforderlichen Heizungen gefürchtet hat. Oft hört man in diesem Zusammenhang den Hinweis auf das »romanische Badehaus« auf der Wartburg, doch das ist ein Einbau aus dem Jahr 1889/90, und das an derselben Stelle schon vorher vorhandene Bad stammte aus dem 17. Jahrhundert. Die Schilderungen prachtvoller Bäder in der mittelhochdeutschen Literatur (z.B. in der Sage von Herzog Ernst) dürften aus orientalischen Vorlagen herrühren.

Umsorgt von Frauen nimmt ein Ritter ein warmes Wannenbad. Illustration aus der Großen Heidelberger Liederhandschrift.

In den aufblühenden Städten entwickelte sich nun aber ein öffentliches Badewesen, dessen ungeniertes Treiben – Männer und Frauen badeten gemeinsam – in zahlreichen Darstellungen in Wort und Bild festgehalten ist. Diese Einrichtungen genossen einen leicht pikanten Ruf. Die Bäder wurden von professionellen Badern betrieben, die für die Mischung von kaltem und warmem Wasser, für Lauge, Seife, Bademäntel, -tücher und -quaste (frische Blattzweige zum Schlagen der Haut zwecks Durchblutungsförde-

Sehr beliebt und viel gescholten: Die gern besuchten Badehäuser förderten die Sittenlosigkeit, klagten Kritiker. Mittelalterliches Kalenderblatt.

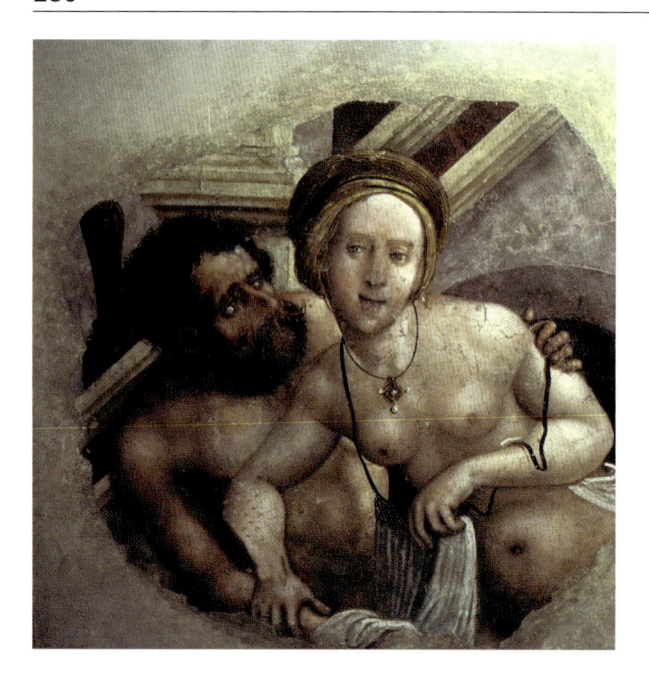

Leicht Feuer fingen nicht nur die Badestuben selbst, sondern auch die Besucher: Das badende Paar von Albrecht Altdorfer schmückte das sogenannte Kaiserbad in Regensburg (um 1520).

rung) sorgten und von den dafür fälligen Gebühren lebten. Obwohl manche dadurch zu nicht unerheblichem Wohlstand kamen, standen sie in einem ähnlich geringen Ansehen wie ihre Betriebe; bis 1406 galten sie als unehrlich (eid- und amtsunfähig), und erst seit 1548 konnten sie Zünfte bilden. Auch bei den Bädern verweist die Tatsache, daß sie nicht selten außerhalb der Stadtmauern standen, auf die seinerzeit große Furcht vor Bränden.

Dabei hatte man hier genügend Brennmaterial, das in den waldarmen Ländern des Südens so knapp war oder geworden war und zur Suche nach alternativen Brennstoffen geführt hatte. Dabei war man im Orient schon früh auf Erdöl gestoßen, das Plinius der Ältere im 1. Jahrhundert »Naphta« nannte; bei den Arabern und Persern hieß es später entsprechend »naft«. Öl trat beispielsweise in der Gegend des heutigen Baku am Kaspischen Meer zu Tage und wurde schon in vorchristlicher Zeit von den Persern als Brennmaterial, für Fackeln und in Öllampen verwendet. Auch militärisch kam es gegen die Mongolen und gegen die Kreuzritter zum Einsatz, indem man Brandsätze damit herstellte und sie mit Katapulten verschoß. Es gelang den Europäern nicht, diese als »Griechisches Feuer« gefürchtete Waffe nachzubauen, die wie ein großer Molotowcocktail wirkte und kaum löschbare Brände entfachte: »*Es kam daher wie eine Tonne für Traubensaft, und der Schweif von Feuer, der davon ausging, war wie ein breites Schwert. Wenn es kam, machte es einen solchen Lärm, als sei es ein Blitzstrahl vom Himmel. Es schien, als wäre es ein Drache, der durch die Luft flog*«, beschrieb der Chronist Johann von Joinville (um 1225-1317) den Schrecken, den das Feuer verbreitete.

Seine friedliche Variante, das in den Küchen des Abendlands ständig brennende Herdfeuer, spielte etwa auf den Burgen eine zentrale Rolle. Das Hofleben drehte sich bei den hohen Herrschaften ja stets ganz wesentlich ums Tafeln, und dafür mußte eine Schar von Be-

Vorübergehende Erholung Europas

diensteten sorgen: der in der Küche kommandierende Truchseß, dem Köche, Speisenträger, Fuhrleute, Gärtner und Mägde unterstanden, der Mundschenk (»kellerer«), der über die Getränkevorräte herrschte, der Kämmerer als Zuständiger für Kleidung und Mobiliar, der Marschalk als Oberaufseher der Ställe und Chef der Knechte. Nicht nur um das leibliche Wohl der Burgherren und -damen galt es sich zu kümmern, sondern auch um die Versorgung der Ritter und Knappen, die zur die Verteidigung der Festung nötig waren. Ihr oft unersättlicher Appetit stellte Küchen- und Kellermeister vor schwierige Aufgaben. In einem Gedicht des 13. Jahrhunderts sind die Gerätschaften aufgezählt, die in der Küche dafür zur Verfügung standen:

Töpfe (»haven«), Feuerstein, Zunder oder Schwamm und Stahl (»fiur isin«) als Zündmaterial, Kesselhaken, Feuerböcke (»brandreiden«), Bratspieße und Roste, Blasebälge, Dreifüße (»trifuos«), Reibeisen, Kessel und Kannen, Pfannen, Messer, Teller, Trinkschalen, Waschbecken, Schöpfgefäße (»bollen«), Kübel, Krüge, Eimer, Schüsseln, Löffel, Essigkrüge, Salzfässer, Pfeffermühlen, Mörser (»morselstein«), Gläser, Bänke und Stühle, dreizinkige Gabeln (»kröuwel«), enghalsige Gefäße (»angstaer«). Das Wasser, zum Kochen, aber auch zum Reinigen der Gerätschaften wie zum Händewaschen und Mundspülen der Tafelnden mußte aus Regenwassersammlern oder vom Brunnen in Eimern herbeigeschafft und während der Mahlzeiten in Henkelkannen (»giessvasz«) vorgehalten werden.

Manche Burgen aber verfielen in dieser Zeit bereits wieder. Die Herren und ihre Ritter waren aus kriegerischen Gründen viel abwesend, wozu vor allem die unglücklichen letzten Kreuzzüge beitrugen. Sie hatten zudem zu einer Verfeinerung der Belagerungstechnik geführt, so daß manche Burg zerstört wurde. Auch die während des Interregnums (1254-1273), der »kaiserlosen, der schrecklichen Zeit« (Schiller), wieder um sich greifende Rechtsunsicherheit und Friedlosigkeit hatten Anteil an der Entwicklung. Und schließlich spielte ein neuer Schub des Aussatzes (Lepra) eine Rolle, den Kreuzritter, Händler und fahrendes Volk aus dem Orient einschleppten. Die Städte und Gemeinden versuchten, die Seuche (deutsch »miselsucht«, italienisch »lebbra«, französisch »lèpre«, englisch »leprosity«) dadurch einzudämmen, daß sie sich gegen

Schwerarbeit hatten die mittelalterlichen Hausfrauen in der Küche zu leisten. Holzschnitt aus dem Jahre 1508.

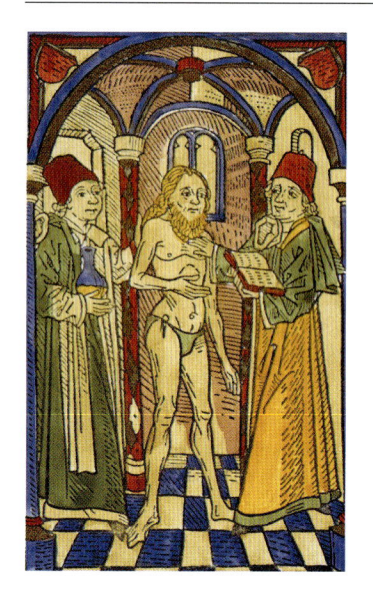

Arzt mit dem Harnglas. Holzschnitt aus Megenberger »Buch der Natur«, Augsburg 1478.

Aussätzige abschirmten und ihnen eigene Unterkünfte außerhalb der Mauern zuwiesen. In der zweiten Hälfte des 13. Jahrhunderts melden Chroniken für den deutschsprachigen Raum die Einrichtung von Siechenhäusern, nach dem zuständigen Heiligen Lazarus bald Lazarette genannt, beispielsweise in Freiburg (1250), Schwartau (1258), Basel (1260), Reval (1266), Wien (1267), Prag (1281), Rottweil (1285). Köln richtete ein Haus mit 100 Plätzen für Aussätzige ein, die nun lebenslang ausgegrenzt wurden. So schwer das Schicksal für die Betroffenen war, so gelang doch durch die harten Maßnahmen der allmähliche Sieg über die Seuche, deren Problematik der Krankenpflege insgesamt wichtige neue Impulse gab.

Bei den verheerenden hygienischen Verhältnissen in den europäischen Städten kann von einem Gesundheitswesen, das den Namen verdient, jedoch kaum gesprochen werden. Aus dem Jahr 1285 ist eine königliche Order aus Paris überliefert, die den Bürgern die Reinigung der Straße vor ihren Häusern auferlegte. Nachhaltiger Erfolg war dem nicht beschieden, denn schon bald ging man wieder dazu über, allen Unrat aus den Fenstern und Türen auf die Straße zu werfen und den In-

Um 1440 schuf Domenico di Bartolo in Siena das Fresko, das die Behandlung von Patienten im Hospital darstellt.

halt von Nachttöpfen wie Waschzubern vor die Tür zu kippen. »Gare l'eau!« war alles, was dabei zur Warnung der Passanten gerufen wurde: »Vorsicht, Wasser!«, eine Redewendung, die noch heute benutzt wird, wenn es heißt: »Kopf weg!« Eine öffentliche Müllabfuhr existierte nicht, Abwasserrinnen waren selten. In manchen europäischen Städten verlegte man Tritt- oder Wegsteine, damit die Straßen für Fußgänger überhaupt passierbar blieben. »Stadtluft macht frei«, hieß es wegen der Unabhängigkeit der Städter von Feudalherren, doch diese Luft stank und sorgte dafür, daß die Städte lange kaum wuchsen. Das Fehlen von Bedürfnisanstalten führte zu wilder Fäkation; allenfalls provisorische Gruben legten die Hausbesitzer in den Gärten dafür an. Das für Paris Gesagte traf auf London genauso zu. Allerdings erwähnen Chroniken der britischen Hauptstadt 1291 erstmals – in Zusammenhang mit einem Mord – eine öffentliche Toilette.

Kraß von solchen Zuständen hoben sich chinesische Städte dieser Zeit ab. Über das nach dem Wüten der Mongolen wieder auf eine Million Einwohner angewachsene Hangzhou, damals Linan, Hauptstadt der südlichen Sungdynastie, haben wir einen Bericht Marco Polos

Beeindruckt von der Sauberkeit chinesischer Städte zeigte sich Marco Polo. Französische Illustration zu seinem Reisebericht (um 1412).

Schon zur Zeit Marco Polos war Hangzhou am südlichen Ende des Kaiserkanals eine Millionenstadt. Das Bild aus dem 19. Jahrhundert entstand mit Blick über den Westsee.

(1254-1324), der sich hier von 1276 bis 1292 aufhielt. Er war entzückt vom Wasserreichtum »der Stadt des Himmels«, die ihn an seine Heimat Venedig erinnerte. Doch während man dort weder in der Lagune noch im Meer baden konnte, weil sie als Müllkippe und Kloake mißbraucht wurden, achteten die Chinesen peinlich genau darauf, daß das Wasser des Westsees vor der Stadt glasklar blieb. Es kam aus sechs Quellfassungen, belieferte die Stadt durch Tonrohre mit Trinkwasser und speiste das Kanalnetz, das dem Warentransport, aber auch der Luftbefeuchtung diente: »Die Luft in der Stadt ist stets rein und gesund«, notierte Marco Polo. Die Kanäle waren auch als Löschwasserreservoir bedeutsam für das auf 16 bis 18 Quadratkilometer konzentrierte Hangzhou.

Und noch andere Kontraste fielen dem italienischen Gast auf: Venedig protzte mit Kunst und Prunkbauten, doch die Straßen dahinter starrten vor Schmutz, und in den Häusern gab es nicht einmal saubere Abtritte, sondern nur kaum auffindbare, direkt ins Wasser führende stinkende Verschläge. Hangzhou dagegen hielt seine Bürger zur Anlage von Senkgruben an, deren Inhalt zusammen mit dem Mist der Stallungen von beruflichen Stadtreinigern regelmäßig abgeholt und als Dünger verkauft wurde. Die Straßen waren gepflastert und gewölbt, damit das Regenwasser durch die abgedeckten Rinnen zu beiden Seiten abfloß. Arbeiter der städtischen Müllabfuhr fegten die Straßen regelmäßig, verluden den Unrat auf Boote und fuhren ihn zu Abladestellen auf unbebautem Land. Schleusen schützten seit dem 11. Jahrhundert die Wasserwege vor der Schlammfracht, die früher mit den Gezeiten eingedrungen war.

Der Schwarze Tod

In Europa herrschte dagegen hygienische Finsternis. Die Pest, die über Europa das große Sterben bringen sollte, hatte darin sicher nicht ihre Ursache, und doch wurde ihre Verbreitung durch die mangelhafte Reinlichkeit gefördert. Woher die Seuche kam, ist bis heute umstritten. Der Orient wird immer wieder genannt, doch wütete die Krankheit dort nicht annähernd in dem Ausmaß wie im Abendland. Andere wollen einen chinesischen Ursprung erkennen, das aber scheint angesichts der fortschrittlichen Medizin in China buchstäblich zu weit hergeholt. Die Zeitgenossen hielten sich an Südenböcke wie »die Juden« oder sahen die Seuche als Strafe für die allgemeine Sündhaftigkeit, insonderheit für die Unkeuschheit des Klerus. Egon Friedell betrachtet denn auch in seiner »Kulturgeschichte der Neuzeit« (1927-31) den Schwarzen Tod, wie man die Pest nannte, eher als die pathologische Seite der kulturellen Auflösungserscheinungen der Zeit, »eine Art Entwicklungskrankheit, eine allgemeine Psychose«, die den Erosionsprozeß beschleunigte und die Menschheit in tiefe Zweifel stürzte, aus denen die Neuzeit erwuchs. Wie Kinder nach Krankheiten Entwicklungsschübe erleben, machte das Abendland in Friedells Sicht eine Selbstfindungskrankheit durch. Weiter heißt es bei ihm: »*Aber nicht bloß die Menschen, auch Himmel und Erde waren in Aufruhr. Unheildrohende Kometen erschienen, in England wüteten furchtbare Stürme, riesige Heuschreckenschwärme suchten anderswo die Felder heim, Erdbeben verheerten das Land: Villach wurde mit dreißig umliegenden Ortschaften verschüttet. Der Boden verweigerte seine Gaben: Mißwachs und Dürre verdarben allenhalben die Ernte.*« Es machte sich Weltuntergangsstimmung breit. Und es ging ja auch tatsächlich eine ganze Welt unter, die der mittelalterlichen Selbstverständlichkeiten.

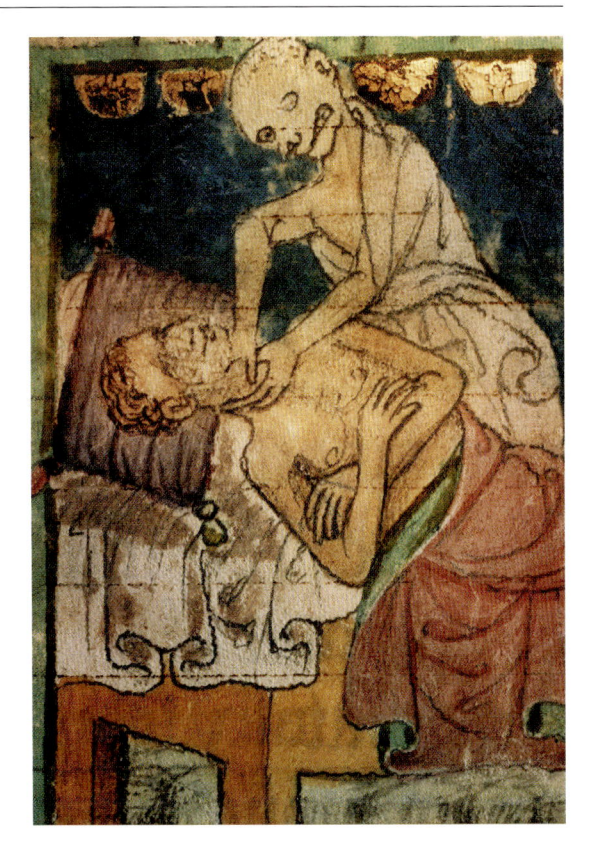

Als brutalen Würger läßt die böhmische Buchmalerei des 14. Jahrhunderts die personifizierte Pest auftreten.

Eine der »sieben Hauptsünden«: die Völlerei. Gemälde von Hieronymus Bosch (um 1450-1516). Solchen Luxus konnte sich freilich nur die reiche Oberschicht leisten; das Volk darbte weiter.

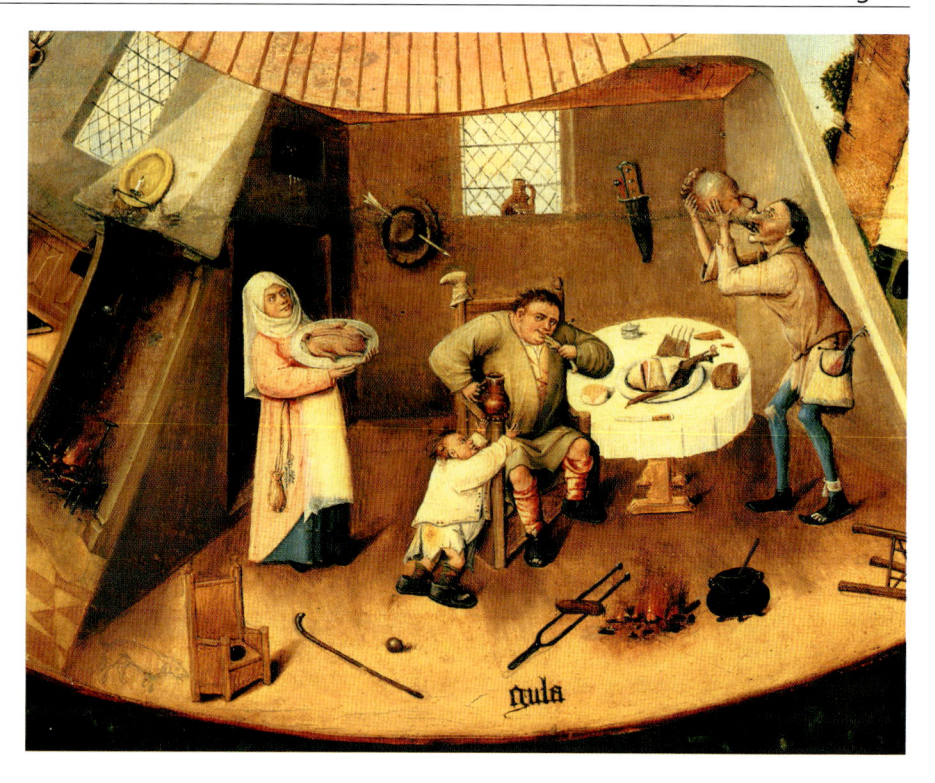

um 1300 bis um 1400

Es hätte nicht so schlecht um das Gesundheitswesen in Mittel- und Westeuropa stehen müssen, denn das medizinische Wissen der Antike war einzelnen Ärzten durchaus noch parat. Es haperte aber an den Verbreitungsmöglichkeiten, denn immer noch mußten die Werke, die hätten helfen können, umständlich abgeschrieben werden. Mündlich mag das eine oder andere weitergetragen worden sein, doch systematische Ausbildung von Ärzten war nur dort möglich, wo systematisch ausgebildete Lehrer lehrten, und die gab es nur vereinzelt. Obendrein hatten sie mit religiösen Vorurteilen zu kämpfen wie Arnald von Villanova (1235-1314), der wohl bedeutendste Mediziner der Zeit. Er kam aus dem gleichnamigen katalanischen Ort, hieß aber nach der Stadt, in der er die längste Zeit über lehrte und heilte, auch Arnald von Montpellier. Obwohl ihn mehrere Päpste, darunter so mächtige wie Bonifaz VIII.

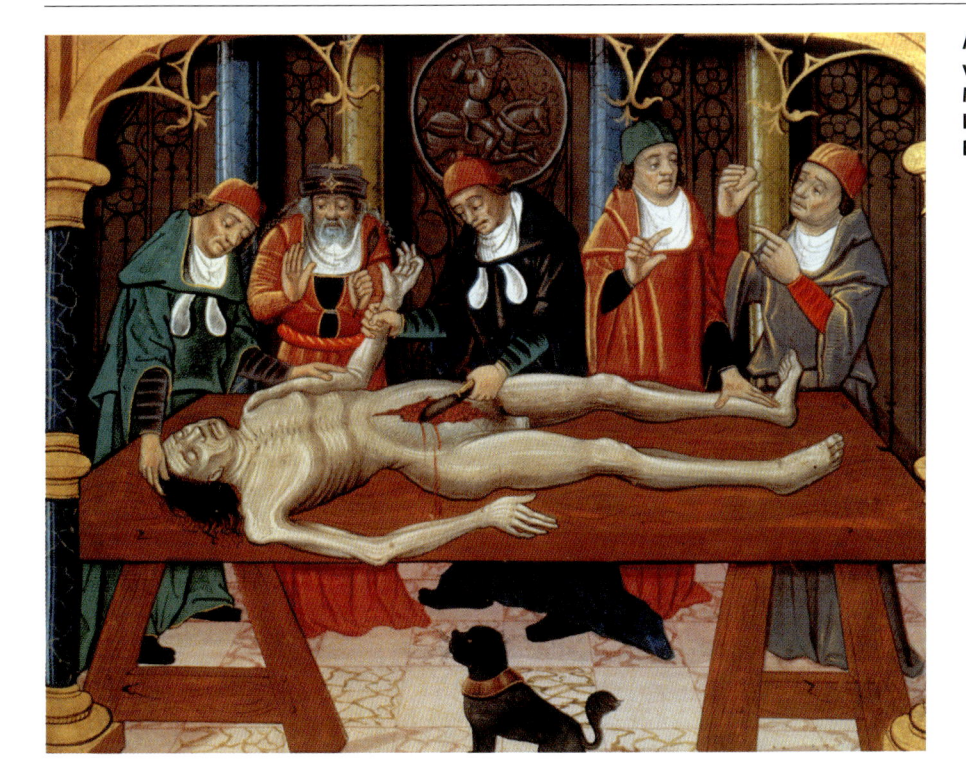

Aus religiösen Gründen lange verpönt war im christlichen Mittelalter die Sektion von Leichen. Französische Buchmalerei.

(Pontifikat 1294–1304) zu Rate zogen, verbot die Inquisition nach Arnalds Tod eine ganze Reihe seiner Schriften. Was damit an Wissen, vor allem an hygienischem, ungenutzt blieb, belegen wohl am besten seine in Spruchform mitgeteilten Gesundheitsregeln, die sich erst seit dem 16. Jahrhundert, dann allerdings rapide, in vielen Ausgaben verbreiteten.

Arnald geht es darin vor allem um die Gesundheitsvorsorge, die gerade bei Seuchengefahr eminent wichtig ist. So heißt es etwa einprägsam in einer späteren deutschen Übersetzung: »*Halt mäßig Mahlzeit, sitz nicht lang,/ fleuch Mittagsschlaf, er macht dir bang;/ den Harn und Stuhl nicht übergehe,/ du tust sonst der Gesundheit wehe.*« Oder übers Wohnen: »*Die Luft, darin du wohnst sei licht,/ rein, unvergift und stinke nicht.*« Andere Ratschläge gelten den Reisenden, denen Arnald

»*Aug und Händ wasch früh gar rein,/ mit Geh'n beweg dein Leib und Bein,/ kämm dein Haar, dein Zähn auch reib,/ dies stärkt das Hirn und ganzen Leib.*«
(Arnald von Villanova).

das Frottieren der Füße und Öleinreibung vor dem Aufbruch und ein Ganzbad nach Ende der Fahrt oder Wanderung empfiehlt. Älteren Leuten rät er zu wöchentlichen Kräuterbädern. Eine von Arnalds etwa 60 Schriften galt sogar medizinischen Bädern. Die Schlüsselrolle der Reinlichkeit bei der Vorsorge hatte er als Arzt also durchaus erkannt, nur mit der Aufklärung der Bevölkerung und der für ihre Gesundheit Verantwortlichen war es nicht weit her.

Und es hätte noch trostloser ausgesehen, wären nicht die bereits erwähnten öffentlichen Badestuben gewesen, die sich trotz ihres wenig guten Rufs in den Städten Deutschlands und Nordfrankreichs regen Zuspruchs erfreuten. Das lag daran, daß hier schon aus klimatischen Gründen das Freibad nur in wenigen Monaten möglich war – und am besagten schlechten Ruf. Erotik war und ist der stärkste aller Magneten. Baden eignete sich als Vorwand besonders gut, und die

Körperliche Reinheit als Vorwand für moralische Beschmutzung: Das gemeinsame Baden von Männern und Frauen war religiösen Eiferern ein Dorn im Auge.

Hüllen waren da sowieso schon gefallen. Wie lukrativ zudem das Geschäft war, läßt sich am sprunghaften Anwachsen der Zahl der Badestuben ablesen:

In **Augsburg** verdoppelte sie sich vom 13. zum 14. Jahrhundert auf zehn, in **Bamberg** betrieb sogar der Bischof ein öffentliches Bad. Nachdem in **Basel** 1287 die erste dieser Einrichtungen öffnete, wissen die Chroniken wenig später bereits von elf linksrheinischen und fünf rechtsrheinischen Bädern in der Stadt zu berichten. Zu Beginn des 14. Jahrhunderts gab es sieben Badestuben in **Frankfurt am Main**, 1387 hatten die Bürger bereits die Wahl zwischen 29 Etablissements, darunter eine Fahrbadestube. Als **Kempten** im Allgäu 1289 erste Stadtrechte erhielt, wurde das Recht zum Betreiben von Badestuben ausdrücklich ausgenommen, weil sich das aufstrebende Fürststift die Einnahmen nicht nehmen lassen wollte. In **Luzern** wurde 1320 das getrennte Baden von Männern und Frauen angeordnet, Glücksspiel und Übernachtungen in den Einrichtungen wurden verboten – die Badestuben waren offenbar zu Häusern allzu eindeutiger Freuden geworden. **München** verpflichtete seine Bader 1347 zu Hilfeleistungen bei Bränden. In **Passau** haben sich Belege über Besuche des Bischofs Wolfram von Ellenbrechtskirchen im öffentlichen Bad erhalten. Für **Riga** sind drei städtische Badehäuser an den Stadttoren bezeugt, deren Bader nicht in Gilden aufgenommen werden durften. Ebenfalls an und vor den Stadttoren gab es neun Badestuben in **Speyer**, darunter ein eigenes »Judenbad«. In **Villingen** im Schwarzwald nutzten die Minoriten (Barfüßer) das Ablaufwasser einer Badestube zur Spülung ihrer Abtrittanlage. Für **Zürich** wird 1303 die erste Badestube erwähnt, wenig später waren es schon fünf, und 1336 durften hier erstmals Bader und Bartscherer mit Kupfer- und Waffenschmieden, Spenglern, Schwertfegern, Glocken- und Kannengießern eine Zunft bilden.

Freuden aller Art vom Tafeln bis zum Musikgenuß gehörten zum Bad der Reichen und Vornehmen. Buchminiatur um 1470.

Nur beten konnte, wer von der Pest befallen war. Das war fast in allen Fällen aber medizinisch ebenso vergebens wie der Segen, den der Priester den erkrankten Mönchen spendet. Buchmalerei um 1360.

Sie verloren aber bald viele ihrer Kunden, denn die Pest machte 1348 den Sprung nach Europa und hielt hier furchtbare Ernte. Schon früher waren Pestseuchen über das Land gegangen, doch verglichen mit dem, was jetzt über das Abendland hereinbrach, waren es fast mild zu nennende Epidemien gewesen. Dieses Mal war es die Beulenpest, deren Ursprung strittig ist, die aber über die Karawanenstraßen aus Inner- oder Südasien vordrang und 1347 Konstantinopel erreichte. Italien und Spanien wurden im Jahr darauf erfaßt, Frankreich und England folgten wenig später, 1349 wurde das Rheinland befallen, und 1350 traten in Bayern die ersten Pestfälle auf.

Europa verlor durch die immer wieder aufflackernde Pest in wenigen Jahren ein Viertel seiner Bevölkerung, allein in Deutschland sollen anderthalb Millionen Menschen umgekommen sein, fast die Hälfe aller Italiener fiel der unaufhaltsamen Seuche zum Opfer, England hatte nach Abebben der Pest nur noch 2,2 von vorher 3,8 Millionen Einwohnern. In Avignon weihte Papst Klemens VI. (Pontifikat 1342-1352) die Rhône, damit die Toten gleich von den Häusern aus in den Fluß geworfen werden konnten. Ganze Dörfer, ja Städte wurden entvölkert, führerlose Schiffe trieben auf Flüssen und Meeren, riesige Flächen Ackerland lagen brach, Haustiere und Vieh starben mit den Menschen. Für einige deutsche Städte gibt es Verlustzahlen: Basel 14 000, Straßburg 16 000, Münster 11 000, Bremen 6922, Lübeck 9000, Hannover 3000, Weimar 5000 Opfer (fast die gesamte Einwohnerschaft).

Die schlecht durchlüfteten, dunklen Häuser, die engen, vor Schmutz und Unrat starrenden Straßen, mangelhafte oder fehlende Entwässerung, verunreinigtes Trinkwasser, enge Wohngemeinschaft mit Ratten und Mäusen, Haustiere in den Wohnräumen – all das förderte die Verbreitung der Seuche, und nur wenige erkannten das. Auch die Ansteckungsgefahr durchschaute man zunächst nicht, sondern rückte

Die allgemeine Sündhaftigkeit machten viele für die Heimsuchung durch die Pest verantwortlich. Geißler (Flagellanten) bei einer Bußprozession. Miniatur von 1349.

sogar zu Bittgottesdiensten und Wallfahrten noch enger zusammen und versuchte durch Bestrafung der angeblich Schuldigen Gott gnädig zu stimmen, indem man Leute, bei denen man Salben oder Pulver fand, als Pestgiftmischer verbrannte oder Juden erschlug, die Brunnen verpestet haben sollten. Der Vorwurf der Brunnenvergiftung traf durchaus zu, doch waren daran alle gemeinsam schuld, indem man alle schon in der Antike bekannten Reinlichkeitsregeln vernachlässigt und nichts für eine einigermaßen intakte Wasserversorgung getan hatte. Das war nun angesichts des großen Sterbens natürlich nicht zu ändern, und so behalf man sich mit hilflosen medizinischen Maßnahmen wie Aderlaß, Blutegelansatz, Ausbrennen der Pestbeulen.

Dabei hätte man die Hauptgefahr, nämlich die Ansteckung, kennen können, wenn der Kulturaustausch zwischen Orient und Okzident reger gewesen wäre. Islamische Ärzte wußten nämlich besser Bescheid, und das obwohl Mohammed die Möglichkeit von Ansteckung verneint hatte. 1348 schrieb Ibn al-Khatib (1313-1374): *»Wenn man nun aber fragt: ‚Wie können wir die Behauptung, es gebe eine Ansteckung, gelten lassen, wo doch das religiöse Gesetz dies ausdrücklich für un-*

möglich hält', so antworten wir: Die Existenz der Ansteckung steht fest durch Erfahrung, Studium, Sinneswahrnehmung, Beobachtung.« Die religiösen Einwände versuchte der Autor zu entkräften durch Beiziehung von nicht besonders gut verbürgten anderen Aussprüchen Mohammeds wie dem, daß ein Besitzer kranker Tiere diese nicht zu einem Besitzer gesunden Viehs treiben solle.

Erst allmählich setzte sich die Ansteckungs-Erkenntnis auch in Europa durch. Daher hielt man sich vielerorts mit Essig getränkte Schwämme vor Mund und Nase. Andere schlossen sich familienweise in ihren Häusern ein, freilich meist ohne Erfolg, denn die Infektion drang mit unreinem Wasser und kontaminierter Nahrung, Ungeziefer und Nagern in die oft wenig reichlichen Wohnungen ein. Schutz fanden eher die Menschen, die aus den Städten ins Freie oder in Landhäuser flüchteten. Dieser Stadtflucht verdanken wir eines der literarisch bedeutendsten Erzählwerke: das »Decamerone« von Giovanni Boccaccio (1313-1375), das er 1348-1353 verfaßte. Dabei geht es um eine aus Florenz geflohene feine Gesellschaft, die sich den Landaufenthalt durch »galante« Geschichten verkürzt. Die darin zum Ausdruck kommende pralle Sinnlichkeit rührt nicht zuletzt her von der tödlichen Bedrohung durch die Seuche, die Boccaccio ebenfalls schildert: Danach zeigten sich bei den Erkrankten in den Achseln und anderen Körperteilen eigroße, manchmal auch größere oder dichtgedrängte kleinere Geschwülste. Dann erschienen an Armen und Schenkeln blauschwarze Flecken, und die Betroffenen starben nach spätestens drei Tagen.

Seehäfen griffen zum Mittel der Quarantäne, wenn Schiffe mit Erkrankten oder verdächtigem Gut einliefen. Das heißt, sie internierten die Besatzung für 40 (quaranta, daher der Begriff »Quarantäne«) Tage, bis sicher war, daß keine Gefahr von den Leuten und der Ladung ausging.

»Markgraf Gualtieri von Saluzzo wählt die arme Bauerntochter Griseldis zur Frau.« Illustration von Francesco di Stefano, genannt Pesellino, zu Boccaccios »Decamerone«, um 1450.

Der Schwarze Tod

Auch hygienische Lehren wurden in den damals entstehenden Pestordnungen gezogen, wenn es auch lange dauerte, ehe wirksame Maßnahmen zur Verbesserung der Wasserversorgung, der Müllbeseitigung und der Ungezieferbekämpfung umgesetzt wurden. Die Pest hatte ja auch die Wirtschaft schwer getroffen, so daß lange die Mittel für entsprechende Vorkehrungen fehlten. Es gab auf privater Ebene allerdings auch den umgekehrten Effekt: Die gehäuften Todesfälle führten vielfach zur Häufung von Vermögen, das ursprünglich auf viele Erben hätte verteilt werden müssen und sich nun in wenigen oder gar nur in einer Hand ballte. Das machte Investitionen möglich, die zu einer langsamen wirtschaftlichen Erholung beitrugen.

Die wäre ohne das inzwischen hochentwickelte Handwerk nicht möglich gewesen; wie hoch, das sagen uns die wenigen Städte, die ihr mittelalterliches Altstadtbild nahezu unverändert haben bewahren können: Florenz, Venedig, Salzburg, Rothenburg, Nördlingen, Troyes, Canterbury, um nur einige zu nennen. Eine in diesem Zusammenhang besonders herauszuhebende Stadt war Nürnberg, in dem sich die handwerkliche Überlieferung bis in die jüngste Zeit gehalten hat. Aus dieser Stadt besitzen wir ein Meisterbuch (»ordenung der hantwerh«)

Panorama der Handwerkerstadt Nürnberg. Kolorierter Holzschnitt von 1493.

aus dem Jahr 1363, das bei 20 000 Einwohnern 1216 Meister namentlich nennt und sagt, wieviele Lohnknechte (später Gesellen) und Lehrknechte (später Lehrbuben) jeder beschäftigte. Insgesamt sind 50 verschiedene Handwerke genannt, eine Zahl, die höchstens in Städten wie Paris, Wien oder Köln übertroffen worden sein dürfte. Für unser Thema interessant sind vor allem:

Neun Steinmetze, die Bausteine für Dämme, Brunnen und Wasserkammern lieferten; elf Hafner, die Töpfe, Pfannen und Krüge fertigten und auch Töpfer oder Kannenbäcker genannt wurden; zehn Schreiner, sechzehn Stellmacher und vierunddreißig Böttcher (Faßbinder), von denen man Rohre, Wasserräder, Schöpfgefäße und Wannen bezog; sechzig Lederer, zweiundzwanzig Taschner und einundachtzig Schuhmacher, die Wasserbeutel, Ledereimer zum Feuerlöschen und Lederklappen für Pumpen herstellten; dreiundzwanzig Spiegler und Glaser, die ihre Waren in der Vorstadt produzierten. Außerdem zählt das Meisterbuch 318 Metallhandwerker auf, darunter Zinngießer, Gürtler und Spengler, Schlosser, Drahtschmiede, Kannengießer, Pfannschmiede, Kesselflicker, Flaschner. Viele von ihnen haben sich mit den Kollegen zu einer Zunft (norddeutsch: Gilde) vereinigt, und konnten schon 1370 acht Männer in den Stadtrat entsenden.

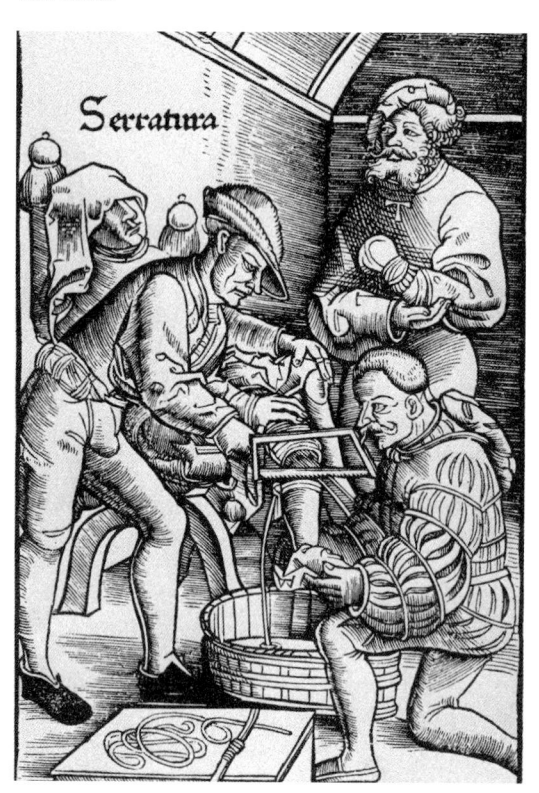

Handwerker heißt im Griechischen »cheirurgos«, Chirurg, und im Mittelalter stimmte das fast buchstäblich. Gelehrte durften, weil fast ausnahmslos Geistliche, keinen blutigen Schnitt an einem Christenmenschen vornehmen, so daß sie diese Arbeit Badern oder Barbieren überließen. So lange es sich um Strecken, Ruhig stellen oder Kleben von Brüchen, Zahnziehen und Ähnliches handelte, war eine geschickte Hand auch wichtiger als tiefere medizinische Einsichten. In anderen Fällen erwies sich das Schnittverbot als verhängnisvoll, weil die anatomischen Kenntnisse über den Stand eines Galen aus dem 2. Jahrhundert kaum hinauskamen. Auch hier brachte die Pest eine vorübergehende Besse-

Kaum einen Begriff von den Qualen können wir uns heute machen: Beinamputation im Mittelalter. Illustration aus dem »Feldtbuch der Wundarzeney« von 1528.

rung, denn Papst Klemens VI., der uns schon bei der Weihe des Flusses Rhône begegnet ist, wies seinen Leibarzt Guy de Chauliac (um 1300-1368) in großer Sorge um seine von der Pest bedrohten Schäfchen an, Leichen aufzuschneiden. Ein unerhörter Befehl, den sich nur der oberste aller Geistlichen leisten konnte, weil sonst die Sektion streng verpönt war und als schwere Sünde galt. Chauliac begab sich dabei auch in große gesundheitliche Gefahr, infizierte sich auch tatsächlich mit der Pest, überlebte sie aber als einer der ganz wenigen dank seiner Konstitution und seiner medizinischen Kenntnisse.

Guy de Chauliac beim gelehrten Vortrag. Buchmalerei in einer Ausgabe seiner Schriften aus dem Jahr 1461.

Die konnte er nun aufgrund der Sektionsgenehmigung maßgeblich erweitern und 1363 in einem lateinisch geschriebenen Lehrbuch über die Chirurgie festhalten, das mehrere Jahrhunderte lang Standardwerk blieb. Entscheidend wurde die Erweiterung des anatomischen Wissens, denn Chauliac war ein scharfer Beobachter und hatte mit den unzähligen Pesttoten Sektions-»Material« in beliebiger Menge zur Verfügung. Er schilderte Knochenbau und Lage der Organe, stellte diverse Methoden von Operationen und Amputationen sowie die dafür geeigneten Instrumente vor und erläuterte eine von ihm entwickelte Art der Narkose. Anders als andere Ärzte ließ er die Operationspatienten Opium und andere Pflanzensäfte nicht nur einnehmen, sondern er ließ sie auch deren Dämpfe aus einem Schwamm vor Nase und Mund einatmen. Damit erreichte er eine länger andauernde und tiefere Schmerzausschaltung.

Natürlich hat Chauliac auch bei arabischen Ärzten gelernt und deren Reinlichkeitsvorschriften bewundert. Wie sehr sich der Islam darum verdient machte, läßt sich in Bosra im Süden Syriens beobachten. Die ehemalige nabatäische Siedlung und römische Hauptstadt der Provinz Arabia, in der Antike von 80 000 Menschen bewohnt, war die erste, die die Araber den Byzantinern schon 634 entrissen. An der Straße von Damaskus nach Petra und Mekka gelegen, wurde Bosra eine wichtige Station für Pilger und Karawanen. Mit seinen intakten römischen Anlagen zur Wasserversorgung bot Bosra besten Service für die Reisen-

Um 1860 entstand die kolorierte Lithographie von den antiken und mittelalterlichen Ruinen in der syrischen Stadt Bosra.

den und wurde immer wieder aufgebaut, zuletzt nach der Zerstörung durch die Mongolen. Heute hat der Ort nur noch rund tausend Bewohner, zieht aber die Touristen in Scharen an, die das von der UNESCO zu einer Welterbestätte erhobene Ensemble der Ruinen aus römischer, byzantinischer und islamischer Zeit bewundern.

Darunter nimmt ein rekonstruiertes Bad (»hammam«) aus der Zeit der Mamelucken-Herrschaft einen besonderen Platz ein. Es wurde 1372 eingeweiht und demonstriert, daß die Araber den antiken Komfort wiederhergestellt, ja verbessert haben. Das Bad lehnt sich an eine Moschee an und diente den Gläubigen zur großen Reinigung (»tahara«), sicher aber auch als geselliger Treffpunkt. Es stammt aus der letzten Blütezeit der Stadt, die im 15. Jahrhundert nach Verwüstung durch die Horden Timurs im zweiten Mogolensturm 1400/01 verfiel und 1517 osmanisch wurde. Erst seit den 1980/90er Jahren wird hier systematisch gegraben, und dabei wurde auch das genannte Bad aus den Trümmern in mameluckischer Bauweise wiedererrichtet. Ein Museum vor dem eigentlichen Baderaum stellt die wichtigsten islamischen Bauten der Stadt vor und zeigt viele der ausgegrabenen Inschriften.

Daß sich auch in Europa im Gefolge der Pest der Sinn für mehr Reinlichkeit entwickelte und die Ärzte allmählich Gehör dafür fanden, belegt das komische Versepos »Der Ring« von Heinrich Wittenweiler, das in den letzten Jahren des 14. Jahrhunderts entstand. Der Autor war eigentlich Anwalt, arbeitete am Hof des Bischofs von Konstanz und schildert in holprigen Versen den Alltag der spätmittelalterlichen Menschen in Mitteleuropa. Dabei kommt er natürlich auch auf das Waschen zu sprechen, das bei ihm noch »twahen« heißt, das anderthalb Jahrhunderte später auch noch Hans Sachs in der Form »zwechen« benutzt hat. Unter »waschen« verstand man ursprünglich nur das Reinigen von Gerät oder Kleidern. Auch vom Baden ist bei Wittenweiler die Rede:

»Schweißbad, das sei dir bereit',
hast du Überflüssigkeit
zwischen Fleisch und auch der Haut,
Wasserbad mit edlem Kraut,
das lauig sei und nicht zu heiß,
macht dich schön und dazu feist.«

»Junge Frau bei der Toilette.« Gemälde von Giovanni Bellini (um 1430-1516).

Nach einer 1496 von Albrecht Dürer geschaffenen Zeichnung wurde der kolorierte Holzschnitt »Das Frauenbad« angelegt. Der Voyeur rechts kommt voll auf seine Kosten.

Womit keineswegs wie heute abschätzig »fett« gemeint war, sondern »gut im Saft stehend, gesund«. Auch Haarwäsche empfiehlt Wittenweiler mindestens einmal monatlich und fordert: *»Die Füße nach der Lehre mein,/ sollten oft gereinigt sein.«* Da man seinerzeit vornehmlich mit den Fingern aß, war Händewaschen vor und nach den Mahlzeiten üblich und ist es in der späteren Besteckzeit bis heute geblieben. Man ließ sich dazu aus einer Henkelkanne Wasser über die Hände gießen, woher das geflügelte Wort stammt: *»Eine Hand wäscht die andere.«*

um 1400 bis um 1500

Für ein gewachsenes Reinlichkeitsbewußtsein sprechen auch Details auf Gemälden der Zeit: So zeigt das Mérode-Triptychon (New York, Metropolitan Museum) des Meisters von Flémalle (Robert Campin, um 1375-1444) eine Waschnische mit einem Becken, über dem an einer Kette ein Kupferkessel hängt. Er hat einen schwenkbaren Henkel zum Aufhängen und beiderseits einen Gießschnabel. Ein seitlich angebrachter Handtuchhalter rundet das Detail ab. Auch auf dem Bild desselben Meisters »Maria mit dem Jesuskind am Kamin« (Sankt Petersburg, Eremitage) findet sich eine Waschgelegenheit in dem gefliesten Raum: eine nicht sehr tiefe Schüssel mit breitem Rand, darin eine Wasserkanne mit Henkel, Schnabel und Deckel, darüber an einer Rolle ein langes Handtuch. Besonders schön gestaltet haben die Brüder van Eyck auf dem Genter Altar (vollendet um 1430) eine gotische Waschnische neben einem Zwillingsfenster. Im Nischenbogen eine kleine vierteilige Fensterrose, darunter aufgehängt der Gießkessel und darunter wiederum das Waschbecken. Ein Handtuch hängt seitlich vom Halter in Bogenhöhe herab.

»Das Kinderbad.« Kupferstich des gegen Ende des 15. Jahrhunderts tätigen Meisters des Hausbuches.

Weniger um Wasch- als um Trinkwasser ging es den griechischen Klöstern etwa auf der östlichsten Halbinsel der Chalkidike am Berge Athos oder auf der Insel Patmos. Die Mönche am Athos hatten zunächst von den nahen und reichlich sprudelnden Quellen Tonrohre in die zwanzig Klöster leiten lassen, die bis 1400 gegründet wurden. Doch nach den Plünderungen durch die Kreuzritter 1204, durch byzantinische Söldner 1307/09 und dem Überfall durch türkische Piraten um 1400 suchte man nach sichereren Möglichkeiten der Belieferung, weil die Rohre von Angreifern immer zuerst zerstört wurden. Man errichtete nun Mauern um die Gebäude-Komplexe und legte innerhalb des

Das Kloster Chelandariou auf dem Berge Athos. Kolorierter Holzstich nach einer Photographie von 1860.

Mauerrings Brunnen an, so daß regelrechte Wehrklöster entstanden. Auf dem wasserarmen Patmos war die Brunnenlösung nicht möglich, dort behalfen sich die Mönche mit großen und zahlreichen Speichern für Regenwasser, die sich in den feuchten Monaten gut füllten.

Wasser setzte im Mittelalter auch in Chinas Hauptstadt Peking (amtlich seit 1958: Beijing) Akzente. Seine damals etwa eine Million Bewohner brauchten Trinkwasser und ein leistungsfähiges Entwässerungssystem. Die Behörden sorgten im Verlauf des 15. Jahrhunderts dafür, daß es auf insgesamt 300 Kilometer Länge unterirdisch ausgebaut wurde. Es war auch deswegen dringlich, weil die in der Ebene gelegene Stadt trotz der insgesamt mit durchschnittlich 635 Millimetern geringen Jahresniederschläge bei heftigen Regenfällen in den Sommermonaten und bei Anschwellen der Flüsse oft überflutet wurde, was die Seuchengefahr bedrohlich anwachsen ließ. Die Abwasserkanäle folgten dem Hauptstraßennetz und nahmen auch das Schmutzwasser der Haushalte auf, die ihr Trink- und Brauchwasser vornehmlich aus Tiefbrunnen bezogen. Während der Ming-Zeit (1368-1644) wurde aber auch eine Wasserzuleitung aus den nördlichen Jadequellbergen in den Kunming-See im Nordwesten der Stadt gelegt, der ein wichtiges Trinkwasserreservoir bildete und den kaiserlichen Sommerpalast versorgte.

Auch in den europäischen Städten verbesserte sich in dieser Zeit die Infrastruktur. Insbesondere ging man dazu über, die wichtigsten Straßen zu pflastern. In Italien konnte dabei vielerorts an römische Pflasterungen angeknüpft werden, so daß hier schon im 13./14. Jahrhundert etwa in Mantua und Verona die Hauptstraßen gepflastert waren. In Mitteleuropa kam es dazu erst um und nach 1400, beispielsweise in Bern, Zürich, Augsburg oder Nürnberg. Gepflastert wurde überall auf Sandbettung und meist mit Flußsteinen, seltener mit Hausteinen. Pflasterer, in Straßburg Estricher genannt, bildeten bald Zünfte, die dem Stadtbaumeister unterstanden. Die Anlieger wurden zur Finanzierung der Pflasterungen herangezogen.

Das typische Pflaster aus Natursteinen verlegt der Handwerker auf dem Bild aus dem Hausbuch der Mendel-Landauerschen Zwölfbrüderstiftung in Nürnberg.

Wesentlich sauberer wurden die Straßen dadurch nur insofern, als Regen sie ab und an spülte und die Steine wusch. Eine planmäßige Reinigung gab es allenfalls stellenweise, weil das Besitzrecht der Hauseigentümer bis in die Straßenmitte reichte, ihre Bereitschaft zum Sauberhalten aber spätestens an der Haustür endete. Viele häuften davor sogar ihren Stallmist auf und warfen Schlachtungsrückstände einfach auf die Straße. Verordnungen, die eine alsbaldige Beseitigung des Unrats verlangten, wurden nur sehr schleppend beachtet. Und es bildete sich ja sofort durch den täglichen Viehtrieb vor die Tore der Stadt, durch die Gespanne in der Stadt und das kleinere Hausgetier in den Straßen reichlich neuer Mist. Von einem Besuch Kaiser Friedrichs III. (regierte 1440-1493) im Jahr 1485 in Reutlingen wird berichtet, daß der Herrscher samt Pferd fast im Schmutz versank und daraufhin auf einen Besuch des offenbar noch dreckigeren Tuttlingen verzichtete. Die Zustände waren so desolat, daß es schon als Fortschritt galt, als Nürnberg wenigstens die Handwerksbetriebe dazu verpflichtete, ihren Müll und ihre Abwässer in der Pegnitz zu entsorgen. Die Folgen für den Fluß und für das Grundwasser kümmerten niemanden.

Zur Illustration eines Reimspruchs von Hans Sachs über korrektes Verhalten bei Tisch diente der Holzschnitt aus dem 16. Jahrhundert. Tageslicht erhält der dargestellte Raum durch Butzenscheiben.

Man muß für Schmutz ja auch erst einen Blick entwickeln, und der bildet sich im engsten heimischen Bereich. Dort aber herrschte meist Dauer-Dämmer, denn die Fenster waren schon aus Gründen der Wärmedämmung klein und die Wände dunkel vom Rauch. Selbst Menschen, die sich das sündhaft teure, aber nun immerhin lieferbare Flachglas leisten konnten, ließen es in kleine Rahmen einsetzen, deren Format kaum vom Mondglas der Butzenscheiben abwich. Und selbst die waren noch ein Privileg der Reichen. So wie in Wien, wo offenbar um 1450 schon die meisten Häuser Fensterscheiben hatten, war es nur vereinzelt. Die Wiener Pracht kennen wir vom Gemälde »Flucht nach Ägypten« des Meisters des Schottenstifts, das heute in der Österreichischen Nationalbibliothek ausgestellt ist: Die größeren Fenster der Wiener Häuserfront im Hintergrund hat der Maler durch blaue Tupfer als spiegelnd dargestellt.

In den meisten anderen Städten hätte er das allenfalls sehr vereinzelt tun können, denn noch überwogen bei weitem Fensterläden oder mehr oder minder gut durchscheinende Platten als »Scheiben«. Letztere bestanden beispielsweise aus Kristallgips, der in Salzlagerstätten tafelweise abgespalten und auch als Fraueneis, Marien- oder Jungfernglas, Selenit, Katzenspat oder Spiegelstein bezeichnet wurde. Die ohnedies geringe Lichtdurchlässigkeit von Scheiben aus diesem Material war freilich sofort dahin, wenn sie zu heiß wurden. Noch empfindlicher waren die wegen ihrer Farbigkeit beliebten Alabasterplatten, die an der Luft mit der Zeit verwittern und bei Kälte springen. Besser geeignet, aber auch wegen der fernen russischen Herkunft teurer, waren Platten aus Fensterglimmer, die im Winter nicht befroren. Dieses »Sibirische Glas« ließ sich auch mit Seifenlauge hell halten, war aber nur von innen, nicht von außen mäßig durchsichtig. Als Ofenfenster findet man Glimmerplatten noch heute vielerorts. Hornplatten wurden preiswerter angeboten. Es handelte sich um Scheiben aus geschrotetem Tierhorn, das gekocht wurde. Die Masse erweichten die »Hornrichter« über dem Feuer weiter und preßten sie dann zwischen erwärmten eisernen Platten flach und dünn, bis sie wieder hart waren. Auch ungeleimtes Pergament aus steifem, aber biegsamem Leder fand Verwendung. Es wurde in einen Schleim aus arabischem Gummi, Honig und Eiweiß getaucht, feucht in einen Rahmen gespannt und schließlich gelackt.

Technische Probleme dieser Art gab es für die Indios im Chimú-Reich nicht. Das Klima im etwa tausend Kilometer langen Streifen an der peruanischen Küste vom Golf von Guayaquil im Norden bis zum heutigen Lima im Süden, den die Chimú beherrschten, forderte von den Baumeistern nur Vorrichtungen gegen die heftigen Berg- und Seewinde. Um 1000 hatte sich das Volk der Chimú hier niedergelassen und in den folgenden viereinhalb Jahrhunderten eine Kultur aufgebaut, deren Macht und Dauer sich aus dem ertragreichen Land erklären. Damit es aber die Erträge brachte, die dem Reich den Wohlstand bescherten, mußte das aride Gebiet durch geschickte Verteilung der zwei Dutzend von den Anden herabströmenden Flüsse gesichert werden. Wo sich die Flußtäler öffneten, verzweigten die Chimú-Ingenieure die Wasserläufe in ein weites Kanal- und Grabennetz, das Äcker und Siedlungen belieferte. Es war eine dörfliche Kultur, die so entstand, und nur die seit 1250

Gesamtansicht der Ruinenstätte Chan Chan (oben), seit dem 13. Jahrhundert Zentrum des Chimú-Reiches im heutigen Peru. Die Bewohner waren geschickte Handwerker und Künstler, wie es der Reliefschmuck auf der Lehmmauer unten belegt.

ausgebaute Hauptstadt Chan Chan, knapp nördlich vom heutigen Trujillo, hatte urbanes Gepräge.

Hier residierten die Könige in eigens errichteten Stadtfestungen (heute »ciudadelas« = kleine Städte), die beim Ableben der Herrscher zu ihren Mausoleen wurden. Der Nachfolger baute sich eine neue Festung, und so zählen die Archäologen heute neun dieser Anlagen auf dem einstigen zwanzig Quadratkilometer großen Stadtgebiet. Sie umfaßten bis zu 25 Hektar, wovon ein gutes Drittel auf Gärten entfiel, und waren mit meterdicken Mauern aus Felsquadern gesichert. Wichtig waren vor allem die Wasserspeicher (»pukios«), bis zu 15 Meter tief ausgeschachtete, über Treppen begehbare Grundwasserbecken, in der »Rivero« genannten Stadtfestung 785, in der Festung »Labyrinth« sogar 2000 Quadratmeter Fläche bedeckend. Die gewöhnlichen Häuser der Stadt bestanden aus sehr widerstandsfähigen luftgetrockneten Lehmziegeln (»adobes«), die sogar erdbebenfest waren und an der Luft eine harte Außenkruste entwickelten. Die Chimú kannten den Metallguß aus Kupfer, Zinn, Silber und Gold; auch Rotguß (Bonze) fand sich, Eisen hingegen nicht. Das Reich ging schließlich 1470 im Ansturm der Inka unter, einem kriegerischen Bergvolk, das die von Frieden und Wohlstand in trügerischer Sicherheit gewiegte Kultur überwältigte, indem es ihr die Wasserzufuhr abschnitt.

Aus der Spätzeit der Chimú-Kultur (15. Jahrhundert) stammen die beiden silbernen rituellen Trinkgefäße.

Hochentwickelte Wasserwirtschaft geht gewöhnlich mit einem blühenden Töpferhandwerk einher. Schon vor zehntausend Jahren haben unsere Ahnen Tongefäße hergestellt, erst erheblich später gelang allerdings die Herstellung von dichtem Steinzeug, zuerst wohl in China. In Mitteleuropa gab es Töpfereien spätestens seit der Römerzeit. Vor allem im Rheinland

Einen Topfmacher oder Hafner bei der Arbeit zeigt der Holzschnitt auch dem Buch »Eygentliche Beschreibung aller Staende« von 1568.

entwickelten sie sich auch danach weiter, denn dort gab es Lagerstätten feiner Tone, wie sie zur Herstellung dicht gesinterter Gefäße erforderlich sind. Vor allem waren sie reich an Illit (benannt nach den Funden im US-Staat Illinois), das bei der Umbildung von Feldspat in Kaolin entsteht und dessen Vorstufe darstellt. Mit der Glasur kam man jedoch nur langsam voran. Statt der römischen Bleiglasur ging man zunächst zu Lehmengobe über, die sich schon bei Temperaturen von 1050 Grad aufbringen ließ. Erst durch den Einsatz von liegenden Öfen, die größere Hitzegrade ermöglichen als Schachtöfen, gelang um 1450 die Salzglasur bei 1250 bis 1280 Grad. Dabei wurde Kochsalz durch Luken in den Ofen geworfen, so daß sich ein Niederschlag des Natriums bildete, während sich das Chlor verflüchtigte. Je nach Zutritt von Sauerstoff bei der Abkühlung färbte sich das Steinzeug grau, bläulich oder feurig braun.

Das rheinische Steinzeug bekam so einen dicht gesinterten, völlig fleckenlosen, wasserundurchlässigen, klangharten, wenig stoßempfindlichen und ritzfesten Scherben. Im Unterschied zum Steingut, das auch feines Steinzeug genannt wurde, war das Steinzeug härter und widerstandsfähiger, dickwandig, säurebeständig und länger haltbar. Nur raschen Temperaturwechsel vertrug es nicht so gut. Da war Steingut im Vorteil, weshalb es bei Waschbecken bevorzugt wurde, in die man auch heißes Wasser zu gießen pflegte. In der Eignung für Trinkgefäße, Eßnäpfe, Brunnenbecken und Kanalrohre war Steinzeug jedoch konkurrenzlos. Bei Ausgrabungen wurden wiederholt spätmittelalterliche Leitungsrohre mit Salzglasur gefunden. Auch als wasserabweisender Belag für Fußböden fand Steinzeug Verwendung. In allen diesen Formen wurde es zum Exportschlager.

Gerade die Verwendung des stabilen Materials für Rohre förderte den Aufschwung des Badewesens, das ohnedies im Gefolge der Pest bei wachsendem Reinlichkeitsbewußtsein an Renommee gewonnen hatte. Die Versorgung der Badestuben mit Wasser und die Entsorgung des gebrauchten Wassers klappten jetzt besser. Das Ansehen der Bader stieg auch durch die medizinischen Leistungen,

Demselben Buch wie das gegenüberliegende Bild vom Hafner ist der kolorierte Holzschnitt »Der Bader« entnommen. Der Mann setzt gerade Schröpfköpfe (Glasglocken) an zum Ansaugen von Blut über erkrankten Organen.

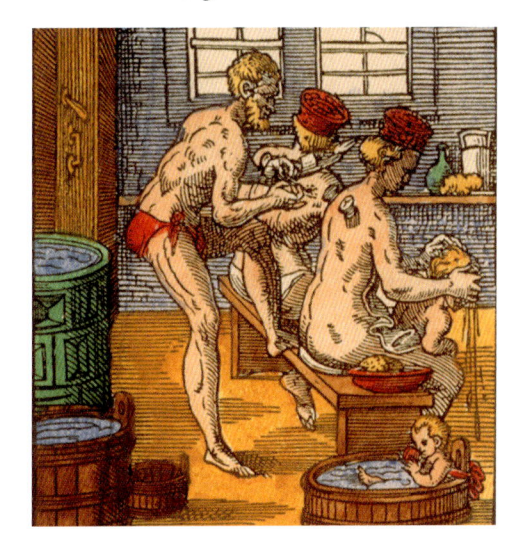

die sie anboten, vom Schröpfen, Verbinden oder Zähneziehen bis zur Hautpflege, und ihre Dienste für die Allgemeinheit als Löschhelfer bei Bränden taten ein übriges. Ganz los wurden sie die Vorurteile freilich nie, denn wo geballte Nacktheit, da vermutet der angeblich so biedere Bürger auch entsprechende Lüste, und da meist Bademägde die Kunden bedienten, mag manches Etablissement den zweifelhaften Ruf auch verdient haben. Andererseits spricht dagegen die Öffentlichkeit des Badens und die Palette der Dienstleistungen der Badestuben, zu denen vor allem Haar- und Bartpflege gehörten. Wie auch immer: Die Badestuben wurden beargwöhnt und um so eifriger frequentiert; der Volksgesundheit kam es zugute.

Vom Meistersinger Hans Folz (um 1440-1513) ist eine Liste überliefert, was zur Ausrüstung einer Badestube am Ende des 15. Jahrhunderts gehörte: Neben den festen Einrichtungen wie Öfen, Bänken, Anzieh- und Abtritträumen waren das vor allem Wasserkessel, Krüge mit Lauge, Bademäntel, Badeschwämme, härene (aus grober Wolle gefertigte) Tücher, Schemel, Badestellen für die individuelle Reinigung und die Kopfwäsche, das Badebecken für das gemeinschaftliche Bad, Laken aus Leinen, Kämme, Badehüte oder -hauben als Erkältungsschutz, Badewedel zum »lecken«, womit das Hautpeitschen zur Schwitzförderung gemeint ist. Es ging ohnedies recht roh zu; die Hitze etwa in Schwitzbädern ließ sich nicht genau dosieren, und so heißt es denn in einer Quelle: *»Die Leute setzen sich gleich auf die oberste Bank, fallen ohnmächtig herab, und manche werden gar tot wie das Vieh aus dem Bad herausgetragen.«*

Den Schreiber hat hier natürlich die Fabulierlust übermannt, denn der Badealltag war Routine, und die Pannen dürften im allgemeinen wenig spektakulär gewesen sein. Sonst hätte es nicht das sogenannte Badgeld gegeben, das beispielsweise Lehrlinge von ihren Handwerksmeistern erhielten, damit sie sich regelmäßig in einer professionellen Badestube reinigten und behandeln ließen. Die Arbeitszeit am Sonnabend wurde oft gekürzt, damit die Belegschaft das Bad aufsuchen und sich für den Tag des Herrn frisch machen konnte; man sprach dann von einer »Badeschicht«. Für Studenten gab es neben Freitischen an manchen Orten auch Frei-Bäder, kostenlose Besuche in Badestuben, und

Der Ausschnitt aus dem Gemälde »Der Uriasbrief« von Franciabigio (um 1482-1525) stellt Bathseba (Mitte) mit anderen Frauen im Bade dar.

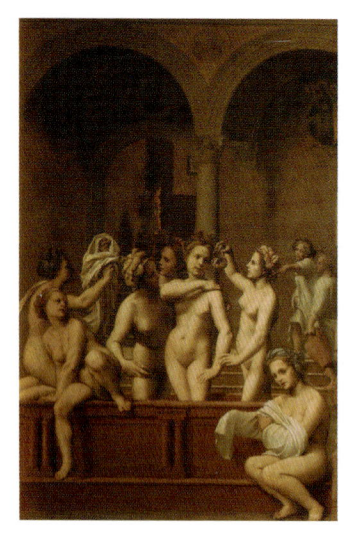

den Beamten in Frankfurt am Main standen Badeheller zu, ein zweckgebundener Entgeltzuschlag. Für die Schulkinder war daher gewöhnlich in der Wochenmitte Badezeit, damit der Sonnabend für die Berufstätigen freigehalten werden konnte.

Nicht zu unterschätzen ist die gesellige Funktion der Bäder. Weitverbreitet war zum Beispiel die »Gastung«, ein Brauch, nach dem die Brautleute nach der Hochzeit mit ihren Gästen, gemeinsam oder nach Geschlechtern getrennt, ins Bad gingen. Das Gesinde erhielt bei dieser Gelegenheit Badgeld, damit es sich nach dem Fest ebenfalls im Bad vergnügen konnte. »Gastungen« erfreuten sich bald derartiger Beliebtheit, daß der Aufwand und die sich dabei entwickelnden Gelage den Behörden mancherorts zu weit gingen und sie Beschränkungen der Gästezahl anordneten oder die Feste in Badestuben ganz verboten. Manche Bader nämlich waren ohnedies dazu übergegangen, auch Getränke und Speisen anzubieten, auf Wunsch Musikanten zu engagieren und den Begriff »Kundenbetreuung« recht weit auszulegen. Gegenstück zu dieser Spaß-Badekultur wurde der Brauch der »Seelbäder«, die man Armen spendete, damit auch sie in den Genuß von Reinlichkeit und Haarpflege kamen. Solche Almosen gehörten zu den guten Werken, mit denen der Geber sich Sündenablaß erwarb.

Baden und speisen – die sogenannte Gastung und auch andere Genüsse (siehe rechts hinten) spielten bei der Beliebtheit der Bäder eine wesentliche Rolle.

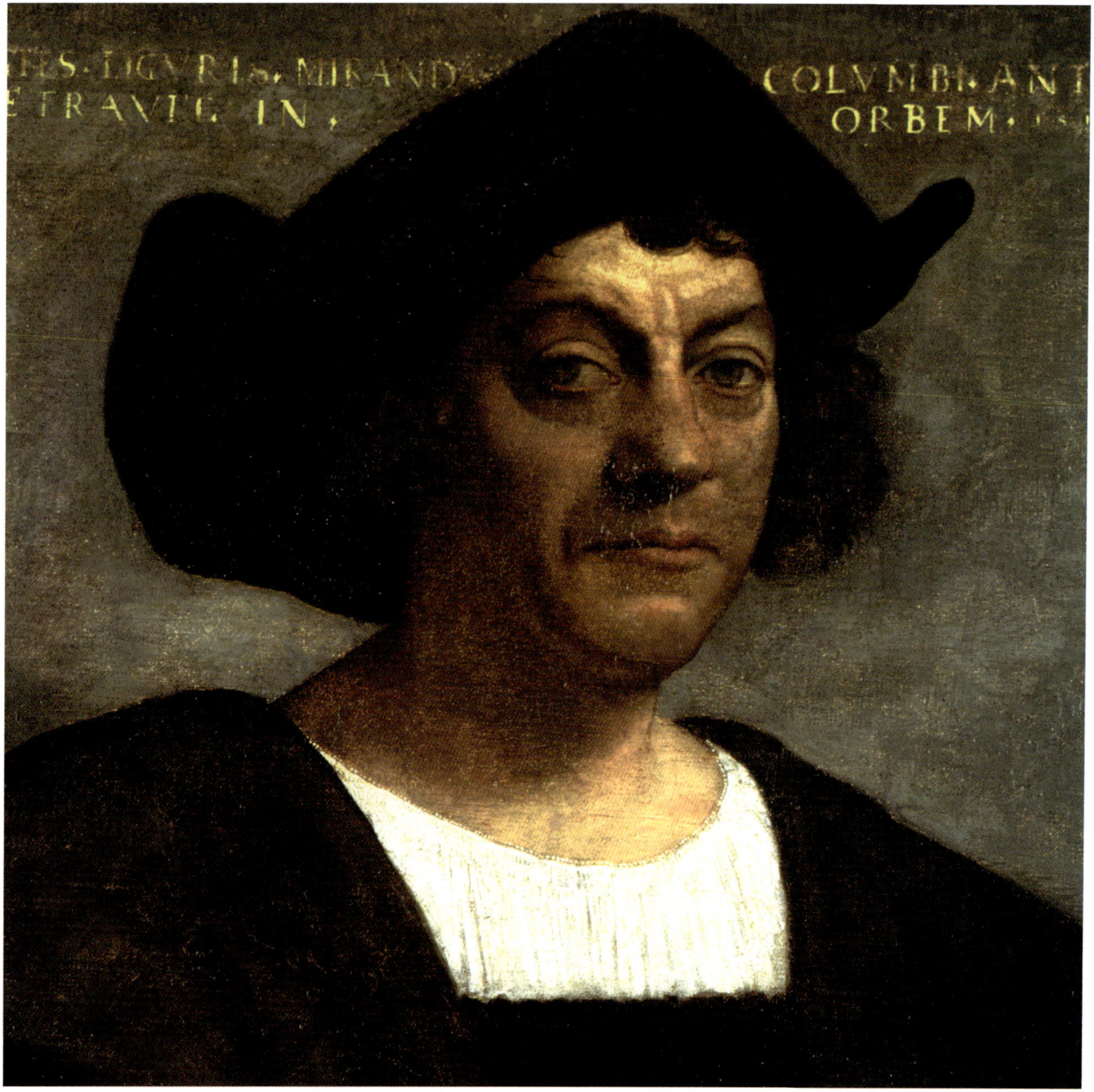

Entdeckungen und Wiederentdeckungen

Manche setzen den Beginn der Neuzeit auf den Tag genau an: 12. Oktober 1492, das Datum, an dem Kolumbus als erster Europäer (von Leif Eriksson und seinen Wikingern einmal abgesehen) den Fuß auf den Boden der Neuen Welt setzte und sie für die Alte in Besitz nahm. Solche Marken sind praktisch, aber irreführend. Vieles nämlich blieb weiter noch lange durchaus mittelalterlich, und vieles war schon weit vorher »modern«. Ohne die Wiederentdeckung der Antike in den letzten beiden Jahrhunderten, ohne die Wiederentdeckung ihrer kulturellen und zivilisatorischen Standards wären die Entdeckungen, die dem Zeitalter den Namen gaben, nicht möglich gewesen. Und ohne Katalysatoren wie die Pest war der Entdeckungsprozeß ebenso wenig denkbar. Verunsicherte suchen Halt, und manche Denker und Künstler, Politiker und Ingenieure fanden ihn an den Kenntnissen und Erkenntnissen der Alten. Deren Wissen war einem zu großen Teil in Vergessenheit geraten oder kirchlicherseits unterdrückt worden. Vieles davon kam nun durch arabische Überlieferung wieder heim ins Abendland und verwandelte es und damit die Welt von Grund auf.

Der technische Wandel war durch Gutenbergs (um 1400-1468) Erfindung des Druckens mit beweglichen Metallettern eingeleitet worden, entfaltete sich aber nur langsam. Auf dem sanitären Sektor machte er sich zunächst kaum bemerkbar, auch wenn nun die Schriften Vitruvs, Galens und anderer antiker Pioniere zugänglich wurden. Die

Mit den Entdeckungen der beiden Männer Christoph Kolumbus (linke Seite) und Johannes Gutenberg (oben) verbinden wir den Beginn der Neuzeit.

um 1500 bis um 1550

Holzwannen wurden für Fuß- wie Vollbäder hergestellt. Holzschnitt »Die Badestube« von Jost Ammann (1539-1591).

Umsetzung kam wegen mangelnder Mittel, politischer Wirren und kriegerischer Verwicklungen nur schleppend in Gang. Zu Beginn des 16. Jahrhunderts dominierte noch das »mobile Bad« in den Haushaltungen, womit die hölzerne Badewanne oder der Badezuber gemeint ist, der dort aufgestellt wurde, wo gerade Badebedarf bestand. Diese Wannen waren üblicherweise oval, einen bis anderthalb Meter lang und 40 bis 60 Zentimeter hoch. Man transportierte sie an Tragbrettern (Griffdauben) an den beiden Längsseiten. Zu jedem dieser Bottiche gehörte ein Schöpfkübel für drei bis fünf oder noch mehr Liter. Eine ebenfalls transportable Badebank und ein Gefäß für die Lauge, gegebenenfalls auch noch eine Fußbadewanne wurden neben den Badezuber gestellt. In der Kunst finden sich solche Holzbadewannen etwa bei Darstellungen von Christi oder Mariä Geburt. Das berühmteste Beispiel ist wohl im Musée d'Unterlinden in Colmar zu sehen auf dem von Matthias Grünewald (um 1470 - nach 1529) geschaffenen Weihnachtsbild des Isenheimer Altars. Holzwannen waren selbst bei denen beliebt, die sich solche aus Kupfer leisten konnten. Zum einen war die Wanne selbst angenehm warm und hielt zum anderen die Wärme auch besser. Deswegen blieb sie noch sehr lange (bis ins 20. Jahrhundert) vor allem für Heil- und Schlammbäder in Gebrauch.

Wo so viele Menschen zusammenlebten wie in den Klöstern, war natürlich ein anderer Badeaufwand angesagt. Viele hatten ganze Badehäuser, und eines der bis heute am besten erhaltenen ist das im Kloster Blaubeuren. Es wurde auf Anordnung des Abtes 1510 direkt an die vorbeifließende Aach gebaut, in der sommers Freibäder genommen werden konnten und deren Wasser durch ein Wehr gestaut und dem Badehaus mit Gefälle zugeleitet werden konnte. Die Entwässerung war ebenso einfach durch Ableitung in den Fluß hinter dem Wehr. Die Badewilligen betraten das Haus durch einen Vorraum mit fünffachem Netzgewölbe, das auf einer achteckigen Säule und acht Wandpfeilern ruht. Durch einen weiteren Raum schritten die Mönche und Gäste zur Tür der eigentlichen Badestube, die über vier Stufen zu erreichen ist: ein etwa 20 Quadratmeter großer Raum mit einem kleinen Fenster über Blickhöhe und einer Tür direkt zum Fluß. Daneben befand sich das jetzt nur noch ahnbare Badebecken und etwas weiter hinten ein Durchgang

Entdeckungen und Wiederentdeckungen 311

Ein Holzzuber mit Handtuch steht für das Bad des kleinen Jesus bereit. Mittelteil (»Weihnachtsbild«) des Isenheimer Altars von Matthias Grünewald.

zu einem kleinen Seitenraum mit Kreuzgewölbe, dessen Rußspuren verraten, daß hier eine Feuerstelle für die Warmwasserbereitung und feuchte Schwitz- oder Dampfbäder unterhalten wurde.

Obwohl technologisch, insbesondere in der Metallverarbeitung, nicht so weit wie die Europäer, waren die Azteken in der noch unbehelligten Neuen Welt hinsichtlich Wasserbau vorbildlich. Das erklärt sich aus einem hohen, von den religiösen Riten geförderten Reinlichkeitsbedürfnis und aus der Lage der Hauptstadt Tenochtitlán inmitten eines Seengebiets. Die Azteken, zuvor ein nomadisierendes Volk, hatten sich hier um 1325 niedergelassen und die umwohnenden Stämme nach und nach unterworfen, so daß ihr Reich vom Pazifik bis an den Atlantik und vom Rio Grande im Norden bis ans Maya-Gebiet im heutigen Guate-

Eine Lagunenstadt war die über 2000 Meter hoch gelegene Azteken-Metropole Tenochtitlán. Holzschnitt zur Ausgabe der Briefe von Hernán Cortés an Kaiser Karl V.

mala reichte. Es war kein geschlossener Machtbereich, und die Botmäßigkeit der Gebietsfürsten nicht immer gesichert. Sie mußten mehrfach mit Waffengewalt zur Gefolgschaft gezwungen werden.

Herz des Reiches war Tenochtitlán, die Residenzstadt des Herrschers, in der nach archäologischen Hochrechnungen vor Ankunft der Spanier 500 000 bis 700 000 Menschen lebten. Was von den Gebäuden inzwischen freigelegt worden ist, zeigt eine gut entwickelte Wohnkultur mit Küchen, Waschbecken, Badehäusern. Wasser gab es reichlich, für Trink- und Waschzwecke aber wenig, denn die Seen waren salzig. Das hatte den Vorteil, daß die Entwässerung über das an Venedig erinnernde Kanalnetz wegen der bakteriziden Qualitäten des Wassers wenig problematisch war. Für Trinkwasser aber mußten Brunnen erschlossen und Wasserleitungen gelegt werden. Auch durften die Kanäle nicht unbegrenzt belastet werden, so daß die Behörden eine Stadtreinigung mit tausend festbestallten Müllwerkern aufbauten. Sie holten den an den Straßen abgelegten Unrat ab und entsorgten ihn mit Kähnen in den Sümpfen vor der Stadt. Außerdem kümmerten sie sich um die Reinigung der Straßen, von deren Sauberkeit die Europäer nur träumen konnten. Der Erfolg: Trotz der hohen Verdichtung der Bevölkerung berichtet keine Quelle von Seuchen, wie sie das Abendland so plagten.

Anteil daran hatte auch die private Reinlichkeit, zu der die Azteken von früh auf angehalten wurden. Das fing beim Bad des Neugeborenen an, das von einer taufähnlichen Anrufung der Wassergöttin Chalchihuitlicue begleitet war: *»Wolle, o Göttin, daß sein Herz und Leben rein seien; daß das Wasser allen Makel abwasche; denn dieses Kind gibt sich in deine Hände, o Wassergöttin, Mutter und Schwester der Götter!«* Dann folgten die Namensgebung und weitere Anrufungen auch anderer Gottheiten, darunter des Hauptgotts Quetzalcoatl. Die Jugendlichen wurden zu Freibädern auch an kalten Tagen ermuntert, die Braut badete vor der Hochzei und wusch sich die Haare, am fünften Tag folgte nach Gebeten und dem Vollzug der Ehe das gemeinsame rituelle Dampfbad (»temazcal«) in einem halbrunden Anbau, der bei fast keinem Haus fehlte. Die Wärme bezog er vom Herd aus dem direkt angrenzenden Küchenraum; durch Besprühen der heißen Herdwand füllte sich der Baderaum rasch mit Dampf, in dem sich die Badenden zur Förderung der Blutzirkulation mit Reisern schlugen oder mit Tüchern abrieben. Auch die Wöchnerinnen hatten sich so zu reinigen, ehe sie die hausfraulichen Pflichten erneut übernahmen. Und sogar Ehebrecher konnten mit dem »temazcal« ihre sonst todeswürdige Sünde – obschon nur einmal im Leben – abwaschen.

Eine so hoch entwickelte Reinlichkeitskultur erforderte viel reines Wasser. Quellen und Brunnen, wie sie anfangs zur Versorgung mit Süßwasser genutzt wurden, reichten bald nicht mehr für die wachsende

Chalchihuitlicue, »die mit dem grünen Edelsteinrock«, hieß die Azteken-Göttin der fließenden Gewässer, Ehefrau des Regengottes Tlaloc.

Kannte keinerlei Skrupel den »heidnischen« Inka gegenüber: Francisco Pizarro. Zeitgenössisches Gemälde.

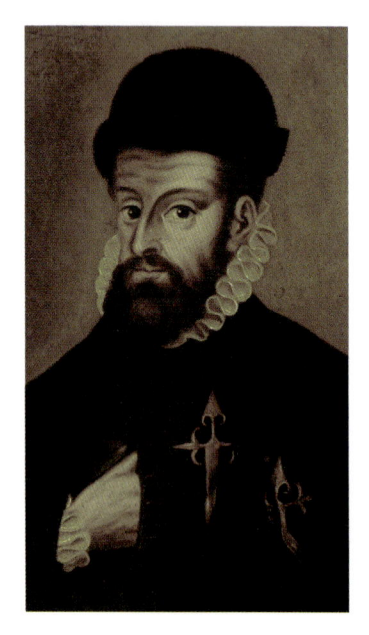

Einwohnerschaft. Eine erste Wasserleitung wurde daher um 1465 von den fünf Kilometer entfernten Quellen am Hügel Chapultepec über mehrere Brücken zu einem großem Becken in Tenochtitlán geführt. Sie hatte eine mindestens streckenweise hölzerne Doppelrinne, damit der Zustrom auch bei Arbeiten an einer Rinne aufrecht zu erhalten war. Die Brücken, nach Zeugnis des Konquistadors Hernán Cortés (1485-1547) »dick wie Stiere«, überquerten mehrere Kanäle in der Stadt, so daß Wasserfrachtboote von oben aufgetankt werden konnten. Sie brachten dann das begehrte Naß in die Haushaltungen, die fast alle über das Kanalnetz zu erreichen waren. Um 1500 wurde eine zweite vom Herrscher Ahuítzotl (regierte 1486-1503) in Auftrag gegebene Wasserleitung fertig. Sie kam von Coyoacán, führte über den sogenannten Süddamm längs der Straße von Ixtapalapa zum Stadtrand, wurde dann in den Boden gelegt und verdeckt bis zum Heiligtum des Kriegsgottes Huitzilopochtli gebaut.

Um sie kam es zum Streit zwischen Ahuítzotl und dem Herrn von Coyoacán, der davor warnte, daß der Spiegel des Sees in der Hauptstadt steigen und schwere Überflutungen verursachen könnte. Der Herrscher ließ den Kritiker beseitigen und setzte seinen Plan durch. Er wurde ihm zum Schicksal. Der Warner nämlich behielt recht. Das Wasser schwoll unversehens an, sprengte die Abdeckungen der Leitung und suchte Tenochtitlán furchtbar heim, ehe es eingedämmt werden konnte. Ahuítzotl verletzte sich bei der Flucht vor der Flut so schwer, daß er den Wunden 1503 erlag. Die Spanier fanden dann 1519 eine intakte Wasserversorgung vor. Bei ihrem zweiten Angriff auf das Aztekenreich 1521 zerstörten sie die Leitungen zunächst, sahen sich aber bald gezwungen, sie wieder instand zu setzen. Bis ins 20. Jahrhundert hat die Leitung von Coyoacán Wasser in die mexikanische Hauptstadt geliefert.

Ein Dutzend Jahre länger als die Azteken blieben die Inka in Südamerika von den Spaniern verschont, erlitten aber schließlich das gleiche Schicksal, obwohl sie über Bronze-Waffen verfügten. Auch das unwegsame Gelände in der für Flachland-Europäer ungeheuer dünnen Luft der Hochanden rettete sie nicht. Die Ankömmlinge unter Francisco Pizarro (um 1478-1541) hatten ja nicht nur Feuerwaffen, sondern ent-

Entdeckungen und Wiederentdeckungen

wickelten den »Heiden« gegenüber eine kriminelle Energie, der die nicht sonderlich argwöhnischen Indios in keiner Weise gewachsen waren. Da der spanische Trupp sehr klein und die Weißen womöglich fremde Götter waren, erklärte sich Inka-König Atahualpa (1502-1533) zu einer Unterredung mit Pizarro bereit, wurde festgesetzt und gezwungen, ein gewaltiges Lösegeld zu stellen. Nach dessen Eintreffen ließ Pizarro den König ermorden, stieß ins Innere des nun führerlosen Reiches vor und nahm im November 1533 Cuzco, die 3380 Meter hoch gelegene Hauptstadt des Landes, die damals an die 200 000, mit Vororten 400 000 Einwohner zählte. Das riesige Reich im Westen des Halbkontinents zwischen Mittel-Chile im Süden und Nord-Ecuador fiel den Eroberern nahezu ohne Gegenwehr zum Opfer.

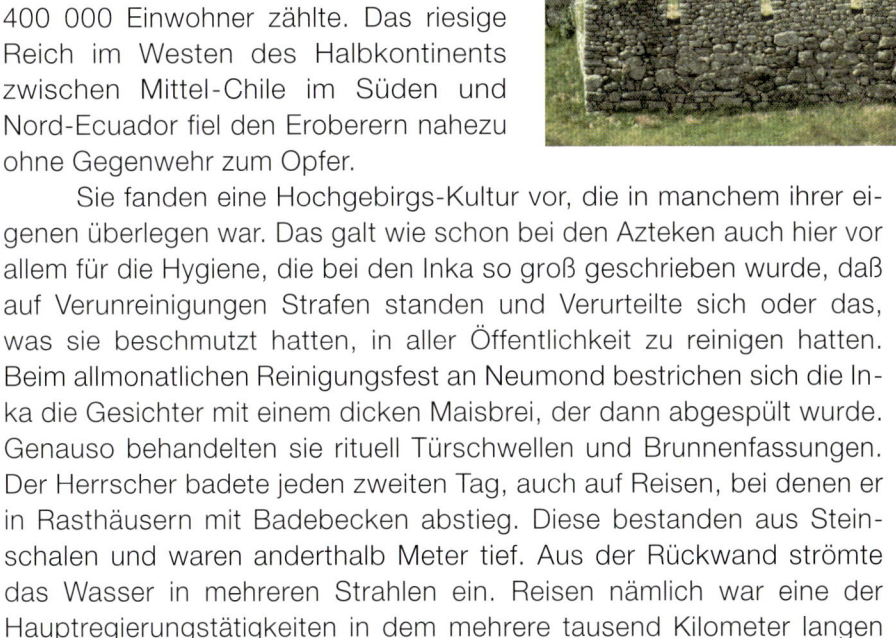

Erst 1911 wurden die Ruinen des um 1450 in 2450 Meter Höhe erbauten Machu Picchu nordwestlich der einstigen Inka-Hauptstadt Cuzco endeckt.

Sie fanden eine Hochgebirgs-Kultur vor, die in manchem ihrer eigenen überlegen war. Das galt wie schon bei den Azteken auch hier vor allem für die Hygiene, die bei den Inka so groß geschrieben wurde, daß auf Verunreinigungen Strafen standen und Verurteilte sich oder das, was sie beschmutzt hatten, in aller Öffentlichkeit zu reinigen hatten. Beim allmonatlichen Reinigungsfest an Neumond bestrichen sich die Inka die Gesichter mit einem dicken Maisbrei, der dann abgespült wurde. Genauso behandelten sie rituell Türschwellen und Brunnenfassungen. Der Herrscher badete jeden zweiten Tag, auch auf Reisen, bei denen er in Rasthäusern mit Badebecken abstieg. Diese bestanden aus Steinschalen und waren anderthalb Meter tief. Aus der Rückwand strömte das Wasser in mehreren Strahlen ein. Reisen nämlich war eine der Hauptregierungstätigkeiten in dem mehrere tausend Kilometer langen Reich. An der Küste wie auf dem Gebirgszug verliefen gut befestigte

Athahualpa, letzter Inka-Herrscher. Kolorierter Kupferstich aus Olaf Dapper: »America«, Amsterdam 1673.

Straßen, die durch ein Gitter von Querstraßen verbunden waren. Alexander von Humboldt (1769-1859), bereiste 1799-1804 das fragliche Gebiet und schrieb über das Straßennetz der Inka:

»Stellenweise, meist in gleichen Entfernungen, finden sich aus wohlbehauenen Quadersteinen aufgeführte Wohnhäuser, eine Art Karawanserei, ‚tambos‘, auch ‚Inka-pilca‘ genannt. Einige sind festungsartig umgeben, andere zu Bädern mit Zuleitung von warmem Wasser eingerichtet, die größeren für die Familie des Herrschers selbst bestimmt... Von den zwei Systemen gepflasterter, mit platten Steinen belegter, bisweilen sogar mit zementierten Kieseln überzogener (makadamisierter) Kunststraßen gingen die einen durch die weite und dürre Ebene zwischen dem Meere und der Andenkette, die anderen auf dem Rücken der Kordilleren selbst. Meilensteine gaben oft die Entfernungen in gleichen Abständen an. Brücken dreierlei Art, steinere, hölzerne oder Seilbrücken, führten über Bäche und Abgründe, Wasserleitungen zu den tambos und festen Wohnungen.«

Als Pizarro mit dem ahnungslosen Atahualpa zusammentraf, kam dieser gerade aus den Schwefelbädern von Putumarco bei Cajamarca, die noch heute »baños del Inca« heißen. Als Humboldt sie besichtigte, speisten die 69 Grad heißen Quellen ein immer noch in Betrieb befindliches Bad: ein großes rundes Quellwasserbecken (»el tragadero«), das die Indios aus dem Sandstein rings um die Quellenklüfte herausgehauen hatten. Die Inka kannten auch Kräuterbäder, für die vor allem der Absud des niederen Chillcastrauches (baccharis lanceolata), eines Korbblütlers, zur Bekämpfung von Schlaflosigkeit verwendet wurde. Gegen Verstopfung setzten die Inka regelmäßig, gewöhnlich einmal monatlich, auf Uillca-tauri-Früchte, die mit Valeriana panicula, einer Baldrianart, zermahlen wurden. Eine Hälfte der Masse aß man, die andere Hälfte wurde mit einer Art Klistier, der sogenannten Fruchtdienerin, direkt in den Darm eingeführt. Vielleicht hing eine gewisse Hartleibigkeit mit der Ernährung zu-

Auf den Rücken schnallten sich die Inka Gefäße zum Transport von Flüssigkeiten. In Zentral-Peru gefundene Tonfigur.

Entdeckungen und Wiederentdeckungen

sammen, die vor allem auf Kartoffeln, Mais, Tomaten, Reismelde (»Quinoa«) und getrocknetem Lamafleisch basierte. Bei Verletzungen oder Erkrankungen standen den Menschen neben Priestern ausgebildete Ärzte zur Seite, die in größeren Städten auch Krankenhäuser betrieben.

In Europa stagnierte die Medizin derweil auf dem Stand des griechisch-römischen Gelehrten Galen aus dem 2. Jahrhundert. Dessen Schriften gehörten nach der Bibel zu den ersten, die mittels des neuen Buchdrucks verbreitet wurden. Da auch unter den Gelehrten das Griechische kaum geläufig war, kursierten schon im Mittelalter zahlreiche Übersetzungen ins Lateinische, zum Teil auch auf dem Umweg über das Arabische. Die Texte waren entsprechend wenig verläßlich und fanden auch nicht alle gleichmäßig Beachtung, was vor allem mit Blick auf die hygienischen und diätetischen Bücher bedauerlich war. Bei den eigentlichen Fachtexten hingegen war die hohe Achtung davor eher kontraproduktiv: Obwohl man, etwa hinsichtlich Puls- und Fieberlehre, über Galen hinaus gekommen war, blockierte die Autorität des antiken Arztes nachhaltig den Fortschritt. Das führte später zu einer ebenso unsachlichen Pauschalablehnung seiner Lehren. Doch dazu mußte sich die abendländische Medizin erst emanzipieren.

Einer der ersten, der den Schritt wagte, war Paracelsus (1493-1541), der eigentlich Philipp Aureolus Theophrast Bombast von Hohenheim hieß. Im schweizerischen Einsiedeln geboren, zog er 1502 mit dem Vater nach Villach an der Drau, wo dieser bis 1534 als Badearzt praktizierte. Von ihm lernte Paracelsus, mit welch einfachen, natürlichen Mitteln oft zu helfen ist. Das vergaß er auch nicht bei seinen Studien in Padua, Bologna und Ferrara, wo er sich den latinisierten Namen gab, wohl mit Blick auf den antiken Arzt Celsus, einen Zeitgenossen Galens. Das aber war schon die letzte Verbeugung vor den Alten, denn in seiner kurzen Dozentenzeit in Basel bediente sich Paracelsus in bewußter Opposition zu den Fachkollegen der deutschen Sprache, ja er verbrannte 1527 öffentlich die Schriften Galens, was seine Universitätskarriere beendete. Er wurde nun als Wanderarzt tätig und verfaßte zahlreiche Schriften zur Heilkunde und wurde mit dem Einsatz chemischer Heilmittel zum »Vater der Iatrochemie«. Ehe er allerdings solche Arzneien anwandte, testete er sie im Selbstversuch, was nicht immer ohne Schä-

Nur durch eine Zwischenwand getrennt: Männer und Frauen im Thermalbad. Titelholzschnitt eines Buches (»puchlein«) von 1510.

den abging. Kern aber blieb das früh erworbene Wissen über die Heilkräfte, die die Natur zur Verfügung stellt.

Dabei spielten Wasserheilungen für ihn eine zentrale Rolle. Wir haben von ihm eine Beschreibung der Mauritiusquelle in St. Moritz, nicht zu verwechseln mit der Paracelsusquelle ebendort, die erst 1800 erschlossen und nach ihm benannt worden ist. Außerdem empfahl er als besonders wirksame Kurbäder Pfäfers, Teplitz, Wildbad und Baden an der Limmat. Über das erstgenannte schrieb er das Buch »Von des Bads Pfeffers, in Oberschweiz gelegen, Tugenden, Kräfften und Wirkung, Ursprung und Herkommen, Regiment und Ordnung«. Auch Wannenbäder, insbesondere solche mit Heilkräutern gehörten für ihn zu den Behandlungsmethoden. Darüber schrieb er ein »Baderbüchlin – Sechs köstliche

»Die Fußwaschung« nach Johannes 13,2-5. Später kolorierter Holzschnitt von Julius Schnorr von Carolsfeld (1794-1872).

Tractat Armen und Reichen nützlich und notwendig von Wasserbädern«, das erst postum 1563 gedruckt wurde.

Es mußten nicht immer Bäder sein, auch bloße Waschungen dienten der Gesundheitsvorsorge. Dabei galt schon in der Antike der Fußwaschung besondere Aufmerksamkeit, denn die wenigsten Menschen bewegten sich auf Pferden, in Sänften oder Kutschen fort. An den Stadttoren erwarteten die müden Wanderer, Fremde wie Heimkehrer, Brunnen, Bäder oder einfache Becken zur Reinigung. Seinen Gästen ließ der Hausherr entweder selbst oder durch die Dienerschaft eine Fußwäsche angedeihen. Durch die im Johannesevangelium berichtete Fußwaschung Christi, die er in der Karwoche an seinen Jüngern vornahm, erhielt sich auch im Mittelalter der Brauch in seiner rituellen Form, meist ausgeführt am Gründonnerstag, wie aus hygienischen Gründen. In der Kunst sind solche Waschungen vielfach dargestellt worden. Wir kennen daher die diversen Fußwaschbecken, Schalen, Tröge oder Wannen, die dazu verwendet wurden: in den meisten Fällen blecherne Schüsseln mit Rand. Die erfrischende Wirkung der Reinigung pries Hans Sachs (1494-1576): »Will Euch ein Fußwasser machen lassen,/ das zieht Euch aus die Müdigkeit.« Und Paracelsus empfahl zur Steigerung dieser Wirkung sogar ein Fuß-Dampfbad mit Bilsenkraut.

Der Maler Andreas Herneisen (1538-1610) porträtiert den alten Meistersinger Hans Sachs, Gemälde 1576.

Es war schnell bereitet, denn in den mitteleuropäischen Häusern brannte wie eh und je ständig ein Feuer im zentralen Raum. Heißes Wasser im Kessel am verstellbaren »Galgen« darüber war daher ebenfalls stets verfügbar. Um die Mitte des 16. Jahrhunderts kam es jetzt aber auch auf dem Lande zu einer allmählichen Trennung von Herd, das heißt der offenen, ein wenig hochgemauerten Feuer- und Kochstelle, und Ofen zu Heiz- und Backzwecken. In reicheren Häusern bürgerte sich bereits der Kachelofen ein, und bald kam die Ofenbank dazu, deren Gemütlichkeit wir so manche schnurrige Volkserzählung verdanken. Der Ofen erhielt vielfach auch einen eigenen Raum und stand manchmal in nur geringem Abstand von der Wand, die dann feuersicher sein mußte. Der Raum zwischen Ofen und Wand hieß als wärmste Stelle des Hauses in vielen deutschen Gegenden »Hölle« und wurde zum Stapeln des Brennholzes verwendet. War der Abstand groß genug, setzte man auch gern einen Bretterverschlag hinein, in dem die Bewohner Schwitzbäder nehmen konnten. Mancherorts ist daher für die Nische noch bis in die Gegenwart der Name »Badl« erhalten geblieben.

In den Städten war die Trennung schon früher vollzogen, da man bei mehrstöckiger Bauweise kein offenes Feuer in der Raummitte unterhalten konnte, sondern Herde und Öfen an Schlote und Schornsteine anschließen mußte. Allenfalls Glutpfannen aus Metall oder aus Fayence, oft äußerst kunstvoll gestaltet und geschmückt, konnten als transportable Holzkohleheizungen eingesetzt werden, meist nur flankierend, da die Heizleistung recht bescheiden blieb. Als offene Feuer gab es in größeren Räumen weiterhin Kamine mit steinernem Rauchmantel, der gewöhnlich auf vorgesetzten Säulen oder Wandpfeilern ruhte. Bürgerhäuser heizten gleichzeitig mehrere Räume mit großen, oft auf sorgsam geformten Tierfüßen in einem eigenen Zimmer stehenden Kachelöfen, so daß nur in einem Raum Asche zu entsorgen war und Ofenstaub ent-

Ofen im Lutherhaus in Wittenberg, wo der Reformator von 1508 an bis zum Lebensende wohnte.

Nach Entwürfen von Leonardo da Vinci gefertigtes Modell eines Fahrrads.

stand. Zu Küchenzwecken entwickelten sich nun die geschlossenen Tischherde mit metallener Platte, in der abdeckbare Löcher die Töpfe aufnahmen. Gefeuert wurde mit Holz, Tannenzapfen, Reisig, seltener und nur in den Städten mit Holzkohle, mit Torf nur in einigen Gegenden. Steinkohle kam fast nur gewerblich zum Einsatz.

Einer der bedeutendsten Künstler der Neuzeit war auch einer der wichtigsten Ingenieure der Renaissance: Leonardo da Vinci (1452-1519), der die letzten drei Jahre seines Lebens am französischen Königshof wirkte. Vieles blieb bei ihm im Planungsstadium, vom U-Boot bis zu Flugmaschinen, alles aber zeugte von seiner unvergleichlichen Beobachtungsgabe und von seinen visionären Gaben. Auch auf wasserbautechnischem Gebiet setzte Leonardo Maßstäbe und wirkte damit auf die französischen Ingenieure, die in seiner Nachfolge Beachtliches etwa beim Entwurf von Gartenanlagen oder im Kanal- und Schleusenbau leisteten. Adam de Craponne (1527-1576), war einer der von den kühnen Entwürfen beeinflußten Techniker. Er faßte den Plan, den Höhenunterschied zwischen der Durance bei Cadenet und der Rhône bei Arles zu einem Kanal im Gefälle zu nutzen und mit ihm die Schotterebene Crau südwestlich von seiner Heimatstadt Salon-de-Provence zu bewässern. Beim Zisterzienserkloster Silvacane zapfte er die Durance an und führte das Wasser in einem Kanal über Pont-Royal bis Lamanon, dann südlich Eyguières und Mouriès bis zur Rhône am Südrand von Arles. 1554 war der Bau fertig. Zahlreiche Nebenkanäle verteilten das Wasser, so daß der nördliche Teil (knapp die Hälfte) des bisherigen Ödlands der Crau landwirtschaftlich genutzt werden konnte. 24 Kubikmeter Wasser pro Sekunde liefert die Durance für den nach dem Erbauer benannten Canal de Craponne und läßt in der Plaine de la Crau Olivenbäume gedeihen.

um 1550 bis um 1600

Von Wassermangel konnte dagegen in seiner Heimat keine Rede sein: Ludovico Cornaro (1482-1566) war Venezianer aus altadliger Familie, hatte Hydraulik und Architektur studiert und bemühte sich eher um die Entwässerung seiner Ländereien. In hoher staatlicher Position hatte er sich auch um den Ausbau der Hafenanlagen zu kümmern und stand entsprechend unter Arbeitsdruck. Da Essen angeblich stärkt, schloß er, daß die Kräfte zunehmen, je mehr man ißt. Den Fehlschluß

Hieronymus Cardanus leistete auch als Mediziner Bahnbrechendes. Zeitgenössischer Kupferstich.

Kaiserlicher Leibarzt war Andreas Vesalius zeitweilig. Gemälde (Ausschnitt) von Jan Stephan von Kalkar.

hatte Cornaro mit schwerer Erkrankung zu bezahlen, kam aber davon und schwor sich nun, der Frage nachzugehen, wie man sich am besten gesund erhält und ein hohes Lebensalter erreicht.

Frucht seiner Studien wurde ein »Traktat über ein gesundes Leben« (Trattato della vita sobria), der 1558 erschien und zum Bestseller wurde. Dabei empfahl er keineswegs bequeme Strategien, sondern forderte zur Mäßigung in allem auf. Kurz zusammengefaßt lassen sich Cornaros im Selbststudium gewonnene Erkenntnisse, die bis heute aktuell geblieben sind, so darstellen: Aufregung greift das Herz an, Ärger beschädigt die Galle, Zorn strapaziert die Nerven, Alkohol belastet die Leber, Hetze schadet der Lunge, zuviel Essen führt zu ungesundem Übergewicht, zu wenig Bewegung ermattet die Muskeln und – in Zeiten des Ozonlochs besonders beherzigenswert – zuviel Sonne schadet der Haut. Das alles gelte es, so Cornaro, tagtäglich zu bedenken. Bei soviel Körperbewußtheit verblüfft nur, daß er Fragen der Reinlichkeit und der geeigneten Kleidung übergangen hat. Vielleicht, das sei zu seinen Gunsten angenommen, waren sie ihm selbstverständlich.

Bei aller Vorbeugung und vernünftigen Lebensführung lassen sich Erkrankungen jedoch nicht ausschließen. Ärzte werden nie brotlos, und bei den beklagenswerten hygienischen Zuständen im 16. Jahrhundert hatten sie ohnedies alle Hände voll zu tun. Dabei erwiesen sich die bis dahin fast als Dogma geltenden Lehren Galens nicht immer als hilfreich, und im Gefolge des Paracelsus wandten sich in der zweiten Jahrhunderthälfte immer mehr Mediziner davon ab: Jean-François Frenel (um 1497-1558) stellte eigene Beobachtungen der Bakterienruhr an; Hieronymus Cardanus (1501-1576) erkannte, daß Katarrhe nicht, wie Galen es gelehrt hatte, im Hirn ihren Ursprung haben, sondern in den Atemwegen; Joseph Strutius (1510-1568) entwickelte ein völlig neue Pulslehre (»ars sphygmica«); Laurent Joubert (1529-1582) falsifizierte Galens Fäulnistheorie, und Guillaume Baillou (1538-1616) trat 1570 mit einer ersten modernen Seuchenkunde hervor.

Die größten medizinischen Fortschritte aber erzielte schon etwas früher Andreas Vesalius (1514-1564), kurz Vesal genannt, der zeitweilig Leibarzt Karls V. (1500-1558, Kaiser 1519-1556) war. Der geniale Anatom setzte mit seinen »Sieben Büchern vom Bau des menschlichen

Körpers« (1543) auch deswegen Maßstäbe, weil er sie von Jan Stephan van Kalkar (1499-1548) illustrieren ließ, einem Künstler, der wie er selbst aus Wesel stammte (daher der Name Vesalius) und bei Tizian gelernt hatte. Die Anatomie Galens verwarf Vesal, der alle seine Erkenntnisse durch Sektionsbefunde gewonnen hatte, als eher »äffisch« denn menschlich.

Ebenfalls andere Wege als Galen und seine immer noch beachtliche Anhängerschar ging der aus Freising stammende Martin Ruland (1532-1602). Er veröffentlichte 1568 seine Schrift »Hydriatice«, ein alphabetisches Verzeichnis von Krankheiten mit der Angabe, wie sie durch welche Wasseranwendungen zu lindern oder zu heilen seien. Zehn Jahre später erschien sein Werk »Von Wasserbädern, Aderlassen und Schröpfen«. Hier ein knapper Auszug aus Rulands Liste: Gegen Hautunreinheiten, Jucken, Heiserkeit, Schlafmangel, Zorn, Schwermut, Dickdarmbeschwerden, Verstopfung, Haarausfall – Baden in warmem Süßwasser; gegen Fallsucht, Trunkenheit, Augenweh, Würmer – Trinken von kaltem Süßwasser; gegen Krämpfe, Appetitlosigkeit – Baden in kaltem Süßwasser; gegen Wassersucht, feuchte Blattern, Geschwülste, Fettleibigkeit – Schwitzbäder; gegen Gicht, Krampf, Leibweh, Blähungen – Baden in salzigem Wasser; gegen Magenkrankheiten, Lebererkrankungen, harten Stuhl – Baden in schwefelhaltigem Wasser; gegen hitzige Fußgicht, Milzkrankheiten, Magenkrämpfe – Baden in eisenhaltigem Wasser; gegen Nieren- und Blasensteine, Schwitzanfälle, Krampfadern – Baden in Alaunwasser; gegen Aussatz, Fisteln, böse Geschwüre, Herzrasen – Baden in goldhaltigem Wasser.

Das hört sich nach Patentmitteln an, wurde aber von Ruland genau spezifiziert hinsichtlich Vorbereitung auf die Bäder (z.B. vorher gründlich abführen), ihre Dauer (in Einzelfällen bis zu drei Stunden vormittags und vier Stunden nachmittags), die geeignete Örtlichkeit für die jeweiligen Bäder (windstill, rauchfrei, mäßig warm), Verhalten während der Anwendung (keinesfalls essen, trinken oder schlafen), Nachbehandlung (abreiben, warmhalten), Badezusätze (diverse Kräuter). Der Ratgeber erfreute sich solcher Beliebtheit, daß auch Rudolf II. (Kaiser 1576-1612) auf Ruland aufmerksam wurde und ihn als Leibarzt an seinen Hof in Prag berief, wo der Wasserheiler starb. Er hatte sich freilich

Rudolf II. ließ sich von Martin Ruland Trinkkuren verordnen. Das Gemälde von Lucas von Valckenborch zeigt einen Höfling, der dem Kaiser ein gefülltes Glas reicht.

Zwei Konstruktionszeichnungen von Ramelli aus dem Jahr 1588: Oben Pumpe mit Wasserradantrieb und senkrechter Welle; unten Pumpe mit Antrieb durch ein oberschlächtiges Wasserrad.

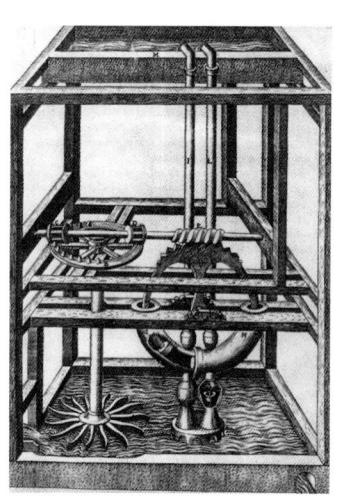

nicht nur Freunde gemacht, denn die Arzneimittelheiler fürchteten um den Absatz ihrer Pillen und Pülverchen.

1588 erschien in Paris ein Bildband mit Stichen von mechanischen Anlagen, der bei oberflächlicher Betrachtung staunen läßt, wie weit es die Techniker im 16. Jahrhundert schon gebracht haben. Auf 195 Blättern präsentierte der aus Ponte Tresa am Luganer See stammende Mechaniker Agostino Ramelli 104 verschiedene Pumpen, 24 Mühlen, 30 Hebewerke und Kräne, 21 Kriegsmaschinen und 16 sonstige Anlagen, darunter einige Brunnen. Es sind zum Teil höchst aufwendige Konstruktionen mit Flaschenzügen, Gebläsen, Eimerketten, Kolben, Kurvenscheiben, Trettädern, zahllosen Zahnrädern, links- wie rechtsgängigen Schrauben und Muttern, Spindeln, Hebebäumen, Seiltrommeln, Zahnstangen, Kegelverschlüssen, Ketten, Gestängen und unzähligen anderen Details. Vieles davon war nicht neu, aber faszinierend neu kombiniert. Daß nicht alles zum Nennwert zu nehmen ist, darauf verweisen die Ausschmückungen in den Bildhintergründen und die fast schon barocke Freude an Zierat und die phantasievollen Bauten. Ramelli steht da ganz in der Nachfolge Leonardo da Vincis, dem es auch oft mehr um den kühnen Entwurf als um die konkrete Umsetzbarkeit ging.

Und wie Leonardo beflügelte Ramellis in mehrere Sprachen übersetztes und in vielen Auflagen bis ins 20. Jahrhundert verbreitetes Werk die Phantasie vor allem von Laien, darunter die der Herrscher, die stets auf der Suche nach Möglichkeiten waren, sich ein eindrucksvolles Denkmal zu setzen. Daß dabei für sie nun die Technik in den Vordergrund rückte, daß sie Kanäle in Auftrag gaben, Wasserspiele bestellten, kunstvolle Uhren entwerfen ließen, hatte wie der neue Forscherdrang damit zu tun, daß die Humanisten die Antike wiederentdeckt und sich Verstand und Vernunft vom religiösen Diktat befreit hatten. Und daß bei Ramelli Pumpen den Löwenanteil der Abbildungen stellten, lag an der zentralen Bedeutung des Wassers für Landwirtschaft, Gärten und Transportwesen sowie daran, daß Wasserkraft wichtigster Antrieb für Maschinen war. Manche davon waren freilich in der von Ramelli projektierten Form gar nicht funktionsfähig, jedenfalls nicht mit den technischen Mitteln und Materialien der Zeit. Zu wenig hatte der Tüftler beispielsweise Elastizität von Werkstoffen oder Reibungsverluste beim

Entdeckungen und Wiederentdeckungen

Betrieb berücksichtigt. Sein bleibendes Verdienst besteht in den Impulsen für Erfinder und Ingenieure und in der Aufwertung der Technik als Problemlöserin. Daß diese Haltung in Machbarkeitswahn umschlagen kann, das ließ sich seinerzeit nicht einmal erahnen.

Dazu waren die Mittel noch viel zu bescheiden, und selbst ein Riesenwerk, wie es etwa der türkische Hofbaumeister Sinan (um 1490-1588) hinterlassen hat, erregt eher quantitative und künstlerische Bewunderung als technische. Der als christlicher Sklave Kodja Minar an den Hof in Konstantinopel gekommene junge Mann wurde bald freigelassen, machte Karriere als Janitscharen-Offizier, trat zum Islam über und nannte sich fortan Sinan. Er profilierte sich als Brücken- und Brunnenbauer und erhielt erste Aufträge zur Errichtung von Moscheen. 1539 wurde Sulaiman II. der Prächtige (Sultan 1520-1566) auf Sinan aufmerksam und ernannte ihn zum obersten Architekten des Reiches, was der so geehrte Künstler auch unter den Nachfolgern Selim II. (1566-1574) und Murad III. (1574-1595) bis zu seinem Tod in biblischem Alter blieb. Trotz dieser langen Lebensspanne beeindruckt das Werk des muslimischen Baumeisters schon rein statistisch: 131 Moscheen, 62 Schulen (»medrese«), 19 Grabkapellen (»türbe«), 17 Armenküchen (»imaret«), 3 Krankenhäuser (»schifahane«), 6 Brücken für Aquädukte, 17 Karawansereien, 33 Paläste, 5 Vorratslager, 33 Bäder (»hammam«) und ungezählte Wasserspeicher und Küchenbauten stehen auf der Liste seiner Werke, Brunnen, Wasch- und Abtrittanlagen nicht gerechnet.

Die schiere Menge, aber auch die Größe und Pracht vieler Sinan-Bauten erklären sich nur durch die ungeheure Macht, die das Osmanische Reich damals entfaltete. Sinan standen Heere von Fachleuten und Bauarbeitern zur Verfügung, als Hofarchitekt unterstanden ihm alle Architekten, und er konnte sie aus allen Reichsteilen zur Mitarbeit anfordern, als Leiter der Bauschule zog er sich zudem planmäßig begabte Schüler heran. Sparen mußte er an nichts, wie sein Hauptbau, die für Sulaiman II. 1550-57 errichtete Moschee, die Sulaimanie, belegt. Sie zeigt alle Elemente der Kunst Sinans, der dafür Marmor, Halbedelsteine, Fayencen und Schriftornamente einsetzte. Er schmückte den Bau mit 136 Fenstern, die eine »Moschee des Lichts« entstehen ließen, mit Säulen und Nischen, darunter auch solche für Brunnen und Kamine, ließ

Porträt des fast hundert Jahre alt gewordenen türkischen Hofbaumeisters Sinan vor der Silhouette einer von ihm erbauten Moschee.

Elisabeth I., hier in einer Prunksänfte, interessierte sich für Haringtons Erfindung mehr als für seine anstößigen Gedichte. Gemälde um 1580.

Künstler Pflanzen- und Blumenbilder malen, hielt sich aber an das islamische Verbot der Menschen- und Tierdarstellungen. Bibliotheken, Unterrichtsgebäude, ein zentraler Wasserverteilungsbau, Stallungen, Küchen, Bäder, Brunnen in den Höfen, eine Reihen-Fußwaschanlage, eine lange Flucht von Abtritträumen am äußeren Hof sowie eine Grabkapelle für den Baumeister selber – das alles machte die Moschee zu einem gewaltigen sakralen Komplex, ja zu einem ganzen Stadtviertel mit ausgeklügelter Infrastruktur.

Wenige Jahrzehnte nach diesem Sinan-Bau mit den üblichen Abtrittanlagen entwickelte ein Lord den Vorläufer unseres heutigen WCs: Die Idee der Spülung hatten schon Inder, Kreter, Römer und Araber, doch der geruchsarme Abtrittraum wurde erst mit der Erfindung von Sir John Harington von Kelston (1561-1612) möglich. Der als Mündel von Elisabeth I. (Königin 1558-1603) an den Hof gekommene junge Mann war immer wieder durch Eskapaden aufgefallen, etwa dadurch, daß er die Hofdamen mit schlüpfrigen Gedichten schockierte, bis er schließlich vorübergehend auf sein Landgut Kelston beim südenglischen Bath verbannt wurde. Harington nutzte die Zeit der Verbannung zu einem Neubau seines Palais, für das er zusammen mit einem namentlich nicht bekannten Klempner (»plumber«) das besagte Spülklosett entwarf. Es gefiel der Königin, die 1592 nach Kelston kam, um nach dem einstigen Patenkind zu sehen, über die Maßen, und sie ließ sich das sündhaft teure Modell, genannt »Ajax«, für ihr Schloß Richmond nachbauen.

Haringtons Abort funktionierte so: Ein Spülkasten mit einem Fassungsvermögen von einem Barrel (163,5 Liter; bei Erdöl ist die Maßeinheit noch heute gebräuchlich, 1 Barrel entspricht dabei 159 Liter) war über und hinter dem Sitz einzubauen, gegebenenfalls sogar in einem eigenen Raum. Ein Bleirohr leitete die per Durchlaufhahn dosierbare Spülmenge durch den hinteren Teil des Sitzkastens in das etwa heutigen Maßen entsprechende, allerdings etwas tiefere Becken, das innen abgedichtet und völlig glatt war, damit keine Rückstände haften blieben. Ein an einer Kette heb- oder senkbarer Stopfkolben verschloß oder öffnete den Auslauf an der tiefsten Stelle des Beckens. Der Inhalt des Beckens wurde durch das Ablaufloch in einen Abwasserkasten gespült, der nach der täglichen Leerung mit Frischwasser halbfußhoch gefüllt wurde. Der Erfinderstolz inspirierte Harington zu einem Gedicht über dieses erste WC, das den Namen verdiente:

»Ein biedrer Pater im Kämmerlein,
der tat dort das, was mußte sein.
Dabei sprach betend er vor sich hin,
als plötzlich Satan ihm erschien.
Der Teufel begann ihn anzuschreien,
daß solche Gebete hier Sünde seien.
Nun werde ihm keine Gnade gewährt,
weil er auf dem Örtchen Gott entehrt.
Nach kurzen Schreck sprach unser Mann
gefaßt und fest den Satan an:
‚So störst du nimmer meine Welt.
Zu Gott mein Gebet und dir, was fällt.
In Reinheit steigt mein Bitten empor,
dir bleibt die Jauche aus dem Rohr.'«

Holzschnitt zu Haringtons Schrift über das von ihm erfundene erste WC und sein Gedicht darauf.

Experimente – Fragen an die Natur

Hatte die Rückbesinnung auf die großen Leistungen der Antike zu ersten Fortschritten in Medizin, Naturwissenschaften und Technik geführt, so betraten Forscher wie Kopernikus (1473-1543) oder Paracelsus (1493-1541) bereits Neuland. Sie beobachteten die natürlichen Abläufe und kamen durch Analysen und Versuche an sich selbst oder mit planmäßig arrangierten Situationen zu eigenen Erkenntnissen. Noch konnte vor allem in den katholisch gebliebenen Ländern von einer Freiheit der Wissenschaft nicht die Rede sein, doch die Ergebnisse der Forscher ließen sich nicht mehr gänzlich unterdrücken, woran der Widerruf eines Galilei (1564-1642) ebenso wenig etwas änderte wie die Verbrennung des Philosophen Giordano Bruno (1548-1600). Technische Neuerungen ergaben sich aus den Forschungen dann von selbst, auch wenn das Tempo der – modern gesprochen – Innovationen nach heutigen Maßstäben höchst schleppend erscheint. Aufhalten aber ließ sich der einmal in Gang gekommene geistige Emanzipationsprozeß nicht.

um 1600 bis um 1640

Das Bild an der Fassade eines 1605-1608 in Paris errichteten Wunderwerks zeigte freilich noch die starke religiöse Bindung auch der beruflichen »Macher« der Zeit: Ein Bronzerelief zierte die Frontseite der kunstvollen Pumpenanlage, die der flämische Wasserbauer Jan Lintlaer im Auftrag von Heinrich IV. (französischer König 1589-1610) an der Seine geschaffen hatte. Darauf war Jesus am Jakobsbrunnen mit der Samariterin (Joh 4,5-29) zu sehen. Bauherr und Architekt stellten ihr Werk damit unter den Schutz des Höchsten und verwiesen zugleich auf die Heilkräfte des Lebenselixiers Wasser gemäß Jesu Wort zu der Frau am Brunnen: Die Pariser nannten das zierliche, türmchengekrönte, auf Pfählen gegründete Holz-Gebäude denn auch die Samaritaine. Durch ein Wasserrad von gut fünf Metern Durchmesser ließ Lintlaer darin vier Pumpen betreiben, die täglich 700 Kubikmeter Wasser in einen Hochbehälter in einem Flügel des Louvre hoben. Von dort wurden durch Rohrleitungen die Entnahmestellen im Schloß und die Springbrunnen in den Gärten der Tuilerien gespeist. Die von Betrieb, Überschwemmungen und Eisgang stark strapazierte Anlage mußte mehrfach sehr aufwendig repariert und restauriert werden. Erst Napoleon I. (Kaiser

»Wer von dem Wasser trinken wird, das ich ihm gebe, den wird ewiglich nicht dürsten, sondern das Wasser, das ich ihm geben werde, das wird in ihm ein Brunnen des Wassers werden, das in das ewige Leben quillt.«
(Johannes 4, 14)

Experimente – Fragen an die Natur

1804-1813/15) verlor die Geduld mit dem störanfälligen Pumpwerk und ließ es 1813 abbrechen.

Wo Wasser fließt, will der Mensch wissen, wie warm es ist. Je nach Zweck schwankt ja die gewünschte Temperatur. Für die hat der Mensch ein natürliches Gespür, doch ist die Bandbreite der subjektiven Temperaturempfindung so groß, daß schon von frühester Zeit an nach objektiven Maßstäben gesucht wurde. Sicher haben sich die Bademeister in der römischen Thermen nicht allein auf ihre Finger verlassen, und auch die frühen Töpfer brauchten einigermaßen verläßliche Informationen über die erreichte Brenntemperatur. Die Ärzte interessierte, wie hoch das Fieber eines Patienten war, und die Alchimisten brauchten zur Zubereitung ihrer Mixturen ebenfalls Sicherheit über die jeweilige Lösungstemperatur. Zu Beginn des 17. Jahrhunderts beschäftigten sich die Forscher wieder vermehrt mit der Entwicklung eines Wärmemeßgeräts, und der große Galilei spielte dabei eine Schlüsselrolle. Von ihm selbst und aus Aufzeichnungen seines Schülers Castelli (1577-1643) wissen wir, daß er sich um 1603 mit Wärmemessungen beschäftigt hat. Castelli schrieb darüber:

»*Er nahm eine Glasflasche von der Größe eines kleinen Hühnereis mit einem Hals, der zwei Spannen lang und so fein wie ein Strohhalm war. Er erwärmte die Flasche, eine sogenannte Phiole, in seinen Händen. Als er dann den offenen Hals in ein darunter gestelltes Gefäß eintauchte, in dem sich etwas Wasser befand, und aufhörte, die Flasche zu erwärmen, begann das Wasser sofort in dem Hals emporzusteigen. Es stieg mehr als eine Spanne weit über den Wasserspiegel des Gefäßes.*«

Es zischt, quietscht, plätschert, qualmt im Alchemisten-Labor. Gemälde von Stradanus (1523-1605), 1570.

Porträt des italienischen Naturforschers Galileo Galilei. Kreidezeichnung von Ottavio Leoni (um 1578-1630).

Die Schwankungen der Wassersäule im Phiolenhals gaben Wärmeschwankungen wieder. Zu einer Gradeinteilung aber kam Galilei bei dem später so genannten »Thermoskop« noch nicht. Ähnliche offene Luftwärmemesser entwickelten auch andere Zeitgenossen wie der Flame Cornelis Drebbel (1572-1633) oder Santorio Santorio (1561-1636), ein Arzt aus Padua. Mit beiden stand Galilei in Briefkontakt. Genauere, weil geschlossene Thermometer – ein Wort, das sich erstmals 1624 in der Literatur findet – arbeiteten bereits mit Weingeist oder Quecksilber. Fehlte nur eine verbindliche Skala, die aber noch auf sich warten ließ.

Mehr ins Große gingen die Interessen eines Ingenieurs, der zur gleichen Zeit in Italien, Belgien, England und Deutschland bemerkenswerte Wasserbauten und Gärten anlegte: Salomon de Caus (1576-1626) lernte in den 1590er Jahren in Florenz, wirkte als »Ingenieur der Grotten und Springbrunnen« mit am Bau des Wasserförderwerks St-Josse-ten-Noode (1604) in Flandern, wechselte 1610 an den englischen Hof und schuf dort als Garten- und Wasserbaumeister, zum Teil zusammen mit seinem Bruder Isaac, Einrichtungen in den Schlössern

Mit dem Heidelberger Schloßgarten (Hortus Palatinus) setzte sich Salomon de Caus ein landschaftliches Denkmal. Zeitgenössischer kolorierter Stich von Matthäus Merian d. Ä.

Wilton House, Richmond, Greenwich, Somerset House. Beide beschäftigten sich dabei mit »Erfindungen, Wasser höher zu heben als seine Quelle«, wie eine Schrift Isaacs hieß. Dabei machte Salomon auch Versuche, Wasser mittels Dampfdruck zu heben, und legte damit die Grundlagen für die Erfindung der Dampfmaschine, deren Konstruktion ihm aber noch nicht gelang. 1613 berief Friedrich V., 1610-1623 Kurfürst von der Pfalz, den findigen Baumeister nach Heidelberg, wo de Caus bis 1620 Teile des Schlosses und des Schloßparks mit seinen Grotten und Wasserspielen schuf. Dann ging de Caus, obwohl Protestant, nach Paris, wo ihn Ludwig XIII. (König 1610-1643) als »Ingenieur Seiner Majestät« mit der Organisation der Straßenreinigung beauftragte. Noch vielerlei entwarf de Caus, darunter einen mit Sonnenenergie betriebenen Springbrunnen sowie kunstreiche Sonnenuhren – ein früher Vertreter der heute so aktuellen Solartechnik.

Theoretischer Natur waren dagegen vornehmlich die Verdienste Francis Bacons (1561-1626), der damit paradoxerweise zum »Vater der Experimentalphysik« wurde. Wie sein großer Namensvetter, der Theo-

Von Salomon de Caus sinnreich erdacht: Sonnenlicht fällt, von Brenngläsern gebündelt, auf geschlossene Kästen, so daß die sich darin ausdehnende Luft das Wasser in den Springbrunnen drückt.

Titelkupfer der Werkausgabe von Francis Bacon, Baron von Verulam, 1620.

Pharmazie-Labor mit Gerätschaften aus dem 17. und 18. Jahrhundert.

loge und Philosoph Roger Bacon (um 1209-um 1292) im 13. Jahrhundert, sah er die Natur als Meister und die Menschen als ihre Diener, die den Gesetzen der Natur gehorchen, aber sie auch zu verstehen bemüht sein müßten. Dadurch nämlich könne der Mensch die Natur besser nutzen und seine eigene Herrschaft befestigen: »Wissen ist Macht.« Hier sprach der Politiker Bacon, der 1617-1621 Lordkanzler von Jakob I. (englischer König 1603-1625) war. Zweck der genauen Befragung der Natur sei es, so führte er in seinem 1624 geschriebenen, aber erst postum 1627 erschienenen Werk »Nova Atlantis« aus, »die Ursachen und Bewegungen sowie die verborgenen Kräfte der Natur zu erkennen und die menschliche Herrschaft bis an die Grenzen des überhaupt Möglichen zu erweitern.« Er koppelte damit die wissenschaftliche Wahrheit der Vernunft von der theologischen der Offenbarung ab und wirkte mit dieser Lehre von der doppelten Wahrheit nachhaltig auf zeitgenössische Physiker wie Galilei, Guericke, Torricelli oder Boyle. Von ihm selbst sind nur wenige Experimente bekannt wie das zum Frischhalten von Lebensmitteln durch Kühlung mittels Schnee im März 1626. Es wurde sein letztes, denn Bacon erkältete sich dabei und erlag am 9. April 1626 einer Lungenentzündung.

Auch bei fortgeschrittenerer Pharmakologie wäre dagegen wohl noch kein Kraut gewachsen gewesen, manchem anderen aber konnten die Apotheker nun schon besser helfen als noch wenige Jahrzehnte zuvor. Bis ins späte 16. Jahrhundert beruhte das botanische Wissen, insbesondere das über Heilpflanzen, immer noch fast ausschließlich auf den Schriften des Dioskurides aus dem 1. Jahrhundert. Die Fahrten der Entdecker aber konfrontierten die Botaniker mit immer neuen Pflanzen, durch genauere Beobachtungen erschlossen sie auch die heimische Pflanzenwelt weiter, wobei sie allerdings auf ein wesentliches Hindernis stießen: Es gab nur für die aus der Antike überkommenen Arten einigermaßen verbindliche Namen, ansonsten herrschte ungeheures Durcheinander: Je nach Region

Experimente – Fragen an die Natur

Ein jüngerer Kollege der Bauhins war Zacharias Wagner (1614-1668), aus dessen »Tierbuch« (1634/37) die nebenstehende Darstellung der brasilianischen Bananenstaude und ihrer Früchte stammt.

meinte derselbe Name völlig verschiedene Pflanzen oder hatten mehrere Arten denselben Namen. Bei einer auf rund 6000 Arten angewachsenen Pflanzenliste war eine verbindliche Nomenklatur und ein Standard für die Beschreibung überfällig. Nach Vorarbeiten des italienischen Arztes Andrea Cesalpino (1519-1603) zeichneten sich dabei vor allem Jean Bauhin (1541-1613) und sein Bruder Gaspard (1561-1624) aus.

Sie waren ebenfalls beide ärztlich sowie als Dozenten in Basel tätig, wobei der Ältere mit einem Buch über Heilquellen (»De aquis medicatis«) hervortrat und eine 5000 Arten umfassende Pflanzenkunde schrieb, die allerdings, illustriert durch Holzstiche, erst 1650/51 erschien. Der Jüngere legte zwar mit der Beschreibung von nur 600 Pflanzen 1623 ein vom Umfang her bescheideneres Werk vor (»Pinax Theatri botanici«), doch begründete er darin mit der Zuordnung aller Pflanzen zu einer Gruppe (genus) und innerhalb dieser wiederum zu einer besonderen Art (species) die »binäre Nomenklatur«, die bis zu Linné (1707-1778) maßgebend blieb und von diesem weiterentwickelt wurde. Gaspard

Zauberische Kräfte spricht der Volksglauben der Alraune zu, der menschengestaltigen Wurzel der Mandragora. Aus einem Kräuterbuch von 1679.

Bauhin legte damit den Grund dafür, daß Ärzte, Apotheker und Bader bei Verschreibung und Mixtur pflanzlicher Heilmittel sowie bei der Bereitung von Kräuterbädern bald über eindeutige Bezeichnungen verfügten. Das erwies sich als zunehmend wichtiger, denn Linné kannte dann schon 18 000, im ersten Drittel des 19. Jahrhunderts sprach Cuvier (1769-1832) von rund 50 000, und heute umfaßt der Katalog bereits über 360 000 Pflanzenarten.

Um angewandte Wissenschaft war es Otto Guericke (1602-1686) zu tun, der sich wegen seiner Forschungen und seiner Verdienste als Bürgermeister von Magdeburg (1646-1678) seit 1666 mit einem »von« schmücken durfte. Seine ersten Versuche mit einer Luftpumpe aber gingen schon auf den Anfang der 1630er Jahre zurück, und eigentlich müßte das dabei eingesetzte Gerät eher Entlüftungs- oder Absaugpumpe heißen. Guericke versuchte nämlich ein Vakuum herzustellen, indem er eine Pumpe in Form eines Messingstiefels an einem Ende mit einem Innengewinde versah, in das er den Hals eines wassergefüllten Behälters schraubte. Dann zog er an einem Holzgriff den im Stiefel dicht geführten Kolben hoch, so daß das Wasser aus dem Behälter entwich und ein luftleerer Raum zurück blieb, genauer: bleiben sollte. Jahrlang nämlich mißlangen die Versuche, weil die Behälter porös oder so schwach waren, daß sie kollabierten. Erst mit sorgfältig gearbeiteten stabilen Kupferkugeln gelang die Herstellung eines – nach unseren Begriffen nur schwachen – Vakuums. Immerhin brachte es Guericke bei der Verbesserung seiner Luftpumpe so weit, daß er 1654 den berühmten öffentlichen Versuch mit den »Magdeburger Halbkugeln« machen konnte: Er pumpte die aneinander gelegten und mit Lederring abgedichteten Becken so stark aus, daß entgegengesetzt daran ziehende Pferde sie nicht auseinander zu bringen vermochten.

Der wichtigste Naturforscher der Zeit, Galileo Galilei (1564-1642), ist uns schon als Thermometer-Entwickler begegnet. Seine bedeutendsten Leistungen aber betrafen astronomische Forschungen, die ihn auch in größte Schwierigkeiten brachten. Bis 1610 Professor in Padua und danach in Florenz, erregte er mit seinen Beobachtungen den Argwohn der Inquisition, die ihn 1633 zum Widerruf seiner Lehren zwang und zu lebenslangem Hausarrest auf seinem Landsitz in Arcetri südlich

Experimente – Fragen an die Natur

Vorführung der »Magdeburger Halbkugeln« durch Otto von Guericke auf dem Regensburger Reichstag am 8. Mai 1654. Später kolorierter Kupferstich.

von Florenz verurteilte. Entscheidend für seine Entdeckungen wurde sein seit 1609 selbst- und weiter entwickeltes Fernrohr, das ihm die Bestätigung des schon von Kopernikus gelehrten heliozentrischen Weltbilds (Planeten inklusive Erde kreisen um die Sonne) ermöglichte und die Kirche gegen ihn aufbrachte, weil damit der Mensch aus seiner kosmischen Zentralstellung gerückt wurde.

Die Rede ist hier aber deswegen von dem bedeutenden Wissenschaftler, weil er auch wasserbaulich tätig geworden ist. Der toskanische Großherzog hatte ihn zum obersten Verwalter der Gewässer ernannt, eine Aufgabe, die er anscheinend erfolgreich wahrnahm. Weniger Erfolg hatte er mit einem Wasserhebewerk, das nicht über die Planungsskizzen hinaus kam. Auch die Konstruktion einer Wasseruhr gab er schließlich auf und war darüber deswegen besonders betrübt, weil ihm

Erst 1992 rehabilitierte die katholische Kirche Galilei, dem die Inquisition 1633 den Prozeß machte und zum Widerruf seiner Lehren zwang. Zeitgenössisches Gemälde vom Verhör des Wissenschaftlers.

um 1640 bis um 1680

bekannt war, daß schon die alten Griechen solche Chronometer genutzt hatten. Und noch ein Irrtum, sogar ein doppelter, des großen Forschers ist zu vermelden: Von den Pumpenbauern in Florenz gefragt, warum die Saugpumpen Wasser nicht mehr als zehn Meter zu heben vermochten, erklärte er das mit dem »horror vacui« (Angst vor der Leere): Die Natur verabscheue wohl das Leere, wie Aristoteles sagt, doch habe dieser Abscheu eine Grenze und sei über zehn Meter offenbar wirkungslos. Er erkannte noch, daß er auch damit falsch lag, und korrigierte sich durch eine weitere irrtümliche Erklärung: »Ein zu hoher Wasserzylinder reißt wie ein zu straff gespanntes Seil.«

Auch diesen Irrtum hat Galilei wohl noch durchschaut, denn er beauftragte um 1640 zwei Schüler mit Versuchen, die eine befriedigende Erklärung für die Pumpenbauer liefern sollten: Evangelista Torricelli (1608-1647) und Vincenzo Viviani (1622-1703) kamen auf die Idee, ein langes Rohr bis zum Rand mit Quecksilber zu füllen, es dann umgestülpt in eine Schale ebenfalls voller Quecksilber zu halten, so daß beim Auslaufen keine Luft ins das Rohr gelangen konnte. Dann gaben sie die untere Öffnung frei und sahen die Quecksilbersäule im Rohr sinken, aber nur so weit, daß sie 760 Millimeter hoch stehen blieb. Zum einen widerlegten sie damit den angeblichen »horror vacui« der Natur, denn im oberen Teil des Rohrs befand sich ja nun ein Vakuum, zum anderen bewiesen sie, daß die Luft ein Gewicht hat und damit auf alle Flächen drückt. »Barometrum« nannte Torricelli die Vorrichtung, mit der sich die »Schwere« der Luft messen läßt. Zum Quecksilber griff er dabei, weil es dreizehnmal so schwer ist wie Wasser, so daß er nur einen Bruchteil an Rohrlänge brauchte, die für Wasser erforderlich gewesen wäre. Allerdings nahm er dafür ein erhebliches Gewicht der Anlage in Kauf. Wieweit er die Giftigkeit des Quecksilbers kannte, wissen wir nicht; im Brief vom 11. Juni 1644, in dem er über seine Versuche berichtete, findet sich darüber keine Bemerkung.

Evangelista Torricelli (Porträt-Kupferstich oben) und das von ihm erfundene Quecksilber-Barometer in schematischer Darstellung (links).

Den Pumpenbauern konnte er nun erkären, daß Saugpumpen wegen des Luftdrucks Wasser nicht über 32 Florentiner Fuß, also etwa zehn Meter, zu heben vermögen. Das Problem besteht natürlich nicht bei Druckpumpen, wie sie 1640 für ein fünftes Brunnenwerk der Stadt Ulm installiert wurden. Dabei spielte das Wasser des Flusses Blau die Hauptrolle, der durch die Stadt zur Donau fließt. Am Eintritt in die Stadt wurde ein Teil seiner Fluten in einem inneren Stadtgraben um den Ort herumgeführt und durch die Brunnenwerke in die Häuser verteilt. Insgesamt lieferten die fünf Anlagen 36 Liter pro Sekunde. Die Stadtväter, die trotz der Erschöpfung ihrer Mittel durch den Dreißigjährigen Krieg (1618-1648) die große Investition für das fünfte Werk genehmigten, wollten damit vermutlich der gewachsenen Seuchengefahr und für den Fall weiterer Belagerungen vorbeugen. Letzteres glückte, doch die Seuchen ließen sich so nicht abwehren, da durch die Senkgruben der mit Flüchtlingen überschwemmten

Stadt das Grundwasser verunreinigt wurde und dieses seinerseits das Wasser der Blau infizierte. Die Grundidee war zwar durchaus richtig, konnte aber mangels Kenntnis der verursachenden Bakterien nicht greifen.

Vergleichbare Sorgen mußte sich der indische Mogulkaiser Schah Jahan (regierte 1628-1658) nicht machen – weder in kriegerischer noch in hygienischer Hinsicht. Er beherrschte unangefochten den ganzen Norden des Subkontinents und dehnte seinen Machtbereich ständig weiter nach Süden aus. Nicht so sehr wegen dieser Macht, sondern wegen der dadurch möglichen Förderung der Künste ist der Herrscher in die Geschichte eingegangen. Sein bekanntestes Denkmal ist das Tadsch Mahal in Agra, das er als Mausoleum für seine 1631 verstorbene Lieblingsfrau Ardjumand Begum Banu, genannt Mumtaz Mahal (»Auserwählte des Palastes«) oder Mahd-i ulya (»höchste Wiege«), errichten ließ, eine der großartigsten je von Menschenhand geschaffenen Bauanlagen. Kaum weniger beeindruckend das Rote Fort, das sich Schah Jahan im heutigen Nordostteil von Delhi bauen ließ, wohin er seit 1638 seine Hauptstadt verlegte. Der Name rührt her von der 33,5 Meter hohen roten Mauer, die das Areal stadtseits einfaßte und hinter der Be-

Ein weißes Juwel in grünen Anlagen: das Tadsch Mahal mit der 58 Meter hohen Zwiebelkuppel im nordwestindischen Agra.

festigungen, Paläste und Moscheen entstanden, berühmteste darunter die wegen der grau-weißen Marmorverkleidung so genannte Perlmoschee.

Erst 1663 unter dem Nachfolger Aurangseb (regierte 1658-1707) fertiggestellt, erhielt sie, wie bei allen bedeutenden islamischen Gotteshäusern üblich, östlich angrenzend ein Badehaus (»hammam«) mit drei Abteilungen: Die Räume im linken und rechten Eingangsbereich waren für die Kinder des Großmoguls bestimmt, im Westflügel standen Dampfbäder bereit, und den Ostteil bildeten Aufenthaltsräume für den Herrscher vor und nach dem Bad. Drei Springbrunnen sorgten hier für Luftbefeuchtung, Duft (einer soll Rosenwasser versprüht haben) und für akustischen Schutz vor Lauschern bei den allerhöchsten vertraulichen Gesprächen. Die Fußböden des Badehauses wurden mit farbigem Marmor so ausgelegt, daß die Platten sich zu Blumen formten. Ein üppiger Garten, »Lebensspender« genannt, schloß sich nördlich an, in dem mehrere kunstvolle Pavillons zum Verweilen einluden. Die Anlage durchzog ein Fluß, der als »Strom des Paradieses« bezeichnet wurde und seine Wasser aus einem Hochbehälter an der nordöstlichen Mauer erhielt. Diesen wiederum füllte ein Kanal, der Wasser des Jumna aus 55 Kilometern heranführte und schon seit dem 14. Jahrhundert bestand. Im Garten verzweigte sich der Strom, sprudelte über eine marmorne Wassertreppe und bildete spiegelnde Becken, ehe er zu den Schlössern im Fort weitergeleitet wurde.

Für die Paläste wie für die Wasserführungen brauchten die Architekten und Wasserbauer Nivelliergeräte, damit sie ebene Böden oder das gewünschte Gefälle herstellen konnten. Schon aus der Antike sind uns einige dieser Instrumente bekannt, so beispielsweise die bei Vitruv erwähnte Libelle, mit der aber noch etwas anderes als heutzutage gemeint war: Es handelte sich um eine Rinne in einem geraden Richtscheit, in die Wasser gegossen wurde. Bei gleichem Wasserstand an beiden Enden hatte man eine waagerechte Stellung erreicht, eine Differenz im Wasserstand an den Enden der meist fünf Fuß langen Rinne ließ sich als Gefälle auf die gesamte Strecke etwa eines Bauabschnittes eines Aquädukts hochrechnen. Unsere Libelle oder Wasserwaage, die mit der Luftblase in einem Glasröhrchen arbeitet, wurde erst im

In 6000 Metern Höhe im westlichen Himalaja entspringt der Jumna (Yamuna), dessen Wasser bis in die Gärten der Perlmoschee gleitet wurden. Stahlstich aus dem Quellgebiet, um 1850.

Frühneuzeitliches Gerät: Hydraulische Presse (A), Realsche Presse (B), Kommunizierende Röhren (C) und eine auf dem gleichen Prinzip basierende »Libelle« (D) zum Nivellieren.

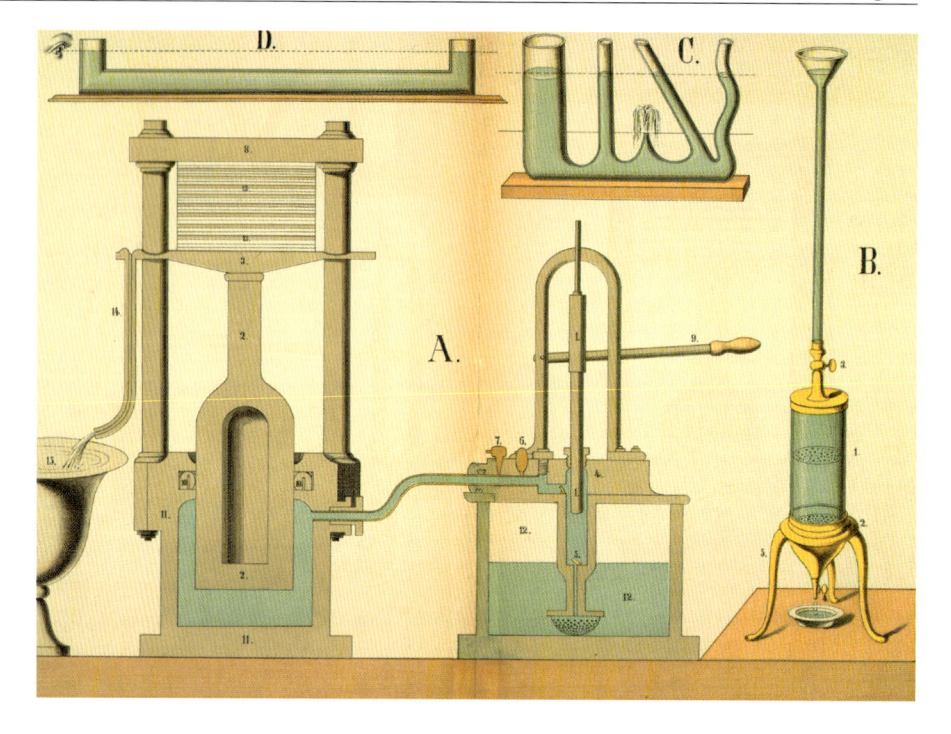

17. Jahrhundert vom Franzosen Melchesedec Thévenot entwickelt, der darüber in einem Brief aus dem Jahre 1661 berichtete. Er wählte bereits als geeignetste Flüssigkeit für das Bläschen Weingeist, der sich bis heute bewährt hat. In dieser Form hat sich die Wasserwaage als Nivelliergerät durchgesetzt, da sich andere Vorrichtungen wie etwa die Schlauch- oder Kanalwaage als weniger genau erwiesen: an beiden Seiten aufgebogene sonst gerade Rohre mit Glasenden, in denen Wasser steht und Neigung oder Ebenheit der Fläche angibt. Die Bezeichnung »Libelle« (von lateinisch libra = Waage) kam allerdings erst um 1800 auf.

Ein deutscher Vitruv

Einer, der mit solchen Geräten und anderem Handwerkszeug virtuos umzugehen und noch virtuoser entsprechende Bauten, ja ganze Städte zu planen verstand, starb am 17. Januar 1667: der Ulmer Handelsherr, Baumeister und Ingenieur Joseph Furttenbach, geboren 1591. Der aus einer in Leutkirch ansässigen angesehenen Familie stammende junge Mann erhielt standesgemäß die Möglichkeit, sich in Italien ausbilden zu lassen, wobei Kaufmännisches im Vordergrund stehen sollte. Mehr und mehr aber interessierte den Studenten vor allem die italienische Baukunst der Renaissance und des beginnenden Barocks, die er bewunderte und von der er sich Impulse für Deutschland versprach. Dazu fertigte er genaue Zeichnungen etwa des Florentiner Doms, aber auch von Profanbauten an und legte besonderen Wert auf die genaue Wiedergabe der Versorgungseinrichtungen. Er sammelte zudem italienische Zeichnungen von Bauten und kehrte mit reichem Anschauungsmaterial 1620 in seine Heimat nach Leutkirch zurück, wo er nach dem italienischen Vorbild auf dem Familengut Hummelsberg eine Grotte mit »Wasserkunst« anlegte.

Im Jahr darauf ließ sich Furttenbach in Ulm nieder, etablierte sich als Kaufmann, erwarb 1623 das Bürgerrecht und heiratete die Tochter eines Handelsherrn. Durch einige Veröffentlichungen zur Architektur machte er den Rat der Stadt auf sich aufmerksam. Die Ulmer Ratsherren waren natürlich gerade in den bedrohlichen Jahren des Dreißigjährigen Krieges an einem besonders fähigen Leiter ihrer Bauverwaltung interessiert und beriefen Joseph Furttenbach 1631 ins Bauamt. 1636

Ratsherr Joseph Furttenbach. Zeitgenössischer Kupferstich.

Panorama der Stadt Ulm um 1600. Kupferstich von Jonathan Sauter (1549-1612).

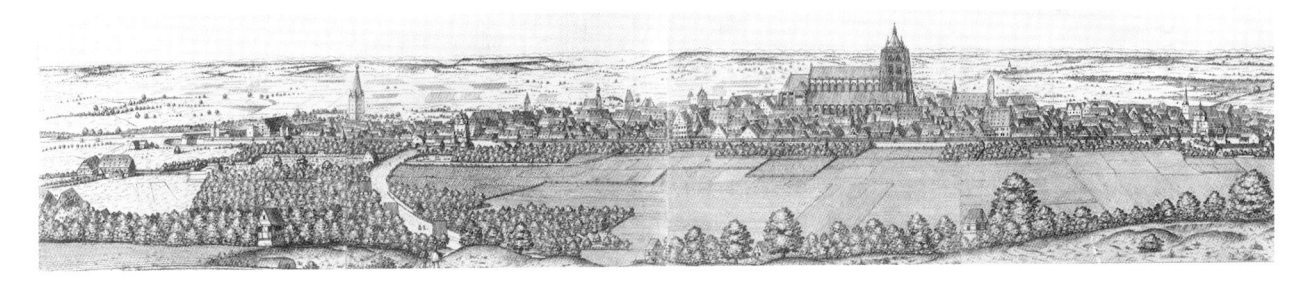

wurde er selbst Ratsherr und drei Jahre später als solcher Leiter des Holzamtes. Er war dann die treibende Kraft bei der Planung und Errichtung des schon erwähnten Brunnenwerks, das bis in die zweite Hälfte des 19. Jahrhunderts in Betrieb bleiben sollte. Entwürfe für Schulen, ein Waisenhaus, ein Hospital und Kirchen beschäftigten ihn in der Folgezeit, und bei allem leitete ihn die Überlegung, daß sich Menschen in den Gebäuden wohlfühlen sollten und daß deswegen alles Erdenkliche für eine gesunde Umgebung getan werden müsse. Auf die Formel gebracht: Furttenbach verstand sich als Gesundheitsingenieur, in der Kriegs- und Seuchenzeit ein Segen für seine Stadt, der er zu einer neuen Sanitärkultur verhalf: Er sorgte für lichte und luftige Schulstuben, kümmerte sich um die Betreuung von Kranken, setzte sich für eine bessere öffentliche Hygiene ein und empfahl den Bürgern die Einrichtung von Hausbädern. Mit Bauschmuck, Gärten, Festen, Springbrunnen, Theater machte er sich auch um das seelische Wohlbefinden seiner Ulmer verdient.

Vorgestellt werden soll hier ewas genauer das Pesthospital, das Furttenbach schon 1634/35 für Ulm baute und »Brechhaus« (zum Wortfeld »Gebrechen«) oder nach seinen italienischen Erfahrungen das »Kleine Lazaretto« nannte. Auf drei Hauptgesichtspunkte legte er dabei besonderen Wert: Ein Pesthaus müsse immer außerhalb der Stadtmauern errichtet werden, es solle durch Ummauerung von seiner Umgebung abgeschirmt werden, und innerhalb der Anlage seien Gesunde (Pfleger, Ärzte u.a.) gesondert unterzubringen, wie auch verschiedene Abteilungen im Krankenbau mit begrenzter Bettenzahl zu bilden seien. Seinen Bau setzte Furttenbach etwa einen halben Kilometer vor das Gänstor und ließ einen gepflasterten Weg dorthin anlegen. Vier Gebäude für die Kranken umschlossen einen breiten Hof, in dessen Mitte ein längliches Gebäude für die Gesunden stand. Es bot drei Aufenthaltsstuben mit Öfen, vier Kammern, zwei Abtritte neben den Treppen zum Dachgeschoß, wo die Pfleger wohnten. Zentrum des Baus war die Küche mit einem kammergroßen Herd. Von der Küche ließen sich die in deutlicher Distanz stehenden Krankenabteilungen mit ihren je 44 Betten erreichen und versorgen. Jede Abteilung verfügte über eine zwölfsitzige Abortanlage.

Innerhalb der Mauern ließ Furttenbach auch einen eigens ummauerten Pestfriedhof einrichten, Gottesacker genannt. Neben dessen Eingang plazierte er ein Waschhaus (»Waschkuchl«), in dem auch ein Baderaum untergebracht war. Auf dem Friedhof war jeder der Pest erlegene Patient ohne Ansehen der Person zu bestatten. Das setzte der Magistrat trotz Widerstands von einflußreichen Familien ebenso durch, wie er jegliche Vorzugsbehandlung im »Brechhaus« untersagte. So großzügig die Anlage geplant war, faßte sie nicht einmal einen Bruchteil aller Kranken, als 1634/35 die »Levantinische Pest« Ulm erreichte und 4000 Bürger sowie 9400 Kriegsflüchtlinge dahinraffte. Immerhin konnten einige befallene Bürger durch die Behandlung im Pesthospital gerettet werden. Bei Kriegsbeginn 1618 war Ulm mit 20 000 Einwohnern eine blühende Stadt gewesen, nach Kriegsende zählte man 1650 nur noch 13 500 Ulmer, und das war noch ein vergleichsweise glimpfliches Schicksal: Augsburgs Einwohnerschaft sank in der gleichen Zeit von 48 000 auf 16 000 Menschen, andere Orte wurden fast ganz ausgelöscht.

Wegen der rapiden Verarmung der öffentlichen Hand konnte Furttenbach die meisten seiner Pläne nicht ausführen. Doch selbst als bloße Entwürfe wirkten sie auf spätere Baumeister, denn Furttenbach war seiner Zeit weit voraus, weil er bei seinen großen antiken Kollegen,

Fassade des Hauses, das sich der »Gesundheitsingenieur« Furttenbach in Ulm errichtete. Im Bodengeschoß brachte er »Kunst-«, »Rüst-« und »Büchercamer« unter. Neben dem Eingang ein großer Brunnen zum Wasserholen und zur Luftbefeuchtung.

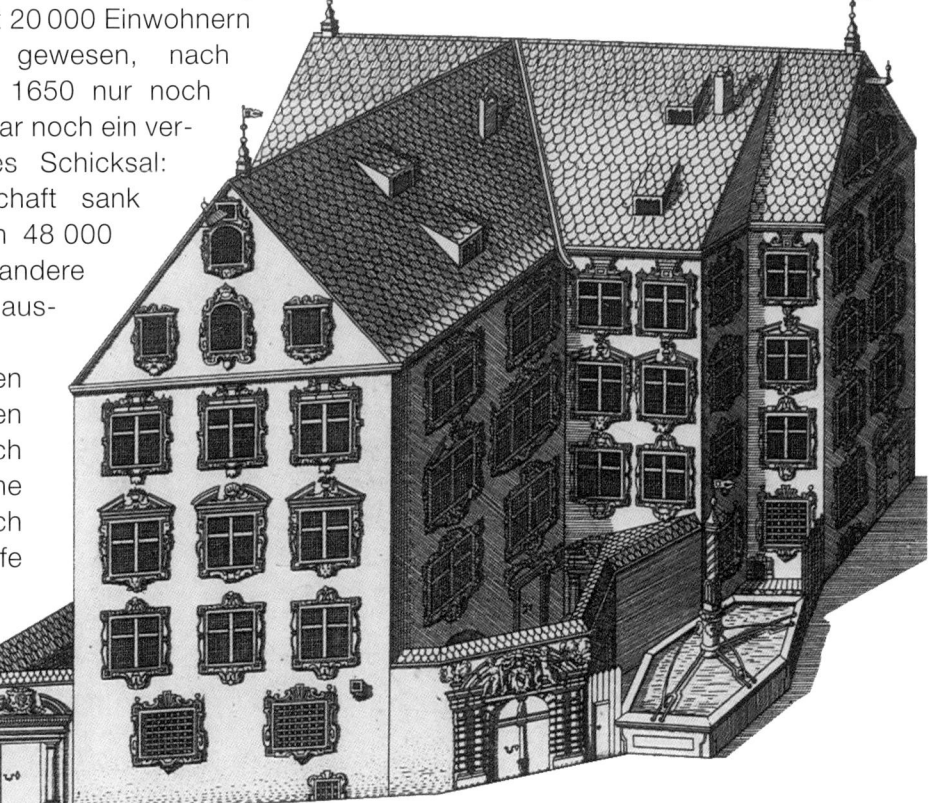

vor allem bei Vitruv (um 84-nach 27 v.Chr.), gelernt hatte, dessen »Zehn Bücher über die Baukunst« auf deutsch schon 1514 erschienen und immer wieder aufgelegt worden waren. Hinsichtlich Baustil und architektonischer Phantasie wenig kreativ, lag Furttenbachs Stärke im weitesten Sinne auf sanitärem Gebiet, das die zeitgenössischen Baumeister und Palastarchitekten sträflich vernachlässigten. Anders als sie begriff der Ulmer die wichtige Funktion von Grünflächen und Bäumen im innerstädtischen Bereich, sah die Gefahren, die durch Feuchtigkeit bei Mißbrauch auch der Wohnräume zu Bade- und Waschzwecken drohten, und riet daher zu gesonderten Wasch- und Badezimmern. Besonders betonte er zudem eine gute Durchlüftung der Häuser und kritisierte die Unsitte, die Öfen in den jeweiligen Stuben direkt zu beheizen. Stattdessen regte er an, die Feuerstelle in einen anderen Raum zu verlegen, zum Beispiel in die Küche, wo ohnedies ein Feuer brannte. So ließen sich Heizgase und Aschestaub vermeiden. Auch gegen die Verwendung von Nachtgeschirren und Abortstühlen wandte er sich und empfahl festinstallierte, mit Wasser versorgte Abtritte nach seiner Grundüberzeugung, daß sanitärtechnische Ausstattung keine Frage späterer Inneneinrichtung sein dürfe, sondern bereits zur Bauplanung gehöre.

Dieser Interessenrichtung entsprechend widmet Furttenbach in seinen Architekturschriften lange Passagen der Zuleitung von Wasser. Er beschreibt die Wasserfassung in Brunnenstuben, skizziert die günstigsten Trassen für die Leitungen und beschäftigt sich mit den verschiedenartigen Pumpen. Auch die jeweils zu verwendenden Rohrgrößen sind in seinen Zeichnungen angegeben, wobei Rohre aus Fichten-, Kiefern- oder Tannenholz dominieren, während er von Eiche wegen zu schwierigen Bohrens abrät. In Brunnenwerken, bei Springbrunnen und Zuleitungen zu »Wasserkünsten« in Grotten setzt er allerdings auf Bleirohre. Sie dienen bei ihm auch als Verbinder an den Enden von Holzrohren. Zum Absperren nennt Furttenbach »Hanen«, also Reiberhähne aus Messing. Die Dosierung des Durchlaufs und die Sperrung geschieht mittels Drehung des durchlochten Reibers (»Kücken«) im Hahngehäuse. Der Dichtigkeit wegen sind die Hähne an den Bleiverbindern der Holzrohre angebracht. Den Auslaufhahn an der Entnahmestelle bezeichnet Furttenbach als »Mundstück«.

Ein deutscher Vitruv

Nach einem 1628 entstandenen Kupferstich von Furttenbach schuf Jonas Arnold um 1645 das Gemälde »Idealentwurf eines befestigten Lustgartens«. Die Ummauerung ist ein Reflex auf die unruhigen Kriegszeiten.

Von den Historikern wird Furttenbach wegen solcher Präzision im Detail gewöhnlich nur fachliche und auch nur regionale Bedeutung zugesprochen. Das verkennt aber seine Leistung als Hygieniker, der sich um die Wohnkultur in Mitteleuropa verdient gemacht hat. Die bis dahin übliche mittelalterliche Haus- und Stadtbauweise hatte trotz mancher vernünftigen hygienischen Bestimmungen in den Bauordnungen der Städte kaum Rücksicht auf gesundheitlichen Aspekte genommen. Furttenbach ersetzt sie durch eine Planung, die den Hauptakzent auf das Wohlbefinden der Bewohner legt. Entspannung und Muße, Begriffe, die bisher allenfalls in adligen oder großbürgerlichen Kreisen gebräuchlich waren, erhalten durch ihn endlich auch einen Stellenwert für den Normalbürger. Damit hat Furttenbach ein soziales Fenster in der Baukultur geöffnet und überfachliche Bedeutung erlangt.

Forscher, Erfinder

Hatte der Dreißigjährige Krieg noch einmal retardierend auf den Fortschritt der Wissenschaften und der Gewerbe gewirkt, so erholten sie sich in der Friedenszeit rasch. Insbesondere die vom Krieg nur mittelbar betroffenen Länder brachten in rascher Folge bedeutende Forscher hervor, die das Fundament des wissenschaftlichen Weltbilds legten und durch ihre Erkenntnisse auch die Voraussetzung für technische Innovationen schufen. Ganz ohne Irrwege ging es bei alledem freilich nicht ab, und wichtige Forschungsergebnisse gerieten sogar vorübergehend wieder in Vergessenheit, weil nicht die richtigen Schlüsse aus ihnen gezogen wurden.

So erging es den Veröffentlichungen des blutjungen englischen Forschers John Mayow (1640-1679), der 1668 über seine Untersuchungen der menschlichen Atmung berichtete. Er hatte herausgefunden, daß a) die eingeatmete Luft einen Stoff enthält, der der ausgeatmeten Luft fehlt und den er »spiritus nitroaereus« nannte, daß b) dieser Stoff

Vorher – nachher: Der Krieg bringt Not, Tod und Zerstörung (rechts), der Frieden läßt das Land wieder erblühen. Deckfarbenmalerei auf den Westfälischen Frieden von 1648.

auch nach einer Verbrennung aus der Luft verschwunden ist und c) daß ohne diesen Stoff Verbrennung nicht stattfinden könne. Die Gleichsetzung Atmung = Verbrennung mochte er aber noch nicht vornehmen. Auch ein so bedeutender Forscher wie Robert Hooke (1635-1703), der ähnliche Versuche unternahm, kam noch nicht zu diesem Ergebnis. Der richtige Weg wurde nicht weitergegangen, und die Zusammensetzung der Luft blieb noch eine ganze Weile ein Rätsel. Es setzte sich nämlich die irrige Auffassung durch, nach der in der Luft ein Feuerstoff vorhanden sein müsse, das sogenannte Phlogiston, das bei der Atmung und Verbrennung entweiche. Erst Auguste de Lavoisier (1743-1794) gelang ein Jahrhundert später die Falsifizierung der Phlogiston-Theorie und die Rehabilitierung Mayows.

Noch viel länger hatte ein Wissen geschlummert, das sich der französische Naturforscher Denis Papin (1647- nach 1712) im Jahr 1679 zunutze machte: Schon im 2. Jahrhundert hatte der griechische Arzt Philumenos das Garen von Speisen in einem fest verschlossenen Topf empfohlen. Davon hatte Papin jedoch vermutlich keine Kenntnis. Er kam wohl unabhängig auf seine Idee und entwickelte einen Dampfkochtopf, den er selbst »digestor« nannte. Er hatte einen aufschraubbaren Deckel und war mit einem Dampfablaßventil ausgestattet, welches das Garwerden der Speisen selbsttätig anzeigte. Dieses als Papinscher Topf bekannt gewordene Küchengerät hatte Vorteile, die nicht einmal sein Entwickler ahnte. Er konnte zwar stolz auf die wesentlich kürzere Kochzeit, auf den dadurch verminderten Energiebedarf und auf die Geruchsprävention durch den Luftabschluß verweisen. Was er aber nicht wußte, war, daß bei diesem Kochverfahren die Vitamine etwa in Gemüsen geschont werden und so ein gesünderes Mahl bereitet werden kann. Diese lebenswichtigen Substanzen wurden erst viel später entdeckt. Auch daß der Effekt durch die Verhinderung des Zutritts von Sauerstoff entsteht, konnte Papin mangels Kenntnis der Luftzusammensetzung nicht wissen.

Wesentlich weiter, weil viel näher, sah ein Mann, der für die Wissenschaft eine völlig neue Dimension erschloß: Der Niederländer Antoni van Leeuwenhoek (1632-1723) übte vielerlei Berufe aus, doch in die Wissenschaftsgeschichte ging er durch sein Hobby, die Linsenschlei-

Mit Leeuwenhoek begann der Siegeszug des Mikroskops in der Forschung. Prachtstück aus dem Jahr 1712.

1680 bis 1712

Genau zeichnete Leeuwenhoek die manchmal nur kurz erkennbaren Infusorien und Bakterien, die er unter dem Mikroskop entdeckte.

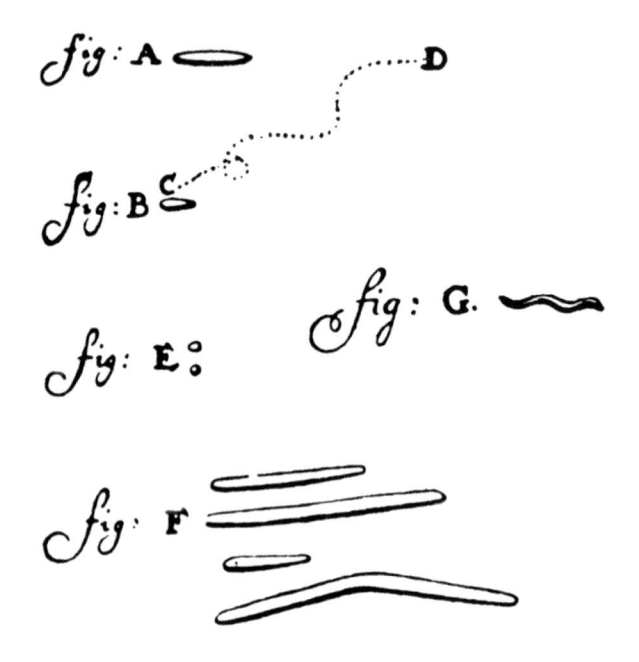

ferei, ein. Sie ermöglichte ihm hundert Jahre nach der Erfindung des Fernrohrs die Entwicklung seines Gegenstücks: des Mikroskops. Bekannt war die Möglichkeit, mittels zweier Linsen verstärkte Vergrößerungseffekte zu erzielen, spätestens seit dem großen arabischen Forscher Haitham (lateinisch Alhazen) im 10./11. Jahrhundert. Doch die Vergrößerungsleistungen waren stets äußerst bescheiden geblieben, ehe Leeuwenhoek geeignete Linsen schuf. Er brachte es auf zwölffache und schließlich sogar auf 300fache Vergrößerung. Was er damit sah, darüber berichtete er erstmals 1683 in einer Schriftenreihe der Royal Society of England, der er seit 1680 angehörte.

Als erstem Menschen war ihm der Blick in die faszinierende Welt der Kleinstlebewesen vergönnt, die er minutiös zeichnete: Aufgußtierchen hatte er 1675 gefunden, Bakterien im Jahr darauf, noch ohne allerdings die Rolle einiger von ihnen als Krankheitserreger zu erkennen. Die Beobachtung von Spermien war ihm erstmals 1677 gelungen. 1682 stellte er die quergestreifte Muskulatur dar, und zwei Jahre später beschrieb er erstmals genau die roten Blutkörperchen, die der Italiener Marcello Malpighi (1628-1694) entdeckt hatte. Leeuwenhoek konstatierte: »*In jedem fallenden Regen, den die Dachrinnen in die Wasserbehälter bringen, lassen sich kleine Lebewesen finden. Sie zeigen sich an jedem an der Luft stehenden Wasser. Der Wind trägt sie hinweg, und mit den Staubkörnchen schweben sie in der Luft.*«

Daß der Niederländer auf eine hochinteressierte Öffentlichkeit traf, hatte er maßgeblich dem britischen Naturforscher Robert Boyle zu verdanken, der 1691 im 65. Lebensjahr starb. Er hatte schon als junger Mann einen Kreis von Wissenschaftlern um sich gesammelt, aus dem 1660 die Royal Society of England zur Förderung der Naturwissenschaften hervorging, die noch heute hochangesehene Königliche Akademie. Ihr gehörten zu Boyles Zeit so berühmte Leute an wie der Architekt Christopher Wren (1632-1723), der London nach dem großen Brand von 1666 wieder aufgebaut hatte, oder Isaac Newton (1643-1727), der bedeutendste Physiker der Neuzeit. Boyle selbst trat nur mit wenigen konkreten Ergebnissen seiner zahlreichen chemischen Versuche hervor. Auf ihn aber geht der endgültige Bruch mit der antiken Vier-Elemente-Lehre ebenso zurück wie die klare Unterscheidung zwischen mechanischer Mischung (»mixture«) und chemischer Verbindung (»compound«) von Stoffen. Er wies damit der modernen Chemie den Weg. An ihn erinnert zudem das nach ihm und seinem französischen Kollegen Mariotte (1620-1684) benannte Boyle-Mariottesche Gesetz: Das Produkt aus dem Druck p und dem Volumen V eines idealen Gases ist bei unveränderter Temperatur konstant.

Während die meisten Naturforscher in ihren Laboratorien arbeiteten, zog es einige wenige auch ins Weite, und besonders weit weg reiste der deutsche Arzt Engelbert Kaempfer (1651-1716) aus Lemgo. Über Persien und China erreichte er im September 1690 Japan und blieb dort zwei volle Jahre lang, in einem Land, von dem die Europäer kaum Kunde hatten. Kaempfers Reisebericht, der 1727 zuerst in Lon-

Eine fremde Welt erschloß sich Kaempfer in Japan: Geishas bei der Teezeremonie. Farbholzschnitt.

don erschien, sollte bis in die Mitte des 19. Jahrhunderts das maßgebliche Buch über das Land der aufgehenden Sonne bleiben. In unserem Zusammenhang sind Kaempfers Beobachtung vom Umgang der Japaner mit dem Wasser von Bedeutung. Erstaunt stellte er beispielsweise in Nagasaki fest, daß die Leute ihr Trinkwasser zu einem großen Teil dem Fluß entnahmen, es aber nicht reinigten. Bei schon ziemlicher Verdichtung der Bevölkerung und entsprechender Belastung des Flusses führte der Genuß des frisch geschöpften Wassers bei Kaempfer auch prompt zu Durchfall. Er erklärte sich die überall verbreitete Sitte des Teetrinkens über den gesamten Tag hin mit ähnlichen Erfahrungen der Japaner, die daher nur abgekochtes Wasser in Teeform zu sich nahmen. Frischwasser tranken sie nur, wenn es aus einer Quelle in der Nähe der Stadt kam oder aus Tiefbrunnen, die unter Aufsicht der Gassenmeister standen.

Bei Ureshino besuchte Kaempfer ein japanisches Heilbad an einer der zahlreichen heißen Quellen: »*Der Platz war mit einer Bambushecke zierlich umzäunt. Er umschloß auf der Längsseite unter einem Dach eine Reihe von sechs abgeteilten Kammern mit ebenso vielen eingemauerten Badewannen. Sie waren so eingerichtet, daß man in jede Wanne kaltes Wasser vom Bach oder heißes vom Brunnen einlassen und je nach Wunsch mischen konnte. Unter einem abgesonderten Strohdach befand sich ein Ruheplatz. Die nicht allzu tiefe Quelle war zwei Fuß im Geviert, ebenfalls unter einem Dach eingefaßt. Sie brodelte geräuschvoll und war so heiß, daß keiner den Mut hatte, einen Finger hineinzustecken. Ich fand keinen Geruch und keinen Geschmack des Wassers, weswegen ich kein Bedenken trug, die Heilkraft der bloßen Wärme zuzuschreiben. Dicht neben der Quelle standen noch zwei eingemauerte Badewannen, derer sich die armen Leute bedienten.*« Kaempfer berichtet, daß man in der Zeit der Christenverfolgung in Japan zwischen

Badende in einem Teich sind bildlich auf einem japanischen Wandschirm festgehalten.

1587 und 1640 die Anhänger Jesu so lange in solche Quellen getaucht habe, bis sie ihrem Glauben abschworen. Die stolze Aussage über die Quellen, »Leidenschaft ist das einzige Übel, das ihre Wasser nicht zu heilen vermögen«, erhielt so eine wenig freundliche Nebenbedeutung.

Beliebt, so Kaempfer, waren in Japan auch die Schwitzbäder in entsprechenden Kästen aus Holz. Sie standen etwa zwei Ellen (also gut einen Meter) hoch über dem Boden, maßen rund drei Meter im Geviert und waren knapp zwei Meter hoch. Man betrat sie durch eine seitliche Schiebetür. Dampf wurde durch den Stutzen eines beheizten Kessels von unten her in den abgedichteten Freiraum zwischen Boden und Fußboden des Kastens geblasen. Durch kleine Schiebefenster in den Seitenwänden ließ sich gegebenenfalls Dampf ablassen. Solche Kästen hatten alle Badehäuser, die auch Abortanlagen vorhalten mußten. Über sie heißt es bei Kaempfer: *»Man betritt sie durch zwei Türen. Im Vorraum findet der, der etwa mit bloßen Füßen den Boden zu berühren sich scheut, ein paar Binsen- oder Strohpantoffeln. Seine Notdurft verrichtet man nach asiatischer Art, nämlich im Hocken über einer schmalen Öffnung des Fußbodens. Von außen wird unter den Spalt ein Trog geschoben, der mit Spreu gefüllt ist. In ihm verliert sich der üble Geruch. Bei vornehmen Gästen wird das kleine Brett, vor dem man sich über der Öffnung niederhockt, mit frischen Papierbogen überklebt. Das geschieht auch bei den Türgriffen. In der Nähe dieses Raumes findet man ein Wassergefäß, in dem man sich die Hände abspülen kann.«*

Zurück nach Europa, aber nicht in ein Labor, sondern in die Werkstatt von Thomas Savery (1650-1715), einem englischen Ingenieur. Er beschrieb 1698 in der Schriftenreihe der Royal Society eine Dampfpumpe, die erstmals wirtschaftlich nutzbar erschien, und erhielt für sie ein Patent auf 14 Jahre (später verlängert bis 1733). Selbst König Wilhelm III. (regierte 1689-1702) zeigte sich beeindruckt, als Savery sein Gerät vorführte, das er selbst Feuermaschine nannte. Er stellte fortan in seiner Werkstatt in Salisbury Court abseits der Londoner Fleet Street Dampfpumpen her, die mit einem Dampfgefäß (»receiver« oder »cylinder«) von 75 Zentimetern Durchmesser allerdings nur 60 Gallonen (270 Liter) faßten und so Wasser nur aus wenigen Metern Tiefe hochzusaugen vermochten. Da größere Kessel, die einem Druck von acht bis zehn

Ausführlich berichtet Kaempfer vom hohen Wert der Reinlichkeit in Japan: Sich waschende Frau, Farbholzschnitt.

»Aspirations-« oder »Feuermaschine« nannte Thomas Savery seine Dampfpumpe, die er 1698 für die Royal Society beschrieb und zeichnete. Kupferstich.

Atmosphären hätten standhalten können, noch nicht herstellbar waren, behalf sich Savery mit dem Anschluß eines zweiten Dampfgefäßes an den beheizten Wasserkessel; schließlich betrieb er damit vier Gefäße, so daß die Pumpe ohne Unterbrechung im Takt laufen konnte.

Zum Absaugen von Wasser aus Bergwerken hätte man dennoch in Abständen von sieben Metern solche Pumpen übereinander arbeiten lassen müssen, was sich als zu aufwendig und kostspielig erwies. Hier blieb es noch eine Weile beim Hochbringen des Wassers durch Pferde-Göpel und Eimerketten. Mehr Glück hatte Savery mit dem Bau von Dampfpumpen zur Gebäudeversorgung mit Wasser für Wasch- und Baderäume sowie zu Bewässerungszwecken in der Landwirtschaft. In Campden House in Kensington installierte er eine Dampfpumpe, die stündlich fast anderthalb Kubikmeter Wasser hob. Auch Londoner Wasserwerke bestellten solche Pumpen bei ihm, die allerdings immer wieder durch den hohen Druck Schäden an den Lötungen aufwiesen. Die Bändigung der Dampfkraft hat andere Leistungen Saverys verdunkelt, der auch verbesserte Dauerbrandöfen herstellte und ein Verfahren zur Glättung von Marmor oder Glas entwickelte.

Ein anderer, für unser Thema ebenso wichtiger Durchbruch gelang 1709 in Deutschland: Auf der Albrechtsburg bei Meißen stellte Johann Friedrich Böttger (1682-1719) erstmals in Europa weißes Porzellan her und das mit größerer Hitze, als es in China üblich war. Damit erreichte er eine härtere Ware als alle Vorgänger. Erste Stücke lieferte er seinem Förderer August dem Starken (Kurfürst von Sachsen seit 1694, König von Polen 1697-1706 und 1709-1733), der ihn wegen seiner Fähigkeiten in Gewahrsam genommen hatte. Begeistert vom Ergebnis, übertrug er im Jahr darauf Böttger die Leitung der neugegründeten Meißener Porzellanmanufaktur. Böttger verwendete zur Herstellung seiner Stücke Colditzer Ton und als Flußmittel Kreide, Alabaster, Marmor oder Spat und brannte die Mischung in einem Kasseler Ofen, der damals in den sächsischen und bayerischen Töpfereien üblich war: gut fünf Meter lang, einen Meter breit und anderthalb Meter hoch mit einem Innenraum von vier Kubikmetern. Er fuhr ihn auf bis zu 1460 Grad hoch.

Die Manufakturen stellten nur Geschirr und Kunstgewerbliches her, für sanitäre Zwecke reichte die Stabilität der Ware noch nicht. Da dominierten Wannen und Schüsseln aus Keramik oder vor allem aus Metall (Blech, Kupfer, Silber). So auch beim Sitzwaschbecken, dem Bidet, das um 1710 in Frankreich aufkam. Auch die Bezeichnung dafür stammt aus dieser Zeit, als die Sitzwaschbecken vor allem nach Ausritten zunächst vornehmlich von den Herren, später auch von den Damen benutzt wurden. »Bidet« nämlich nennt man im Französischen, vor allem in der Normandie, ein mittelgroßes Pferd, und da das Sitzbecken in Reiterhaltung gebraucht wurde und sattelartig geformt war, kam es zur Übertragung des Begriffs. Damals war das Bidet in Form eines meist lederbezogenen Stuhls zu haben, dessen Sitz über einem Kasten mit Waschschüssel aufklappbar war. Man ließ die Kleidung nur bis zu den Oberschenkeln herab, so daß man ohne umständliches Ausziehen den Unterleib reinigen konnte. Der Stuhl war mit Kästen an den Seiten ausgestattet, in denen sich die Waschutensilien unterbringen ließen. Es sind kunstvolle Exemplare aus der Zeit erhalten.

Weniger im ästhetischen als vielmehr im technischen Sinne kunstvoll war auch eine Erfindung aus dem Jahre 1712: Der britische Ingenieur Thomas Newcomen (1663-1729) hatte sich wie sein wenige Abschnitte zuvor vorgestellter Kollege Savery, aber unabhängig von ihm, Gedanken darüber gemacht, wie die Bergwerksentwässerung durch Pumpen zu lösen sei. Die immer noch in Betrieb befindlichen Pferdegöpel waren wenig befriedigend. Es gelang Newcomen, eine Dampfpumpe zu entwickeln, die mehr als die fünffache Leistung der Saveryschen brachte,

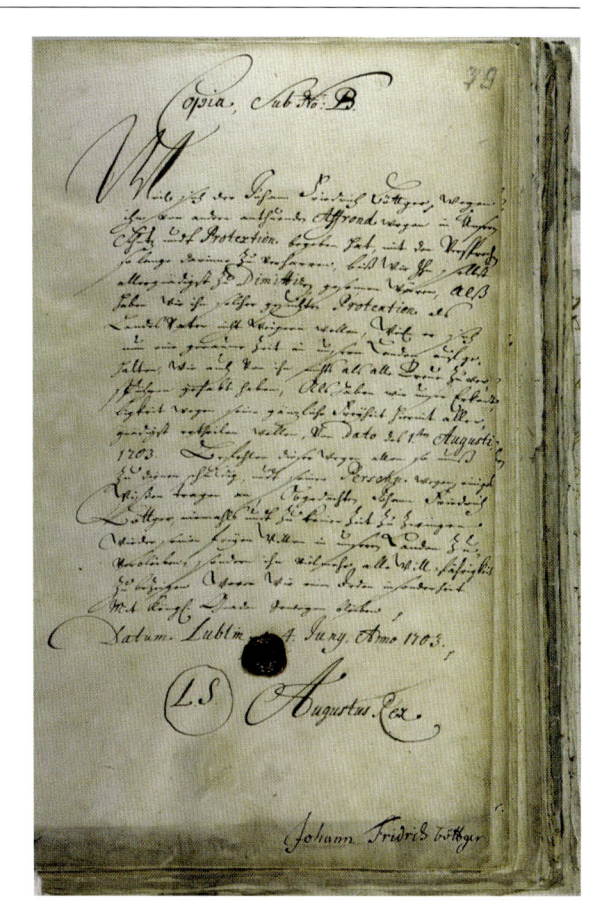

Mit diesem Schreiben gewährte König August der Starke Johann Friedrich Böttger, den er wegen seiner Porzellankünste festgehalten hatte, mehr Bewegungsfreiheit.
Links eine Kanne aus der Meißener Manufaktur, nach 1713.

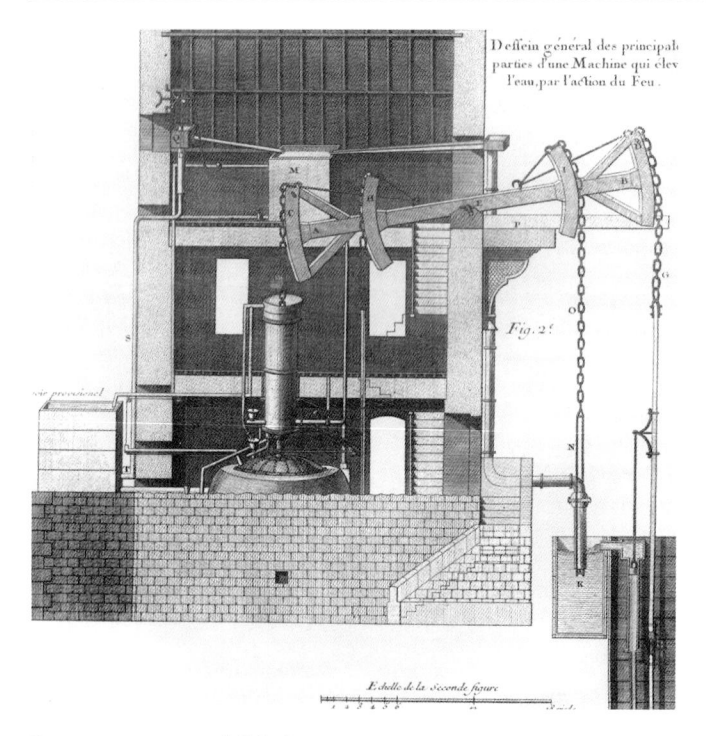

Sogenannte atmosphärische Dampfmaschine nach dem Prinzip des britischen Ingenieurs Newcomen.

nämlich 5,5 PS. Damit ließ sich Wasser aus erheblich größeren Tiefen hochpumpen als mit den bisherigen Modellen. Savery erfuhr von Newcomens ebenfalls Feuermaschine genannter Pumpe und bot Zusammenarbeit an. Gemeinsam gelang den beiden Ingenieuren die Behebung von Kinderkrankheiten der Newcomen-Erfindung, die pro Minute einen halben Kubikmeter Wasser 45 Meter hoch zu pumpen vermochte:

Der Dampfkessel wurde ummauert und unter ihm eine mit Steinkohle beschickte Feuerstelle geschaffen. Ein verschließbares Dampfrohr führte zu einem aufgesetzten Rundbehälter. Dort trieb der Dampf einen Kolben an, der vom Luftdruck wieder heruntergedrückt wurde, sobald sich unter der mit einem elastischen Lederring abgedichteten Kolbenscheibe Luftleere gebildet hatte. Daher heißt die Pumpe auch »atmosphärische Dampfmaschine«. Neben dem Rundbehälter befand sich an einer Achse ein Schwinghebel, der durch Ketten auf der einen Seite, auf der anderen mit der Spitze des Pumpengestänges und einem Gegengewicht verbunden war. Mit dem Kolben trieb der Dampf daher den Schwinghebel hoch, der durch das Gegengewicht auf der anderen Seite das Pumpengestänge hinunterdrückte. Bei Höchststand des Kolbens ließ Newcomen durch eine Düse Wasser in den Rundbehälter einspritzen, das den Dampf zum Kondensieren brachte, so daß der Luftdruck die Kolbenstange wieder hinunterdrückte und das Pumpengestänge hoch zog. Ein noch lange störanfälliges System und doch ein großer Fortschritt. Im Bergbau rentierte sich die Dampfpumpe bei einem Wirkungsgrad von nur 0,5 Prozent allerdings nur in Kohlegruben, wo der Brennstoff bereit lag. Bei Bewässerungsprojekten und zur Wasserversorgung leistete sie ihre eigentliche Arbeit und wurde bald in alle Länder Europas exportiert.

1713 bis 1741

Ein Jahr nach der Erfindung Newcomens gab es auch die erste recht verläßliche und verbindliche Möglichkeit, Wärmegrade anzugeben: Der deutsche Glasbläser und Physiker Daniel Gabriel Fahrenheit (1686-1736) entwickelte 1713 ein eichbares Thermometer zunächst auf der Basis von gefärbtem Weingeist (Alkohol), dann mit einem quecksilbergefüllten Glasröhrchen. Da er feststellte, daß die Temperatur von Wasser unter den Gefrierpunkt sinken kann und daß Wasser auch je nach Luftdruck bei verschiedenen Temperaturen siedet, wählte er als Nullpunkt die Temperatur einer künstlichen Kältemischung aus Eis, Wasser und Kochsalz. Der Gefrierpunkt lag damit bei 32 und der Siedepunkt bei 212 Grad Fahrenheit (°F). Ein Grad entsprach danach dem 180sten Teil zwischen beiden Punkten. Die noch heute in den angelsächsischen Ländern übliche Skala genügte präziseren Anforderungen allerdings nicht, so daß sie mehrfach verbessert wurde, am erfolgreichsten durch den schwedischen Astronomen Anders Celsius (1701-1744). Er wählte 1742 den Siedepunkt des Wassers auf Meereshöhe als Temperatur-Null und den Eispunkt als 100 Grad. Sein berühmter Landsmann, der Botaniker Carl von Linné (1707-1778), drehte die Skala um und schuf damit das bis heute in fast aller Welt übliche Thermometer mit Angaben in Grad Celsius (°C).

Seine Temperaturskala setzte sich weltweit durch: Anders Celsius.

Neues Lebensgefühl: Zurück zur Natur!

So genaue Wärmemeßgeräte wird es 1717 im türkischen Sofia nicht gegeben haben, als Lady Mary Montague (1689-1762) dort das Bad besuchte. Es wurde von heißen Schwefelquellen beliefert, und die Badenden regelten die Temperatur durch Mischung mit kaltem Wasser, das in Leitungen zugeführt wurde. Die Schilderung der englischen Reisenden inspirierte über hundert Jahre später den französischen Maler Ingres (1780-1867) zu seinem Gemälde »Das türkische Bad« (1859). Bei Lady Montague heißt es: »*Das Bad ist aus Stein erbaut in Gestalt von fünf Kuppelräumen. Es hat keine Fenster, außer an der Decke, wodurch aber genug Licht herabfällt... Es mochten etwa zweihundert Damen anwesend sein. Ihren Rang unterschied jedoch kein Kleid; denn sie waren alle im Zustand der Natur, das heißt splitternackt, die Schönheit oder Gebrechen unverdeckt. Und doch sah ich nicht das geringste leichtfertige Lächeln noch eine unsittsame Gebärde. Viele von ihnen hatten ein so feines Ebenmaß in ihren Formen, als je eine Göttin aus dem Pinsel eines Guido Reni oder Tizian hervorgegangen ist. Von blendend weißer Haut, bloß mit ihren schönen Haaren geschmückt, die, in viele, mit Perlen oder Bändern gezierten Flechten geteilt, über ihre Schultern herabhingen, erschienen die meisten als vollkommene Abbilder der Grazien.*«

Über einen Meter im Durchmesser groß ist das runde Multi-Aktgemälde von Jean Auguste Dominique Ingres »Das türkische Bad« von 1859.

Aus dieser lieblichen Welt machen wir einen Sprung in eine der rauhesten, die es gibt: in die der Eskimos. Es ist zugleich einer über Jahrtausende, denn in unserer Berichtszeit, als 1721 durch die Dänen die Missionierung der Eskimos in Grönland begann, lebten sie noch unberührt von der Zivilisation wie seit Urzeiten. Eine Erklärung dafür, warum sich Menschen in so unwirtliche Kältesteppen zurückziehen und dort eine selbständige Kultur mit relativ einheitlicher Sprache aufbauen, wird in der kon-

Neues Lebensgefühl: Zurück zur Natur!

sequenten Ablehnung von hierarchischen Strukturen gesehen, wie sie bei anderen Stämmen üblich sind. Wie die Indianer mongolischer Herkunft, kamen die Eskimos (indianisch: »Rohfleischesser«) über die zeitweilig vereiste Beringstraße aus Sibirien nach Alaska und wanderten weiter bis nach Grönland. Um die erste Jahrtausendwende kam es dort zum ersten vorübergehenden Kontakt mit Europäern in Gestalt der Wikinger. Verläßliche Berichte über die Jägerkultur der Eskimos erreichten das Abendland aber erst weit später und fanden zunächst kaum Glauben, weil man sich ein Leben im quasi ewigen Eis nicht vorzustellen vermochte. Seltsame Geschichten von Hundeschlitten, Seehundsjagden im Kajak und dem Wohnen in Eishütten (»Iglus«) verstärkten die Zweifel.

Englische Seeleute im Konflikt mit Eskimo-Bogenschützen. Im Vordergrund ein typischer Einmann-Kajak. Aquarellierte Zeichnung.

Im 18. Jahrhundert wuchsen die Kenntnisse über die kalte Eskimo-Kultur nicht nur durch Missionare, sondern auch durch Forschungsreisende. Sie trafen auf Menschen, die praktisch mitten im Wasser lebten, es aber fast nur in gefrorener Form kannten und daher auch nur so nutzten. Weder zum Waschen noch zum Trinken brauchten sie es, Baden war ihnen nicht einmal als Begriff bekannt, und sie hatten daher auch keine Abwasserprobleme. Sie tranken vor allem Fett und Blut von Seehunden, reinigten sich ausschließlich durch Abschaben, Abreiben oder Abkratzen, mal mit Öl, seltener mal mit Schnee. Ebenso behandelten sie ihre Kleidung mit einem Abschaber (»tilugtut«) und hängten sie an Haken im Sommerzelt oder im Iglu, wo ständig eine Öllampe brannte und wärmte. Infektionen und auch Läuse waren in der Kälte relativ selten und wurden erst durch die Berührung mit den »zivilisierten« Menschen zeit- und stellenweise zum Problem. Ihre Notdurft verrichteten die Eskimos im Freien im Schnee oder auf Eis, wobei sie nur auf ihre Hunde achten mußten, die sonderbarerweise kaum etwas lieber fressen als menschliche Ausscheidungen. War die Meute nicht

Aus Walroß-Elfenbein geschnitzter Fettschaber der Eskimos zur Fellbearbeitung (oben); Leggins und Fußbekleidung aus Fell und Leder (unten).

angebunden, stürzte sie sofort dorthin, wo sich jemand hinhockte. Harn wurde in Behältern neben der Pritsche im Iglu gesammelt, da es wie in der Gerberei zum Einweichen der Felle gebraucht wurde, die sich erst dann zur typischen Eskimo-Kleidung verarbeiten ließen.

Die Oberbekleidung bestand und besteht zum größten Teil heute noch aus Fellen von Ringelrobben. Hemden wurden aus leichten Vogelbälgen, die Federn nach innen, gefertigt. Die Seehundsfelljacke tauschten die Eskimos im Winter gern gegen eine aus dem Fell des Blaufuchses, Beinkleider aus Eisbärenfell wurden besonders geschätzt, weil sie von der Kühnheit des Jägers zeugten und haltbarer waren. An den Füßen trugen die Eskimos je nach Gelände mit Hasenfell gefütterte Stiefel aus haarlosem Seehundsfell, Schnee- oder Gleitschuhe aus Holz, die Vorläufer der Skier, in Geröll und Fels durch Holz- und Rindensohlen verstärkte Fellstiefel. Auf dem Kopf saß die Pelzmütze, bei den Männern an der Ärmeljacke befestigt, bei den Frauen getrennt davon, denn sie trugen ihre Säuglinge in ihrer rückseits ausgeweiteten Jacke. Jeder Körperteil wurde und wird so wärmend bedeckt und auch reichlich eingefettet, so daß Eskimos auf Fremde immer einen fetttriefenden Eindruck machten. So wie sie große Mengen Fett tranken, so verstärkten sie damit den Wärmeschutz der Haut, und auch die glatten Flächen der Kleidung wurden gründlich eingefettet.

Die Öllampe der Eskimos war länglich geformt und ihre Licht- und Wärmeausbeute aufs Feinste regelbar: Ein langer Docht nämlich schwamm auf dem Öl und konnte ganz oder teilweise entzündet werden; der nicht benötigte Teil wurde einfach unter die Öl-Oberfläche gedrückt, so daß nur der aufschwimmende Teil brannte. Die um 1725 in Europa üblichen Leuchtgeräte waren natürlich viel aufwendiger, bestanden aus Zinn, Kupfer, Messing, Bronze, Silber oder gar Gold. Es gab aber auch Ton-, Holz- und Keramikleuchter auf Ständern, an den Wänden, auf dem Tisch oder an der Decke. Die geschmiedeten Stücke der Zeit, vor allem die edelmetallenen, zeichneten sich durch verspielten Schmuck und reichen Dekor aus. Einer der großen damaligen Meister war Juste Aurèle Meissonier (1693-1750), der als Raumgestalter und Goldschmied am französischen Königshof tätig war. Es sind zwar fast nur noch Entwürfe von ihm erhalten, weil die Besitzer die meisten Stücke aus Geldnot irgendwann haben einschmelzen lassen. Doch selbst die Skizzen zeigen wundervolle Kerzenhalter, Girandolen (mit Kristallbehang geschmückte Standleuchter), Hängelaternen, Blaker (Wandleuchter mit spiegelndem Wandschild aus Metall oder Glas), Lüster. Vornehmlich waren rußende und nicht besonders angenehm riechende Unschlittkerzen in Gebrauch, da Wachskerzen zu teuer und nur für Kirchen und Fürstenhöfe erschwinglich waren. Neu kamen Kerzen aus einem Stoff auf, den die Eskimos schon lange kannten: Walrat (Cetaceum), eine fettartige Masse, die aus der Kopfhöhle des Pottwals gewonnen wurde.

Eskimo-Tranlampe mit Schwimmdocht.

Kunsthandwerk war seine Sache nicht gewesen: Als der Leipziger Ingenieur Jacob Leupold 1727 nur 53jährig starb, war er weithin bekannt für seine Geräte und Maschinen von der verbesserten Luftpumpe bis zur Feuerspritze. Es war sein ganzer Stolz, »mechanicus« zu sein und nicht bloß »machinarius«, der Maschinen entwirft, sie dann aber nicht bauen kann. Und doch wurde Leupold für die Nachwelt bedeutender wegen der Maschinen, die er nicht baute, sondern über die er sein neunbändiges Werk schrieb: »Theatrum Machinarum – Schauplatz des Grundes mechanischer Wissenschaften« – sieben Bände erschienen noch zu seinen Lebzeiten. Es war die umfassendste Darstellung der mechanischen Kenntnisse der Zeit über Maschinenbau, Hebezeuge, Waagen, Brücken und Wasserbauten. Zum letzteren Kapitel gehörte die Schilderung und Zeichnung einer »Wassermaschine« zur Förderung von Wasser. Dazu waren nach Leupold erforderlich: Fassung des Wassers (Becken, Eimer, Kästen, Stiefel), ein Zwischengeschirr zum Heben (Ketten, Seile, Haspeln, Flaschenzüge, Schwengel, Stangen, Räder) und eine Kraft (Mensch, Tier, Dampf, Wind, Feuer). Leupolds Werk wurde etwa von James Watt (1736-1819) für so wichtig erachtet, daß er die deutsche Sprache erlernte. Denn der Autor kam von der Praxis her und wußte, was realisierbar war und was nicht.

Titelkupfer eines Werkes von Jacob Leupold, 1727.

Auch die Medizin erkannte nun mehr und mehr die Bedeutung des Wassers als Heilmittel. Pioniere waren die schlesischen Ärzte Sieg-

Zwei Pioniere der Kaltwasserheilkunst (Hydrotherapie): Johann Gottfried, Bruder von Johann Siegmund Hahn (oben), sowie der zwei Generationen jüngere Samuel Hahnemann, der die Homöopathie begründete (unten).

mund Hahn (1664-1742) und sein Sohn Johann Siegmund Hahn (1696-1773), im Volksmund »die Wasser-Hähne« genannt. Vom Vater erschien 1732 die Schrift »Peterswälder Gesundheitsbrunn«, welche die Bedeutung der Haut für die Gesundheit betont und sie nicht nur als Körperdecke ansieht, sondern als eigenes Organ, das mit den inneren Organen in lebendigem Zusammenwirken stehe. Für die Haut sei kaltes Wasser in Form von Bädern oder Umschlägen nötiger als Salben. Der Sohn vertiefte diese Sicht noch in seiner fünf Jahre später herausgekommenen Veröffentlichung »Die wunderbare Kraft des frischen Wassers bei dessen innerlichem und äußerlichem Gebrauch durch die Erfahrung bestätigt«. Die Hahnschen Lehren fanden viele Anhänger. So unter den Militärärzten Friedrichs des Großen (preußischer König 1740-1786). Wichtiger noch wurde ihre spätere Wirkung etwa auf Samuel Hahnemann (1755-1843), den Begründer der Homöopathie, auf den böhmischen Naturheilkundler Vinzenz Prießnitz (1799-1851) oder auf die Hydrotherapie Sebastian Kneipps (1821-1897), der sich bei seinen Wasserbehandlungen auf die Schrift Johann Siegmund Hahns berief.

Eher der heißen Seite des Wassers galten die Betrachtungen des portugiesischen Arztes Antonio Ribeiro-Sanchez (1699-1783), der als Syphilis-Forscher in die Medizingeschichte eingegangen ist. Als solcher beschäftigte er sich auch mit der Behandlung der Krankheit durch Dampfbäder. Er war ein guter Kenner der europäischen Bäder durch Studien in Coimbra, Genua, London, Montpellier und durch seine Zeit als Pestarzt in Marseille. Eine besondere Badekultur lernte er dann als Stadtarzt in Moskau kennen und als ärztlicher Begleiter der russischen Truppen im russisch-türkischen Krieg, in dem er nach der Eroberung der Stadt Asow 1739 ein tatarisches Bad besuchte. Es bestand aus mehreren Räumen, deren größter ein kuppelüberwölbtes Dampfbad war: *»Auf den Fußboden wird einige Zoll hoch Wasser gegossen, welches dann, mittels eines darunter befindlichen Ofens erhitzt, durch die längs der Mauern hinlaufenden eisernen oder kupfernen Leitungen in Dämpfen aufsteigt. Die Besucher schwitzen, ohne die geringste Unbehaglichkeit, soviel ihre Kräfte gestatten; von dort begeben sie sich in ein großes Zimmer, wo sie ein lauwarmes und ein kaltes Bad finden. Sie steigen sogleich in das erstere, ein Bader reibt sie ab, dehnt ihnen die Gelenkbän-*

der aus und wäscht sie... Würden hier Luft und Dampf immer erneuert, so wäre dies die wohltätigste und angenehmste Gattung der in Europa gängigen Badeanstalten.«

Offenbar beeindruckte Ribeiro-Sanchez besonders die Methode, den Dampf durch metallene Rohre entlang den Wänden zu leiten und ins Bad abzugeben. In den russischen Bädern, die er dennoch wegen der im Tatarenbad mangelhaften Lüftung, vorzog, ging man anders vor. Hier entstand der Dampf im Badraum selbst durch Wassergüsse auf zuvor erhitzte große Kieselsteine. Das bedeutete, daß vor Betreten des Bades die Heizgase und der Rauch abgezogen sein mußten. Und daher verfügten die russischen Bäder auch über geeignete Be- und Entlüftungseinrichtungen. Sie konnten auch während des Badeprozesses betrieben werden, so daß man nicht, so Ribeiro-Sanchez, wie bei den Türken und Tataren »verschlossene«, sprich: verbrauchte Luft atmen mußte. Durch die Frischluft konnte der Dampf seine Wirkung bei entspannter Atmung voll auf den Kreislauf entfalten und die Haut weich machen. Den Schlußpunkt setzte dann der Guß mit lauwarmem oder, so verträglich, mit kaltem Wasser oder die Abreibung mit Schnee. Insofern ähnelte das damalige russische Bad der uns bekannten finnischen Sauna. Es arbeitete aber wegen des dauernden Dampfes mit erheblich geringeren Temperaturen, nämlich nach Ribeiro-Sanchez mit umgerechnet 36,7 Grad Celsius. In der Trockensauna mit bloß fünfzehn Prozent Luftfeuchtigkeit sind siebzig bis achtzig Grad durchaus üblich.

Ribeiro-Sanchez, der sich 1741 endgültig in Paris niederließ, gab eine Reihe von Tips für den richtigen Gebrauch des russischen Bades (»banja«): Frühestens vier Stunden nach der letzten Mahlzeit aufsuchen; Frauen sollten Dampfbäder während der Regel meiden; keinesfalls kalte Getränke im Bad zu sich nehmen und schon gar keine alkoholischen; Badgang bei Ermüdung mit lauwarmem oder kaltem Guß umgehend beenden; nach dem gewöhnlich eine Stunde währenden Dampfbad mindestens genauso lange ruhen, gegebenenfalls auch länger; gründliche Lüftung des Baderaums nach Ende einer Sitzung; Krankheit kein

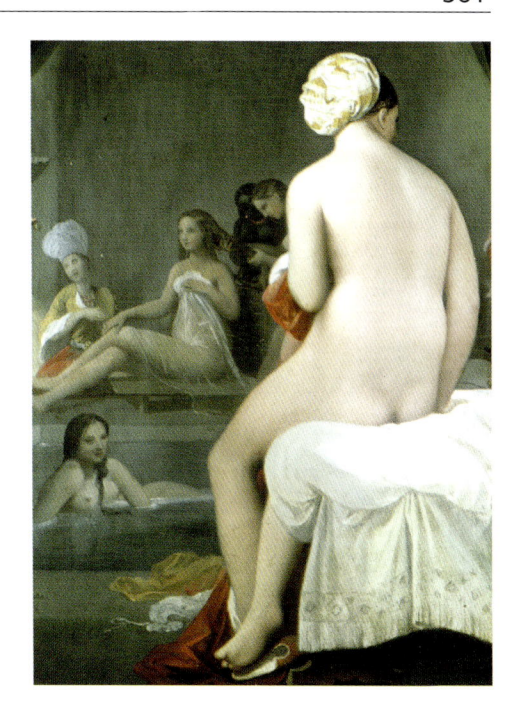

Entzückt hat offenbar der Rücken dieser »Badenden« den französischen Maler Ingres. Gemälde, 1828.

Mediziner empfahlen das Dampfbad, warnten aber auch vor Übertreibungen: »Russisches Bad«, kolorierte Lithographie, 1821.

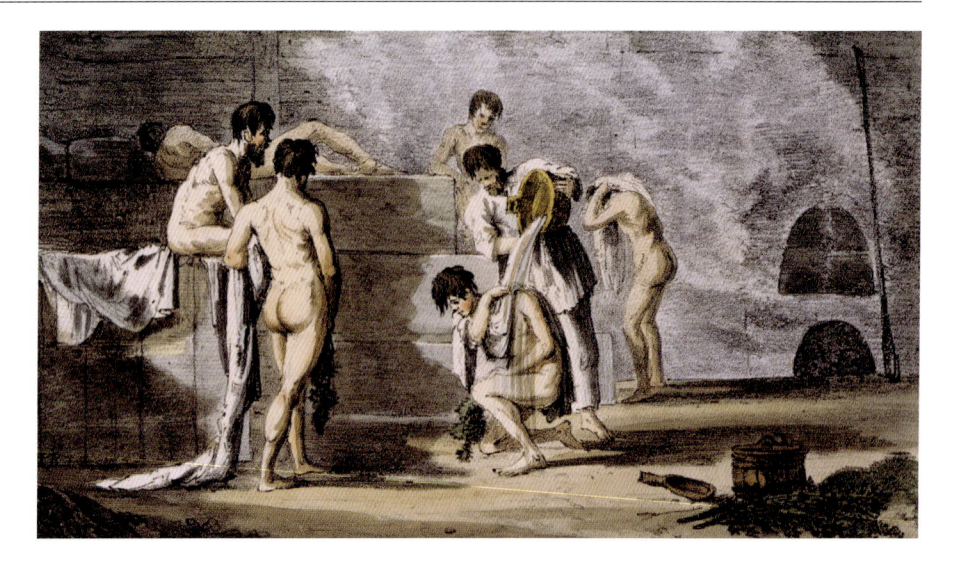

1742 bis 1760

Pries den »Nutzen der Leibesübungen«: Friedrich Hoffmann.

Hinderungsgrund für ein Dampfbad, im Gegenteil: in bestimmten Fällen können sogar mehrere Gänge pro Tag der Gesundung dienen. Das Fazit des Portugiesen: Ein großer Teil der Arzneimittel läßt sich durch richtig angewandte Dampfbäder ersetzen.

Wie die »Wasser-Hähne« und Ribeiro-Sanchez hatte sich der Arzt und Chemiker Friedrich Hoffmann mit der medizinischen Nutzung von Wasser beschäftigt. Als er 1742 im Alter von 82 Jahren in seiner Heimatstadt Halle an der Saale starb, lag ein erfülltes berufliches Leben hinter ihm, das ihm einen Platz in der Medizingeschichte sicherte. Zum einen war da das kurz zuvor mit dem neunten Band abgeschlossene Hauptwerk »Medicina rationalis systematica« (1708-1740), ein Überblick über den Stand der schulmedizinischen Erkenntnisse seiner Zeit. Zum anderen hatte sich Hoffmann einen Namen als chemischer Analytiker gemacht, unter anderem mit seinem »Verfahren zur Prüfung von Heilwassern« (Methodus examinandi aquas salubres, 1703). Darin unterzog er zum Beispiel die Wasser von Karlsbad, Schwalbach, Selters und Spa einer genauen Analyse und wurde damit zum Begründer der wissenschaftlichen Untersuchung von Heilquellen. Nicht vergessen sei, daß er sich auch für Bewegungstherapie eingesetzt hat. »Vorstellung des unvergleichlichen Nutzens der Bewegung und Leibesübungen, und wie man sich derselben zu bedienen habe zur Erhaltung der Gesundheit«, hieß eine seiner Veröffentlichungen dazu.

Im Zusammenhang mit der Wasserbehandlung darf einer nicht fehlen: 1750 veröffentlichte der englische Arzt Richard Russell (1687-1759) eine Abhandlung »Über den Gebrauch des Meerwassers bei Mandelentzündungen«. Damit legte er den Grund für die bis heute von vielen hoch geschätzte Meerwasserheilkunde (Thalassotherapie). Das Baden im Meer hatte schon Plinius der Ältere im 1. Jahrhundert empfohlen, doch Russell ging darüber hinaus, pries Meerwasser auch als Arznei und gründete Meerwasser-Heilanstalten in Margate und in Brighton, wo er praktizierte und das durch ihn zum ersten englischen Seebad wurde. Seine Erfolge waren beachtlich, denn auf Meerwasser und Meeresklima schlagen mancherlei Leiden an, darunter rheumatische, allergische und bronchiale. Warum das so ist, vermochte der Arzt nur zu ahnen und erklärte es halb mythisch so: Die »gewaltige Masse des Weltmeers« sättige sich bei ihrem Rollen um die Erde mit den »Salzen des Grundes« und allem, was vor Schaden bewahren könne. »*Auf diese Weise entstand jenes mit allen schwefligen Dämpfen seiner Körper, vom Süßwasser so verschiedene Fluidum, das wir Meerwasser nennen und das vom Schöpfer aller Dinge als allgemeiner Wächter gegen Fäulnis und Zersetzung bestimmt wurde.*«

Vermehrt bereicherten im 18. Jahrhundert nun auch Forscher aus der Neuen Welt Wissenschaft und Technik, und einer der berühmtesten wurde der Politiker Benjamin Franklin (1706-1790). Er stand als Gesandter einiger nordamerikanischer Kolonien in London in engem Kontakt mit der Gelehrtenszene Europas und war daher mit den neuesten Forschungen zur Elektrizität vertraut, insbesondere mit der sogenannten Leidener Flasche. Diese Frühform des Kondensators hatte der niederländische Physiker Pieter van Musschenbroek (1692-1762) im Jahr 1745 vorgestellt. Franklin beobachtete daran, daß Blitze von ihr zu den Spitzen metallener Gegenstände zuckten, wenn man diese der Flasche näherte. Er übertrug das auf das Blitzgeschehen bei Gewittern, wobei er richtig annahm, daß nur in der Stärke der Entladung ein Unterschied zwischen den künstlich erzeugten und den natürlichen Blitzen

Und noch ein Ingres: »La Source« (Die Quelle) nannte der französische Maler sein Aktbild von 1856.

Forscher leben gefährlich. Das erfuhren auch die Physiker, die sich mit der Elektrizität beschäftigten. Während Benjamin Franklin bei der Entwicklung des Blitzableiters Glück hatte (rechts), kam sein Kollege Wilhelm Richmann bei ähnlichen Experimenten ums Leben (unten).

bestehen könne. 1752 gelang Franklin nach nicht ungefährlichen Experimenten der Bau des ersten Blitzableiters und damit der Durchbruch im Bemühen, Bauten gegen Blitzschlag zu schützen. Er hatte mehr Glück bei seinen Versuchen als der deutschbaltische Physiker Georg Wilhelm Richmann (1711-1753), der bei ähnlichen Experimenten vom Blitz erschlagen wurde. Franklin entdeckte bei seinen Forschungen auch die Polarität der Elektrizität; auf ihn geht die Benennung »positiv« und »negativ« für die elektrischen Pole zurück.

Einer, der für solche Themen hohes Interesse entwickeln und auch manches zur Naturwissenschaft beisteuern sollte, war kurz zuvor in Frankfurt am Main auf die Welt gekommen: der später geadelte Johann Wolfgang Goethe (1749-1832). Berühmt, ja viel berühmter noch als ein Franklin, wurde er jedoch als Dichter, und die Verehrung, die ihm zuteil wurde, hat dazu geführt, das alles, aber auch alles, was irgendwie mit ihm in Verbindung zu bringen war, als Kostbarkeit aufgehoben wurde. So hütete die Heimatstadt auch das Geburtshaus ihres größten Sohnes sorgfältig. Und als es 1944 dann doch im Bombenkrieg untergegangen war, setzte man alles daran, es wieder so originalgetreu wie irgend möglich neu erstehen zu lassen. Das ist rundum geglückt, da viel Mobiliar, Geschirr und Gerätschaft ausgelagert worden war. Beim Betreten des Goethehauses überschreitet der heutige Besucher auch eine Zeitschwelle und findet sich wieder im bürgerlichen Alltag des 18. Jahrhunderts, besonders fühl- und sichtbar in der Küche: Ein mit Backsteinen tischhoch gemauerter, seinerzeit ständig befeuerter Herd beherrscht eine Raumecke. Er ist mit gußeiserner Platte abgedeckt.

Neues Lebensgefühl: Zurück zur Natur!

Dreifüßige Töpfe oder Traggestelle spreizen sich darüber. Steinplatten bewahren den Dielenboden vor Feuerschäden. Über dem Herd breitet sich der dachartige Rauchfang mit einer Tragfläche ringsum für Kessel, Kannen und Schüsseln. Geschirr ist auf Wandregalen untergebracht. Die Handpumpe, die mühevolles Wasserholen vom Brunnen unnötig macht, deutet auf den Goetheschen Wohlstand hin. An ihrem Kasten hängen Becher und Eimer; der Spülstein mit Wandplatten ist gleich daneben eingebaut; er liegt auf einem Mauerblock. Ein barocker Küchentisch bietet Arbeitsfläche.

    Auch Vater Goethes Bibliothek, heute der Besucher wegen durch Gitter geschützt, ist erhalten, und es finden sich darin Folianten einer Art, die um 1750 eine erste Hoch-Zeit erlebte: Lexika und Enzyklopädien. Das größte Nachschlagewerk in deutscher Sprache war mit

Typisch für wohlhabende Bürgerhäuser des 18. Jahrhunderts ist die originalgetreu wiederhergerichtete Küche im Goethehaus in Frankfurt am Main.

Böttcher, Küfer, Schäffler, Kübler – landschaftlich sehr unterschiedlich sind die Bezeichnungen für den Faßbinder. Aquarellierte Zeichnung.

67 000 Seiten in 64 Bänden und 4 Ergänzungsbänden (letzter 1754) Johann Heinrich Zedlers (1706-1761) »Großes vollständiges Universal-Lexicon aller Wissenschaften und Künste«, das sich aus dem Plan eines Zehnbänders entwickelt hatte und das 1961-1964 einen kompletten Reprint erlebte. Überall erschienen nun solche Kompendien, darunter die berühmte »Encyclopédie« der französischen Wissenschaftler Diderot (1713-1784) und d'Alembert (1717-1783), denn das rapide wachsende Wissen verlangte nach immer neuer Bündelung. Auch für unser Thema sind diese frühen, umfangreichen und oft mit hochpräzisen Kupferstichen ausgestatteten Nachschlagewerke ergiebig, vor allem wo es an Fachschrifttum fehlt. Goethe selbst hat später von Enzyklopädien regen Gebrauch gemacht, etwa von Johannes Hübners (1668-1731) 1704 in erster Auflage (31. Auflage 1824) erschienenem »Realen Staats-, Zeitungs- und Conversationslexikon«. Goethes heiterer Spott über diese »Krambuden«, in denen jeder »sein Bedürfnis pfennigweise nach dem Alphabet abholen« könne, ist insofern nicht ganz ernstzunehmen.

Die Lexika spiegeln bei den einschlägigen Stichwörtern um 1760, daß in der europäischen Wasserwirtschaft der Zeit als Werkstoff immer noch Holz dominierte. Allenfalls erste Anzeichen für das Aufkommen anderer Materialien lassen sich ausmachen: In den Städten finden sich vermehrt ausgemauerte und nicht mehr mit Holz ausgekleidete Schachtbrunnen, denn Holz dichtet nicht hinreichend ab und verfault zudem, so daß man in den Ballungsgebieten Verunreinigungen fürchtete. Für »Wasserkünste« wie Springbrunnen wurden, wie schon beim »deutschen Vitruv« Furttenbach gesehen, metallene Rohre bevorzugt. Sonst aber: Holz, so weit man schaute. Den Gemeinschaftsbrunnen umgab ein erhöhter Bretterpodest, auf dem die Wasserholer standen und schöpften. Der Brunnen war mit einem Holzdach geschützt, und seine Winde oder Haspel bestand ebenfalls aus Holz. Hölzern waren auch die Gefäße, in denen Wasser transportiert wurde: Eimer aus weichem Holz für den Küchenbedarf, aus hartem für das Vieh; Schöpfgefäße an einer langen Daube (Brett) als Griff; zum Tragen von zwei Eimern das über die Schultern zu nehmende Tragholz; Fässer an Schulterriemen, zu tragen wie ein Rucksack, mit verlängertem Rückenholz als Spritzschutz: die Butte (heute noch in der Weinlese üblich); hölzerne Öhrfässer, also Wassergefäße mit zwei verlängerten Dauben, oben ausgesägt zu Griffen; Regentonnen mit Faßreifen.

Auch im Haus dominierten Holzgefäße, von der Wasch- und Badewanne, dem Zuber – in der sitzfreundlichen Version mit verlängertem Rückenschild –, Kannen mit Ausgußschnabel bis hin zu Waschbecken mit Abflußloch und -stöpsel. Drechsler fertigten an ihrer Wippdrehbank: hölzerne Wasserhähne, Wäscheklopfer, Spritzen, Schöpfkellen, Seilrollen, Trinkbecher. Von Heizungs-, Gas- oder Elektroinstallateuren natürlich noch keine Spur, denn geheizt und gekocht wurde ebenfalls mit Holz. Und selbst für den Leitungsbau der bis dahin erst in einigen Dutzend deutschen Städten installierten Netze zur Wasserversorgung wurden vorwiegend Holzrohre eingesetzt; in Stralsund etwa waren acht Kilometer solcher Rohre verlegt worden. Es handelte sich um ausgebohrte Baumstämme, die leichter zu handhaben waren als die bruchgefährdeten Tonrohre und weniger kosteten als metallene Leitungen. Gewiß, die Haltbarkeit des Materials war geringer, doch das fiel weniger ins Gewicht als die Vorzüge, über die es schon beim bereits vorgestellten Leupold hieß: »*Wasser bis zu einem anderen Orth zu leiten, und zwar, daß solches Wasser wider Hitze, Frost und Unreinigkeit gesichert ist, ja daß es einen Berg ab und den anderen hinauff steigen muß, ist insgemein nichts bequemers als die hölzern gebohrten Röhren, nicht nur weil Holtz noch meist überall zu bekommen, sondern auch weil solche Arbeit nicht gar zu kostbar fället, absonderlich auch wo das Holtz nicht allzuweit anzuschaffen.*«

Das Kosten- und Verfügbarkeitsargument aber stand auf wackeligen Füßen, eben weil alle so dachten. Der Holzbedarf stieg allenthalben: Die Schiffbauer brauchten immer mehr, die Hüttenwerke wurden immer größer und gefräßiger, die Verbreitung der Zimmeröfen kurbelte

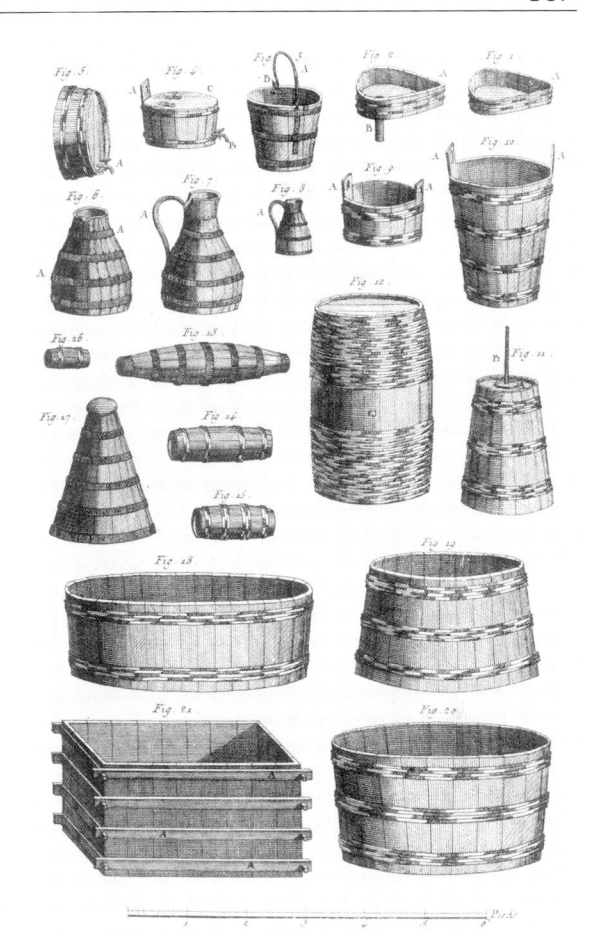

Zum Stichwort »Tonnelier« (Faßbinder) haben die französischen Enzyklopädisten Gefäße abgebildet, die er herstellte.

den privaten Verbrauch an. Noch waren Begriffe wie »Aufforstung« oder »nachhaltige Bewirtschaftung« völlig unbekannt, eine rasante Verknappung war daher programmiert. In Frankreich schrumpfte die Waldfläche im 18. Jahrhundert auf nicht einmal mehr 45 000 Quadratkilometer, in England gingen in den drei Jahrhunderten seit dem Mittelalter von 69 großen Waldgebieten 65 verloren. Da traf es sich günstig, daß im Rohrleitungsbau allmählich ein Umdenken einsetzte, denn die Ansprüche wuchsen: Man wollte noch glattere, noch genauere Rohre, was mit Holz nicht zu bewerkstelligen war. Das hygienische Diktat kam hinzu, so daß sich allmählich Ton, Beton und Metall besser durchsetzten. Auch auf den anderen Gebieten wurde die wachsende Holznot durch einen boomenden Erfindungsreichtum überwunden, und der Forstwissenschaft gelang es im 19. Jahrhundert, die schlimmsten Schäden des früheren Raubbaus in den Wäldern zu heilen.

1761 bis 1789

Keine bedeutende Erfindung, aber eine gute Idee waren die Badeschiffe, die 1761 in Paris auf der Seine in Betrieb genommen wurden. Sie spiegelten ein neues Lebensgefühl, das die vom französischen

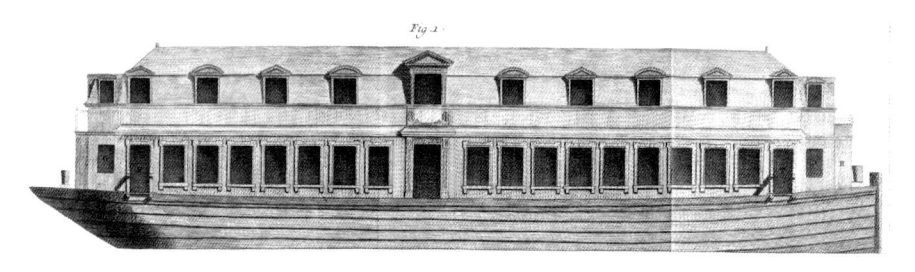

Seitenansicht und Grundriß eines Stockwerks der Badeschiffe des Monsieur Poitevin, die auf der Seine den Parisern ihre Dienste anboten. Illustration aus der »Encyclopédie« von Diderot und d'Alembert.

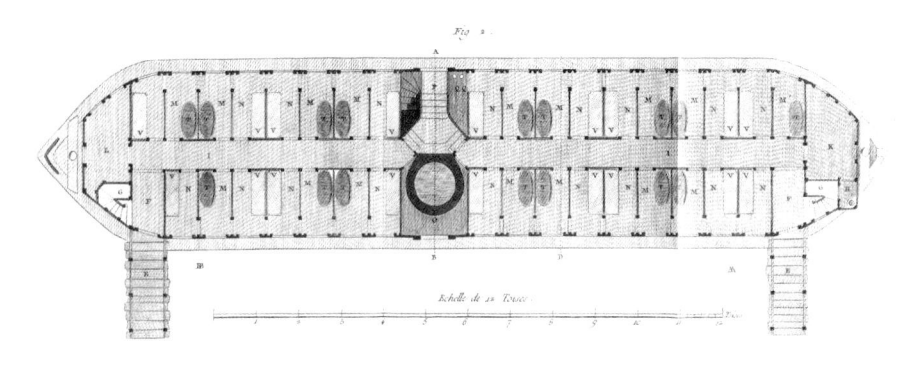

Philosophen Jean-Jacques Rousseau (1712-1778) ausgegebene Parole aufnahm: »Zurück zur Natur!« Wortwörtlich findet sich die Formulierung in dessen Werk zwar nirgends, sie gibt aber recht gut sein Unbehagen an der Zivilisation wieder. Für die Stadtbewohner freilich war das Rezept schwer zu befolgen. Nicht einmal in die Flüsse konnten sie sich zum Baden stürzen. Dem standen weniger Reinlichkeitsbedenken entgegen als vielmehr die immer noch herrschende kirchliche Prüderie. Da kamen die Schiffe des Monsieur Poitevin gerade recht, ein kleines, das herumfuhr und seine Dienste an verschiedenen Stellen anbot, und ein ortsfest verankertes zweistöckiges. In ihre Becken und Wannen wurde gefiltertes und später auch aufgewärmtes Flußwasser gepumpt. Jedes Boot hatte ein Dutzend, nach Geschlechtern getrennte Badezellen für Wannenbäder, auf dem größeren Schiff gab es parterre ein großes Becken, in dem man Schwimmunterricht nehmen und mit dem Wasser aus dem Behälter im Obergeschoß duschen konnte. Die Schiffe fanden großen Anklang, und bald tauchten auch in Deutschland solche schwimmenden Bäder auf, zum Beispiel 1774 auf dem Main vor Frankfurt, wo Goethe, ein eifriger Verbreiter der Rousseauschen Ideen, damals als Anwalt praktizierte. Er selbst zog allerdings – sogar winters – wirkliche Freibäder in Flüssen und Seen vor.

Das Bad in natürlichem Gewässer genießen die Frauen auf dem Gemälde von Jean Honoré Fragonard, um 1770.

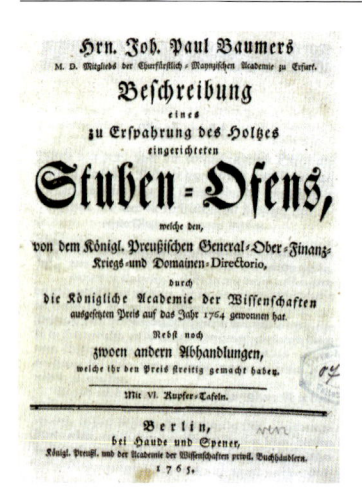

Titelblatt und Konstruktionszeichnung des prämierten »Stuben-Ofens« von Baumer.

Der Durchbruch der Dampfkraft

Auch Einrichtungen wie die Badeschiffe verbrauchten natürlich Holz, doch an diesem bescheidenen Luxus lag es gewiß nicht, daß die Knappheit immer fühlbarer wurde. Da spielte der gestiegene Wohnkomfort schon eher eine Rolle dadurch, daß sich viele Leute Öfen nun in mehreren Zimmern leisteten. Bisher war gewöhnlich nur die Beheizung der Wohnstube – der Küche sowieso – vorgesehen gewesen. Preußenkönig Friedrich II. der Große (regierte 1740-1786) lobte daher gleich nach Beendigung des Siebenjährigen Krieges 1763 einen Preis für den »Stubenofen« aus, »so am wenigsten Holz verzehrt«. Die Preußische Akademie der Wissenschaften als Jury prämierte im Jahr darauf den Kachelofen eines gewissen Johann Paul Baumer:

Es handelte sich um einen Ofen mit Sockel auf sechs rundgedrechselten Füßen, darüber der Feuerraum und über diesem ein kleiner Rauchraum. Den Abschluß nach oben bildete eine dem Sockel ähnliche, nur umgekehrt aufgesetzte Abdeckung. Die gekachelten Außenwände gaben zwei Durchsichten frei, eine breite über dem Feuerraum, eine schmale mitten durch den Rauchraum, gerade so hoch, daß sich hier Geschirr oder Töpfe mit Speisen zum Warmhalten hinstellen ließen. Innen hatte der Ofen einen Rost unter dem Heizgut und für die Heizgase einen S-förmigen Durchzug zum Abgasrohr. Für die Luftzufuhr sorgte ein Trichter, der in ein Rohr überging, das durch die Ofenwand in den Feuerraum hineinragte. Diese »Windröhre« hatte ebenso wie das erste Abgasrohr innen eine um ihre Mitte drehbare Klappe, durch die sich die Heizung nach Bedarf regeln ließ.

Friedrich der Große bemühte sich flankierend darum, die Bürger vom Nutzen der Steinkohle zu überzeugen. Hatte er mit seinem Kartoffelerlaß von 1757 zur Förderung des Anbaus der nahrhaften Knolle Erfolg gehabt, scheiterte er hier wie sein französischer Kollege Ludwig XV. (König 1715-1774). Der Staub und die Abgase der Kohle

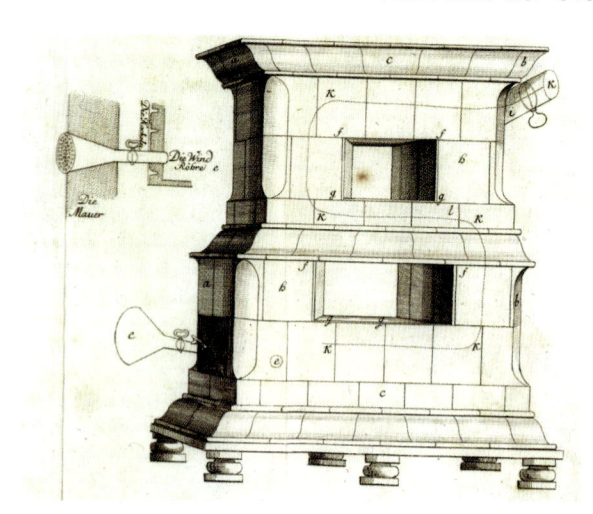

Der Durchbruch der Dampfkraft

Nicht seine militärischen Taten haben aus Friedrich II. den legendären Alten Fritz gemacht, sondern seine Sorge um das Wohlergehen der Menschen. Inspektion der Kartoffelernte bei Küstrin, Gemälde von R. Warthmüller, 1886.

schreckten die Menschen ab. Da setzten sie schon eher auf »Holzsparkunst«, die damals im Schwange war und mit vielerlei technischen Anregungen und Verfahrentricks aufwartete, wie man mit der geringsten Menge Brennstoff ein Maximum an Wärme erzielen könnte – unsere Energiesorgen haben eine lange Tradition. Bücher über diese »Kunst« gab es schon seit dem 16. Jahrhundert, jetzt aber boomte die Ratgeberliteratur, wie eine kleine Auswahl von Titeln aus den 1750/60er Jahren belegen möge: »Auf Vernunft und Erfahrung gegründete Verbesserung der Oefen« (1756); »Beschreibung verschiedener bequemer Öfen zur Beförderung der Holzmenage« (1757); »Bericht, wie man Boden von gegossenem Eisen, zur Ersparung des Holzes, bey Backöfen gebrauchen kann« (1760); »Mit Erfahrungen und richtigen Grundsaetzen bestaerkte Anweisung, wie die Wirkung des Feuers in Stubenoefen und Kuechen zu verstaerken und zu vermehren« (1766).

Einen besonders originellen Beitrag zur Diskussion lieferte ein englischer Missionar namens Gramont, der 1770 eine genaue Beschreibung chinesischer Raumheizungen lieferte. Sie seien geeignet, die Belästigung der Londoner durch den Rauch des Hausbrands zu lindern, weil ihre Konstruktion rauchärmere Verbrennung erlaube. Die typische chinesische Heizung (»Kang«) sah danach so aus: Seitlich der Heizkammer lag der kegelförmige Feuerraum tief unter Fußbodenhöhe. Er wurde mit Holz, Torf, Stein- oder Holzkohle beschickt. Ein besonderer Brennstoff war feingemahlene Steinkohle mit Wasser und Ton gemischt und getrocknet zu Ziegeln geformt. Diese brikettähnlichen Klötze ließen sich leicht transportieren und stapeln; außerdem hielten sie wegen der Tonbeimischung länger vor und verbrannten sauberer. In gehobeneren Häusern lag der Feuerraum in einem Zimmer neben dem zu beheizenden Raum, in Palästen sogar an der Außenwand des Hauses. Eine aus Backsteinen mit Lehmmörtel gemauerte Heizgasleitung leitete aus einem Schlitz im Feuerraum die Gase in die Heizkammer, die meist als großflächiges Ofenbett (»Kao-Kang«) gestaltet war. Sie war mit irdenen Platten abgedeckt und diente als Raumheizung, Wärmespeicher, Sitzgelegenheit und Schlafstätte. Auch Hohlfußboden- (»Ti-Kang«) und Wandheizungen (»Tong-Kang«) kannten die Chinesen.

Kaum gekannt haben dürften sie zu diesem Zeitpunkt das, was sich in Europa auf dem Gebiet der Dampfkraft tat. Newcomens Feuermaschine war zwar schon eine deutliche Verbesserung der Maschine Saverys gewesen, hatte aber immer noch einen nur höchst bescheidenen Wirkungsgrad. Einer, der den Grund des Mankos erkannte, war Newcomens Landsmann James Watt (1736-1819): zu großer Dampf- und Wärmeverlust. Der britische Ingenieur entwickelte daher im Jahr 1765 einen abstehenden Verdichter (»separate condenser«), der außerhalb des Kessels den Dampf wieder in Wasser verwandelte, und bekam dafür 1769 ein Patent. Wenn Watt oft als Erfinder der Dampfmaschine bezeichnet wird, dann stimmt das nur mit der Einschränkung: Erfinder der ersten brauchbaren Niederdruckdampfmaschine, die erst den Siegeszug der Dampfkraft möglich machte. Bis dahin aber hatte es noch gute Weile, denn auch Watt mußte noch zahlreiche Verbesserungen an seinem Gerät vornehmen, ehe es in nennenswerten Stückzahlen Absatz fand:
- 1780: Statt des bisher üblichen stehenden Kessels in Großrohrform Einbau eines liegenden Kofferkessels.

Mit einer Fülle von Verbesserungen verhalf er der Dampfmaschine zum Durchbruch: James Watt.

Der Durchbruch der Dampfkraft

- 1781: Wegen des störenden Hin-und-her-Rüttelns der Maschine Entwicklung des sogenannten Sonnen- und Planetengetriebes.
- 1782: Weil die Leistung immer noch unbefriedigend blieb, Umstellung der Kolben auf gleichzeitiges Drücken und Saugen.
- 1784: Zur weiteren Stabilisierung der Maschine Schaffung einer starren Verbindung zwischen Kolben und Traggestell sowie einer senkrechten Kolbenführung.
- 1788: Verstetigung der Arbeitsweise durch Einbau eines selbstregulierenden Fliehkraftreglers (»centrifugal regulator«).
- 1790: Einbau eines Druckmessers (»pressure gauge«) zur Verbesserung der Betriebssicherheit.

In dieser Version konnten bis 1800 rund 500 Maschinen von Watt in England den Betrieb aufnehmen. Längst ist das Dampfzeitalter vorüber, an den Durchbruch aber und an den, der ihn schaffte, erinnert die internationale physikalische Einheit der Leistung: Watt (W).

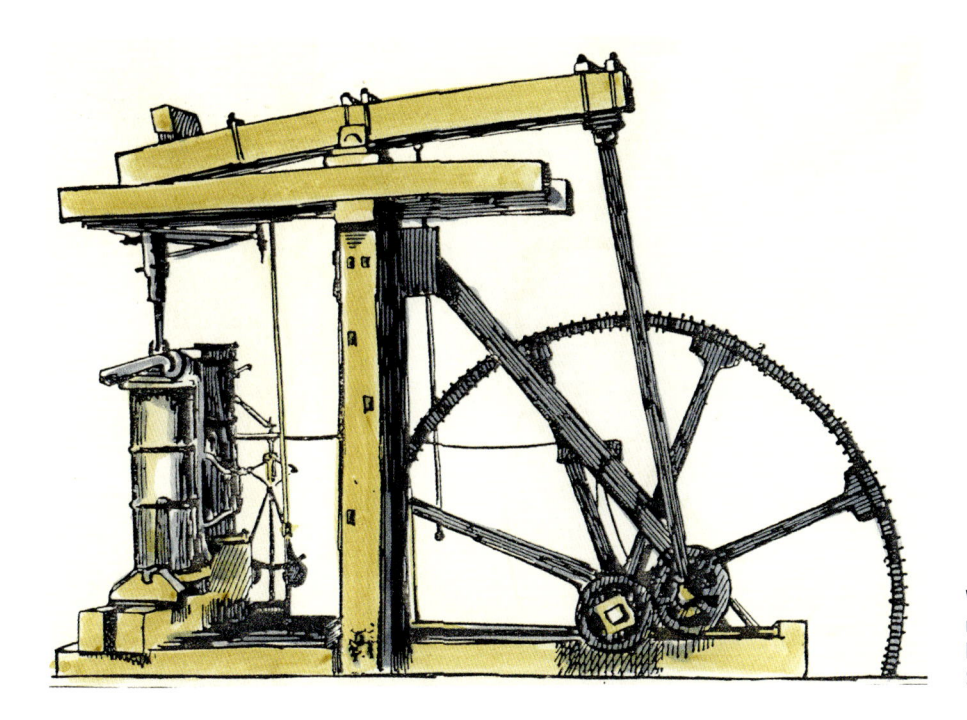

Watts Niederdruckdampfmaschine in einer stark verbesserten Ausführung von 1788. Später kolorierter Holzstich.

Ebenfalls Maßstäbe, freilich auf ganz anderem Gebiet, setzte ein weiterer Brite: In Fortsetzung der durch Harington eingeleiteten Entwicklung konstruierte Alexander Cummings, ein Londoner Uhrmacher, einen Spülabort, der als erste derartige Erfindung ein königliches Patent erhielt: Nr. 1105 im Jahr 1775. Es galt allerdings nicht der Spülvorrichtung an sich, denn solche Aborte gab es bereits in verschiedenen Ausführungen. Neu an der Konstruktion von Cummings war der Rohrgeruchverschluß, ein schlangenförmig gebogener Siphon. Bisher hatte ein Deckel oder eine andere Abdichtung zwar die Abgase und Gerüche aus der Ablaufleitung und der Senkgrube ferngehalten. Dem Deckel entströmten aber selbst, da er nicht reingespült werden konnte, unangenehme Dünste. Cummings Erfindung beseitigte dieses Problem dadurch, daß das Becken jedes Mal vollständig geleert wurde und der Siphon aufsteigende Gerüche blockierte. Außerdem lief in seiner Version das Wasser nicht von oben in die Schüssel, sondern es wurde eingeführt. Die Schüssel erhielt zudem eine für diese Art der Wasserzuführung besonders geeignete Form. Cummings' Spülabort setzte sich im folgenden Jahrhundert weltweit durch.

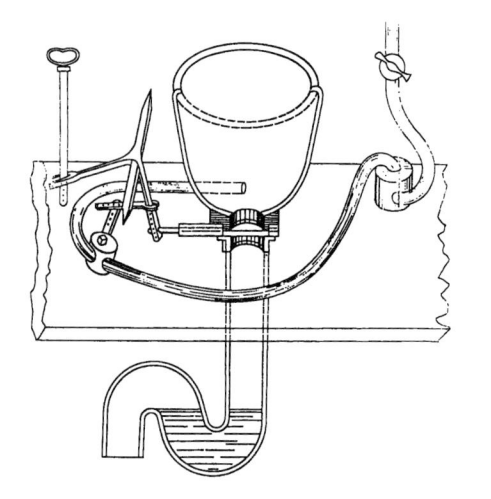

Funktionszeichnung des Spülaborts mit Wasserzuleitung und Wassergeruchverschluß nach Cummings.

Da viele, vor allem ältere Menschen auch nachts oft den Abort aufsuchen müssen, brannte zu Cummings Zeit dort oder auf dem Flur davor stets eine Kerze. Das war nötig, weil seinerzeit das Feuerentzünden noch eine höchst mühselige Sache war, wenn keine Flamme oder Glut in erreichbarer Nähe zur Verfügung stand. Wie im Mittelalter mußten gewöhnlich per Stahl auf Feuerstein Funken geschlagen werden, die Zunder oder Schwamm entzündeten. 1779 gelang dem Italiener Louis Peyla eine Erfindung, die den Weg zu grundsätzlicher Besserung wies. Er nutzte dabei die Entflammbarkeit des erst 1669 vom

Hamburger Alchimisten Hennig Brand im Harn entdeckten Phosphors. Das leuchtende Element – der griechische Name bedeutet wörtlich »Licht tragend« – kommt in der Natur nur gebunden vor. Anfangs war die Gewinnung äußerst kostspielig und Phosphor teurer als Gold. Inzwischen aber gelang die Herstellung zu vertretbaren Kosten, und Peyla konnte ein Gemisch aus Phosphor, abgedampftem Öl und Schwefel für seine »Turiner Kerzchen« nutzen. Er verschloß es mit einer Kerze in einem dünnen, zwölf Zentimeter langen Glasröhrchen von knapp fünf Millimeter Durchmesser. Erbrach man das Röhrchen an einer Marke im oberen Teil und zog die Kerze leicht reibend heraus, entzündete sich der baumwollne Docht.

Bis zu brauchbaren Zündhölzern war es zwar noch weit, doch kamen nun in rascher Folge Feuerzeuge auf Phosphorbasis auf. Auch elektrische Zünder wurden bereits eingesetzt, wozu der 1766 von Henry Cavendish (1731-1810) entdeckte Wasserstoff Verwendung fand: Der Basler Physiker Johannes Fürstenberger stellte ein solches Gerät 1778 vor. Darin entzündete sich an einem Elektrophor ein Wasserstoffstrahl und dieser wiederum eine Kerze. Das Gas gewann er durch Eisen- oder Zinkspäne in verdünnter Schwefelsäure. Schon im Altertum kannte man das Luftfeuerzeug, das in den 1770er Jahren wiederentdeckt wurde. Dazu brauchte es ein einseitig verschlossenes Rohr, in das ein dicht schließender Kolben an einer Stange geschoben wurde. Stieß man ruckartig den Kolben ins Rohr, so bildete sich durch die plötzliche Verdichtung der Luft am unteren Ende eine derartige Hitze, daß sich daran ein Feuerschwamm entzünden ließ. Solche Feuerzeuge fanden Forschungsreisende auch auf den Philippinen und auf Borneo, wobei nicht geklärt ist, ob sie dort entwickelt oder auf anderem Wege ins Land gekommen waren. Breiteren

Faustisches Erlebnis: »Der Alchemist entdeckt Phosphor« nannte der Maler Joseph Wright of Derby um 1790 seine Darstellung des Hamburgers Hennig Brand im Labor.

Neun Zentimeter hoch und doppelt so lang: ein Schlagfeuerzeug aus der zweiten Hälfte des 18. Jahrhunderts.

Absatz fanden alle diese Geräte nicht, doch begann mit ihnen die Zeit der Schnellfeuerzeuge.

Feuer im Großen brauchte der englische Ingenieur Henry Cort (1740-1800) für sein 1783/84 patentiertes Verfahren zur Gewinnung von Puddeleisen. Er verwendete dazu einen dick ummauerten Flammofen, den er mit Steinkohle feuerte und der keinen Wind brauchte. Er arbeitete vielmehr mit zunächst zwei hohen Schornsteinen, später nur noch mit einem, dessen aufliegender Klappdeckel von unten zu bedienen war. Damit regelte Cort den Zug (Schloteffekt) im Ofen. Auf einem Kieselbett in der Herdmulde brachte er Roheisenstücke in etwa einer halben Stunde zum Weißglühen und erhielt schließlich eine flüssige Masse, die mit einer durch die Ofenwand reichenden Stange einige Stunden lang umgerührt wurde, ein Vorgang, der auf englisch »puddle« heißt – daher auch der deutsche Begriff Puddeleisen. Cort hatte das Verfahren nicht erfunden, die entkohlende Wirkung des Rührens war schon vorher bekannt. Neu war die Verarbeitung des Endprodukts mit speziellen Walzen, bei der die restlichen Schlacken verloren gingen. Das sehnig-zähe Puddeleisen ließ sich vorzüglich formen, und ohne Corts Verfahren wären die nun aufkommenden schmiedeeisernen Gas- und Wasserleitungsrohre nicht denkbar gewesen. Dem deutschen

Graveur Gustav Bremme aus Soest gelang 1849 auch die Gewinnung von Puddelstahl, wie ihn dann die Firma Krupp lieferte.

Auch die Anfänge einer chemischen Industrie sind für diese Zeit zu melden: Der Arzt und Chirurg Nicolas Leblanc (1742-1806), Sohn eines Hüttendirektors, entwickelte um 1790 ein Verfahren, Soda in großen Mengen herzustellen. Er hatte zwar Vorläufer, doch der Durchbruch geht auf ihn zurück. Der Herzog von Orléans, dessen Leibarzt Leblanc war, stellte ihm die Mittel zur Errichtung eines entsprechenden Betriebs zur Verfügung. Da aber 1789 in Frankreich die Revolution ausgebrochen war, ereilte den Gönner 1793 die Guillotine, und auch Leblanc blieb wie alle »Adelsknechte« nicht verschont. Zwar endete er nicht auf dem Schafott, doch wurde der Betrieb stillgelegt und sein Vermögen eingezogen; er nahm sich im Armenhaus das Leben. Die Revolutionäre hatten unterdessen das Leblanc-Verfahren anderen Herstellern überlassen, die durch Anwendung im großen, fabrikmäßigen Stil bis 1810 die Deckung des gesamten nationalen Bedarfs erreichten. Schon 1802 übernahmen auch Fabriken in Deutschland das Verfahren:

Aus Glaubersalz (100 Teile), Kalk (100 Teile) und Kohle (50 Teile) entstanden im Flammofen Soda und Calciumsulfid, die durch Auslaugen wieder getrennt wurden, wobei erstmals das Gegenstromverfahren zur Anwendung kam. Das chemisch hergestellte Soda war reiner als das aus ägyptischen Salzseen oder aus der Asche von Salzpflanzen oder Meerestang gewonnene. Außerdem ließ es sich kostengünstiger und in unbegrenzter Menge produzieren. Damit war die Möglichkeit für eine Massenfertigung von Seife und von Reinigungsmitteln für Baumwollfasern geschaffen. Und auch der zunächst bei der Glaubersalzgewinnung als lästiges Abfallprodukt anfallende Chlorwasserstoff fand bald sinnvolle Verwendung: Man stellte durch Anreicherung von Chlor mit Sauerstoff und mit Calciumhydroxid (gelöschtem Kalk) aus dem Chlorwasserstoff Chlorkalk her. Er wurde zu einem wichtigen Bleichmittel für Textilbetriebe, erwies sich zugleich als vorzügliches Mittel zum Desinfizieren von Trink- wie Abwasser und bannte auch die Gefahr aus vielen Senkgruben.

1790 bis 1810

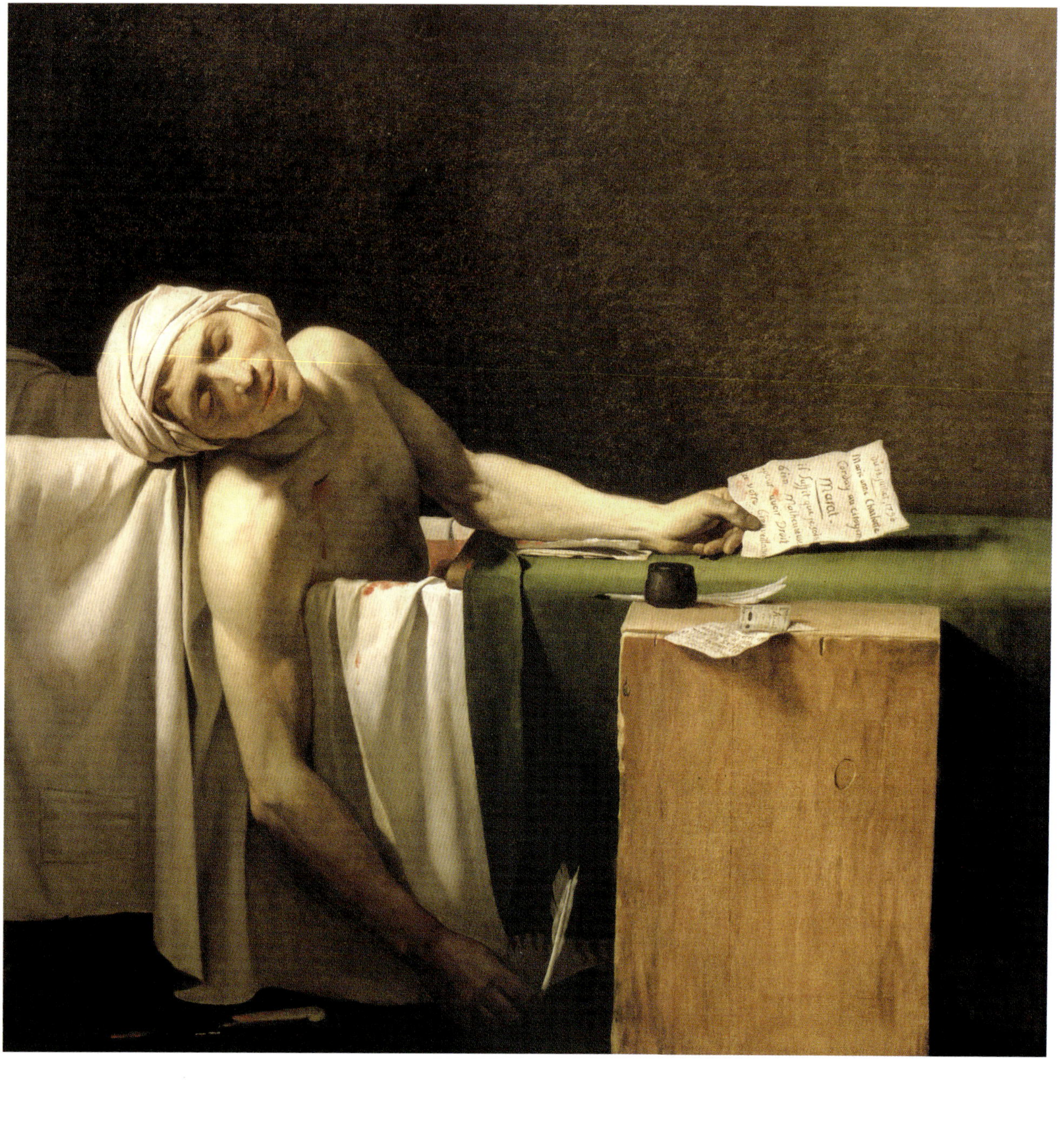
Marat

Revolutionen

Die Französische Revolution wurde nicht nur dem Adel, sondern auch so harmlosen Leuten wie Leblanc zum Schicksal, ja sie fraß sogar ihre Kinder: Einer der fanatischsten Agitatoren, der Präsident des Jakobinerklubs Jean Paul Marat (1743-1793), wurde Opfer der Gewalt, die er gesät hatte. Und die Weltgeschichte suchte sich dazu ein anmutiges Werkzeug und einen ungewöhnlichen Schauplatz: Am 13. Juli 1793 drang die junge Royalistin Charlotte Corday (1768-1793) unter dem Vorwand wichtiger Meldungen zu Marat vor, der im Bad saß, wo er wegen eines Hautleidens seine Korrespondenz zu erledigen pflegte. Nach einem kurzen Wortwechsel zog die junge Frau einen Dolch und erstach den damals wohl mächtigsten Mann Frankreichs. Ihre Hoffnung, damit dem »terreur«, wie das Blutregiment der Jakobiner genannt wurde, ein Ende zu setzen, erfüllte sich nicht oder doch erst nach einer noch blutigeren Phase der Revolution unter Robespierre (1758-1794). Die Attentäterin selbst bestieg vier Tage nach der Tat das Schafott.

»Der ermordete Marat« (1793) heißt ein berühmtes Bild des französischen Malers Jacques-Louis David (1748-1825). Es zeigt das Opfer aber in einer stilisierten Badewanne, vielleicht weil dem Maler die tatsächlich benutzte nicht dekorativ genug erschien. Dabei war Marats Sabotbadewanne besonders bemerkenswert. Sie hieß nach dem französischen Wort für Holzschuh (»sabot«), weil sie als eine Körperformwanne gestaltet war. Wir kennen sie von einem Wachspuppenbild, das den Moment der Bluttat zeigt und das heute im Musée Grévin in Paris aufbewahrt wird. Die Wanne ähnelt den griechischen Sitzbadewannen

»Der ermordete Marat« betitelte Jacques Louis David sein Gemälde von 1793. Der im Bad erstochene Revolutionär hält noch Federkiel und Papier.

Nach einem Wachspuppenbild entstand der Kupferstich vom Dolchstoß der Charlotte Corday. Deutlich zu erkennen die Sabotbadewanne, die Marat benutzte.

und wurde während der Revolutionszeit mit und ohne Räder gefertigt. Nicht länger als höchstens einen Meter, eignete sie sich nicht für Liegebäder. Die fahrbare Version wurde nach dem Bad am Fußende angehoben und an einen geeigneten Ort zum Entleeren geschoben. Dafür hatte sie rückseits einen Auslaufstutzen mit Stöpsel.

Im gleichen Jahr, in dem in Paris so dramatische Ereignisse abliefen, erschien in Deutschland das Buch »Über die Natur und den Gebrauch der Bäder« von Heinrich Matthias Marcard (1747-1817), der in Pyrmont an der Emmer als Badearzt tätig war. Er hatte für sein Buch auch bei zwei längeren Besuchen in England recherchiert, wo kalte sogenannte Sturzbäder schon seit langem üblich waren. Gemeint damit waren Kopfsprünge in dafür hinreichend tiefe Plongierbecken, wie sie Marcard für Pyrmont nachbauen ließ. Der Ort war schon seit dem 1. Jahrhundert v.Chr. für seine Heilquellen bekannt, erlebte im 16. Jahrhundert eine große Blüte, verlor dann vorübergehend an Anziehung und wurde durch Marcard wieder zum Treffpunkt für die adligen Kurgäste (beispielsweise Goethe 1801), die vornehmlich das heilende Wasser der kohlensäurereichen Kochsalzquellen und Eisensäuerlinge tranken. Marcard sorgte dafür, daß auch wieder vermehrt gebadet wurde. Er stellte neun Regeln für die kalten Bäder auf:

– Jedes kalte Bad über den ganzen Körper muß kurz sein.
– Bei jedem kalten Bad muß der Kopf vorweg kalt werden.
– Der Einsprung ins kalte Bad muß plötzlich sein.
– Das kalte Ganzkörperbad darf nicht unter 8 Grad Celsius, kann aber noch bei 17 Grad genommen werden.
– Keinesfalls darf man erhitzt oder im Schweiß ein kaltes Bad nehmen.
– Nach dem Bad soll man den Körper mit einem trockenen, nicht erwärmten Tuch tüchtig und schnell abreiben.
– Abhärtung ist nicht durch längeres kaltes Baden zu erreichen.
– Die Morgenzeit ist für kalte Bäder besonders geeignet.

Revolutionen

Marcard praktizierte in Pyrmont, der Stadt mit dem prachtvollen »mineralischen Bad«. Radierung, um 1780.

Damit der Dampf nicht zu großen Teilen ungenutzt abzog, wurde der verschließbare Dampfschwitzkasten entwickelt.

– Wer kalte Bäder nicht gewohnt ist, soll erst mit lauwarmen Bädern anfangen und danach allmählich zu kalten Bädern übergehen.

Natürlich beschäftigte sich Marcard in seinem Werk auch mit den warmen Bädern. Dabei kam er zu der gleichen Erkenntnis wie schon Hippokrates: Das warme Bad stärkt, wenn die natürliche Wärme des Körpers größer ist als die Wärme des Bades; im umgekehrten Fall schwächt es. Ein eigener Abschnitt galt dem Dampfschwitzkasten, den Marcard schon 1778 in Pyrmont eingeführt hatte. Darin saß der Badende bis zum Hals, so daß nur der Kopf freiblieb, während Rumpf und Beine im Kasten durch Dampf erwärmt wurden. Und schließlich gab Marcard einen Überblick über die Badekultur in den europäischen Ländern, stellte Holländer und Skandinavier als Bademuffel dar und lobte vor allem die Schweizer für ihre Badefreudigkeit. Auch Italien und Frankreich bekamen gute Badenoten.

Volle Zustimmung zu den Badevorschlägen hat Marcard von Christoph Wilhelm Hufeland (1762-1836) erfahren, der mit seinen Buch »Makrobiotik oder die Kunst, das menschliche Leben zu verlängern« 1796 Aufsehen erregte. Der aus Bad Langensalza stammende Mediziner war 1783-1793 in Weimar Goethes Hausarzt gewesen und erfreute sich auch später seiner Freundschaft. Vor allem gefiel Goethe die eklektische Methodik Hufelands, der sich aus allen Richtungen Bewährtes aneignete und jede Ausschließlichkeit der Lehre für ein Grundübel hielt. Auch daß Hufeland Reinlichkeit und Hautpflege einen hohen Wert beimaß, fand den Beifall des Dichters, während andere Zeitgenossen sich damit noch ziemlich schwer taten, worüber Hufeland klagte: »*Bei Pferden und anderen Tieren ist der gemeinste Mann überzeugt, daß gehörige Hautpflege ganz unentbehrlich zu ihrem Wohlsein und Leben sei... Bei seinem Kinde aber und bei sich selbst, fällt ihm dieser einfache Gedanke nie ein. Wird dies schwach und elend, zehrt es sich ab, bekommt es die sogenannten Mitesser (alles Folge der Unreinlichkeit), so denkt er eher an Behexung und anderen Unsinn, als an die wahre Ursache: unterlassene Hautreinigung.*«

Hufeland hatte erkannt, daß wir »unsere Haut nicht bloß als einen gleichgültigen Mantel gegen Regen« ansehen dürfen, »sondern als eines der wichtigsten Organe unseres Körpers«. Daß zu seiner Zeit und dort, wo der Schmutz regierte, schwere Krankheiten von »gastrischen Fiebern, Hypochondrie, Gicht, Lungensucht, Katarrhe und Hämorrhoiden« grassierten, führte Hufeland darauf zurück, »daß wir unsere Haut nicht mehr durch Bäder und andere Mittel reinigen und stärken«. Und er stellte drei einfache Regeln auf, die diesem Übelstand abhelfen sollten:
– »*Man entferne alles, was unser Körper als schädlich und verdorben von sich abgesondert hat.*«
– »*Man wasche sich täglich mit frischem Wasser den ganzen Körper und reibe zugleich die Haut stark.*«

Titelblatt der wohl berühmtesten Schrift von Hufeland mit einem Motto seines Freundes Goethe.

– *»Man bade Jahr aus Jahr ein alle Wochen wenigstens einmal in lauem Wasser, wozu sehr nützlich noch eine Abkochung von 5 bis 6 Lot Seife gemischt werden kann.«*

Diese Mahnung unterstrich Hufeland 1801, als er nach Berlin an die Charité berufen worden war, mit der Schrift: »C.W. Hufelands Nöthige Erinnerung an die Bäder und ihre Wiedereinführung in Teutschland, nebst einer Anweisung zu ihrem Gebrauche und bequemer Einrichtung derselben in den Wohnhäusern«. Hufeland hatte damit in Berlin sogleich Erfolg, denn schon im Jahr darauf baute der Stadtphysikus Welper an der Friedrichsbrücke eine Badeanstalt, in der Heizung und Warmwasserbereitung von einem Dampfkessel geleistet wurden. Das Wasser entnahm man der Spree und leitete es in Zink- und Kupferrohren einer Filteranlage zu, von wo es in die Wannen aus Zinkblech oder Fayence floß. Hufelands »Makrobiotik« ist bis in unsere Zeit immer wieder aufgelegt und vielfach übersetzt worden.

Zum ärztlichen Gebrauch von kaltem Wasser regte Hufeland eine wissenschaftliche Preisfrage der medizinischen Fakultät der Berliner

Heiligendamm bei Doberan wurde das erste deutsche Seebad. Aufnahme aus dem 19. Jahrhundert.

Universität an und beobachtete mit Wohlgefallen, daß das Freibad in Flüssen und im Meer sich allmählich wieder wachsender Beliebtheit auch in Deutschland zu erfreuen begann. Der Aphoristiker Georg Christoph Lichtenberg (1742-1799) hatte auf einer Englandreise 1793 Margate besucht und sich gefragt, warum es in Deutschland noch kein großes öffentliches Seebad gab. Wenig später nahm Heiligendamm bei Doberan an der Ostsee als erster Ort die Anregung auf, errichtete ein Badehaus aus Ziegeln mit elf Baderäumen (später Teil von »Haus Mecklenburg«) und eröffnete den Badebetrieb. Man badete zwar schon in Meerwasser, doch noch nicht oder nur ausnahmsweise im Freien. Das Wasser aus der See wurde in die Baderäume gepumpt und speiste dort – kalt oder erwärmt – Becken, Wannen und auch Regenbäder, wie man damals die Brausen nannte. Das Freibad nämlich war recht umständlich: Der Badewillige mußte sich in einem vierrädrigen Badekarren ins Meer fahren lassen, legte dort sichtgeschützt Badekleidung an und stieg über eine mitgeführte Treppe ins Wasser. Zu Badeausflügen in tieferem Wasser wurden Badeboote mit Segeln benutzt, doch badeten die Gäste dann nicht in der offenen See, sondern in einem Badekasten mit Meerwasser an Bord. In der Saison 1796 kurten rund hundert Besucher in Heiligendamm, im Jahr 1800 waren es bereits dreihundert.

Die erste Seebadeanstalt an der Nordsee wurde 1797 auf der Insel Norderney eröffnet, 1799 bekam sie ein Kurhaus und im Jahr 1800 ein Warmbadehaus. Auch hier blieb noch länger das Bad direkt im Meer die Ausnahme, und die dabei übliche Kleidung erregt heute eher Heiterkeit: Wachsbadehauben, geschlossene, allenfalls kniefreie Baumwollkleider, Schirm als Schutz vor Zuschauern angesichts des klatschnassen und damit die Körper-

Umständliche Kleiderordnung noch bis zum Ende der Kaiserzeit: Vornehme Damen am Badekarren auf Norderney, aufgenommen um 1900.

formen abbildenden Badeanzugs. Als nächstes deutsches Seebad wurde 1802 – sehr gegen den Willen der dort ansässigen Fischer – Travemünde in Betrieb genommen. Es folgten 1816 Cuxhaven und 1819 Wyk auf Föhr. In der zweiten Hälfte des 19. Jahrhunderts zählte man im Deutschen Reich rund 50 Seebäder.

Badeaufenthalte waren lange ein Luxus der Oberschicht, erst allmählich mischten sich wohlhabende Bürger unter das adlige Publikum. Das sogenannte Volk, in Rom hätte man gesagt: die »plebs«, blieb noch lange außen vor. Andere Errungenschaften wie das in Europa noch relativ neue Porzellan waren für die Allgemeinheit ebenfalls unerschwinglich. Doch bot sich hier bald eine fast ebenso vornehm scheinende, aber erheblich preiswertere Alternative. Sie kam aus England, wo vor allem in Staffordshire, im »Pottery District«, ein Steingut entwickelt wurde, das um 1800 auch auf dem Kontinent Fayence-Produkte zu verdrängen begann und in Konkurrenz zum Porzellan trat. Es hatte im Steinzeug (»stone ware«) und weniger ansehnlichem Steingut Vorläufer, doch der weiße Scherben, den die Manufakturen und bald auch Fabriken nun zu liefern in der Lage waren, stellte eine Neuheit dar. Wasch- und Sanitärgeschirr wurde nun ebenso wie Speise-, Tee- und Kaffeegeschirr immer häufiger aus Steingut gefertigt: Haar-, Sitz- und Fußwaschbecken, Wasch- und Wasserschüsseln, Kannen mit einfachen und zierlichen Henkeln, Speitöpfe, Seifenschalen, Schminktiegel, Nachttöpfe – für all diese Gebrauchsgegenstände kam das englische Steingut (»white ware«) wie gerufen.

Zu diesem Siegeszug hatte ihm vor allem Josiah Wedgwood (1730-1795) verholfen, dessen weiße und farbige Jasperware überall Schule machte. Es handelte sich zumeist um unglasiertes Steingut, dessen Masse Feuerstein (Flint), Quarz oder Feldspat zugemischt wurde. Nach dem Brand bekam dann die Oberfläche ein seidenartiges Aussehen, das dem Glanz der Glasur nicht nur nicht nachstand, sondern von vielen sogar als besonders vornehm bevorzugt wurde. Das war vor allem bei solchen Stücken der Fall, die sich bewußt an das – modern gesprochen – Design berühmter Porzellanmanufakturen anlehnten. Das zwang diese zur Massenfertigung und zum Reduzieren des küstlerischen Aufwands, damit sie preislich mithalten konnten.

Damals teuer, heute Gold wert: 1774 für Zarin Katharina die Große hergestellte Salatschüssel der Wedgwood-Manufaktur.

1811 bis 1830

Flankierend kritisierten sie das glasierte Steingut wegen des Gehalts an giftigem Blei, was die Behörden auf den Plan rief und schließlich in den 1820er Jahren den Absatz des Steinguts nachhaltig bremste. Hinzu kam neue Konkurrenz in Form von emailliertem Guß- und seit 1810 auch Blechgeschirr. Einen zweiten Boom erlebte dann Hartsteingut in der zweiten Hälfte des 19. Jahrhunderts, als viele Häuser und Wohnungen Wasseranschluß erhielten und Bade- wie Abritträume neu ausgestattet wurden.

Das gibt Gelegenheit zu einer Anmerkung über die Herkunft der Bezeichnung »Brille« für den Toilettensitz: In manchen Wörterbüchern wird sie als Kurzwort für »Klosettbrille« dargestellt, was historisch falsch ist, denn erst war die »Brille«, dann das »Klosett«, sprachlich jedenfalls. Letzteres kam durch das englische »watercloset« zu uns und setzte sich erst allmählich um die Mitte des 19. Jahrhunderts durch. Über die »Brille« hingegen heißt es schon 1807 im »Wörterbuch der deutschen Sprache« von Johann Heinrich Campe (1746-1818): »Wegen der Ähnlichkeit der Gestalt wird die runde Öffnung in dem Sitz des heimlichen Gemachs und das Brett, in welchem sie sich befindet, Brille genannt.« Das deutsche Wort entstand im Mittelalter, als man den Halbedelstein Beryll in Reliquiare einschliff, um den Inhalt sichtbar zu machen. Dabei wurde die optische Wirkung des Halbedelsteins erkannt, was zur Entwicklung von Sehhilfen führte. Glas fand erst Verwendung, als blasenfreie Linsen geschliffen werden konnten. Lange war »Brille« Bezeichnung für das Einglas (Lorgnon, Monokel) wie für das doppelte Augenglas.

Zurück zum Wasser, und zwar in seiner kleinsten Form, dem Wassermolekül. Das Wort »Molekül« geht zurück auf den italienischen

Physiker Amedeo Avogadro (1776-1856), der es 1811 für die kleinsten Bestandteile von Gasen in dem nach ihm benannten Gesetz verwendete: »Bei gleichem Wärmegrad und bei gleichem Druck enthalten gleiche Raumeinheiten verschiedener idealer Gase gleich viele Moleküle.« Den Begriff, die Verkleinerungsform von lateinisch »moles« (Masse), übernahm 1813 der schwedische Chemiker Jöns Jacob von Berzelius (1779-1848), aber nur für zusammengesetzte Gase und andere Stoffe, während er bei Elementen von Atomen sprach. Danach ergab sich, daß ein Wassermolekül aus zwei Teilchen (Atomen) Wasserstoff und einem Teilchen Sauerstoff besteht. Berzelius schlug vor, für die Elemente ein- oder zweibuchstabige Abkürzungen einzuführen und nannte bereits 47 dieser Zeichen, von C für Kohlenstoff über Cu für Kupfer bis zu H für Wasserstoff und O für Sauerstoff. Die Strukturformel für Wasser lautet seitdem H_2O. Die Kürzel setzten sich mit der Zeit durch, vor allem dank ihrer Verwendung in den ebenfalls von Berzelius 1821-1849 versandten »Jahresberichten über die Fortschritte in der Chemie«.

Praktisch befestigte Einglas-Brille. Selbstbildnis der Anna Dorothea Therbusch, Ende 18. Jahrhundert.

Mit dem H_2O gab es in den deutschen Städten der Zeit immer wieder Probleme, an deren Behebung sich die meisten nur zögernd und meist auch wenig solide machten. München kann da als Beispiel dienen: Die Stadt verfügte über reichlich Wasser durch die Isar, die im Jahresmittel eine halbe Million Kubikmeter stündlich vorbeiführte, durch einen starken Grundwasserstrom in der Schotterebene und durch zahlreiche Stadtbäche. Während der Schneeschmelze und bei schweren Regenfällen allerdings wurde dieser Segen zum Fluch, weil dann Überflutungen an der Tagesordnung waren, die nicht nur Wasser durch die Straßen schwemmten, sondern mit ihm den Inhalt von Senkgruben, Müll und ganze Misthaufen. Die Freude war daher groß, als Maximilian I. (1799 Kurfürst, 1806-1825 König von Bayern) im Jahr 1811 den Bau »unterirdischer Abzugskanäle« anordnete. Der ging jedoch zum einen

Städtische Kanalisation im 19. Jahrhundert: Ein Rinnstein in der Straßenmitte führt verunreinigtes Wasser in Abständen in den Unterpflasterkanal.

durch Geldmangel nur sehr schleppend voran, zum anderen wurden schwere Fehler gemacht, die den Erfolg in engen Grenzen hielten:
- Die Arbeiten hielten mit der Bevölkerungsentwicklung (1810 rund 50 000, 1850 schon 130 000 Einwohner) nicht Schritt.
- Die Baulose wurden straßenweise ohne Gesamtplanung vergeben.
- Viele Abzugskanäle wurden nicht in die Isar, sondern in die Stadtbäche geführt, wodurch diese verschmutzten und der frühere Ärger kaum gemildert wurde.
- Abweichende Maße führten zu uneinheitlichem Gefälle mit Staubildung; ähnlich wirkten sich schwankende Höhe und Breite der Kanäle aus.
- Die Ziegelausmauerung war vielerorts undicht, so daß ständig ausgebessert werden mußte.
- Viele Kanäle standen im Rückstau der Stadtbäche, die keine Spüleinrichtungen hatten.

Erst 1862 wurden ernsthafte Anstrengungen zum Bau eines leistungsfähigen Sielsystems unternommen, und 1892 war es schließlich fertig. Der erwähnte Geldmangel hatte politische Gründe: Bayern war zwar 1806 zu einem Königreich aufgestiegen, aber nur durch die Gnade Napoleons I. (Kaiser der Franzosen 1804-1815). Diese Gnade ließ sich der korsische Diktator durch Abgaben und vor allem durch Truppen bezahlen, die er für seine Eroberungen brauchte. 1812 brauchte er besonders viele für die Grande Armée, mit der er den letzten Gegner auf dem Kontinent ausschalten wollte: Rußland. Doch dieser größte aller großen Pläne des kleinen Kaisers endete in einer Katastrophe. Geschlagen mußte er sich aus den Winterweiten Rußlands zurückziehen, geschlagen vom Frost, von den russischen Heeren, aber auch von einem Feind, der in den Geschichtsbüchern so gut wie nicht vorkommt: von den Läusen. Schon beim Vormarsch durch Polen füllten sich die Lazarette mit Tausenden von Typhus- und Fleckfieber-Patienten, und die Seuche griff weiter um sich, weil der Zusammenhang mit dem Läusebefall unbekannt war und niemand auf die Idee kam, durch Waschen von Körper und Wäsche und durch Entlausung die Ausbreitung zu behindern. So fielen den Krankheiten schließlich weit mehr Soldaten zum Opfer, als im Kampf umkamen.

Von den 600 000 Mann aus allen von Napoleon beherrschten Ländern kehrte kaum ein Fünftel in die Heimat zurück, denn die reichste Ernte hielten die Seuchen natürlich unter den geschwächten, frierenden und hungernden Soldaten auf dem Rückzug. Die Krankheiten griffen auch auf die Bevölkerung über; allein in Preußen wurden 1813 über 200 000 Fleckfieber- und Typhus-Tote gezählt. Nur scheinbar im Widerspruch dazu steht, daß die verfolgenden Kosaken und Russen weit weniger von den Krankheiten mitgenommen wurden, obwohl sie gewiß ebenso, wenn nicht stärker von Läusen befallen waren. Menschen nämlich, die im Zivilleben einen höheren Reinlichkeitsstandard gewohnt waren, erwiesen sich als anfälliger für Infektionen, wenn sie dem Schmutz des Kriegsalltags ausgesetzt waren, mit den Pferden das Nachtlager teilen, in verwanzten Quartieren hausen und verlauste Wäsche tragen mußten. Viele der russischen Soldaten dagegen hatten von Kind an eine gewisse Immunität erworben.

Ungeheuer waren die Verluste von Napoleons Großer Armee beim Rückzug aus Rußland 1812. Seuchen wüteten schlimmer als der militärische Feind. »Grenadiere im Schnee«, Gemälde von Ferdinand von Rayski, 1834.

Zündhölzer, Gaslicht, Geruchverschluß

Für Körperpflege war im Krieg wenig Zeit und für warme Bäder, zur gründlichen Reinigung besonders wichtig, schon gar nicht. Dabei spielte auch das umständliche Feuermachen eine Rolle, das erst durch die bald aufkommenden Streichhölzer einfacher wurde. Über sie schrieb der französische Apotheker François Derosne 1816 eine Abhandlung, in der er darstellte, wie man Holzstäbchen mit dem Überzug einer Phosphormischung versehen konnte, die sich beim Reiben an Filz, Kork oder Papier entzündete. Schon Robert Boyle (1627-1691) hatte die Entzündlichkeit von Phosphor entdeckt, doch der Preis für den raren Stoff verbot lange den Einsatz zum Feuermachen. Erst jetzt war er erschwinglich, und auch Schwefel kam nun zu Zündholzehren. Jean Chancel (1779-1837) beschrieb ein Feuerzeug (»briquet oxygéné«) auf dieser Basis: Er überzog den Kopf eines etwa sieben Zentimeter langen Holzstäbchens mit einer Mischung aus Kaliumchlorat, Zinnober und Zucker. Er tauchte den Kopf in ein Gefäß mit Schwefelsäure und erreichte damit, daß das Kaliumchlorat entwich und der Schwefel sich und damit das Holz entzündete. Zur besseren Handhabung des Gefäßes legte er mit Schwefelsäure getränkten Asbest hinein, so daß man das Zündholz nur noch darauf zu drücken brauchte, um Feuer zu erzeugen. Die Tunkhölzer verbreiteten sich rasch und waren in Berlin unter dem Namen »Stipphölzer« bekannt.

Über diese Erleichterung beim Feuermachen wird sich auch Johann Evangelist Wetzler (1774-1850) gefreut haben, dessen Buch »Über Gesundbrunnen und Heilbäder« 1822 erschien. Es ist eine Klageschrift über den Zustand des deutschen Badewesens und zugleich ein Ratgeber zur Verbesserung der Lage. So beschäftigt sich Wetzler mit den Badewannen, die er in den Boden einzulassen empfiehlt und die er sich möglichst geräumig wünscht. Zur Vermeidung von Überlaufschäden rät er zum Einbau einer Öffnung unterhalb des oberen Rands, durch die überschüssiges Wasser in ein Rohr abfließen kann. Ausführlich gewürdigt werden zudem Brausebäder, die Wetzler auch als Gieß-, Strahl-, Dusch- oder Spritzbäder bezeichnet. Und schließlich wendet er sich einem wesentlichem Hemmnis zur Verbreitung öffentlicher Bäder

1823 stellte Johann Wolfgang Döbereiner (1780-1849) eine »Zündmaschine« vor, die auf der Entflammbarkeit von Wasserstoff durch Platinschwamm beruhte.

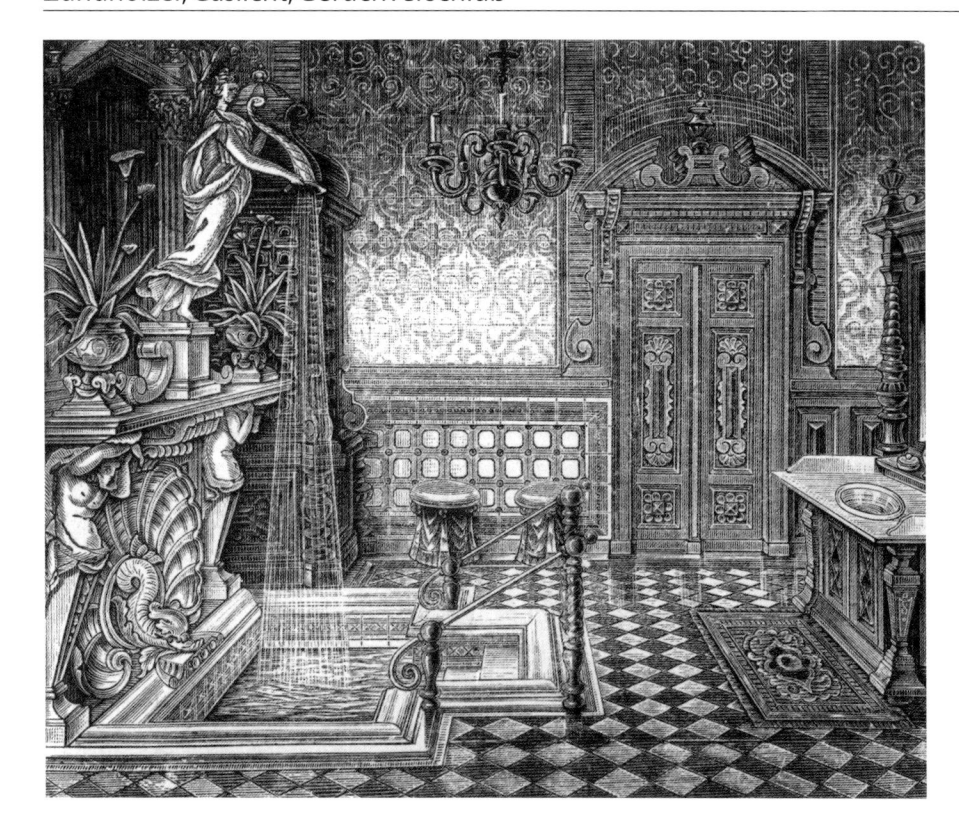

Höchst selten waren zu Beginn des 19. Jahrhunderts derart luxuriöse Badezimmer. Die Wanne ist nach den Empfehlungen von Wetzler in den Boden eingesenkt und verfügt über eine Brause.

zu, der Scheu von Behörden, mit ihnen womöglich Brutstätten der Unmoral zu schaffen, wenn man beide Geschlechter gemeinsam baden ließe. Getrennte Bäder wären ja doppelt so teuer geworden. Wetzler bricht daher eine Lanze für das gemeinschaftliche Bad:

»*Was ist denn nun aber von Seiten der Moralität dagegen einzuwenden? Es sind alle Gesetze des Anstandes beachtet; Herren und Damen erscheinen schicklich bekleidet; jedes Geschlecht hat seine eigenen Aus- und Ankleidezimmer. Es baden nicht etwa ein paar Personen, sondern dreißig, vierzig und mehr, und unter so vielen Augen kann doch keine Handlung vorfallen, die der Moralist tadeln könnte. Im Geheimen, nicht öffentlich, wird gesündigt. Andererseits ist nicht zu leugnen, daß das gemeinschaftliche Baden in ärztlicher Hinsicht von sehr wohltätigem*

Nach Meinung von Wetzler neigten Russinnen zu allzu häufigem Besuch des Dampfbads. Gemälde von I. Letmow (1804-1841), um 1825.

Einfluß sein könne. Man ist da in sehr angenehmer Gesellschaft; man singt, lacht, scherzt; der Anblick hübscher Frauen vergnügt, die Unterhaltung mit ihnen gewährt angenehmen Zeitvertreib; der Hypochonder vergißt seine Grillen, der Gichtkranke seine Schmerzen; der an Heilung schon fast Verzweifelnde schöpft neuen Mut...«

Wetzler kannte den hier bereits vorgestellten Bericht von Ribeiro-Sanchez über die russischen Bäder und teilte dessen positive Meinung darüber. Allerdings kritisierte Wetzler, daß die Russen und vor allem die

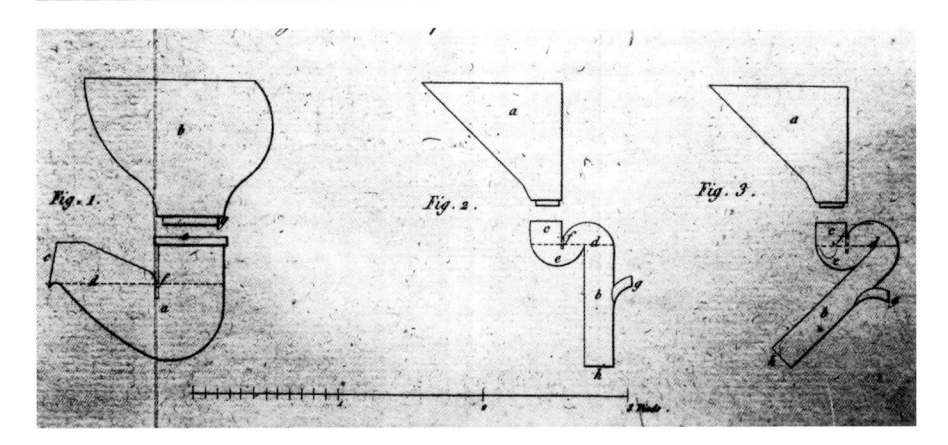

1823 eingereichte Patentzeichnung von Frau Benoist für ihren Abortsitz mit Wassergeruchverschluß.

Russinnen nicht immer den richtigen Gebrauch von den Einrichtungen machten. So alterten die russischen Frauen vor der Zeit, weil die seiner Ansicht nach empfindlichere und dehnfähigere weibliche Haut durch allzu häufigen Besuch in überheißen Schwitzbädern in wenigen Jahren schlaff, faltig und runzlig werde. Das liege auch daran, daß die Frauen den kalten Guß oder das Wälzen im Schnee nach Ende des Schwitzbades mehr scheuten als die Männer, so daß sich die Haut nicht sogleich wieder straffe. Auch bemängelte Wetzler, daß die Russen die Dampfbäder weniger zur Reinigung nutzten als aus Lust am Schwitzen. Der abschließende Kaltwasserguß sei – wenn überhaupt angewandt – meist das ganze Bad, nach dem viele zudem wieder in ihre ungewaschene Kleidung oder ins ebenso ungewaschene Bettzeug schlüpften.

Mit der Reinlichkeit nahm es da eine Französin schon genauer, die mit einer folgenreichen Erfindung in die Männerdomäne Technik einbrach. Madame Benoist, über die sonst nichts Biographisches bekannt ist, meldete 1823 einen »siège inodore destiné à l'assainissement des lieux d'aisance (wörtlich: Orte der Erleichterung)« zum Patent an, also einen geruchfreien Abortsitz zur Verbesserung der Hygiene in Toiletten. 1826 wurde ihr das Patent Nummer 1335 erteilt, weil ihre Konstruktion eine deutliche Verbesserung des Wassergeruchverschlusses darstellte, wie ihn Cummings, schon 1775 erfunden hatte. Frau Benoist nämlich baute den Verschluß direkt ans Becken an, so daß das Entweichen von

Mehr Licht: Holländische Straßenhändlerin mit Streichholzbündeln. Kolorierter Kupferstich, Anfang 19. Jahrhundert.

Kanalgasen gleich im Abfluß blockiert wurde. Als sich seit 1870 glasierte Steingutbecken durchgesetzt hatten, dauerte es nicht mehr lange, bis die Wassergeruchverschlüsse direkt ans Becken angeformt und auch für Harn-, Wasch- und Spülbecken sowie Abläufe aller Art üblich wurden.

Ebenso wie die Erfindung von Frau Benoist setzten sich um 1830 die bereits zusammen mit den Tunkhölzern vorgestellten Streichhölzer durch und wurden zur Massenware. Sie waren aber lange recht gefährlich, weil beim Entflammen der Phosphorkappe Temperaturen bis zu 2000 Grad Celsius entstanden. Schocks, Brandwunden und Vergiftungen durch die ausströmenden Gase waren nicht selten, und so wurden die sogenannten Friktionshölzer in einigen Ländern sogar zeitweilig verboten. Vor allem gegen den Einsatz des giftigen weißen Phosphors wandten sich viele, denn die Arbeiter, die bei der Herstellung in engen Kontakt mit solchen Mischungen kamen, erkrankten oder starben gar an der Phosphornekrose des Unterkiefers (»phossy jaw«), ehe man die Ursache erkannt hatte. Erst eine ganze Reihe von Sicherheitsauflagen, Verwendung von rotem Phospor, Änderungen im Gemisch der Zündmasse und die Mechanisierung einiger Herstellphasen schufen Abhilfe.

Gesundheitliche Bedenken führten auch dazu, daß die in England schon länger übliche Gasbeleuchtung in den 1820er Jahren in Deutschland zunächst nur als Straßenbeleuchtung aufkam: 1826 machte Hannover den Vorreiter, 1828 zog Dresden nach. Es waren viele Widerstände zu überwinden gewesen, ehe sich die Leute mit der Idee beleuchteter Städte anzufreunden begannen. Man fürchtete um die Nachtruhe, sorgte sich wegen möglicher Gasvergiftungen und hatte sogar religiöse Vorbehalte: Nächtliche Straßenbeleuchtung sei ein Vergehen gegen die göttliche Ordnung der Natur. Erst als Unternehmer ihre Fabrikgebäude mit Gas beleuchteten und Zwischenfälle weitgehend ausblieben, wagte man auch die Beleuchtung von Wohngebäuden mit Gas. Und da von allerhöchster Stelle mit guten Beispiel vorangegangen wurde, bröckelte der Widerstand bald: Der Architekt Karl Friedrich Schinkel (1781-1841) ließ als erster 1828 Gas in das von ihm errichtete Prinz-Karl-Palais legen und kunstvolle Ständer aus Eisenguß für

Zündhölzer, Gaslicht, Geruchverschluß

Gaslampen aufstellen. Die Flammen waren durch Glaszylinder gegen Luftzug geschützt.

Eine Seuche, die bisher vorwiegend auf Ost- und Südostasien beschränkt gewesen war, breitete sich Anfang des 19. Jahrhunderts nach Europa aus: 1831 erreichte die Cholera auch Deutschland und hielt furchtbare Ernte; allein in Preußen starben nach zeitgenössischen Angaben 41 738 Menschen, darunter der weltberühmte Berliner Philosoph Hegel (1770-1831). Im Jahr darauf drang die Seuche nach Frankreich vor, wo sie der deutsche Dichter Heinrich Heine (1797-1856) erlebte und darüber schrieb, daß die Pariser die Cholera zunächst nicht

1831 bis 1850

Bekanntmachung,
die Fortdauer der Maasregeln gegen die asiatische Cholera betreffend.

In Bezug auf das Einpassiren von Personen in die Stadt Leipzig, welche wie die Umgegend fortwährend noch im Besitze eines vollkommen guten Gesundheitszustandes sich befindet, besteht, auch nach Ablaufe der um vierzehn Tage verlängert gewesenen Michaelismesse, die Einrichtung, daß,

1) wer allhier wohnt, wie bisher durch eine rothe Karte,
2) wer außerhalb Leipzig an einem andern Orte des Königreichs Sachsen wohnt, durch eine Karte, wie sie im Königlichen Landate vom 13ten Aug. 1831. vorgeschrieben ist,
3) wer aus dem Auslande kommt, gleichviel ob er Ausländer oder Inländer sey, außer dem Zeugnisse seines Gesundheitszustandes, durch einen Paß, welcher jedoch von einem diesseitigen Grenz-Büreauvisirt seyn muß,

sich, ehe er in Leipzig einpassiren kann, unerläßlich zu legitimiren hat.

Wer in hiesige Stadt sich eingeschlichen haben würde, möge er schon an einem diesseitigen Grenz-Bureau oder an einem hiesigen Thore als nicht genügend legitimir zurückgewiesen gewesen seyn oder nicht, wird, nach Befinden, mit einer Gefängnißstrafe von acht Tagen bis vier Wochen bestraft werden.

Nochmals wird bemerkt, daß die Einbringer von Actualien und andern Producten zu den hiesigen Wochenmärkten, vorausgesetzt, daß sie die vorstehenden Vorschriften sub 2 und 3. wie zeither befolgen, am Einpassiren und in ihrem Gewerbsbetriebe nicht gehindert sind.

Wegen der Waaren- und Viehtransporte bewendet es durchaus bei den gegenwärtigen Einrichtungen.
Leipzig, den 30sten October 1831.

(L.S.) Der Rath der Stadt Leipzig.
D. Deutrich, Bürgermeister. Müller, Stadtrath.

Gerade für Messestädte wie Leipzig mit ihren Besuchern aus aller Herren Ländern wuchs sich die Cholera zu schwerer Bedrohung aus. Scharfe »Maasregeln« waren erforderlich.

recht ernstnehmen: »*Es schien anfänglich sogar darauf abgesehen, sie zu verhöhnen... Da war es nun der guten Cholera nicht zu verdenken, daß sie aus Furcht vor dem Ridikül zu einem Mittel griff, welches schon Robespierre und Napoleon als probat befunden, daß sie nämlich, um sich in Respekt zu setzen, das Volk dezimiert. Bei dem großen Elende, das hier herrscht, bei der kolossalen Unsauberkeit, die nicht bloß bei den ärmeren Klassen zu finden ist, bei der Reizbarkeit des Volkes überhaupt, bei seinem grenzenlosen Leichtsinne,... mußte die Cholera hier rascher und furchtbarer als anderswo um sich greifen.*« Das war nun zwar nicht der Fall, denn mit rund 12 000 Seuchentoten in vier Monaten auf 750 000 Einwohner kam die französische Hauptstadt noch ziemlich glimpflich davon. Doch der Schock saß tief und führte auch zu politischen Wirren.

Man lernte aber weder hier noch anderswo die bittere Lektion, ja die meisten Menschen begriffen keineswegs wie Heine, welche verheerende Rolle Schmutz bei der Ausbreitung der Seuche spielt. Auch deswegen kam es in der Folgezeit immer wieder zu Cholera-Epidemien, so auch zur Zeit der Märzrevolution von 1848. Forderten die Kämpfe damals in Berlin 200 Menschenleben, so fielen der Krankheit im gleichen Zeitraum über 5000 Menschen zum Opfer; die Unruhen dürften dadurch sogar noch Nahrung erhalten haben. Man wußte immer noch wenig über die Krankheit und hielt sich etwa an den Brockhaus von 1837, der »Furchtlosigkeit« für die beste Medizin hielt – bei einer Sterblichkeit von bis zu 70 Prozent der Infizierten eine kühne Empfehlung. Ihr hingen aber auch so gebildete Menschen wie Bismarck, der spätere Reichskanzler, an, der seiner Frau am 23. Juli 1849 brieflich riet, möglichst wenig über die Cholera zu sprechen, denn »die Furcht vor ihr ist die leichteste Brücke, auf der sie in den menschlichen Körper dringt«.

Fast überall war der Hauptgrund für die explosionsartige Verbreitung solcher Seuchen die Verwendung von stark verschmutztem Wasser aus Flüssen und Teichen oder aus Brunnen, die in belastetes Grundwasser vorgetrieben worden waren. Natürlich kannte man die großen Leistungen der römischen Wasserbauer, doch schien ein ähnlicher Komfort im frühen 19. Jahrhundert unerschwinglich. Der Brockhaus (»Allgemeine deutsche Real-Enzyklopädie für die gebildeten Stän-

Zündhölzer, Gaslicht, Geruchverschluß

de«, 8. Auflage 1833), schrieb über die Aquädukte der Römer, »daß sie, in unseren Zeiten erbaut, den Reichtum eines ganzen Volkes erschöpfen würden«. Es ist daher von einer bemerkenswerten Ausnahme zu berichten: 1832 wurde in Lucca eine Wasserleitung in Betrieb genommen, deren Bauauftrag noch auf Elisa Bonaparte zurückging, Schwester Napoleons I. und 1809-1814 Großherzogin der Toskana. Streng nach römischem Vorbild hatte der Architekt Lorenzo Nottolini eine Gefälleleitung auf 459 Stützbogen über vier Kilometer mitten in die damals noch kleine Stadt geführt, die damit täglich über 400 Kubikmeter Frischwasser aus dem Tal des Rio S. Quirico verfügte. Der Aquädukt blieb bis 1914 in

Daß die städtischen Abwasser ein gesundheitliches Problem darstellten, war schon lange vor der Entdeckung des Cholera-Erregers klar. Kaiser Franz I. 1831 bei der Inspektion des Abwasserkanalbaus am Ufer der Wien. Kolorierte Lithographie.

Ein aufwendiges Wasserversorgungsnetz leistete sich Dresden, wegen seiner Bauten als »Elbflorenz« gerühmt. Katholische Hofkirche und Elbbrücke, kolorierte Aquatinta-Radierung, um 1825.

Betrieb, und noch heute sind einige Bogen in den Vorstädten zu sehen, andere sind im Krieg zerstört worden oder Bauplanungen zum Opfer gefallen.

Antike Wasserbauer standen vielleicht auch in Dresden Pate, als hier seit 1835 Steinrohrleitungen zur Verteilung des Wassers aus Weißeritzmühlgraben und aus Leubnitz verlegt wurden. Anders als die Griechen etwa in Methymna konnte man nun aber Steinrohre genormt und in einem Bohrwerk herstellen. Ein mit sechs PS arbeitender Dampf-Bohrer kernte darin Blöcke aus Elbsandstein aus, die bei einer Länge von knapp anderthalb Metern und einer Wanddicke von zehn bis 15 Zentimetern immer pro Stück 900 Kilogramm wogen. Sie wurden mit Zementbelag ausgekleidet und bekamen an einem Ende einen Zapfen, am anderen eine sechs Zentimeter lange Muffe. Zum Leitungsbau wurden sie mit Winden ineinander geschoben, die Fugen mit Kitt abgedichtet; die Zwischenstücke für die Schieber, Bogen- und Abzweigstücke bestanden aus Gußeisen. Vorteile dieser Rohre: Sie waren billiger als Gußrohre und wasserdicht, sie ließen keine Verschmutzung zu und kannten bei niederen Drücken kein Durchschwitzen. Nachteile: Sie vertrugen keinen hohen Druck, litten bei Erschütterungen des Bodens, verlangten hohen Aufwand beim Verlegen und ließen sich nicht wiederverwenden. Fast fünfzig Kilometer solcher Rohre wurden in der Stadt verlegt; sie brachten täglich nahezu 12 000 Kubikmeter Wasser zu 1075 Entnahmestellen – viel, aber noch viel zu wenig. Deshalb gab es in Dresden zusätzlich 93 öffentliche und 2925 private Pumpbrunnen sowie drei artesische Brunnen.

Mitte der 1830er Jahre gelang es dem Amerikaner Hayward (1808-1865), dem Gummi durch Schwefeln seine Klebrigkeit zu nehmen. Eine Erfolgsgeschichte aber wurde Gummi erst, nachdem er seine Idee 1838 dem Landsmann und Chemiker Charles Goodyear (1800-1860) verkaufte. Dieser verbesserte das Verfahren weiter, indem er den Gummi durch Beimischung von Blei und Schwefel sowie durch Wärmebehandlung weniger empfindlich für hohe und niedrige Temperaturen machte. Er nannte das Verfahren Vulkanisation und konnte nun Gummi in verschiedenster Form gewerblich nutzen. So verwirklichte er die schon 1751 vom französischen Ingenieur François Fresneau (1703-1770) geäußerte Idee, Schläuche aus Gummi herzustellen, und produzierte auch einen Hartgummi. Das Material eignete sich wegen seiner hohen Elastizität für Rohrverbindungen, Dichtungen und manche andere Zwecke in der Sanitärtechnik. Es litt freilich noch unter relativ rascher Ermüdung, die bald zu Porosität führte und den Gummi bröckeln ließ.

Als langfristig noch folgenreicher erwiesen sich Bemühungen auf einem anderen technischen Gebiet: Bei wachsender Bevölkerung und mit wachsendem Bedarf an Lebensmitteln, Frachtgut und Vorräten wurde das Frischhalteproblem immer drängender. Die Entwicklung aber kam nur schleppend voran; noch dominierte das im Winter in Blöcken geschnittene natürliche Eis, das im Frühjahr knapp wurde und im Sommer bei Spitzenbedarf allenfalls noch zu Spitzenpreisen zu haben war. Bekannt war zwar schon lange, daß verdichtete Luft beim Ablassen kalt ausströmt, auch Verdunstungskälte war nichts Neues. Nur mit der technischen Umsetzung haperte es, und erst 1834 gelang dem Engländer Jacob Perkins (1766-1849) die Konstruktion einer brauchbaren Eismaschine: Sie verdampfte eine flüchtige Flüssigkeit wie Äther und gab die dabei entstehende Kälte an eine Salzlösung ab. Der Äther wurde anschließend in einem Kreislauf wieder verflüssigt. Das Verfahren aber erschien Unternehmern noch immer nicht wirtschaftlich und lag daher

Charles Goodyear, Begründer der modernen Gummi-Industrie. Stahlstich.

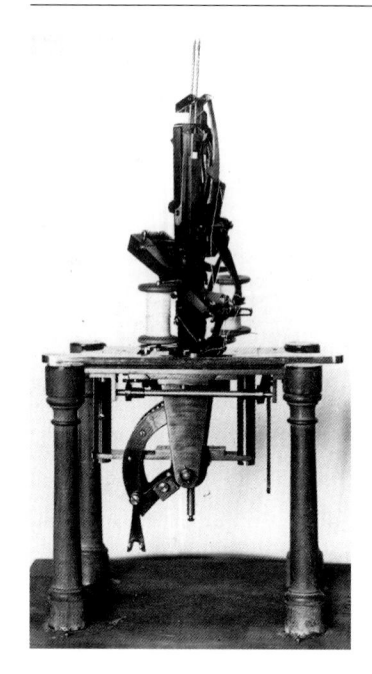

Im Technischen Museum in Wien wird die von Joseph Madersperger erfundene Nähmaschine gezeigt.

weiterhin buchstäblich auf Eis. Ähnlich ging es der im gleichen Jahr gemachten Entdeckung der Kälteerzeugung mittels elektrischen Stroms durch Jean Charles Athanase Peltier (1785-1845): Beim Leiten von Strom durch ein Thermoelement kühlt dieses ab. Dieser Peltier-Effekt fand auch nur zögernd Anwendung.

Schnelleren Erfolg hatte eine Erfindung des aus Kufstein stammenden Wiener Schneidermeisters Joseph Madersperger (1768-1850), der 1839 das erste funktionstüchtige Modell einer Nähmaschine vorstellte, die nach dem Zweifadensystem arbeitete. Schon seit 1807 hatte er an einem »mechanischen Finger« gearbeitet, der mit einer zweispitzigen Nadel mit Öhr in der Mitte Tuch durchstach und nach dem Prinzip der Fadenverschlingung arbeitete. Daraus entstand das 1839er Modell, das 1845 vom Amerikaner Elias Howe (1819-1867) durch das Schiffchen und 1851 von seinem Landsmann Isaac Merrit Singer (1811-1875) durch den automatischen Stoffschieber mit Stahlzähnchen verbessert wurde. Singer ging dann seit 1864 zu serienmäßiger Herstellung seiner Doppelstichnähmaschine über, der ersten erschwinglichen Maschine für Privathaushalte, so daß die Hausfrauen ihre Gardinen und Vorhänge, Wasch- und Topflappen nun selbst säumen, ja sogar einfache Kleidungsstücke nach eigenem Geschmack preiswert schneidern konnten.

Erste Sozialgesetze

Unter Privathaushalten sind bürgerliche zu verstehen, denn die Arbeiterfamilien waren für solche Neuerungen weiterhin viel zu arm. Die Verhältnisse, in denen sie lebten oder meistens sogar bloß vegetierten, waren so katastrophal, daß darüber vor allem Ärzte erschraken, die sich um die Volksgesundheit sorgten. In Frankreich war das insbesondere Louis René Villermé (1782-1863), der in mehreren Schriften in den 1830er Jahren Klage erhob. 1840 legte er eine Untersuchung über die Kinderarbeit in den Bergwerken vor, wo sogar Achtjährige schufteten. Sein Bericht über die Arbeitsbedingungen in den Webereien und Spinnereien erschien im gleichen Jahr. Beide erreichten immerhin, daß Kinderarbeit 1841 in Frankreich per Gesetz, dem ersten Sozialgesetz, eingedämmt wurde. An den mörderischen Arbeitszeiten der älteren Arbeiter, an den Wohnverhältnissen und an der kargen Ernährung der Arbeiterfamilien aber änderte sich damit natürlich nichts, eher im Gegenteil, weil nun der schmale Zuverdienst ausfiel. Entsprechend höher als in den gehobenen Schichten war die Sterblichkeit und die Anfälligkeit für Seuchen unter den Arbeitern. Das von Villermé geweckte Interesse an der öffentlichen Gesundheit (»hygiène publique«) aber wirkte politisch weiter.

Ähnliche Impulse setzte in England Edwin Chadwick (1800-1890), seit 1834 erster Sekretär der Poor Law Commission, mit seiner 1842

Bergwerksunternehmer setzten gern Kinder ein, weil die Kleinen in flache Nebenstollen vordringen konnten und noch billiger waren als die ausgebeuteten erwachsenen Minenarbeiter. Holzstich aus der »Illustrirten Zeitung«, Leipzig 5.10.1844.

erschienenen »Untersuchung der gesundheitlichen Verhältnisse der arbeitenden Bevölkerung Großbritanniens«. Das Aufsehen, das Chadwick damit erregte, führte noch im gleichen Jahr zur Einrichtung einer Bade- und Waschanstalt für Arbeiter in Liverpool mit einem zweistöckigen Badehaus, das in eine Männer- und Frauenabteilung getrennt war. Beide hatten Dampf- und Wannenbäder sowie ein Hallenschwimmbad. Nach und nach folgten andere Städte mit ähnlichen Einrichtungen. Auf Anregung Chadwicks wurde auch das Abwasserproblem angegangen: Er empfahl Rohrleitungen, weil gemauerte zu leicht undicht würden, und er riet zur Leitung der Abwasser auf bewirtschaftete Felder. Das

»**Der große Brand von Hamburg**« **(5.-8. Mai 1842). Farbige Kreidelithographie aus den zeitgenössischen Neuruppiner Bilderbogen.**

erste derartige Rieselfeld entstand wenig später in Croydon, damals eine Stadt von 20 000 Einwohnern, heute ein Teil Londons. Die englischen Ingenieure genossen damals europaweit einen sehr guten Ruf, und man nahm ihre Hilfe auch in Deutschland gern in Anspruch.

So griff der Hamburger Senat nach dem großen Brand der Stadt von 1842 die im Vorjahr von William Lindley (1808-1900) gemachten Vorschläge zu einer Besielung auf und übertrug ihm den Wiederaufbau der Hamburger Wasserversorgung und Entwässerung. Lindley beriet sich bei seinen Planungen auch mit Chadwick in London und entschloß sich, zunächst das vom Brand besonders betroffene innerstädtische Gebiet mit Sielen auszustatten, ehe die neuen Straßen gepflastert würden. Elf Kilometer Siele wurden bis 1845 fertig, weitere für die Neustadt konnten 1865 übergeben werden. Zur Verhinderung des Rückflutens der Abwasser bei Hochwasser der Elbe legte Lindley im Marschgebiet an den unteren Sielen Speicher an. Zur Wasserverorgung baute er in Rothenburgsort eine Hauptpumpenanlage und einen 73 Meter hohen Wasserturm; das Wasser entnahm er der Elbe dreieinhalb Kilometer von der Stadtgrenze entfernt flußaufwärts und leitete es zur Klärung in drei Absetzbecken von fünfzig Hektar Fläche. Von dort hob es ein dampfgetriebenes Pumpenwerk von vier Maschinen à 45 PS Leistung in ein hohes Standrohr, aus dem es in die anfangs 62 Kilometer langen Versorgungsleitungen eingespeist wurde. 1848 ging das Wasserwerk in Betrieb, und schon 1850 erhielten 4000 der 11 500 Hamburger Häuser Wasser aus der städtischen Leitung.

Mit einem seiner Vorschläge aber vermochte sich Lindley tragischerweise nicht durchzusetzen: Er hatte angeregt, das Wasser vor der Einspeisung durch einen Sand- oder Langsamfilter zu leiten. Doch die Mittel dazu wurden nicht bewilligt, weil das Problembewußtsein fehlte und weil die Wasserentnahme beruhigend weit vor der Stadt erfolgte, damals jedenfalls. Das aber änderte sich rapide, denn die Bevölkerung wuchs dramatisch, und bald lag das kritische Gebiet in bewohnter und – schlimmer noch – gewerblich genutzter Umgebung. Hinzu kamen wasserverschmutzende Betriebe am Ober- und Mittellauf der Elbe, so daß die gesundheitlichen Risiken bedrohlich wuchsen. Als sich die Stadtväter 1890 zum Bau der Filteranlage entschlossen, war es zu spät, denn

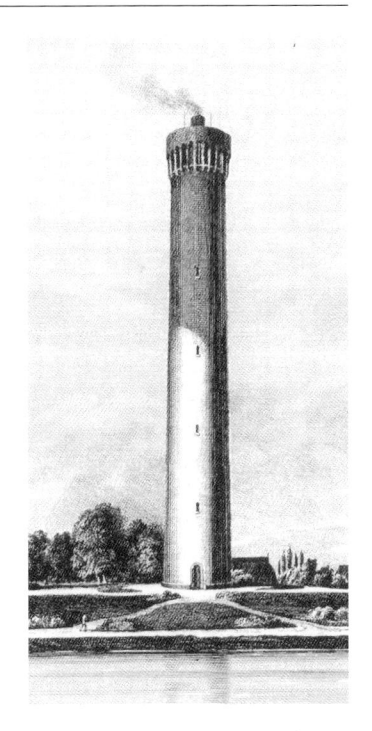

Lindleys am Elbufer von Rothenburgsort errichteter Wasserturm für die Großstadt Hamburg.

»Bei den Leichenhallen vor dem Holstenthor während der Cholera-Epidemie 1892« nannte Ernst Niese sein Gemälde, das dem großen Sterben etwas Makaber-Idyllisches abgewinnt.

»Es ist hart, in unserem Alter eine solche Kalamität der Heimat erleben zu müssen.« (Bismarck über die Cholera in Hamburg 1892)

ehe sie fertiggestellt werden konnte, erreichte eine neue Cholera-Welle Deutschland und raffte 1892 allein in Hamburg innerhalb von nur sechs Wochen über 8000 Menschen dahin. Jetzt erst war der Problemdruck groß genug, so daß die Filteranlagen am 27. Mai 1893 den Betrieb aufnehmen konnten.

Für Lindleys Leitungen kam eine Entwicklung in seiner Heimat ein wenig zu spät: 1845 hatte der Töpfer Henry Doulton (1820-1897) die Produktion von Rohren aus Steinzeug (»stoneware pipe«) aufgenommen, die für manche Zwecke Guß- und schon gar Tonrohren überlegen waren. Im väterlichen Betrieb nämlich hatte der junge Mann eine strapazierfähige Glasur entwickelt, die sich für Drän- und Entwässerungsrohre aus Steinzeug eignete. Während Tonrohre (»earthenware pipe«) porig und auf Stoß und Druck empfindlich waren, hielten glasierte Rohre aus Steinzeug mehr aus, erleichterten den Durchfluß und erlaubten damit bei gleicher Leistung geringere Querschnitte, zumal seit 1850 auch die Fertigung von Rohr und Muffe in einem Stück mittels einer geeigneten Presse möglich war. Jetzt fanden sie auch Verwendung bei der Straßenentwässerung als Ablaufrohre anstelle der bisher üblichen aufwendig zu mauernden Backsteinrinnen. Und Auftrieb erhielten die Werke von Doulton auch dadurch, daß sich Chadwick, »father of sanitation«, für deren Produkte schon aus hygienischen Gründen einsetzte.

Hygienische Gründe haben auch dazu beigetragen, daß wir heute den Wasserverbrauch mit Wasserzählern messen und nicht mehr mit den Eichhähnen oder Meßdüsen, wie sie schon zur Römerzeit eingesetzt worden waren und um 1850 wieder üblich wurden. Es handelte sich dabei um Gehäuse von Reiberhähnen, in deren Durchlauf je nach Wasserdruck an der Entnahmestelle und nach vorher berechnetem Tagesbedarf durchbohrte Düsen aus Speckstein eingesetzt wurden. Das bedeutete, daß kontinuierlich Wasser floß, so daß in jedem Haus Speicher, meist in Form von Hochbehältern, erforderlich waren. Je nach Hausgröße und Bewohnerzahl maßen sie bis zu dreißig Kubikmeter, in Einzelfällen auch mehr. Aus dem Behälter konnten so bei Spitzenbedarf auch größere Mengen entnommen werden; ein Überlauf ließ überschüssige Mengen in die Entwässerungsleitung ablaufen. Gewöhnlich waren die Vorratsbehälter im Dachgeschoß untergebracht und gaben das mit dem Druck des Wasserwerks einströmende Wasser dann mit Gefälledruck an die Zapfstellen im Haus ab. Regelmäßige Reinigung war vorgeschrieben. In Augsburg, wo über hundert Jahre lang mit Eichhähnen gearbeitet wurde, ergaben sich folgende Vor- und Nachteile dieser Form der Messung des Verbrauchs:

Als positiv erwies sich, daß die Wasserwerke so eine stetige Abgabe hatten, so daß sich Verbrauchsspitzen allenfalls im häuslichen und nicht im gesamtstädtischen Netz auswirkten. Außerdem hatte so jedes Haus einen größeren Wasservorrat, was sich bei Versorgungsunterbrechungen bewährte. Zudem hatte man so bei den damals noch häufigeren Bränden sofort Löschwasser zur Hand. Negativ zu bewerten war hingegen die damit verbundene Wasserverschwendung: Durch Einführung der Wasserzähler in den 1950/60er Jahren verringerte sich der

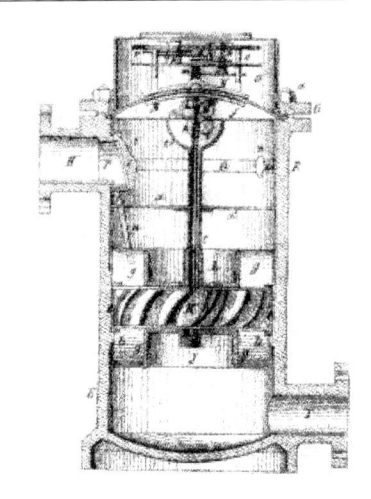

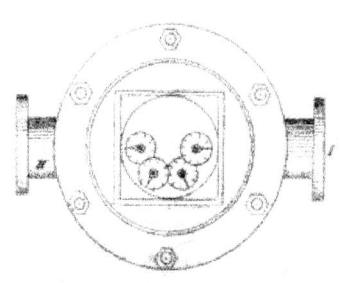

Zur Messung des Wasserdurchflusses in Rohren entwickelte ein Franzose namens Loup 1859 diesen »Zählapparat« mit magnetischer Kupplung. Schematische Darstellung.

Verbrauch auf weniger als die Hälfte. Auch die Kosten für die Einrichtung und Reinigung der Hausanlage fielen weg, die ja recht groß dimensioniert sein mußte, damit bei hoher Entnahme nicht nur der dünne Strahl der Eichdüse zur Verfügung stand.

Ganz andere Sorgen hatten die Menschen in der Neuen Welt, vor allem die Ureinwohner Nordamerikas, die Mitte des 19. Jahrhunderts von einer neuen Welle europäischer Einwanderer getroffen wurden und weiter buchstäblich wie im übertragenen Sinn an Terrain verloren. Noch bewahrten etwa die Dakota oder die Sioux ihre angestammten Sitten und auch die ihnen eigene Reinlichkeit. Dazu gehörte das Schwitzbad, das meist in einer mannslangen Grube an einem Bach oder Fluß genommen wurde. Dazu machten die Indianer Flußsteine glutheiß und plazierten sie dicht an den Seiten der Grube. Dazwischen nahm der Badende auf Nadelbaumzweigen Platz und ließ sich mit weiteren Zweigen abdecken. Sie schmorten an den heißen Steinen und strömten Harzgeruch und den Duft ätherischer Öle aus. War der Badende in diesem heißen Bett naßgeschwitzt, erhob er sich und sprang ins nahe kalte Wasser oder ließ sich mit solchem übergießen. Der belebende Effekt war bei den Indianern äußerst beliebt als Abhärtung gegen Krankheiten. Gegen die bisher unbekannten Infektionen aber, die die Weißen einschleppten, half sie allerdings wenig. Es kamen erheblich mehr Indianer durch Windpocken und Masern um, als im Kampf gegen die Eindringlinge fielen. Das Feuerwasser tat ein Übriges.

Dakota-Dampfbad: Ein flaches Zelt aus Büffelleder wurde über den Ring aus glutheißen Steinen gespannt, die man mit Wasser besprengte, so daß sich das mit Nadelbaumzweigen ausgelegte Innere mit Dampf füllte.

In Europa war eine der besorgniserregenden Geißeln das Wochen- oder Kindbettfieber, gegen das ein Arzt jetzt Front machte, der seit 1846 an der Ersten Wiener Gebärklinik tätig war: Ignaz Semmelweis (1818-1865). Gerade sein Haus hatte sich einen

Erste Sozialgesetze

denkbar schlechten Ruf zugezogen wegen der hohen Sterblichkeit seiner Wöchnerinnen: Fast jede zehnte starb hier, während die Zweite Wiener Gebärklinik nur gut ein Drittel solcher Todesfälle aufwies. Ein Zufall kam Semmelweis zur Hilfe: Im Frühjahr 1847 starb der mit ihm befreundete Professor Kolletschka, nachdem er sich bei einer Leichenöffnung verletzt hatte. Die Untersuchung des Toten ergab, daß er den gleichen Entzündungen erlegen war, die man bei den Kindbettopfern festgestellt hatte. Die fragliche Krankheit konnte also nur durch Kontaktinfektion bei der Geburtshilfe, also durch Verunreinigungen der Hände des Geburtshelfers oder seiner Instrumente zustande kommen. Semmelweis verpflichtete daher alle seine Mitarbeiter zu strikter Reinigung mittels einer wäßrigen Chlorkalklösung. Die Todesrate in seiner Klinik sank drastisch auf ein Zehntel der bisherigen. Dennoch schlugen viele Ärzte noch lange seine Ratschläge in den Wind. Der »Retter der Mütter«, als der er später hoch geehrt wurde, wurde darüber trübsinnig und starb in einer Nervenklinik.

Der Aufschwung der Chemie in Europa gab Impulse für die Suche nach chemisch verbessertem Mörtel. Es kamen diverse Produkte auf den Markt, darunter auch der von Isaac Charles Johnson (1811-1911) entwickelte Portlandzement. Das Wort »Zement« war nach dem lateinischen Begriff »caementum« (meist Mehrzahl »caementa«) gebildet worden, der allerdings nur die Bruchsteine meinte, die der Mischung aus Kalkmörtel und Puzzolanerde zur Herstellung von Beton beigegeben wurden.

Kurz nach der Jahrhundertmitte hatte Johnson in einem von ihm konstruierten waagerechten Tunnelofen einen Klinker aus Verbindungen von Kalk mit Kieselsäure, Tonerde und Eisenoxid bei 1400 Grad gebrannt und ihn unter ganz geringem Zusatz von Gips feingemahlen. Wegen der farblichen Ähnlichkeit mit dem in England häufigen Portlandstein (Malm) wurde das bindekräftige Gemisch Portlandzement genannt und bald in großen Mengen, seit 1875 auch in den USA, hergestellt. Zum ersten Großeinsatz kam der neue Zement 1859-1867 beim Bau der Stadtent-

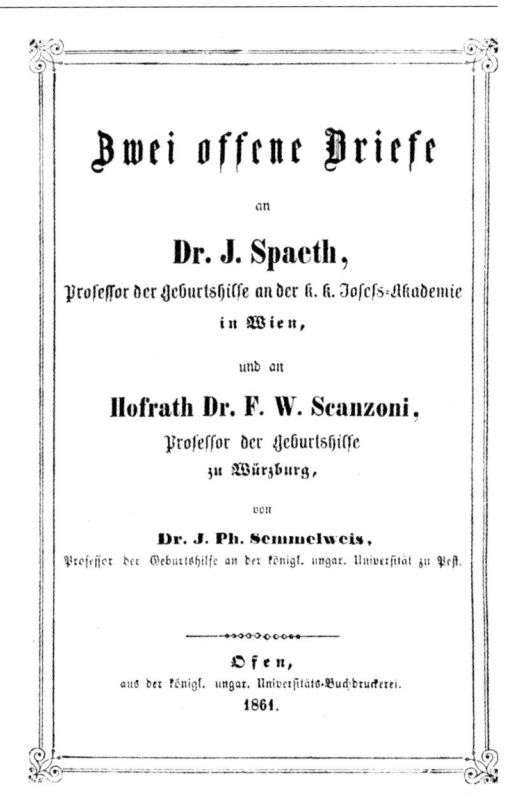

In offenen Briefen an medizinische Koryphäen warb Ignaz Semmelweis für strikte Reinlichkeit in den Kreißsälen.

1851 bis 1870

Reges Treiben in einem chemischen Labor um die Mitte des 19. Jahrhunderts. Aquarell nach einer Federzeichnung.

wässerung Londons. Allein für das Mauerwerk des Hauptsammlers wurden 70 000 Tonnen Portlandzement im Mörtel verbraucht.

Mehr Stabilität wurde auch für Kessel, Rohre, Armaturen und dergleichen angestrebt. Hatte man dafür früher Holz oder Leder durch Bronze oder Eisen ersetzt, so ging man nun dazu über, diese Gegenstände aus Stahl zu fertigen. Auch er freilich bedurfte weiterer Verbesserung, und einen bedeutenden Beitrag dazu leistete Henry Bessemer (1813-1898), indem er das flüssige Roheisen mit Luft durchblies, wodurch die Eisenbegleiter, insbesondere der Kohlenstoff, verbrannten. Dieses 1854 entwickelte Windfrischverfahren erbrachte wesentlich festeres Material als das Puddeleisen. Es eignete sich vorzüglich für Maschinenteile und Bleche; 1856 erhielt Bessemer das Patent darauf. Die großtechnische Umsetzung aber stieß wegen des Phosphor- oder Schwefelgehalts des Roheisens auf Probleme, und erst als er phosphorarmes Roheisen in von ihm dazu entwickelten riesigen kippbaren Gefäßen durchblies, kam er voran. Die nach ihm benannte Bessemerbirne verbesserte den Stahl nicht nur, sondern verbilligte ihn auch. 1862 stellte Bessemer Produkte aus seinem Stahl vom Rasiermesser bis zum Geschützrohr auf der Londoner Weltausstellung aus. Für die mit dem

Bessemerverfahren einhergehende noch stärkere Luftverschmutzung gab es seinerzeit noch kein hinreichendes Problembewußtsein.

Höchstens in einer Beziehung, da aber erwies sich der Verdacht als falsch. 1854 erreichte die Cholera zum zweiten Mal Bayern und traf auch einen damals 35jährigen Münchener, der als einer der bedeutendsten Hygieniker Medizingeschichte schreiben sollte: Max Pettenkofer (1818-1901), damals schon Professor für medizinische Chemie und Mitglied des Obermedizinalausschusses, überlebte die Infektion und beschloß, der Seuche auf den Grund zu gehen, und das ist wörtlich zu verstehen. Immer noch steckte das bereits vorgestellte Abwassersystem Münchens in den Anfängen. Es gab zahllose Senk-, Dung- und Kehrrichtgruben sowie mehrere hundert Schlachtstätten. Da Pettenkofer feststellte, daß längs der zwölf Münchener Trinkwasserleitungen keine Häufung von Cholerafällen zu verzeichnen war, und da er auch das Wasser der Tiefbrunnen für gut befand, schloß er Trinkwasser als Überträger der Infektion aus. Die Verunreinigungen des Grundwassers durch Einleitungen in den Vororten ließ er unberücksichtigt und konzentrierte seine Aufmerksamkeit auf Abwasser und Abfall.

Im Prinzip lag er damit richtig, denn die 1883 von Robert Koch (1843-1910) entdeckten Erreger der Cholera verbreiten sich durch menschliche Ausscheidungen. Doch gefährlich werden sie erst, wenn sie dann wieder ins Trinkwasser geraten. So weit aber reichte Pettenkofers Argwohn nicht; er sah den durch die Gruben verunreinigten Boden und die entsprechend belastete Bodenluft, erkennbar am infernalischen Gestank, als Überträger an und stellte in seiner Schrift »Untersuchungen und Beobachtungen über die Verbreitungsart der Cholera« (1855) vier Forderungen auf:
– Abort- und Abwassergruben in den Städten sind ohne Ausnahme zu beseitigen.
– Auf Straßen und Plätzen dürfen keine Abfallstoffe gestapelt werden und keinerlei Abwasser auslaufen.
– Aller anfallende Abfall und alle Abwasser sind schnellstmöglich aus dem städtischen Bereich fortzuschaffen.
– Gesundheitsschädliche Verunreinigungen der Luft müssen sorgfältig vermieden werden.

Malerisch sah der Künstler die Entkohlung von Roheisen in der Bessemerbirne. Farbholzschnitt nach einem Aquarell von Fritz Gehrke, Ende 19. Jahrhundert.

»Robert Koch im Labor.«
Gemälde von Max Pietschmann, 1896.

Noch 1885 führte der »Ephodist« (Auskundschafter), wie sich Pettenkofer selbst nannte, auf der Cholera-Konferenz in Berlin das große Wort. Dabei hatte inzwischen Rudolf Virchow (1821-1902) Pettenkofers »Analysen« längst falsifiziert, war der französische Bakteriologe Louis Pasteur (1822-1895) den Ursachen der Geflügelcholera und Koch, wie erwähnt, schon zwei Jahre vor der Tagung dem Erreger der Seuche selbst auf die Spur gekommen. Insofern erwies sich die Bodentheorie als verhängnisvoll; die Hamburger Cholera-Katastrophe von 1892 wäre durchaus zu vermeiden gewesen. Und doch hatten Pettenkofers Forderungen segensreiche Folgen, denn sie wurden gehört und – wenn auch schleppend – vielerorts umgesetzt. Ein deutlicher Fortschritt in der öffentlichen Hygiene, die durch die relativ ungeregelte Müll- und Abwasserentsorgung ja nicht nur hinsichtlich von Seuchen bedroht war.

Die eigentliche und bis heute mit seinem Namen verbundene Leistung erbrachte der eben erwähnte französische Chemiker Pasteur schon Mitte der 1850er Jahre, nachdem er Dekan an der Wissenschaftsfakultät von Lille geworden war: Er begann sich mit Kleinstlebewesen zu beschäftigen, die sich aus der Luft an Flüssigkeiten und Lebensmitteln ansetzen und Gärung oder Fäulnis verursachen. Der junge Forscher erkannte, daß selbst luftdichtes Verschließen von Genuß- oder Lebensmitteln nicht vor diesen Prozessen schützt, weil sich schon vorher die dafür ursächlichen Keime daran geheftet haben. Er mußte dabei mit einem noch weit verbreiteten Vorurteil brechen, daß nämlich Lebendes aus Unbelebtem entstehen könne. Viele Menschen, auch Ärzte nahmen an, daß Krankheitskeime aus dem Schmutz selbst kämen oder Ungeziefer selbsttätig im Schlamm entstünde. Pasteur wies nach, daß sie ihrerseits immer nur Abkömmlinge von Ungeziefer oder Keimen, also von Kleinstlebewesen sind.

Daß sie nicht hitzebeständig sind, wußte man schon lange und kochte Wasser zur Entkeimung auf. Bei Lebensmitteln aber hätte das deren Nährwerte vermindert oder sogar zerstört. Pasteur experimentierte daher mit geringerer Erhitzung und erreichte ein starke Verminderung der Keimbelastung, vor allem dann, wenn er den Erhitzungsvorgang über längere Zeit andauern ließ oder mehrmals wiederholte. Dieses Verfahren heißt bis heute nach ihm Pasteurisieren. Es handelte sich sozusagen um eine fraktionierte Sterilisation, die etwa Milch zwar nicht auf Dauer, aber doch sehr viel länger haltbar machte, als frische unbehandelte. Die Beschäftigung mit Mikroben zahlte sich für Pasteur, die Wissenschaft und die Patienten später auch medizinisch aus: Obwohl Ärzte empört darüber waren, daß ihnen ein Chemiker ins Handwerk pfuschte, mußten sie anerkennen, daß von ihm entwickelte Impfstoffe gegen Schweinerotlauf, Geflügelcholera, Milzbrand (alle 1881) und gegen Tollwut (1882) die Erkrankungsraten drastisch senkten.

Auch gute Beleuchtung fördert die Hygiene, und mit dem Gaslicht war schon ein wichtiger Schritt getan. Erst das elektrische Licht aber, also die Glühlampe, sollte sich als die erste Wahl auf diesem Gebiet herausstellen. 1854 verband der deutsche Uhrmacher und Optiker Heinrich Goebel (1818-1893), der 1848 nach Amerika ausgewandert war, die Pole einer Stromquelle (Zink-Kohle-Batterie) mit einer verkohlten Bambusfaser aus seinem Spazierstock, setzte den Faden in eine luftleer gepumpte Kölnisch-Wasser-Flasche und schaltete den Strom ein: Es ward Licht. Später entwickelte Goebel dafür einen eigenen Glaszylinder und beleuchtete mit dieser ersten Glühlampe, die eine Lebensdauer von 200 Stunden gehabt haben soll, die Weihnachts-Auslagen in seinem Uhrengeschäft in der New Yorker Grand Street. Das machte eine schönen Effekt und erwies sich als zugkräftige Werbung, führte aber nicht dazu, daß sich irgendwer für diese Form der elektrischen »Illumination« groß interessierte, und auch Goebel dachte nicht an eine weitere Vermarktung. Erst als ihm andere das Ersterfindungsrecht bestritten, konnte er 1893, drei Monate vor seinem Tod, gerichtlich die Anerkennung als Erfinder der Glühlampe erstreiten.

Die hatte inzwischen dank Thomas Alva Edison (1847-1931) ihren Siegeszug angetreten, obwohl der geniale Tüftler keine nennens-

Erst kurz vor seinem Tod 1893 konnte der deutsche Optiker Heinrich Goebel seinen Anspruch auf Ersterfindung der Glühlampe durchsetzen.

werten Verbesserungen an seiner 1879 entwickelten Version vornahm. Selbst die Bambusfaser mußte wieder als Leuchtfaden herhalten, und erst um 1900 ging man zu Metall-Glühfäden über. Edison aber fand erheblich bessere äußere Bedingungen vor, denn schon 1866 hatte Werner Siemens (1816-1892) die Dynamomaschine erfunden und damit den Bau von Kraftwerken ermöglicht. Am 4. September 1882 konnte Edison daher in New York per Schalter die Dynamos seines Elektrizitätswerks starten und Strom über 22 Kilometer in die Pearlstreet leiten, wo auf einen Schlag 400 seiner Glühlampen in 85 Wohnungen erstrahlten. Erst jetzt also war wirklich und im Wortsinn das Ende der mittelalterlichen Finsternis gekommen.

Nicht auf allen Gebieten allerdings: Noch immer war es beispielsweise üblich, Wasch-, Eß- und Küchengeschirr aus Tonerde mit stark bleihaltigen Glasuren zu überziehen. Daß dies gesundheitlich nicht unbedenklich war, wußte man zwar seit langem, doch die Töpfer, selbst am meisten betroffen, kannten keine bleifreie oder auch nur bleiarme Glasur von vergleichbarer Qualität. Die Bleiglasur hatte zudem den Vorteil, daß die Ware bei vergleichsweise geringer Hitze (bis 1200 Grad Celsius) fertig gebrannt werden konnte. In der niederschlesischen Töpferstadt Bunzlau (heute Boleslawiec) war zwar schon 1828 eine bleifreie Feldspatglasur entwickelt worden, doch gab sie den Gefäßen ein wenig gefälliges Aussehen und konnte sich daher nicht durchsetzen. Erst um die Jahrhundertmitte gelang eine Verbesserung, allerdings nicht durch völligen Verzicht auf Blei, sondern durch Einsatz sogenannter Fritten, Bleiverbindungen, die an Kieselsäure gebunden werden und daher nach dem Brennen wesentlich weniger Blei abgeben und mithin weniger gefährlich sind.

1866 entwickelte Werner Siemens (erst 1888 geadelt) seine wassergekühlte Dynamomaschine.

Erste Sozialgesetze

Für die Kunden war damit die Gefahr weitgehend gebannt, doch die Arbeiter in den Töpfereien konnten noch nicht aufatmen. Ihnen konnte es weiterhin passieren, daß Blei über Mund oder Nase in den Magen geriet. Allein im Jahr 1859 wurden in England 400 Fälle von Bleivergiftung aktenkundig. Erst durch strenge Auflagen konnte bis zum Ende des Jahrhunderts das Risiko deutlich gemindert werden: Danach war Essen, Trinken oder Rauchen in Räumen, in denen Bleiverbindungen lagerten oder verarbeitet wurden, verboten; Schutzmasken und Schutzkleidung waren für bestimmte Arbeiten bindend vorgeschrieben. Erst 1950 aber erging in England ein Verbot von rohen Bleiglasuren; ausschließlich Fritten dürfen seitdem noch verwendet werden. In Deutschland regelt eine DIN-Vorschrift den jeweils zulässigen Bleigrenzwert in Glasuren, für flache Koch- und Backgeräte beispielsweise fünf Milligramm pro Kubikdezimeter.

In Emailüberzügen lauert dagegen keinerlei Bleigefahr, doch waren sie lange nicht großflächig herstellbar und wurden daher vornehmlich für Geschirr eingesetzt. Erst 1862 wurde auf der Londoner Weltausstellung eine emaillierte Badewanne gezeigt. Gußeiserne gab es schon seit zweieinhalb Jahrhunderten, doch sie waren schwer, teuer und schnell oder sogar von Anfang an unansehnlich. Damit sie nicht so bald rosteten, mußten sie angestrichen oder »galvanisiert«, das heißt in einem Ätzbad beschichtet werden; beides erwies sich als wenig haltbar. Durch Emaillierung ließen sich alle Nachteile auf einmal beheben: Die emaillierte Gußbadewanne hat eine glatte Oberfläche, sie spricht weiß wie farbig an, färbt nicht ab, ist unempfindlich gegen Seife und Nagelkratzer, läßt sich leicht reinigen und rostet nicht. Außerdem konnte sie auch damals schon durch Massenfertigung erheblich billiger als bisher und vor allem viel billiger als kupferne und marmorne Wannen hergestellt werden. Den irdenen Exemplaren hatte sie die Stabilität und den hölzernen die Dichte voraus. Kein Wunder, daß sie nach der ersten Präsentation einen weltweiten Siegeszug antrat, ja überhaupt erst den Einbau von Badezimmern in Wohnhäusern attraktiv machte. Bis in die zweite Hälfte des 20. Jahrhunderts, als Stahlblech- und Kunst-

Ein Gedicht wert war dem schlesischen Schriftsteller Friedrich Bischoff (1896-1976) das »Bunzlauer Gut«.

BUNZLAUER KAFFEEKANNE

In der Ofenröhre, wo es schmorend schmauchte,
Duft von Äpfeln, der sich heut noch schmecken läßt,
hockte sie, die brave, braungebauchte
Kaffeekanne, wie die Glucke warm im Nest.

Reizvoller Kontrast zwischen Haut, Blume und dunkler »galvanisierter« Metallwanne. Gemälde von Alfred Stevens, 1867.

stoffwannen aufkamen, blieb die emaillierte Gußbadewanne konkurrenzlos und ist bis heute bei der Bad-Ausstattung vielfach erste Wahl.

Die Japaner, deren Bäder schon vorgestellt wurden, konnten mit der europäischen Badekultur offenbar zunächst wenig anfangen. Der deutsche Publizist Adolf Ebeling, der über die »Wunder der Pariser Weltausstellung 1867« berichten sollte, erlebte die Begegnung mit einer hochrangigen japanischen Delegation als wenig erfreulich: »Wenn sich die guten Leute nur waschen wollten!« seufzte er. »Sie scheinen jedoch den Gebrauch des Wassers und der Seife nicht zu kennen.« Das dürfte weniger an ihnen als an der ungewohnten Kultur gelegen haben, die die Japaner nach Jahrhunderten der Abschottung gerade erst kennenlernten. Daheim nämlich herrschte ein hoher Reinlichkeitsstandard, zu dem schon der Shintoismus (»Weg der Gottheiten«) mit seiner Verehrung der Natur verpflichtete. 1868 zur Staatsreligion erhoben, kannte er sogar wie der altrömische Kult einen »Geist des Abtritts«, dem an Neujahr in manchen Gegenden Lämpchen entzündet wurden. Die geistige und leibliche Reinigung (»misogi harai«) hatte einen hohen Stellenwert.

Verbesserungen der Hygiene

Viel Wasserverbrauch, viel Abwasser. Diese Gleichung führte im 19. Jahrhundert bei wachsender Bevölkerung, wachsender Industrialisierung und entsprechend wachsender Produktion zu erheblichen Problemen. Und das ebenfalls rasch wachsende Bewußtsein für Reinlichkeit verstärkte den Problemdruck noch. London bot dafür das beste Beispiel, denn hier hatten sich inzwischen die Spülaborte weit verbreitet, ohne daß man auf eine entsprechende Entsorgung vorbereitet gewesen wäre. Zunächst ließen die Hausbesitzer alles in Abortgruben leiten, die von Zeit zu Zeit von Grubenreinigungsunternehmen entleert wurden. Dann setzte sich die Erkenntnis durch, daß es viel billiger war, die Gruben durch Überläufe an die Straßenrinnen anzuschließen, die dafür natürlich gar nicht ausgelegt waren und offen zu Tage lagen. Die faulenden Fäkalien verbreiteten bald einen unerträglichen Gestank; was man an Hygiene im Haus gewonnen hatte, wurde zum öffentlichen Ärgernis. Und letztlich floß der Unrat ohnedies in die Themse, aus der die Londoner ihr Trinkwasser holten. Das Thames Conservancy Board, die 1857 geschaffene Aufsichtsbehörde für den Fluß, erließ im Jahr darauf ein Einleitungsverbot, doch kaum jemand scherte sich darum; es wurde weiter gesündigt.

Zehn Jahre später nahm eine Rivers Pollution Commission die Arbeit auf und legte 1871 einen Bericht vor, der die Einhaltung bestimmter Regeln bei der Abwasserbehandlung empfahl:

1871 bis 1880

- Mit den bisher bekannten Chemikalien ließen sich nicht alle fäulnisfähigen Stoffe des Abwassers niederschlagen.
- Die Ableitung von Abwasser auf Rieselfelder sei das natürlichste Reinigungsverfahren.
- Abwasser sollten auf Rieselfeldern erst versickert sein, ehe neue aufgebracht würden, da Sandfilter schnell verstopften.
- Bei der letztlichen Einleitung der gereinigten Abwasser in natürliche Gewässer seien Grenzwerte für bestimmte Stoffe einzuhalten.

Es dauerte einige Zeit, bis die Vorschläge der Kommission wenigstens ansatzweise beherzigt wurden, wobei die seit 1875 genehmigten Genossenschaften zur Verhütung von Flußverunreinigungen eine se-

Ein frühes Exemplar eines Porzellan-WCs aus England. Die Schüssel wurde im Abtrittraum installiert und in ein Holzgehäuse eingelassen.

gensreiche Rolle spielten. Mit der Entwicklung von Bevölkerungszahl, Verkehrsaufkommen und Industrieproduktion vermochten die Schutzmaßnahmen jedoch noch lange nicht mitzuhalten.

Die daran mitschuldigen Spülaborte waren zu Beginn der 1870er Jahre in diversen Formen lieferbar. Besonders beliebt war das neuartige Flachspülbecken (»wash-out«) von Thomas William Twyford aus einem einzigen irdenen Körper. Mit ihm begann die Massenfertigung keramischer Abortbecken; Twyford kam binnen Kürze auf einen Jahresausstoß von 10 000 Stück. Daneben gab es den Trichterabort (»hopper closet«) mit einem Geruchverschluß aus Messing, der einen am Boden verschraubbaren Fuß hatte und auf den der Trichter aus Gußeisen, Feuerton oder Steingut gesetzt wurde. In den Trichter führte ein Spülrohr, aus dem das Wasser in einem spiralförmig sich windenden Strahl floß. Später erhielt der Trichter auch eine am Innenrand des Beckens umlaufende Randspülung. Obwohl die Spülleistung nicht befriedigte, blieb diese relativ preiswerte Konstruktion lange in Gebrauch. Daneben spielte der schon 1778 erfundene, aber erst jetzt technisch ausgereifte Pfannenabort (»pan closet«) mit kippbarem Klappenverschluß weiter eine Rolle. Er wurde überall in den königlichen Schlössern Englands, auch im Buckingham Palast, eingebaut und fand auf dem Kontinent, in den englischen Kolonien und in Japan wie China ebenfalls guten Absatz.

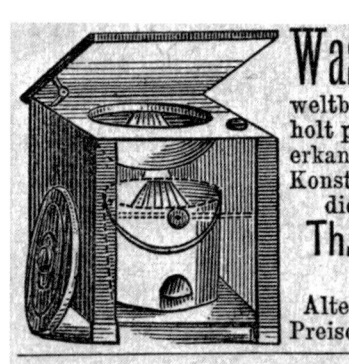

Der höhere Wasser- und auch Gasverbrauch der Haushalte und Firmen zwang zum Bau von Leitungen mit wachsendem Querschnitt. Der Durchlauf durch die bis zu 36zolligen Rohre ließ sich mit den lieferbaren Reiberhähnen nicht mehr effektiv regeln. Man ging daher zum Einbau von Schiebern zum Absperren über, zunächst in Form eckiger Kastenschieber, dann wegen der besseren Druckbeständigkeit als langrunde Ovalschieber. Bei den größten Querschnitten setzte sich dann die ganz runde Form durch, deren Stabilität noch durch Rippen im zylindrischen Schiebergehäuse verstärkt wurde. Der Verschluß durch die Schieber konnte auch durch zwei getrennte Dichtplatten erfolgen, die mittels Schraubenspindel gleichzeitig zu öffnen waren. Diese Lösung wurde vor allem für Wasserleitungen bevorzugt, weil der Verschluß nur langsam geöffnet werden sollte, damit es zu keinem Wasserstoß kam. Bei mehreren Dutzend Gewinden mußte die Spindel längere Zeit gedreht werden, bis das Wasser voll durchlief. Solche Schieber wurden in gußeisernen Wasserleitungssträngen alle ein bis anderthalb Kilometer eingebaut, außerdem am Beginn jedes Seitenstrangs.

Vor 1875 wären in Deutschland diese Abstände noch in Meilen oder Fuß angegeben worden, denn das metrische System wurde hierzulande erst danach eingeführt und setzte sich allmählich durch. Es war auf Initiative der französischen Nationalversammlung entstanden, die der Akademie der Wissenschaften 1790 den Auftrag erteilt hatte, die Erde zu vermessen. Ohne hinreichende Berücksichtigung der Abplattung der Erde an den Polen berechneten die Geometer die Entfernung Äquator-Nordpol, also einen Viertelkreis (Quadranten), und definierten das Meter (von griechisch metron = Maß) als zehnmillionsten Teil der Strecke oder ein Vierzigmillionstel des über die Pole gemessenen Erdumfangs. Deswegen wies das Urmeter, ein Platin-Iridium-Stab, der im Bureau International des Poids et Mesures in Sèvres aufbewahrt wird, eine gewisse Ungenauigkeit auf; seit 1983 wird das Meter als die Strecke definiert, die das Licht in einer 299 792 458stel Sekunde zurücklegt. 1875 kam unter maßgeblicher Beteiligung des erst 1871 entstandenen Deutschen Reiches in Paris eine internationale Meterkonvention zustande, die das Meter und die metrische Zehnerrechnung allgemein einführte. Obwohl auch die angelsächsischen Staaten der Konvention beitraten, halten sich vor allem dort bis heute traditionelle Maßeinheiten. So bestimmt immer noch der Zoll (Inch = 2,54 Zentimeter) selbst die Maße moderner Gegenstände wie Disketten. Auch die Wasserleitungsbauer rechnen bei Rohren, Rohrverbindern und -absperrungen weiterhin in Zoll.

»Das unterirdische Berlin.« Querschnitt durch einen Straßenzug in der Reichshauptstadt, um 1880.

Umlaufketten oder Umlaufseile mit Muskel- der Wasserantrieb kannten schon die Römer der Antike. Sie förderten damit beispielsweise in den Bergwerken Erz oder Wasser an die Erdoberfläche. Auch die Araber nutzten Eimerketten zum Schöpfen von Wasser; das entsprechende Werk nannten sie »noria«, ein Wort, das auch in andere Sprachen Eingang fand. Im deutschen Mittelalter bekam das Seilwerk allerdings einen heimischen Namen und hieß schlicht »Heinz«, seinen Betrieb nannte man »Heinzenkunst«. Den Sprung vom Lasten- zum Personenaufzug und damit vom Heinz zum Paternoster schaffte aber erst das 19. Jahrhundert: 1876 wurde in das General Post Office in London der erste Umlauffahrstuhl eingebaut, es folgten bald viele auch in Deutschland, insbesondere in Hamburg. An der Konstruktion hat sich bis heute wenig geändert: Zwei gleich lange Ketten ziehen Fahrkammern (einseitig offene Kabinen) auf der einen Seite empor, auf der anderen parallel dazu hinunter. Auf den oberen und unteren Rädern rücken die aus Sicherheitsgründen gewöhnlich nur zwei Personen fassenden Kammern jeweils auf die Gegenseite. Ein- und Aussteigen erfolgt während der mit normalerweise einem Viertelmeter pro Sekunde langsamen Fahrt. Trotz der geringen Unfallrate von 4,3 auf 20 Millionen Personenbeförderungen werden neue Paternoster (»Vater unser«) – der Name rührt her von den Perlen des Rosenkranzes – nicht mehr genehmigt.

Schematische Darstellung eines Paternosters oder Umlauffahrstuhls.

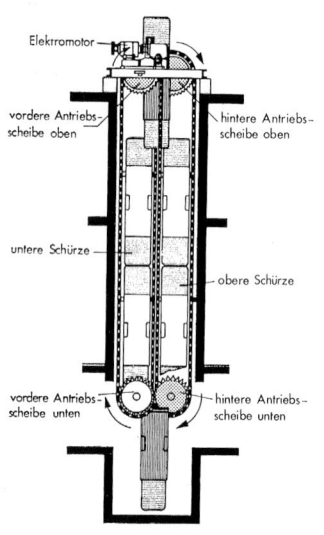

Im nur zweistöckigen ersten deutschen Hygiene-Institut, das 1879 in München eröffnet wurde, brauchte man solche Aufzüge nicht. Der Bau imponierte eher durch Breite und Tiefe und vor allem durch den fortschrittlichen Geist, der dort mit dem ersten Direktor einzog: Max Pettenkofer, dem wir weiter oben schon begegnet sind, sollte eigentlich auf Wunsch von Reichskanzler Bismarck (1815-1898) Leiter des Reichsgesundheitsamtes werden, doch zog er den Verbleib in der Heimat vor. Dort hatte er schon seit 1865 den Lehrstuhl für Hygiene und widmete sich nun im neuen Institut unter anderem Fragen der Belüftung von Räumen, des Wettereinflusses auf die Gesundheit, der Güte von Trinkwasser, der Reinheit des Grundwassers, der Wirkungen des Bodenklimas, der Körper- und Hautpflege, der Leibesübungen, der gesunden Bekleidung, der Raum- und Hausheizung, der Beleuchtung, der zuträglichen Ernährung, des Einflusses von Genußmitteln, der Abwasserentsorgung,

Verbesserungen der Hygiene

der Berufskrankheiten. Außerdem sorgte Pettenkofer dafür, daß Hygiene Pflichtfach für alle Medizinstudenten wurde. Der erste Bau seines Instituts fiel 1944 einem Bombenangriff zum Opfer. Nach dem Krieg erstand es neu und heißt heute nach dem 1883 geadelten Begründer Max-von-Pettenkofer-Institut für Hygiene und Medizinische Mikrobiologie der Universität. Adresse: Pettenkoferstraße 9a.

Gefreut haben wird den Hygieniker, daß um 1880 eine heute nicht mehr wegzudenkende Errungenschaft aufkam: das Toilettenpapier. Jedenfalls haben wir aus dieser Zeit die ersten Nachrichten über eine gewerbliche Produktion des Papiers zu diesem Zweck. Erfunden hatten den »geduldigen« Stoff die Chinesen schon um die Zeitenwende, die Japaner kannten ihn seit dem 8. und die Araber seit dem 9. Jahrhundert, bei uns kam er erst vierhundert Jahre später in Gebrauch. Zunächst war er freilich so sündhaft teuer, daß kaum jemand auf die Idee gekommen sein dürfte, ihn dafür zu verwenden, wozu er heute in jedem Toilettenraum abgerollt werden kann. Auszuschließen ist früherer Gebrauch zu diesem Zweck natürlich nicht; vielleicht hat irgendwer in einem Akt der Verzweiflung wegen fehlenden Tuchs oder Schwamms schon früher zu einem Stück Papier gegriffen. Verläßliche Nachrichten darüber gibt es erst aus dem späten 19. Jahrhundert.

Dann aber ging die Entwicklung des Klopapiers rasch voran: Schon 1891 wurde der Kasten für gegenseitig ineinander gefalztes Lagenpapier von einem Herrn Eck in Frankfurt am Main in den Handel gebracht: Am Boden des Kastens waren zwei Walzen über einem Spalt angebracht, so daß man Blatt um Blatt herausziehen konnte. Dabei wurde der Rand des nächsten Blattes gleich griffbereit mit zum Vorschein gebracht. Dieser »Closetpapier-Automat« oder »Distributeur für Closetpapier«, wie er zunächst hieß, verlor aber den Konkurrenzkampf gegen das Rollenpapier. Diese Entwicklung folgte 1894, wobei die ersten Rollen etwa fünfzig vorgelochte Blätter hatten. Wir sind über das Jahr und die Machart durch eine Karikatur unterrichtet. Wie heute noch wurde die Rolle auf einen Bügel gesteckt, der mit einer Platte an der Wand zu befestigen war. In Deutschland wurde dieses Rollenpapier seit 1896 vor allem von einer britischen Papierfabrik in Berlin hergestellt.

Max Pettenkofer, erster Leiter des Deutschen Hygiene-Instituts.

Über Badezimmer verfügten nur wohlhabendere Schichten. Die einfachen Leute begnügten sich mit Tisch, Schüssel und Kanne. Gemälde von Maximilien Luce, 1886.

Verbesserungen der Hygiene

Hygienischer Fortschritt dämmte auch eine Krankheit ein, an der um 1880 jeder dritte Londoner und jeder vierte Wiener starb, die Lungentuberkulose, damals Schwindsucht genannt. Sie war schon Hippokrates bekannt und immer schon weltweit verbreitet. Begünstigt wurde sie durch Armut, Unreinlichkeit und vor allem Unterernährung. Das hieß aber nicht, daß die Reichen davon verschont blieben, und warum auch auch einige von ihnen erkrankten, wurde klar, als es Robert Koch 1882 gelungen war, den Erreger, das Tuberkelbakterium, zu finden. Daß es einen Erreger geben mußte, hatten Ärzte schon vorher an der Übertragbarkeit der Tuberkulose erkannt. Koch sah die stäbchenförmigen, schlanken, leicht gekrümmten, säurefesten Bakterien als erster. Und bald ließ sich nachweisen, daß sich die Menschen durch winzige Tröpfchen infizieren, die Kranke ausatmen, so daß sich die Bakterien über Nahrungsmittel, Bäder, Türklinken, Geldscheine, Hotelbetten und viele andere Kontaktstellen ausbreiten können. Deswegen nahm die Krankheit zwar meist in den Elendsvierteln ihren Ausgang, machte aber vor den Villen und Palästen nicht halt. Zu ihren prominenten Opfern gehörten Männer wie der Reformator Calvin (1509-1564), der Staatsmann Richelieu (1585-1642), Kaiser Joseph II. (1741-1790), der Dichter Schiller (1759-1805), der Komponist Chopin (1810-1849) und viele andere. Erst im Zeitalter der Antibiotika konnte die Tuberkulose weitgehend besiegt werden, allerdings nur in den wohlhabenden Ländern Europas und Nordamerikas.

1881 bis 1890

Die Verbreitung der Lungenschwindsucht verlangte nach regelmäßigen Untersuchungen, bei denen die Patienten abgehört wurden. Gemälde von Albert Guillaume, um die Jahrhundertwende.

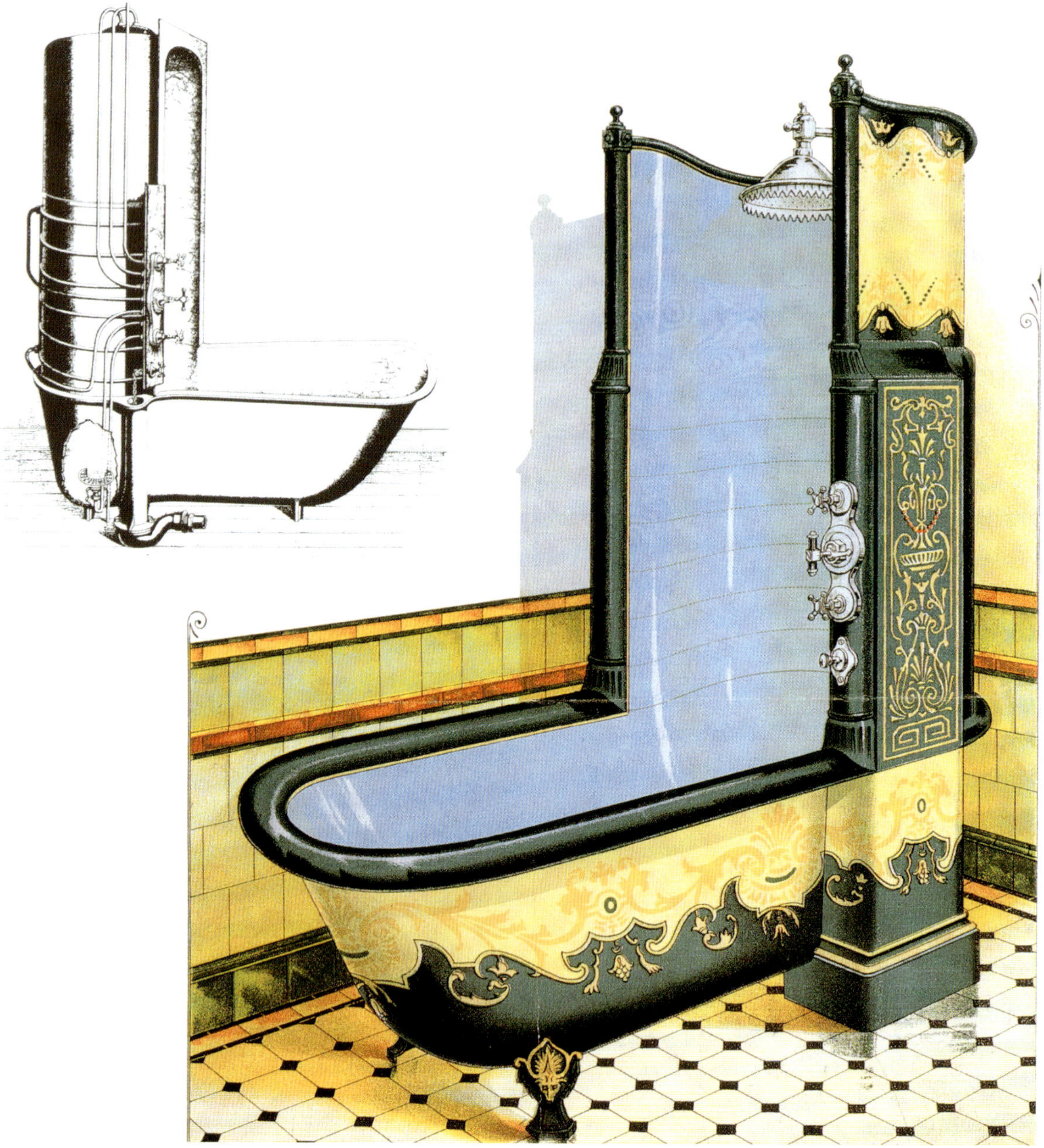

Auf dem Weg zu moderner Badekultur

Die westliche Welt hat ihren Reichtum nicht zuletzt ihren Erfindern zu verdanken, von denen viele allerdings verkannt wurden. So ging es lange denen, die sich mit der Nutzung der Solarenergie beschäftigten, wie es schon in der Antike Archimedes und im 17. Jahrhundert Salomon de Caus getan hatten. Die Erfindung der Dampfmaschine ließ im 19. Jahrhundert Ideen keimen, diese durch Solarenergie zu betreiben. Eine erste Anlage dazu hatte der Franzose Augustin Mouchot (1825-1911) in Algerien gebaut und 1864 vorgeführt; es handelte sich um eine Dampfpumpe, die zweieinhalb Kubikmeter Wasser pro Stunde hob, aber nur einen dreiprozentigen Wirkungsgrad erreichte und in Vergessenheit geriet. Mehr Erfolg hatte John Ericsson (1809-1889), ein schwedischer Ingenieur, der 1862 für die amerikanische Marine den Monitor, ein flaches Panzerschiff ohne Mast mit Geschützturm, entwickelte. In den USA baute er auch seit 1870 Sonnenmotoren, nachdem er schon 1868 mit einer Schrift über die Nutzung der Sonnenwärme als mechanische Antriebskraft hervorgetreten war. 1883 dann schuf Ericsson in der New Yorker Beach Street auf einer Höhe von 18 Metern sein Meisterstück: eine Versuchsanlage zur Nutzung der Sonnenstrahlen, die mit Brennspiegeln in einer Mulde von 3,30 mal 4,80 Meter Länge arbeitete. Die von ihnen gebündelten Sonnenstrahlen erzeugten Dampf in einem Zylinder.

Im gleichen Jahr fand in Berlin eine Allgemeine Deutsche Hygieneausstellung statt, die der Hautarzt Oskar E. Lassar (1849-1907) zur Demonstration der Vorteile von Brausebädern nutzte. Er ließ ein Wellblechhaus mit 10 öffentlichen Brausezellen errichten, in dem sich 10 000

Luxuriöse emaillierte englische Gußeisenwanne auf Löwenvorderfüßen und mit Duschkabine gegen Ende des 19. Jahrhunderts. Die Funktionsweise der angeformten Armatur macht die Schnittzeichnung sichtbar

Besucher der Ausstellung von diesen Vorteilen überzeugten. Verglichen mit den Wannenbädern sind es: einfachere Erfrischung, hygienischere und gründlichere Reinigung, weniger Aufwand zur Vorbereitung, kürzere Badezeiten, geringerer (höchstens etwa ein Siebentel) Wasserverbrauch, Temperaturwechsel des Brausewassers durch Veränderung der Mischung, billiger im Aufbau, leichtere Säuberung nach der Benutzung. Optimal ergänzen sich natürlich Wanne und Brause, doch viele konnten sich nicht beides leisten, und die Stadtväter bestach das Verbrauchs- und Kostenargument besonders, weil öffentliche Bäder die Kasse stark belasten. In einer Zeit, als gerade die öffentliche Badekultur erst wieder entwickelt werden mußte, argumentierte Lassar so:

Eine Attraktion der Pariser Weltausstellung von 1878 war die riesige »Sonnenkraftmaschine«, ein Parabolspiegel-Kollektor. Zeitgenössischer Holzstich.

»Da Wannenbäder zu so billigen Preisen, daß die eigentlichen Arbeiterkreise von ihnen ausgedehnten Gebrauch machen könnten, im allgemeinen nicht zu beschaffen sind, und die überdachten Schwimmhallen einen unverhältnismäßigen Kapital- und Betriebsaufwand erfordern, so muß auf andere Weise Rat geschafft werden. Auch darf man nicht vergessen, daß das deutsche Volk erst wieder lernen muß zu baden. Wo man sich seit Generationen daran gewöhnt hat, ohne ausreichende Anstalten oder ganz ohne sie zu existieren, da soll das Bedürfnis erst geweckt werden. Deshalb muß mit Rücksicht auf die angeborene Schlaffheit und Zurückhaltung der Menge die Anregung eine möglichst grelle sein und den eigentlichen Interessenten recht nahe in das Auge gestellt werden. Postulat ist die Herstellung von Reinigungsanstalten, welche unter knappester Form, allgemeiner Zugänglichkeit und Erreichbarkeit alles für die umfassende Körperreinigung Nötige gegen minimales Entgelt, aber in würdiger und zugleich einladender Weise zu bieten vermögen. Und diese Bäder müssen geradezu auf der Straße stehen, damit die Vorübergehenden immer und immer wieder darauf hingeführt werden, sie zu benutzen.«

Für die folgende Wiener Hygieneausstellung entwickelte Lassar zusammen mit einem Architekten den Prototyp eines solchen Volksbrausebads: Es war ein achteckiger Bau, außen mit einem Gang, der zugleich als Warteraum diente. Die Mitte des Achtecks nahmen der Kessel zur Warmwasserbereitung und die Wäscherei ein. Aus dieser Mitte ragte der Schornstein durch eine ebenfalls achteckige Glashaube empor, die zusammen mit anderen Glasfenstern das ganze Gebäude mit Licht erfüllte. Vom Kassenraum führten getrennte Eingänge zur Frauen- und zur Männerabteilung, und am Ende jeden Ganges war ein Abtrittraum plaziert. Je Gang gab es sieben Zellen mit Schiebetür, die mit Vorhang in einen Aus- und Ankleideraum und einen Brauseraum unterteilt waren, in dem eine feste Brause und ein Brauseschlauch für kaltes Wasser installiert war. Der Betonfußboden neigte sich zur Mitte hin und war mit einem Lattenrost belegt.

Nach diesem Muster, meist aber nach anderen Entwürfen entstand in den nächsten Jahrzehnten in vielen Städten eine ganze Reihe von Brausebadeanstalten, die gut angenommen wurden. So meldeten die schließlich 16 Wiener Bäder für das Jahr 1903 über 1,7 Millionen Besucher. Bald ermutigte der Erfolg zur Erweiterung des Angebots durch Einrichtung von zusätzlichen Wannenräumen und durch Schwimmhallen. Auch die Ausstattung wurde immer komfortabler. Und so bewirkte die ursprünglich auf billigstes Angebot zielende Idee schließlich, daß wieder Volksbadeanstalten entstanden und sich eine neue Badekultur entwickelte, vor allem in Deutschland, aber auch mit deutlicher Ausstrahlung auf andere Länder Europas und auf die USA.

Auch in den Küchen begann eine allmählich immer breitere Schichten erfassende Modernisierung. Zwar wärmten sich, kochten und brieten um 1885 noch Millionen Europäer an niedrigen oder gar ebenerdigen Herdplätzen, doch der Siegeszug des tischhohen, geschlossenen, gußeisernen oder stählernen Herdes zeichnete sich in den großbürgerlichen Küchen bereits ab. Es war ein Steinkohlenherd, der mit Holz angeheizt und dann mit Kohlenstücken beschickt wurde; der Abzug erfolgte durch an den Schornstein angeschlossene blecherne Rohre. Das Holz wurde unter dem auf Füßen stehenden Herd aufbewahrt, die Kohle wegen des Staubs in eigenen Kästen. An der rechten

Gekachelte Duschkabine im Stadtbad von Berlin-Neukölln, das kurz nach der Jahrhundertwende errichtet wurde.

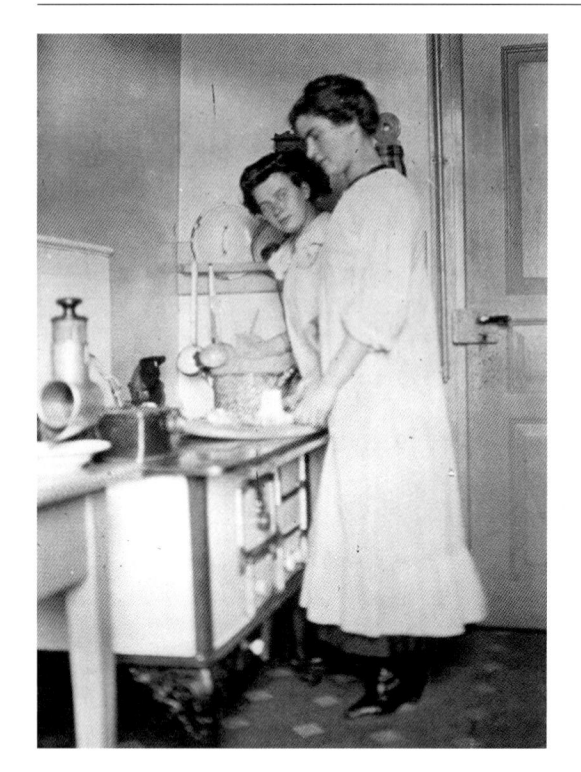

Bürgerliche Küche um 1900. Hochmodern der emaillierte gußeiserne tischhohe Herd.

Seite eingebaut war ein sogenanntes Wasserschiff mit Abdeckplatte und Auslaufhahn, daneben oder darunter ein Wärmefach für das Geschirr. Ein Fenster, gegebenenfalls mit einer Klappe für mäßigen Luftzutritt, diente dem Schwadenabzug und der Belüftung; in kälteren Gegenden hatte man Doppelfenster. Noch nicht zu sehen war der heute selbstverständliche Kühlschrank. Nahrungsmittel bewahrte man in einer Speisen- oder Handkammer, leichter verderbliche im kühleren Keller auf. Der Boden der Küche war gefliest, die Wände ließen sich Wohlhabendere bis etwa 1,20 Meter Höhe kacheln.

Wachsender Komfort setzt verbesserte Versorgungstechnik voraus, was im Bereich Gas und Wasser vor allem die optimale Zuführung meint, also ein leistungsfähiges Rohrnetz. Probleme hatte es da immer wieder bei den Schweißnähten gegeben, so daß eine Erfindung zur rechten Zeit kam: Die Brüder Reinhard (1856-1922) und Max Mannesmann (1861-1915) konnten ihr Schrägwalzverfahren so weit entwickeln, daß sie dafür 1885 ein Patent (über den Namen ihres Vetters Fritz Koegel) erhielten. Ihr Verfahren bestand darin, daß zwischen zwei zueinander und zur Walzrichtung schräg stehenden Walzen ein glühender Rundblock vorgeschoben wurde. Die Oberfläche des Blocks wurde gestreckt und sein Querschnitt durch Druck länglichrund verformt. Zugleich riß durch die wechselnden Druck- und Zugkräfte das innere Gefüge des Blocks zu einer Höhlung auf. Die Höhlung vergrößerte und glättete ein Dorn zur Rohrform, zur sogenannten Rohrluppe, die noch recht dickwandig war. Sie kam noch warm in das sogenannte Pilgerschrittwalzwerk und wurde hier auf einer runden Dornstange, deren Außen- dem Innendurchmesser des zu fertigenden Rohres entsprach, spanlos zum Rohr gewalzt. So ließen sich bald Rohre mit Weiten von 46 bis 558 Millimetern nahtlos herstellen.

Bei so viel Modernisierungsschub verloren einige dennoch nicht die Errungenschaften der Vergangenheit aus den Augen. 1886 erschien

Auf dem Weg zu moderner Badekultur

eine Schrift in einer Auflage von 500 Stück, die mit solcher Rückbesinnung Furore machte: Sebastian Kneipp (1821-1897), Priester in Wörishofen, veröffentlichte unter dem Titel »Meine Wasserkur« seine Erfahrungen mit Heilmethoden, die schon die berühmten »Wasser-Hähne«, also Vater und Sohn Hahn, im 18. Jahrhundert propagiert hatten. Hufeland und Vinzenz Prießnitz (1799-1851) standen in ihrer Nachfolge. Letzterer betrieb seit 1830 im heute tschechischen Gräfenberg eine Kaltwasser-Heilanstalt und wirkte seinerseits auf Ludwig Schneider, der im pfälzischen Gleisweiler 1840-1844 ein Sanatorium für Hydrotherapie gründete. Dazu gehörte eine quellkalte Walddusche (Sturzbach) im Hainbachtal, aus dem in einer 78 Meter langen Rinne Wasser zugeführt wurde. Die bis 1878 betriebene Anlage wurde 1990 wiederentdeckt und erneuert. Kneipp wußte nichts von Schneider und Prießnitz, kam aber wie letzterer durch die Hahnschen Schriften zu ähnlichen Erkenntnissen. Drei seiner »goldenen Regeln« lauteten: Trinken bei Durst, aber nie unmäßig; bei Tisch gar nicht oder nur sehr wenig trinken; »lebendiges« kaltes Wasser ist stets von Nutzen.

Der Kneipp-Boom gebar immer neue Produkte bis hin zu Kneipp-Wäsche. Wörishofen war überall. Werbeanzeige, 1896.

Über hundert Jahre vergessen war die Walddusche im pfälzischen Gleisweiler, die zur Kaltwasserheilanstalt des Dr. Schneider gehört hatte und heute wiederhergestellt ist.

Als armer Weberssohn war er an Schwindsucht (Tuberkulose) erkrankt und nahm als junger Seminarist in den 1840er Jahren den Kampf mit der Krankheit auf, indem er kalte Wassergüsse – er nannte sie »Gießungen« – ebenso einsetzte wie Bäder, Dämpfe, Wickel und auch Trinkkuren. Durch Barfußlaufen im Frühtau versuchte er seine Widerstandskraft zu stärken und besiegte schließlich sein Leiden, so daß er 1852 zum Priester geweiht werden konnte. Die Erfahrung aber seiner Selbstheilung durch Wasserkuren verließ ihn nie, und er verstand sich als Priester fortan nicht nur als Arzt für die Seelen, sondern kümmerte sich auch um die körperliche Gesundheit seiner Schäfchen. Dabei dachte er aus eigener Erfahrung insbesondere an Hilfe für die weniger Bemittelten: »*Der ärmeren Klassen, der vielfach verwahrlosten und vergessenen Kranken auf dem Lande habe ich mich jederzeit mit besonderer Aufmerksamkeit und Liebe angenommen. Diesen vor allem soll mein Büchlein gewidmet sein*«, schrieb er im Vorwort. Anfeindungen von Schulärzten machten ihn und auch seine rapide wachsende Anhängerschaft nicht irre. Bis zum Ende des Jahrhunderts erreichte das genannte »Büchlein« eine Auflage von über 400 000 Stück; Wörishofen wurde zum Weltbad.

1891 bis 1901 Für die medizinischen Anwendungen, aber auch für den täglichen Trinkbedarf wurde immer mehr möglichst sauberes Wasser benötigt, bei wachsender Verschmutzung der Flüsse und auch des Grundwassers ein Problem. Vor allem in Ballungsgebieten mußte für Abhilfe gesorgt werden, so daß die Bereitschaft zur Investition in Talsperren zunahm. Das Jahr 1891 markiert mit der Fertigstellung der ersten größeren Talsperre Deutschlands den Beginn einer Entwicklung, die sich als segensreich erweisen sollte. Im Eschbachtal südöstlich von Alt-Remscheid staute eine vom Bauingenieur Otto Intze (1843-1904) errichtete Mauer von 160 Metern Länge und 25 Metern Höhe über der Talsohle den Bach zu einem 13,4 Hektar großen See auf, der gut eine Million Kubikmeter faßte. Nach Intzes Empfehlungen, der sich auch mit seinem Buch über »Die bessere Ausnutzung des Wassers und der Wasserkräfte« einen Namen gemacht hatte, wurde im Rheinland und in Westfalen bis zu seinem Tod an 17 Talsperren gebaut, die größte an der Urft, einem Nebenfluß der Ruhr, mit einem Fassungsvermögen von 45 Millionen Kubikmetern. Die Fertigstellung von zehn dieser Sperren erlebte Intze noch. Sie lieferten dringend benötigtes Trink- und Betriebswasser und erzeugten ebenso nötigen Strom.

Auf Intzes Initiative ging 1898 auch die Gründung des Ruhrtalsperrenvereins zurück, der nach Intzes Tod mit dem Bau der Möhnetalsperre (1906-13) eine große Leistung erbrachte: Die 40 Meter hohe Staumauer schuf bei 640 Metern Länge den über zehn Quadratkilometer großen Möhnestausee, der 135 Millionen Kubikmeter Wasser faßt. Die Mauer, eine Gewichtsstaumauer, wurde 14 Kilometer vor der Mündung der Möhne in die Ruhr bei Neheim-Hüsten hochgezogen. Mit solchen Sperren ließen sich Dürre- wie Regenzeiten besser überstehen, konnte Hochwasser beherrscht werden, war für stetige Trinkwasserlieferungen und für beste Wassergüte gesorgt. Eine Gefahr aber hatte man nicht voraussehen können: In der Nacht zum 17. Mai 1943 warfen Maschinen einer Sonderstaffel der britischen Luftwaffe Rotationsbomben ab, die ein Loch von 75 Metern Breite in die Staumauer rissen. Der dadurch ausgelösten Flutwelle fielen insgesamt 1200 Menschen zum Opfer, darunter über 300 Insassen eines Zwangsarbeiterlagers.

Intzes erster Stausee vor der seit 1891 errichteten Eschbachtalsperre bei Remscheid.

Installationsbedarf

An so etwas wie Flugzeuge dachten damals allenfalls so besessene Leute wie Otto Lilienthal (1848-1896), der seit 1891 seine Gleitflüge unternahm. Die gute Gesellschaft vertrieb sich die Zeit lieber luxuriös in den aufstrebenden Hotels der Metropolen und Kurorte. Auch diese Etablissements trugen zur Steigerung des Wasserverbrauchs bei, denn nun trat ein Mann auf den gastronomischen Plan, dem Reinlichkeit über alles ging: Der Schweizer Cäsar Ritz (1850-1918), dessen Hotelkette weltberühmt werden sollte, übernahm zu Beginn der 1890er Jahre die Leitung des Londoner Savoy-Hotels auch deswegen gern, weil es das erste war, das mit 70 Bädern auf 200 Gästezimmer einen fortschrittlichen sanitären Standard zu bieten hatte. Das Wasser lieferte ein eigener, 130 Meter tiefer Brunnen. 1892 sorgte Ritz dann schon in Rom beim Bau des dortigen Grand Hotels für den Einbau von je einem Baderaum pro Zimmergruppe. Im Jahr darauf übernahm er die Leitung eines Hauses in San Remo (Ligurien), das vor allem von lungenleidenden Patienten bewohnt wurde, so daß schon wegen der drohenden Ansteckung peinlichste Sauberkeit geboten war.

Endlich konnte Ritz 1898 sein nach ihm benanntes Luxushotel in Paris an der Place Vendôme eröffnen. Seine Frau Marie-Louise schrieb darüber 1940 in ihren Erinnerungen, daß Ritz dabei sanitäre Pionierleistungen erbrachte: »*Seine Hotels waren die ersten in Europa, die in jedem Appartement ein Badezimmer hatten und eine wirklich moderne, ausgiebige Wasserversorgung... Und man darf ruhig behaupten, daß Ritz so den ersten Anstoß für die Entwicklung einer modernen Wohnhygiene in Europa gab. Niemals durften in einem Ritz-Hotel die Regeln des guten Wohnens zugunsten der ästhetischen Raumgestaltung zu kurz kommen... Samt und Plüsch mußten Musseline und Seidenstoff weichen, die Papiertapeten einem hellgetönten Ölanstrich, der sich jederzeit waschen ließ.*« Ritz sparte für die Sauberhaltung der Zimmer seiner Hotels nie an Bediensteten oder Reinigungsmitteln. Seine besondere Leistung: Er nahm die Waschgelegenheiten aus den Schlafräumen und verhinderte damit, daß Böden und Wände feucht und Betten klamm werden konnten.

Cäsar Ritz (oben: Aufnahme um 1900) und sein nach ihm benanntes, bald weltberühmtes Pariser Hotel mit der einladenden Front, aufgenommen um 1960 (unten).

Installationsbedarf

Die Abtritträume waren natürlich immer schon, wenn irgend möglich, von den anderen Teilen des Hauses und manchmal sogar ganz von diesem getrennt. Die Einrichtungen darin näherten sich in den 1890er Jahren in Deutschland und den Ländern des Westens schon modernen Formen und Funktionen. Allerdings berichtete der Jubiläums-Brockhaus von 1893 noch von hölzernen Abortkästen mit per Deckel verschließbarem Sitz (Brille), unter dem das eigentliche Becken eingebaut war. Und es heißt an der gleichen Stelle, daß solche Becken »aus emailliertem Eisen oder glasiertem Porzellan« bestünden. Die gußeisernen Abortschüsseln sind inzwischen fast gänzlich verschwunden, und das genannte glasierte Porzellan war damals noch Steingut oder Feuerton, wirkliches Sanitärporzellan kannte erst das 20. Jahrhundert. Auch die Bezeichnung für diese Becken lautete wegen der umfänglichen Lieferungen an Sanitätsbehörden noch »Sanitätsguß« oder »Sanitätskeramik«, erst im neuen Jahrhundert wurde der erste Wortbestandteil in »Sanitär« korrigiert.

Wie noch heute in den meisten Wohnungen befand sich ein Spülabort meist auch oder nur im Badezimmer. Für das Bad kam 1894 eine praktische Neuerung heraus: Johann Vaillant erhielt ein Patent auf seinen gasbeheizten Durchlauferhitzer mit Doppelmantel. Er leitete darin die Verbrennungsgase innerhalb des Innenmantels an diesem entlang, zugleich aber auch um ein in der Mitte aufsteigendes Wasserrohr mit mehreren Taschen in Linsenform herum. Im Jahr darauf brachte Vaillant Gasbadeöfen mit Raumheizung auf den Markt. Und ebenfalls 1895 erschien eine Schrift von Heinrich Meidinger (1831-1905) mit dem Titel »Gasheizung und Gasöfen«, in der die Vorteile der Gasheizung herausgestrichen wurden: unbegrenzte Verfügbarkeit des Brennstoffes, bequeme Zuführung, saubere Verbrennung und optimale Möglichkeiten der Feinregulierung. Die schlußfolgernde Vorhersage des Autors, daß sich die Gasheizung weiter verbreiten werde, erwies sich als zutreffend.

Für den Gas- und Wassertransport waren um die Mitte der 1890er Jahre vornehmlich folgende Rohre in Westeuropa und in den USA in Gebrauch:
- Gußeiserne Rohre für Straßenleitungen, Wasserleitungen innen und außen geteert; wenig empfindlich gegen Temperaturschwankungen;

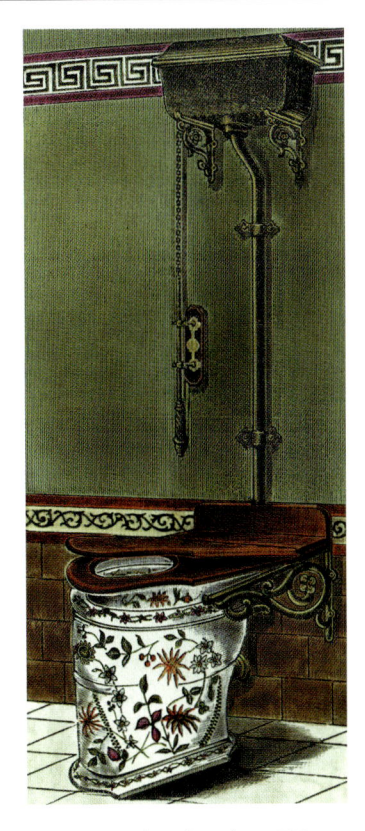

Durchaus schon heutigen WCs ähnelte das um 1900 in einer Zeitschrift abgebildete. Später kolorierter Holzstich.

Kurz nach der Jahrhundertwende warb die Firma Vaillant mit einem »römischen Kinderbad« für ihren Gasbadeofen.

einfach und relativ preiswert herstellbar; üblicherweise mit Muffe; auch als Flanschrohre lieferbar und mit Maschinenschrauben verbunden.
– Schmiedeeiserne Rohre für Erd- oder Hausleitungen von Kalt- oder Warmwasser oder Dampf; als Gewinderohre per Muffe mit einander verschraubt.
– Kupferrohre für Hausleitungen, leicht zu verarbeiten und biegsam; kaum gefährdet durch Ansätze an den inneren Wandungen; gute Wärmeleiter, aber noch sehr teuer; untereinander verschraubt oder verlötet.
– Bleirohre für Hausleitungen von Kaltwasser, leicht zu verarbeiten und noch biegsamer als Kupfer; weniger druckbeständig und wegen Vergiftungsgefahr nicht für jedes Wasser geeignet; untereinander verlötet.
– Messingrohre für Hausleitungen, ähnlich gut zu verarbeiten wie Kupfer, doch weniger biegsam; noch sehr selten.
– Zinnrohre und innen verzinnte Bleirohre bei besonderen Anforderungen an die Unempfindlichkeit gegenüber dem Wasser; auch für Bierleitungen eingesetzt.
– Glasierte Steinzeugrohre für die Entwässerungsleitungen im Haus und unter den Straßen; billig und in geeigneten Böden nahezu unbegrenzt haltbar.

Daß neben der Reinlichkeit Bewegung und gezielte Übungen des Leibes eine wichtige Rolle in der Gesundheitsvorsorge spielen, wußten schon die alten Griechen. Und sie hatten auch erkannt, daß dieses Wissen am besten dadurch zu propagieren ist, daß man Vorbilder schafft. Die Helden der antiken Olympischen Spiele trugen wesentlich dazu bei, die Jugend für den Sport zu begeistern. Nicht von ungefähr geht dieser Begriff auf das lateinische »deportare« (sich vergnügen) zurück, das über die englische Form »disport« (herumtollen) zu uns gekommen ist. Es war aber ein Franzose, dem es gelang, die olympische Idee für die Neuzeit zurückzugewinnen: Pierre de Coubertin (1863-1937) lud 1894 zu einem Internationalen Kongreß in die Pariser Sorbonne und rief die Teilnehmer dazu auf, die Olympischen Spiele wiederzubeleben. Der Appell zündete, und 1896 konnten die ersten Spiele der Moderne in Athen mit 295 Sportlern aus 13 Nationen abgehalten werden. Trotz vieler Fehlentwicklungen hat die olympische Bewegung die Sportbegeisterung entscheidend gefördert und damit Unschätzbares für die Volksgesundheit geleistet. Heute, in der bewegungsarmen Maschinen- und Bürowelt, läßt sich das erst richtig würdigen.

Olympiaverdächtig von den Dimensionen her war auch ein Plan, der seit 1898 ins Werk gesetzt wurde: Der Bau des ersten quer durch den Nil verlaufenden Staudamms südlich von Assuan. Die alten Ägypter hatten bereits Kanäle zum und Dämme am Nil errichtet, doch den kompletten riesigen Strom aufzustauen, wäre ihnen schon aus Ehrfurcht vor ihm nicht in den Sinn gekommen. Technisch hätten sie ein solches Projekt wohl auch nicht verwirklichen können, wie die Schwierigkeiten bewiesen, die sich in der ersten Hälfte des 19. Jahrhunderts ergaben, als man zunächst versuchte, Staudämme in den Deltaarmen des Flusses zu errichten. Ein erster Plan scheiterte 1835 daran, daß ein Großteil der dafür zusammengezogenen Arbeiter der Cholera erlag. Die Tragödie hatte allerdings auch eine erfreuliche Seite: Die Pyramiden blieben

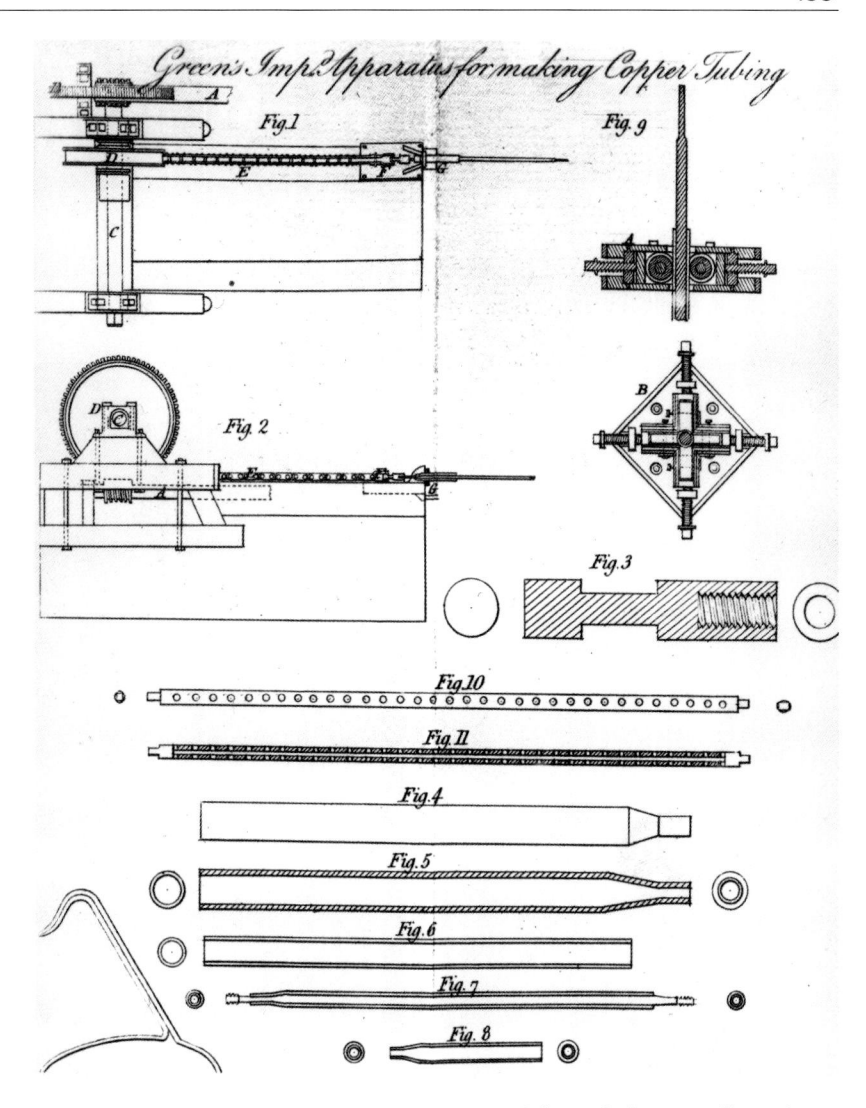

Schematische Darstellung einer im 19. Jahrhundert entwickelten Maschine zur Herstellung von Kupferrohren in verschiedenen Größen.

Der erste Assuan-Staudamm verschonte die Felsentempel von Abu Simbel noch. Erst dem durch den Hochdamm aufgestauten Nasser-See mußten sie weichen und wurden 60 Meter höher wieder aufgebaut.

unangetastet, die Mehmed Ali (Pascha 1805-1849) als Steinbruch dafür hatte verwenden wollen. 1861 standen aber doch zwei Dämme, ein 535 Meter langer im Nilarm von Damiette und einer bei Rosette, der 465 Meter maß. Letzterer rutschte allerdings schon wenige Jahre später talwärts ab und konnte erst 1883 stabilisiert werden. Die Stauseen dieser Dämme hatten nur begrenzten Wert, da die Delta-Region nicht solche Bewässerungsprobleme aufweist wie die südlicheren Gebiete.

Dort wagte sich erst in den 1890er Jahren der britischen Ingenieur William Willcocks an einen Aufstauplan, der bis 1902 erfolgreich umgesetzt werden konnte. Geplant war, den Nil während des jährlichen Hochwassers zu stauen und in den Zeiten, in denen er wenig Wasser führt, geregelt ablaufen zu lassen. Allerdings sollten die ersten Hochwasserwellen noch ungehindert durchströmen, damit die fruchtbare

Schlammflut den Gärten und Feldern flußabwärts ungeteilt zugute käme. Mit der danach dosierten Wasserzufuhr sollten mehr Ernten möglich werden. Der fertige Damm maß zunächst 1950 Meter in der Länge und 20 in der Höhe. Nach Verstärkungen in den Jahren 1912 und 1932 erreichte er 2140 Meter Länge und schließlich 51 Meter Höhe und bildete einen Stausee, der über fünf Milliarden Kubikmeter faßte. Verglichen mit dem 550 Kilometer langen und bis zu 10 Kilometer breiten Nasser-See, den der 1960-1970 sieben Kilometer weiter südlich errichtete 111 Meter hohe und 5 Kilometer lange Assuanhochdamm aufstaut, fast mickrig zu nennen und doch für die damalige Zeit ingenieurtechnisch zu bewundern und landwirtschaftlich ein bedeutender Fortschritt für einen Staat mit so geringer Anbaufläche.

Wasserprobleme hatte auch Gibraltar, das seit 1704 von den Briten besetzt und damit vom Hinterland abgeschnitten ist. Tiefbrunnenbohrungen hatten nicht den gewünschten Erfolg, gefiltertes Meerwasser war beim Stand der damaligen Technik nur begrenzt genießbar. Immerhin konnte es für Spülzwecke eingesetzt werden. Für Bürger und Soldaten aber genügte das nicht, und die Anlieferung von Trinkwasser durch Tankschiffe war unverhältnismäßig aufwendig. 1899 begann man daher, Wasserkammern aus dem harten Fels an der Westseite zu sprengen, in denen Regenwasser gesammelt werden sollte. Da es in Gibraltar von September bis Mai recht ergiebige Regenfälle gibt, erwies sich die Lösung als günstig, zumal man die Nordwesthänge von Bewuchs befreite, Risse im Felsen abdichtete und so große Ablaufflächen (»water catchments«) gewann. Sie liegen oberhalb der Catalan- und Sandy-Bay und lieferten durch Rinnen und Rohre schließlich Wasser für insgesamt dreizehn Behälter, die 72 000 Kubikmeter faßten. Das Wasser wird vor der Zuleitung zu den Zapfstellen mit Grundwasser und per Schiff geliefertem Süßwasser zur Mineralanreicherung gemischt. Immer noch aber macht im Haushalt der Kolonie die »Abgabe für sanitäre Zwecke« den Löwenanteil aus.

Auch von Nahrungsmittellieferungen war und ist Gibraltar abhängig. Seit 1900 gab es eine neue Methode zum langfristigen Frischhalten, die allerdings – wenn überhaupt – erst mit reichlicher Verspätung bis an die Südspitze Europas vorgedrungen sein dürfte. Sie wurde nämlich

Die Idee des Johann Weck zum Frischhalten von Lebensmitteln zündete, unterstützt durch so zeitgenössisch elegante Werbung.

Noch heute ist in Schiltach etwas von der Idylle zu spüren, in der Hans Grohe 1901 seine Firma gründete. Der gebürtige Schiltacher Karl Eyth (1856-1929) schuf 1909 das malerische Porträt seiner Heimatstadt.

vom Chemiker Johann Weck (1841-1914) in Öflingen (heute Wehr-Öflingen) im Schwarzwald entwickelt: Das Einkochen von Lebensmitteln kombiniert mit Hitze-Sterilisierung. Weck bot dazu besondere Apparaturen und Gläser (»Weckgläser«) an, in denen sich Milch, Suppen, Gemüse, Fleisch, Obst und manches andere »einwecken« läßt, ein Wort, das zu einer gängigen deutschen Vokabel wurde. Ein ganzes Heer von Außenmitarbeitern führte Wecks Methode in Schulen, Kantinen und Hausfrauenzirkeln vor und versorgte die Interessenten mit der Firmenzeitschrift. Weck erlebte nicht mehr, wie sich seine Erfindung im Ersten Weltkrieg (1914-1918) auch beim sterilen Verpacken von Verbandsstoff und anderen empfindlichen Materialien bewährte.

Im gleichen Jahr 1900, in dem Weck seine Firma gründete, bildeten zehn, teils noch heute namhafte Firmen die deutsche »Vereinigung der Großhändler der Wasserleitungsbranche«. Zum Wasserleitungsbedarf zählte man Rohre aus Metall wie aus Steinzeug, Rohrverbinder, Ausstattungsgegenstände für Bäder und Küchen sowie Pumpen, kurz alles das, was man auch als Sanitärgegenstände oder sanitären Installationsbedarf bezeichnet. Die Zahl der Großhändler für solche Waren lag um die Jahrhundertwende noch recht niedrig, wuchs aber rasch auf stattliche 203 Firmen im Jahr 1930. Waren manche anfangs nur Importeure englischer Waren, so sollte sich der Schwerpunkt schon infolge des Kriegs auf Eigenproduktion verlagern. Damit begann damals, genau am 15. Juni 1901, eine Firma ebenfalls im Schwarzwald, nämlich in Schiltach, die nicht so schnell wie die von Johann Weck, aber umso nachhaltiger zu den ganz Großen der Branche heranwachsen sollte und heute bekannt ist als Hansgrohe AG.

Installationsbedarf

Literaturhinweise

Die folgende knappe Auswahl aus der Literatur über Wasser-, Wärme- und Gesundheitsvorsorge will bei der weiteren Suche nach Informationen helfen. Bevorzugt wurden daher neuere Werke und solche aufgenommen, die entweder noch lieferbar oder in öffentlichen Bibliotheken leicht greifbar sind. Weitgehend verzichtet wurde hingegen auf Nennung von Werkausgaben von Klassikern.

Aicher, Otl: Die Küche zum Kochen. Das Ende einer Architekturdoktrin. 5. Aufl. Berlin 1994

Andritzky, Michael: Oikos. Von der Feuerstelle zur Mikrowelle. Haushalt und Wohnen im Wandel. Katalogbuch zur gleichnamigen Ausstellung. Im Auftrag des Deutschen Werkbundes Baden-Württemberg. Giessen 1992

Arbeitsgemeinschaft Hauswirtschaft e.V. (Hrsg.): Haushaltsträume. Ein Jahrhundert Technisierung und Rationalisierung im Haushalt. Begleitbuch zur gleichnamigen Ausstellung. Bearb. von Barbara Orland. Königstein im Taunus 1990

Arnold, Dieter: Lexikon der ägyptischen Baukunst. München [u.a.] 1997

Baier, Horst: Schmutz. Über Abfälle in der Zivilisation Europas. Konstanz 1991 (Konstanzer Universitätsreden 178)

Bedal, Konrad: Historische Hausforschung. Eine Einführung in Arbeitsweise, Begriffe und Literatur. Neuausg. Bad Windsheim 1993

Bertrich, Fred: Kulturgeschichte des Waschens. Düsseldorf 1966

Birkefeld, Richard / Jung, Martina: Die Stadt, der Lärm und das Licht. Die Veränderung des öffentlichen Raumes durch Motorisierung und Elektrifizierung. Seelze (Velber) 1994

Bitsch, Irmgard (Hrsg.): Essen und Trinken in Mittelalter und Neuzeit. Vorträge eines interdisziplinären Symposions vom 10.–13. Juni 1987 an der Justus-Liebig-Universität Giessen. Sigmaringen 1987

Bonneville, Françoise de: Das Buch vom Bad. München 1998

Brödner, Erika: Wohnen in der Antike. Darmstadt 1989

Literaturhinweise

Burmeister, Helmut (Hrsg.): Brunnen, Bürger, Bäder. Ein Erinnerungsband zur 350jährigen Geschichte des Gesundbrunnens bei Hofgeismar. Verein für Hess. Geschichte u. Landeskunde e.V. 1834, Zweigverein Hofgeismar. Hofgeismar 1989

Connolly, Peter / Dodge, Hazel: Die antike Stadt. Das Leben in Athen und Rom. Köln 1998

Corbin, Alain: Pesthauch und Blütenduft. Eine Geschichte des Geruchs. Frankfurt am Main 1991

Damrath, Helmut: Wasserversorgung. Mit 58 Tafeln und 41 Beispielen. 11. neubearb. und erw. Aufl. bearb. von Klaus Cord-Landwehr. Stuttgart 1998.

Dirlmeier, Ulf (Hrsg.): Geschichte des Wohnens 2. 500–1800: Hausen, Wohnen, Residieren. Stuttgart 1998

Dirlmeier, Ulf (Hrsg.): Menschen, Dinge und Umwelt in der Geschichte. Neue Fragen der Geschichtswissenschaft an die Vergangenheit. St. Katharinen 1989

Ehlert, Trude (Hrsg.): Haushalt und Familie in Mittelalter und früher Neuzeit. Vorträge eines interdiziplinären Symposions vom 6.–9. Juni 1990 an der Rheinischen Friedrich-Wilhelms-Universität Bonn. Sigmaringen 1991

Eschebach, Hans: Pompeji. Vom 7. Jahrhundert v. Chr. bis 79 n. Chr. Köln [u.a.] 1995

Fietz, Waldemar: Vom Aquädukt zum Staudamm. Eine Geschichte der Wasserversorgung. Leipzig 1966

Fritz, Hans-Joachim: Vitruv. Architekturtheorie und Machtpolitik in der römischen Antike. Münster [u.a.] 1995

Frontinus-Gesellschaft e.V. (Hrsg.): Die Wasserversorgung im Mittelalter. Mainz 1991 (Geschichte der Wasserversorgung 4)

Giedion, Sigfried: Geschichte des Bades. Hamburg 1998

Giedion, Sigfried: Die Herrschaft der Mechanisierung. Ein Beitrag zur anonymen Geschichte. 2. Aufl.. Hamburg 1994

Glatzer, Wolfgang: Haushaltstechnisierung und gesellschaftliche Arbeitsteilung. Frankfurt/Main 1991

Hägermann, Dieter / Schneider, Helmuth: Landbau und Handwerk 750 v. Chr. bis 1000 n. Chr. Frankfurt am Main [u.a.] 1997 (Propyläen-Technikgeschichte 1)

Hahn, Tilman / Jäger, Walter / Schiuma, Carlo: Lebenselement Wasser. Qualitätskriterien der Wasserversorgung – Reinigung von Abwasser. 10 Tabellen. Stuttgart [u.a.] 1998

Hansgrohe (Hrsg.): Badewonnen – Gestern · Heute · Morgen. Köln 1993

Hellmann, Ullrich: Künstliche Kälte. Die Geschichte der Kühlung im Haushalt. Giessen 1990

Hoepfner, Wolfram: Haus und Stadt im klassischen Griechenland. 2., stark überarb. Aufl. München 1994

Hoepfner, Wolfram (Hrsg.): Geschichte des Wohnens 1. 5000 v.Chr.–500 n.Chr. Vorgeschichte, Frühgeschichte, Antike. Stuttgart 1999

Hudemann-Simon, Calixte: Die Eroberung der Gesundheit. 1750 –1900. Frankfurt am Main 2000

König, Wolfgang / Weber, Wolfhard: Netzwerke, Stahl und Strom. 1840 bis 1914. Berlin 1997. (Propyläen-Technikgeschichte 4)

Kramer, Klaus: Das private Hausbad 1850-1950 und die Entwicklung des Sanitärhandwerks. Schiltach 1997 (Hansgrohe Schriftenreihe Band 1)

Kramer, Klaus: Installateur – ein Handwerk mit Geschichte. Ein Bilderbogen der sanitären Kultur von den Ursprüngen bis in die Neuzeit. Schiltach 1998 (Hansgrohe Schriftenreihe Band 2)

Kühnel, Harry (Hrsg.): Alltag im Spätmittelalter. 3. Aufl. Graz [u.a.] 1986

Kunst, Christiane (Hrsg.): Römische Wohn- und Lebenswelten. Quellen zur Geschichte der römischen Stadt. Darmstadt 2000

Lang, Franziska: Archaische Siedlungen in Griechenland. Struktur und Entwicklung. Berlin 1996

Leonardo da Vinci: Das Wasserbuch. Schriften und Zeichnungen. Ausgewählt und übersetzt von Marianne Schneider. München [u.a.] 1996

Löneke, Regina (Hrsg.): Reinliche Leiber – schmutzige Geschäfte. Körperhygiene und Reinlichkeitsvorstellungen in zwei Jahrhunderten. 2. Aufl. Göttingen 1996

Ludwig, Karl-Heinz / Schmidtchen, Volker: Metalle und Macht. 1000 bis 1600. Berlin 1997 (Propyläen-Technikgeschichte 2)

Luley, Helmut: Urgeschichtlicher Hausbau in Mitteleuropa. Grundlagenforschung, Umweltbedingungen und bautechnische Rekonstruktionen. Bonn 1992. Zugl. Köln, Univ. Diss., 1990

Müri, Walter (Hrsg.): Der Arzt im Altertum. Griechische und lateinische Quellenstücke von Hippokrates bis Galen. Mit Übertragung ins Deutsche. 4. Aufl.. München 1979

Neudecker, Richard: Die Pracht der Latrine. Zum Wandel öffentlicher Bedürfnisanstalten in der kaiserzeitlichen Stadt. München 1994

Nippa, Annegret: Haus und Familie in arabischen Ländern. Vom Mittelalter bis zur Gegenwart. München 1991

Paturi, Felix R.: Chronik der Technik. Dortmund 1988

Paulinyi, Akos / Troitzsch, Ulrich: Mechanisierung und Maschinisierung. 1600 bis 1840. Berlin 1997 (Propyläen-Technikgeschichte 3)

Pieper, Werner (Hrsg.): Das Scheiss-Buch. Entstehung, Nutzung, Entsorgung menschlicher Fäkalien. Löhrbach 1987

Reier, Herbert: Leben, Krankheiten und Heilungen im Mittelalter (800–1400). Kiel 1987.

Literaturhinweise

Reulecke, Jürgen (Hrsg.): Geschichte des Wohnens 3. 1800–1918. Das bürgerliche Zeitalter. Stuttgart 1997

Reulecke, Jürgen (Hrsg.): Stadt und Gesundheit. Zum Wandel von »Volksgesundheit« und kommunaler Gesundheitspolitik im 19. und frühen 20. Jahrhundert. Stuttgart 1991

Römhild, Thomas: Kunstlicht. Über die Symbolik künstlicher Beleuchtung. Frankfurt am Main [u.a.] 1992. Zugl. Hannover, Univ. Diss., 1990

Sachsse, Christoph (Hrsg.): Bettler, Gauner und Proleten. Armut und Armenfürsorge in der deutschen Geschichte. Ein Bild-Lesebuch. Frankfurt am Main 1998

Schneider, Ivo: Archimedes. Ingenieur, Naturwissenschaftler und Mathematiker. Darmstadt (Wissenschaftliche Buchgesellschaft) 1979

Silbermann, Alphons / Brüning, Michael: Der Deutschen Badezimmer. Eine soziologische Studie. Köln 1991

Silbermann, Alphons: Die Küche im Wohnerlebnis der Deutschen. Eine soziologische Studie. Opladen 1995

Strommenger, Eva: Fünf Jahrtausende Mesopotamien. Die Kunst von den Anfängen um 5000 v. Chr. bis zu Alexander dem Grossen. Aufnahmen von Max Hirmer. München 1962

Stanjek, Klaus (Hrsg.): Zwielicht. Die Ökologie der künstlichen Helligkeit. München 1989

Stolz, Susanna: Die Handwerke des Körpers. Bader, Barbier, Perückenmacher, Friseur. Folge und Ausdruck historischen Körperverständnisses. Marburg 1992. Zugl. Marburg, Univ. Diss., 1992

Strommenger, Eva (Red.): Der Garten in Eden. 7 Jahrtausende Kunst und Kultur an Euphrat und Tigris. Museum für Kunst und Gewerbe Hamburg. Ausstellungsband. Mainz 1978.

Tölle-Kastenbein, Renate: Antike Wasserkultur. München 1990.

Vigarello, Georges: Wasser und Seife, Puder und Parfüm. Geschichte der Körperhygiene seit dem Mittelalter. Frankfurt/Main [u.a.] 1988

Wartburg-Gesellschaft zur Erforschung von Burgen und Schlössern (Hrsg.): Burgenbau im späten Mittelalter. München 1996

Register

Kursive Ziffern beziehen sich auf Bildunterschriften

Aachen 146, 173, 238, 239, 267
 – Burtscheider Leitung 173
 – Muffeter Leitung 173
 – Münster
  133, 146, 239, 240, *241*
Abholzung 83, 171, 172
Abraha (äthiop. Feldherr) 214
Abraham 33
Abu Bakr ar-Razi (= Rhazes) 246
Abu Simbel *434*
Achäer 43
Adobe (Lehmziegel) 304
Ägäische Inseln 19, 43
Agamemnon 40
Agathe, hl. 243
Agra (Nordwestindien) 338, *338*
Agrippa, Marcus Vipsanius
 86, 87, 91
Agrippina die Jüngere
 98, 100, 152, *152*
Ah Cacao (Maya-König) 232
Aidepsos (Euböa) 73
Alabaster-Technik 13
»alabastron« (Ölfläschchen) 66
Alamannen 152
Alanen 207
Alatri 82

Albrechtsburg (Meißen) 352
Alcantarilla-Stausee 198
»aleipterion« (Haus mit Bade- und Umkleideräumen) 68
Alembert, Jean Le Rond d' 366
Aleppo (= Haleb) 220
Aletrium (= Alatri) 82, 83
Alexander der Große 72, 78, 79
Alexander Severus 142
Alexandria 75, 78, 79, 85, 137, 229,
 229, 230, *230*, 231
Alexandria, Ärzteschule von 242
»Alexandria« (Schiff) 79
Alfred der Große 182
Alhambra (Granada) 225
Alhazen (arab. Naturforscher) 348
Al-Karadji 253, 254
Alma-Tadema, Lawrence *162, 171*
Alraune 334
Altdorfer, Albrecht 280
Altes Testament 32
Altmühl 241
Alt-Pylos (Messenien) 40
Al-Walid I. 233
Amenophis IV. (= Echnaton) 33
Amida (= Diyarbakir) 220
Ammann, Jost 310

Ammianus Marcellinus 204
Amr ibn al-As (arab. Feldherr)
 229, 230
Amun 33
Anasazi 261, 263, *263*
Äneas 53
Aniene 82, 97
Anthimos 208, 209, 212
Antibes 173, 174, 179
 – Fontvieille, Leitung von 173
 – La Bouillide, Leitung von 173, 174
Antiochia (Syrien) 204
Antipolis (= Antibes) 173
Antoninus Pius 124, 125
Aosta 174
Aphrodite 62
»apodyterium« (Umkleideraum) 163
Apoll 98, 112
Apollodor von Damaskus 126
Apollonia, hl. 243
Aquae Albulae 101
Aquae Granni (= Aachen) 146
»aquinarium« (Kanne) 117
Aquincum (= Budapest) 133, 174,
 175, 176
Archimedes 79, *79*, *80*, 423
archimedische Schraube 80, *80*, 90, 161

Aretas IV. 95, 96
Arezzo 117
Aristoteles 73, 76, 128, 336
Arles 149, 312
Ärmelkanal 21
Arminius 150
Arnald von Villanova 286, 287, 288
Arnold, Jonas 345
artesische Brunnen 208, 264, 399
Aryas, Arier 46
Asariluchi (Sumerer-Gottheit) 19
Aschenlauge 72, 137
Aschmun (Ägypten) 138
Aschoka 78
Asklepieia (Feste) 74
Asklepieion (Kos) 74, 98, 103
Asklepios, Äskulap 71, *73,* 74, 98, *99*
Asow 360
Assuanhochdamm 435
Assuan-Staudamm 433
Assur 17, 59
Assurbanipal 58
Assyrer 29, 50
Atahualpa 315, *316*
Athanasius, hl. 243
Athen 62, 66, 432
Athos (Chalkidike) 298, *299*
»atmosphärische Dampfmaschine« 354, *354*
Attila 175
Augsburg 289, 300, 343, 405
Augst (Basel) 150
August der Starke 352, *353*
Augusta Emerita (= Mérida) 183
Augusta Praetoria (= Aosta) 174
Augusta Raurica (= Augst) 150
Augustinus 207
Augustus 86, 89, 92, 93, *93,* 94, 174, 183, 191
Aurangseb (Mogulkaiser) 339
Aussatz, Lepra 28, 231, *231,* 281
Australopithecus afarensis 1
»authepsa« (Selbsterhitzer) 108

Avignon 290
Avogadro, Amedeo 387
»Ayurveda« 70, 93
Azteken 252, 262, 311, 313, 314, 315

Babel, Turm zu 59
Babylon 15, 59, 60, *62*
Babylonier 58
Bacon, Francis 331, 332, *332*
Bacon, Roger 332
Bad, russisches 361, *362,* 392, *392*
Bad, tatarisches 360, 361
Bad, türkisches 356
Badehäuser, Badestuben *279, 280,* 288, 289, 305, 306, *307,* 310, *310*
Badehäuser, japanische 351
Badekarren 384, *384*
Baden an der Limmat 318
Bader (Beruf) 294, 305, *305,* 307
»Badeschicht« 306
Badeschiffe 368, *368,* 370
Badewesen, öffentliches 279, 305
Badezimmer 391, 413
Badezusätze 323
Badgeld, Badeheller 306, 307
Bagdad 245, 246, 256
Baillou, Guillaume 322
Baku 280
Bamberg 289
Band-i-Kaysar, Kaiserdamm, Valeriansbrücke 160, 161
»banja« (russ. Bad) 361
»baños del inca« (Inka-Bäder) 316
Bar-Kochba 178
Barometer 337, *337*
Basel 202, 282, 289, 290, 317
Bassus, Laecanius 118
Bath, Thermen von *200*
»Bathseba im Bade« *306*
Bauhin, Gaspard 333, 334
Bauhin, Jean 333
Baumer, Johann Paul 370, *370*
Beerscheba 44

Belisar 213
Bell Brook (Wroxeter) 200
Bellini, Giovanni *297*
Benedikt von Nursia 218, *218, 244*
Benediktiner 218, 242, 259, 267
Benoist (frz. Erfinderin) 393, *393,* 394
Berlin 383, *417,* 423
Bern 300
Bernhard von Clairvaux 260
Bernward von Hildesheim 259
Berzelius, Jöns Jacob von 387
Bessemer, Henry 408
Bessemerbirne 408, 409, *409*
Bestattungsvereine, römische 134
Beulenpest 28, 216, 290
Bewegungstherapie 362
Bezalel (alttestamentar. Lampenmacher) 41
Bidet, Sitzwaschbecken 353
Bilharziose 28
Bilzingsleben (Thüringen) *4*
Bischoff, Friedrich *413*
Bismarck, Otto von 396, 418
Blasius, hl. 243
Blau (Nebenfluß der Donau) 337, 338
Blaubeuren (Kloster) 310
Bleiglasur 305, 412, 413
Bleirohre 432
Bleivergiftung 121, 413
Blitzableiter 364, *364*
Boccaccio, Giovanni 292, *292*
Bodobrica (= Boppard) 206
Bologna 317
Bonaparte, Elisa (Großherzogin der Toskana) 397
Bonifaz VIII. (Papst) 286
Bonn 104, 151, 202
Bonna (= Bonn) 151
Boppard 206, *206,* 207, *207*
Bosch, Hieronymus *286*
Bosra (Syrien) 129, 295, *296*
Böttger, Johann Friedrich 352, *353*
Boudicca (brit. Fürstin) *181,* 182, 200

Boyle, Robert 332, 348, 349, 390
Boyle-Mariottesches Gesetz 349
Braccianosee 124
Brand, Henning 375, *375*
Brandrodung 8
Braunkohle 135
Brausebad 390, 423, 424, 425
Bremen 290
Bremme, Gustav 377
Brighton 363
Britannicus 100
Bronnikow, F. 141
Bronzeherstellung 44
Bruegel, Pieter d.J. *236*
Brunnenvergiftung 291
Bruno, Giordano 328
Buccheroware 65
Budapest 164, *165,* 174, 175, *175*
Buddha, Buddhismus 78, 223, *223*
Bunzlau (Schlesien) 412, *413*
Burgenbau (Mitteleuropa) 257
Burtscheid 146
Byzanz (= Konstantinopel) 164, 203

»cadus« (Amphore, zugleich Hohlmaß) 117, *118*
Caelius, Marcus (röm. Zenturio) *150*
Caesarea (Palästina) 91, 177, *177,* 178
Caesarius (Bischof von Arles) 216, 217, 218
»caldarium« (Warmwasserbad) 86, 163
Calvin, Johannes 421
Campden House (Kensington) 352
Canal de Craponne 321
Candidus Benignus, Quintus (röm. Wasserbauingenieur) 149
Canterbury 293
Canyon de Chelly (Arizona) *263*
Capri *94,* 95
»caput aquae« (Sammelbecken, Brunnenstube) 124, 187, 191
Caracalla 126, 142

Caratacus (brit. Fürst) 200
Cardanus, Hieronymus 322, *322*
Carrara, Steinbrüche von 118
Cäsar, Gaius Iulius 85, 89, 89, 178, 182, 190, 191
Cassiodor 212
Castelli (Schüler Galileis) 329
»castellum aquae« (Wasserverteiler) 184
»castellum dividiculum« (Wasserverteilungsbau) 97
»castellum publicum« (Wasserschloß, Abzweig) 116
Catal Hüyük (Anatolien) 7
»catina«, »catillus« (Kessel) 247
Caus, Isaac de 330, 331
Caus, Salomon de 330, *330,* 331, *331,* 423
Cavendish, Henry 375
Celsius (Temperatur-Maßeinheit) 355
Celsius, Anders 355, *355*
Celsus, Aulus Cornelius 86, 317
Cemenelum (= Nizza-Cimiez) 165
Cenomanum (= Le Mans) 182
Centumcellae (= Civitavecchia) 131, *131*
Cesalpino, Andrea 333
Chadwick, Edwin 401, 402, 403, 405
Chalchihuitlicue (aztek. Wassergöttin) 313, *313*
Chan Chan (Ruinenstätte) *303,* 304
Chatten 152
Chauvet, Höhle von *1*
Chavin de Huantar, Chavin-Kultur 48
Childebert I. 216
Chimú 302, *303*
Chlodwig I. *190,* 191, 209
Chlorkalk 377
Chlothar I. 216, *217*
Cholera 395, *395,* 396, 404, *404,* 409, 433
Chopin, Frédéric 421
Choser, Choser-Staudamm 56, *56,* 57

Chosrau I. 222, *222*
Choukoutien, Höhle von *3*
Chryses von Alexandria 222
Cicero, Marcus Tullius 53
Citeaux, Kloster von 260
Civitavecchia 131, *131*
Clairvaux, Kloster von 260
Claudius 96, 97, 98, 195
Claudius Caecus, Appius 74
Cluny, Kloster von 260
Coimbra 360
Colonia Agrippinensis (= Köln) 152
Colorado 261
Confluentes (= Koblenz) 206
Congius (Hohlmaß) 90
Constantius I. 147
Corday, Charlotte 379, *380*
Córdoba, Ärzteschule von 242
Coriovallum (= Heerlen) 166
Cornaro, Ludovico 321, 322
Cort, Henry 376
Cortés, Hernán 312, 314
Coubertin, Pierre de 432
Couture, Thomas *203*
Coyoacán, Leitung von 314
Craponne, Adam de 312
Crau (südfrz. Schotterebene) 321
Cro-Magnon 3, 4
Croydon (London) 403
Cumae 121
Cummings, Alexander 374, *374,* 393
»curator aquarum« (Titel des obersten Wasserwerkers) 116
Cuxhaven 385
Cuzco 315

Damaskus 233, *256,* 257
Damiette (Nildelta) 434
Dampfbad 311, 360, 361, 362, *362,* 393, 402
Dampfbad, aztekisches 313
Dampfkochtopf 347
Dampfkraft 352, 372

Register

Dampfmaschine 372, 423
Dampfpumpe 351, 352, *352*, 353, 354, 423
Dampfschwitzkasten 381, *381*
Dapper, Olaf *316*
Dara (Mesopotamien) 220, 221, 222
»dauraq« (Henkelkrug) 272
David, Jaques Louis 379, *379*
Delhi 67
　– Perlmoschee 339
　– Rotes Fort 338
Demeter 134
Derosne, François 390
Diderot, Denis 366
Diogenes 127
Diokletian 126, 208
Dionysos *63, 112*
Dioskurides *103*, 104, *104*, 245, 265, 332
»djannaba« (große Unreinheit) 255
Dnjepr 21
Döbereiner, Johann Wolfgang *390*
»dolium« (Vorratsgefäß) 117
Domenico di Bartolo *282*
Domitian 114, 115
Donau 174
Dorchester 178
Dorer 44
Doulton, Henry 404, 405
Drebbel, Cornelius 330
Dreißigjähriger Krieg 337, 346
Dresden 394, 398, *398*, 399
Dschingis Khan 276, 277, *277*
Durance 312
Durchlauferhitzer *136*, 431
Dürer, Albrecht 297
»dureta« (Holzbadewanne) 93
Durnovaria (= Dorchester) 178
Dynamomaschine 412, *412*

Ebeling, Adolf 414
Echetaton 33
Echnaton 33
Edessa (= Urfa/Mesopotamien) 159, 220
»Edictus Rothari« 231
Edison, Thomas Alva 411, 412
Eichhähne 405
Eider 248
Eilat 95
Eimerketten (Wasserhebewerk) 90, *107*, 352, 417
»einwecken« 436
Eisenverarbeitung, Eisenverhüttung 63
Eismaschine 399
El Argar (Almeria) 37, *37*, 38
El Fajum 13
Elba 123
Elbe 403
»electrum« (Glasschicht) 121
Elektrizität 363, 364
Elisabeth I. (Königin von England) 326, *326*, 327
Elisabeth, hl. *243*
Emaillierung, Emailüberzug 413
»Encyclopédie« (Diderot/d'Alembert) 366, *367*, 368
Enki (Sumerer-Gottheit) *19*
Epidauros (Peloponnes) 74
Epilepsie, Fallsucht 28
Eratosthenes 79
Erdöl 111, 280
Eremiten, orientalische 218
Erft 155
Ericsson, John 423
Eschbachtalsperre 428
Eskimos 356, 357, *357*
Essener 102
Etemenanki 59
Etrusker 53
Euklid 76, 79
Eupalinos (Samos) *61*
Euphrat 6, 12, 15, 23, 25, 59, 60, 95
Exodus der Juden 41
Eyck, Brüder van 298

Fahrenheit (Temperatur-Maßeinheit) 355
Fahrenheit, Daniel Gabriel 355
Famulus (Stuckmaler) 101
Fara (Mesopotamien) 17
Faustkeile 1
Feldspatglasur 412
Fensterglas 119
Fensterglimmer 302
Ferrara 317
Feuermaschine (Dampfpumpe) 351, 354, 372
Feuerspritze 359
Feuerton 416, 431
Feuerwehr, römische 133, *133*
Feuerzeug 375
Fischer, Ludwig Hans 94
Flachglas 301
Flachspülbecken 416
Fleckfieber 388, 389
Florenz 293, 334
Folz, Hans 306
Fontenay, Abtei von *260*
Forum Iulii (= Fréjus) 179
Fossa Carolina, Karlsgraben 241
Fragonard, Jean Honoré *369*
Francesco di Stefano *292*
Franciabigio *306*
Franken (german. Stamm) 209
Frankfurt am Main 289, 307, 369
　– Goethehaus 364, 365, *365*
Franklin, Benjamin 363, 364, *364*
Franz I. *397*
Freiburg 282
Fréjus 179
Frenel, Jean-François 322
Fresneau, François 399
Friedell, Egon 285
Friedrich der Große 360, 370, *371*
Friedrich II. 265, *278*
Friedrich III. 300
Friedrich V. (Kurfürst von der Pfalz) 331

»frigidarium« (Kaltwasserbad) 86, 163
Friktionshölzer 394
Fritten (Bleiverbindungen) 412, 413
Frontinus, Sextus Iulius 97, 116, 124
Fuentes de Peñalosa 180
Fulda, Kloster von 270
»Fulgurationen« 1
Fumarolen 84
Fürstenberger, Johannes 375
Furttenbach, Joseph 341, 341, 342, 343, *343*, 344, 345, *345*, 366
Fuß-Dampfbad 319
Fußwaschung 318

Galateia (Nymphe) 108
Galba 105
Galen 104, *138*, 139, 140, *140*, 245, 246, 294, 309, 317, 322, 323
Galilei, Galileo 328, 329, 330, *330*, 332, 334, 336, *336*
Galla Placidia 192, *192*
Gasbadeofen *432*
Gasbeleuchtung 394, 411
Gasheizung 431
»Gastung« 307, *307*
Geflügelcholera 410, 411
Geiserich 213
Geißlerzüge *291*
»gello« (doppelwandiges Kühlgefäß) 110
Genua 360
Gezer 39
Ghumli (Halbinsel Saurashtra) 274
– Vikia-Treppenbrunnen 274
»ghusl« (große Waschung) 255
Gibraltar 435
Gibril (Leibarzt Harun ar-Raschids) 245
»Gießungen« (Kneipp) 427
Gila River 261, 263
Gilgamesch-Epos 15, 20
Girtin, Thomas 189
Glasfenster 276, *276*
Glasherstellung, Glaskunst, 29, 59, 121

Gleisweiler (Pfalz) 427, *427*
Glühlampe 411, 412
Goebel, Heinrich 411, *411*
Goethe, Johann Wolfgang 89, 105, 147, 187, *188*, 213, 364, 369, 380, 382, *382*
Gondeschapur (= Schahabad), Ärzteschule von 244
Goodyear, Charles 399, *399*
»Göttin mit dem Wasser spendenden Gefäß« (Mari) 23, 25
Gräfenberg (Böhmen) 427
Gramont (engl. Missionar) 371
Grannus 146
»Griechisches Feuer« 280
Grönland 356, 357
Große Mutter, Kult der 132, 133
Großer Sankt Bernhard 174
Grünewald, Matthias 310, *311*
Guadalquivir 180
Guericke, Otto von 332, 334, *335*
Guillaume, Albert 421
Gummi 399
Gußbadewanne, emaillierte 413, 414
Gußeisenrohre 398, 431
Gutenberg, Johannes 309, *309*
Guy de Chauliac 295, *295*

Hacilar (Anatolien) 6, *6*
Hadrian 129, 132. 135, 139, 167, *167*, 169, 178, 180, 204
Hadrian I. (Papst) 97
Hadrianswall 135
Hahn, Johann Gottfried *360*
Hahn, Johann Siegmund 360, 362, 427
Hahn, Siegmund 360, 362, 427
Hahnemann, Samuel 360, *360*
Haithabu 247, 248, *248*, 250, 251
Haitham (= Alhazen) 348
Haldi (urart. Gottheit) 52
Hamburg 403, 404, 418
– Großer Brand (1842) *402*, 403

– Rothenburgsort 403, *403*
»hammam« (Badehaus, Volksbad) 235, 255, 256, 279, 296, 325, 339
Hammurabi 25
Handspiegel 21, *35*, 61, 100
Hängende Gärten der Semiramis 60, *62*
Hangzhou 283, 284, *284*
Hannover 290
Hansgrohe AG 436
Harald Blauzahn 250, 251
Harappa, Harappa-Kultur 12, 13, 26, 327, *327*
Harington of Kelston, Sir John 326, 327, *327*
Harn (Walkmittel) 109
Hartsteingut 386
Harun ar-Raschid 245
Harzburg 257, 258
 – Kaiserbrunnen 257
Hastinapura (Indien) 67
Hatschepsut 29
Hegel, Georg Wilhelm Friedrich 395
Heidelberg 331
 – Schloß 330, 331
Heidelberger Liederhandschrift *238*, *278*
Heiligendamm (Ostsee) *383*, 384
Heiligkreuz bei Trier 161
Heilquellen 362, 380
Heine, Heinrich 395
Heinrich IV. 257, *257*
Heinrich IV. (König von Frankreich) 328
»Heinz«, »Heinzenkunst« 418
Helena (Mutter Konstantins d. Gr.) 147
Heliogabal 171
Helwan (Ägypten) 14
Hephaistos 49
Herculaneum 105, 110
Herneisen, Andreas 319
Herodes Atticus 134
Herodes der Große 91, 92, 102, 177
Herodikos von Selymbria 67, 68
Herodion 91

Register

Herodot 13, 14, 53, 148
Herzog Ernst, Sage von 279
Hethiter 26, 43, 50
Hierapolis (= Manbidsch) 220
Hieroglyphen 11, 12
Hieron II. von Syrakus 79
Hieronymus (Kirchenvater) 204
Hildegard von Bingen 265, *265*
Himjariten-Dynastie 213, 214, *214*
Hippias (Architekt) 136
Hippodamos von Milet 65, 79, 169
Hippokrates 70, *70,* 71, 72, 73, 86, 138, 245, 381, 421
Hippokratischer Eid 98
Hitze-Sterilisierung 436
Hoffmann, Friedrich 362, *362*
Höhlenmalereien 2
Hohlfußbodenheizung 84, 87, 110, *137,* 138, 167, 208, 372
Hohlwandheizung 138
Holz (als Heizmaterial) 370, 372, 425
Holzkohle 21, 56, 83, 84, 108, 135, 321, 372,
Homer 49, 67
Homo erectus 1
Homo habilis 1
Homöopathie 360
Honorius 192
Hooke, Robert 347
»hopper closet« (Trichterabort) 416
»horror vacui« 336, 337
Horus 11
Howe, Elias 400
Hsian (= Xian) 85
Hübner, Johannes 366
Hufeland, Christoph Wilhelm 382, *382,* 383, 427
Hugo, Victor 179, *179*
Huitzilopochtli (aztek. Kriegsgott) 314
Humboldt, Alexander 316
Hunain (= Johannitius) 245, 246
Hüttenwerke, römische 123
Hwangho 85

Hydria (Vase) *53*
Hydrotherapie, Wasserbehandlungen 360, 427
Hygieia 98

Iatrochemie 317
Ibn al-Katib 291
Ibn Dschubair 272
Igeler Säule 146, *147*
Ihle, Johann Eduard *257*
Ilias 49
Illyrer 40
illyrische Völkerwanderung 41, 43, 49
Juden 41
»impluvium« (Regenwasserbecken) 99, 109, 196
indogermanische Völkerwanderung 46
Indus 6, 12, 26, 46
Ingolstadt 22
Ingres, Dominique *356, 361, 363*
Inka 252, 304, 314, 315, 316, *316*
Intze, Otto 428
Isis 112
Italica (= Santiponce bei Sevilla) 169, *170,* 179, 180
– Hadrians-Thermen 180
Itzamná (Maya-Gottheit) 232

Jakob I. (König von England) 332
Jangtse 7
Jasperware (engl. Steingut) 385
Jericho 91
Jerusalem *39,* 102
– Gihonquelle *39*
– Siloam-Kanal *39*
– Warrenschacht *39*
Jinan 77, 78
Jivaka (ind. Arzt) 223
Johann von Joinville 280
Johnson, Charles Isaac 407
Jomon-Kultur (Japan) 17
Jordan *231*
Joseph II. 421

Josephus Flavius 102
Joubert, Laurent 322
Jüdischer Krieg 92
Julian Apostata *191*
Jumna, Yumna (Himalaja) 339
Justinian I. 204, 216, 218, 219, *219,* 222, 229

Kachelofen 319, 320, *320*
Kaempfer, Engelbert 349, 350, 351
Kairo 14
Kalach 59
Kalixt II. (Papst) 267
Kalkar, Jan Stephan van 323
Kana *254*
Kanate (unterird. Stollen) 222, 223, 253
Kandelaber 111
Karl der Große 147, 238, 239, *239,* 241, *241,* 242, 243, 248, 267
Karl V. 198, 322
Karlsbad 362
Karnak *11*
Karthago 48, 81, 164, 213
Karun 159, 160
Kasseler Ofen 352
Kastenschieber 416
Keilschrift 25
Kempten 289
Kephisos 72
Kilian, hl. 243
Kindbettfieber s. Wochenbettfieber
Kinderarbeit 401, *401*
Kirkesion 220
Kitharizon (= Ovacik) 220
Klemens VI. (Papst) 290, 295
Klemens von Alexandria 140
»Klippensiedlungen« *262*
Klosettbrille 386
Kneipp, Sebastian 226, 360, 427, 428, *428*
Knossos 19, *28,* 29
Koblenz 206

Koch, Robert 409, 410, *410*, 421
Koldewey, Robert 59, 60, *60*, 186
Köln 152, 154, 202, 266, 267, 282, 294
– Burbacher Leitung 153
– Eifelleitung 153, *153*, *154*
– Frechen-Bachemer Leitung 153
– Gleueler Leitung 153
– Hürther Leitung 153
Kolumbus, Christoph 309, *309*
Kompaß 252, 253
Konfuzius 84, *84*
Konrad III. 265
Konstantia 220
Konstantin der Große 204, *204*, 219
Konstantinopel (= Istanbul) 204, *204*, 207, 208, 211, 218, 220, 290, 325
– Aetius-Zisterne 220
– Aspar-Zisterne 220
– Cisterna Basilica 220
– Hagia Sophia *221*
– Sulaimanie 325
– Theodosius-Leitung 206
– Valens-Leitung, Valens-Aquädukt 205, *205*, 220
– Zisternen 219, *219*
Kopaissee (Böotien) 72
Kopernikus, Nikolaus 328, 335
Koran 215, 225, *225*, 226, *226*
Kordes 221, 222
Korinth, Isthmus von 86
Kos (Ägäis) 117
Kos, Ärzteschule von 98, 242
Kräuterbad 288, 316, 334
Kreta 19, 29, 40, 43, 49
Kreuzzüge 177, 279, 281
Krokodilfluß (Caesarea) 178
Kronleuchter 259, *259*, 260
Ktesibos 79
Küchenherd 425, *426*
Kujundjik (= Ninive) 58
Kunming-See (Peking) 300
Kupferrohre 432, *433*

Kybele-Kult 132
Kyffhäusersage 265
Kyros 220

L'Anse aux Meadows *252*
»laconium« (Heißluftraum) 165
Langobarden 187
»lasanum« (tragbarer Leibstuhl) 81
Lascaux, Höhle von *2*
Lassar, Oskar E. 423, 424, 425
»latrina« (öffentliche Toilette) 99
Laurens, Jules *51*
Laurentinum (bei Ostia) 124
Laurentius, hl. 243
Laurion (Attika) 61
Läuse 388, 389
Lavoisier, Auguste de 347
Lazarus, hl. 282
Le Mans 182, 183
Leblanc, Nicolas 377
Leblanc-Verfahren (Soda-Prozeß) 377
Leeuwenhoek, Antoni van 347, *347*, *348*, 348, *348*
Lehmengobe (Glasur) 305
Leichensektion *287*, 295
Leidener Flasche 363
Leif Eriksson 252, *252*, 309
Leipzig *395*
Leo I. der Große (Papst) 213
Leonardo da Vinci *320*, 321, 324
Leonidas 73
Lepenski Vir (Donau) *7*
Lepra s. Aussatz
»leprosorium« (Sondersiechenhaus) 231
Leptis Magna (Nordafrika) 141, 167
– Hadrians-Thermen 167
Leupold, Jacob 359, *359*, 367
Leutkirch 341
»Levantinische Pest« 343
Li Erh-Lang (chines. Ingenieur) 80
Li Ping (chines. Ingenieur) 80
Libanios 204
Libelle (Nivelliergerät) 339, 340

Lichtenberg, Georg Christoph 384
Lichtzieher (Handwerk) 259
Liegnitz, Schlacht von 278
Lilienthal, Otto 430
Lillers, Kloster von 264
Limes 150, *151*, 153
Linan (= Hangzhou) 283
Lindley, William 403, 404
Linné, Carl von 333, 334, 355
Lintlaer, Jan 328
Liris 187
Liverpool 401
Londinium (= London) 182
London 182, 266, 267, 283, 348, 360, 408, 415, 418, 430
– Buckingham Palast 416
Lorch *151*
Lorenz, Konrad 1
Lübeck 290
Lucca 397
Luce, Maximilien *420*
Ludwig XIII.
  (König von Frankreich) 331
Ludwig XV.
  (König von Frankreich) 370
Luftfeuerzeug 375
Luftpumpe 334, 359
Lukian 136
Lungentuberkulose, Lungenschwindsucht 421, *421*, 427
Lutetia Parisiorum (= Paris) 190
Luzern 289
Lyon 216

»macellum« (Lebensmittelmarkt) 128
Machairus 91
Machu Picchu *315*
Madersperger, Joseph 400, *400*
Magdeburg 334
»Magdeburger Halbkugeln« 334, *335*
Mahabharata-Epos 67
Main 369
Mainz 202

Makedonische Kriege 81
Mallia (Kreta) 29
Malpighi, Marcello 348
Mandragora *334*
Mannesmann, Max 426
Mannesmann, Reinhard 426
Mantua 300
Marat, Jean Paul 379, *379,* 380
Marcard, Heinrich Matthias 380, 381
Marcius Rex, Quintus 82
Marduk 59
Margate 363
Mari (Mesopotamien) 23, 25
Maria Saal (Kärnten) 156
Marib, Marib-Staudamm 68, 69, *69,* 213, 214, 215
Mariotte, Edme 349
Mark Aurel 134, 135, 139
Markward (Abt in Fulda) 270
Marmorbrüche 118
Marnas-Aquädukt (Ephesus) *181*
Marseille 173, 360
Martial 82, 193
Marzabotto 63, 65
Masada 91, *91,* 102, *102*
Masern 406
»maslah« (Umkleideraum) 256
Maulbronn, Kloster von 261, *261*
Maurja-Dynastie 78
Maximilian I. (Kurfürst/König von Bayern) 387
Maya 232, *232,* 233, *233*
Mayow, John 346
Meder 58
Meerwasserheilkunde 363
Megaron 40
Megiddo 39, *40*
Mehmed Ali Pascha 434
Meidinger, Heinrich 431
Meißener Porzellanmanufaktur 352
Meissonier, Juste Aurèle 358
Meister des Hausbuches *298*
Meister des Schottenstifts 301

Meister von Flémalle 298
Mekka 215, 255, *255,* 272, *272*
– Hadschar al-Aswad (Meteorit in der Kaaba) 272
– Kaaba 272, *272*
– Samsam-Brunnen 272
Melitene 220
Memling, Hans *218*
Memphis 13, 14, 33
Menas (röm. Offizier) 207, 208, *208*
Menes 13
Menora (siebenarmiger Leuchter) 41
Menua 52
Merian, Matthäus 330
Mérida (Extremadura) 170, 183, 184, 186, *186*
– Albarregas, Aquädukt über den 185
– Cornalvo-Stausee 184, 185
– Proserpina-Stausee, Proserpina-Leitung 184, 185, *185,*
– Sierra de Carija 184
Mesa Verde *262*
Messingrohre 432
Metallwanne, galvanisierte *414*
Meter, Meterkonvention 417
Methymna (Lesbos) 186, 185
metrisches System 417
Metz 209
Mikroskop *347,* 348
Mikwe *102*
Milet 65
Milzbrand 411
Ming-Dynastie 299
Minkiang 80
Minoriten 289
Minos, minoische Kultur 29, *31*
Minturnae (= Minturno) 187, 190
Minturno 187
– Panbrunnen 190
Miseno 95
Mitterberg b. Bischofshofen (Salzburg) 44

Modena 117
Mohammed 215, 225, 226, *226,* 227, 229, 235, 291, 292
Mohenjo Daro 12, *26, 27, 27*
Möhne, Möhnetalsperre, Möhnestausee 428, 429
Mommsen, Theodor 159
Momper, Joos de *172*
Mondglas 301
Monreale, Kloster von 270, *270, 271*
Montague, Lady Mary 356
Montecassino, Kloster von 218, *244*
Montezuma Castle 263
Montpellier 360
Morelli, Domenico *234*
Mosel 147
Moskau 360
Mosul 56
Mouchot, Augustin 423
München 289, 387, 409, 418
Münster 290
Murad III. 325
Musschenbroek, Pieter van 363
Mykene, mykenische Kultur 40, 41, *41, 44*

Nabatäer 95, 96
Nabupolassar 59
Nagasaki 350
Nähmaschine 400, *400*
Naphta (Erdöl) 280
Napoleon I. 231, 328, 388
Nash, Joseph *125*
Nasser-See 435
Natron 13, 28, 137, 138
Navajo 261
Neandertaler 3, 4, 5
Nebukadnezar II. 59, 60
Neptunalien 175
Nero 100, 101, 104, 105, 110, 113, 126, 129
Nerva 115
Neuenburg (Freyburg a.d. Unstrut) *258*

Neuss 103
New York 412
Newcomen, Thomas 353, 354, 355, 372
Newton, Isaac 349
Nida (= Frankfurt-Heddernheim) 152
Nidda 152
Niederdruckdampfmaschine 372, 373, *373*
Nikomedia (= Izmit) 181, 182
Nil 5, 6, 9, 12, 13, 14, 15, 19, 21, 23, 29, 33, 78, 231, 433
Nilmesser, Nilometer 23, *24*
Nimrud (= Kalach) 59
Ninive 56, *56, 57*, 58
Nippur 59
Nivelliergeräte 339
Nizza
    – Falicon, Leitung von 166
    – Mouraille, Leitung von 166
    – »Villa des Arènes« 166
Norderney 384, *384*
Nördlingen 293
Normannen 239
Nothelfer (Heilige) 243
Nottolini, Lorenzo 397
Nuestra Señora de Montserrat, Kloster von 269
Numa Pompilius 58
Nuragen 54, *54, 55*
Nürnberg 293, *293*, 300, *300*
Nymphäum (Laufbrunnenanlage) 101, 175, 190
Nymphen 62

Octavia (Ehefrau Kaiser Neros) 100
Odoaker 192, 211
Öflingen (Schwarzwald) 436
Oktavian (= Augustus) 86, 89
Öllampe (der Eskimos) 358, *359*
Olympia 134, 135
Olympische Spiele, olympische Idee 432, 433

Olynth 65, 66
Omar I. 229
Onassis, Aritoteles 30
Orchomenos 72
Oropos (Attika) 73
Osmanen 206
Ostgoten 187, 192
Ostia 85, *100*, 129, 130
    – Forumsthermen *100*
Othman 230
Otho 105
Ovalschieber 416

Padua 317, 334
»palaestra« (Säulengang, Wandelhalle) 163
»pan closet« (Pfannenabort) 416
Panakeia 98
Pannini, Giovanni Paolo *159*
Papin, Denis 347, *347*
Papinscher Topf 347
Papyrus Rhind *32*
Paracelsus 317, 319, 322, 328
Paris 164, *189,* 190, 266, 267, 282, 283, 294, 328, 361, 368, 430
    – Arcueil, Äqädukt von 191
    – Louvre 328
    – Samaritaine (Pumpwerk) 328
    – Tuilerien 328
Parrot, André 23, *25*
Passau 289
Pasteur, Louis 410, 411
pasteurisieren 411
Paternoster (Umlauffahrstuhl) 418, *418*
Patmos (Ägäis) 298, 299
Paul III. (Papst) 142
Paul V. (Papst) 1266
Paulus 100
Pax Augusta 92
Pegnitz 300
Peisistratos 62
Peking (= Beijing) 276, 299
Peloponnesischer Krieg 73

Peltier, Jean Charles Athanase 400
Peltier-Effekt 400
Perge (Kleinasien) 60
Peristylbauten 65
»peristylium« (Säulengang) 93
Perkins, Jacob 399
Pest 215, 216, 218, 231, 284, *284, 290, 290, 291, 291,* 294, 296, 305, 309, 343
Pestordnungen 293
Petra (Jordanien) 95, 129, *130,* 167
Petrie, William Matthew Flinders 33
Petroleum 204
Petronius 116, 117
Petrus 100
Pettenkofer, Max 409, 410, 418, 419, *419*
Peyla, Louis 374, 375
Pfäfers (Graubünden) 318
Pfannenabort 416
Pferdegöpel 352, 353
Pharos, Leuchtturm von 76, 77, 79, *229*
Philister 43
Philumenos (griech. Arzt) 347
Phöniker 53
Phosphornekrose 394
Pietschmann, Max *410*
Pindar 136
Pippin II. 238
Piranesi, Giovanni Battista *87*
Piräus 65
»pithos« (Tongefäß) 37, 127
Pizarro, Francisco 314, *314,* 315
Platon 67, 68, 148
Plinius der Ältere 83, 97, 99, 105, 122, 127, 280, 363
Plinius der Jüngere 105, 124, 181
Plutarch 121
Poenium Iter (= Großer Sankt Bernhard) 174
Poitevin (Badeschiff-Besitzer) *368,* 369
Poitiers 217

Polo, Marco 276, 277, 283, *283,* 284
Polykrates *61*
Polyphem (Zyklop) 108
Pompeji 105, 106, *106,* 107, *107,* 108, 110, 111, 112, *112,* *168,* 204
Pontinische Sümpfe 85
Poor Law Commission 401
»porticus« (Säulengang) 165
Portlandzement 407, 408
Portoferraio 123
Porzellan 227, 228, *228, 229,* 385
Pottasche 109
»Pottery District« (Staffordshire) 385
»praefurnium« (Heizstelle) 168
Prag 282, 323
Preußische Akademie der Wissenschaften 370
Priene (Kleinasien) *64*
Prießnitz, Vinzenz 360, 427
»prochos« (Kanne) 49
Prokop (byzantin. Geschichtsschreiber) 216, 219
Ptolemaios I. 76
Ptolemaios III. Euergetes 79
Puddeleisen 376, 408
Puddelstahl 377
Pueblo-Indianer, Pueblo-Kultur 262, 263
Punische Kriege 81
Pylos (Ägäis) *31*
 – Nestor-Palast *31*
»pyriaterium« (Heißluftbad) 86
Pyrmont (Emmer) 380, 381, *381*
»pyrtaneion« (Gemeinschaftsherd) 50

Quarantäne 292
Quetzalcoatl (aztek. Hauptgott) 313
Qusair Amra (Jordanien) 233

Radegunde (fränk. Königin) 216, *217*
Radiokarbonmethode 1
Ramelli, Agostino 324, *324*

Ramses II. 40
Raststätten, römische 157 157
Ravenna 191, 192, *192,* 209, 211, *211*
 – Fossa Augusta 191
 – Santa Maria in Aquedetto 193
Rayski, Ferdinand von 389
Regensburg
 – Kaiserbad *280*
Regilla (Gattin des Herodes Atticus) 134, 135
Reiberhahn 107, 344, 405, 416
Remigius (Bischof) *190*
Resapha (= ar-Rusafa) 220
Reutlingen 300
Reval 282
Reykjaholt (Island) 275
Rezat 241
Rhabdion 220
Rhazes (pers. Arzt) 234, 246
Rhein 155
Rhein-Main-Großschiffahrtsweg 241
Rhind, Alexander Henry *32*
Rhodos 65
Rhône 290, 295, 312
Ribeiro-Sanchez, Antonio 360, 361, 362, 392
Richelieu, Armand Jean du Plessis, Herzog von 421
Richmann, Georg Wilhelm 364, *364*
Rida (Nil-Insel) *24*
Rieselfelder 403
Riga 289
Rio Grande 261
Rlo Guadiamar 179, 180
Ritz, Cäsar 430, *430*
Ritz, Marie-Louise 430
Rivers Pollution Commission 414
Robert von Molesme 260
Robert, Hubert *96*
Roberts, David *254*
Roesler, Franz *128*

Rom 53, 63, 74, 82, 83, 85, 92, 98, 99, 100, 105, 116, 117, 121, 124, 128, 132, 138, 139, 164, 203, 207, 212, 213, 239, 240, 242, 246, 266, 267
 – Acqua Mariana 267
 – Acqua Paolo126
 – Agrippa-Thermen 86, *87,* 113, 118, 119, 164,
 – Aqua Alexandrina 143, 144
 – Aqua Anio Novus 97, *97*
 – Aqua Appia 74, 82
 – Aqua Claudia 97, *97,* 115, 140, 212
 – Aqua Julia 267
 – Aqua Marcia 82, 97, 142
 – Aqua Traiana 124, 125
 – Aqua Virgo 86, 212
 – Arcus Neroniani 101, 115
 – Aventin 74
 – Caelius 129
 – Caracalla-Thermen 82, 142, *142,* 143, *143,* 158
 – Cestius-Pyramide *188*
 – Cloaca Maxima 128, *128*
 – Domus Aurea 100, 101, *101*
 – Domus Transitoria 100
 – Engelsburg 132, *132*
 – Esquilin128
 – Forum Romanum 66, 128
 – Goldenes Haus (Domus Aurea) 113, 126
 – Kapitol 82
 – Kolosseum 89, 101, 105, 114
 – Macellum Augusti129
 – Macellum Liviae128
 – Marsfeld 86
 – Meta Sudans 114, *114*
 – Palatin 74, 140
 – Pantheon (Rom) 87, *87*
 – Peterskirche, Petersdom 142, 143, 239
 – Piazza Farnese 143

– Septizonium 141, 142
– »Sette Sale, le« 126
– Titusbogen *114*
– Titus-Thermen 113, *113*
– Trajansforum 82, 126
– Trajanssäule 127
– Trajansthermen 100, 101, 125, 126, *126, 127,* 128
– Villa Farnese 143
– Villa Spada 125
Romulus 53
Romulus Augustulus 192
Romulus und Remus, Sage von 74
Rosette (Nildelta) 434
Rote-Keramik-Kultur 7
Rothenburg 293
Rottweil 282
Rouen 267
Rousseau, Jean-Jacques 369
Royal Society of England 348, 351
Rudolf II. 323, *323*
Ruhr 428, 429
Ruhrtalsperrenverein 428
Ruland, Martin 323, *323*
Rupertuskloster (Bingen) 265
Russell, Richard 363

Saba, Sabäer 68, 69, 213, 215
Sabotbadewanne 379, *380*
Sachs, Hans 297, *301,* 319, *319*
Sadd-el-Kaffar-Staudamm 14, *14*
Salathé, Friedrich *114*
Salomo 39, 68, 69
Salzburg 293
Sammu-Ramat (= Semiramis) 60
Samos (Ägäis) 117
San Remo 430
Sandfilter 403
Sand-Kern-Verfahren 29
Sanherib 56, *56*
Sanitärporzellan 431
»Sanitätsguß«, »Sanitätskeramik« 431

Sankt Moritz 46, 318
– Mauritiusquelle 46, *46,* 318
– Paracelsusquelle 318
Santorio, Santorio 330
Sappho von Lesbos *187*
Sarazenen 239
Sarnath (Uttar Pradesh) *78*
Sarno 106
Sarthe 182, 183
Sassaniden 159, 214, 220, 222, 244
Sauna, finnische 361
Savery, Thomas 351, 352, *352,* 353, 354, 372
»schaduf« (schwenkbarer Hebearm) 33, *34*
Schah Jahan (Mogulkaiser) 338
Schapur I. 159, *159, 160,* 244
Schaschi (China) 77
Schiller, Friedrich 421
Schiltach 436, *436*
Schinkel, Karl Friedrich 394
Schlagfeuerzeug *376*
Schlauchwaage, Kanalwaage 340
Schlei 247, 248
Schleswig 247, 251
Schliemann, Heinrich 40
Schmiedeeisenrohre 432
Schneider, Ludwig 427, *427*
Schnorr von Carolsfeld, Julius *318*
Schnurkeramiker 21, 22, 23
Schrägwalzverfahren (Mannesmann) 426
Schwalbach 362
Schwamm 49
Schwartau 282
Schweinerotlauf 411
Schwitzbad 306, 311, 320, 351, 393
Schwitzbad, indianisches 406, *406*
Schwitzbrunnen 114
Sebastian, hl. 243
Secobia (= Segovia) 193
»Seelbäder« 307
Seevölker 43

Segovia 193, 194, *194*
– »el Puente« (Aquädukt) 195, *195*
– Rio Frio 193
Seife 137, 138, 243, 279, 377
Seifenkraut 109
Seine 190, 191, 368, *368*
Selbsthitzer (»authepsa«) 108, *109*
Seleukiden 95
Selim II. 325
»sella pertusa« (Abtritt in Privathäusern) 81
Selters (Taunus) 362
Semmelweis, Ignaz 406, 407, *407*
Sennodjem, Grab des (Ägypten) *17*
Septimius Severus 140, 142, 182, *182*
Sergius Orata, Gaius 83, 84
Severer-Dynastie 167
Severn 167, 200
Shrewsbury (Shropshire) 199
Shushtar (Khusistan) 159, 160
»Sibirisches Glas« 302
Sidon 99, 121
Sieben Weltwunder 60
Siebenjähriger Krieg 370
Siechenhäuser 282
Siemens, Werner 412, *412*
Siena 267, *282*
Silvacane (Zisterzienserkloster) 321
Sinan (türk. Baumeister) 325, *325*
Singer, Isaac Merrit 400
Sintflut 19
Slawen 239
Snaketown (Gila River) 263
»Snorra-Edda« 275
Snorralaug (isländ. Badehaus) 275
Snorri Sturluson 275
Soda 109, 377
Sodom und Gomorrha 112
Sokrates 66
Solarenergie 423
»Sonnenkraftmaschine« *424*
Soranos 132
Sötenicher Kalkmulde 154

Spa 362
Speyer 289
»spoggos« (Schwamm) 49
Spoletium (= Spoleto) 196, *196*
Spoleto 196
Spülabort, Spülklosett 327, *327,* 374, *374,* 415, 416, 431
Sravana Belgola (Indien) *47*
Stabiae 105
»stagnum« (Badesee) 87
Stahl 408
Staufer 266
Steingut 305, 385, 416, 431
Steinkohle 135, 312, 354, 370, 372, 425
Steinrohre 398
Steinzeug 304, 305, 385, 436
Steinzeugrohre 404, 405
Steinzeugrohre, glasierte 432
St-Josse-ten-Noode (Flandern) 330
Strabo (griech. Geograph) 93, 127
Strabo, Gaius Fannius 81
Stradanus (Maler) *329*
Stralsund 367
Straßburg 290, 300
Straßenbeleuchtung 111, 204, 394
Straßenreinigung, aztekische 313
Streichhölzer 394, *394*
Streitaxtleute 22
Strutius, Joseph 322
»Stubenofen« 370, *370*
Sturzbad 380
Sueben 207
Sueton 92, 100, 101, 105
Sulaiman II. der Prächtige 325
Sumerer 9, 11
Sung-Dynastie 252, 283
Sutra (Lehrstück) 223
Syrakus 79
Szetschuan 80

Tadsch Mahal 338, *338*
Tafelglas 120

»tahara« (muslim. Reinigung) 235, 296
Tajo *197,* 198, 199
Talsperren 428
Taurinische Quellen 131
Tell Asmar (Mesopotamien) 17
Tell el Amarna 33
Tell Hariri (Syrien) 23
Temudschin (= Dschingis Khan) 276
Tenochtitlán 311, 312, *312,* 314
»tepidarium« (lauwarmes Bad) 163
Teplitz (Böhmen) 318
Teutoburger Wald, Schlacht im 150
Thalassotherapie, Meerwasserheilkunde 363
Thames Conservancy Board 414
Thamugadi (= Timgad) 168
Thasos, Steinbrüche von 118
Theben (Ägypten) 33
Theben (Griechenland) 72
Themse 182, 267, *267,* 415
Theoderich der Große 142, 192, *192,* 208, 211, *211,* 212, 213
Theoderich I. (fränk. König) 209
Theodosius der Große 203, *203,* 205
Theodosopolis (= Erzurum) 220
Theophrast 76, *77,* 135
Therbusch, Anna Dorothea 387
Thermalbad *317*
Thermometer 329, 330, 334, 355
Thermopylen 73
»Thermoskop« (Luftwärmemesser) 330
Thévenot, Melchesedec 340
Thot 11
Thot, Haus des 27
Ti , Grab des (Ägypten) 15
Tiber 74, 82, 86, 97, 124, 125, *128*
Tiberius 94, *94,* 95
Tigris 6, 12, 56, 57, *57,* 58
Tikal 232, 233, *233*
– Palast-Speicher 233
Timna (Sinai) 9
Timur 296
Tischspringbrunnen 107

Titus 91, 102, 105, 113
Tlaloc (aztek. Regengott) *313*
Toilettenpapier 419
Toledo *197,* 198, *198,* 199
– Alkazar 198, *198*
Toletum (= Toledo) 198
Tollwut 411
Tonerde 109
Tonrohre 404
Töpferei, Töpferwesen 5, 9, 63, 304
Torf (als Heizmaterial) 372, 321
Torricelli, Evangelista 332, 336, 337, *337*
Trajan 115, 116, 124, 129, 131, 169, 174, 180, 181, 193
Trapezus (= Trapezunt, Trabzon) 220
Travemünde 385
Treene 248
Treppenbrunnen, indischer 273, *273,* 274
Trichterabort 416
»triclinium« (Speiseraum) 108
Trier 126, 147, 164, 216
– Kaiserthermen *163*
Trojanischer Krieg 40
Troyes 293
»Tscharaka« 93, 94
Tunkhölzer 390, 394
»Turiner Kerzchen« 375
Turner, William *196*
Tuschpa (Urartu) *52*
Tutanchamun 33, *36*
Tuttlingen 300
Twyford, Thomas William 416
Typhus 388, 389
Tyros (Phönikien) 47, 48

Ugarit (Syrien) 6
Ulm 337, 341, *341,* 342, 343
– »Brechhaus« (Pesthospital) 342, 343
Ulpia Traiana (= Xanten) 201, *201*
Umm el-Biyara (Jordanien) 96

Ur (Chaldäa) 19, *20*
Urartu, Urartäer 50, 52, 57
Ureshino (japan. Heilbad) 350
Urft 154, 428
Urmia-See 50
»urna« (Wassergefäß) 117
Urnenbestattung, Urnenfelderkultur 45

Vaillant, Johann 431, *432*
Valckenborch, Lucas von
Valentin, hl. 243
Valerian 159, *159, 160*
»valetudinarium« (Militärkrankenhaus) 103, 176
Van-See 50, *51*
Varro Murena 174
Varro, Marcus Terentius 53
Varus, Publius Quinctilius 150
Venedig 284, 293
Venus 112
Venus von Laussel 5
Verde River 263
Verona 300
Vesalius, Andreas 322, *322*
Vespasian 105, 113
Vesuv 105, *106,* 113
Vetera Castra (= Xanten) 103
Via Appia 74, 141, 142, *155,* 156, 187, 190
Via Flaminia 196
Vier-Elemente-Lehre, antike 349
Villach 317
Villermé, Louis René 401
Villingen 289
Viroconium (= Wroxeter) 167, 199
Vitellius 105
Vitruv 85, 89, 90, *90, 91, 115, 117,* 309, 339, 344
Viviani, Vincenzo 336
Volksbad 425
Vulkanisation 399

Wadi Dana (Saba) 68
Wadi Guerrawi 14
Wadi Musa (Petra) 129
Wagner, Zacharias *333*
Walkererde 109
Wandalen 213
Wandheizung 372
Wandrohrheizung 167
Wannenbad 402, 424
Warka (Mesopotamien) 15
Wartburg 279
Warthmüller, R. *371*
Waruna (ind. Gottheit) 47
»wash-out« (Flachspülbecken) 416
Wasseranwendungen, Wasserverschreibungen 27, 323
Wassergeruchverschluß 374, *374, 393, 393,* 394
Wasserhebetechnik 90
Wasserheilungen 318
»Wasserkünste« 341, 344, 366
»Wassermaschine« (Leupold) 359
Wasserorgeln 149
Wasseruhr 28, *335*
Wasserwaage 339, 340
Wasserzähler 405, *405*
Watt, James 359, 372, *372,* 373
Weck, Johann 436, *436*
Wegdwood, Josiah 385
Weimar 290
Weltkrieg, Erster 436
Westfälischer Friede *346*
Westsee (Hangzhou) 284, *284*
Wetzler, Johann Evangelist 390, 391, 392
»white ware« (engl. Steingut) 385
Wien (Fluß) *397*
Wien 282, 294, 301
Wikinger *249,* 251, *252,* 309
Wildbad (Schwarzwald) 318
Wilhelm II. (König von Sizilien) 270, *270*

Wilhelm III. (König von England) 351
Willcocks, William 434
Willendorf (Wachau) 4
Winckelmann, Johann Joachim 110
Windfrischverfahren 408
Windlichter 111
Windpocken 406
Wischnu *43,* 47
Wittenweiler, Heinrich 297, 298
Wochenbettfieber 406
Wolfram von Ellenbrechtskirchen 289
Wörishofen 427, 428
Wren, Christopher 348
Wright of Derby, Joseph 375
Wroxeter 167, 199, 200
»wudu« (kleine Reinigung) 255
Wu-ti (chines. Kaiser) 84, 85
Wyk auf Föhr 385

Xanten 103, 201, *201,* 202, *202*
Xenodochia (Fremdenheime) 242
Xenophon, Gaius Stertinius 98

Yangschao-Kultur 7
Yü (chines. Kaiser) 228

Zakros (Kreta) 29, 30, *30*
Zama, Schlacht von 81
Zeidler, Johann Heinrich 366
Zeno (oström. Kaiser) 208
Zenobia 220
Zeus 134
Ziegelherstellung 32
Zinnrohre 432
Zisterzienser 260, 261, 267
Zündhölzer 375
Zürich 289, 300
Zwölftafelgesetz 66
Zypern 9, 119

Bildquellennachweis

Agence Photographique, Paris: 21
Mike Andrews, Ancient Art&Architecture: 30
Archäologischer Dienst, Graubünden: 46
Archiv für Kunst und Geschichte, Berlin: XII, 2, 24, 42, 68, 69, 70, 71, 74, 76, 77, 78, 79, 82, 84, 85, 86, 87, 92, 93, 94, 96, 99, 103, 104, 106, 108, 109, 111, 112, 113, 114, 115, 118, 119, 120, 122, 123, 125, 126, 127, 128 (2), 129, 130, 132, 135, 137, 138, 140, 141, 142, 143, 144, 145, 146, 147, 148, 150, 151(2), 152, 155, 156, 157, 158, 159, 160, 161, 162, 163, 164, 165, 167, 168 (2), 170, 171, 172 (2), 173, 175, 177, 178, 180, 181 (2), 182, 183, 184, 187, 188 (2), 189, 190, 191, 192 (2), 193, 194, 196, 197, 198, 200, 201, 202, 203 (2), 204, 205 (2), 208, 209, 210, 211, 212, 215, 216, 217, 218, 219, 220, 221, 222, 223, 224, 225, 226 (2), 227, 228 (2), 229, 230, 231, 232, 233, 234, 236, 237, 238, 239, 240, 241, 242, 243, 244, 245 (2), 247, 248, 249, 250, 251, 252, 254, 255, 256, 257, 258, 259 (2), 260, 261, 262, 263, 264, 265, 266, 267, 268, 269, 270, 271, 272, 275, 276, 277, 278, 279 (2), 280, 281, 282 (2), 283, 284, 285, 286, 287, 288, 289, 290, 291, 292, 293, 294, 295, 296, 297 (2), 298, 299, 300, 301, 303 (2),304 (2), 305, 306, 307, 308, 309, 310, 311, 312, 313, 314, 315, 316 (2), 317, 318, 319, 320 (2), 322 (2), 323, 324 (2), 325, 326, 327, 329, 330 (2), 331, 332 (2), 333, 334, 335, 336, 337 (2), 338, 339, 340, 341 unten, 345, 346, 347, 348, 349, 350, 351, 352, 353 (2), 354, 355, 356, 357, 358 (2), 359 (2), 360 (2), 361, 362 (2), 363, 364 (2), 366, 367, 368, 369, 370 (2), 371, 372, 373, 375, 376, 378, 381 (2), 382, 383, 384, 386, 387, 388, 389, 390, 391, 392, 393, 394, 395, 397, 398, 399, 400, 401, 402, 404, 405, 406, 407, 408, 409, 410, 411, 412, 414, 416 (2), 417, 419, 420, 421, 424, 425, 426, 427 oben, 430 (2), 431, 432, 433, 434
Bildarchiv Foto, Marburg: 28
British Museum, London: 32, 57
Canadian Museum of Civilization: 34
P. Cridland, Ancient Art&Architecture: 31 unten
Deutscher Archäologisches Institut, Athen: 61
Deutsches Historisches Institut, Madrid: 37, 38
Günther Dreyer, Kairo: 14
Freies Deutsches Hochstift – Frankfurter Goethe-Museum: 365
Getty Images, München: 80
Verkehrsverein Gleisweiler, Foto Josef Götz: 427 unten
Gulbenkian Museum of Modern Art, Durham: 17
Hansgrohe Archiv, Schiltach: V, XI, 3, 26, 27, 58, 60, 62, 90, 97, 100, 107, 126, 179, 253, 380, 413, 422
Hilscher-Ehlert, Königswinter: 4, 45, 133 (2), 134
W. Hoepfner, Berlin: 64
Denkmalamt Koblenz: 206, 207
Klaus Kramer, Schramberg: 19, 39, 52, 54, 65, 81, 100 oben, 107, 117, 136, 403
Hervé Lewandowsky, Louvre, Paris: 22
Jürgen Liepe, Berlin: 15, 35 (2), 59, 73
Leonhard von Matt, Buochs: 53, 63
Ministère de la Culture et de la Communication, Paris: XII
Musée d'Aquitaine, Bordeaux: 5
Musée d'Orsay, Paris: 51
Museum zu Allerheiligen, Schaffhausen: 48
Pelizaeus Museum, Hildesheim: 25
Christine Pfriemer, Gräfelfing: IX, 7, 8, 12 (3), 22, 23, 185, 186, 273, 374
BPK Preußischer Kulturbesitz: 28, 67, 68
Zev Radovan, Jerusalem: 40, 49, 102
Stadtwerke Remscheid: 429
Römisch-Germanisches Museum, Köln: 153 (2), 154 (3)
Römisches Museum, Augsburg: 166
Stadtarchiv Schiltach: 437
Bettina Schmitz, Hildesheim: 25
R. Sheridan, Ancient Art&Architecture: 31 oben
Eberhard Thiem, Lotos Film, Kaufbeuren: 6, 10, 18, 29, 36, 41, 44, 47, 56, 88, 100 unten
Stadtarchiv Ulm: 341 oben, 343
Ekkehard Vaubel, Berlin: 75, 76, 176 (2)
J. Weck GmbH u. Co. KG: 436

Nicht in allen Fällen konnten trotz größter Sorgfalt bei der Recherche die Urheber von Bildmaterial korrekt ermittelt werden. Es wird gegebenenfalls um Mitteilung gebeten.

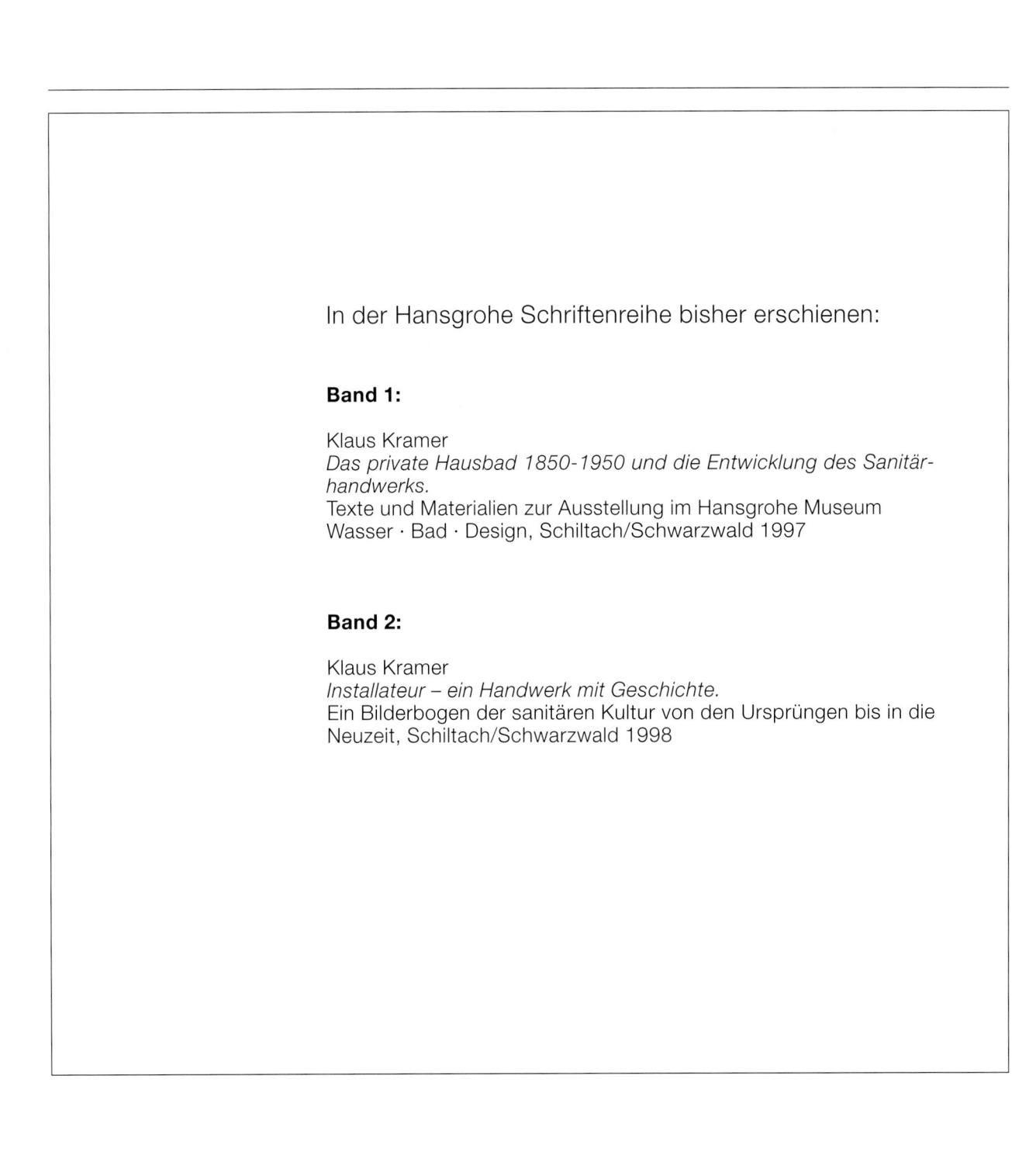

In der Hansgrohe Schriftenreihe bisher erschienen:

Band 1:

Klaus Kramer
Das private Hausbad 1850-1950 und die Entwicklung des Sanitärhandwerks.
Texte und Materialien zur Ausstellung im Hansgrohe Museum
Wasser · Bad · Design, Schiltach/Schwarzwald 1997

Band 2:

Klaus Kramer
Installateur – ein Handwerk mit Geschichte.
Ein Bilderbogen der sanitären Kultur von den Ursprüngen bis in die
Neuzeit, Schiltach/Schwarzwald 1998